블랙다이아몬드 카멜롯#0.5
KB247063
블랙다이아몬드
C3카멜롯#3
프로토타입
와일드컨트리
Helium Friends#0.5
와일드컨트리
슈퍼라이트
와일드컨트리
테크니컬프렌즈#6

일러스트 클라이밍

글쓴이 아베 료우주阿部亮樹

1963년생. 1983년 여름에 시레토코知床, 다이세츠大雪에서 산행을 시작했다. 1984년 JECC(Japan Expert Climbers Club)에 입회했다. 미조부치 사부로溝渕三郎, 미나미바 토루南場亨, 후쿠하라 신이치로福原信一郎 및 여러 선배 클라이머에게 클라이밍을 배웠다. 일본 외에도 프랑스, 스페인, 인도네시아, 호주 등지에서 클라이밍을 하고 있으며, 겨울 산, 빙벽등반, 케이빙Caving 등도 조금씩 도전하고 있다. 최근에는 후도사와不動沢, 홋카이도北海道 등에서 등반하고 있다. 일러스트레이터, 그래픽 디자이너로 일하고 있다. 도서뿐만 아니라 저널 『악인岳人』, JTB퍼블리싱의 『루루푸Do!るるぶDo!』 시리즈 등의 일러스트 작업을 했다.

옮긴이 강진구

91년생 평범한 30대 직장인. 대학 시절 일본 나고야대학교 교환학생 프로그램을 이수한 경험을 살려 해외영업으로 사회생활을 시작했다. 지인의 추천으로 그저 캠핑 잘하는 방법을 배우려고 2019년 코오롱등산학교에 입학했으나 암벽의 세계를 접하며 큰 충격을 받았다. 이를 계기로 산을 사랑하게 되었고, 산을 더 가까이 접하고 싶어서 2022년에 다시 코오롱등산학교 암벽반에 입학했다. 지금도 여전히 직장생활을 하면서 매주 한 번은 산에서 시간을 보내고 있다.

감수 이영준

고등학교 때부터 등반하면서 어른이 되면 산으로 먹고 살 수 있을지를 고민했는데, 여전히 산으로 먹고살고 있다. 월간 『마운틴』 기자를 15년쯤 했고, 코오롱등산학교, 국립등산학교, 산림청, 대한산악연맹 등산교육원 등지에서 산의 위험, 산악문화, 산악기상, 한국등산사 등을 강의한다. 한국산악회 학술문헌위원장, 산악자료원장 등의 명함도 가지고 있다. 모두 무상의 행위인 것은 매한가지다.

ZOHOKAITEISHINPAN IRASUTO KURAIMINGU
by Ryoki Abe Copyright © Ryoju Abe All rights reserved.
Original Japanese edition published by The CHUNICHI SHIMBUN
Korean translation copyright © 2025 by Haroojae Club
This Korean edition published by arrangement with The CHUNICHI SHIMBUN, Aichi,
through HonnoKizuna, Inc., Tokyo, and Eric Yang Agency, Inc.

일러스트 클라이밍
기초 매듭부터
멀티피치 등반까지
아베 료우주 지음
강진구 옮김
이영준 감수
하루재클럽

겨울이 가까워지면, 일몰 시간도 빨라진다.
대지는 차가워지고, 마지막 바람이 천천히 바위를 타고 올라온다.
차고 건조한 공기 속에 몸은 흩날리고 손가락이 멈춘다.
결국, 바람이 색을 보여 준다.

들어가며

이 책은 암벽등반을 하는 데 필요한 장비와 시스템 및 방법을 설명한 책입니다. 이미 수많은 등반 기술서 등에서 소개한 내용이어서 특별히 새로운 내용은 없지만, 설명을 최대한 줄이고, 시각적으로 이해할 수 있도록 일러스트를 중심으로 구성했습니다.

등산의 기술, 특히 암벽등반 기술은 사람에 따라 다양한 생각과 방법이 있습니다. 이 책에서도 하나의 기술에 관하여 여러 가지 방법을 보여 줍니다. 초심자의 입장에서는 어떤 방법이 좋을지 몰라 당황할 수도 있으나, 실전에서 다양한 암벽등반 시스템을 연습하면서 자신에게 맞는 최선의 방법을 찾아가는 것이야 말로 지식과 기술을 확실하게 습득하는 가장 훌륭한 방법입니다. '올바른 기술'은 늘 한 가지만 있는 것이 아닙니다. 암벽등반 기술의 진화와 새로운 장비의 탄생, 그리고 이에 따른 변화와 함께 늘 개선되고 있습니다. 이러한 점을 생각하고 선택하는 것은 여러분의 몫입니다.

바위는 전 세계에 존재합니다. 그렇기 때문에 해당 국가, 지역의 암벽등반 발전의 역사와 암벽등반 문화는 많은 부분 얽혀 있습니다. 이를 체감하고 우리가 알지 못했던 것을 배우면서 암벽등반을 익히는 것은 즐거운 일입니다.

이 책이 암벽등반에 입문하는 분들에게 도움이 되길 바랍니다.

이 책은 암벽등반을 능숙하게 할 수 있도록 도와 주는 안내서가 아닙니다. 암벽등반은 바위를 기어오르는 단순한 행위이지만, 매우 다양한 장비를 사용합니다. 그런데, 이 장비 사용법에 대한 무지와 실수로 인해 큰 위험에 처할 수 있습니다. 또 실제 등반 시작부터 종료까지 전 과정에는 복잡한 시스템이 존재하는데, 알아 두어야 할 시스템의 내용이 많습니다. 이 책은 암벽등반의 전 과정에서 반드시 알아 두어야 할 다양한 시스템과 각종 장비의 사용법을 일러스트로 소개합니다. 암벽등반 경험이 없는 독자가 이 책만 들고 암장에 가는 것은 책으로 운전 방법을 공부한 뒤 바로 고속도로에서 핸들을 잡는 것이나 마찬가지로 매우 위험합니다. 누구나 처음 운전을 배울 때는 운전학원에서 차의 구조와 기본 운전 이론을 학습한 다음 실제로 운전 연습하는 것처럼, 암벽등반도 경험자에게 기본 등반 기술과 방법을 배우고 연습해야 합니다. 이때 경험자가 알려 주는 내용을 그대로 수용하기만 하지 않고, 스스로 등반 서적을 찾아 읽는 등 지식을 습득하고, 실제 등반 훈련 중에 궁금했던 점들을 확인하면 훨씬 이해하기 쉬울 것입니다. 이런 의미에서 이 책은 암장에 가기 전 예습을 하거나 돌아온 후 복습할 때 활용하는 것이 가장 효과적입니다.

암벽등반 용어는 등산인들 사이에서 매우 다양하게 사용됩니다. 예를 들어 하나의 매듭 형태를 다양한 명칭으로 부르기도 합니다. 그래서 이 책에서는 다양한 등반 용어와 명칭을 병기했습니다. 등반 용어를 통일하지 않은 이유는 언어가 바로 문화를 표현하기 때문입니다. 암벽등반 용어에도 다양한 역사와 문화가 담겨 있기 때문에 단순히 효율성을 위해 용어를 통일하고 싶지 않았습니다. 이 책을 읽다가 혹시 모르는 용어가 나오면 색인에서 용어 풀이를 참조해 주세요. 또 이 책에서는 원리나 규칙, 문법적으로는 오류가 있음에도 현재 널리 통용되고 있는 용어라면 하나의 문화현상으로 수용하여 '잘못된 표현'으로 규정하지 않았습니다.

이 책의 활용법

3장 시스템 내용 구성의 예

기호 일러두기

●주의사항

주의하지 않으면 상처를 입거나 사고가 발생할 수 있다.

사망 가능성이 높은 위험한 방법만 ×로 표시

●그림의 설명 기호

루트 개념도에서도 점선의 형태와 색으로 변화를 표시

●쪽 번호 참조 기호

장 별 색깔→ 👍 p120 ←참조할 쪽 번호

종료점

↑ 상세 내용, 관련 사항

내용의 중복을 줄이기 위해 관련 내용을 참조할 쪽 번호와 기호로 표시

●대사

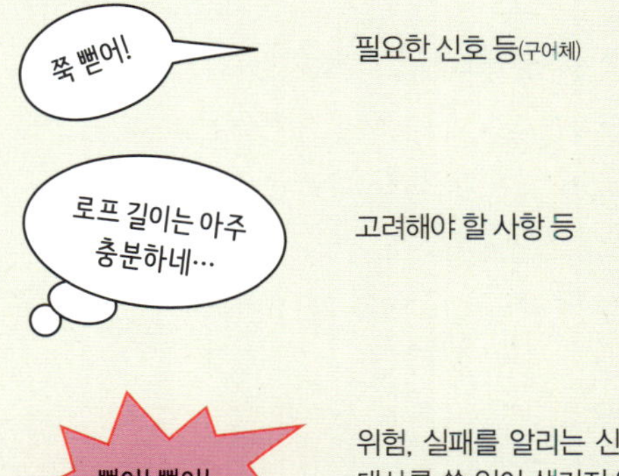

쭉 뻗어! — 필요한 신호 등(구어체)

로프 길이는 아주 충분하네… — 고려해야 할 사항 등

위험, 실패를 알리는 신호 등. 이 대사를 쓸 일이 생기지 않는 것이 바람직하다.

일러스트 중에 말풍선(사람의 대사)은 그림 내용과 일치하지 않을 수 있다. 또한 실제로 많이 사용되는 대사를 사용했으나 등반 시 은어를 사용하는 사람이 많아 문법상으로는 맞지 않은 표현도 있다.

이 책의 범위

분류 기준		등반 용어/명칭
등반 대상	바위 얼음 눈	암벽등반 빙벽등반 명칭 없음
등반 장비	확보 수단을 사용 사용하지 않음	암벽등반 볼더링
등반 수단	확보 수단으로 장비 사용 등반 수단으로 장비 사용	자유등반 인공등반/대암벽등반

이 책에서는 등반 전반이 아닌 일부 등반을 대상으로 한다. 위의 표에서 빨간색 글자로 적힌 부분이 이 책에서 다루는 범위이며, 암벽등반도 해당한다. 암벽등반에 포함되는 범위가 넓어서, 이 책에서는 네 가지 차이점으로 분류했다. (6. 등반 용어 및 장비 – 암벽등반 참조)

↑ 랩볼팅Rab Bolting

클라이밍 종류의 분포도

↑ 이 책에서 다루는 범위

↑ 이 책에서 다루지 않은 범위

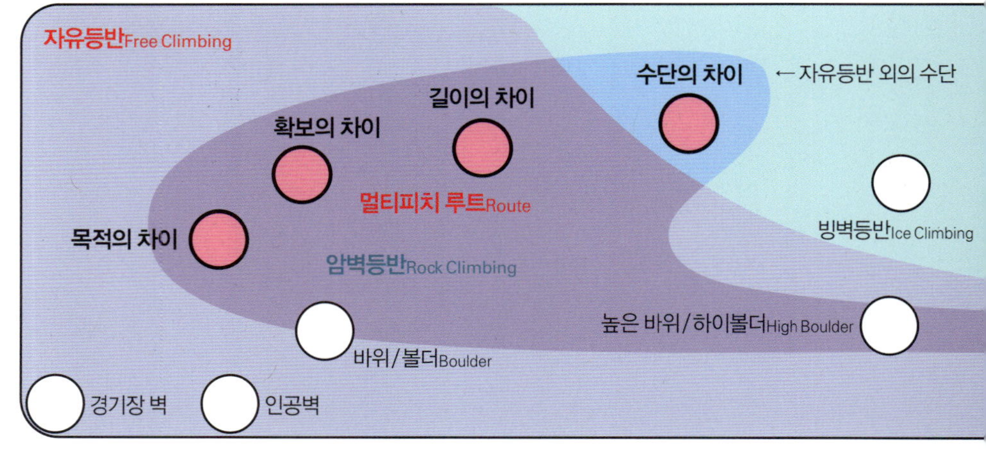

이 책에서 다루지 않는 등반의 종류1
- 대회(시합), 인공벽(짐GYM)
- 바위(인공벽, 자연 바위)

볼더링Bouldering
확보 수단으로 장비를 사용하지 않는다. 볼더링은 자연 바위를 대상으로 할 경우 암벽등반에 속한다. 자유단독등반도 스타일은 볼더링에 속하나, 일반적으로는 볼더링에 포함하지 않는다.

인공벽, 짐, 실내암벽등반

떨어질 위험이 낮음 ↓

떨어질 위험이 높음 ↓

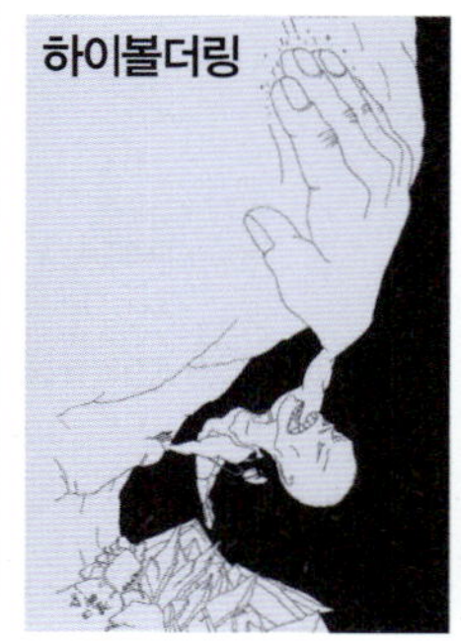

암벽등반의 형태

확보물의 차이

↑ 이동식 확보물

거리의 차이

↑ 멀티 피치

수단의 차이

↑ 자유등반(프리)이 아닌 방법(인공등반),
등반을 위해 도구를 사용하는 등반

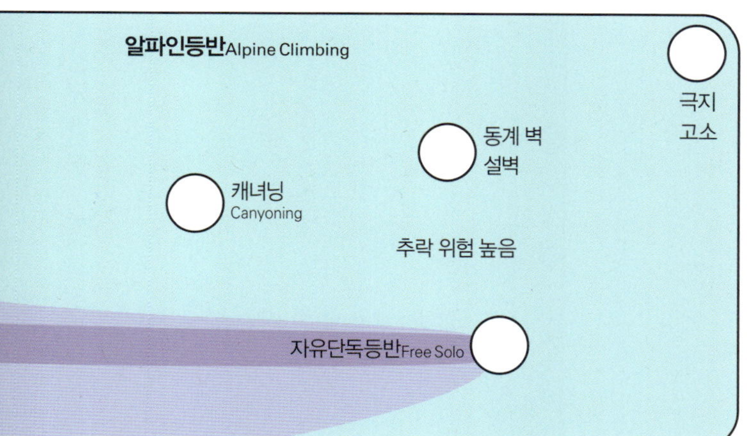

이 책에서 다루지 않는 등반의 종류2
- 동계 장비를 사용하는 등반
- 캐녀닝 Canyoning *

* 골짜기를 흐르는 시냇물을 따라 산을 오르는 등반 형태.

캐녀닝

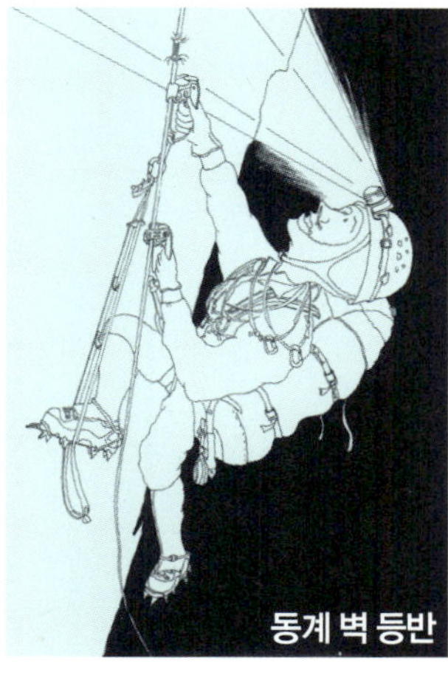

동계 벽 등반

설벽, 쿨르와르 등반

빙벽등반, 혼합등반 Mixed Climbing (피켈 사용)
* 혼합등반: 얼음, 바위, 눈 등이 섞인
곳을 등반하는 것을 가리킨다. 믹스
등반이라고 말하기도 한다.

겨울에 하는 절벽 등반. 바위뿐만 아
니라 눈, 얼음도 대상에 포함한다.

자연에서 쉽게 오를 수 있는 곳을 빠른
속도로 오른다. 등반의 본질적인 의미에
해당하기 때문인지는 모르겠으나, 등반
의 종류를 나타내는 명칭은 없다.

1 장비

스포츠클라이밍, 볼트루트(3-1에 해당하는 암장)에서만 사용할 경우 왼쪽(p.14) 장비들만 참고할 것.

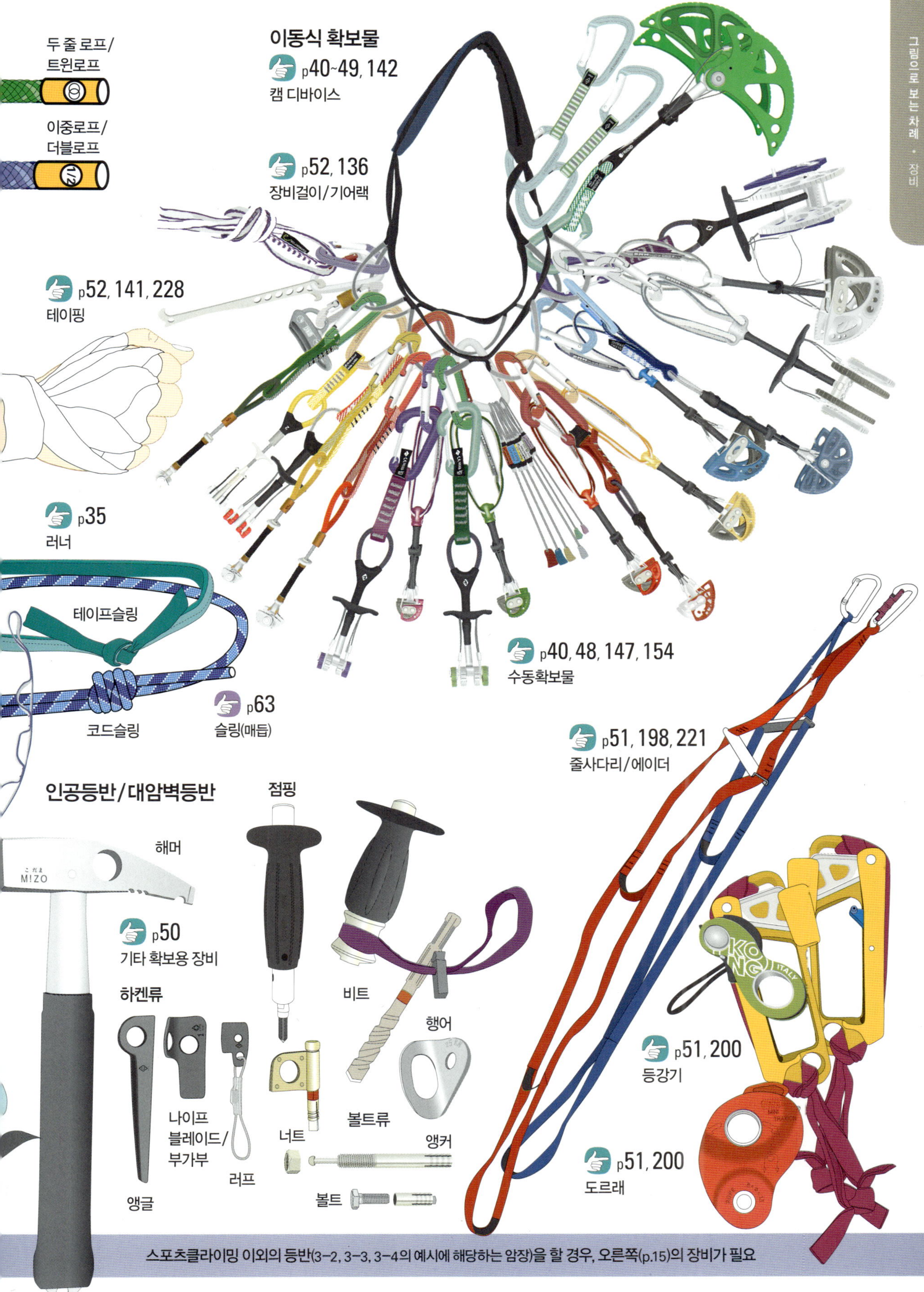
두 줄 로프/
트윈로프
이중로프/
더블로프
이동식 확보물
p40~49, 142
캠 디바이스
p52, 136
장비걸이/기어랙
p52, 141, 228
테이핑
p35
러너
테이프슬링
코드슬링
p63
슬링(매듭)
p40, 48, 147, 154
수동확보물
p51, 198, 221
줄사다리/에이더
인공등반/대암벽등반
점핑
해머
MIZO
p50
기타 확보용 장비
하켄류
비트
행어
나이프
블레이드/
부가부
러프
너트
볼트류
앵커
앵글
볼트
p51, 200
등강기
p51, 200
도르래
스포츠클라이밍 이외의 등반(3-2, 3-3, 3-4의 예시에 해당하는 암장)을 할 경우, 오른쪽(p.15)의 장비가 필요

2 매듭

매듭의 이름에 '매듭/노트knot'가 붙은 경우는 생략하여 표기하기도 했다.
히치hitch, 벤드bend만 전체 명칭을 표기했다.

매듭 용어

히치/걸기(→ p.232참조)
대상이 없으면 형태를 유지할 수 없는 매듭
매듭/노트(→ p.232참조)
대상이 없더라도 형태를 유지할 수 있는 매듭

선고리매듭과 후고리매듭

선고리와 후고리는 어떤 방식으로 하더라도 결과는 동일하지만, 매듭을 만드는 순서가 다르다. 선고리와 후고리 방법은 여러 매듭에 활용되고 있으며, 선고리는 대상에 걸어서 만드는 경우에만 사용한다. 후고리 방식이 일반적으로 만들기 어렵다.

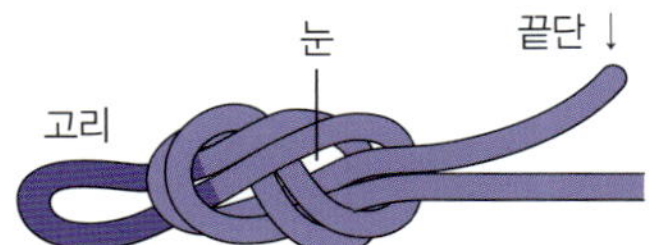

되감기8자매듭(후고리) p54

매듭 고리의 위치를 나중에 완성하는 것을 후고리

고리8자매듭(선고리) p54

매듭 고리의 위치를 처음부터 만드는 것을 선고리

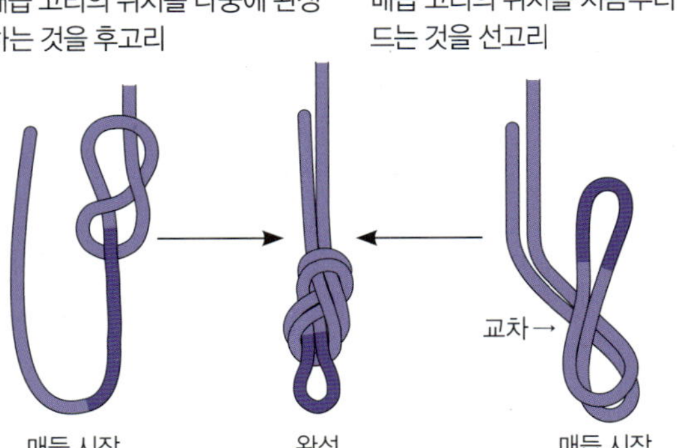

2-1 고정(안전벨트에 매듭)

 클라이밍 대회에서는 8자매듭만 사용한다.

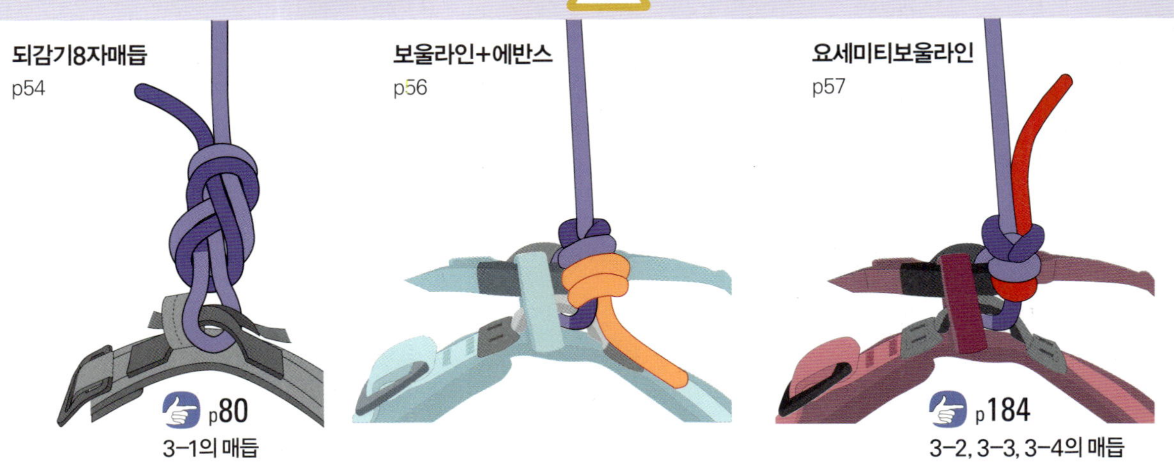

2-2 고정(자기확보, 지점 등)

 에반스는 매듭의 끝부분을 잘못 만들면 위험을 초래할 수 있으므로 구체적으로는 설명하지 않았다.

클로브히치

(자기확보)
p58

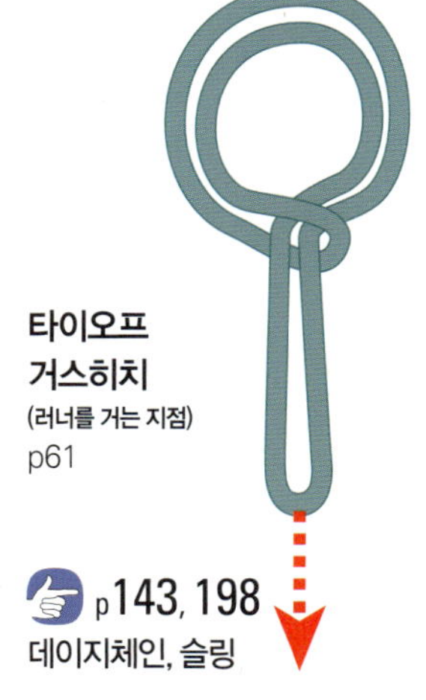

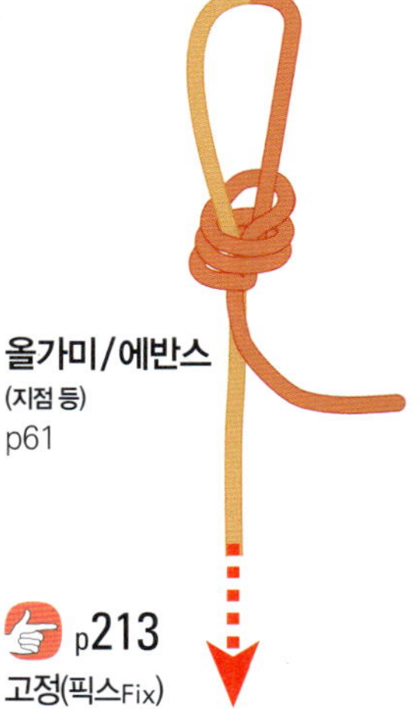

2-3 연결(로프 하강, 슬링 등)

8자매듭(로프 하강)
p62

옭매듭/오버핸드(로프 하강)
p63

이중피셔맨즈매듭(코드슬링, 로프 하강)
p63

👍 p170
하강 로프 준비

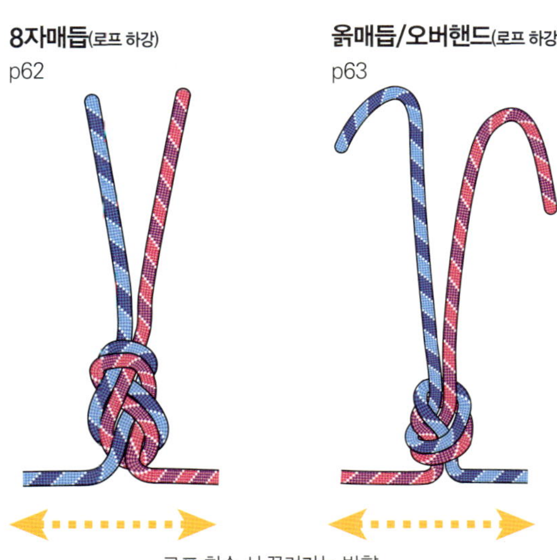

로프 회수 시 끌려가는 방향

⚠ 로프 끝이 동일한 위치에서 풀리는 매듭은 로프 하강 회수 시에 매듭이 팽팽해지기 때문에 암각(바위 모서리), 크랙crack(바위의 갈라진 틈) 등에는 잘 걸리지 않는다. 어떤 매듭이라도 느슨하거나, 길이가 짧거나, 매듭을 추가하는 등에 따라 하강 사고가 발생할 수 있으므로 매듭을 확실하게 묶는 것이 중요하다!

테이프매듭 링벤드
(테이프슬링)
p63

⚠ 링벤드는 확실하게 묶지 않으면 풀린다.

2-4 반고정(확보, 로프 하강, 로프 따라 오르기, 짐 올리기, 하강 백업 등)

뮌터히치/ 하프클로브히치
(확보, 로프 하강)
p64

가다히치
(확보, 짐 올리기)
p64

프릭션히치(하강, 로프 따라 오르기 등) p66

프루지크히치

오토블록히치

클렘하이스트/ 프렌치

바흐만

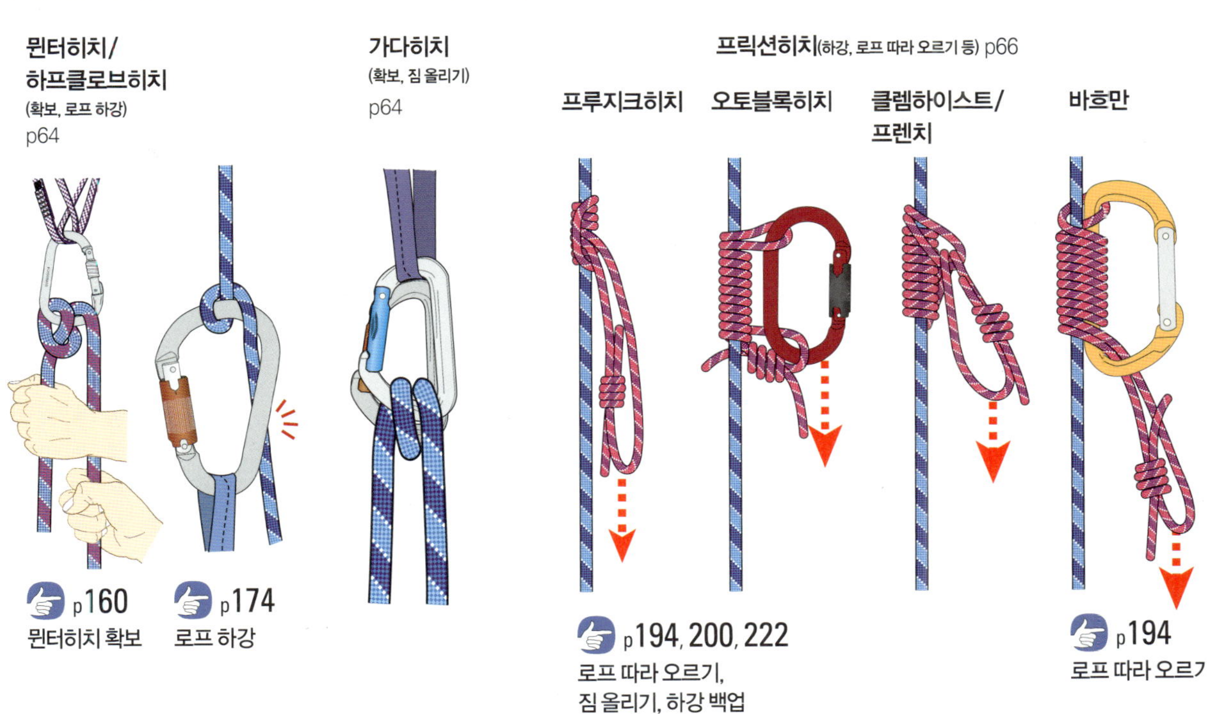

👍 p160
뮌터히치 확보

👍 p174
로프 하강

👍 p194, 200, 222
로프 따라 오르기,
짐 올리기, 하강 백업

👍 p194
로프 따라 오르기

3 시스템

3-1 싱글피치(선등과 확보, 로어다운, 회수)

* 로어다운Lower Down: 확보자가 내려 주는 하강 방법
* 클립Clip: 로프를 카리비너나 퀵드로에 거는 행위

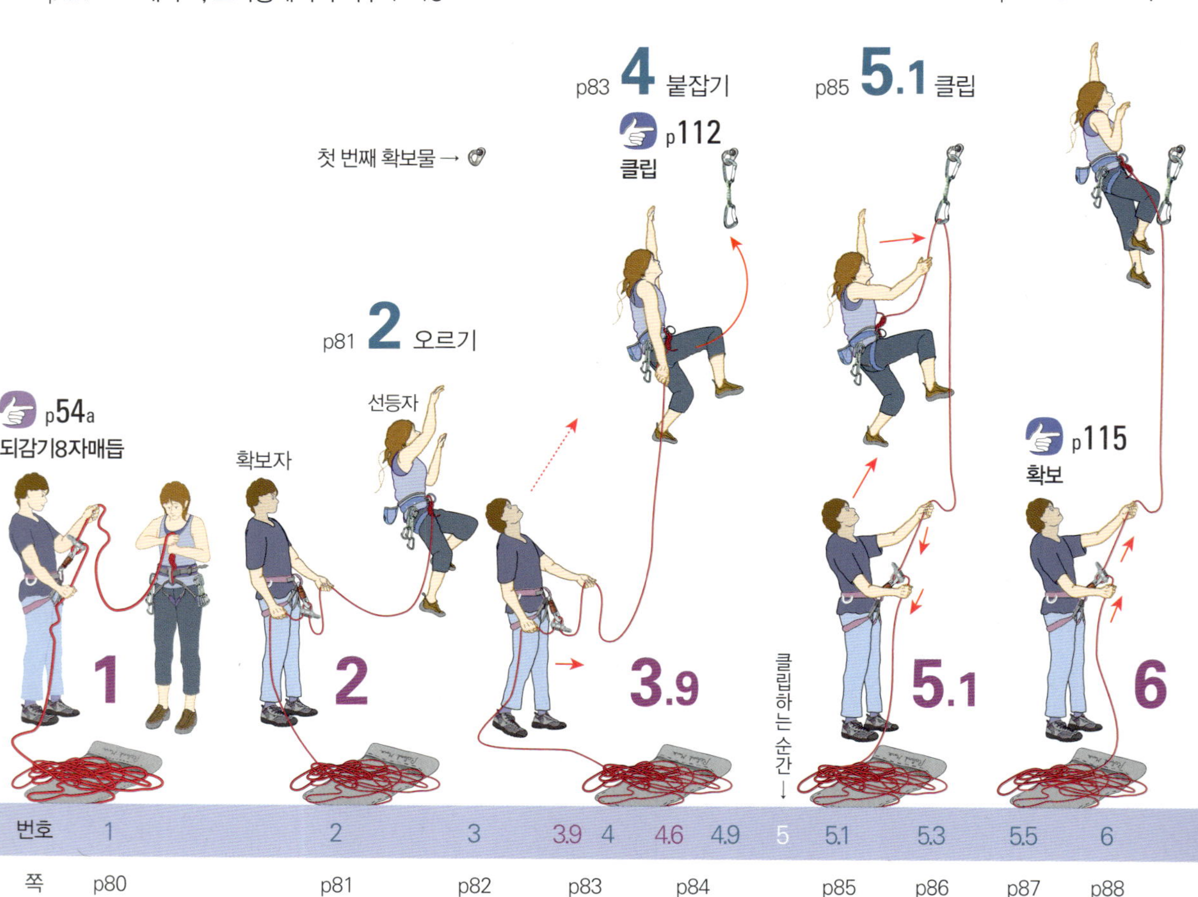

번호	1	2	3	3.9	4	4.6	4.9	5	5.1	5.3	5.5	6
쪽	p80	p81	p82	p83		p84			p85	p86	p87	p88

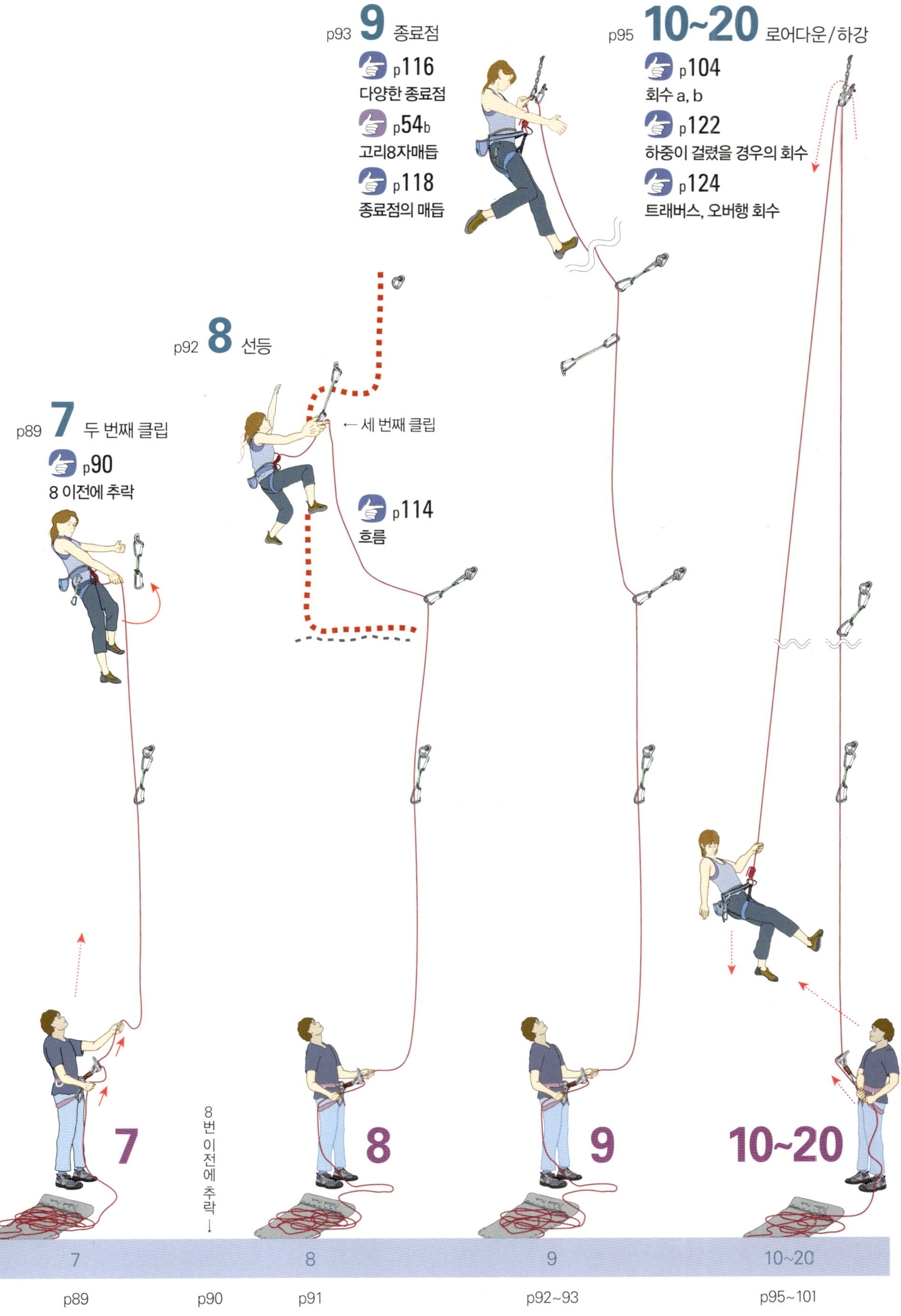

p93 9 종료점
p116
다양한 종료점
p54b
고리8자매듭
p118
종료점의 매듭

p95 10~20 로어다운/하강
p104
회수 a, b
p122
하중이 걸렸을 경우의 회수
p124
트래버스, 오버행 회수

p92 8 선등
← 세 번째 클립
p114
흐름

p89 7 두 번째 클립
p90
8 이전에 추락

7
8번 이전에 추락 ↓
8
9
10~20

7
p89
p90
8
p91
9
p92~93
10~20
p95~101

3-2 외줄로프/싱글로프(멀티피치, 1인 선등, 하강로)

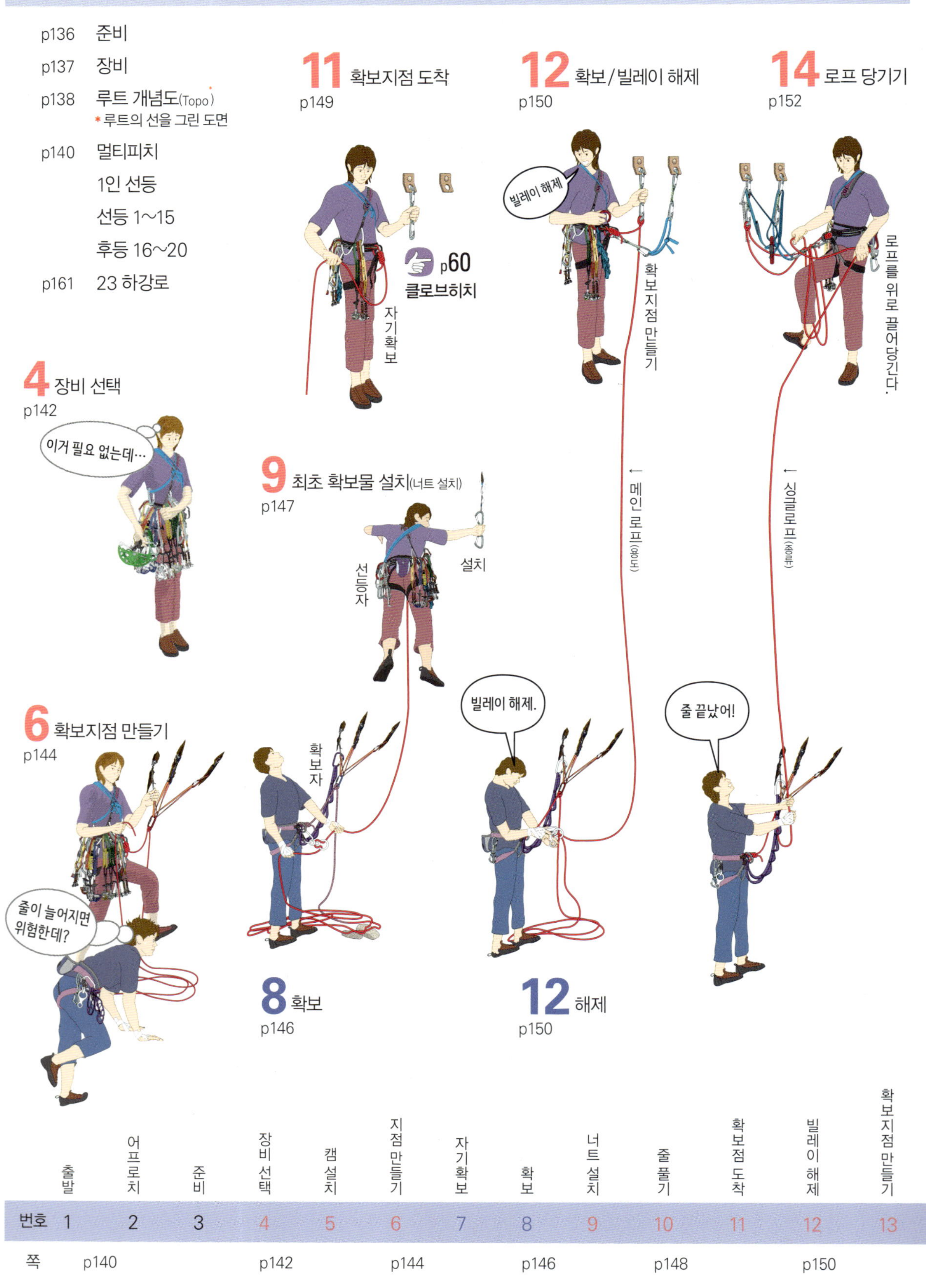

번호	출발	어프로치	준비	장비선택	캠설치	지점만들기	자기확보	확보	너트설치	줄풀기	확보점도착	빌레이해제	확보지점만들기
	1	2	3	4	5	6	7	8	9	10	11	12	13
쪽		p140		p142		p144		p146		p148		p150	

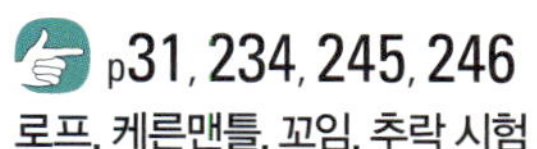

👆 p31, 234, 245, 246
로프, 케른맨틀, 꼬임, 추락 시험

👆 p40~47, 142, 248
캠 기구
프릭셔널앵커

👆 p48, 142, 237
수동확보물
초크

15 후등자 확보
p153

19 장비 건네주기
p157

21 두 번째 피치
p160

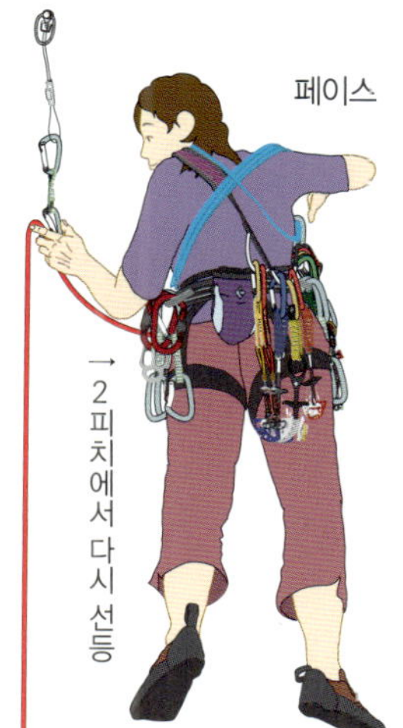

확보자

후등자 확보

회수

후등자

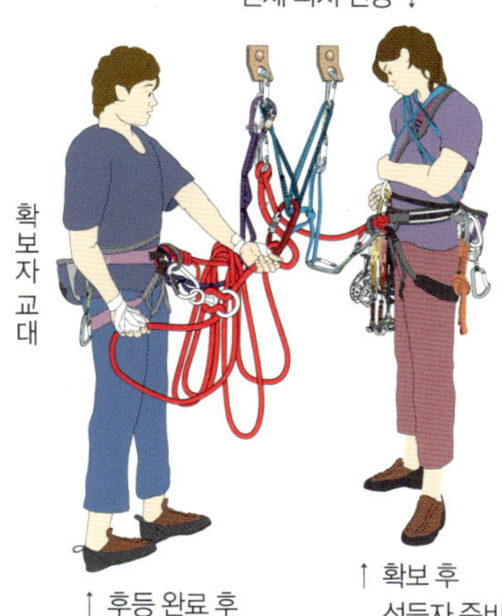

20 확보
p157

16~17 후등자 (너트 회수)
p154

22 종료점
p160

👆 p64
뮌터히치/
하프클로브히치

종료점

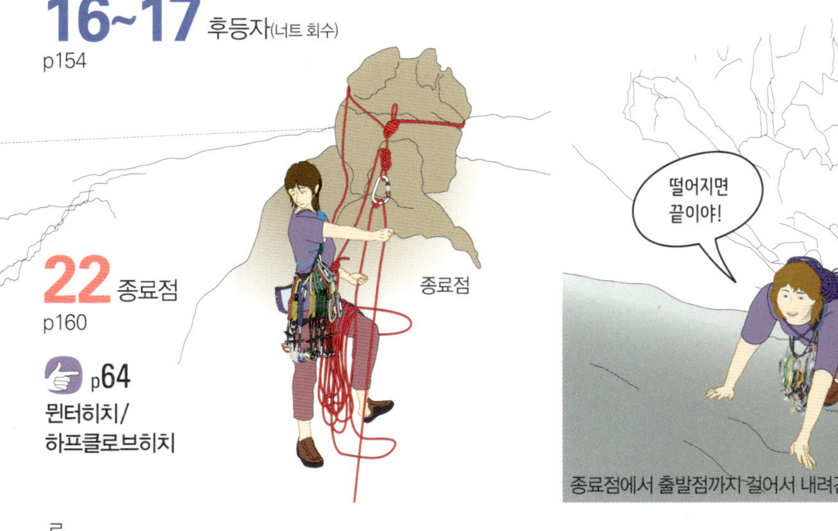

하강로
23 ㅎ-강로
p161

👆 p70
로프 메기

종료점에서 출발점까지 걸어서 내려간다.

로프 위로 당겨 올리기	후등자 확보	후등자	후등자	자기확보 하기	장비 건네주기	확보	두 번째 피치/ 페이스	정상, 종료점	하강로
14	15	16	17	18	19	20	21	22	23
p152		p154		p156		p157		p160	

3-3 태그라인(멀티피치, 스윙리드, 로프 하강)

2인 1조 등반시 무게를 줄이기 위해 로프 한 동은 등반용 싱글로프, 한 동은 트윈로프(보조 로프) 사용.

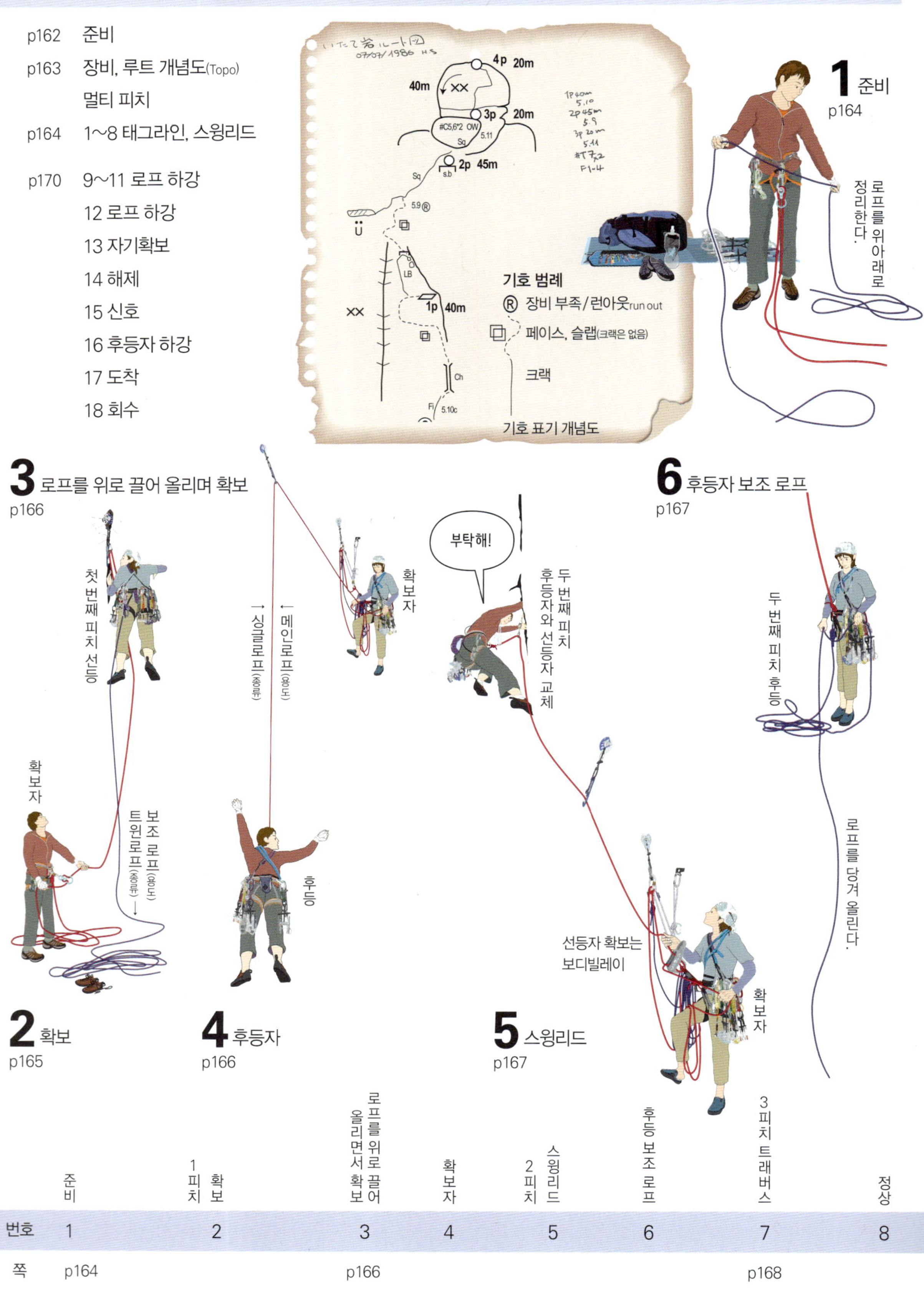

번호	1	2	3	4	5	6	7	8
	준비	1피치 확보	로프를 위로 끌어 올리면서 확보	확보자	스윙리드 2피치	후등 보조 로프	3피치 트래버스	정상
쪽	p164		p166				p168	

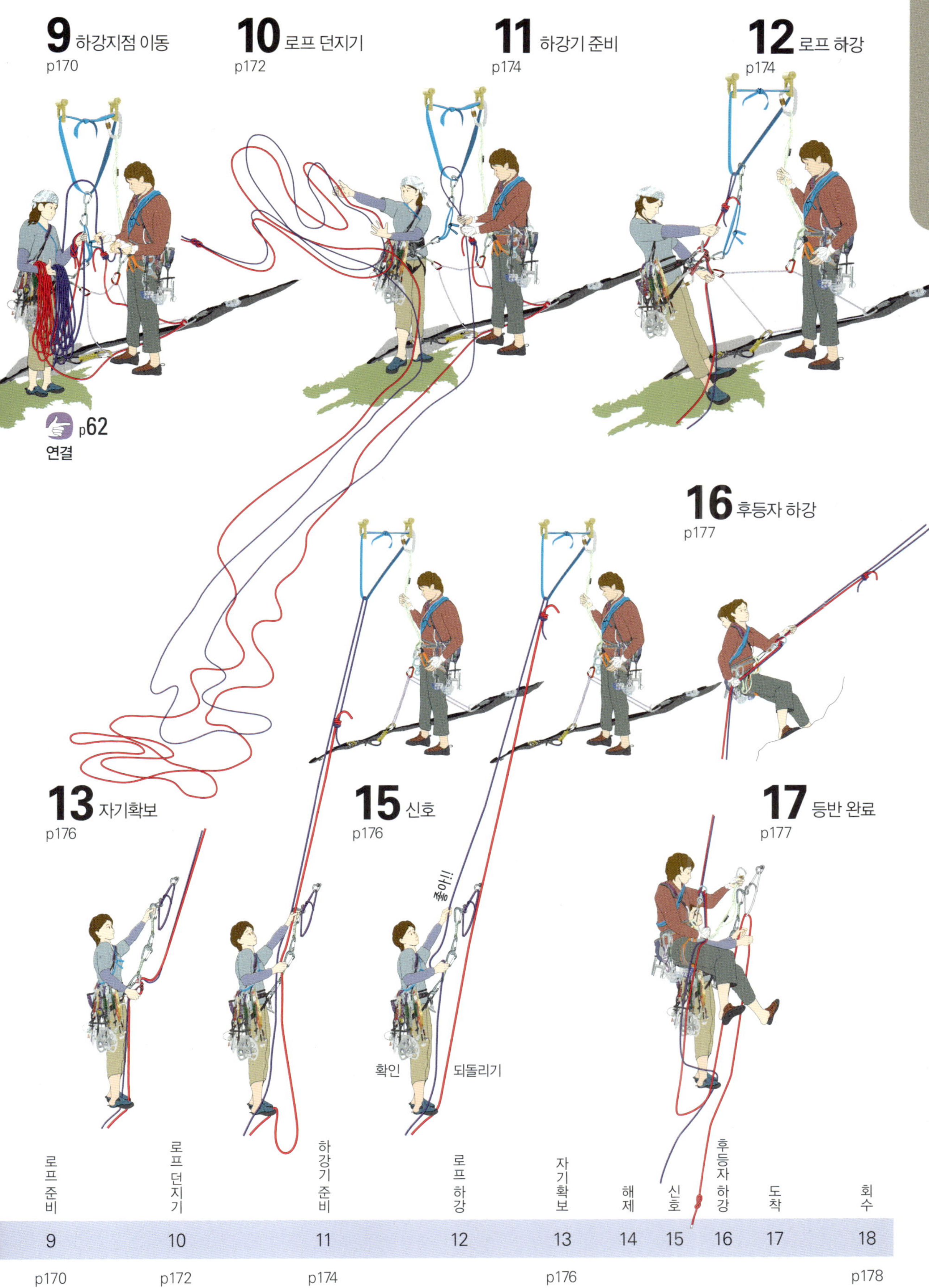
9 하강지점 이동
p170
10 로프 던지기
p172
11 하강기 준비
p174
12 로프 하강
p174
p62
연결
16 후등자 하강
p177
13 자기확보
p176
15 신호
p176
17 등반 완료
p177
확인
되돌리기
후등자 하강
로프
준비
로프
던지기
하강기
준비
로프
하강
자기
확보
해제
신호
후등자
하강
도착
회수
9
10
11
12
13
14
15
16
17
18
p170
p172
p174
p176
p178

3-4 이중로프/더블로프(멀티피치, 3인 등반, 인공등반)

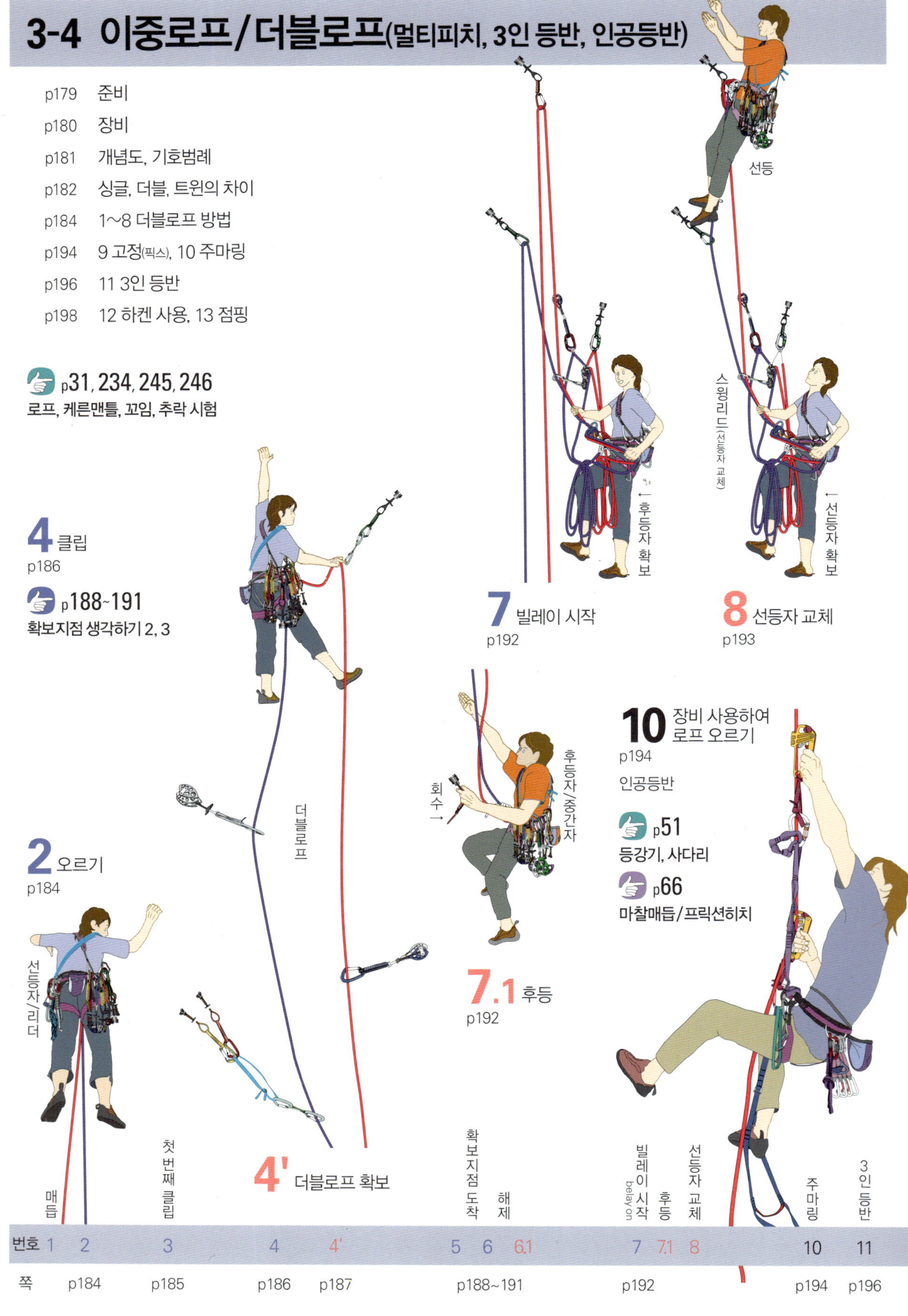

번호	1	2	3	4	4'	5	6	6.1	7	7.1	8	10	11
쪽	p184		p185	p186	p187	p188~191			p192			p194	p196

11 3인 등반
p196

12 하켄 사용
p198

자유등반 이외의 등반(인공등반)

p51, 198
후크

p50, 198
하켄

13 점핑
p199

p50, 199
볼트

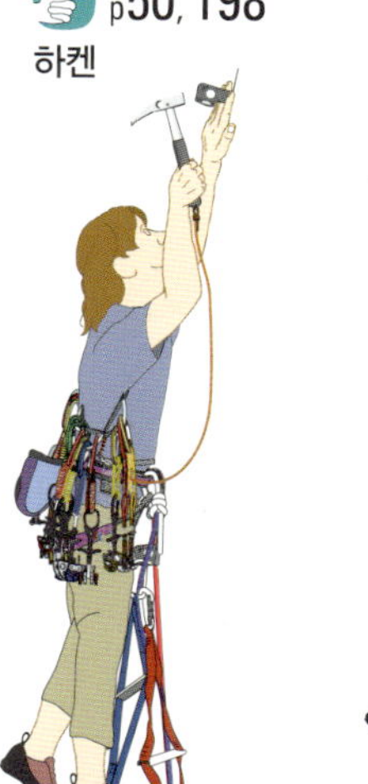

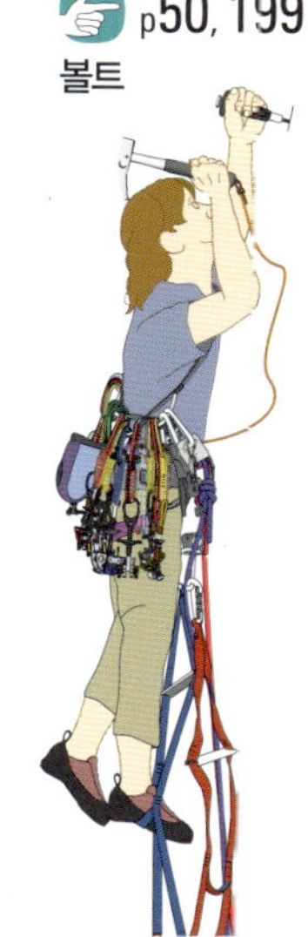

하켄, 볼트를 확보용으로 설치한다고 모두 인공등반인 것은 아니다. 하켄, 볼트를 설치하면서 자유등반을 하는 경우도 있다. 하켄, 볼트는 확보의 도구이며, 자유등반, 인공등반은 등반 방법에 해당한다.

3-5 기타(짐 올리기, 단독등반)

짐 올리기
p200

p51
등강기, 사다리, 도르래

p66
마찰매듭/프릭션히치

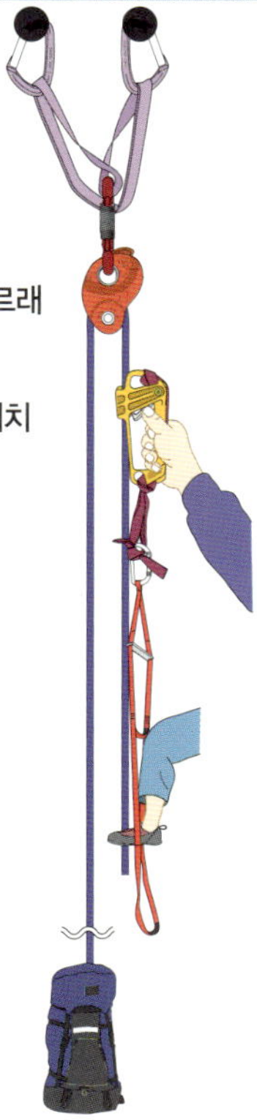

단독등반
p201

p37
확보·하강기

3

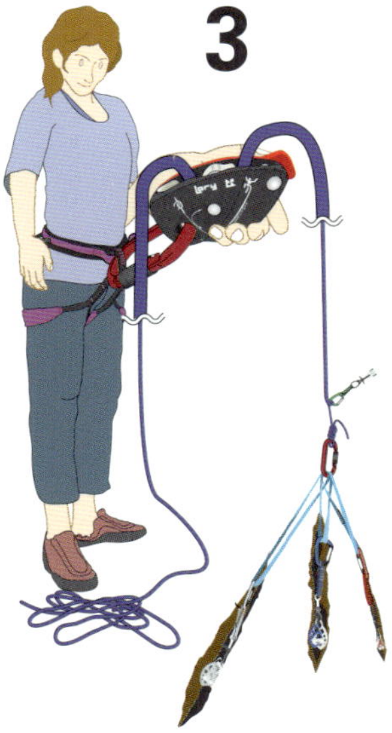

4 확보

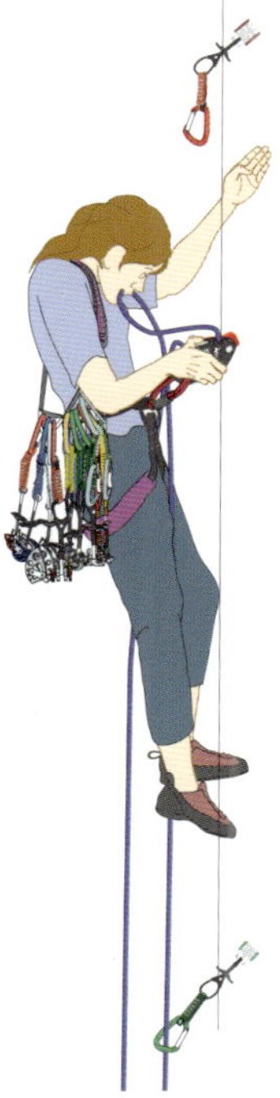

5 회수, 주마링

4 동작

p204
크랙

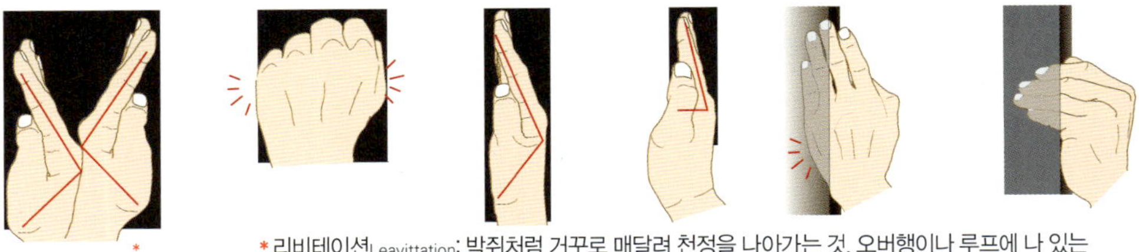

리비테이션

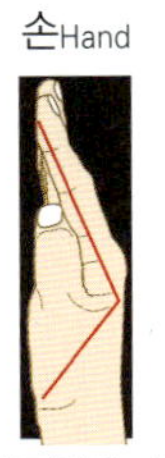

주먹Fist

손Hand

손날Thin hand

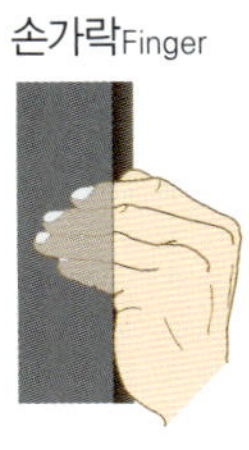

손가락Finger

* 리비테이션Leavittation: 박쥐처럼 거꾸로 매달려 천정을 나아가는 것. 오버행이나 루프에 나 있는
크랙에 두 팔과 두 다리 중 각각 하나 이상씩 크랙에 끼워 몸을 지탱하거나 전환하는 동작.

p208
슬랩, 페이스

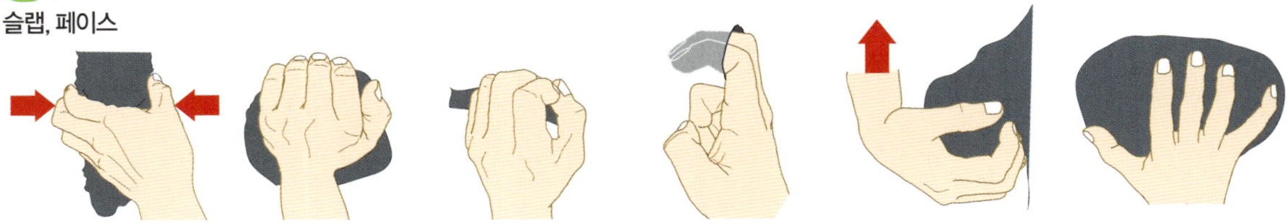

핀치Pinch

저그Jug

크림프Crimp

포켓Pocket

언더컷Undercut

슬로퍼Sloper

핀치

저그

바깥쪽

안쪽

모서리 / 엣지
클링Cling / 아케Arqué

탕뒤Tendu /
오픈핸드Open hand

뒤꿈치 재밍 /
힐훅Heel Hook

문지르기 /
스미어링Smearing

← 정적 움직임Static Move

← 동적 움직임Dynamic Move

뛰어서
잡기 / 런지Lunge

정면 보기

휴식

인사이드 엣징
Inside Edging

드롭니
Drop Knee

옆으로 당기기 /
사이드풀Side Pull

1 장비

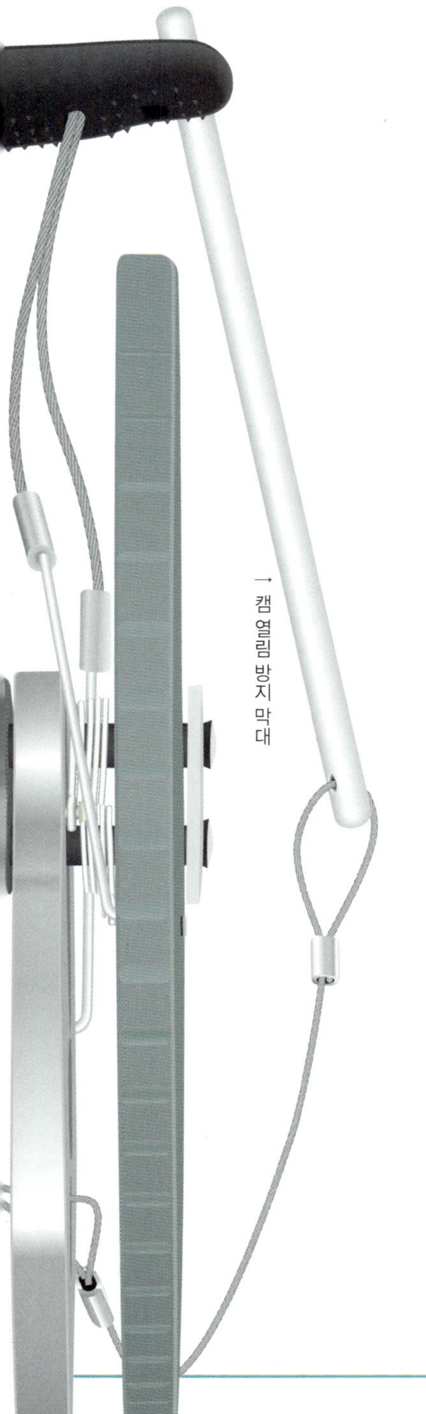

특대 사이즈의 캠(실제 크기)
캠 열림 방지 막대 알루미늄 합금 L 110mm Ø5mm 구멍 2mm
스테인리스 와이어 L 220mm Ø1mm 와이어 강도 30kg

→ 캠 열림 방지 막대

1-1 안전벨트

● 안전벨트의 종류

요즘 안전벨트(하네스 Harness)는 일부를 제외하고[*] 대부분 양다리에 채우는 레그루프 Leg Loop형을 사용한다.

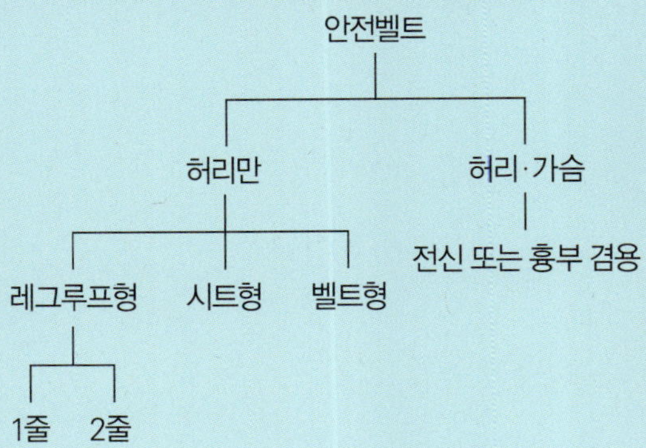

레그루프형 안전벨트는 로프를 묶는 위치, 용도에 따른 레그루프 부분의 개방, 조정 기능, 장비의 양, 허리벨트의 폭, 두께 등에 차이가 있다. 용도에 따라 여러 개의 안전벨트를 적절하게 사용하는 것이 좋다. 동복을 착용할 때는 스포츠 클라이밍용 안전벨트와 사이즈 표시가 동일하더라도 실제 사이즈를 다르게 적용해야 할 수도 있다.

[*] 일부 안전벨트 제외: 머리 중심이 높은 어린이용과 장시간 매달리는 작업용 등에는 전신형이 있다. 또한 벨트형(추락 시 허리에 주는 충격은 큼) 등은 작업현장에서 주로 사용되고 있다. 수직으로 추락, 휘청거림이 적은 캐녀닝 Cannyoning에서는 기능성을 살린 시트형 안전벨트를 사용하기도 하지만, 현재는 구하기 어렵다.

레그루프형 안전벨트

레그루프형 안전벨트에는 여러 가지 종류가 있으며, 로프의 매듭을 짓는 위치도 다르다. 주로 두 줄로 되어 있다.

↑ 밴드가 너무 길 경우 잘라서 사용하면 되지만, 안전벨트의 소재에 주의해야 한다. 나일론 이외의 소재는 절단면을 가열해도 굳지 않아서 봉합되지 않는다.

기능에 따라 중량도 크게 변한다. 허리에 딱 맞으면 허리에 주는 부담은 적지만 제품의 균형감, 체형에 따라 사이즈와 무게가 달라야 하기 때문에 한 가지 제품만 사용할 필요는 없다. 여기에서 소개하는 안전벨트는 스포츠용, 멀티피치용으로 모두 사용할 수 있다.

허리 벨트(뒷면)

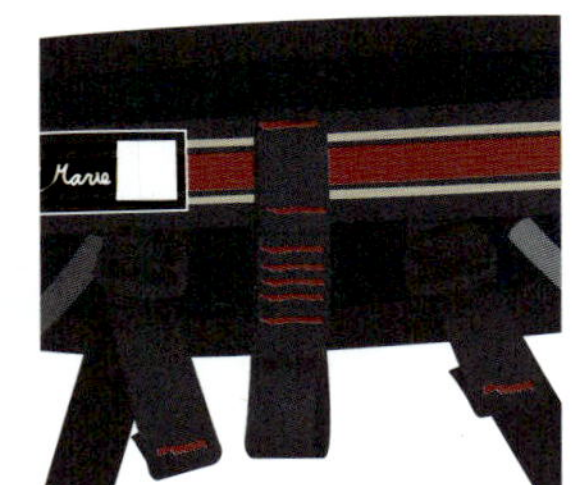

제품에 따라 힙벨트 조정, 보조 로프용 잠금 등 각종 기능이 있는 것도 있다. 추가 기능과 중량은 반비례한다. 안전벨트에서 100g의 차이는 매우 크다.

안전벨트의 부분별 명칭

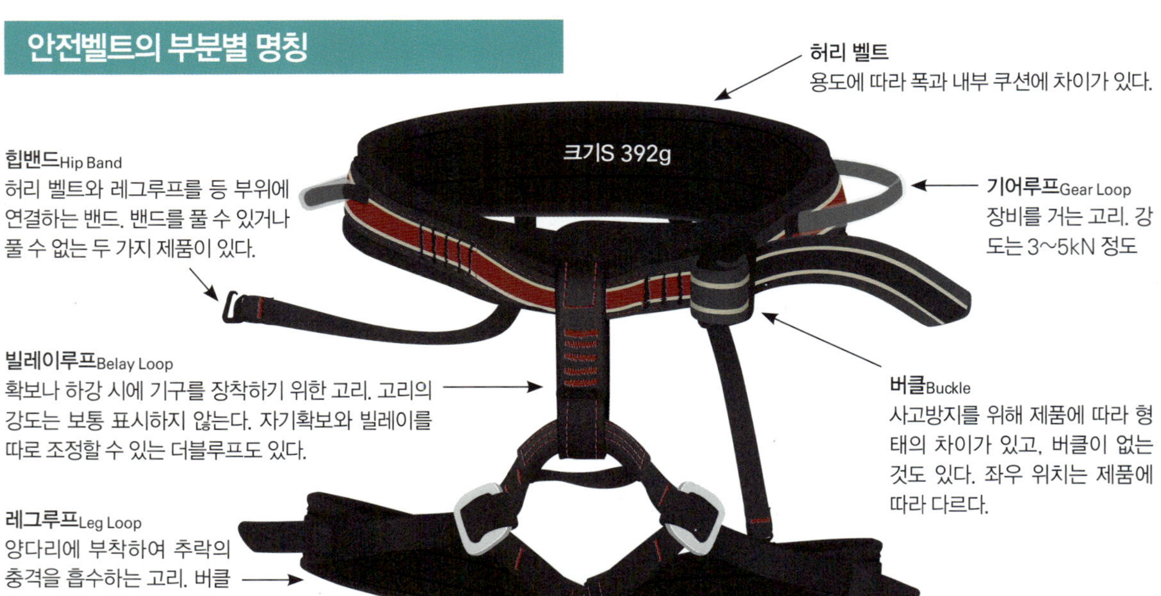

힙밴드 Hip Band
허리 벨트와 레그루프를 등 부위에 연결하는 밴드. 밴드를 풀 수 있거나 풀 수 없는 두 가지 제품이 있다.

빌레이루프 Belay Loop
확보나 하강 시에 기구를 장착하기 위한 고리. 고리의 강도는 보통 표시하지 않는다. 자기확보와 빌레이를 따로 조정할 수 있는 더블루프도 있다.

레그루프 Leg Loop
양다리에 부착하여 추락의 충격을 흡수하는 고리. 버클로 고리를 개방하는 모델도 있다.

안전벨트의 크기

허리, 허벅지, 대퇴부 등 세 부위의 크기를 고려 해야 한다. 사이즈 표시는 XL, L, M, S, XS 등 각 제조사에 따라 다르며, 동일한 제조사의 제품도 종류에 따라 사이즈에 차이가 있다. 처음 제품을 구입할 때 반드시 착용해 보고 몸에 맞는지 확인하는 것이 좋다. 대퇴부 사이즈는 표시되지 않으므로 착용해 보지 않으면 자신에게 맞는지 판단할 수 없다.

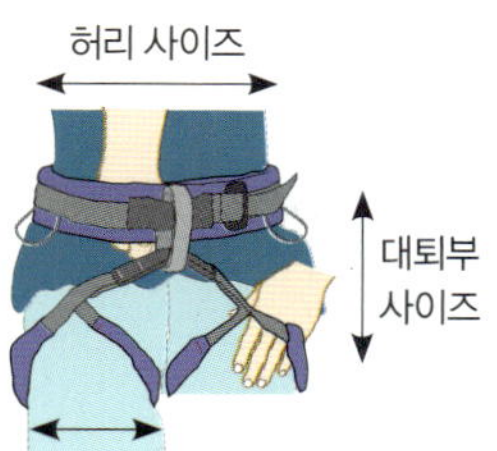

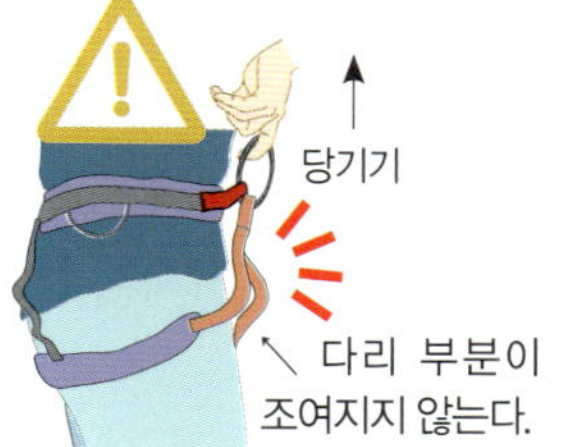

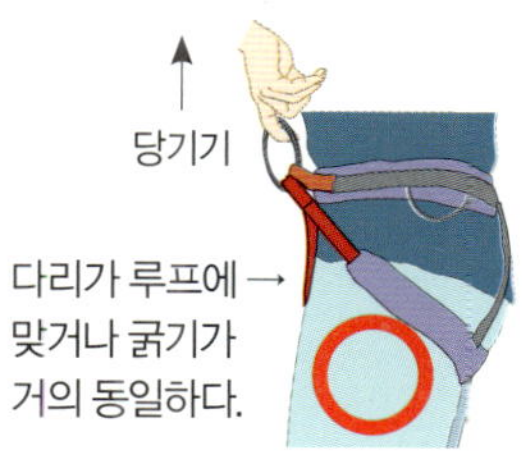

허리 벨트
배를 집어넣고 버클을 채운다. 버클을 채웠는데 손바닥이 쉽게 들어가면 느슨한 상태이므로 조여야 한다.

레그루프
손바닥이 들어갈 정도의 여유가 있어야 한다. 여유 없이 꽉 조이면 움직이기 어렵다. 너무 조이면 허리에 가해지는 하중이 커지게 된다. 가랑이의 사이즈는 장착해 보지 않으면 알 수 없는 중요 사항이다.

안전벨트 장착 포인트

버클을 반대로 넣기

1

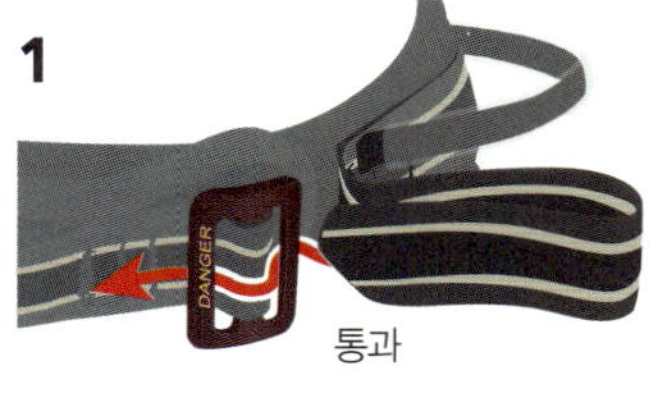

2

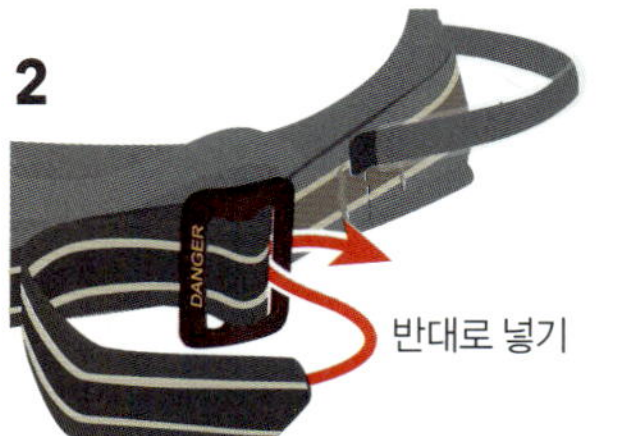

2번을 하지 않으면 빠질 수 있다.

하네스의 비틀림

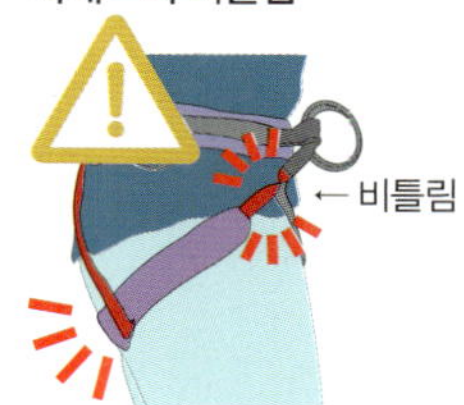

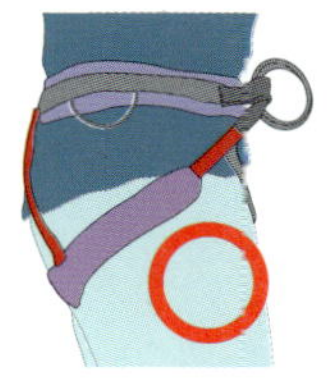

1.5

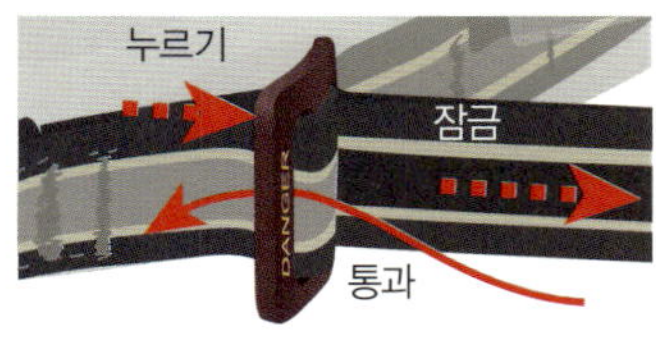

벨트를 채울 때 배 집어넣기
느슨하지 않도록 배를 넣고 버클 누르기

3

← 버클을 다시 접어 끼우는 것을 잊지 않도록 사용되는 버클. 두 번째 버클을 끼우지 않으면 버클이 하나만 있는 것보다 치명적이기 때문에, 버클 두 개짜리를 착용할 때는 등반 시작 시 버클 확인하기를 습관화해야 한다-!

로프 끼우기

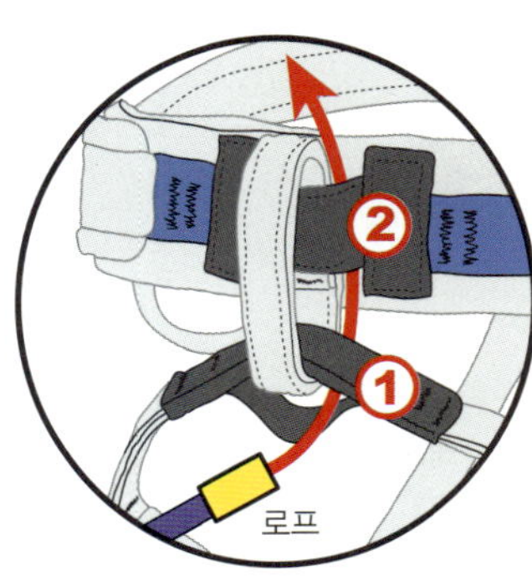

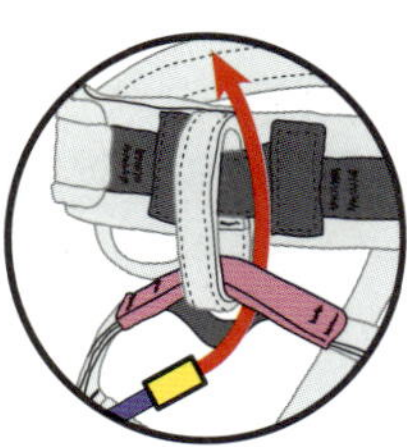

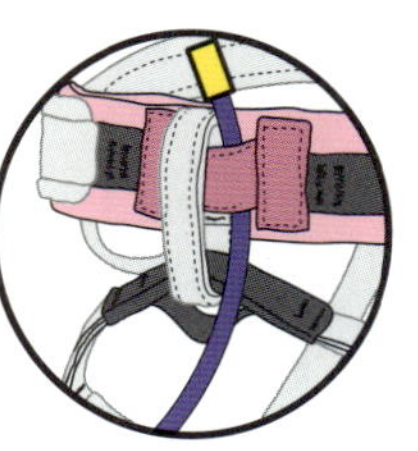

안전벨트에 따라 매듭 위치가 다를 수 있으므로, 제품 설명서를 반드시 참조한다.

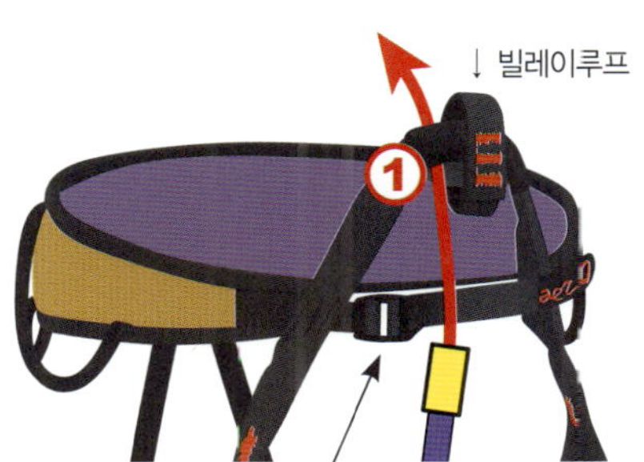

허리 부분에는 통과시키지 않는다.

안전벨트의 형태에 따라서는 통과시키는 부분, 위치에 차이가 있을 수 있으므로 제품 설명서를 참조한다.

1-2 암벽화

● 암벽화 고르기

자신의 발 형태에 따라 발이 편한 암벽화를 찾을 때까지 신어 보고 구입하는 것이 좋다. 같은 크기라도 제품에 따라 차이가 있기 때문에 발 사이즈를 잘 모른다면 몇 켤레든 신어 봐야 한다. 맨발로 신어 보고 딱 맞는 것을 찾는다 (신었을 때 편한 정도, 고통을 견딜 수 있는 정도 등의 기준으로 고른다). 등반 루트가 짧으면 꽉 끼게 신고, 등반 루트가 길면 살짝 느슨하게 신는 등 루트 상황에 따라서도 암벽화를 다르게 신는 것이 좋다.

매주 클라이밍을 할 경우 3개월에서 6개월쯤 되면 암벽화 발끝 부분의 고무가 닳는다. 구멍 나기 전에 미리 교체하는 것이 경제적이며, 전문점에서 밑창을 교환할 수 있다. 직접 교체하려면 도구(전용공구가 아니어도 가능)와 경험이 필요하다.

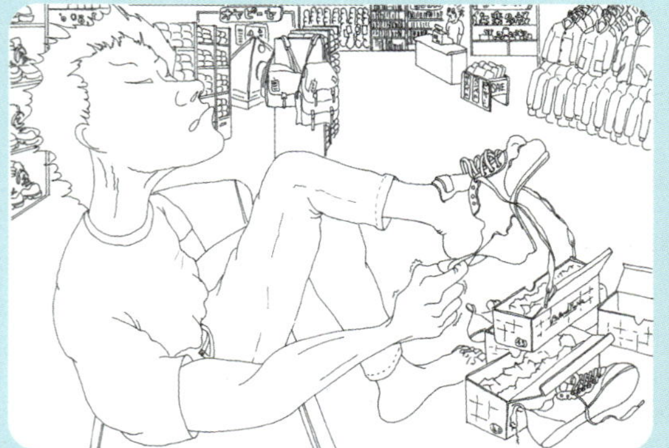

과연 암벽화가 주는 고통에서 벗어날 방법이 있을까?
신어 보자마자 딱 맞는 느낌을 찾기는 어렵다.

암벽화의 종류

유형

형태

재질

바위의 형태(오버행, 슬랩, 크랙)에 맞는 암벽화를 고르는 것이 중요하다. 다운토, 턴인이 심한 것은 오버행용, 하이컷은 크랙, 특히 와이드크랙용이다.

밑창의 재질은 암벽화의 핵심으로, 성능을 크게 좌우한다. 한동안 한 개 업체에서 독점하는 듯했으나, 최근에는 각 업체에서 새로운 재질의 밑창을 제조하면서 성능의 차이가 좁혀졌다. 발에 익숙한 암벽화를 선택한 후 선호하는 밑창으로 바꿀 수도 있다.

더블로프와 트윈로프의 차이

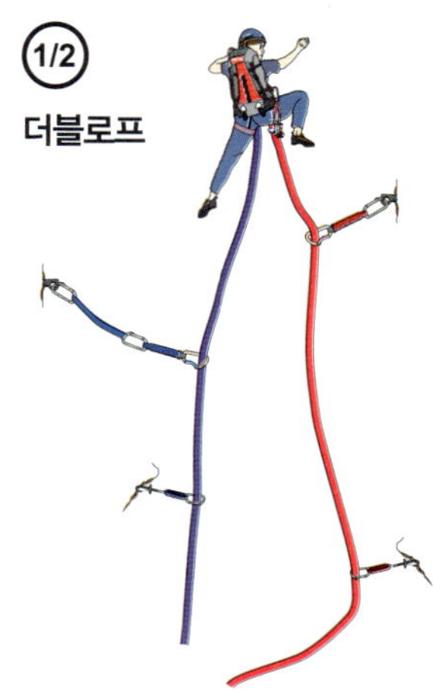

1/2
더블로프

장점 트윈로프보다 흐름이 좋음 3인 등반 가능
단점 트윈로프보다 무거움
용도 멀티피치 등

두 동을 분리하여 사용할 수 있으므로 싱글, 트윈로프보다 로프의 흐름을 직선으로 만들기 쉽다. 싱글로프도 두 동으로 오를 수는 있지만, 로프가 무겁고, 추락할 때 조금만 늘어나기 때문에 더블로프보다 충격이 클 수 있다.

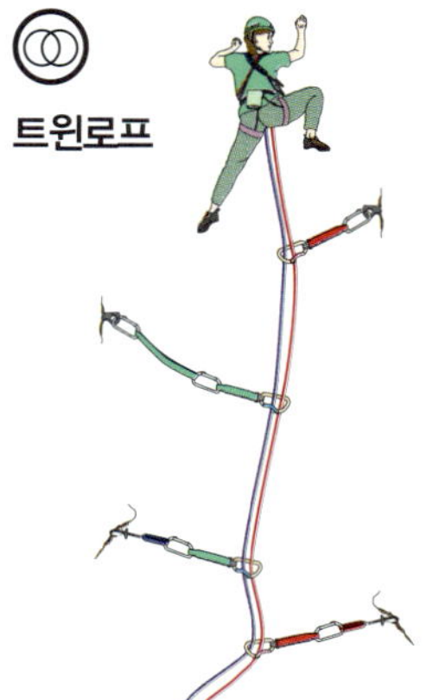

트윈로프

장점 더블로프보다 가벼움
단점 로프의 흐름에 제한이 많음
용도 빙벽등반 등

두 동을 로프 한 동처럼 사용한다. 또한 싱글로프로는 길이가 짧아서 하강할 수 없는 경우에 보조로 사용한다. 로프가 가늘기 때문에 확보기구와 성질이 잘 맞는지 확인해야 한다. 빙벽에서는 바위 모서리에 쓸릴 일이 없지만, 가늘기 때문에 바위 모서리에서는 주의해야 한다.

● 로프의 종류

로프Rope(자일Seil)의 종류는 클라이밍용(나일론 소재)과 기타 용도로 나뉜다. 클라이밍용이 아닌 정적 로프Static Rope(규격. 시험방법이 다름)는 하중이 생겼을 때 많이 늘어나지 않기 때문에 추락 시 충격이 강하여 선등에는 쓰지 않는다.

p231, 245
케른멘틀, 꼬임

로프 세탁

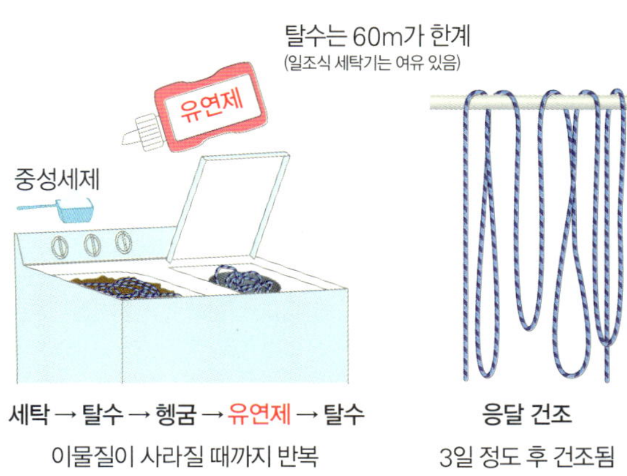

세탁 → 탈수 → 헹굼 → 유연제 → 탈수
이물질이 사라질 때까지 반복

응달 건조
3일 정도 후 건조됨

심하게 더러워진 로프는 세탁기로 세탁한다.
유연제로 마무리하면 어느 정도 사용할 수 있는 상태로 회복된다. 진흙이 묻은 로프는 성능이 떨어지며, 확보기구, 카라비너, 로프의 노후화를 앞당긴다.

로프 자르기

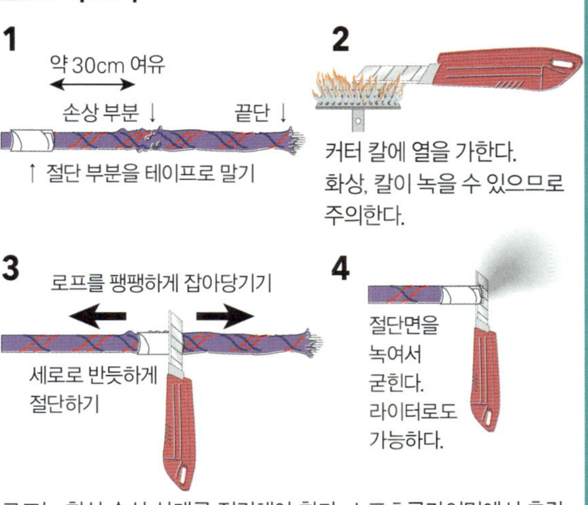

로프는 항상 손상 상태를 점검해야 한다. 스포츠클라이밍에서 추락할 때 마지막 지점 부근(로프 끝단에서 2~3m 부근)이 심하게 손상될 수 있다. 로프의 절단 시기는 개인의 판단에 따른다. 손상된 부분을 걸레 짜듯이 비틀었을 때 표피가 찢어질 것 같다면 로프를 절단해야 한다.

1-4 카라비너

● 카라비너Karabiner의 종류

중간확보물과 로프를 연결하는 용도와 확보 용도가 있다.

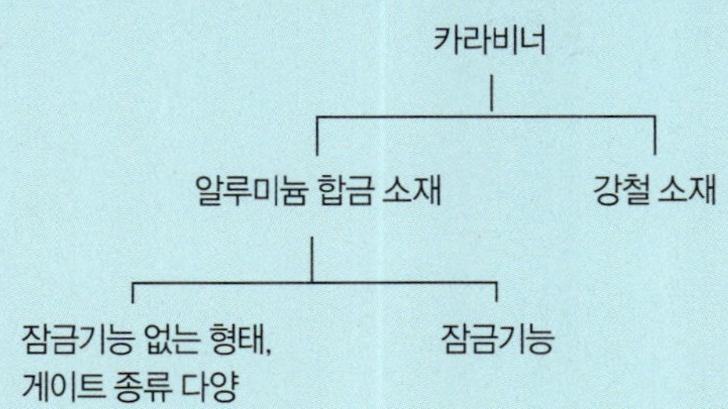

카라비너는 게이트(개폐구)의 종류나 사용 편의성 등에 대한 개인의 기호에 따라 선택해도 될 것 같지만, 제조사·색·가격 및 기능을 고려하여 선택하는 것이 중요하다. 실제 본인 손에 맞는 크기인지, 게이트를 여닫을 때의 느낌은 어떤지, 또 핀, 게이트 등에 미심쩍은 부분이 없는지 등을 철저히 확인해야 한다. 동일 제품이더라도 대량 생산된 제품이기 때문에 확률상 불량품이 있을 가능성이 있으므로 일일이 확인해야 한다.

카라비너는 열간단조 기술*력이 높은 제조사일수록 소형화, 경량화가 잘 되어 있다. 카라비너의 가격 차이는 이러한 기술력이 반영된 것으로 볼 수 있다. 카라비너의 규격을 커넥터connector라고 부르는데(커넥터 타입 A, B... 등으로 표현), 커넥터에는 로프를 연결할 수 있는 카라비너 이외의 것들도 포함된다.

*열간단조 기술: 가공물에 열을 가하여 두드리는 기술

형태, 게이트의 차이

HMS형

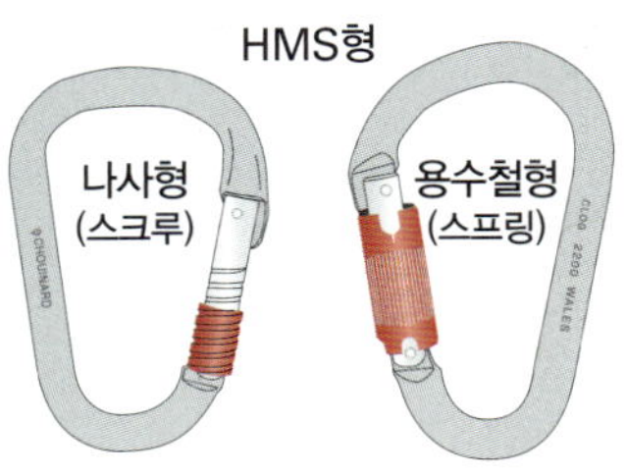

잠금기능
= 이중잠금 카라비너
용도 확보, 확보지점 등

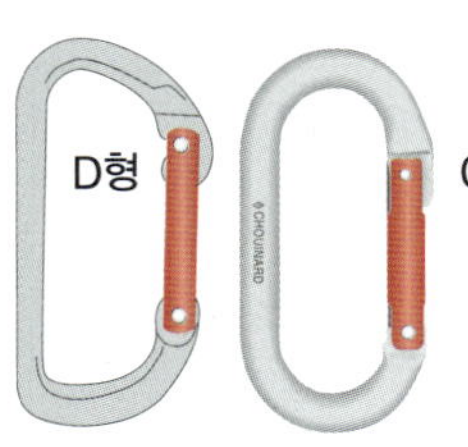

직선형 게이트
사용 간편성, 강도, 용도에 따라 형태 진화

곡선형 게이트
용도 로프 클립용
장점 끼우기 쉬움
단점 직선형 게이트보다 빠지기 쉬움

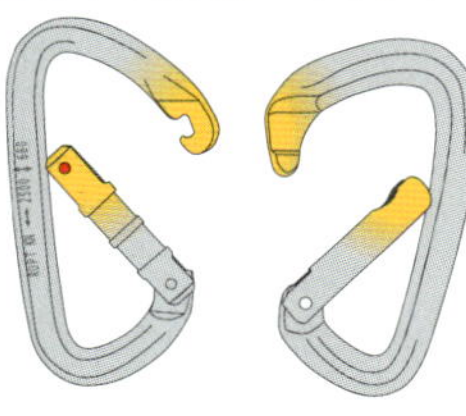

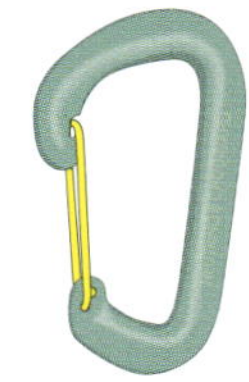

키록Keylock
장점 게이트가 중간에 걸리기 어려움
단점 눈, 흙이 묻으면 완전히 잠기지 않고, 얼면 열리지 않음

장점 잘 얼지 않으며, 위플래쉬 현상*이 잘 발생하지 않음
단점 슬링에 사용할 때 직선형 게이트보다 로프가 빠지기 쉬움

*게이트위플래시Gate Whiplash 현상: 카라비너가 강한 충격을 받을 때 딸각거리며 열렸다 닫히면서 파열되는 현상을 가리키며, 게이트플러터Gate Flutter라고도 한다.

기타 형태

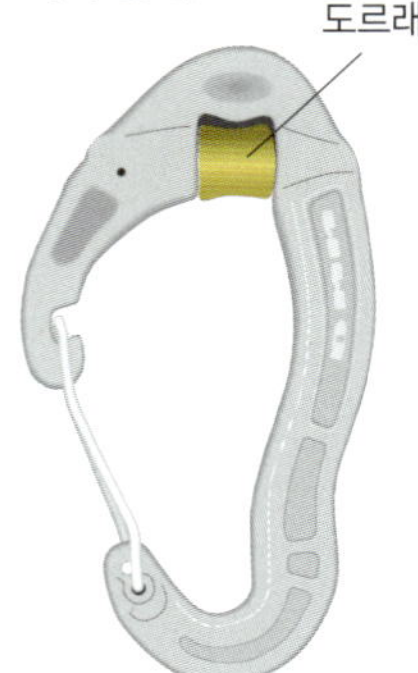

도르래 내장
도르래가 로프의 마찰저항을 완화한다. 굴곡, 중량이 클 경우 효과적이다.

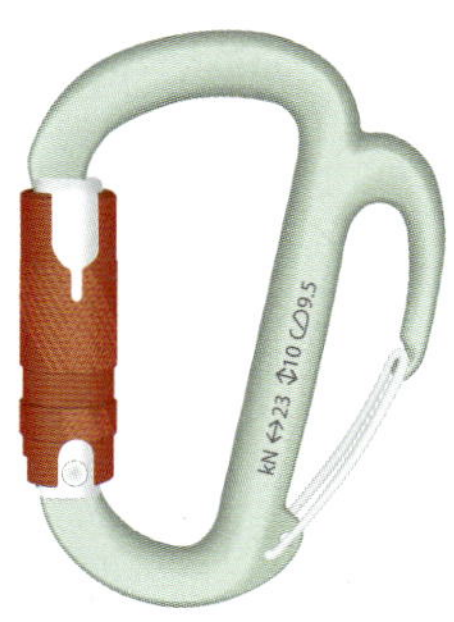

훅Hook 내장
확보에 사용, 훅에 로프를 반대로 걸면 제동력을 증가시킬 수 있다.

특별 잠금 방식
2개의 판이 서로 겹치면서 열리고 닫힌다. 원형 잠금에 비해 여닫기가 확실하다.

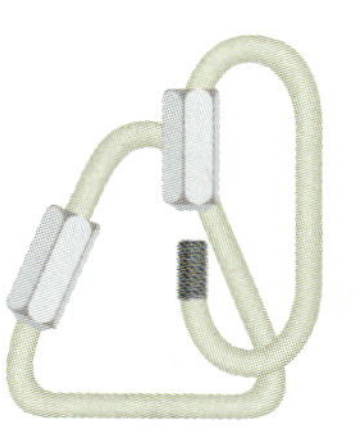

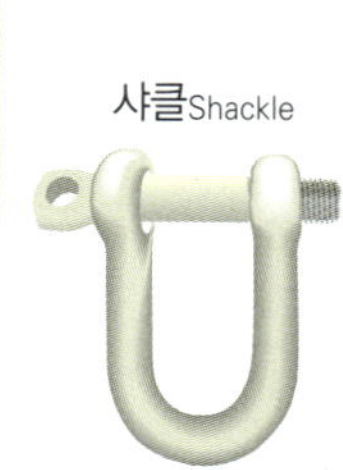

퀵링크QUICK LINK
마일론MAILLON

나사형
마일론은 커넥터의 규격에 포함되어 있으나, 샤클은 포함되지 않는다.
(퀵링크, 마일론, 샤클은 제품명. 국내에서는 거의 퀵링크를 사용한다.)

카라비너는 위아래가 아닌 방향으로 하중이 걸릴 때 파열되기 쉽다. 추락 시 카라비너가 돌아가거나 바위, 볼트에 닿을 때도 위아래 이외의 방향에 힘이 발생하므로 강도가 떨어진다. 10kN 정도의 강도에서는 추락 시 파열, 파손될 가능성이 있다.

a 바위에 닿음

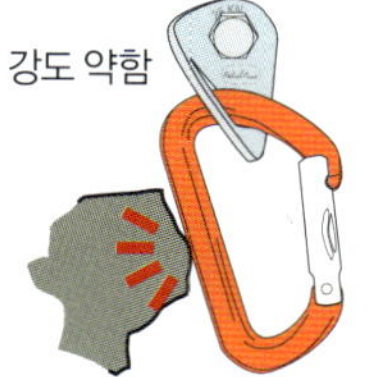

강도 약함

b 게이트가 개방됨

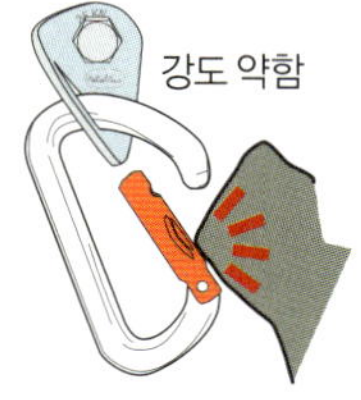

강도 약함

볼트에 닿음

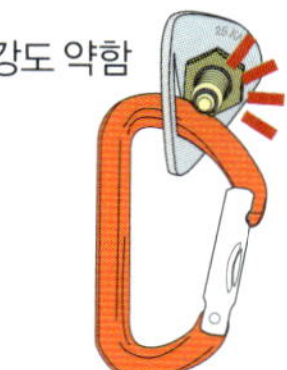

강도 약함

c 바위에 닿음

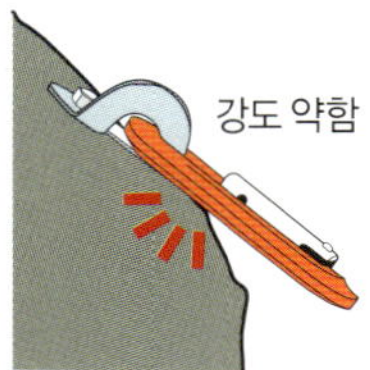

강도 약함

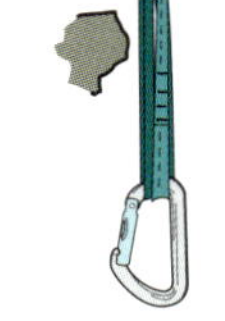

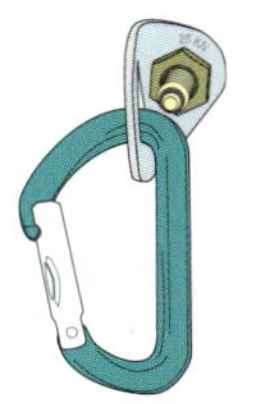

a, b, c는 슬링으로 조정한다.

방향을 바꾸거나 슬링을 사용한다.

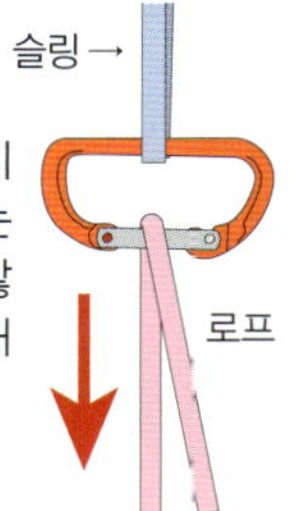

카라비너의 회전을 막지 않으면 가로로 돌아가는 경우가 있다. 손이 닿지 않으면 로프를 당겨서 대처한다.

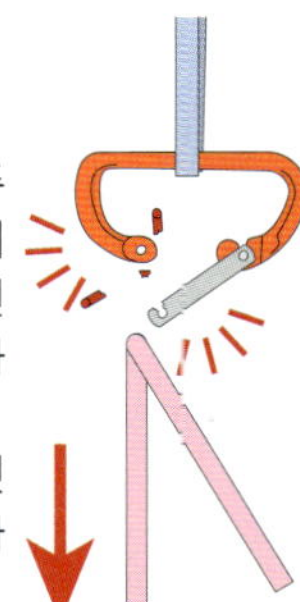

가로 방향으로 하중을 주면 카라비너가 파열되기 쉽다. 게이트가 파손되면 이후에 본체가 부서질 가능성도 있다.
파열 후 형태가 바뀌는 것만으로 게이트 부분이 파열되지 않는 경우도 있다.

강도 표시

카라비너는 수직 방향, 세로 방향, 게이트 개방 시의 강도 등 3종류의 강도 표시가 규격화되어 있다. 세로 축 방향Minor Axis은 10kN 정도의 강도이므로 추락 등의 충격으로 카라비너가 파열될 수 있다. 카라비너를 선택하는 기준으로 게이트 개방 시의 강도(가장 약함)를 고려하면 좋다.

킬로뉴턴kN(→ p.246)

기호 ↔24 ↕7 ⌒8kN CE

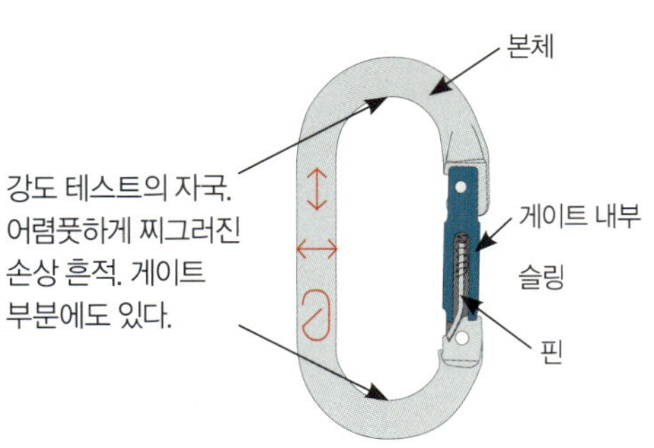

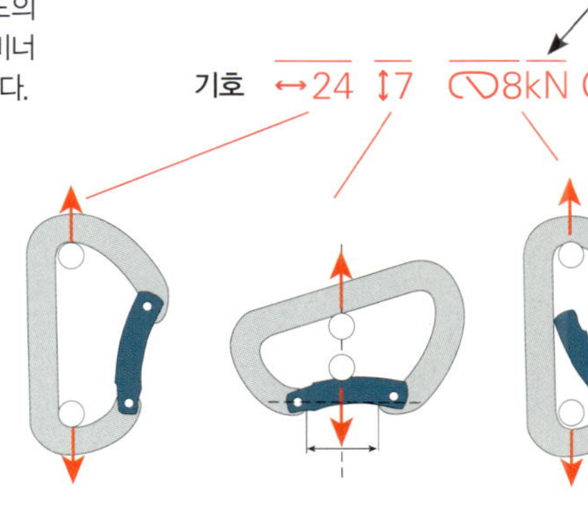

확인

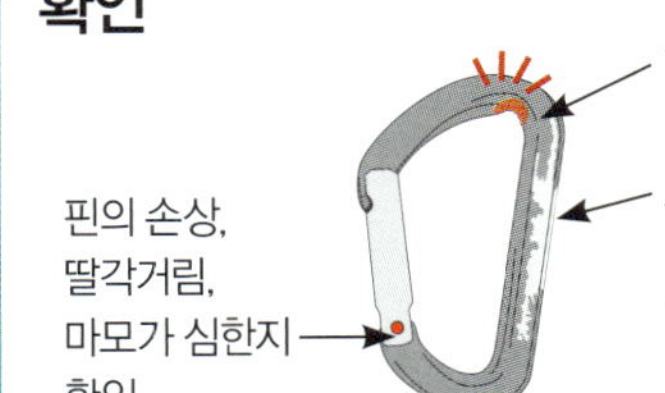

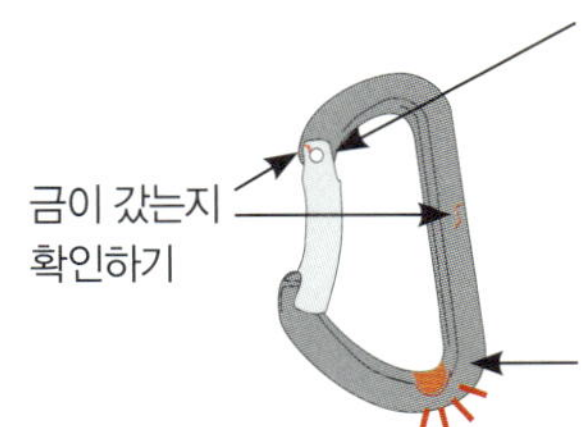

1-5 러너

● 러너Runner의 종류

확보지점, 로프의 흐름 조절 등 다양하게 사용되는 중요한 장비다. 소재의 변화로 경량화, 소형화 되고 있다.

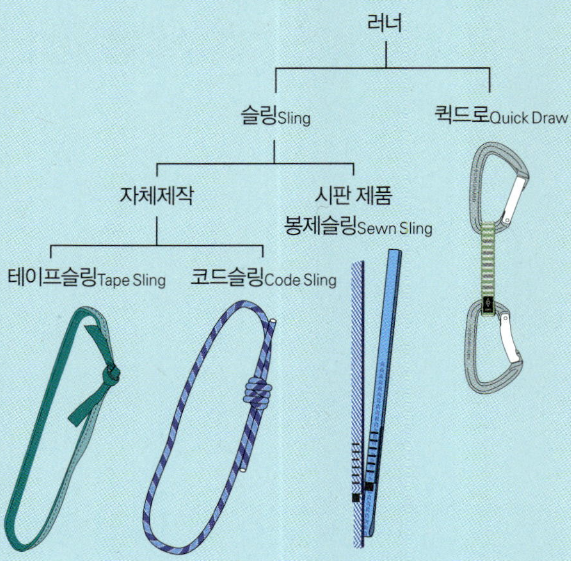

몇 해 전 슈퍼섬유라고 불리는 신소재가 등장했다. 로프가 마麻에서 나일론 소재로 바뀌면서 클라이밍이 비약적으로 발전했던 것처럼, 나일론보다 강도가 높은 이 신소재도 슬링의 성능을 높이고 있다. 그러나 매듭해 사용하는 등 주어진 조건에 따라서는 강도가 떨어지거나 강한 충격을 막지 못할 수도 있다. 또한 열에 약한 소재는 프릭션히치 Friction Hitch 매듭에는 부적절하다. 그러므로 각 소재의 특징을 충분히 파악하고 사용하는 것이 중요하다. 미끄러운 소재는 풀리기 쉬워서 유통되지 않는다.

퀵드로Quick Draw

● 로프 쪽 카라비너

로프 쪽 카라비너는 로프를 끼우기 쉬운 곡선형 게이트다. 와이어게이트를 사용하는 것이 일반적이다. 게이트의 방향을 앵커 쪽 카라비너와 같게 할지 반대로 할지는 특정 장소를 제외하고 개인이 사용하기 편한 쪽으로 정하는 경우가 많다.

카라비너가 돌아가지 않도록 장착하는 방법

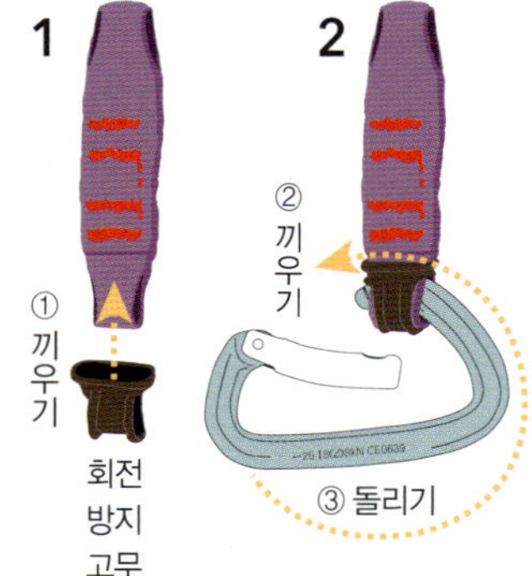

● 회전 방지 고무

테이프의 폭에 맞춘 크기가 있다. 러너에 내장된 것도 있다. 로프를 움직여 카라비너가 세로 방향으로 돌아가지 않도록 누른다. 테이핑 등의 방법으로 대체할 수 있다. 회전 방지 고무는 연결부를 고정하기 때문에 러너가 부드럽게 움직이지 않게 된다.

길이 조정이 가능한 슬링퀵드로(알파인퀵드로)

슬링Sling

p70
옭매듭/오버핸드매듭

소재의 차이로 크기, 중량이 크게 변하며 휴대방법도 변한다.

슬링 강도 비교

종류	중량(g/m)	강도(kN)
나일론로프		
5mm	15~16	5~5.6kN
6mm	21~23	7~9.8kN
7mm	27~31	9.6~13.4kN
8mm	39~40	12.5~14.8kN
케블라로프Kevlar Rope		
5.5mm	23	18kN
다이니마로프		
6mm	26	22kN
10mm	33	22kN
나일론테이프		
16mm	데이터 없음	1350kg
19mm	데이터 없음	16kN
25mm	데이터 없음	15kN

* 튜블러테이프Tubular Tape: 원형 모양으로 짠 슬링으로, 튜블러웨빙Tubular Webbing이라고도 한다.

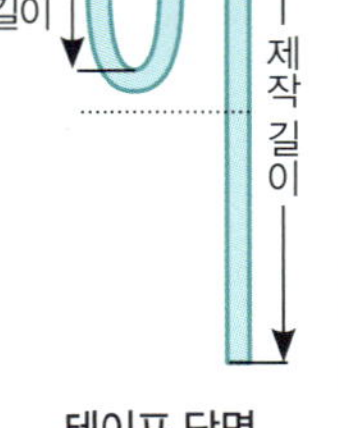

p63
테이프매듭, 이중피셔맨즈매듭

특별한 슬링

충격을 받았을 때 견디는 강도가 있는 것과 없는 것이 있다. 사용할 슬링의 강도를 이해하고 사용하는 것이 중요하다.

자기확보줄의 강도 비교

종류	강도
링 형태	링 당 약 18kN
데이지체인	끝단 약 11~22kN 중간 부분 약 1.3~3kN
조절식 랜야드	약 15kN
로프	로프 강도

강도는 테이프 폭, 소재, 제조사 측정값에 따라 차이가 있다.

자체 제작 슬링 길이

자체 제작 슬링	루프 길이(cm)	제작 길이(cm)
테이프 19mm 폭	45	130
테이프 19mm 폭	60	160
6mm 로프	60	130
6mm 로프	60	150
8mm 로프	60	140
8mm 로프	60	160

루프의 길이와 제작 길이를 기준으로 한다. 매듭에 필요한 길이는 테이프의 종류, 테이프 폭, 두께, 끝단의 길이어 따라 달라진다. 루프 길이 45cm는 교차시키기 어렵다. 자신이 선호하는 길이를 찾아낸다. 구입할 때 해당 길이로 자르는 것이 효율적이다.

슬링의 재질 비교

	품명	제조사	소재	강도 강도g/D	무게 비중	내열 녹는점(℃)	신축성 신장률(%)	미끄러움	접힘	특징
	나일론	여러 기업	폴리아미드	약 7~9.7	중 1.13~1.16	중 215~267	대 16~27	소	강	매듭이 들어간 경우 수퍼 섬유보다 강할 수 있음
슈퍼섬유	다이니마	東洋紡織 TOYOBO	초고분자 폴리에스틸렌	대 30	경 0.97~0.98	저 140~155	중 3~4	대	약	물에 뜨며 열에 약함 접힘이 약하며 케블라보다 강함
	케블라	東レToray 듀폰Du Pont	아라미드	대 26	중 1.44	고 480~570	소 1.5~4.5	대	약	열에 강하며 접힘이 약함
	테크노라	帝人Teijin	아라미드	26	1.39	500탄화	4		약	케블라보다 접힘이 강함
	베쿠토란	쿠라레Kuraray	폴리아릴레이트	대 26	중 1.40~1.41	고 400	소 2.7~3.8		약	열에 강함 케블라보다 접힘이 약함

위의 표는 나일론과 슈퍼섬유를 비교한 것으로, 강도의 강약, 무게·내열성·신축성 등의 정도를 대·중·소 등으로 표현했다. 슈퍼섬유는 역사가 짧고, 품명 및 소재로 표기되는데, 어느 것이든 알고 있으면 이해하기 쉽다. 투습성 소재가 처음 나왔을 때처럼 슈퍼섬유도 아직 과도기에 있다. 테이프 형태의 슈퍼섬유는 유통되지 않는다.

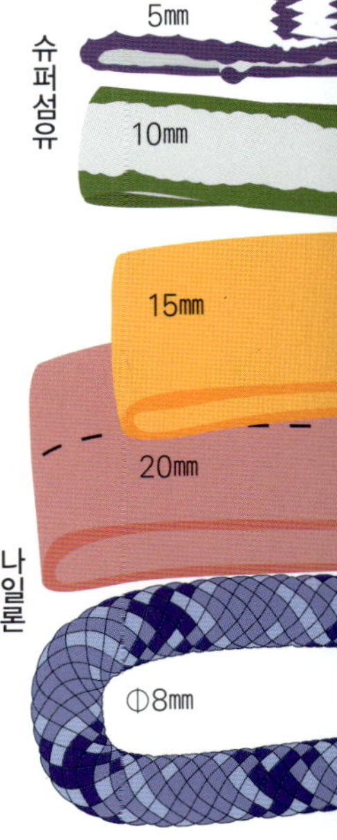

●확보·하강기

확보·하강기는 매년 개량되어 다양한 기종이 판매되고 있는데, 이 도구를 다루는 데 능숙해지는 것이 중요하다. 특히 로프 제조기술의 향상에 따라 가늘고 잘 늘어나는 로프(규격의 변화)가 개발되면서 로프 지름에 맞는 장비만 사용할 수 있게 됐다.

일부 하강기 중에는 확보 기능이 없는 제품도 있으나, 이 책에서는 클라이머(사용자)에게 확보·하강기로 사용되는 장비를 설명한다.

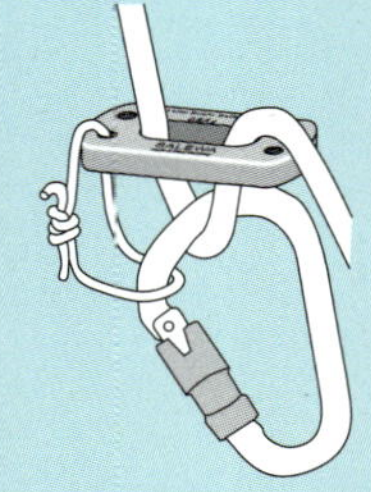

종류

확보·하강기에는 8자하강기*, 튜브형, 후등자 확보기능이 있는 하강기, 잠금기능이 있는 것 등이 있다. (8자하강기는 하강 기능에 한정하여 생산하는 제조사도 있음.) 후등자 확보 기능은 튜브형 하강기에 부속된 기능이므로 후동자 확보 이외의 사용방법은 동일하다.

잠금식 하강기는 로프를 고정하는 하강에 한정되어 있다. 두 동의 로프로 하강하는 것은 불가능하다. 등강기의 대용, 단독등반(솔로) 시의 확보에도 사용되고 있다. (단, 기본 기능 범위를 벗어난 것이다.)

* 1990년대 초반 국내 산악계에서는 등반용어에 대해 논의하면서 여러 산악회에서 사용하던 비너(카라비너), 짜(자일), 8자(8자하강기) 등 줄임말들을 사용하지 않기로 했으며, 이후 정규 등산 교육에서는 이러한 줄임말을 사용하지 않는다.

종류

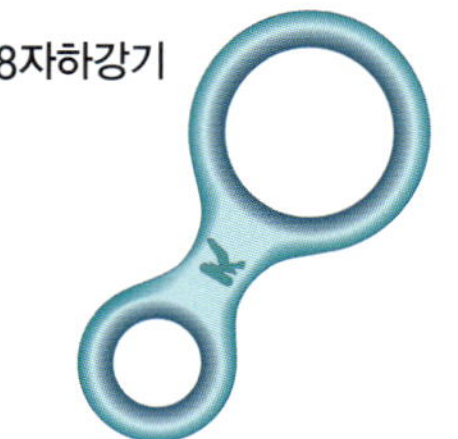

장점 다른 기능을 갖춘 장비들에 비해 기능은 적으나, 하강기의 역할은 만능이다. 하강 시 임시고정이 용이하다.

단점 로프가 뒤틀릴 수 있다. 3인 등반 시에 확보가 어렵다.

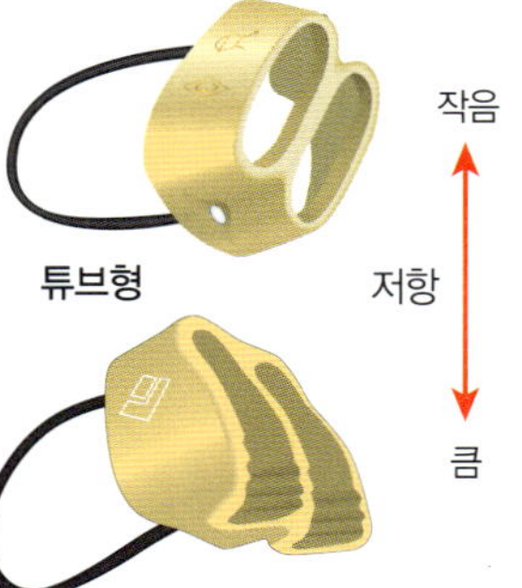

장점 더블로프를 사용했을 때 조작성이 좋다.

단점 제동 효과를 주는 변형이 없다. 사용 가능한 로프의 지름이 한정적이다.

장점 후등자 확보가 편하다.

단점 후등자 확보를 위한 부위가 커서 무겁다. 고가 제품이 많다.

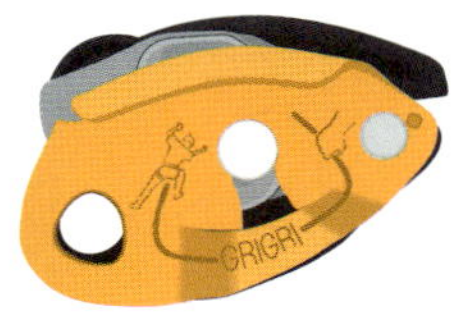

장점 급격히 추락할 경우 확보 시 안정감이 높다.

단점 고가, 무겁고 크다. 로프와 성질이 맞는지 상성相性을 맞춰야 한다. 로프 두 동으로 하강은 불가능하다.

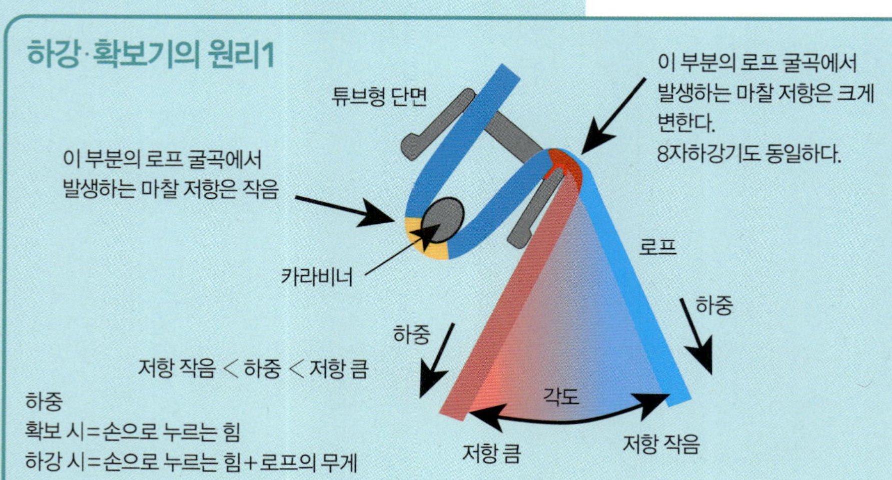

장비의 원리를 이해하고 있으면 스스로 판단하여 응용이 가능해질 것이다. 각도에 따라 저항이 크게 변화한다는 것을 이해하고 있다면 후등자 확보 시에 확보기를 사용할 때 그립빌레이Grip Belay에 가까운 상태가 되는 것을 예방할 수 있다. 하중에 따라 저항이 변화하는 것을 이해하고 있다면 하강에서는 로프 끝단 부근을 가장 주의해야 한다는 점을 고려할 수 있다.

a 8자하강기

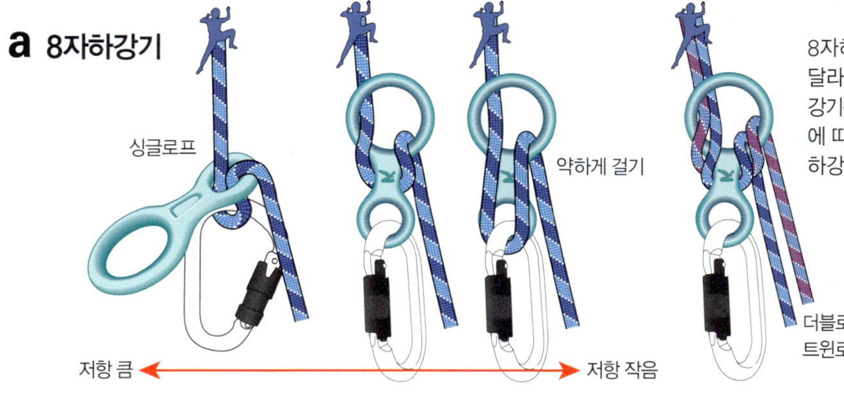

8자하강기는 로프에 따라 끼우는 방법이 달라지므로 정확히 조작해야 한다. 8자하강기는 로프와 카라비너 세트의 사용 방법에 따라 마찰 저항이 크게 변하므로 튜브형 하강기보다 더 잘 다루어야 한다.

b 튜브형 하강기, 후등자 확보 기능이 있는 하강기

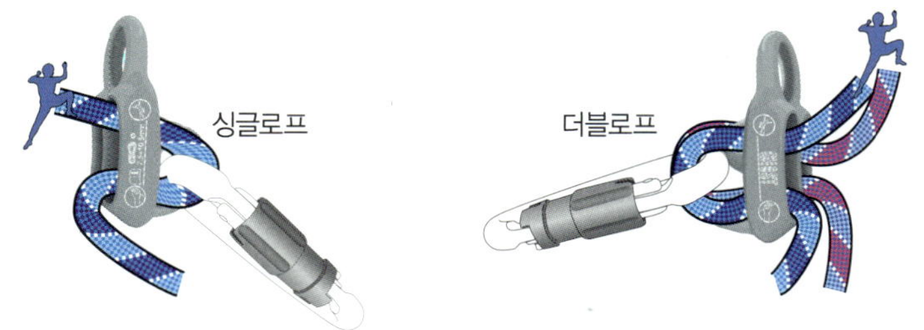

더블로프로는 선등자, 후등자 모두에게 8자하강기보다 조작하기 좋다.

로프의 형태와 성능이 발전하면서 튜브형 하강기도 형태와 로프를 끼우는 구멍의 크기가 변화하고 있다. 튜브형 확보기를 구입할 경우에는 사용할 로프의 두께가 맞는 제품을 선택하는 것이 중요하다. 이 책어 나오는 로프의 지름도 기준 규격 내에 있다. 실제로 어느 정도의 기간 동안 사용한 사람의 이야기를 참고하는 편이 좋다. 소형 하강기는 경량화보다는 비교적 지름이 짧은 로프에도 사용할 수 있다는 정도로 생각하는 것이 좋다. 가는 로프 한 동으로 하강할 때 주의할 것!

c 잠금 기능이 있는 하강기

브랜드에 따라 로프를 끼우는 방향이 반대이기 때문에 실수하기 쉽다. 다른 기종과 병용하거나 바꿔 쓰는 것은 피하는 편이 좋다.

잠금 기능이 있는 하강기는 취급설명서에 기재된 내용만 가지고 사용할 수 있는 로프를 판단할 수 없다. 미끄러지기 쉬운 정도, 유연한 정도 등과 관계가 밀접하고, 확보기 자체의 조작에 익숙해져야 하며, 이외에도 로프 상태를 판단할 수 있는 안목도 필요하다. 확보기 중에서 가장 잘 다루어야 하며, 익숙해지면 추락을 반드시 막을 수 있을 듯한 안도감이 생긴다. 일반적으로 사용하지 않는 로프로 확보할 때는 주의를 기울여야 한다. 이후 나온 확보기는 결점이 개량된 것도 있으나, 로프를 반대 방향으로 끼우는 등 사용방법이 다를 수 있으므로 혼용하지 않는 것이 좋다.

하강·확보기의 원리2

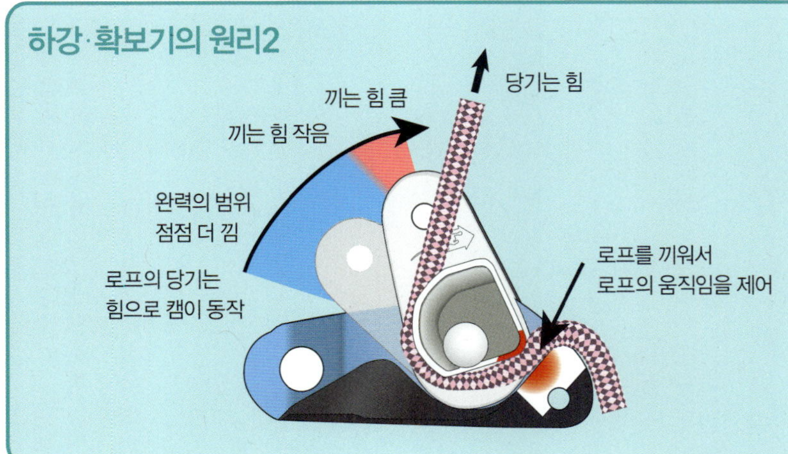

잠금 기능이 있는 하강기는 다른 확보기와 원리가 다르다. 다른 확보기는 로프의 굴곡에 따른 마찰 저항으로 로프의 움직임을 제어한다. 이에 반해 잠금 기능이 있는 하강기는 로프를 끼우는 것으로 로프의 움직임을 제어한다. 또한 로프 직경, 로프 표면의 미끄러워지기 쉬운 정도, 유연한 정도에 따라 로프를 끼우는 힘에 큰 차이가 있다. 그러므로 로프의 흐름 제어는 정지시킬지 움직이게 할지 등의 단순한 방식으로 제어하게 된다.

a 직접확보

그립빌레이
Grip Belay

확보기를 사용하는
그립빌레이

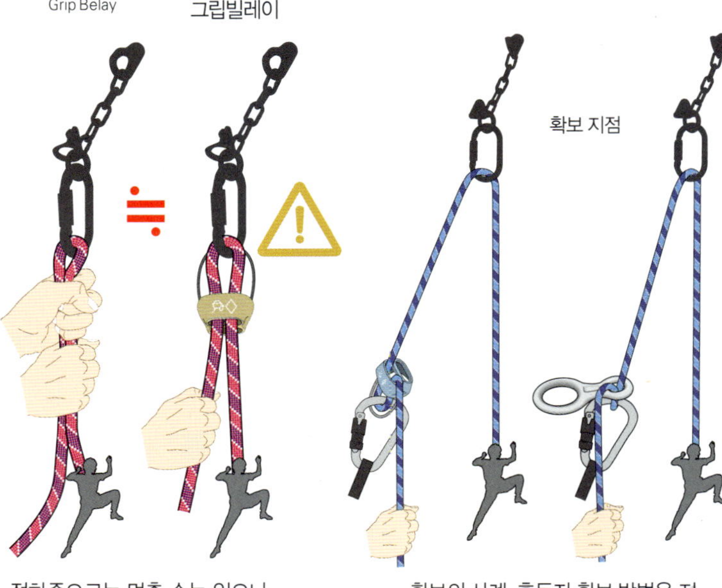

정하중으로는 멈출 수는 있으나,
로프가 미끄러지면 멈출 수 없다.

b 간접확보(방향전환)

확보지점에서 반대로 확보한다.

확보 지점

확보의 사례. 후등자 확보 방법은 지
점의 위치 등 상황에 따라 다르다.

c 후등자 확보 기능이 있는 하강기

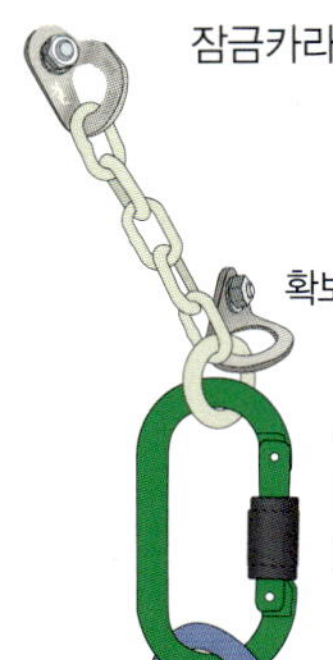

잠금카라비너 2개

확보지점

← 어깨 정도의 높이.
낮은 위치에서는
조작이 불편하다.

하중이 걸리면 위에 있
는 로프가 아래쪽을 누
른다. 로프를 움켜쥔 손
의 힘을 줄인다.

a 튜브형

튜브형은 8자하강기처럼 로프를 거는 방향을 이용해 제동력
을 조절할 수 없다. 얇거나 미끄러워지기 쉬운 로프는 그에 맞
는 하강기가 필요하다. 어울리는 성격의 로프를 미리 확인한다.

b 8자형

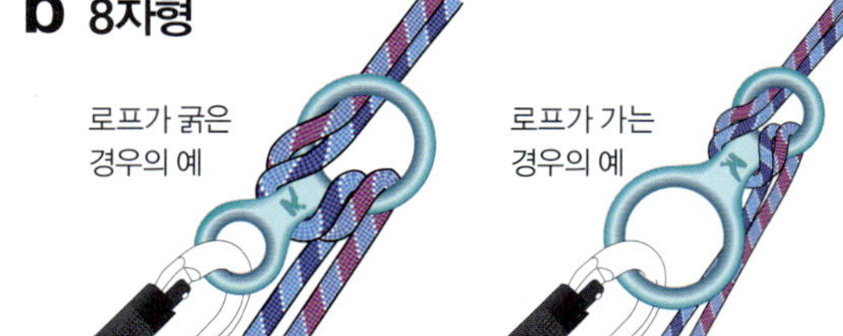

로프를 거는 방향에서 제동력을 조절할 수 있어서 새 로프, 가늘거나
미끄러워지기 쉬운 로프에 알맞게 사용할 수 있다. 특히 외줄로 고정
된 가는 로프에 유용하다.

하강 중 제동(8자하강기)

완전히 잠기지 않으므로
주의한다. 하강기보다 아래
에 있는 로프의 무게로 누
르기 때문에 끝에 가까워
지면 효과가 적다.

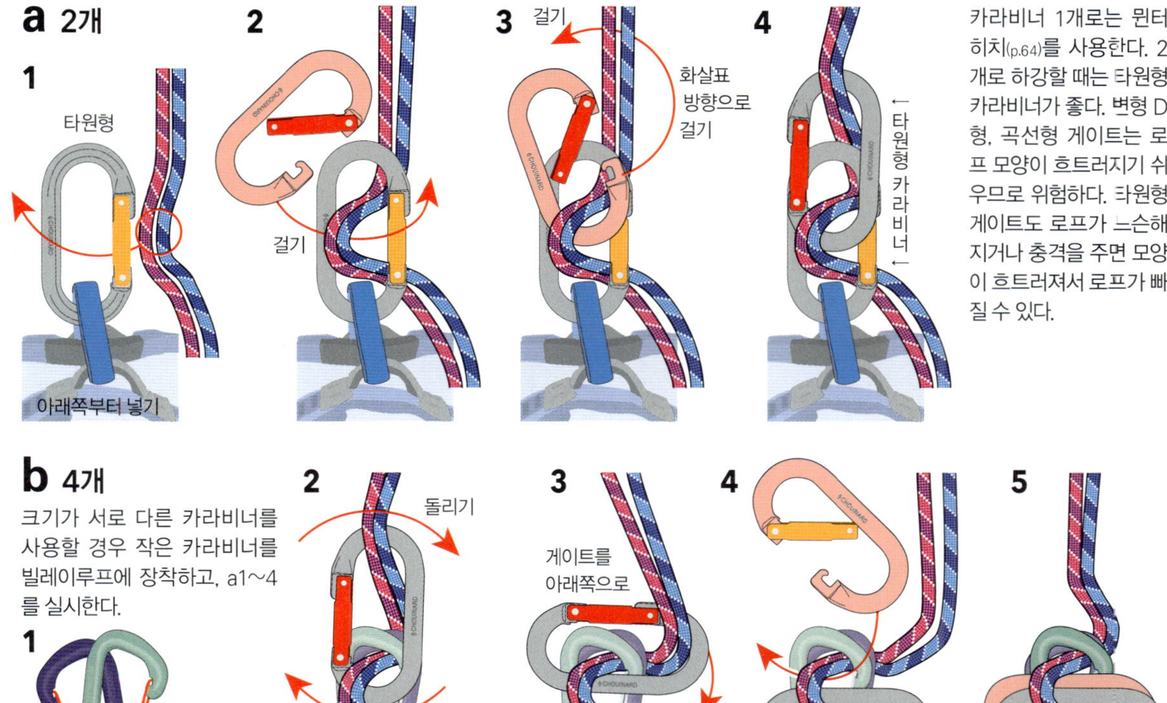

a 2개

카라비너 1개로는 뮌터 히치(p.64)를 사용한다. 2개로 하강할 때는 타원형 카라비너가 좋다. 변형 D형. 곡선형 게이트는 로프 모양이 흐트러지기 쉬우므로 위험하다. 타원형 게이트도 로프가 느슨해지거나 충격을 주면 모양이 흐트러져서 로프가 빠질 수 있다.

b 4개

크기가 서로 다른 카라비너를 사용할 경우 작은 카라비너를 빌레이루프에 장착하고, a1~4를 실시한다.

로프가 카라비너의 옆쪽으로 지나가게 하는 것이 포인트다.

앞에서 걸었던 카라비너와 반대 방향(a2의 역방향)으로 걸고 동일한 작업을 수행한다.

하강 시작과 로프 끝 부분의 차이(끝이 빠져서 추락할 수 있는 함정)

로프의 끝이 빠지면서 일어나는 추락 사고. 원인으로 로프의 끝에 매듭을 지었는지 여부를 생각하기 전에 로프 끝 근처 하강기의 상황을 이해하는 것이 중요하다. 로프 끝 부근에서는 낙하 에너지가 증가하므로, 자신의 체중만 고정하는 정도의 힘으로는 확보할 수 없다.

끝 부근에서 하강에 가속이 붙을 경우, 하강기의 마찰저항만으로는 하강을 멈출 수 없다.

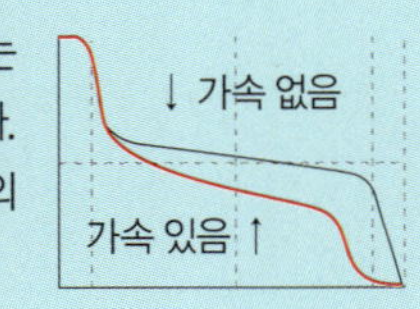

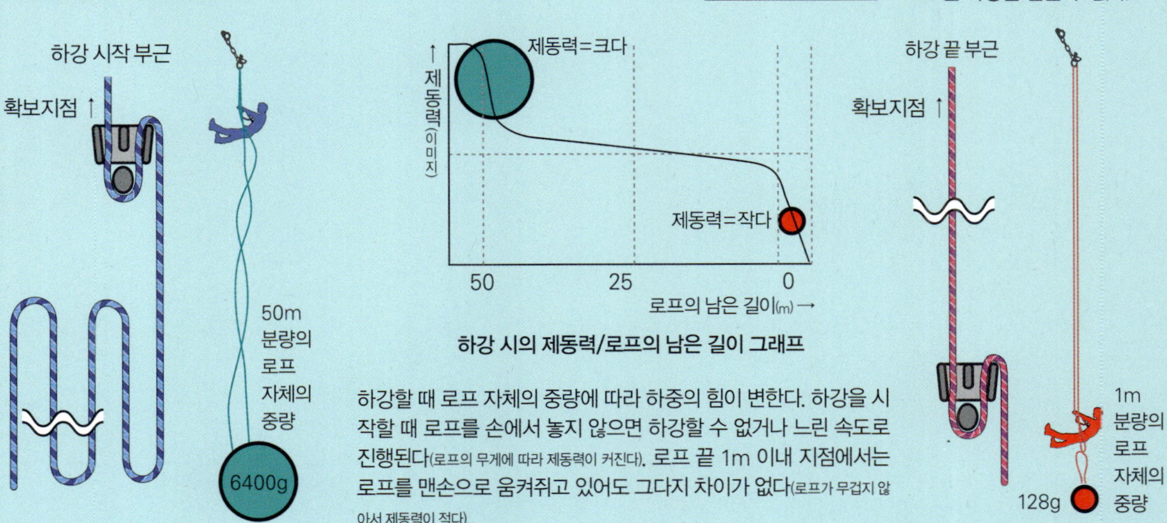

하강 시의 제동력/로프의 남은 길이 그래프

하강할 때 로프 자체의 중량에 따라 하중의 힘이 변한다. 하강을 시작할 때 로프를 손에서 놓지 않으면 하강할 수 없거나 느린 속도로 진행된다(로프의 무게에 따라 제동력이 커진다). 로프 끝 1m 이내 지점에서는 로프를 맨손으로 움켜쥐고 있어도 그다지 차이가 없다(로프가 무겁지 않아서 제동력이 적다).

● 확보물의 종류

확보물Protection은 바위, 나무 등의 자연확보물Natural Protection과 장비인 인공확보물Artificial Protection로 나뉘며, 인공확보물은 바위를 변형시키지 않고 설치할 수 있는 이동식 확보물Removable Protection과 바위를 변형시키면서 설치하는 고정확보물Permanent Protection*로 분류한다.

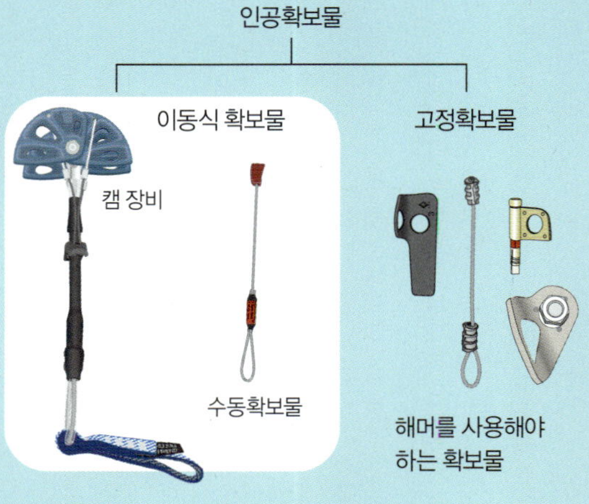

● 이동식 확보물Removable Protection

이동식 확보물에는 사용 범위가 변화하는 캠 장비(프릭셔널앵커)와 변화하지 않는 수동확보물Passive Protection(초크Chalk)이 있다. 이동식 확보물은 비싼 데다가 계속 종류가 늘어나고 있어서 구입할 때 선택하기 어렵다. 오래 사용할 물건이므로 스펙을 잘 살펴보고 사용하기 쉬운지 등을 스스로 잘 판단하여 선택하는 것이 중요하다. '이 장비가 더 저렴하니까.'라는 생각은 선택 실패의 원인이다. 규격은 '프릭셔널앵커Frictional Anchor'라는 총칭을 사용하여 나타내며, 여기에는 캠 장비 외의 다른 장비들도 포함된다.

*볼트나 하켄과 같은 고정확보물은 영어로 Fixed Protection이라고도 한다.

큰 캠 크기
큰 장비는 경량화되었으며, 1개가 4개 크기에 해당한다.

작은 캠 크기
크랙의 형태에 따라 때로는 캠보다 확실한 확보물이 된다. 초크 사용에 능숙해지면 경량화 제품도 사용해 볼 만하다.

헤드 재질의 차이
헤드의 재질에 따라 크랙에 대한 친숙도가 다르다. 놋쇠(황동)* 재질의 제품은 별로 없다.

*황동으로 된 인공등반용 확보물에는 껌처럼 뭉개서 박는 코퍼헤드Copper Head가 있고, 너트에는 브라스너트Brass nut가 있다.

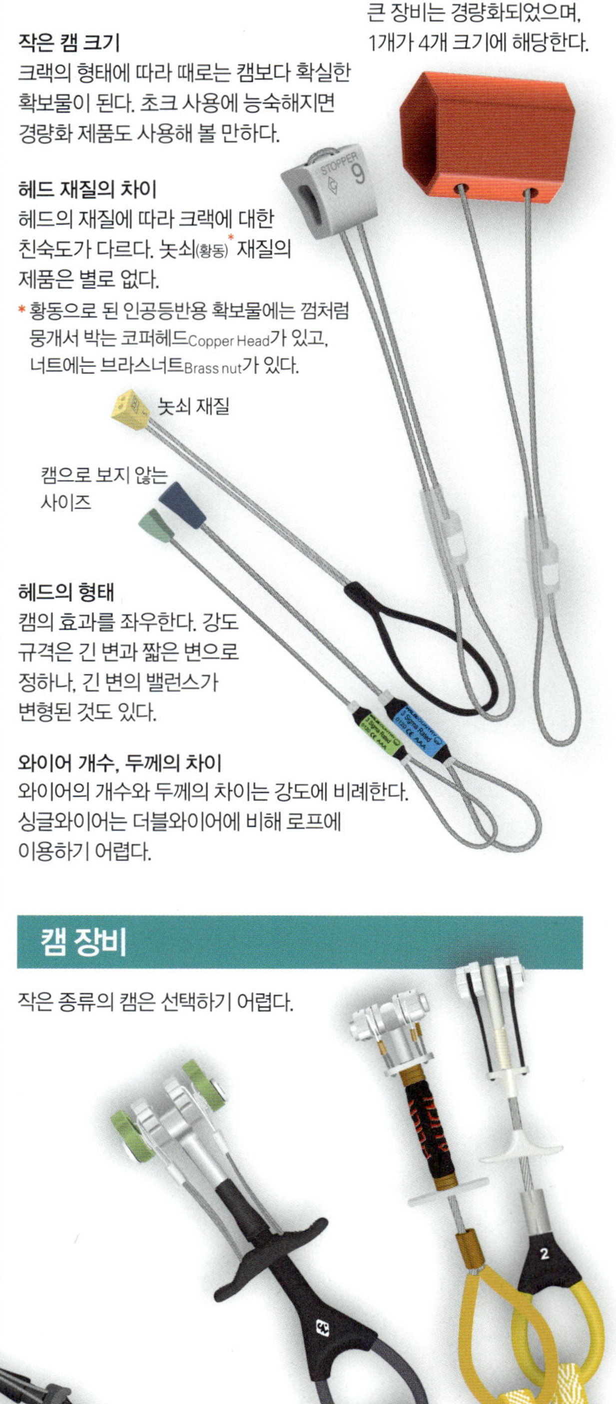

헤드의 형태
캠의 효과를 좌우한다. 강도 규격은 긴 변과 짧은 변으로 정하나, 긴 변의 밸런스가 변형된 것도 있다.

와이어 개수, 두께의 차이
와이어의 개수와 두께의 차이는 강도에 비례한다. 싱글와이어는 더블와이어에 비해 로프에 이용하기 어렵다.

캠 장비

작은 종류의 캠은 선택하기 어렵다.

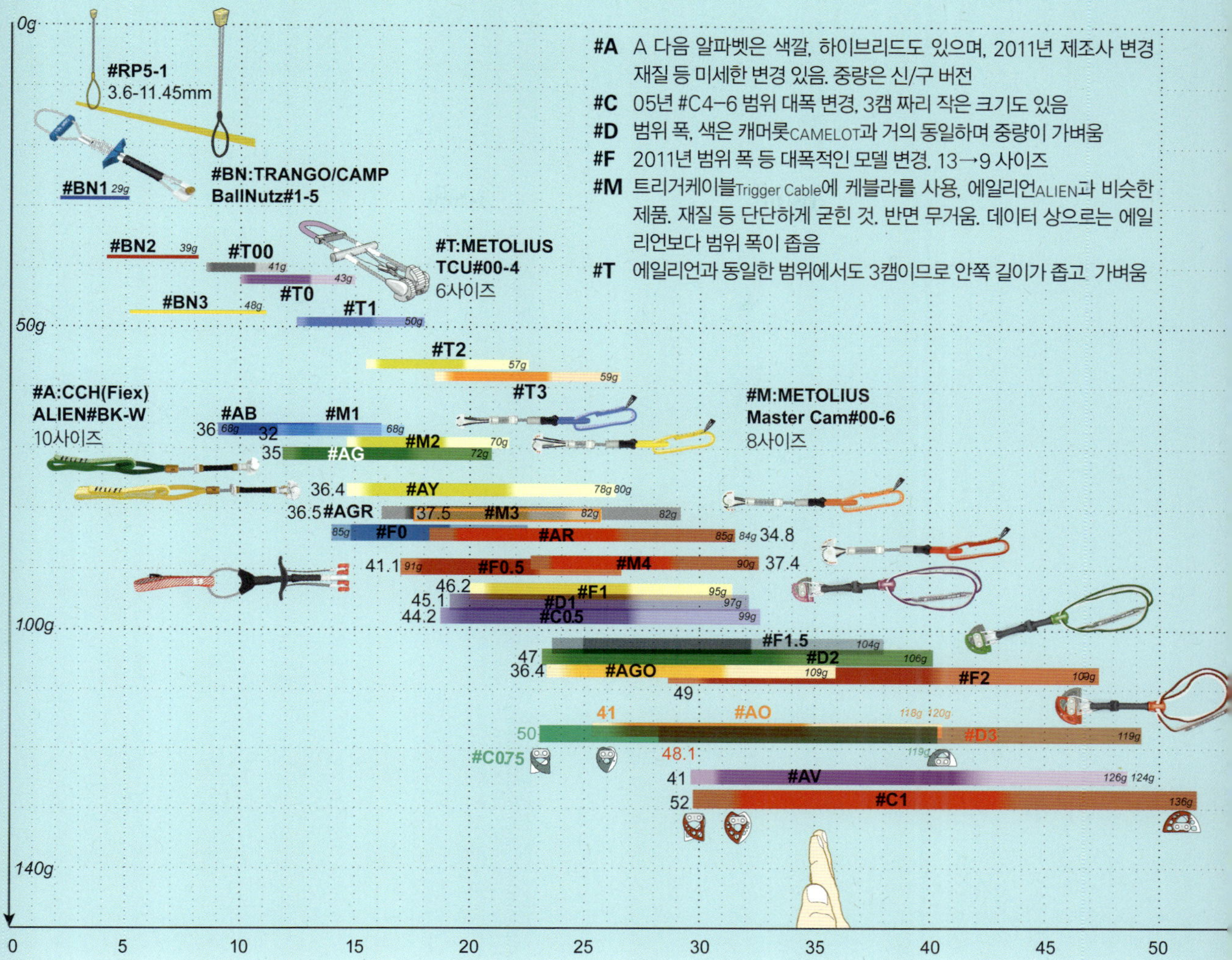

0g
50g
100g
140g
#RP5-1
3.6-11.45mm
#BN1 29g
#BN:TRANGO/CAMP
BallNutz#1-5
#BN2 39g
#T00 41g
43g
#T0
#BN3 48g
#T1 50g
#T:METOLIUS
TCU#00-4
6사이즈
#A A 다음 알파벳은 색깔, 하이브리드도 있으며, 2011년 제조사 변경 재질 등 미세한 변경 있음. 중량은 신/구 버전
#C 05년 #C4-6 범위 대폭 변경, 3캠 짜리 작은 크기도 있음
#D 범위 폭, 색은 캐머롯CAMELOT과 거의 동일하며 중량이 가벼움
#F 2011년 범위 폭 등 대폭적인 모델 변경. 13→9 사이즈
#M 트리거케이블Trigger Cable에 케블라를 사용, 에일리언ALIEN과 비슷한 제품. 재질 등 단단하게 굳힌 것. 반면 무거움. 데이터 상으로는 에일리언보다 범위 폭이 좁음
#T 에일리언과 동일한 범위에서도 3캠이므로 안쪽 길이가 좁고 가벼움
#T2 57g
59g
#T3
#A:CCH(Fiex)
ALIEN#BK-W
10사이즈
#AB 36 68g
#M1 32 68g
#M2 70g
35 #AG 72g
#M:METOLIUS
Master Cam#00-6
8사이즈
36.4 #AY 78g 80g
36.5 #AGR 37.5 #M3 82g 82g
85g #F0 #AR 85g 84g 34.8
41.1 91g #F0.5 #M4 90g 37.4
46.2 #F1 95g
45.1 #D1 97g
44.2 #C0.5 99g
#F1.5 104g
47 #D2 106g
36.4 #AGO 109g #F2 109g
49
41 #AO 118g 120g
50 #D3 119g
#C075 48.1 119g
41 #AV 126g 124g
52 #C1 136g
0 5 10 15 20 25 30 35 40 45 50

기호 등의 범례

얇음
두꺼움
띠의 폭 = 안쪽 길이
기록되지 않은 것은 실제 측정값 단위 mm 없음
10 또는 15 % 폭
제품명 앞 글자
제품 색
60 또는 50 % 폭
47
#d2
106g
띠의 길이(범위)
안쪽 길이
최소 폭
최대 폭

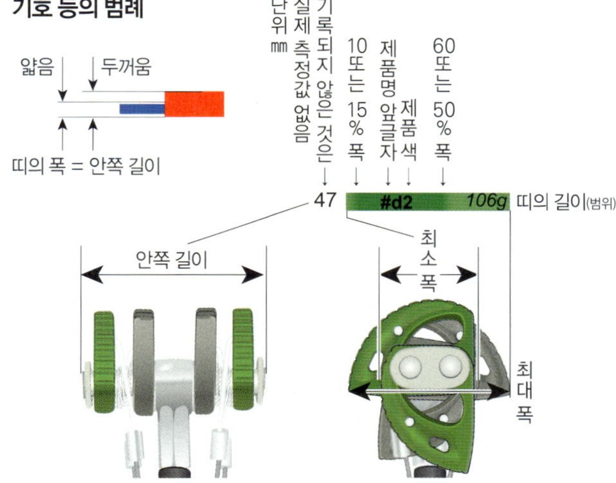

띠의 길이 범위(설명서에 기록된 캠의 폭)*

띠의 색에서 진한 부분이 범위 50, 60%~10, 15%이다. 그라데이션으로 되어 있는 것은 안심하고 사용할 수 있는 체감의 정도, 안쪽 길이는 숫자로 기재했고, 2mm 정도 고르지 못한 부분이 있어서 숫자와 체감되는 정도에 차이가 있으므로 띠의 두께도 체감을 기록했다. 체감으로 기록된 부분은 개인에 따라 차이가 있을 수 있다. 캐머롯CAMALOT, 드래곤DRAGON, 프렌드FRIENDS 그림의 크기는 1/10.

※캠 장비의 범위는 제품 설명서에 적혀 있다(측정방법 등에 따라 다르며, 정확히 측정하기 어려우므로 실제 측정값으로는 기재하지 않는다). 안쪽 길이 중 설명서에 수록되지 않은 것은 실제 측정값을 기록한다.

개인의 체격 차이가 있는 것처럼, 손의 크기도 많이 다르다. 그림에서 캠을 누르는 위치는 사용자에 따라 좌우를 바꾼다. 중요한 것은 자신의 재밍 형태(크랙의 폭)가 어떤 크기의 확보인지 알아야 한다. 크랙에 손을 넣는 순간 확보물의 크기를 판단할 수 있으면 좋다. 보는 것만으로 판단할 수 있다면 더 좋다.

위의 표와 다음 쪽에 나오는 표는 재밍과 확보물의 관계를 나타내는 것으로 확보물의 성능을 비교한 자료가 아니다. 표에는 강도의 중요한 요소가 없고, 또 스펙(크기) 숫자는 실제 사용 시 도움 되지 않는다. 편리성은 일정 기간 동안 직접 사용해 보지 않으면 판단할 수 없다. 단순히 도구로 사용할 수 있게 되는 것이 아니라 익숙해지는 것이 중요하다.

* 설명서에 수록된 캠의 폭은 제조사에 따라 측정 방법이 달라서인지 측정 시 차이가 있다.
신규 버전이 출시되었을 때 동일한 제품으로 보이더라도 차이가 있을 수 있고, 설명서에 기록되지 않을 수 있다.

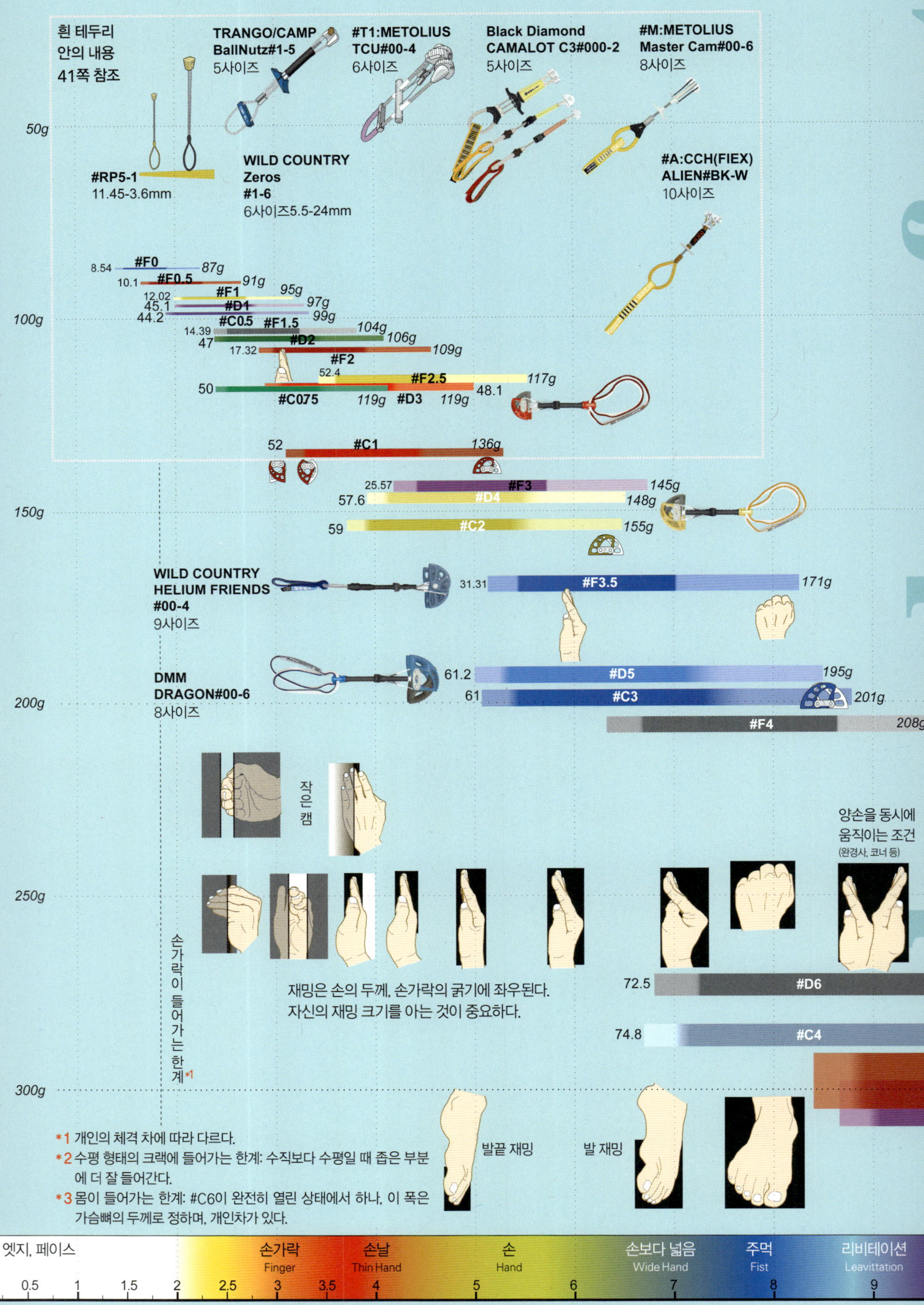

흰 테두리 안의 내용 41쪽 참조
#RP5-1
11.45-3.6mm
TRANGO/CAMP BallNutz#1-5
5사이즈
WILD COUNTRY Zeros #1-6
6사이즈5.5-24mm
#T1:METOLIUS TCU#00-4
6사이즈
Black Diamond CAMALOT C3#000-2
5사이즈
#M:METOLIUS Master Cam#00-6
8사이즈
#A:CCH(FIEX) ALIEN#BK-W
10사이즈
8.54 #F0 87g
10.1 #F0.5 91g
#F1 95g
12.02 #D1 97g
45.1 #C0.5 #F1.5 99g
44.2
14.39 #D2 104g
47 106g
17.32 #F2 109g
52.4 #F2.5 117g
50 48.1
#C075 119g #D3 119g
52 #C1 136g
25.57 #F3 145g
57.6 #D4 148g
59 #C2 155g
WILD COUNTRY HELIUM FRIENDS #00-4
9사이즈
31.31 #F3.5 171g
DMM DRAGON#00-6
8사이즈
61.2 #D5 195g
61 #C3 201g
#F4 208g
작은 캠
양손을 동시에 움직이는 조건
(완경사, 코너 등)
72.5 #D6
74.8 #C4
손가락이 들어가는 한계*1
재밍은 손의 두께, 손가락의 굵기에 좌우된다.
자신의 재밍 크기를 아는 것이 중요하다.
발끝 재밍
발 재밍
*1 개인의 체격 차에 따라 다르다.
*2 수평 형태의 크랙에 들어가는 한계: 수직보다 수평일 때 좁은 부분에 더 잘 들어간다.
*3 몸이 들어가는 한계: #C6이 완전히 열린 상태에서 하나, 이 폭은 가슴뼈의 두께로 정하며, 개인차가 있다.
엣지, 페이스
손가락 Finger
손날 Thin Hand
손 Hand
손보다 넓음 Wide Hand
주먹 Fist
리비테이션 Leavittation
0.5 1 1.5 2 2.5 3 3.5 4 5 6 7 8 9

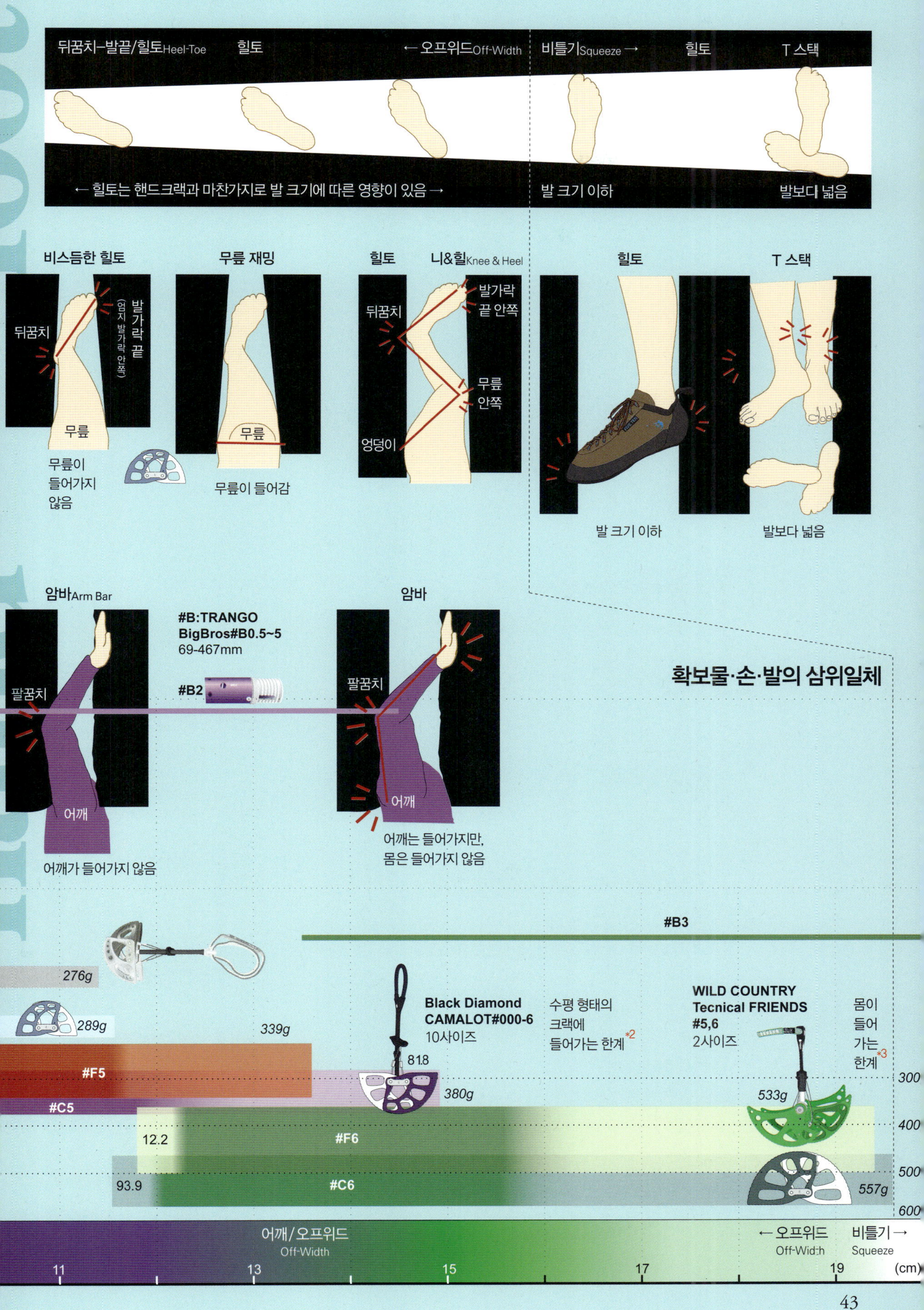
뒤꿈치-발끝/힐토 Heel-Toe
힐토
← 오프위드 Off-Width
비틀기 Squeeze →
힐토
T 스택
← 힐토는 핸드크랙과 마찬가지로 발 크기에 따른 영향이 있음 →
발 크기 이하
발보다 넓음
비스듬한 힐토
무릎 재밍
힐토
니&힐 Knee & Heel
힐토
T 스택
뒤꿈치
발가락 끝
(엄지 발가락 안쪽)
무릎
무릎이 들어가지 않음
무릎이 들어감
뒤꿈치
발가락 끝 안쪽
무릎 안쪽
엉덩이
발 크기 이하
발보다 넓음
암바 Arm Bar
암바
#B:TRANGO
BigBros#B0.5~5
69-467mm
#B2
팔꿈치
어깨
어깨가 들어가지 않음
팔꿈치
어깨
어깨는 들어가지만, 몸은 들어가지 않음
확보물·손·발의 삼위일체
#B3
276g
289g
339g
#B2
Black Diamond
CAMALOT#000-6
10사이즈
수평 형태의 크랙에 들어가는 한계 *2
WILD COUNTRY
Tecnical FRIENDS
#5,6
2사이즈
몸이 들어가는 한계 *3
#F5
#C5
81.8
380g
533g
300
12.2
#F6
400
93.9
#C6
557g
500
600
어깨/오프위드
Off-Width
← 오프위드
Off-Width
비틀기
Squeeze
11
13
15
17
19
(cm)

a 캠의 축

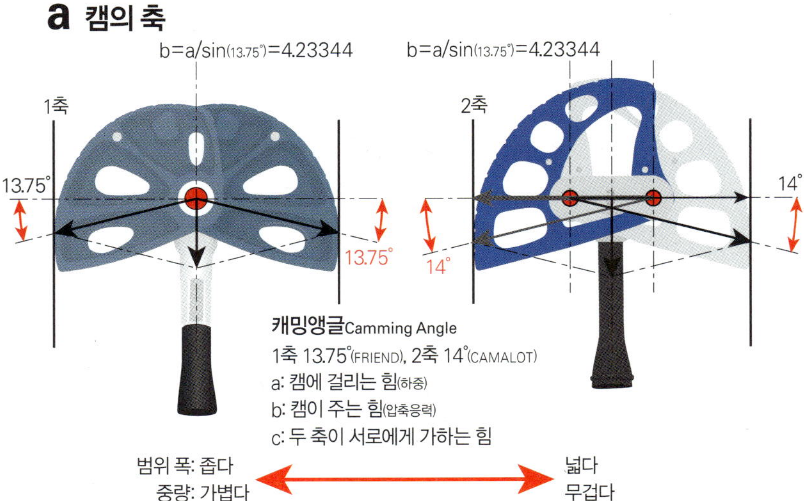

캐밍앵글Camming Angle은 캠 장비 설계의 핵심이지만, 이 각도의 차이가 크지 않아서 효과가 다르더라도 그 차이점을 사용자가 체감하기는 어렵다.(→ p.245) 캠 축이 1축과 2축인 제품이 있으며, 2축인 제품은 1축에 비해 범위 폭이 넓다. 범위 폭이 넓으면 크랙의 폭에 따라 범위가 넓어지기 때문에 캠을 선택하는 데 실수가 적어서 초보자에게 유용하다. 반면 구조적으로 무거워서 많은 장비가 필요한 경우에는 불리하다. 멀티피치와 확보지점을 포함하는 50m 정도의 피치를 오르기 위해 캠을 2세트 이상 가지고 갈 경우 무게 선택을 잘해야 한다.

캠 선택의 예
14개: (#C0.5~C4+C2)×2 = 2308g
14개: (#F1~F4)×2 = 1952g
중량차: 356g
F인 경우 #F3.5 2개를 여분으로 가지고 갈 경우 비슷한 중량이 된다.

b 본체의 축

스프링이 본체 축의 구조를 복잡하게 하여 본체 축이 딱딱해진다.

본체 축의 길이와 유연성은 설치의 안정성에 영향을 준다. 단, 유연성에 관한 규격 및 표기가 없으므로 감각으로 판별할 수밖에 없다. 본체의 축이 짧으면 로프에 걸었을 때 쉽게 움직이며, 설치 상태가 불안정해지기 쉽다(설치한 위치에서 움직이는 것은 최악의 행위이며, 빠질 수 있다). 또한 크랙의 깊은 곳에 설치한 후에는 회수가 어렵다(축의 길이뿐만 아니라 트리거의 위치도 관련 있다). 본체 축이 길 경우 장비걸이(기어랙)에 늘어지게 걸려 올라가는 데 방해가 된다는 단점이 있다. 축의 유연성은 구조, 재질에 따라 다르다. 1축에 비해 2축은 가는 와이어를 사용할 수 있는데, 두꺼운 것에 비해 축이 유연하다. 단, 축의 한쪽을 확보지점으로 하면 반대편 축은 움직이기 쉬우므로 1축에 비해 빠질 가능성이 더 많다.

c 슬링

전체 길이는 슬링의 길이도 포함하며, 더블슬링은 기어의 양을 줄여 러너를 조절할 수 있다. 엄지고리에 슬링이 달린 것은 설치 방법에 따라 슬링의 움직임을 방해하기도 한다.

d 안쪽 길이(폭), 치수

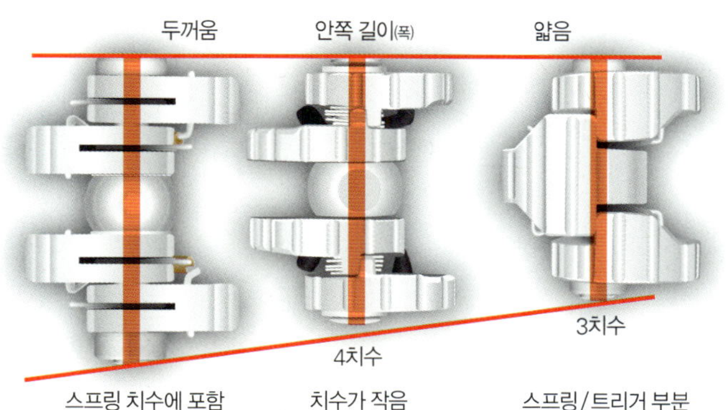

안쪽 길이는 스프링을 포함하지 않은 경우가 많으나, 성능을 비교하는 데 중요한 항목이다. 안쪽 길이는 캠의 치수, 본체 축의 수, 스프링 구조에 따라 크게 차이가 난다.

캠의 치수가 크면 세트의 안정성이 늘어나지만 안쪽 길이가 두꺼워져서 특정 크랙에 설치하는 것이 불가능하게 된다. 특히 좁은 크랙인 경우 4치수로는 설치할 수 없으나, 3치수로는 설치할 수 있는 경우가 있다.

좁은 크랙은 안쪽 길이가 좁은 경우가 많고, 안쪽 길이가 좁은 만큼 설치가 가능하다.

* 치수: 캠의 이빨의 수를 가리킨다.

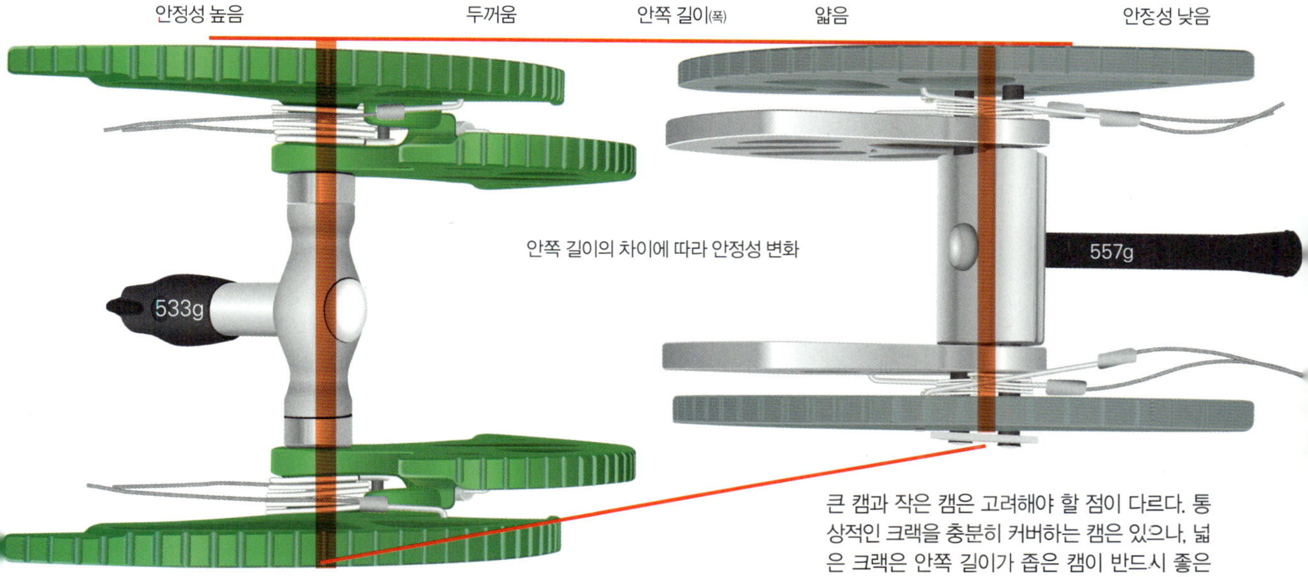

큰 캠과 작은 캠은 고려해야 할 점이 다르다. 통상적인 크랙을 충분히 커버하는 캠은 있으나, 넓은 크랙은 안쪽 길이가 좁은 캠이 반드시 좋은 것은 아니다. 안쪽 길이가 좁으면 밸런스가 나빠 안정성이 적다. 작고 가벼운 것이 반드시 안정성이 높다고 말하기는 어렵다.

e 트리거, 재질

훅형Hook型은 수리하기 쉽지만 의도치 않게 와이어가 빠지는 경우도 있다.

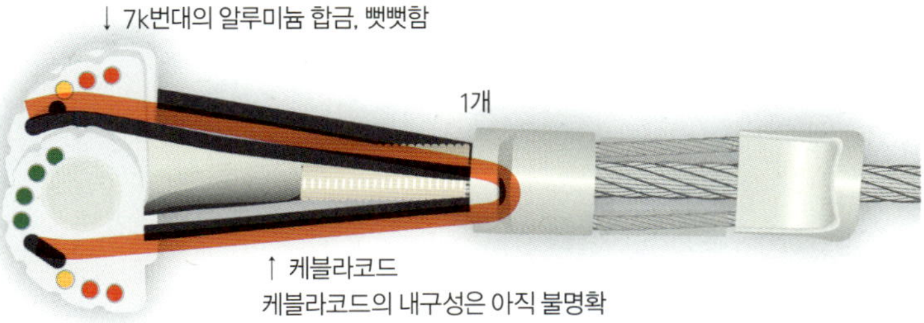

재질의 차이도 성능에 큰 영향을 준다. 유연한 구리 재질은 크랙에 익숙해지는 데 도움이 되지만 닳는 속도가 빠르다. 딱딱한 소재는 너구성이 높지만 미끄러지기 쉽다.

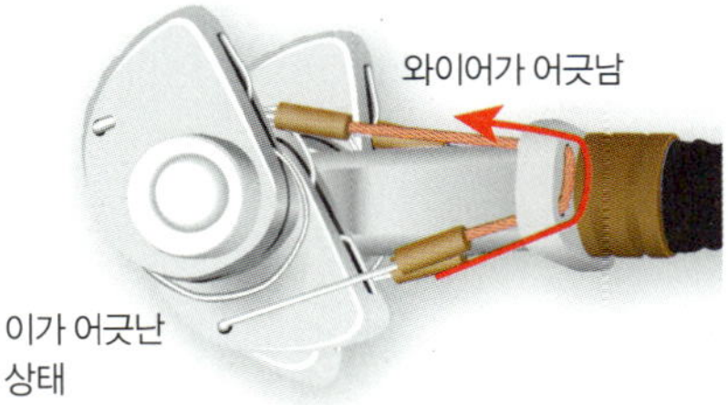

와이어 1개로 2개의 캠이 연결되어 있으면, 트리거 부분에서 와이어가 어긋나게 되어 캠의 위치가 어긋나는 경우가 있다. 이 어긋난 상터에서 사용하면 올바르게 설치되지 않는다. 2개(분리)일 경우에는 어긋나지 않는다.

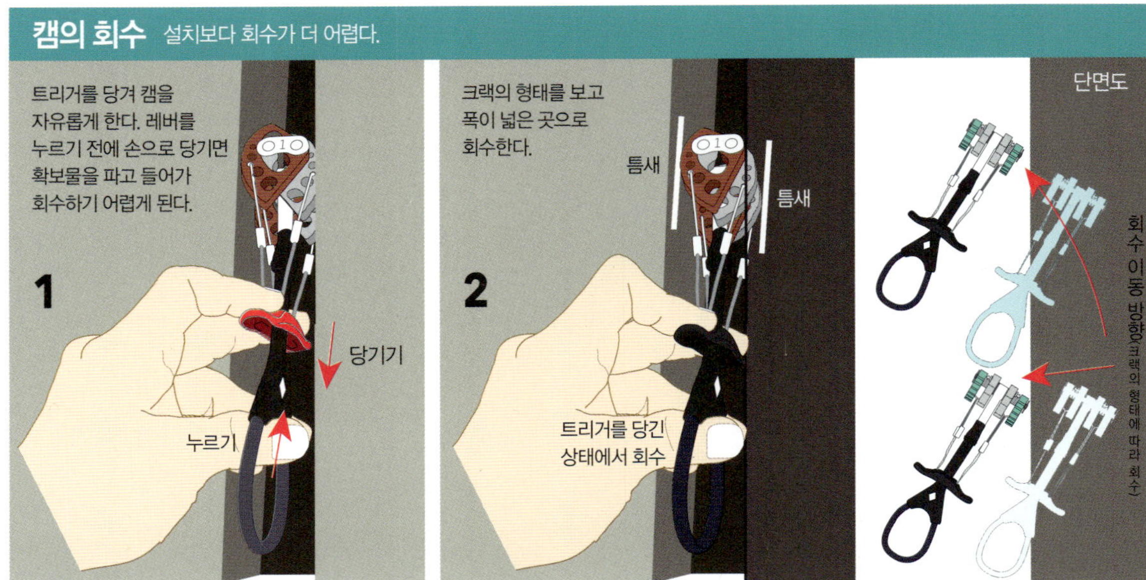

습관적으로 캠을 최대한 눌러 넣어 설치해서 회수 불가능한 경우가 많은 사람은 크랙 형태의 약점을 간과하는 경우가 많다. 그러므로 확실하게 설치하지 않았을 가능성도 높다. 회수는 로프의 움직임 등에 따라 설치된 상태에서 이동하는 경우가 많으며, 설치 상태에 따라 회수하기 더 어려운 경우가 많다. 캠의 사용 방법은 후등자일 때 회수하는 방법을 익혀야 확실하게 설치할 수 있다.

회수할 때 크랙의 형태를 잘 살펴보기

회수는 항상 위쪽 방향으로 진행해야 한다고 말하기에는 한계가 있다. 설치한 사람이 어떻게 설치했는지 크랙의 형태를 잘 보고 판단한다.

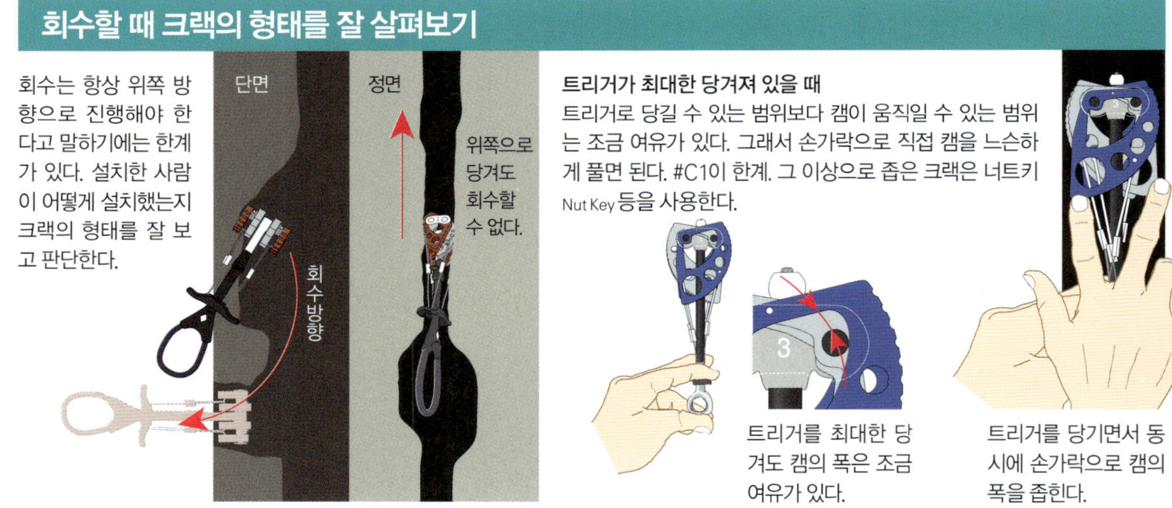

로프를 움직이면 캠이 이동하기 쉽다. 평행이 아닌 크랙은 넓은 쪽으로 이동시키면 회수하기 편하고, 안쪽이 넓다고 해서 안으로 밀어 넣는 것은 캠이 크랙 안으로 빠질 수 있는 최악의 방법이다. 손으로 잡아당기는 것도 좋지 않다. 안으로 이동한 캠은 회수할 수 없을 때도 있다.

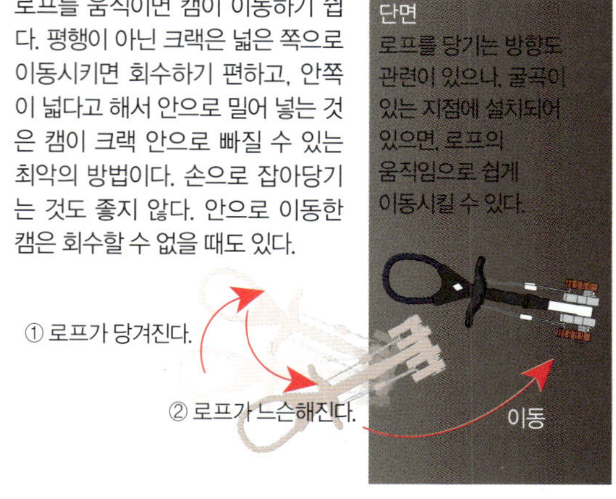

트리거에 닿지 않을 경우
#C1이라면 손가락이 들어간다. #C0.75는 손등에서 막혀서 손가락이 닿지 않을 수도 있다.

너트 회수기나 배낭 프레임을 사용해도 된다.

손이 들어가지 않는 크랙에서 손가락도 전혀 들어갈 수 없는 위치까지 들어간 캠은 도구를 사용해야만 회수할 수 있다.

캠의 설치 크랙의 폭에 맞게 캠을 고르는 것이 전제다.

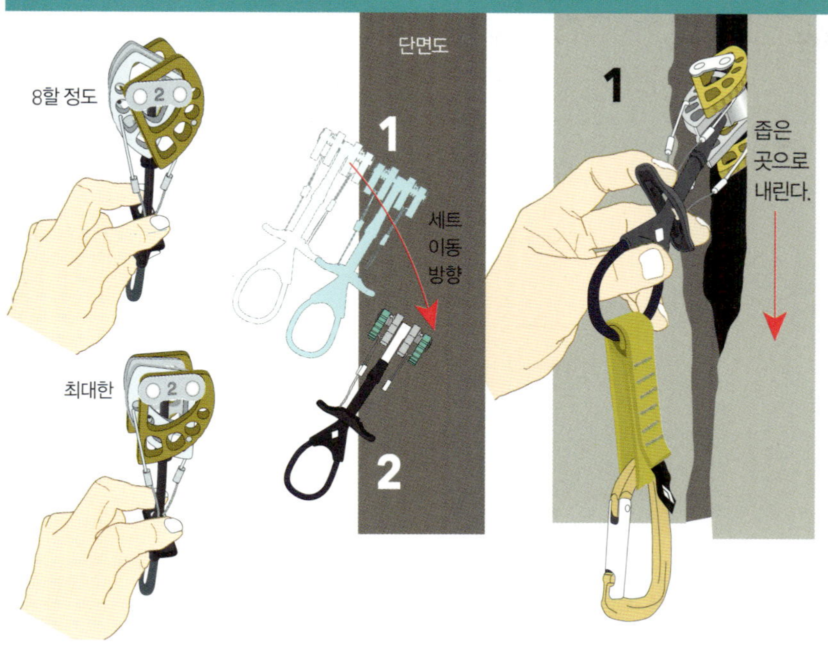

레버를 힘껏 당기지 않는다. 힘껏 당겨서 설치하면 회수가 힘들어진다. 8할 정도만 당긴다. 캠의 종류, 크기에 따라 레버의 상태가 다르므로, 경험이 필요하다.

수동확보물처럼 넓은 부분에서 좁은 부분으로 내려서 설치하면 안정적으로 확보된다. 캠이 열리거나 뒤집어지지 않는지 눈으로 확인한다. 캠이 많이 열려 있는 만큼 안정성이 떨어진다.

당길 방향 고려

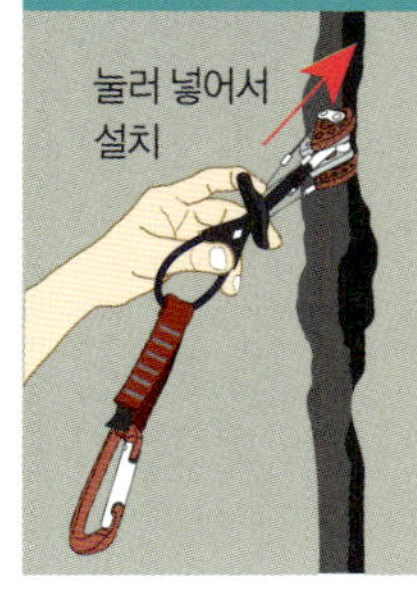

캠을 최대한 눌러 넣어도 확보가 안정적이지 않을 수도 있다.

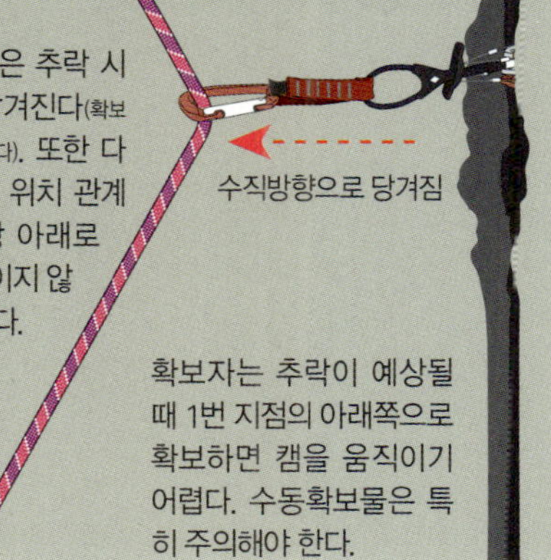

수직 시의 하중
첫 번째 확보지점은 추락 시 수직 방향으로 당겨진다(확보자와의 위치 관계에 따른다). 또한 다음 확보 지점과의 위치 관계 등으로 인해 항상 아래로 향하게 해야 움직이지 않는다고는 할 수 없다.

확보자는 추락이 예상될 때 1번 지점의 아래쪽으로 확보하면 캠을 움직이기 어렵다. 수동확보물은 특히 주의해야 한다.

러너를 채울 때 그림과 같이 러너를 세팅하면 하중이 걸릴 때 회전 방지용 고무가 끊어짐

러너 없이 카라비너만 건 경우에는 강도가 최대 2kN까지 저하된다고 설명서에 적혀 있다.*
강도가 떨어져도 카라비너 하나를 걸어서 낙하거리를 조금이라도 줄일 것인지는 개인의 판단에 따른다.

*와이어 부분과 카라비너의 직접 연결이 이유라면 너트류, 기타 와이어루프캠도 동일한 현상이 발생할 수 있다. 측정결과를 기재한 내용은 있으나 근본적 원인은 알 수 없다. 4세대 캐머롯CAMELOT은 3세대와 구조가 완전히 달라 본체 축은 수지를 입힌 2축, 구조 등의 이유를 따졌을 때 와이어 루프에 걸어도 될지 신중히 고려해야 한다.

수동확보물의 설치

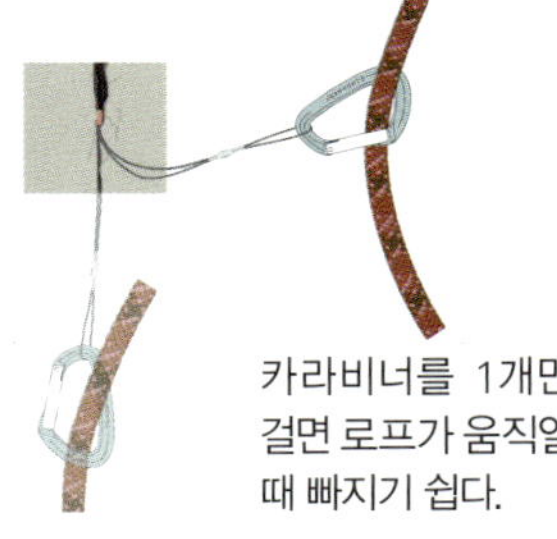

1 — 넓은 부분에서 안쪽으로 넣기

최적의 장소를 찾는 것이 가장 중요하다. 경험을 쌓지 않으면 보는 순간 판단할 수 없다.

2 — 좁은 부분을 향해 내리기

3 — 잡아당겨서 효과를 확인

좁은 크랙은 확보물을 설치할 시 간적 여유가 없어서, 자유등반 시 선택하는 데 시간을 들이지 않고 설치할 수 있는지가 중요하다. 효과를 확인하는 것은 확보물을 집어넣는 시간도 포함한다. 너무 강하게 설치하면 회수하기 어려워질 수 있다.

수동확보물 구조의 차이

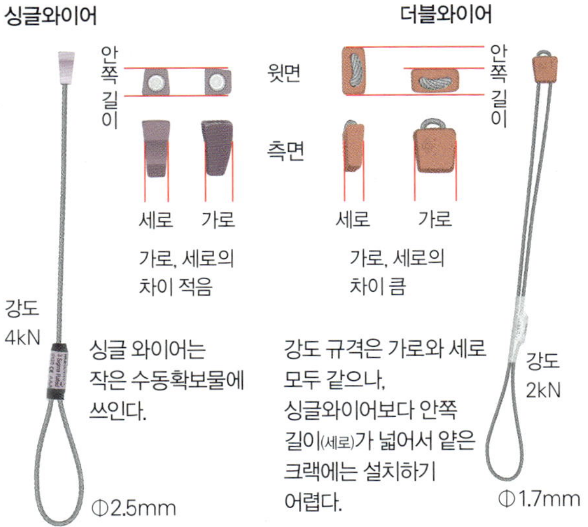

싱글 와이어는 작은 수동확보물에 쓰인다.

강도 규격은 가로와 세로 모두 같으나, 싱글와이어보다 안쪽 길이(세로)가 넓어서 얇은 크랙에는 설치하기 어렵다.

머리 부분의 형태는 확보의 효과에 크게 영향을 미친다. 재질의 차이에 따라 바위에 익숙해지는 상태가 다르며, 내구성은 반비례한다. 한눈에 성능의 차이를 알 수 없기 때문에 캠보다 선택하기 어렵다.

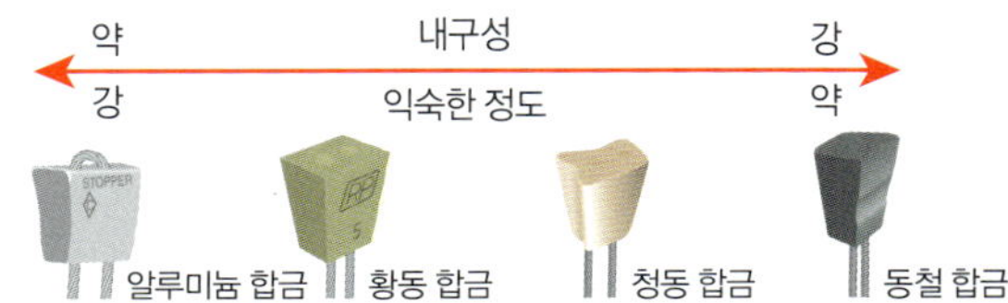

수동확보물의 회수1

퀵드로를 가지고 올라가서 위쪽으로 잡아당긴다.

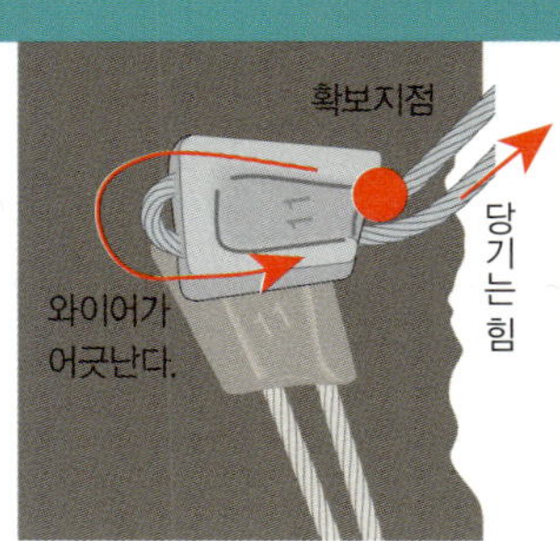

더블와이어는 헤드가 움직인다.

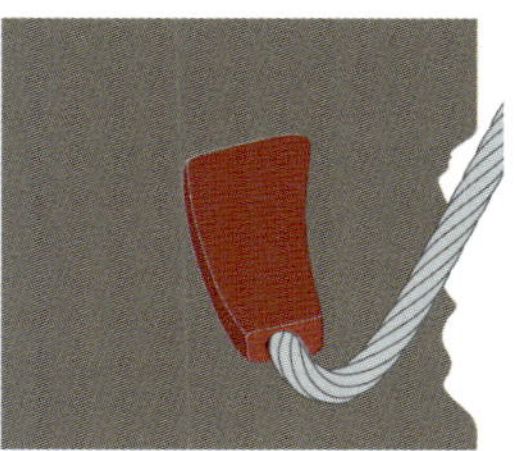

싱글와이어는 와이어가 구부러지기만 할 수도 있다.

이 방법은 추락, 텐션(Tension:로프에 몸을 맡기고 지점에 하중을 거는 것) 같은 강한 하중이 걸리지 않은 경우에 해당한다. 효과가 강하게 걸린 것을 무리하여 빼려고 하면 와이어가 손상될 수 있다. 싱글 와이어는 와이어만 구부러지고 헤드 부분이 움직이지 않아 와이어가 손상되기 쉽다.

수동확보물의 회수2

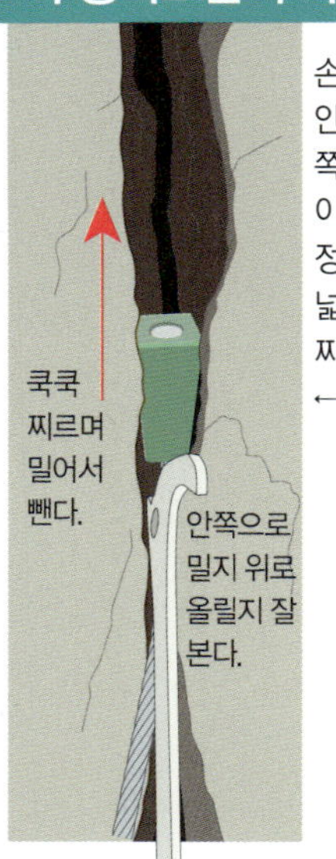

손이 있는 방향, 안쪽, 위쪽 중 어느 쪽이 넓을지 잘 보고 이동시킬 방향을 정한다. 넓은 방향으로 찌르는 방법 등.

어떻게 해도 안 되면 더 큰 캠으로 가볍게 두드린다. (해머를 쓰듯이 세게 두드리면 캠이 상한다.)

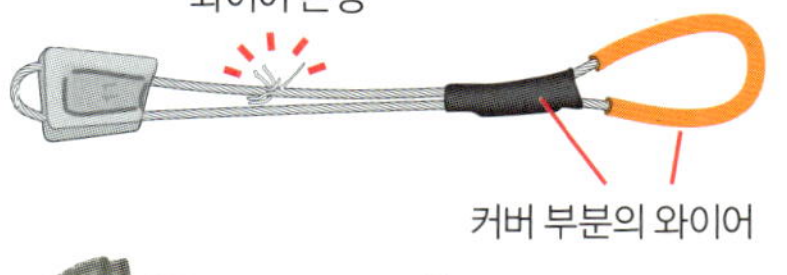

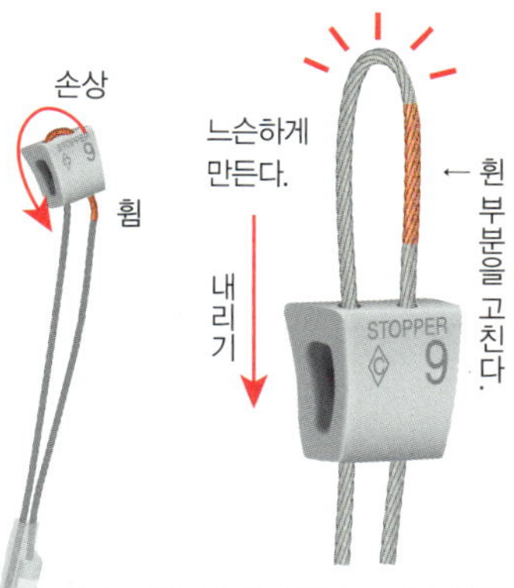

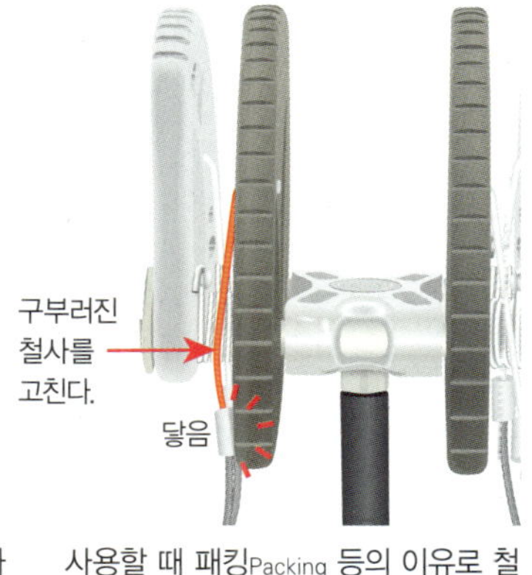

와이어의 손상은 강도 저하로 이어진다. 또한 와이어에 카라비너를 걸어서 손상되는 경우도 있으므로 와이어 부분을 잘 확인한다. 특히 커버 때문에 잘 보이지 않는 부분에 주의한다.

손상, 휘어진 와이어를 그대로 방치하면 와이어가 변형되기 쉽다. 손상을 원래대로 되돌려 형태를 고친다. 사용하지 않을 때 와이어의 굴곡을 정리하지 않으면 다시 되돌리기 어렵다.

사용할 때 패킹Packing 등의 이유로 철사가 구부러져 있을 수도 있는데, 구부러진 철사는 캠에 닿으면 캠의 움직임을 저해한다. 동작에 지장이 있을 따는 철사의 휘어짐을 고친다.

에일리언ALIEN은 캠의 옆면이 엉망일 경우 서로 맞닿아 부드럽게 움직이지 않는다.

세정

슬링, 플라스틱 부분은 기름이 묻지 않도록 주의한다. 이물질과 기름을 씻어내고 잘 말린다.

와이어 절단

강도와 직접 관련된 부분은 수리를 직접해야 하지만, 트리거, 와이어의 수리는 대리점에서 하는 경우도 있다. 와일드컨트리사WILD COUNTRY社의 제품은 부품을 교환할 수 있다. 낡은 슬리브Sleeve는 와이어커터Wirecutter로 잘라낸다. 철사가 짧을 때는 교환해야 한다. 잘라낸 부분으로 와이어의 길이를 정확히 측정, 좌우 길이를 파악해야 한다.

1mm 와이어, 1mm 타원형 슬링과 같은 제품이 아니어도 문제없다.
압착공구는 고가다.

슬링의 손상

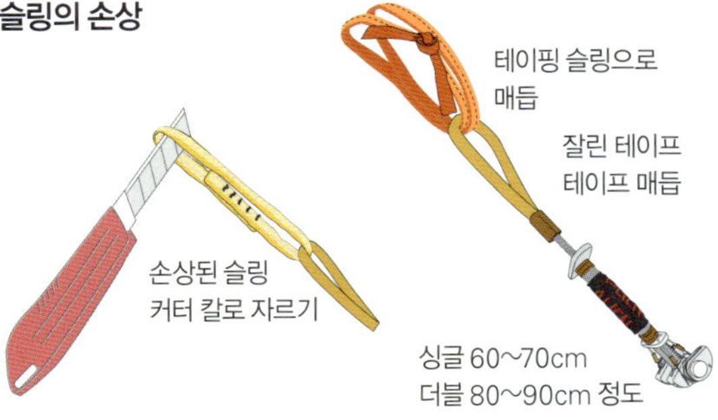

캠을 당기는 케이블은 와이어 제품이 많다. 캠은 이음매 부분의 와이어가 절단되는 고장이 많다. 장비 수납가방에 수납하여 케이블, 철사의 휘어짐이 없도록 하면 수명이 늘어난다.

● 고정확보물

확보물을 설치할 때 해머가 필요한 하켄, 볼트 종류 등이 있다. 크랙crack에서 주로 사용(포켓pocket에서 사용하는 경우도 있다)하는 피톤 종류와 구멍을 파는 볼트 종류가 있다. 볼트 종류는 구멍을 파는 장비도 필요하다.

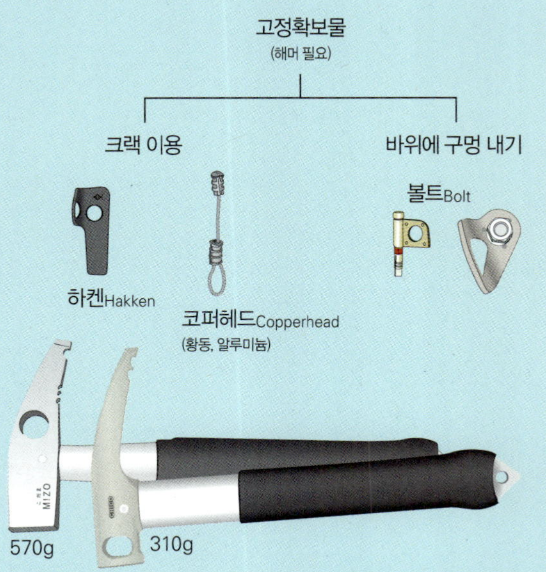

이 확보물들은 해머나 전동 드라이버가 필요하다. 해머는 소형화, 경량화된 것이 뛰어나다고는 말할 수 없다. 두드릴 때는 길이, 중량이 중요하다.

피톤 사용이 어려운 크랙에 헤드를 두드려 넣는다.
(알루미늄은 변형된다.)

너트와 함께 사용하거나 홀에 찔러서 사용하는 경우도 있다.
(등반자 쪽으로 잡아당기면 빠진다.)

코퍼헤드

헤드가 변형되면서 바위를 파고 들어간다.

볼트 종류

행어

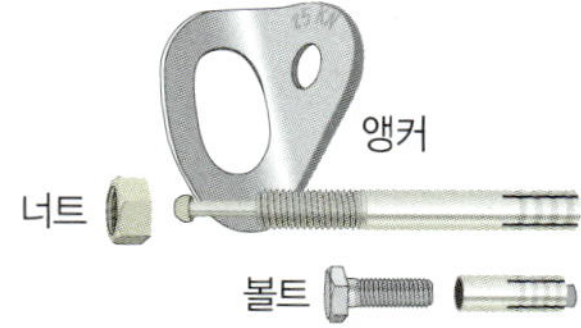

전체를 통틀어 볼트라고 부르는 경우도 있다. 앵커는 여러 종류가 있고, 설치할 때는 너트, 볼트를 조이는 공구도 필요하다.

케미컬앵커

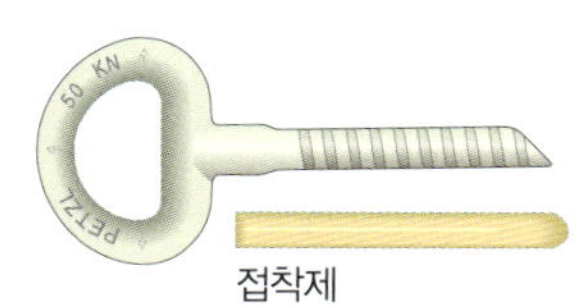

접착제가 굳을 때까지 사용 불가

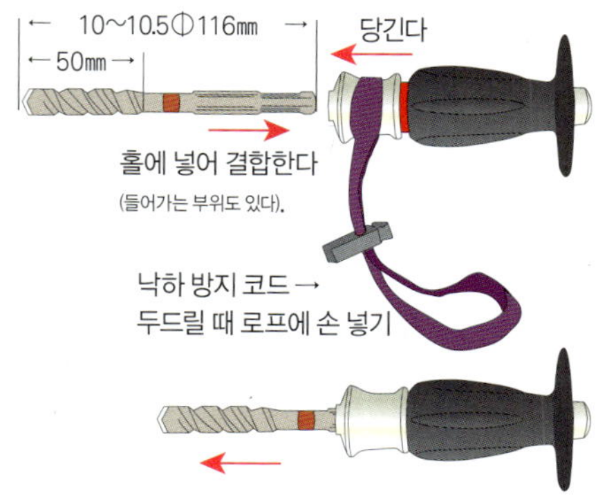

비트를 당겨서 확실히 장착되어 있는지 확인한다. 의도치 않게 들어가지 않은 경우가 있는데 비트를 떨어트릴 수도 있다.

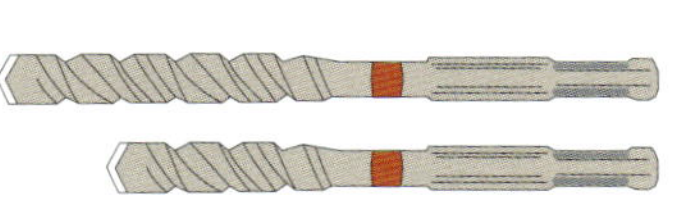

비트Bit는 짧을수록 흔들림 없이 구멍을 뚫기 쉽다.

리벳행어Rivet Hanger

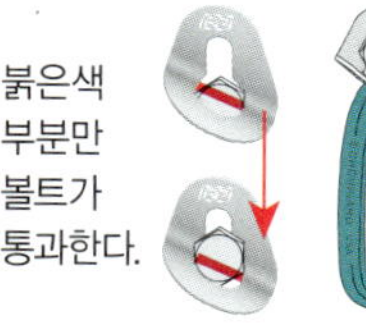

행어를 앵커에 걸고 카라비너로 고정한다. 행어는 회수한다. 대암벽등반 등에서 사용한다.

주마Jumar를 로프에 설치

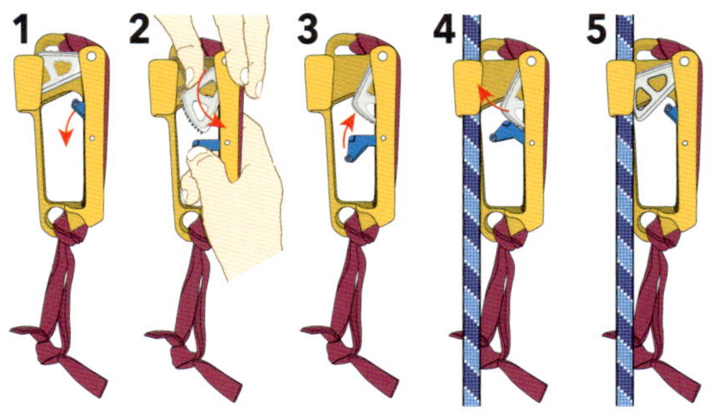

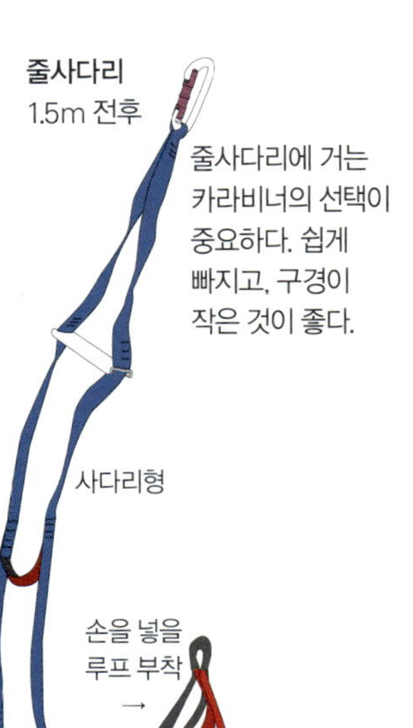

→ 가능
→ 테이프슬링도 가능

로프에만 사용

← 소형, 간이형 등강기 자기 탈출, 간단한 짐 올리기 등에 사용한다. 기종에 따라서는 테이프슬링에도 사용할 수 있으며, 자기확보 조절 등에도 사용된다.

카라비너를 건다.

줄사다리
1.5m 전후

줄사다리에 거는 카라비너의 선택이 중요하다. 쉽게 빠지고, 구경이 작은 것이 좋다.

사다리형

손을 넣을 루프 부착
→

루프 안에 루프 ↑

삼각형

클리프행어

바위에 걸어서 전진 수단으로 활용한다. 걸리지 않은 경우, 얕은 홀을 파서 건다. 여러 종류의 크기가 있으며, 슬링 사용 시 방향에 주의한다. 폭 10mm 이하.

펙커PECKER

홀, 주름진 바위에 끼워서 전진 수단으로 활용한다. 여러 가지 크기가 있다.
(2004년부터 와이어 부착)

피피FIFI

등강기

2개가 1세트로 좌측, 우측이 있다. 좌우를 착각하면 잠금이 해제되기 쉽다. 고정 로프를 오를 때뿐만 아니라 짐을 올릴 때도 사용된다. 단품, 소형, 경량화된 것도 있다.

줄사다리Ladder/에이더Aider

형태, 부속 기능 등이 다양하여 용도에 맞는 제품을 선택해야 한다. 규격이 없는 탓인지 제조사에 따라 강도 표기의 차이가 크다. 슬링과 동일한 강도를 지닌 제품도 있으며 구입할 때는 강도와 사용 시 편리성을 고려해야 한다.

훅Hook 종류

인공등반에 사용한다. 홀드가 없는 엣지 등에 걸어서(후킹 Hooking p.198) 쓰는 것과 헤어라인 크랙(머리카락 굵기 너비의 크랙) 등에 밀어 넣는 것이 있다. 어느 것이든 줄사다리로 올라가며 전진 수단으로 사용한다. 걸어서 쓰는 것, 밀어 넣는 것 모두 대상에 따라 폭과 두께가 다르다.

밀어 넣는 것은 장비로 치면 피톤 종류이기는 하지만, 추락할 때 빠질 가능성이 매우 높아 확보물의 범주에 넣기는 어렵다. 피피FIFI는 줄사다리나 안전벨트에 연결하여 바위가 아닌 카라비너 등에 걸어서 사용한다.

도르래

짐을 위로 올릴 때 사용. 제품 가격은 내하중, 마찰 효율, 멈춤장치Stopper 내장 여부와 기능에 따라 다르다. 용도에 맞는 것을 선택하는 것이 중요하다.

스토퍼 내장형 도르래

← 스토퍼Stopper

카라비너 형태의 영향을 받는다. 아래쪽으로 곧게 쭉 당기지 않으면 바로 빠진다.

● 초크Chalk, 초크백Chalkbag

초크는 손에 발라 미끄러움을 방지하는 가루(탄산마그네슘+α)이며, 초크백은 초크를 넣는 주머니로, 허리(통상적으로는 등쪽)에 둔다.

● 클라이밍테이프Climbing Tape

손가락 관절을 보강하고, 손가락 피부를 보호한다. 재밍할 때 손을 보호하고, 어깨 상처를 감싸거나 팔꿈치, 손목 등을 보강하는 데 사용한다. 염좌 등의 긴급 처치에도 도움이 된다.

● 헬멧Helmet

낙하물로부터 머리를 보호하는 용품이다. 단, 사람의 머리보다 큰 낙석에 의한 충격에는 별로 효과가 없다. 추락할 때도 머리를 보호할 수 있다. 낙석이 많은 암장에서는 일반적으로 사용되고 있으나, 스포츠클라이밍용 겔렌데Gelaende, 낙석 가능성이 낮은 암장에서는 기동성이 우선시 되기 때문에 사용하지 않는 경향이 있다. 좁은 와이드 크랙에서는 헬멧이 크랙에 껴서 움직이지 못하게 될 수도 있으므로 사용하는 것이 오히려 위험하다.

● 로프 가방/로프백Rope Bag *

시트가 내장된 로프 전용 가방. 확보 시 로프가 이물질이나 모래 등에 의해 더러워지거나 로프에 먼지가 끼지 않도록 방지하고, 로프의 수명을 늘릴 수 있다. 특히 싱글피치 클라이밍에 유용하다. 전용 가방을 구입하지 않더라도 대신 방수천을 사용할 수 있다.

* 등산장비 명칭 중 일본어에서 유래한 '가방', '룩색' 등의 단어를 7~80년대까지는 사용했지만, 90년대에 산악계에서 등반용어를 정리한 후 등반 교육 현장에서는 사용하지 않는다. 대신 배낭排囊, 백bag을 사용한다.

● 장비걸이/기어랙Gear Rack

캠 등의 장비를 내려서 옮길 때 사용하는 작은 물건. 옮기는 양에 따라 내릴 수 있는 위치가 많아진다.

● 의약품

골절 및 출혈이 발생할 때 그 자리에서 대응할 수 있도록 상비하고, 올바른 사용법을 기억해야 한다. 클라이밍테이프는 재밍만이 아니라 도구 수리 등에 다양하게 사용할 수 있는 만능 아이템이다.

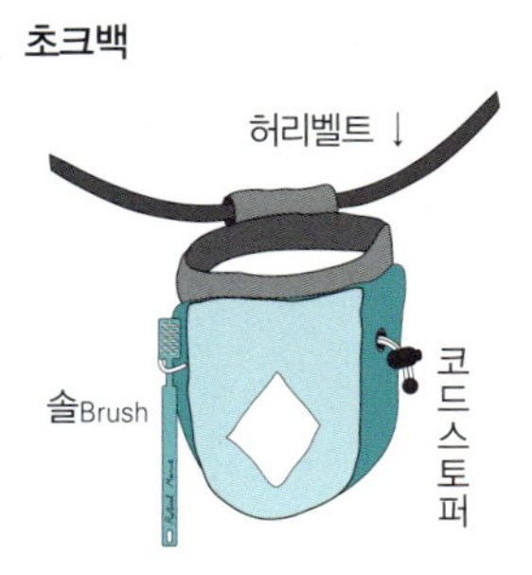

브러시는 홀드, 스탠스를 청소할 때 사용한다. 다 쓴 칫솔도 가능하다.

초크는 분, 고형 등이 있다. 가루초크를 제한하는 암장도 있다.

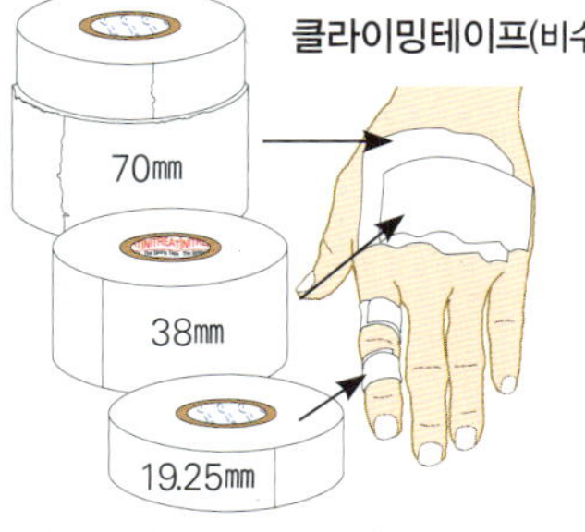

테이프의 폭에 따라 사용 부위가 다르다. 폭이 넓은 것은 잘라서 겸용할 수 있으나 불편하다. 접착력 등 제조사에 따라 차이가 있다.

공사용 헬멧도 사용할 수는 있으나 기능성은 떨어진다.

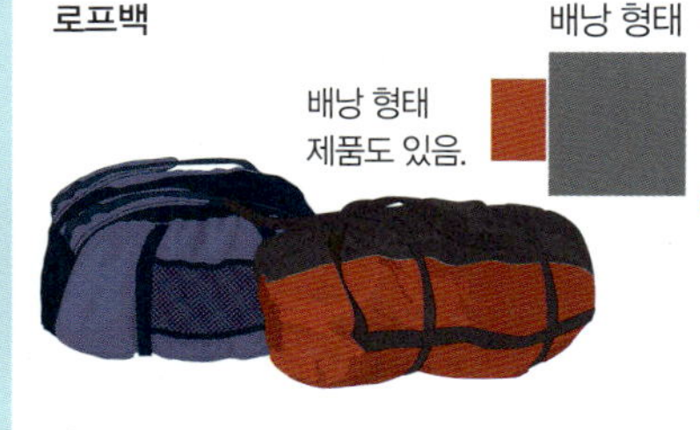

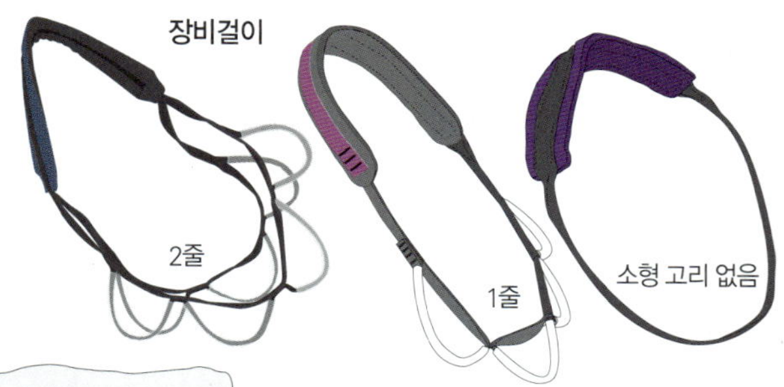

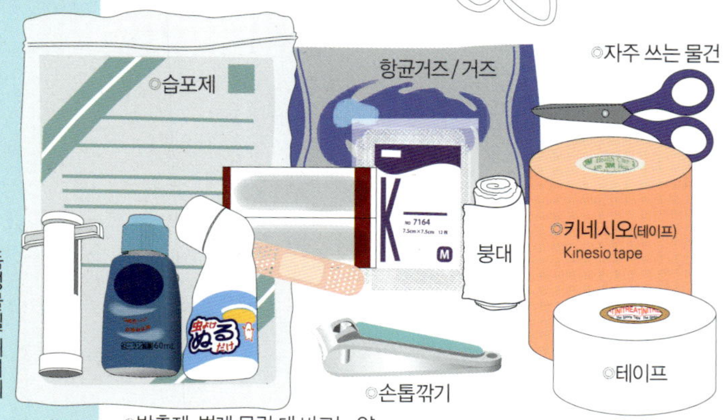

2 매듭

2-1 고정(안전벨트)

● 안전벨트에 로프 묶기

안전벨트에 묶는 매듭은 '8자'와 '보울라인Bowline' 두 가지 방법이 있다.

8자매듭Figure-Eight Knot
되감기8자매듭/고리8자매듭

a 되감기8자매듭은 로프 끝으로 매듭을 묶는 방법이고, b 고리8자매듭은 종료지점에서 매듭을 고치는 방법(p.118)이다. 그 외에 고정할 때 사용하는 방법도 있다. 클라이밍대회에서는 안전벨트에 로프를 맬 때 a 8자매듭법만을 사용하도록 제한하고 있다. 이 방법으로 매듭을 만들면 실수가 적고, 매듭을 잘못 묶었어도 확인하기 쉬워서 안전을 중시하는 대회에 적합하기 때문이다. 어떤 책에는 대회에서 이 매듭법을 사용하기 시작했을 때 '8자매듭을 알지 못했던 클라이머가 있었다…'라고 쓰여 있지만 '8자매듭을 모르는 척하는 클라이머가 있었다'라고 하는 것이 정확하다는 말이 있다. '모르는 척'은 대회에서 안전만을 추구하여 매듭 방법까지 제한한 것에 대한 저항이었다고 한다. 매듭법을 외우기 시작할 때부터 깔끔하게 매듭 만드는 방법을 몸으로 익히고, 평소에도 매듭을 깔끔하게 만들어야 한다는 의식을 갖는 것이 중요하다.

장점

올바르게 매듭지어졌는지 눈으로 확인하기 쉽다.
매듭을 만드는 방향이 바뀌어도 덜 망설이고 매듭을 만들 수 있다.

단점

강한 하중이 걸리면 매듭을 풀기 어렵다.
매듭에 필요한 길이가 보울라인보다 길고, 매듭눈이 크다.
행도깅Hangdoging할 때는 카라비너 1개 정도의 길이만큼 내려가므로 퀵드로를 회수하지 못하는 경우도 있다.

*피트 슈베르트Pit Schubert, 『Safety and Risk in Rock and Ice, Bergverlag Rother』, Volume 1, 7th Edition, 2004
피트 슈베르트 1935~2024, 독일 작가, 등반가

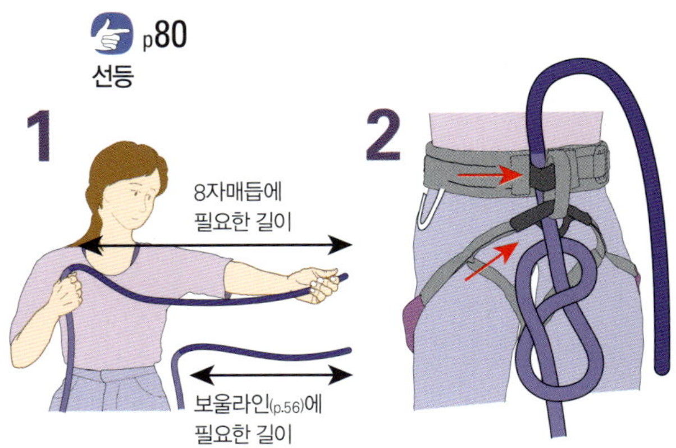

a 되감기8자매듭(후고리매듭, 안전벨트에 묶기)

p80
선등

매듭에 필요한 길이는 로프의 지름에 따라 다르다.
그림은 10~11mm 정도.

로프를 안전벨트의 하단과 상단 고리에 통과시킨다.

매듭의 포인트

깔끔하게 매지 못한 8자매듭

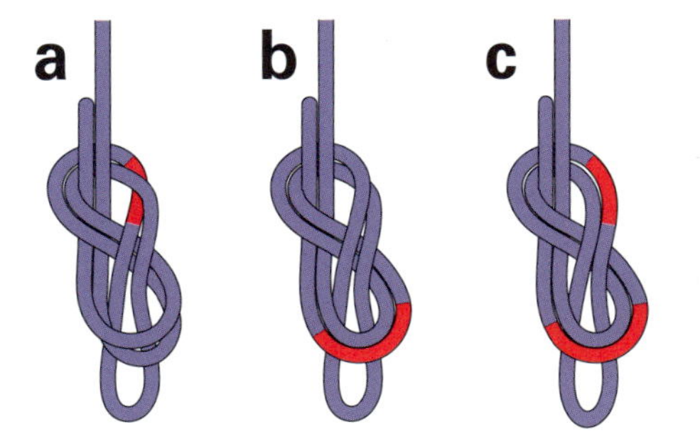

b 고리8자매듭(선고리매듭, 종료점에 묶기)

1 로프를 고리 안으로 넣을 때는 아래에서 위로 통과시킨다. 확보자가 회수할 때를 고려한다.

2

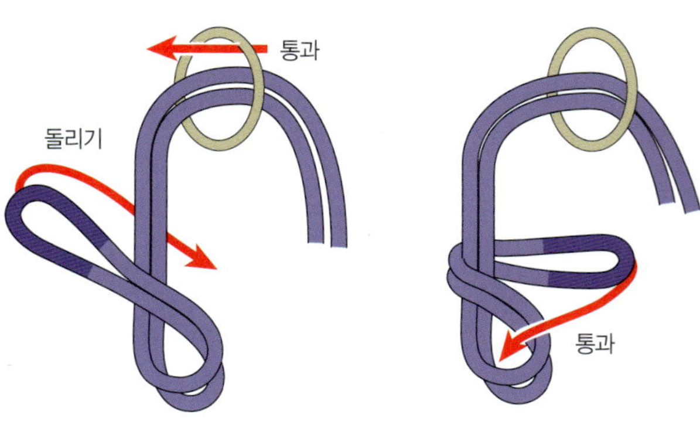

매듭을 만들 때는 a와 마찬가지로 팔길이 정도의 길이가 필요하다.

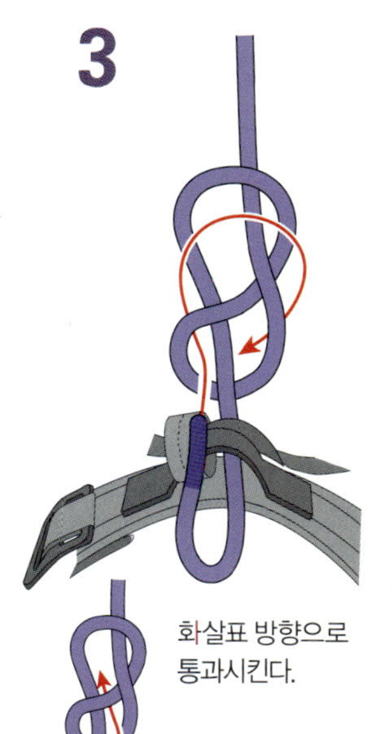

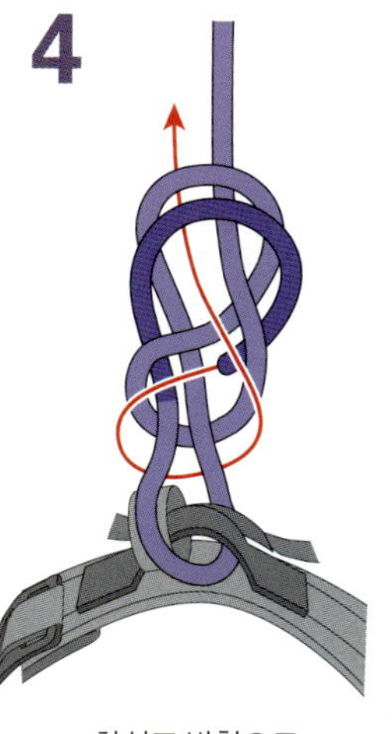

깔끔하고 작은 고리(루프loop)는 위의 그림에 소개된 3가지 요인에 따라 정해진다.

작은 고리

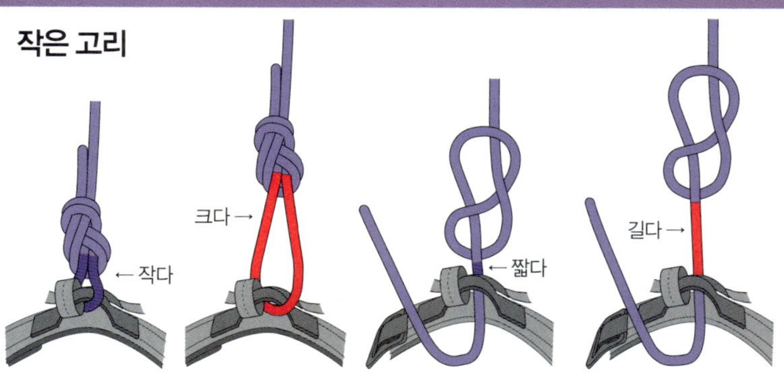

깔끔하지 않은 상태에서 하중이 걸리면 매듭 고리의 교차 부위만 세게 조여지기 십상이고, 풀기는 어려워진다. c는 조이기 전의 상태에서는 깔끔해 보이지만, 조이면 로프가 꼬여서 깔끔하지 않게 된다.
깔끔한 매듭과 그렇지 않은 매듭 사이에 강도 차이가 있는지는 데이터가 없어 불명확하다. 매듭 고리는 가능한 한 작게 만든다. 고리가 크면 위험할 수도 있지만, 단단히 묶인 매듭은 추락 중에 안전벨트에 긁혀 손상되기 쉽다고 한다.

☞ p118
종료점 매듭 고치기

☞ p194
로프 고정

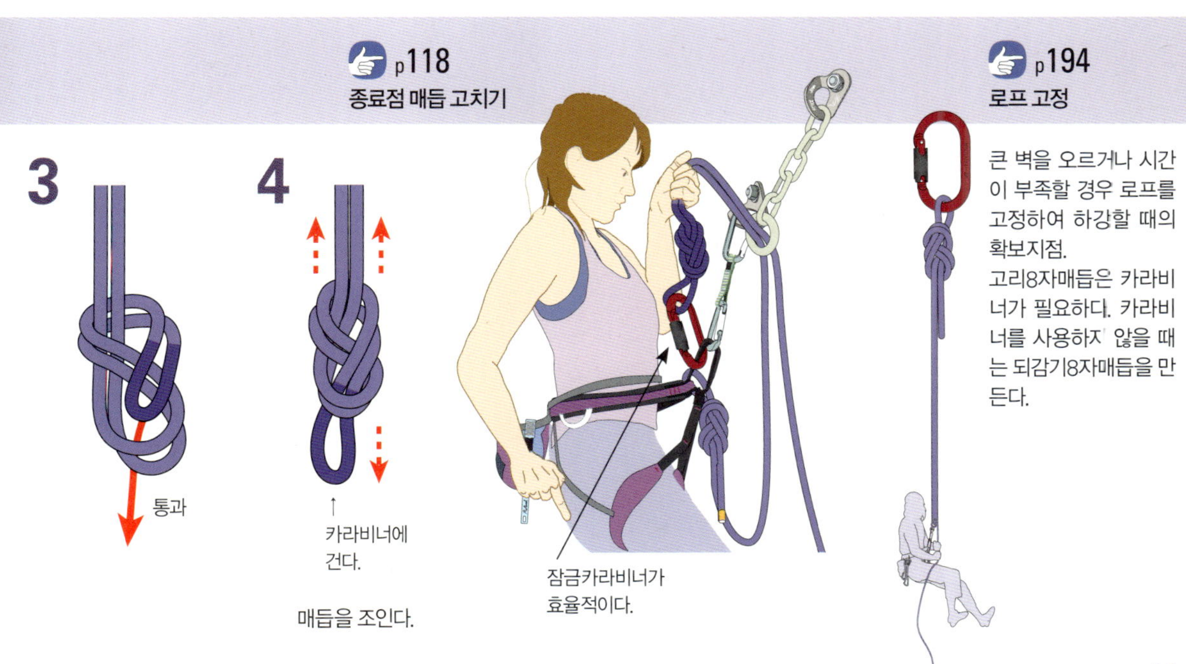

큰 벽을 오르거나 시간이 부족할 경우 로프를 고정하여 하강할 때의 확보지점.
고리8자매듭은 카라비너가 필요하다. 카라비너를 사용하지 않을 때는 되감기8자매듭을 만든다.

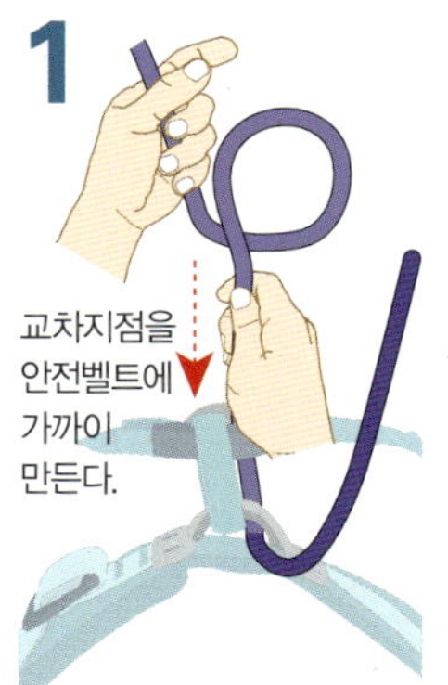

a 보울라인매듭 Bowline Knot
(안전벨트에 묶기)

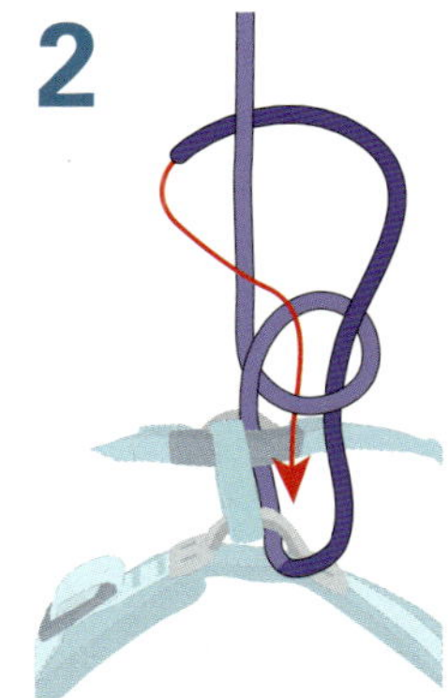

오른손을 위에 두고
고리를 만든다.

화살표 방향으로 통과

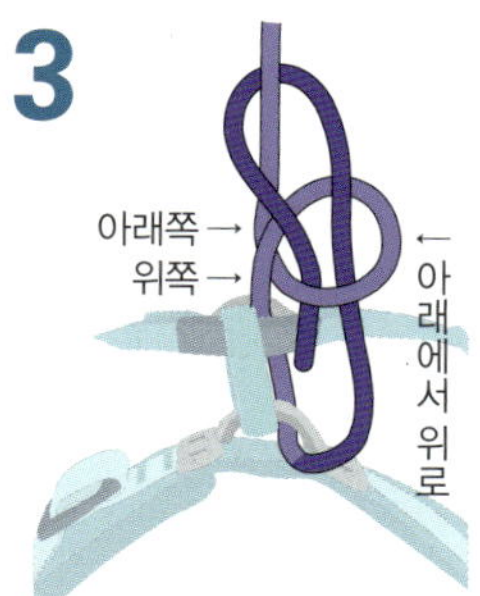

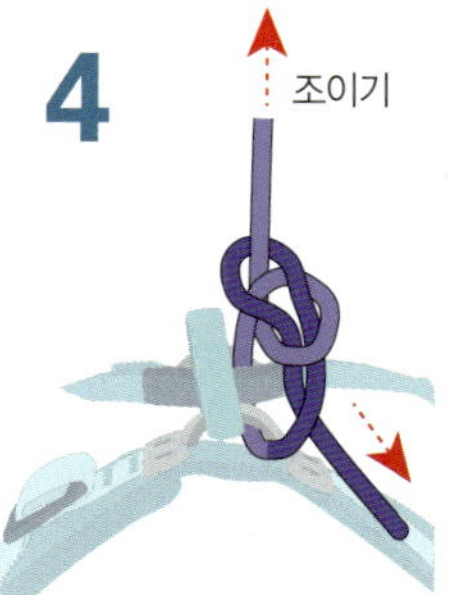

매듭을 작게 조정한다.
기억하는 매듭의 모양.

매듭을 조인 다음 b의
끝 처리를 한다.

b 끝 처리 / 에반스매듭 Evans Knot
(매듭 풀림 방지)

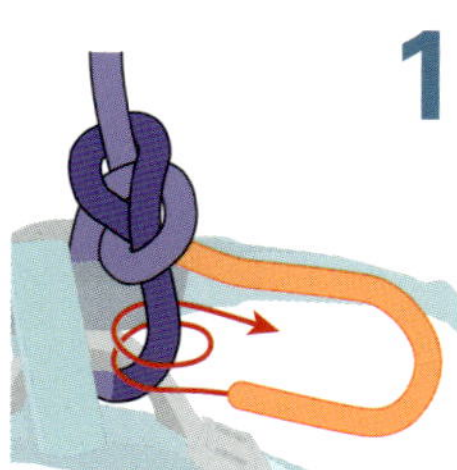

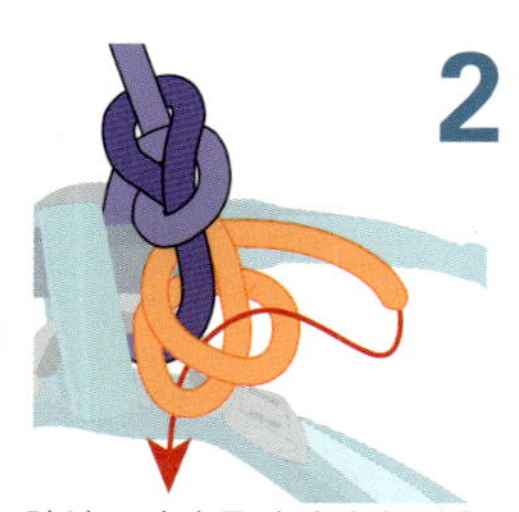

화살표처럼 두 번 감는다.
감는 방향에 주의할 것!

화살표처럼 통과시킨다. 감은
방향으로 돌려 넣으면서 조인다.

보라색과 파란색이 보울라인, 파란색과 주황색이 끝 처리

c 보울라인

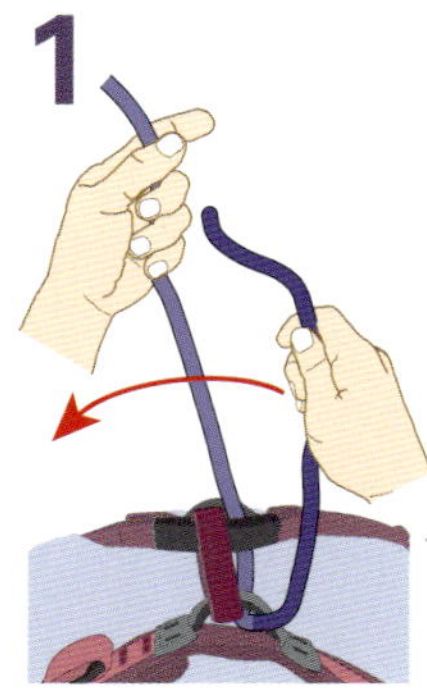

안전벨트에 로프를 통과
시킨다. 오른 손목을 아
래쪽 로프의 위로 향한
다.

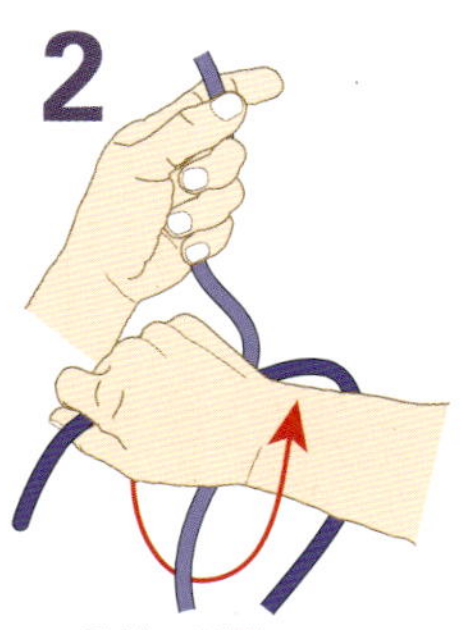

화살표 방향으로
오른손을 뺀다.

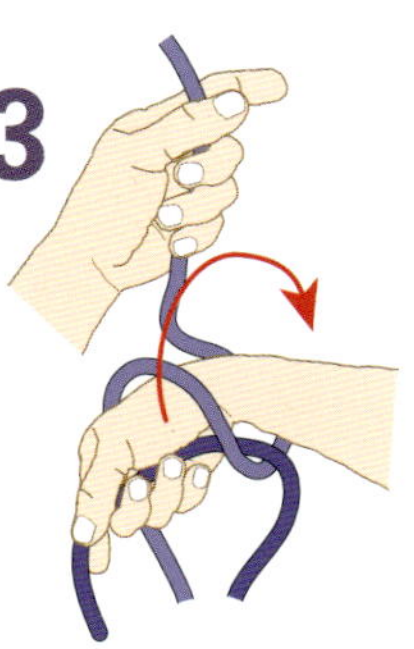

화살표 방향으로
오른손을 뺀다.

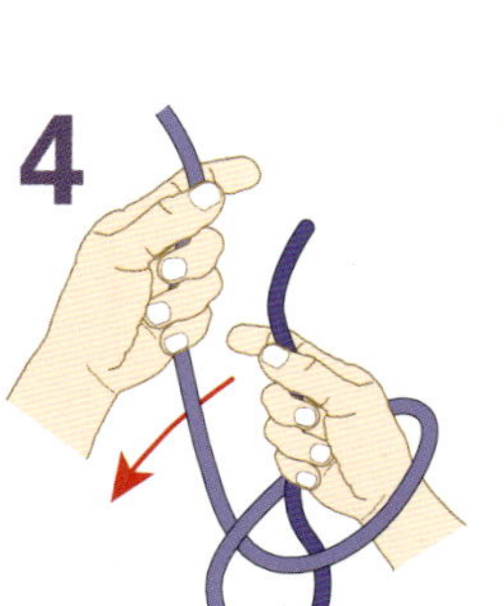

오른손을 밑에서 화살표
방향으로 내민다.

C 손이 기억하는 매듭법

매듭을 한 번에 만들기 때문에 실수가 적
고, 빨리 만들 수 있으며, 손가락을 조금 사
용한다. 매듭을 작게 만들려면 마지막에 조
정이 필요하다. c는 자신의 안전벨트에 매
듭을 만들 때만 쓰는 매듭법으로, 손이 기
억하도록 익히면 매듭의 위치, 방향이 변했
을 때 만들 수 없다. 한 손으로도 매듭을 만
들 수 있다고는 하지만, 오직 한 손만으로
매듭을 만들기란 쉽지 않다. 5번 동작 외
에는 로프를 잡은 상태에서 매듭을 만들
수 있다.

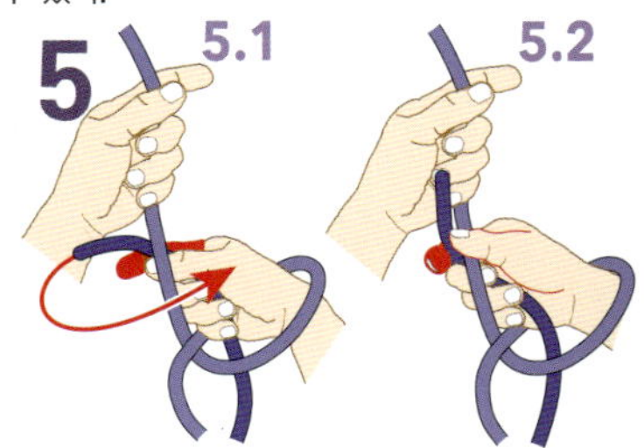

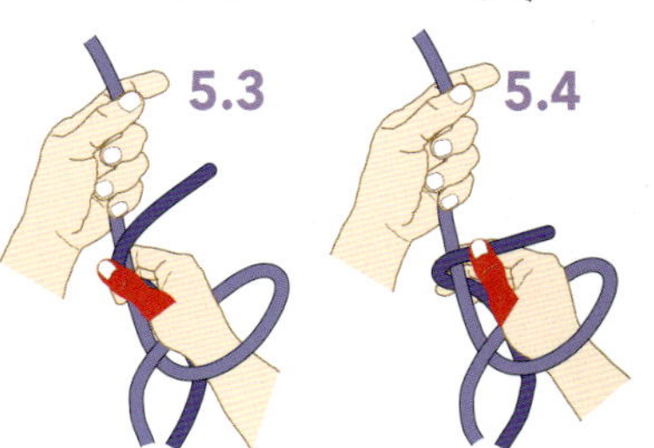

엄지와 검지를 움직여
연보라색으로 보라색을 감는다.

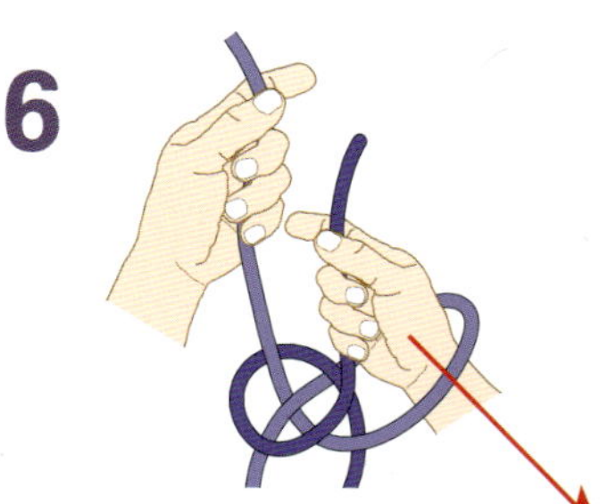

화살표 방향으로 로프를 집어넣거나
오른손으로 당겨 빼낸다. 로프를 잡은
채 오른손을 화살표 방향으로 빼낸다.

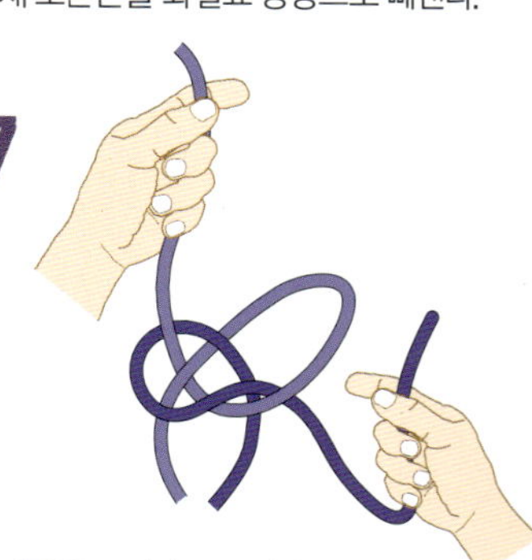

매듭을 조정하고 조인다. 그런 다음
b의 끝 처리를 한다.

d 보울라인

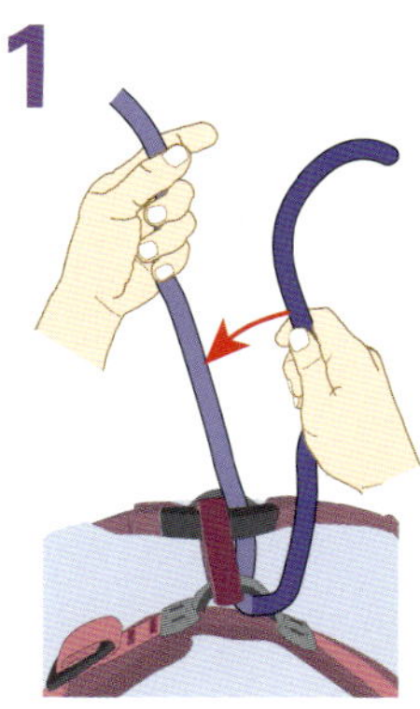

1

로프를 교차시킨다.
c의 1과 미묘하게 다르다.

d 손가락이 기억하는 매듭법

매듭을 조정하지 않고도 작게 만들
수 있다. 나무에 고정할 때는 매듭을
잘못 만드는 경우가 있다.
3~4는 몇 가지 방법이 있으며, 끝
쪽을 당겨서 고리를 되돌리는 방법
은 방향이 바뀌어도 사용할 수 있다.

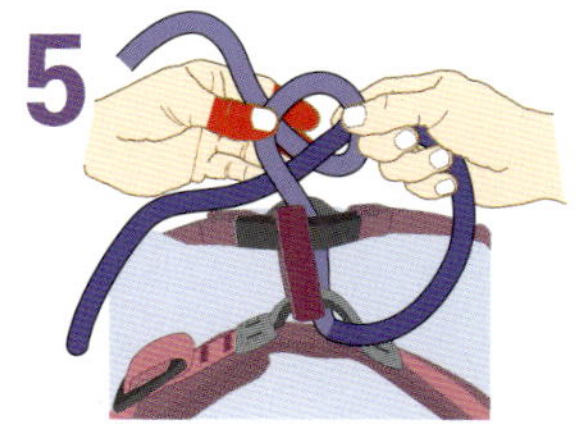
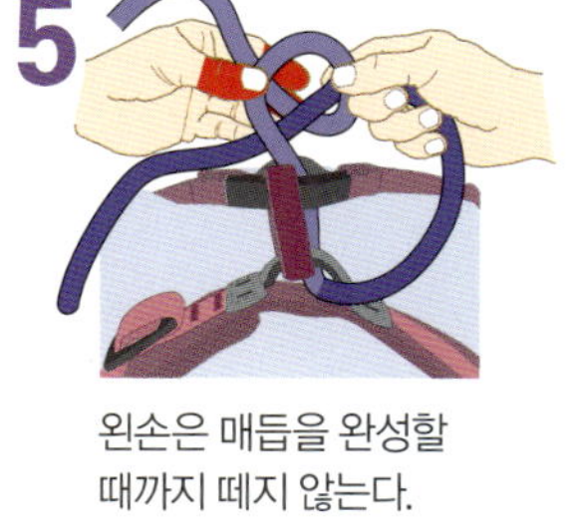

5

왼손은 매듭을 완성할
때까지 떼지 않는다.

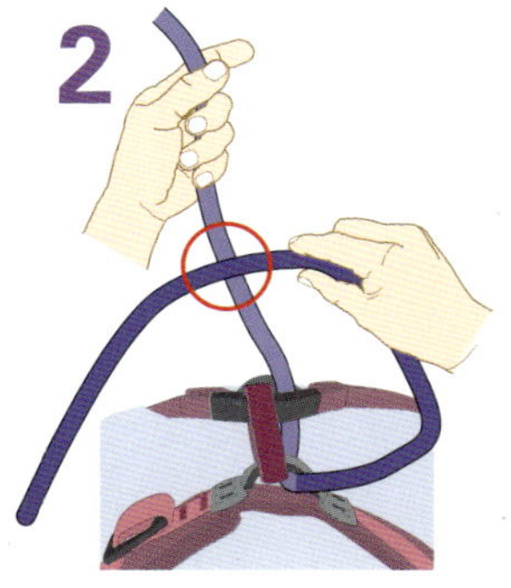

2

교차점을 엄지와 검지로
잡는다.

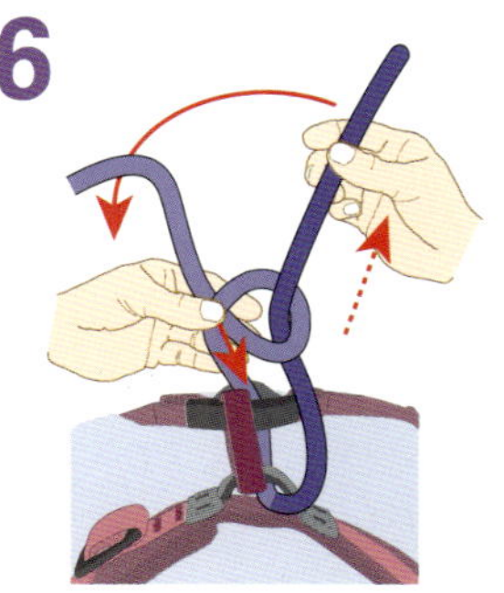

6

로프를 빼고 화살표
방향으로 돌린다.

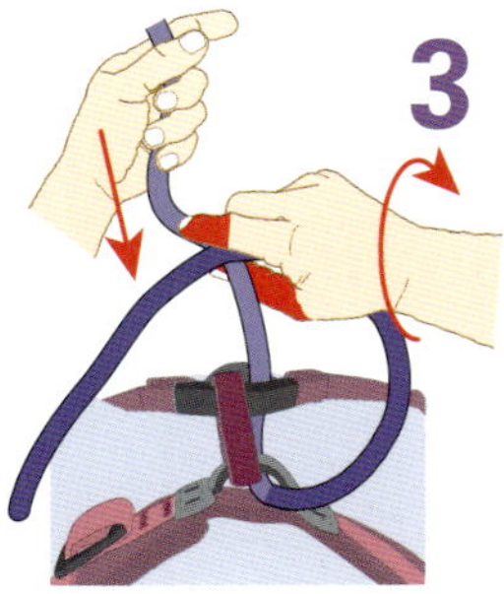

3

오른손을 시계 방향으로
돌린다.

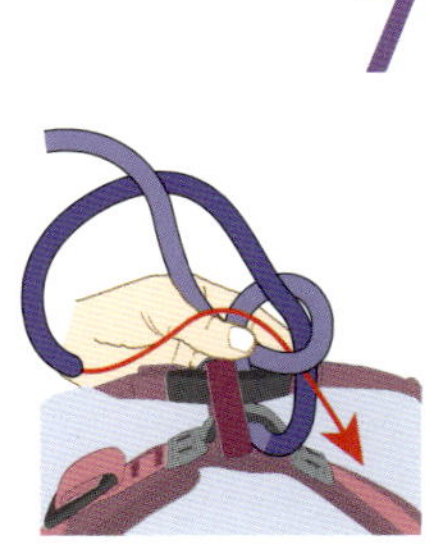

7

화살표처럼 통과시킨다.

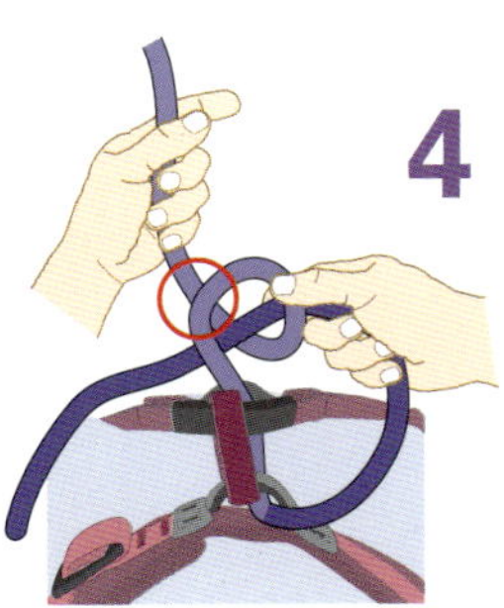

4

교차점을 왼손으로 잡는
다.

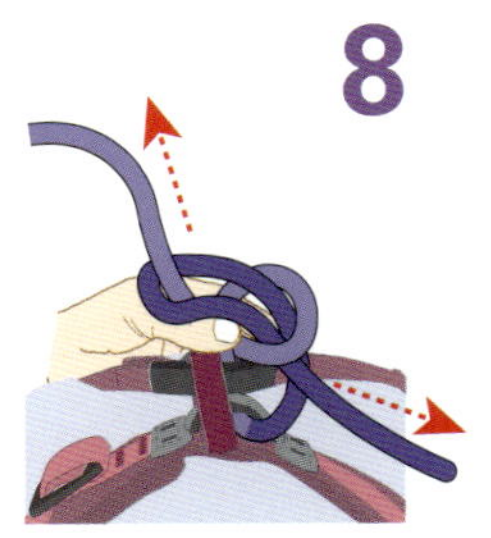

8

고리를 조인다. 그다음
b의 끝 처리를 한다.

e 요세미티보울라인 Yosemite Bowline

(요세미티피니시 Yosemite Finish + 보울라인)
(안전벨트에 묶기)

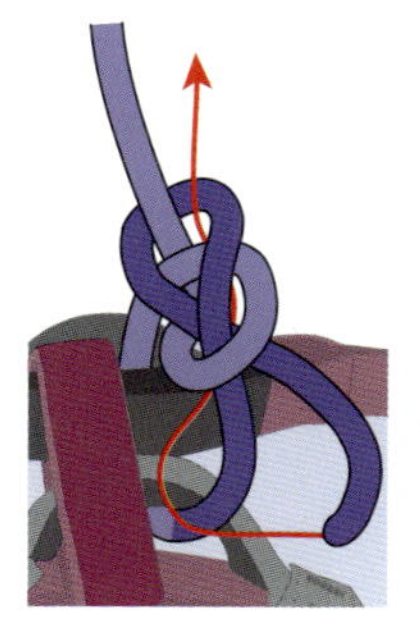
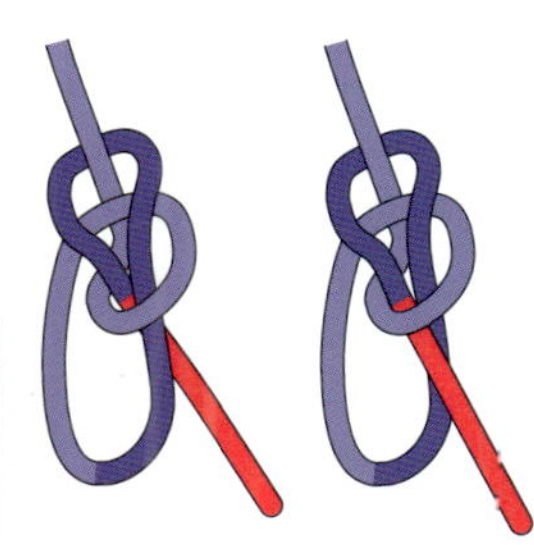

보울라인을 조일 때 오른쪽
그림과 같은 상태라면 반대로
감는 실수를 하기 쉽다.

1

돌려서 통과시킨다.
(끝 처리와 시작 부분이 같다.)

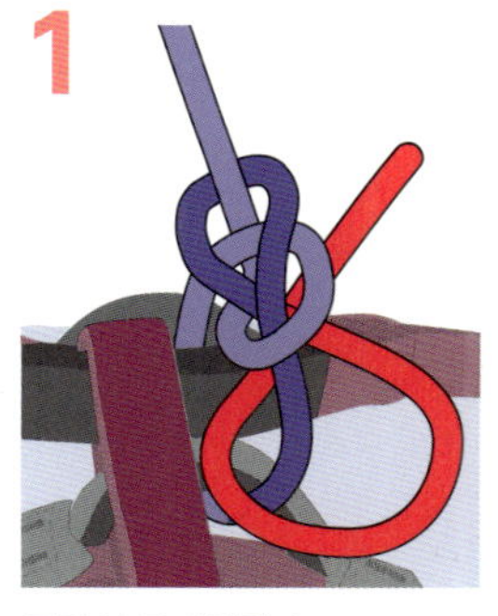
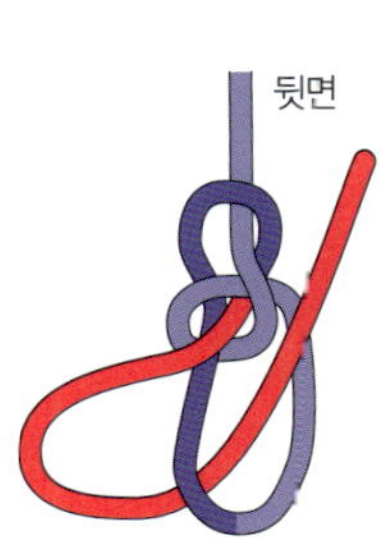

2

조이고 통과시킨다.

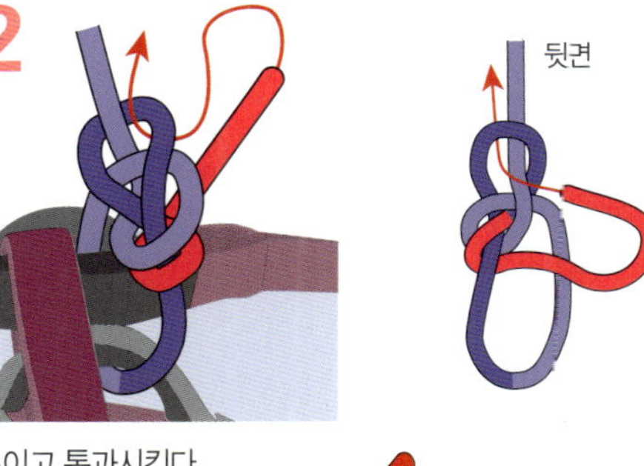

3

매듭을 조인다. 그 다음 b의 끝 처리를 할지는
개인의 판단에 따른다.

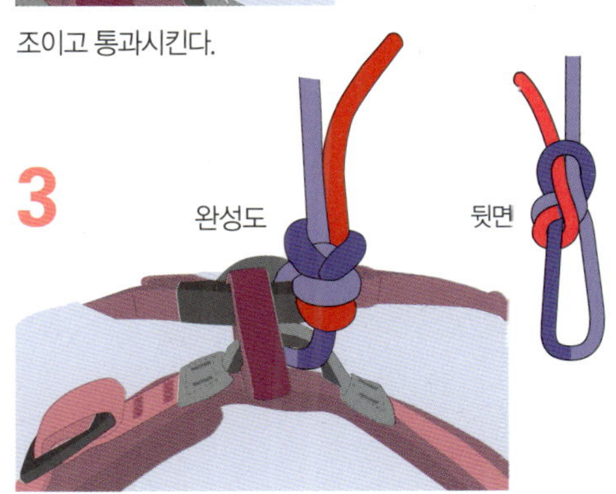

2-2 고정(자기확보)

● 로프 고정하여 자기확보 하기

종료점, 확보지점 등에서 메인 로프를 재빨리 고정할 때 사용하는 매듭 방법이다. 매듭을 느슨하게 묶어 길이를 조절할 수 있다.

말뚝매기매듭/클로브히치Clove Hitch

클로브히치를 만드는 방법은 세 가지가 있으며, 클라이밍에서는 앞으로 돌리는 방법인 a, b가 주로 사용된다. b 클로브히치와 보울라인은 손의 움직임으로 기억하기 때문에 매듭 방향이 변하면 매듭을 만들지 못하는 경우가 생긴다. 카라비너의 방향, 게이트의 방향, 로프의 방향, 손으로 잡은 로프의 위치 등으로 손으로 하는 조작이 변한다. 방향을 헷갈렸을 때는 거스히치Girth Hitch(카우히치Cow Hitch)나 뮌터히치Munter Hitch가 되며, 뮌터히치는 고정할 수 없으므로 다시 고쳐야 한다. 거스히치일 경우 매듭을 고쳐 쓸지는 개인이 판단한다.

(거스히치는 매듭이 감싸는 부분이 적어서 클로브히치보다 매듭의 강도가 약하다는 것이 필자의 개인적 의견이다. 매듭이 느슨한 상태에서 한쪽에서 강하게 당기면 풀린다.)

또한 매듭을 완성했을 때 확보자 쪽과 후등자 쪽의 로프가 교차하면 조작하기 힘들어진다. 완성된 매듭은 마지막 행동까지 예측하여 만든 것에 지나지 않는다.

클로브히치(후고리매듭)

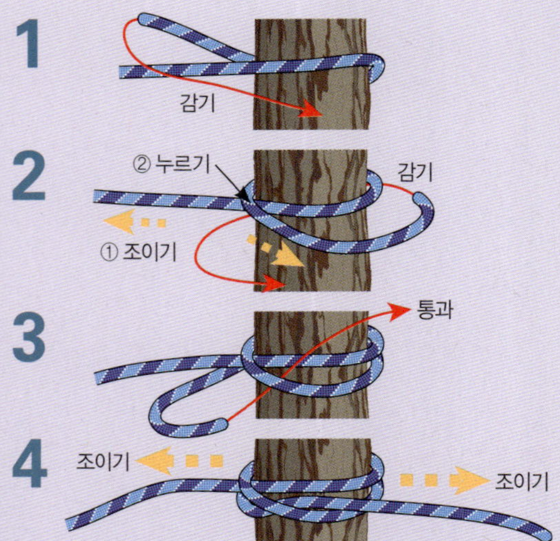

나무에 감아야 할 때 클라이밍에서는 카라비너가 있으므로 후고리매듭은 별로 사용하지 않는다.

58

a 클로브히치(선고리매듭, 양손)

고리를 만든다.

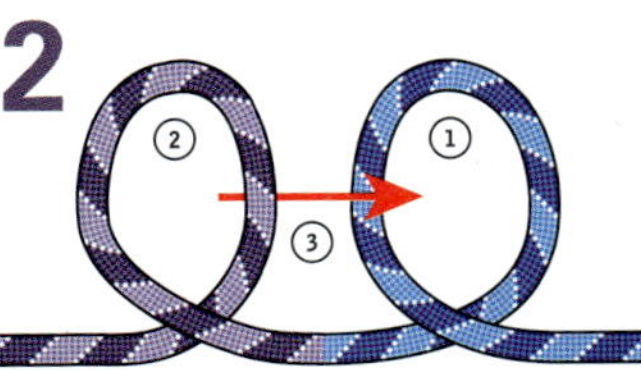

왼쪽으로 고리를 더 만든다.

b 클로브히치(선고리매듭, 한 손)

한 손을 사용하는 클로브히치는 카라비너를 거는 순간 시작된다. 카라비너의 게이트 방향에 따라 손의 움직임이 변하는데, 어느 손으로 매듭을 지을지는 붙잡고 있는 로프의 위치에 따라 다르다. 그림 b는 후등자가 자기확보를 할 때, 본인 쪽에 있는 로프가 위쪽으로 설정되어 있다. 자신이 위쪽에 있다면 본인 쪽이 아닌 부분을 잡는다. (본인 쪽을 잡아서 매듭을 만드는 것도 가능하지만, 손끝으로 작업해야 한다.) 한 손으로 만드는 클로브히치는 클라이밍을 시작할 때 숙련된 상태여야 한다.

로프의 상태

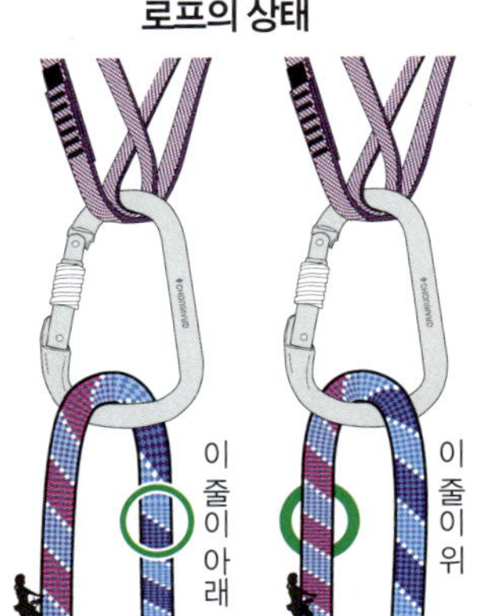

로프의 상태에 따라 잡는 위치와 방법이 다르다.

로프를 잡는 위치

매듭지을 수 없다.

녹색처럼 잡지 않으면 클로브히치가 안 된다.

로프를 잡는 방법

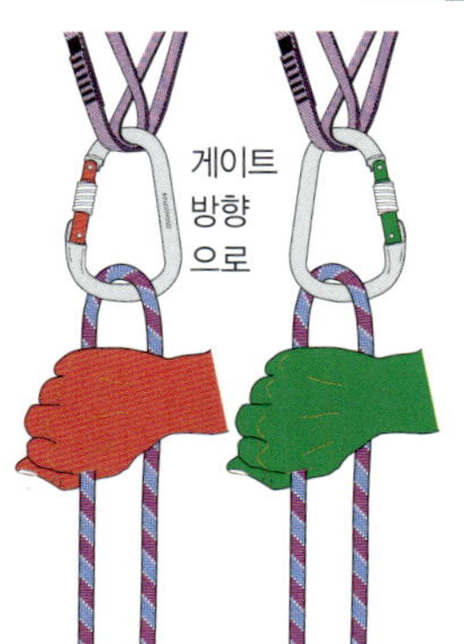

매듭지을 수 없다.

매듭지을 수 있다.

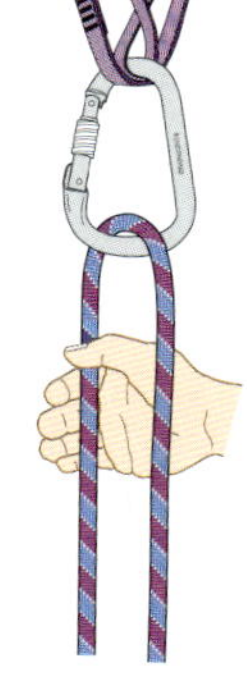

손끝을 사용한다.

오른쪽 그림에서 0과 2사이 →

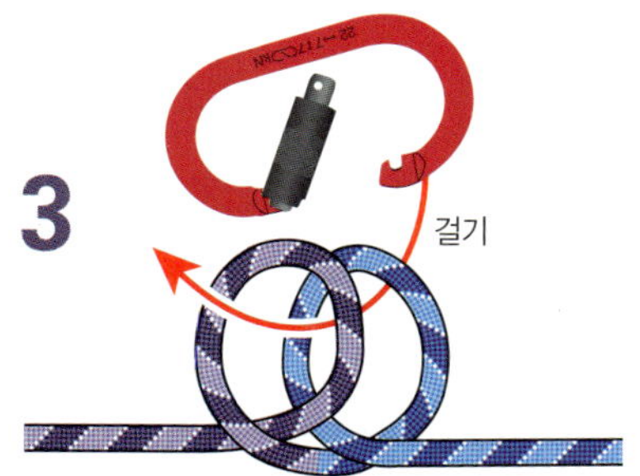

3 만들어진 고리를 뒤쪽에서부터 겹치게 한다.

4 두 개의 고리를 카라비너에 건다.

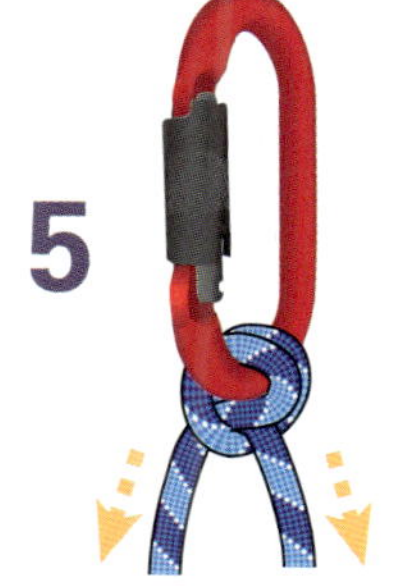

5 매듭의 고리를 조인다.

b 오른쪽 게이트

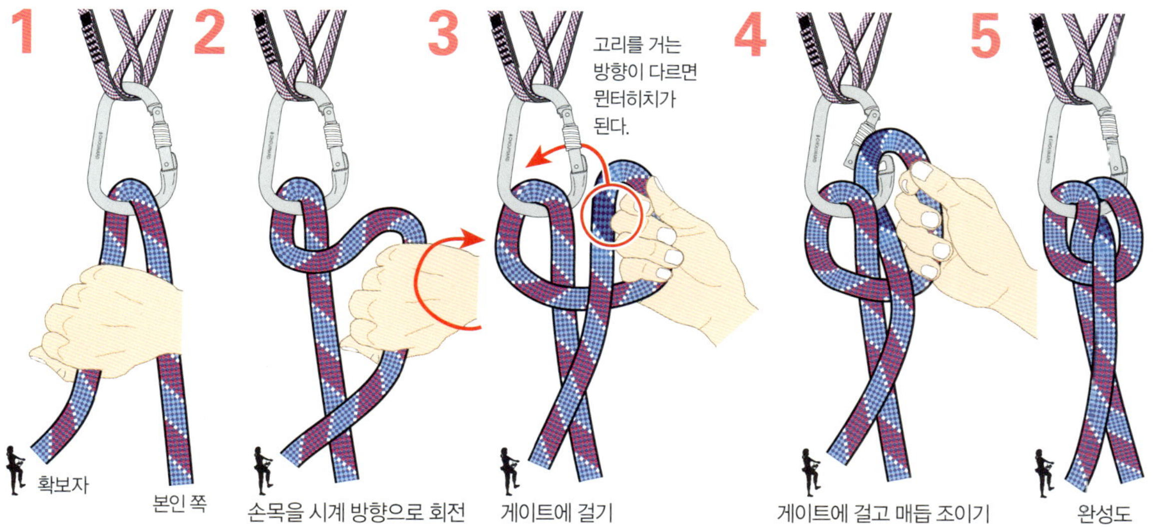

실제로 2번과 3번 동작(위치를 이동하며 손목을 회전)은 동시에 이루어진다.

b 왼쪽 게이트

2번에서 3번으로 연결되는 동작이 바로 이해되지 않으면 2번의 상태에서 그림을 보지 않고, 손목을 시계 반대 방향으로 돌리듯이 움직이면 3번이 된다.

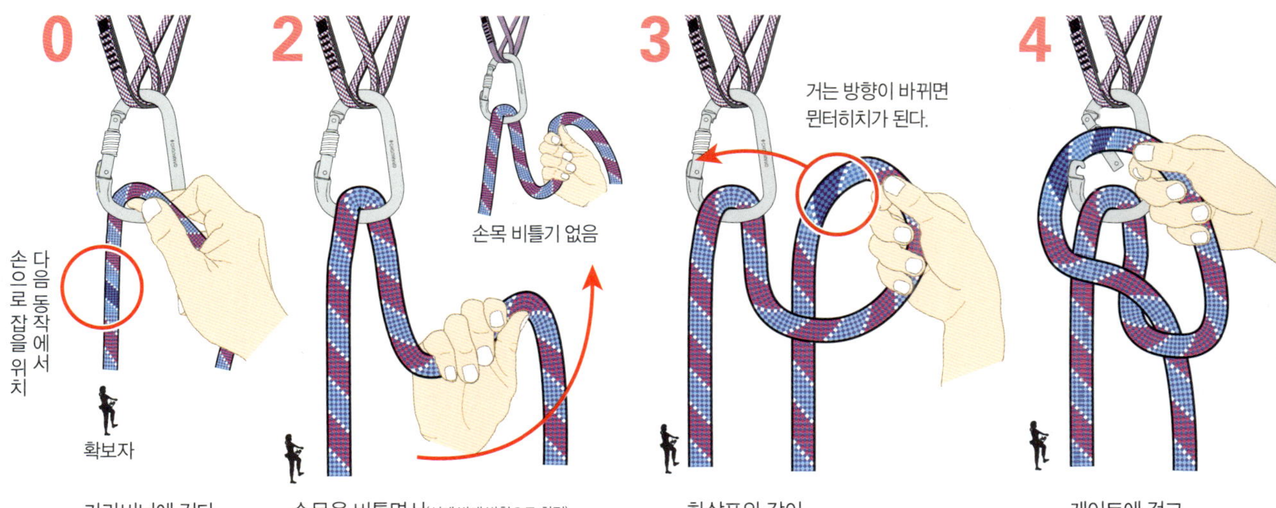

보울라인+에반스(고정)

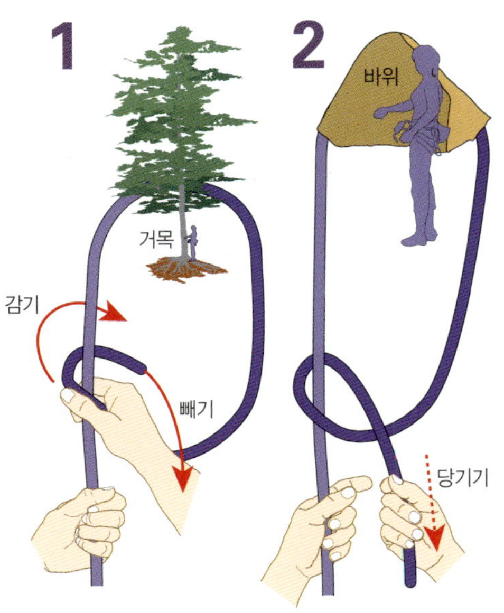

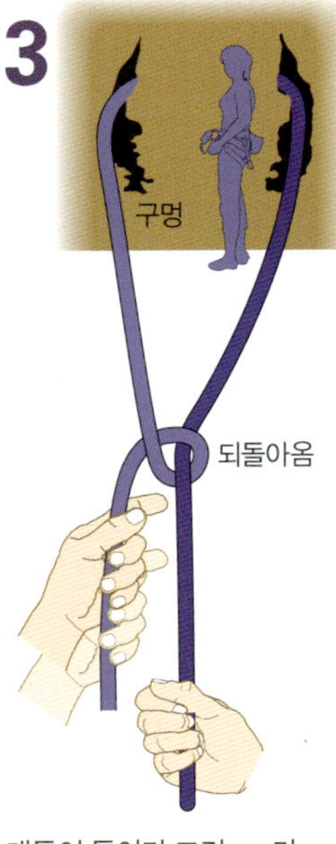

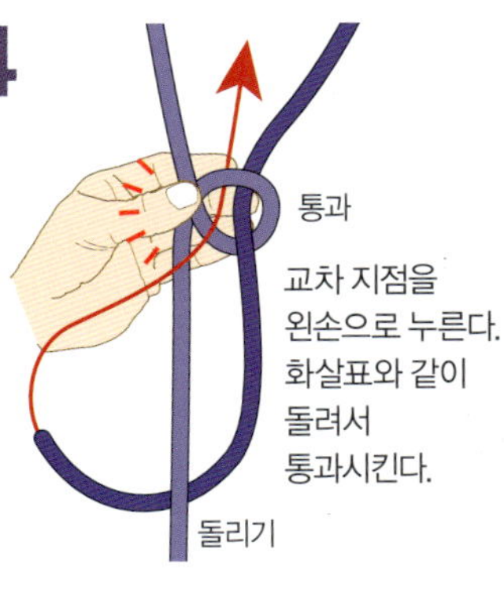

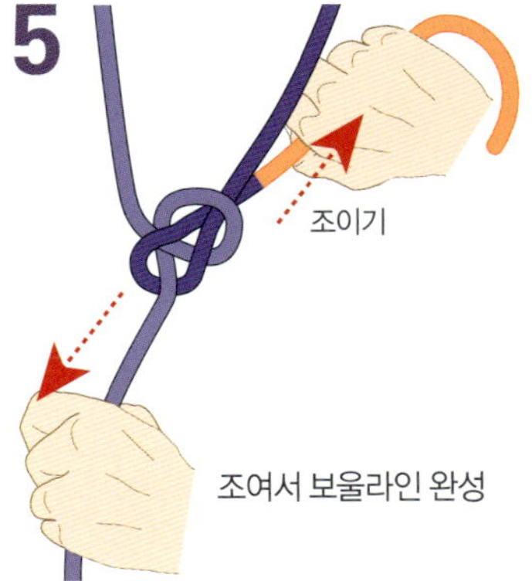

a' 보울라인+에반스(확보지점 만들기)

소지한 슬링을 사용할 수 없는 나무나 바위 등에 사용하는 방법이다.

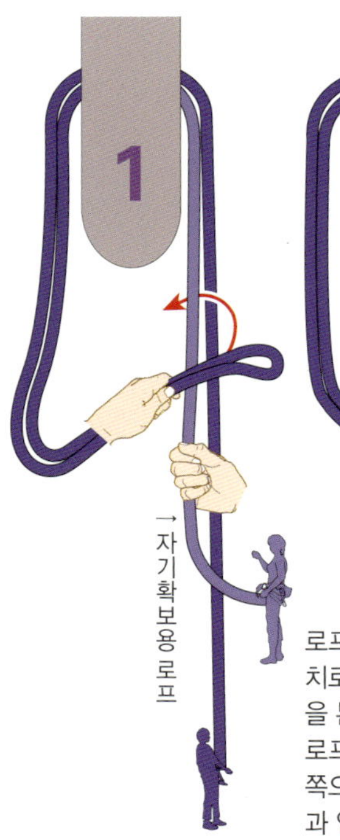

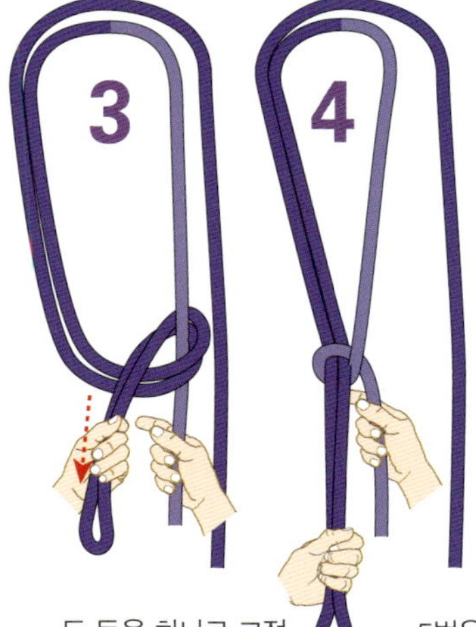

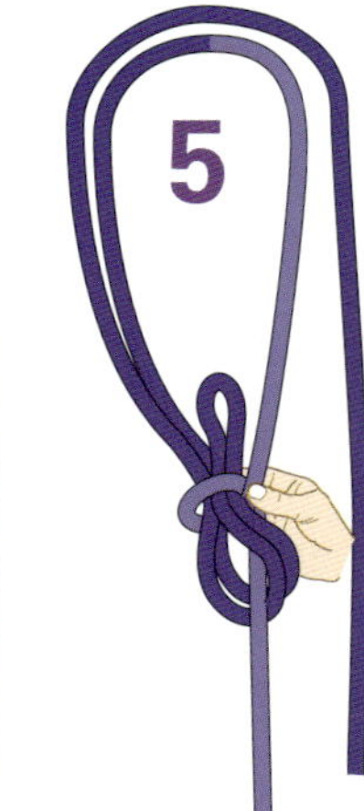

오른쪽에서 걸지
왼쪽에서 걸지는 상황에
따라 판단한다.
클라이머는 어느 쪽으로
걸어도 매듭을 만들 수
있어야 한다.

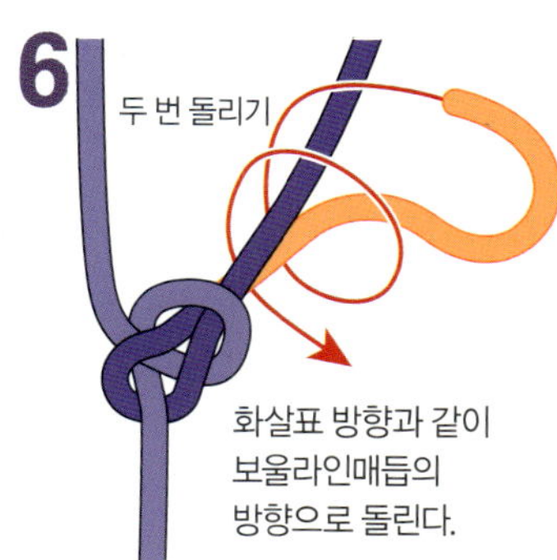

6

화살표 방향과 같이
보울라인매듭의
방향으로 돌린다.

7

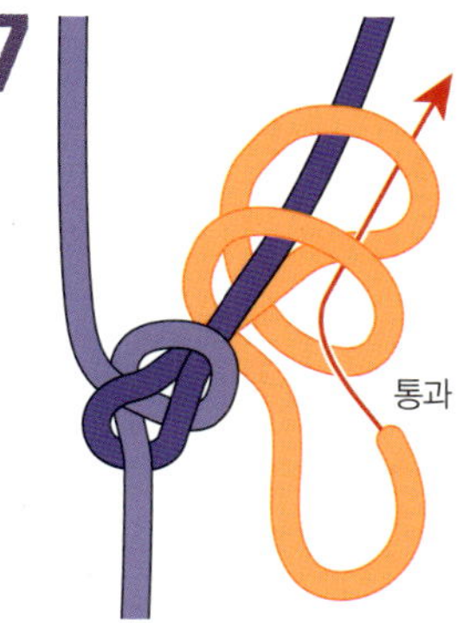

화살표처럼 통과시킨다.
6, 7번은 에반스(후고리매듭).

위쪽에 걸 때 효과적인
경우가 많다.
단 지지력이 약할 것
같으면 뿌리 쪽에 건다.

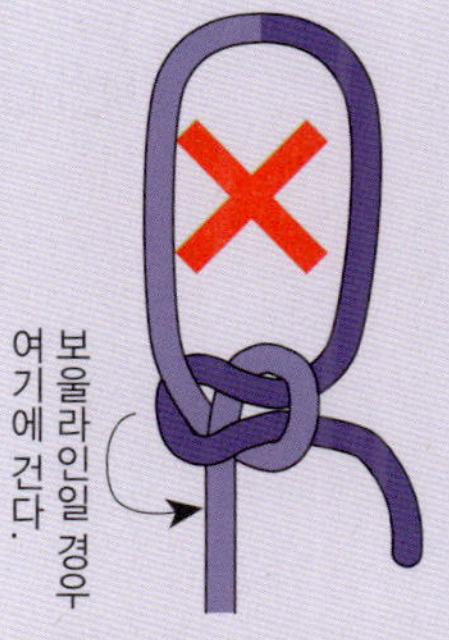

조이면 보울라인+에반스(끝 처리)가
완성된다.

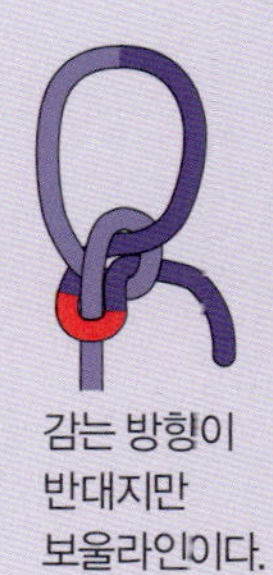

c 에반스(후고리매듭, 고정)

보울라인으로 묶지 않고
에반스 후고리매듭으로만
묶을 경우 확보지점을 조
여서 고정한다.
위의 그림과는 매듭 대상
이 다르기 때문에 동일한
형태가 되지 않는다.

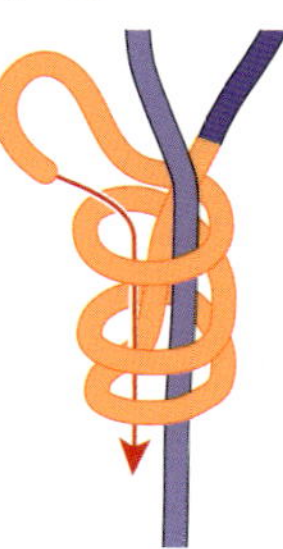

b 타이오프Tie-off
거스히치Girth Hitch
카우히치Cow Hitch

1

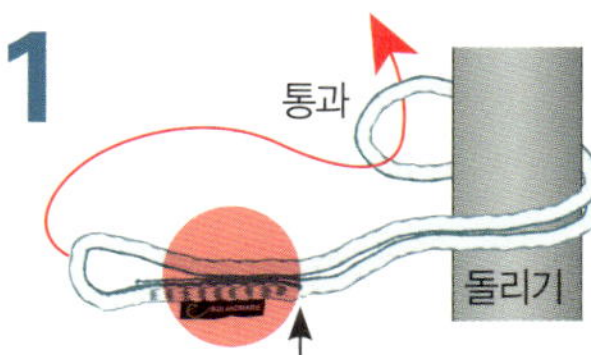

꿰맨 구멍, 매듭 고리의 위치

2

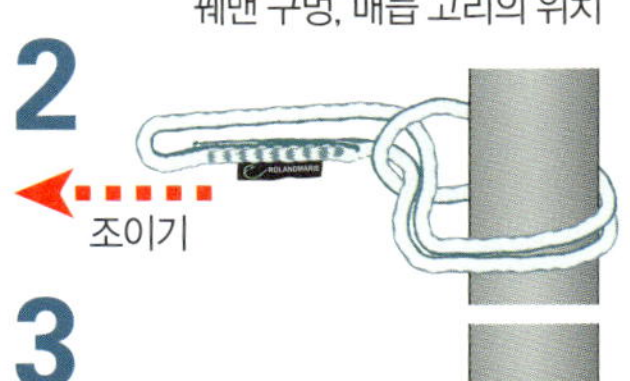

3

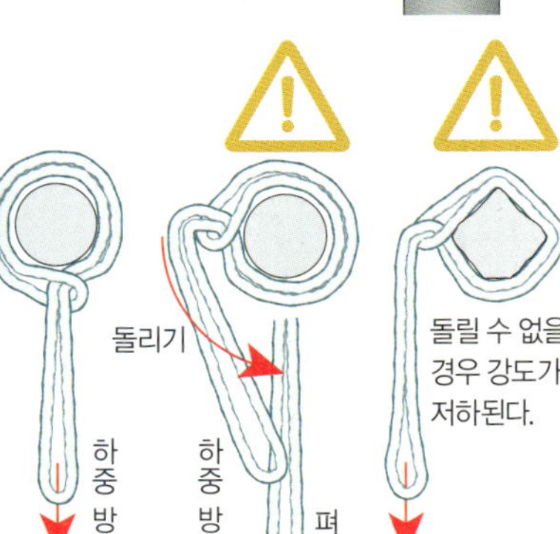

c 에반스(선고리매듭, 고정)

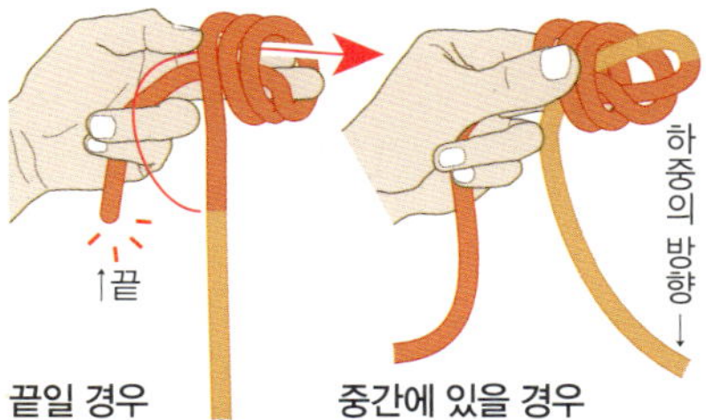

끝일 경우
로프 끝을 약지와
계지로 누른다.
검지와 중지에 감
아서 낀다.

중간에 있을 경우
손가락을 빼내어 고리를
통과시킨다. 로프 가운데
부분을 사용할 경우 세심
한 주의가 필요하다.

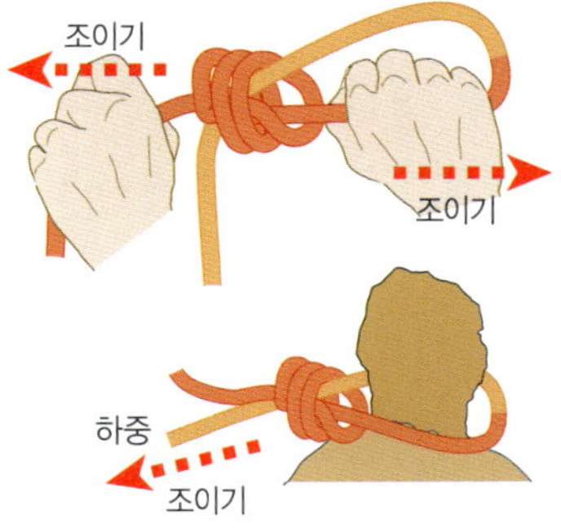

바위의 홀드 같은 부분에 조여서 사
용할 수 있다. 보울라인, 8자매듭으
로는 루프를 조일 수 없다.

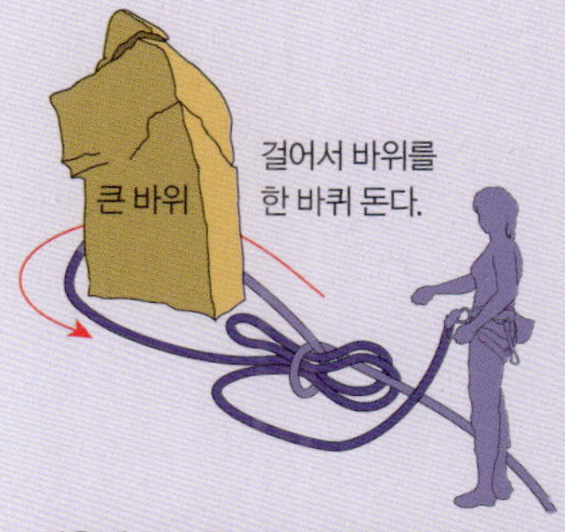

p.57d의 방법으로 확보지점을 만들면 위의
왼쪽 그림 같은 실수를 하기 쉽다.

처음에 로프를 거는 방향이 잘못되면 그림처
럼 된다. 자기확보, 확보지점을 만드는 경우
라면 하중이 걸리는 장소가 잘못된 것이다.
단순고정이라면 괜찮다.

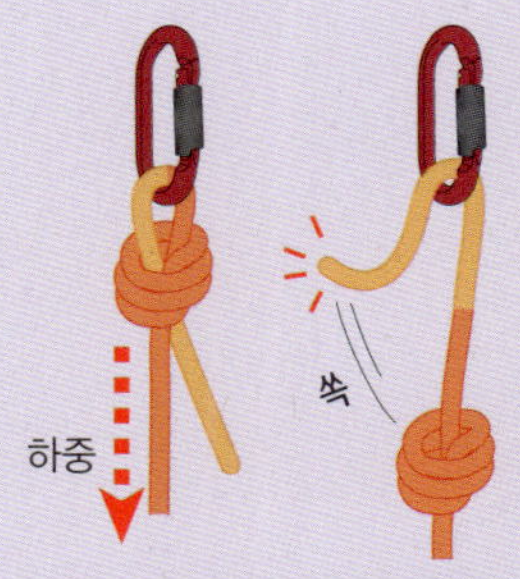

반대편 끝(하중)에 에반스매듭을 만들면 하중
이 걸릴 때 빠지게 된다. 선고리매듭일 때 종
종 발생한다. 후고리매듭일 때는 드물다.

클로브히치로 그정하면
풀어질 수도 있다.

2-3 연결(로프 연결, 슬링 만들기)

● 로프와 로프를 연결

로프와 로프를 연결하는 매듭은 주로 세 가지 방법을 사용한다. 어떤 매듭을 사용할지는 회수 시의 환경, 사용자의 선호도에 따라 결정하는 경우가 많다. 하강할 때 로프를 잘못 연결하는 실수는 치명적이므로, 매듭을 확실하게 조이는 것이 매우 중요하다. 특히 두 줄을 8자매듭으로 함께 묶는 방법은 하중이 실렸을 때 매듭 뭉치가 회전하며 매듭이 풀릴 위험이 있기 때문에 하강 시에는 절대 사용하지 않으며, 두 줄을 옭매듭으로 연결하는 것이 훨씬 안전하다. 로프를 잘못 연결해서 발생하는 사고 중 상당수가 매듭이 변형되거나 풀려서 발생한다.

8자매듭Figure-Eight Knot / 이중8자매듭Double Figure-Eight Knot

안전벨트에 묶는 8자매듭과는 다르다.

장점 매듭 뭉치를 만드는 것으로 회수 시 어딘가에 걸리는 경우가 적다.

단점 매듭을 풀기 어렵다. 이 문제를 해결하려고 매듭을 변형하면서 로프를 잘못된 방향으로 통과시키면 매듭이 풀리기 때문에 주의해야 한다.

이중피셔맨즈매듭Double Fisherman's Bend

로프로 슬링을 만들 때도 사용한다.

장점 이 매듭을 실패했다는 이야기를 들은 적이 없다.

단점 매듭에 뭉치가 만들어지지 않기 때문에 어딘가에 걸릴 가능성이 있다. 또 매듭을 조이면 풀기가 매우 어렵다. 매듭을 만드는 데도 시간이 걸린다.

옭매듭/오버핸드매듭Overhand Knot

장점 매듭의 뭉치가 있어서 회수 시에 어딘가에 걸리는 경우가 적다. 단순하여 빨리 만들 수 있고, 풀기 쉽다.

단점 굵기가 다른 로프를 연결할 경우 등에는 위험하다.

테이프매듭Tape Knot / 링벤드매듭Ring Bend Knot

테이프를 연결할 때의 매듭으로 테이프 슬링을 만들 때 사용된다. 둥근 형태(로프 등)의 장비에는 사용하지 않는다.

단점 매듭 고리가 제대로 조여지지 않을 경우 풀린다. 매듭의 끝이 최소 테이프 폭의 3, 4배 정도는 있어야 한다.

a 8자매듭/이중8자매듭

1

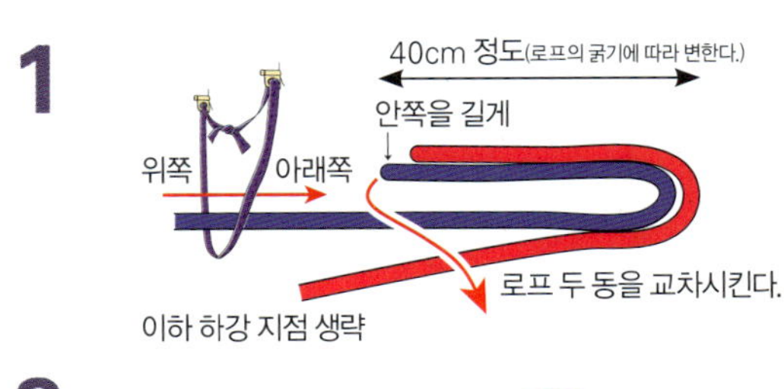

2

깔끔하게 연결하려면 빨간색을 당긴다. 바깥쪽 루프를 안쪽으로 연결할 때는 할 필요 없다.

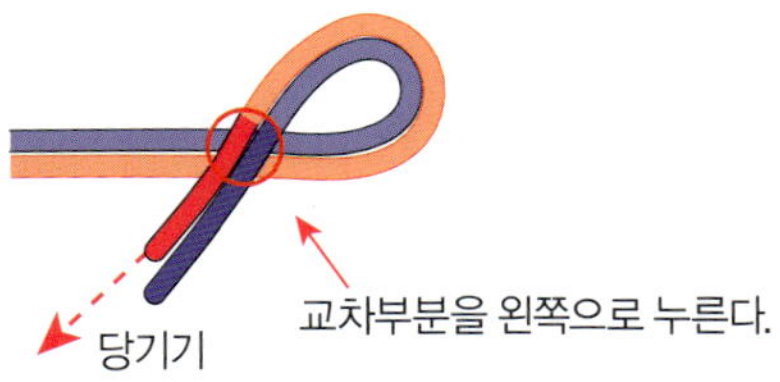

3

화살표와 같이 아래로 돌린다.

빨간색 표시처럼 이때 끝을 포개지 않으면 끝이 정리되지 않는다. 단순히 연결만 하는 것이라면 고려할 필요가 없다.

4

5

6

7

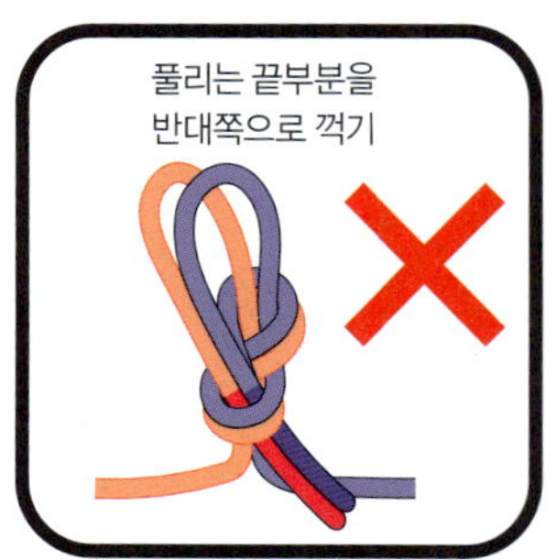

b 이중피셔맨즈매듭

하강 이외에 로프 슬링을 만들 때도 사용한다.

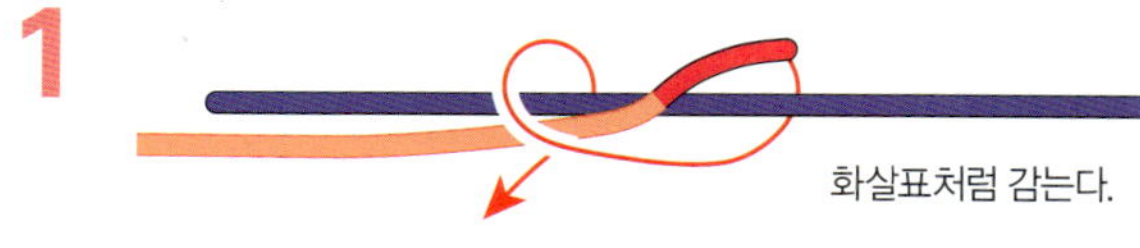

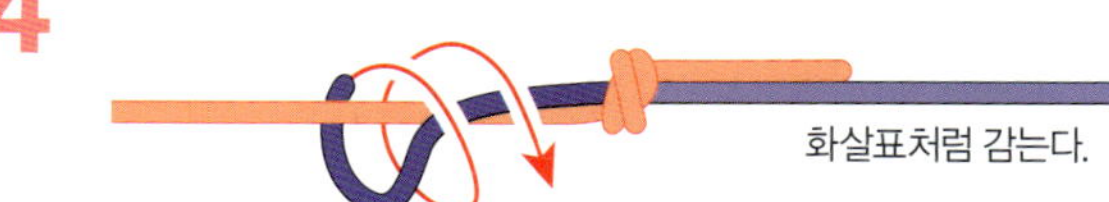

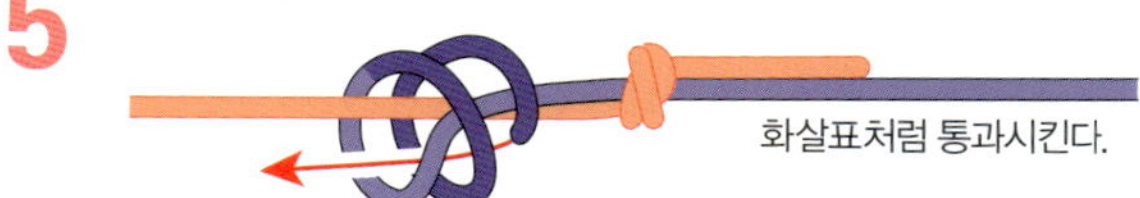

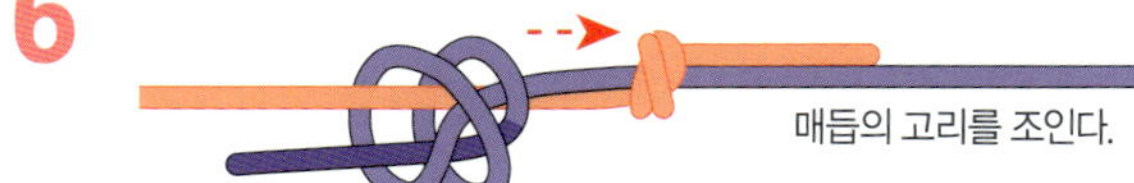

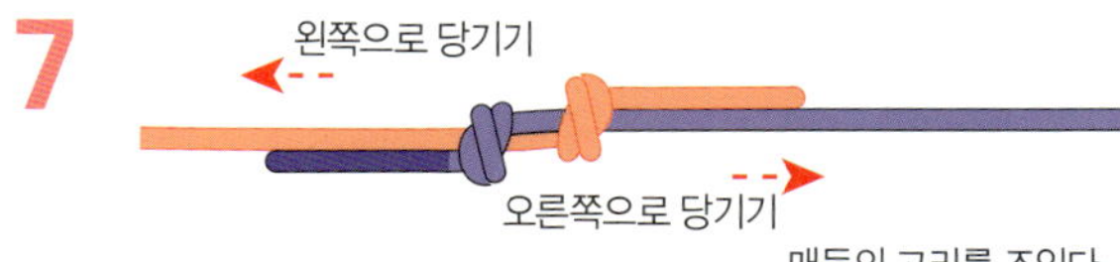

c 옭매듭 / 오버핸드매듭

오버핸드매듭을 두 개 만들어 서로 맞
닿게 묶으면 매듭이 더 안정적이다.

d 테이프매듭 / 링벤드매듭

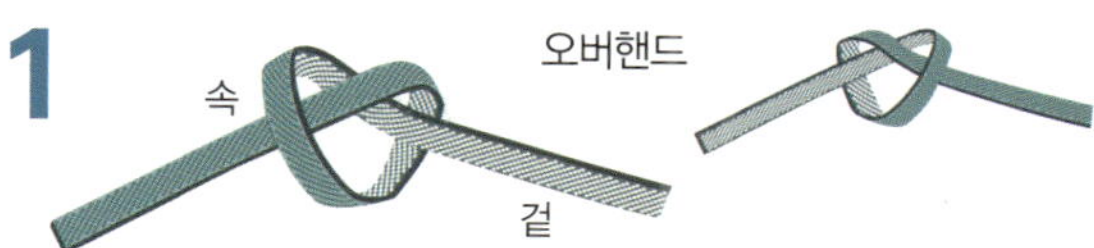

겉이 위로 오게 매듭을 만들려면 처음 만든
오버핸드매듭을 뒤집어서 묶는다.

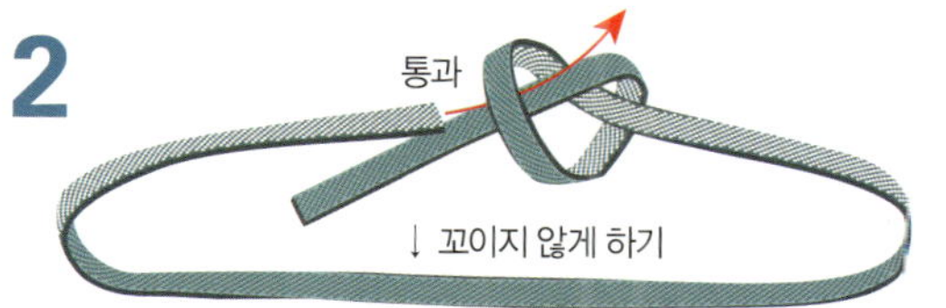

같은 면끼리 보이게 한 다음 통과시키면 꼬이지 않는다.

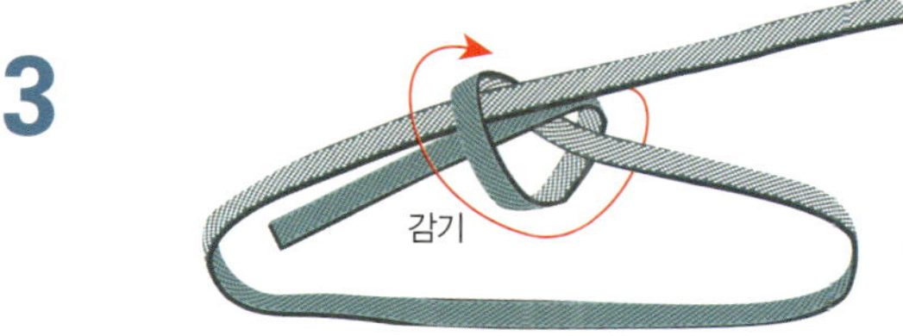

3, 4번의 끝을 처음에 만든 오버핸드를 따라 감는다.

끝의 길이를 조정하면서 조인다.

손으로만 조이면
미완성이다.

처음 만든 오버핸
드의 겉면으로 만
든 매듭

매듭이 느슨하면 사망할 수 있다.

하중을
실어서
조인다.

하중을 실어서 매듭을 조이는 것이 중요
하다. 이 매듭은 강하게 조이지 않으면
풀어지고, 강하게 조여 있으면 풀기 어려
운 매듭이다. 끝부분의 길이가 짧은 것도
풀어지기 쉽다.

2-4 반고정

하중이 걸릴 경우에만 고정된다.

● 카라비너만 사용하여 확보, 하강

떨어지면 끝이라고 생각되는 곳에 만약을 위해 확보한다.
하강기를 떨어트린 경우 등 하강 시에 사용할 수 있다.

뮌터히치Munter Hitch /
하프클로브히치Helf Clove Hitch /
이탈리안히치Italian Hitch

장점 확보기를 사용하는 것보다 설치가 빠르며, 로프를
빨리 끌어당길 수 있다. 사용방법을 완벽하게 익히면
굉장히 효율적인 '도구'를 갖게 된다.

단점 매듭이 넘어가 원상복구 하려는 과정에서 하중이 걸
리면 위험한 상황이 발생할 수 있으므로, 매듭을 능
숙하게 다룰 수 있어야 한다. 오버행에서 하강을 하
거나 하중이 무거운 경우에는 로프가 손상될 수 있
어서 다른 제동 장치를 사용해야 할 수도 있다.

가다히치Garda Hitch

장점 로프에 하중이 걸리면 자동으로 잠긴다.
(뮌터히치와의 결정적 차이다.)

단점 카라비너에 묶는 방법에 익숙해져야 한다. 카라비너
의 형태에 따라서는 매듭이 망가질 수 있다.
강한 하중이 걸릴 경우 잠금을 해제하기 어렵다.

p160

a 뮌터히치(후고리매듭, 확보)

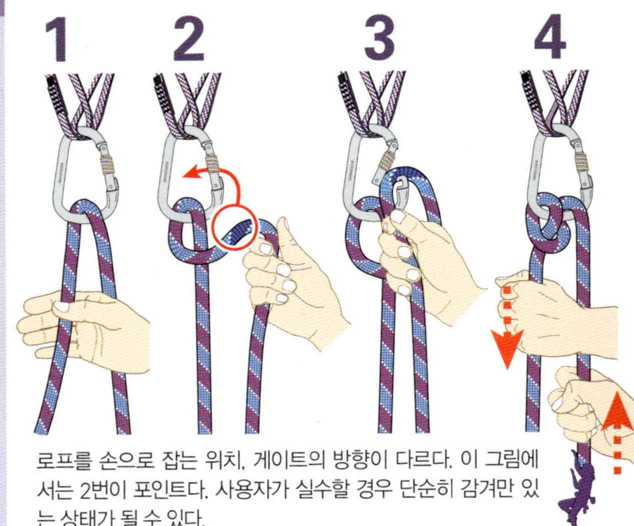

로프를 손으로 잡는 위치, 게이트의 방향이 다르다. 이 그림에
서는 2번이 포인트다. 사용자가 실수할 경우 단순히 감겨만 있
는 상태가 될 수 있다.

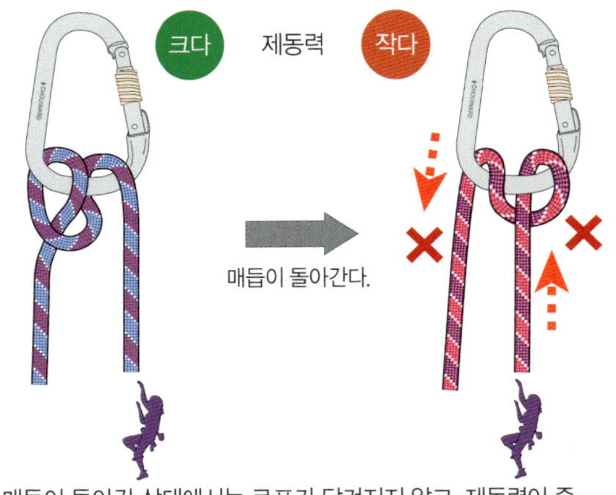

매듭이 돌아간 상태에서는 로프가 당겨지지 않고, 제동력이 줄
어든다. 매듭이 돌아가면 즉시 원상복구된 상태에서 지나치게
팽팽해지거나 추락하지 않도록 한다.

b 가다히치(짐 올리기, 확보)

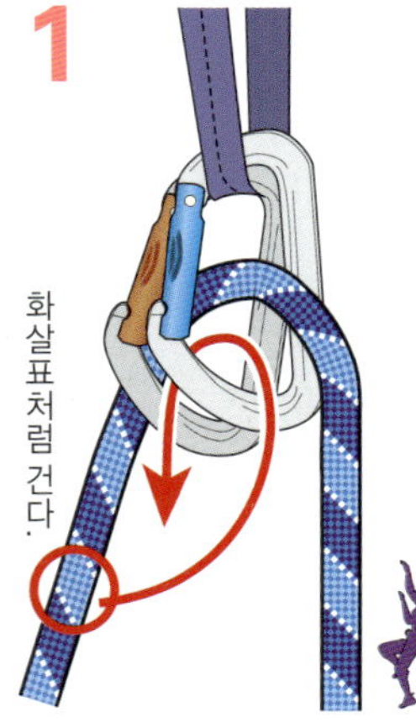

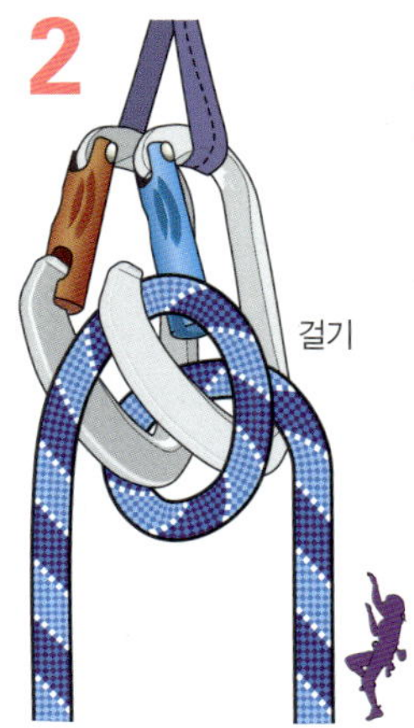

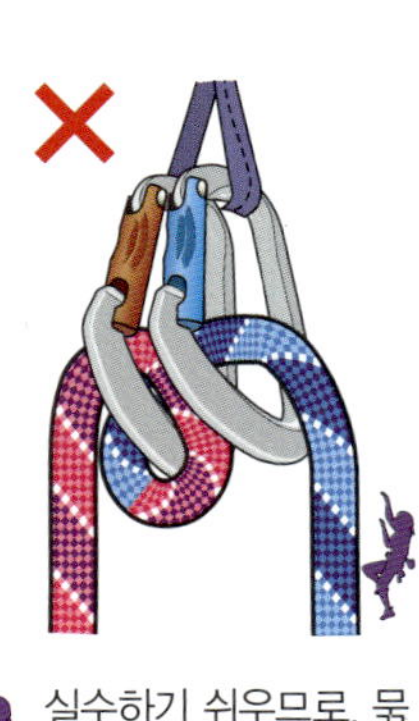

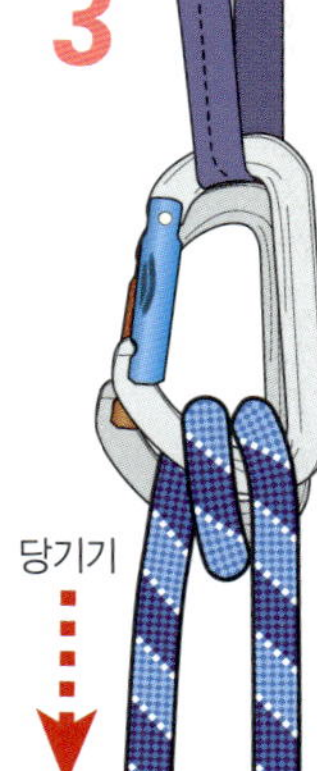

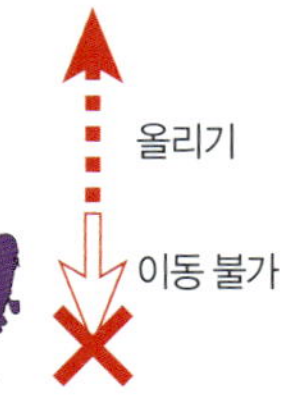

그림에서처럼 하중이 한쪽으
로 쏠리는 형태의 카라비너(O
형 이외의 카라비너)는 매듭이 망가
지기 쉽다.
잠금 상태에서 조작하는 것이
어렵기 때문에 뮌터히치보다
조작성은 떨어진다.

a' 뮌터히치 (후고리매듭, 하강)

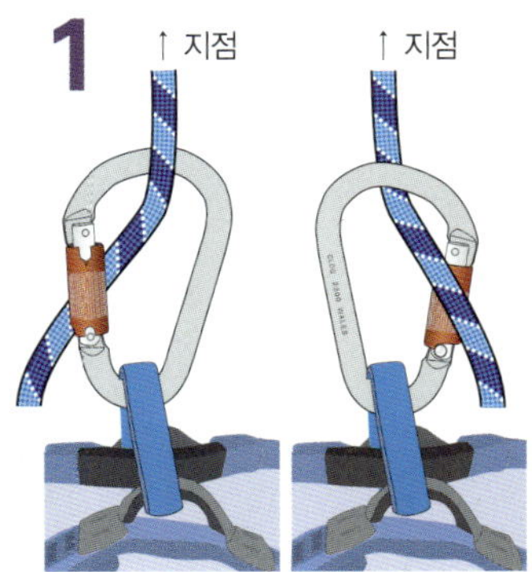
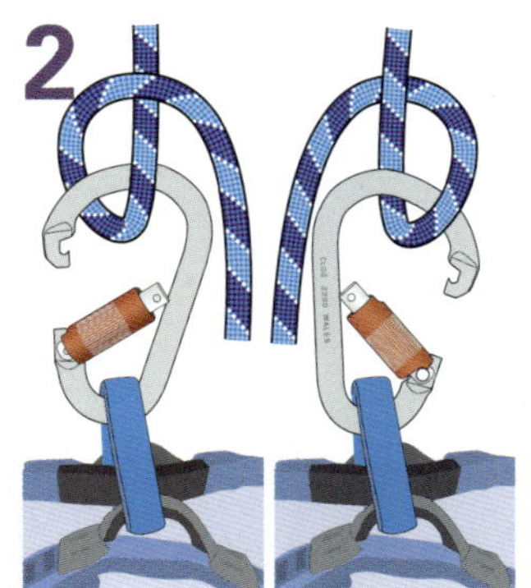
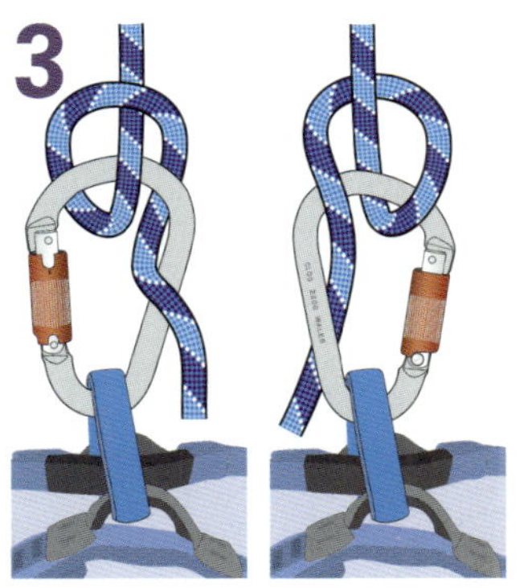

게이트 방향, 로프를 거는 방향, 감는 방향에 따라 다양한 경우가 발생한다. 위의 그림은 게이트, 거는 방향이 다르다. 아래 그림에서는 반대로 감는다.
(처음에 게이트 쪽을 감는다.)

하강하는 쪽의 로프가 게이트와 반대 방향이 되도록 처음에 게이트 쪽으로 감는다.

하강하는 쪽의 로프가 아래쪽에 있으므로 왼쪽의 제동력이 커진다. 게이트에 닿지 않게 하려는 의도지만, 하강하는 쪽의 로프를 게이트 방향으로 잡으면(3-3) 로프가 게이트에 걸린다.

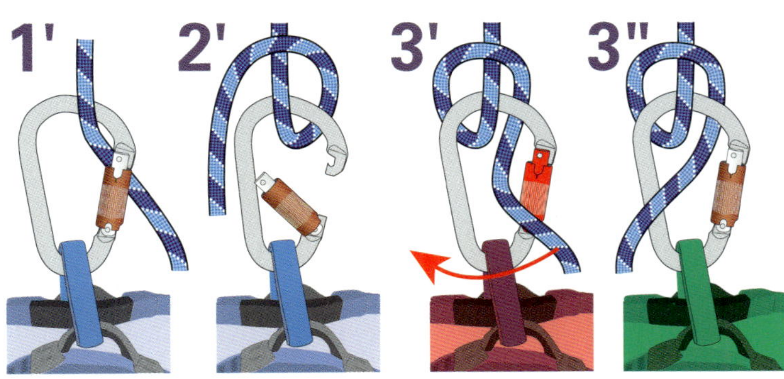

처음에 게이트 쪽으로 감으면 3'는 3-3보다 게이트를 열기 쉬워지나, 하강하는 쪽의 로프를 반대 방향으로 돌리면 최적의 매듭이 된다.

후고리매듭 방식이 늘 제대로 묶이지는 않는다. 그 이유는 로프와 게이트 위치가 늘 일정한 관계를 유지하는 게 아니기 때문이다. 로프를 위에서 걸면 1번의 왼쪽, 아래쪽에서부터 걸면 1의 오른쪽 그림처럼 되기 쉽다. 출발지점이 달라 거는 방식이 늘 바뀌므로 이를 고려하지 않으면 뮌터히치가 되지 않는다. 이탈리안히치(뮌터히치) 후고리매듭을 숙련하려면 머릿속에 완성된 형태가 완전히 기억되도록 로프 감는 연습을 많이 해야 한다.

선고리매듭은 고정된 형태에서 히치의 모양을 만들기 때문에 실수가 드물다. 기억하는 방법은 사람에 따라 다르다. 단, 양손을 필요로 한다. 선고리매듭은 정확도가 높고, 후고리매듭은 조작하기 용이하다. 기능은 반비례한다.

a" 뮌터히치 (선고리매듭, 하강)

손에 감는다.

이 형태는 카라비너를 건 다음 히치를 되돌려야 한다.

손가락에 감는다.

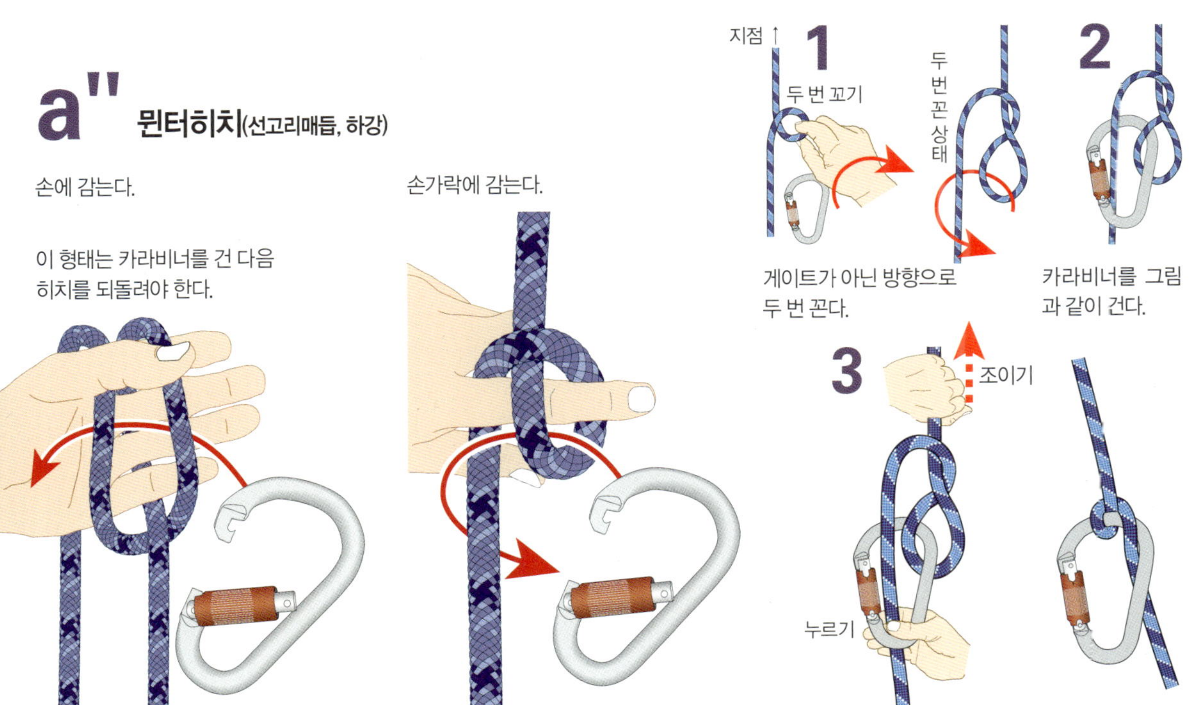

하중이 걸릴 경우에만 고정된다.

●로프 따라 오르기 할 경우

아래에 예로든 매듭은 로프에 감아서 발생하는 마찰저항을 이용하는 마찰매듭(프릭션히치Friction Hitch)이다. 로프 따라 오르기 할 때(→ p.194), 물건을 위로 올릴 때(→ p.200), 하강 시 백업(→ p.222) 등에 유효하다. 이 프릭션히치는 열을 발생시키므로 내열성이 없는 슈퍼슬링Super Sling(다이니마Dyneema 등)이 쉽게 손상되기 때문에 반드시 본인 것을 장만하여 사용하고, 등반 시 타인에게 빌리는 행동은 삼가야 한다. 슬링은 두께, 폭, 재질, 감싸는 방법에 따라 제동력이 달라지며, 사용 시 편리함의 정도도 다르다. 개인의 선호도와 습관에 따라 사용할 히치를 선택하면 되지만, 슬링의 사용 횟수는 파악하고 있어야 한다.

감아매기매듭/프루지크히치 Prusik Hitch
오토블록히치Autoblock Hitch*
클렘하이스트매듭Klemheist Knot
프렌치매듭French Knot/**마샤드**Machard Knot/
프렌치프루지크French Prusik*

프릭션히치 원리도

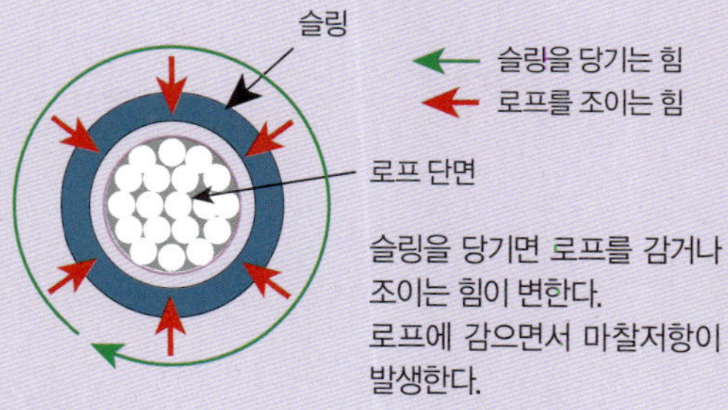

프릭션히치의 조임 정도 예상

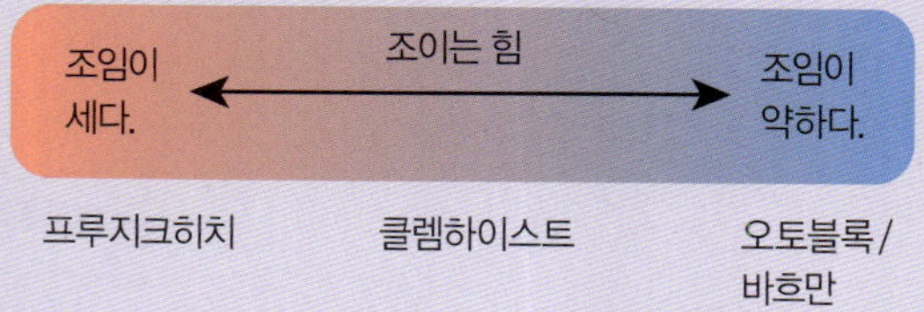

*오토블록은 히치로 보기도 하고 노트로 보기도 한다. 현장에서는 주로 오토블록이라고 말한다.
*프렌치매듭은 개발자인 앙드레 세르주 마샤드Andre Serge Marchard의 이름을 따서 마샤드라고도 부르고, 프렌치프루지크라고도 한다.

a 프루지크히치

p194, 222

p63
이중피셔맨즈매듭 →

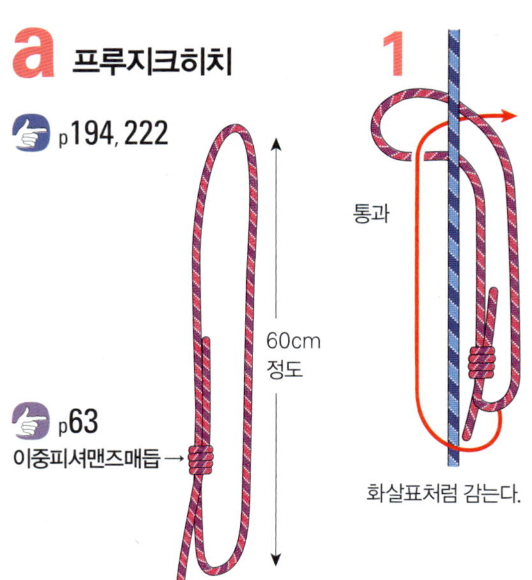

일러스트로 사용하는 슬링은 ①6~8mm의 사제私製 코드슬링(시제품 없음)이다. 슬링을 만들 때 길이는 60cm 정도의 루프, ①8로 160~170cm 정도가 필요하다. 프릭션히치는 ①가 커질수록 효과가 감소하며, 감는 횟수를 늘려야 한다.

b 클렘하이스트/프렌치(로프 따라 오르기)

p200, 222

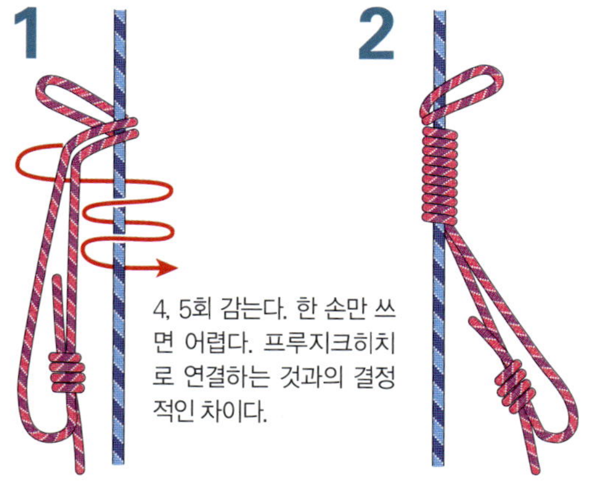

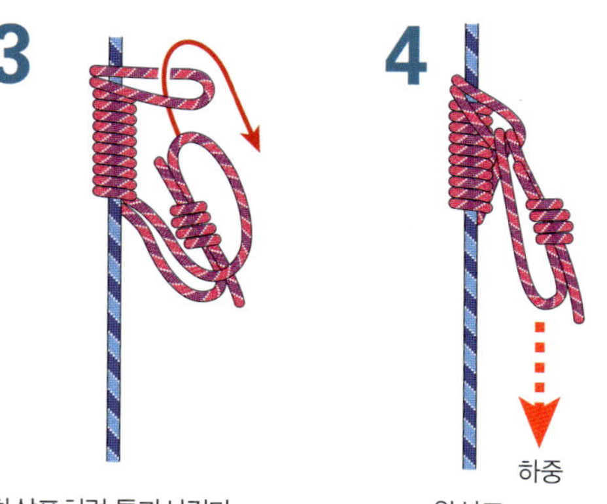

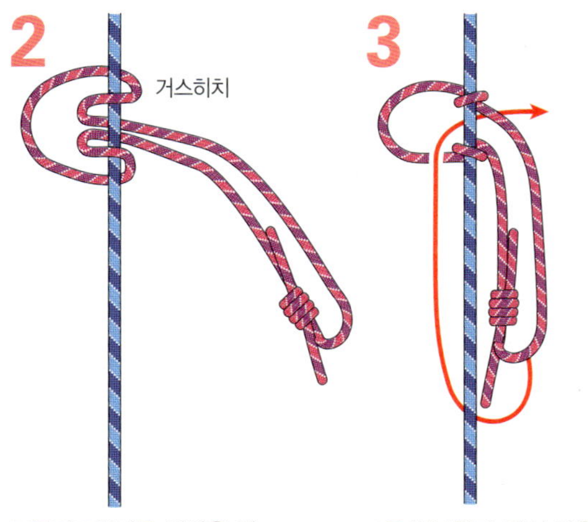

프루지크히치를 잊었을 때
는 타이오프를 기억하자.
타이오프를 반복하면 된다.

1, 2를 반복한다. 많이 감을
수록 강하게 조여지지만 움
직임은 둔해진다.

화살표와 같이 통과시킨다.
3, 4회 정도 감는다.

슬링의 단단한 정도에 따라
조이는 정도가 다르기 떄문
에 사용 전에 상태를 확인
해야 한다.

카라비너가 필요한 경우

c 오토블록(하강 백업, 짐 올리기) p200

4, 5번 감기. 한 손으로
연결하기 어렵다. 프루
지크히치와 결정적인
차이다.

진행 방법은 클렘하이스트와
동일하다. 다 감으면 길이가
짧아진다.

d 바흐만(로프 따라 오르기) p194

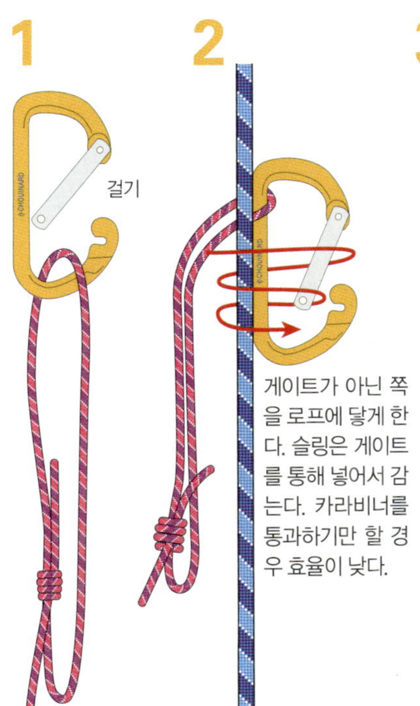

게이트가 아닌 쪽
을 로프에 닿게 한
다. 슬링은 게이트
를 통해 넣어서 감
는다. 카라비너를
통과하기만 할 경
우 효율이 낮다.

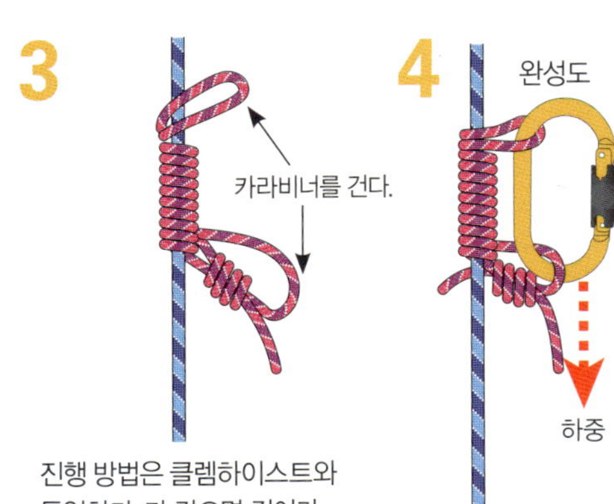

카라비너에
슬링을 건다.

로프에 슬링를
깔끔하게 감는다.

테이프슬링을 감는 횟수는
코드슬링보다 많아야 한다.
(테이프 슬링의 마찰저항이 더 적다.)

2-5 로프 사리기, 묶기

● 로프 사리기

로프를 정리하는 방법은 고르게 나누거나 둥글게 감는 두 가지 방법이 있으며, 각각의 정리 방법에도 세부적인 종류가 있다. 로프백이 있다면 로프를 감지 않는 것이 효율적이다. 로프백에 대충 구겨 넣는 것이 고르게 말아서 넣는 것보다 얽히지 않는다.

로프를 구입하면 우선 고르게 나누어 몇 차례 말아 본 다음 사용한다. 제조공정 중 드럼 안에서 둥글게 감긴 상태로 말리기 때문에 그대로 사용하면 로프 내부에 손상이 발생할 수 있다.

a 고르게 나누기

목에 걸어서 나누면 힘 들이지 않고 신속하게 로프를 사릴 수 있다. 단, 목에 걸 경우에는 로프가 빠지거나 더러워질 수 있으니 주의한다.

b 둥글게 말기

둥글게 말아 감은 경우는 로프를 몸에 걸친 다음 이동한다, 부상자 이송용 지게로도 사용하여, 이외의 경우에 이 방법을 사용하면 효율적이지 않다.

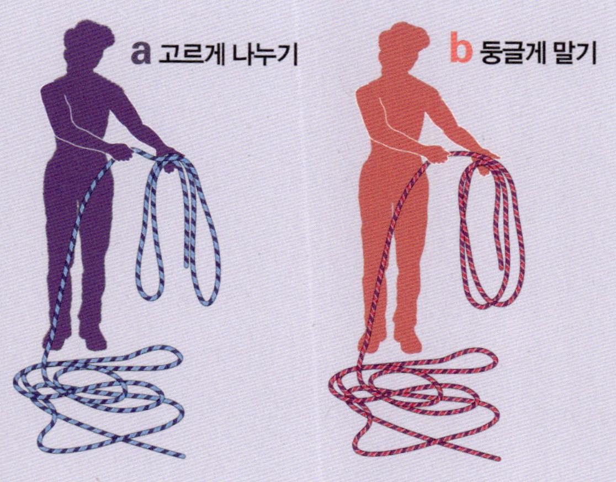

● 슬링 묶기

슬링을 기능적으로 휴대하는 방법은 슬링의 형태, 길이, 두께에 따라 다양하다. 즉시 사용할 수 있도록 휴대하는 방법을 익혀두는 것이 좋다.

옭매듭Overhand Knot / 사슬매듭Chain Knot

---

a 로프 사리기(고르게 나누기)

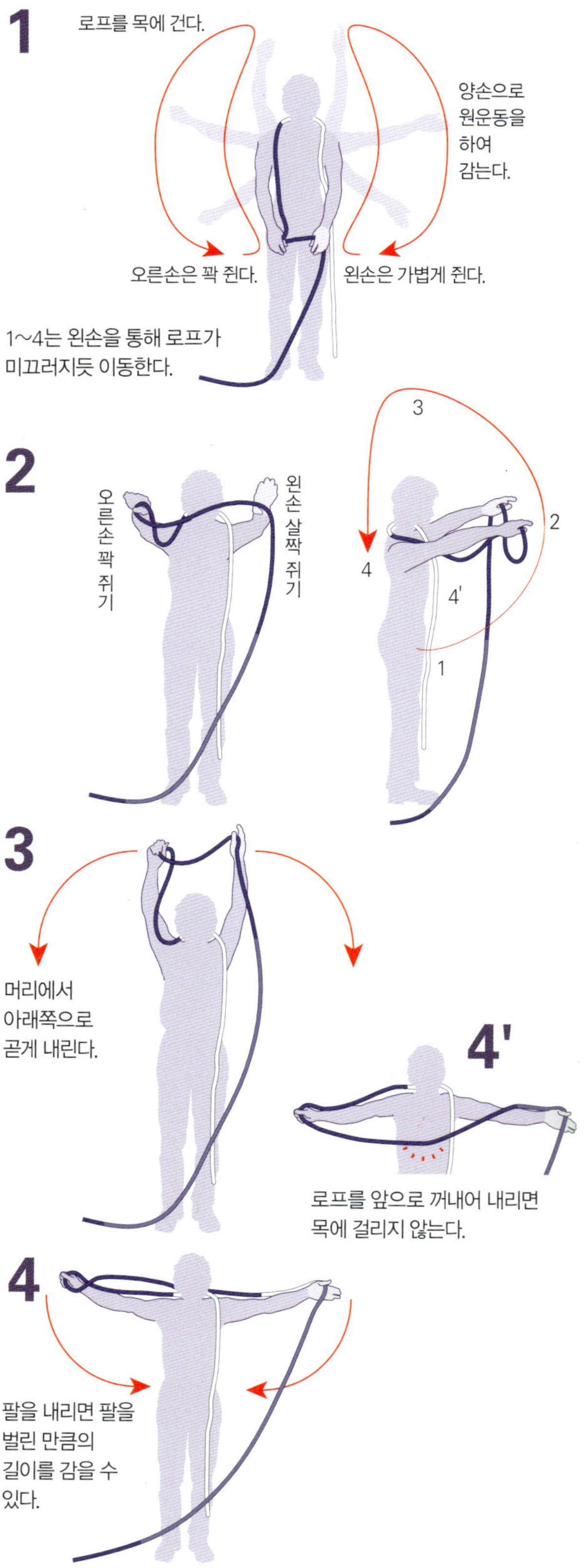

1

2

3

4'

4

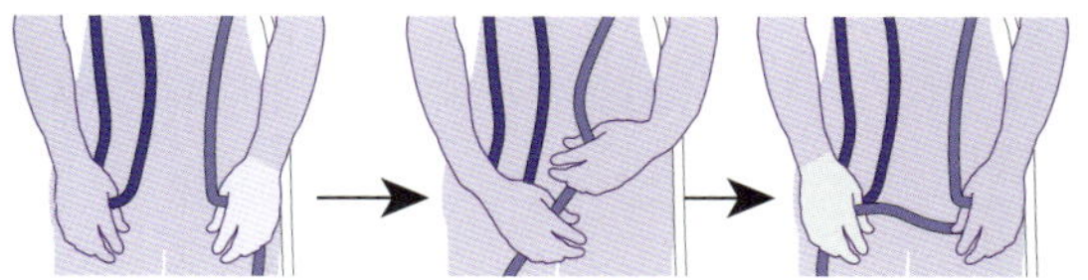

5 1~4번 동작과 반대로, 로프를 오른손에서 왼손으로 바꿔 쥐고, 6~8번 동작에서는 오른손으로 로프를 미끄러지듯 이동시킨다.

6 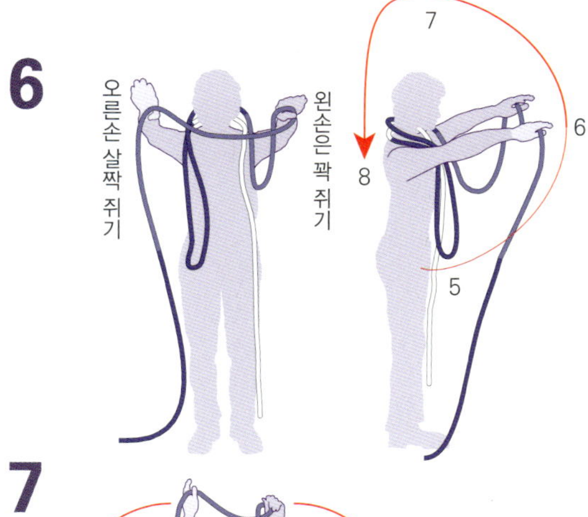

7 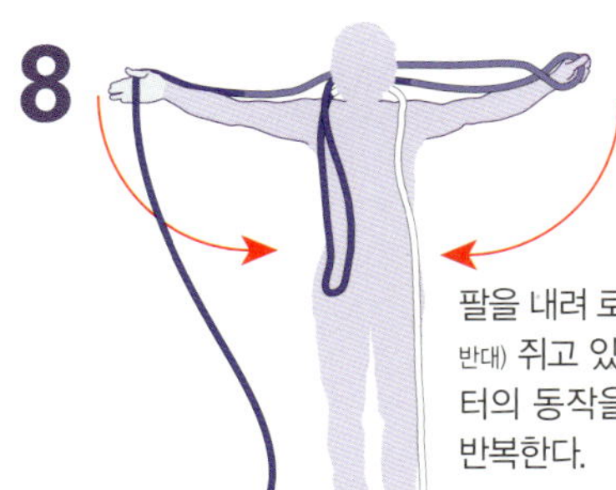

머리 위로부터 아래쪽으로 곧게 내린다.

로프를 앞으로 꺼내어 내리면 목에 걸리지 않는다.

8

팔을 내려 로프를 이동시켜 (5번과 반대) 쥐고 있는 손이 바뀐다. 1부터의 동작을 끝이 나올 때까지 반복한다.

9 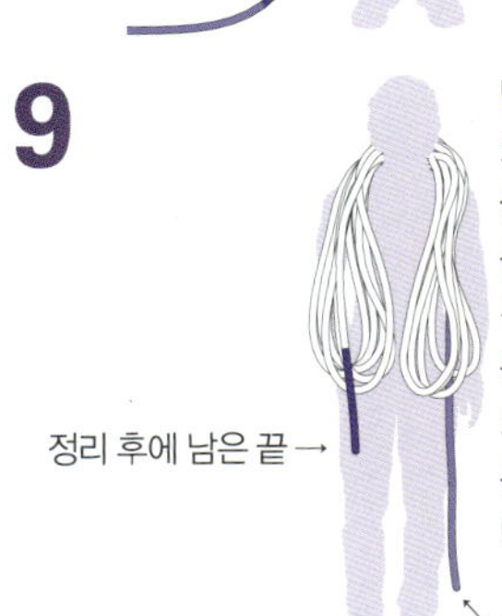

말린 로프를 p.70a에서 묶을 때, 처음에 말기 시작했던 부분의 끝을 꺾듯이 하여 반대편 끝쪽을 향해 묶으면 효율적이다. 시작지점에 남아 있던 끝의 길이가 중요하다. 단, 로프의 굵기, 로프의 전체 길이에 따라 다르기 때문에 로프에 맞는 길이는 경험에 따라 크게 차이가 난다.

a' 로프 사리기 (고르게 나누기)

하강 후 로프를 회수하면서 잘 말아둔다. 회수할 때 지형 등의 제약이 있거나 로프를 혼자서 간단히 회수할 수 있는 경우(로프가 무겁지 않은 경우) 등에 한정되나, 지면에 떨어진 로프를 정리하는 것보다 효율적이다. 로프의 떨어지는 속도가 감는 속도보다 빠르기 때문에 남는 부분은 손과 목을 이용하여 사린다.

무릎 위로 로프를 회수하면서 고르게 나누어 만다.

b 로프 사리기 (둥글게 감기)

1 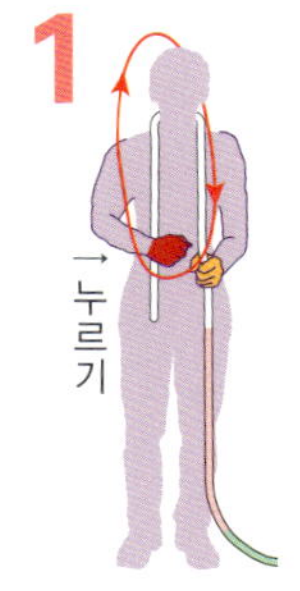

고르게 나누는 것과 동일한 힘으로 만다.

2 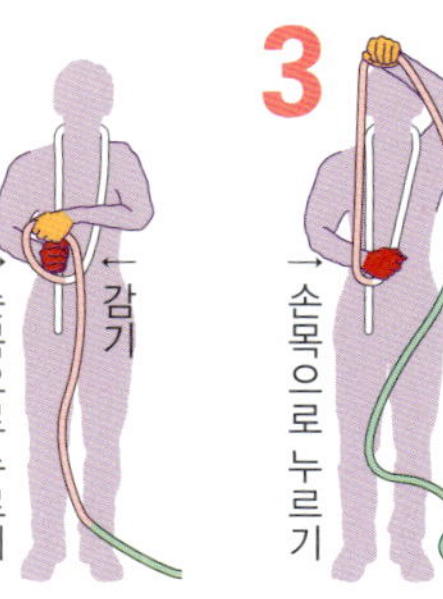

감을 때는 누르는 쪽 손목을 돌린다.

3

왼손잡이는 왼손으로 감고 오른손으로 누른다.

4 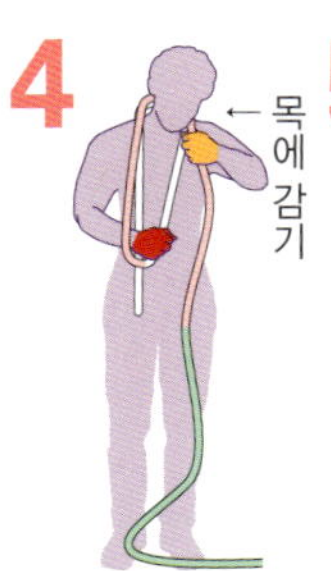

머리를 숙여 목에 감는다.

5 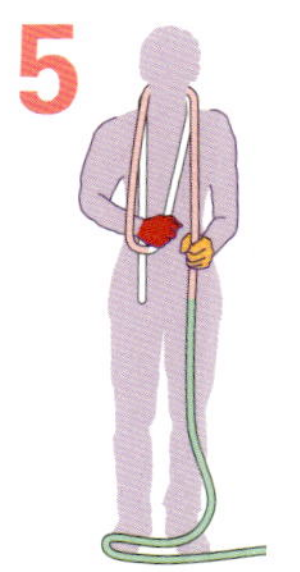

1~5번을 끝이 나올 때까지 반복한다.

6 

감은 로프를 묶을 때는 p.70 참조

둥글게 말았을 경우의 사용 예

 p224
힌트9

둥글게 말아 둔 로프를 다시 사용할 때는 꼬인 부분을 바로잡으며 사용한다. 끝에서 반대편 끝까지 한 번 풀었다가 정리하는 편이 좋을 때도 있다.

a 로프 묶기

시작 부분의 끝을 꺾듯이 접는다.

1

끝부분의 끝

2

4, 5회 정도 조이며 감는다.

3

화살표처럼 통과시킨다.

4

같이 감는다.

5

그림처럼 연결한다.
(맞매듭/리프매듭 Reef Knot/
스퀘어매듭 Square Knot)

b 로프 묶기

1 3회 정도 확실히 조이며 감는다.

2 통과

그 후 2번처럼 정리하는 방법이 있다.

3

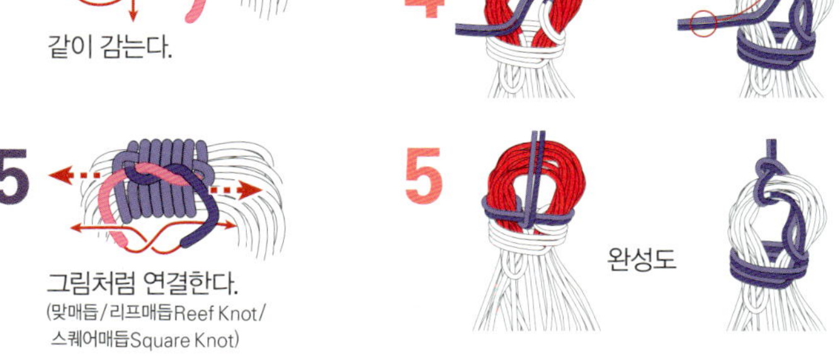
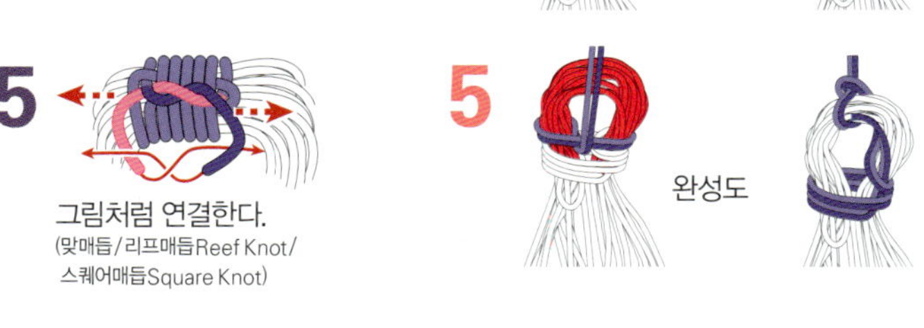

4 돌려 씌우기 · 통과

5 완성도

c b에서 묶은 것을 짊어지기

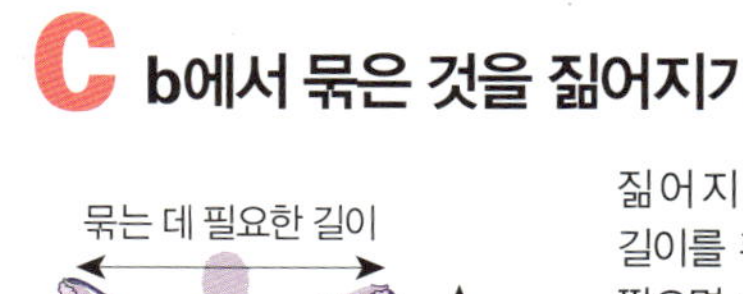

묶는 데 필요한 길이

짊어지는 데 필요한 길이

짊어지기 전에 길이를 확인하여 짧으면 처음부터 다시 고쳐 묶는다. 등에 묶은 로프를 짊어진다.

1 필요한 길이는 데

2 등쪽

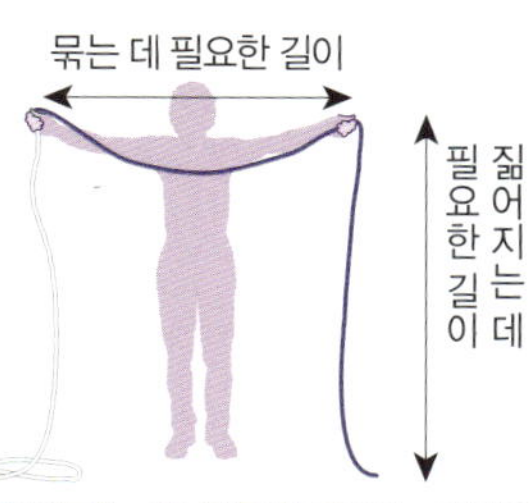

짊어지는 데 필요한 길이는 어깨에서 지면까지의 길이보다 약간 길게 잡는다.

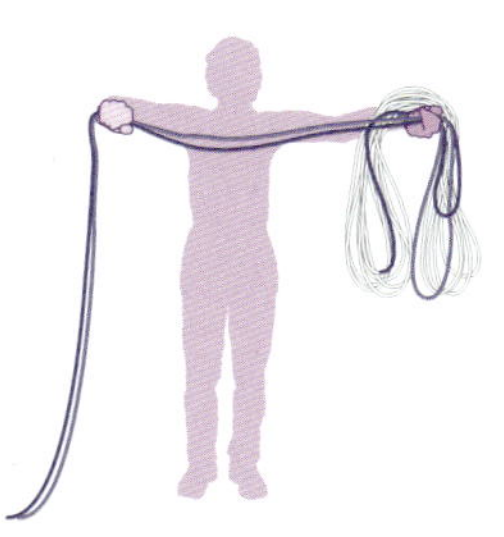

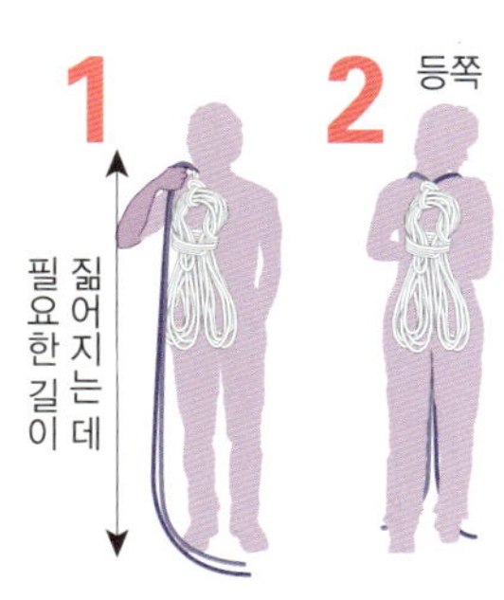
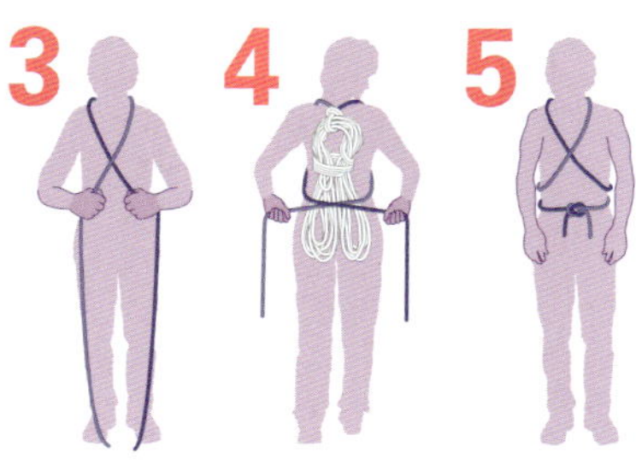

3 **4** **5**

끝을 맞매듭(a5 참조) 등으로 연결한다. 너무 길면 한 번 더 몸에 감는다.

d 슬링 정리 옭매듭/오버핸드매듭

120cm 1/4로 접어서 오버핸드

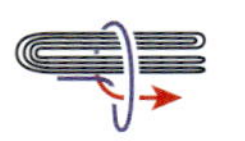

길이에 비해 접는 횟수가 많으면 묶기 어렵다.

180cm 1/4로 접어서 오버핸드

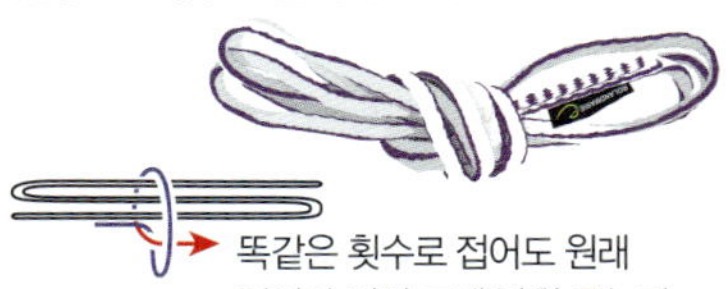

120cm 1/3로 접어서 오버핸드

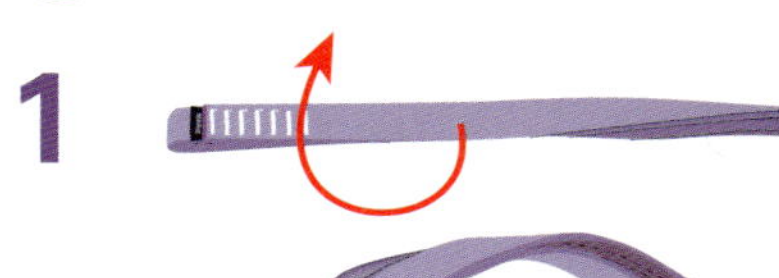

똑같은 횟수로 접어도 원래 길이가 길면 그에 맞춰 묶는다.

e 슬링 정리 사슬매듭/체인매듭

1
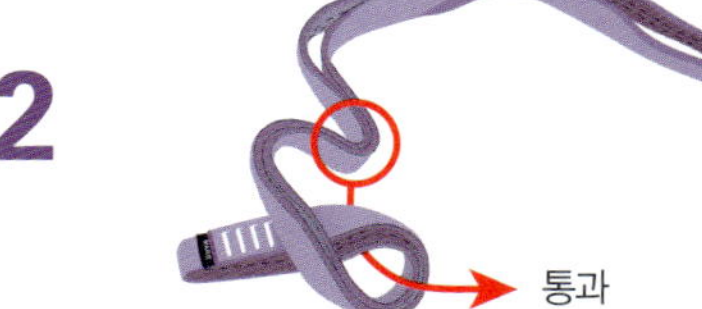

2 통과
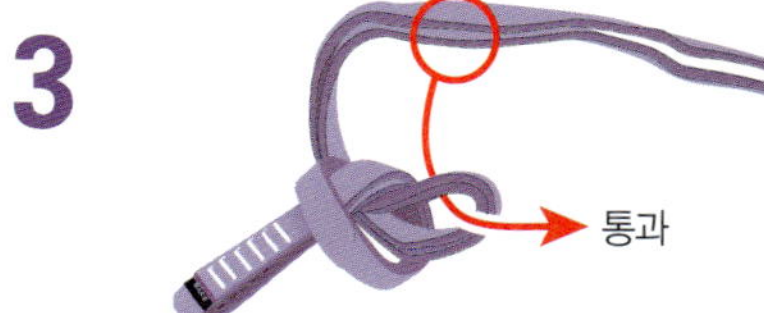

3 통과

4 통과

5 통과

6 완성

풀 때는 끝을 고리에서 빼내어 5번 상태에서 잡아당기기

3 시스템

3 시스템 개요

시스템이란 장비를 사용하여 등반하는 절차를 뜻한다. 3–1에서 3–4까지는 등반하는 암장이 다르며, 이에 맞는 장비, 방법이 기재되어 있다. 3–1은 스포츠클라이밍 스타일의 암장에서 싱글피치 등반, 3–2에서 3–4까지는 멀티피치로 바위나 기타 조건에 따라 시스템이 변한다. 이 책에서 소개하는 방법도 하나의 예이며, 개인에 따라 차이가 있다. 등반을 가르치는 사람이 알려 주는 방법을 최우선으로 하면서 자신만의 방법을 몸으로 익혀야 한다.

3-1 싱글피치

싱글피치를 로프 한 동으로 오르고(싱글로프) 내려오는(로어다운) 방법이다. 일러스트 속의 장소는 겔렌데(연습장)* 스타일의 암장이다. 확보물은 모두 볼트로, 장비는 퀵드로밖에 없다. 싱글피치라도 로어다운이 불가능한 상황도 있다.

3-2 싱글로프

이 부분은 멀티피치에 대한 설명인데, 3–2에서는 로프 한 동으로 올라간다. 일러스트에 나오는 장소는 입지조건, 기상변화에 대해 고민할 필요 없는 암장으로, 볼트 뿐만 아니라 자연확보물도 사용하며, 자유등반으로 올라갈 수 있는 루트다. 루트의 종료점에서부터는 하강로가 있으므로 걸어서 시작점으로 돌아온다.

3-3 태그라인Tag Line *

루트의 종료점에서 하강로가 없기 때문에 로프에 매달려 하강하여 지면으로 돌아온다는 설정이다. 등반을 위한 로프는 역시 한 동이지만, 하강을 위한 로프를 선등자(먼저 올라가는 사람)나 후등자(뒤따라 올라가는 사람)가 끌고 간다.

3-4 더블로프

일러스트 속의 장소는 개념도 등 사전 정보가 없는 미지의 높은 루트다(스포츠클라이밍 루트의 온사이트 시도와는 차원이 다르다). 로프는 두 동을 사용하며(더블로프), 2인 또는 3인으로 등반한다. 오르는 방법은 자유등반뿐만 아니라 인공등반을 포함하며, 기존 확보물이 전혀 없으므로 확보물을 사용한다.

*겔렌데Gelände: 고정된 확보지점이 만들어져 있는 빙벽, 설벽, 암벽 등반 훈련장을 가리키는 독일어.

*태그라인Tag Line: 풀코드Pull Cord, 랩라인Rap Line 등으로 불리며, 하강을 위한 가는 로프를 의미한다. 후등자를 돕는 보조 로프로도 쓰인다. 일본에서는 '백로프'라고 표현한다.

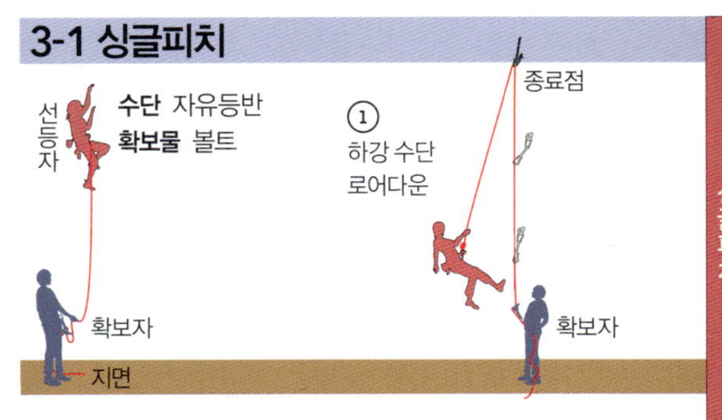

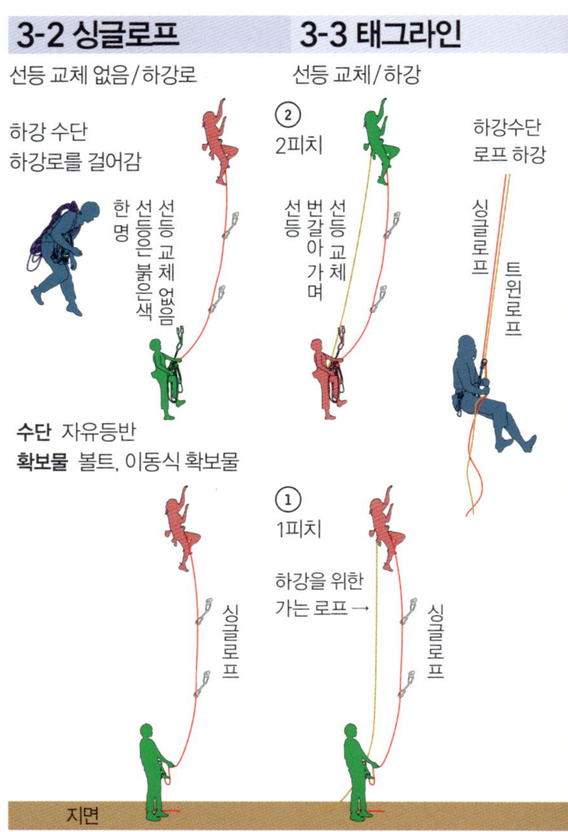

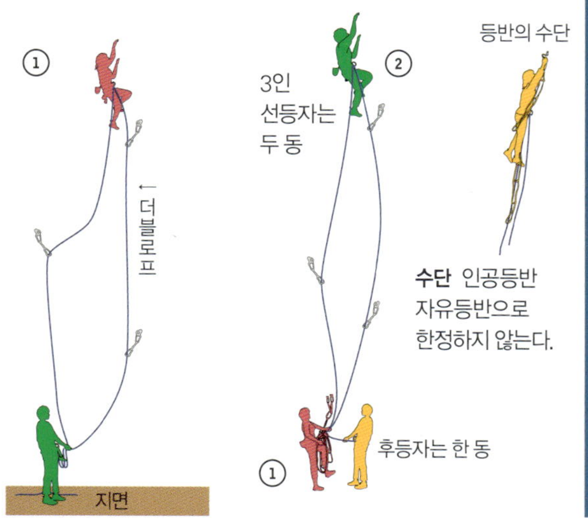

3-1 싱글피치

선등 장비

초크백/초크

안전벨트

암벽화

퀵드로 10개 정도

싱글로프
50m~80m

확보자 장비

확보기

안전벨트

잠금카라비너

기타

로프백

- 있으면 편리한 장비
- 로프 오염 방지
- 로프를 말지 않고 휴대
- 로프 엉킴 방지

● 설정

볼트가 있는 루트에서 볼트가 빠져 있다거나 날씨가 춥다거나 하는 환경적인 조건은 포함하지 않는다. 등반은 마스터스타일(직접 퀵드로를 걸면서 등반하기)이다. 스포츠클라이밍 스타일의 경우 자유등반이 주목적이 되므로, 앵커, 퀵드로의 설치 여부는 별로 문제가 되지 않는다. 그러나 퀵드로가 걸린 부분을 오르는 경우와 그렇지 않은 경우는 등반이 많이 달라지기도 한다.

대상자

무경험자이지만 경험자의 지도를 받아 등반하는 사람. 캐녀닝Cannyoning 등 장비를 사용한 경험이 있는 사람이 이 설정의 대상자다. 이외의 사람이 이 설정으로 등반하는 것은 불가능하지는 않아도 매우 무모하다고 할 수 있다.

루트

암장 = 싱글피치, 모두 볼트로 구성, 종료점 있음
수단 = 자유등반
확보 = 볼트 5개 정도(중간지점)
길이 = 10m~20m 전후

장비

일러스트처럼 최소한의 장비가 필요하다. 여기에서는 선등자 장비와 확보자 장비로 나누었으나, 번갈아 가며 선등할 수도 있으므로 개인이 각자 이 장비 전부를 준비해 두는 것이 좋다.

확보물

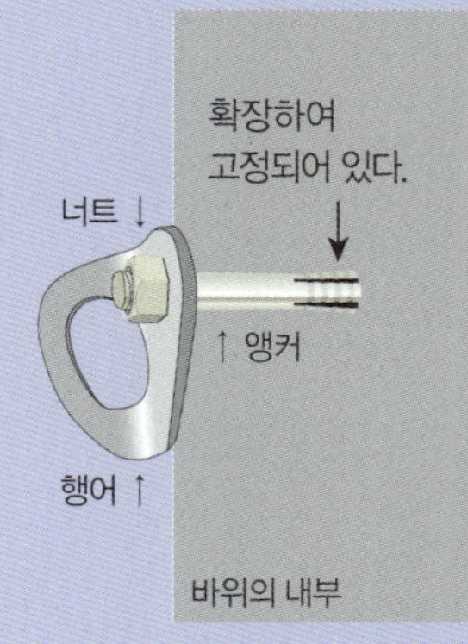

행어, 너트, 앵커 모두를 포함하여 볼트라고 부르기도 한다. 스포츠클라이밍 스타일의 암장에서는 통상적으로 볼트가 쓰인다. 목적이 다르기 때문에 등반하며 볼트를 박는 경우는 별로 없다. 확보물(볼트)은 추락게 견딜 수 있는 것이 많지만, 너트 등이 낡거나 느슨해져서 빠지는 경우도 있다.

'일러스트 클라이밍 바위'의 개념도*

일큘바위 A마을에서 지방도 a번을 따라 도보 30분, 3대 주차 가능. 사유지로 바뀌기 전에 토지 소유자의 양해를 얻어 개척. 개척자가 몇 해 전 개척 내용 기록, 개념도를 블로그에 올림. 발표는 XX지 XXX호(2년전 특집), 특집 최신호 OO지 XXX호

암질 석회암

북면과 서면, 동굴 쪽은 종일 그늘짐. 우기에는 쓸려 내려가는 경우가 많음. 동굴 가장 깊숙한 부분은 석회동굴 입구, 건기에는 생활수로 사용

*실제로는 이와 같이 컬러로 된 개념도가 별로 없다.

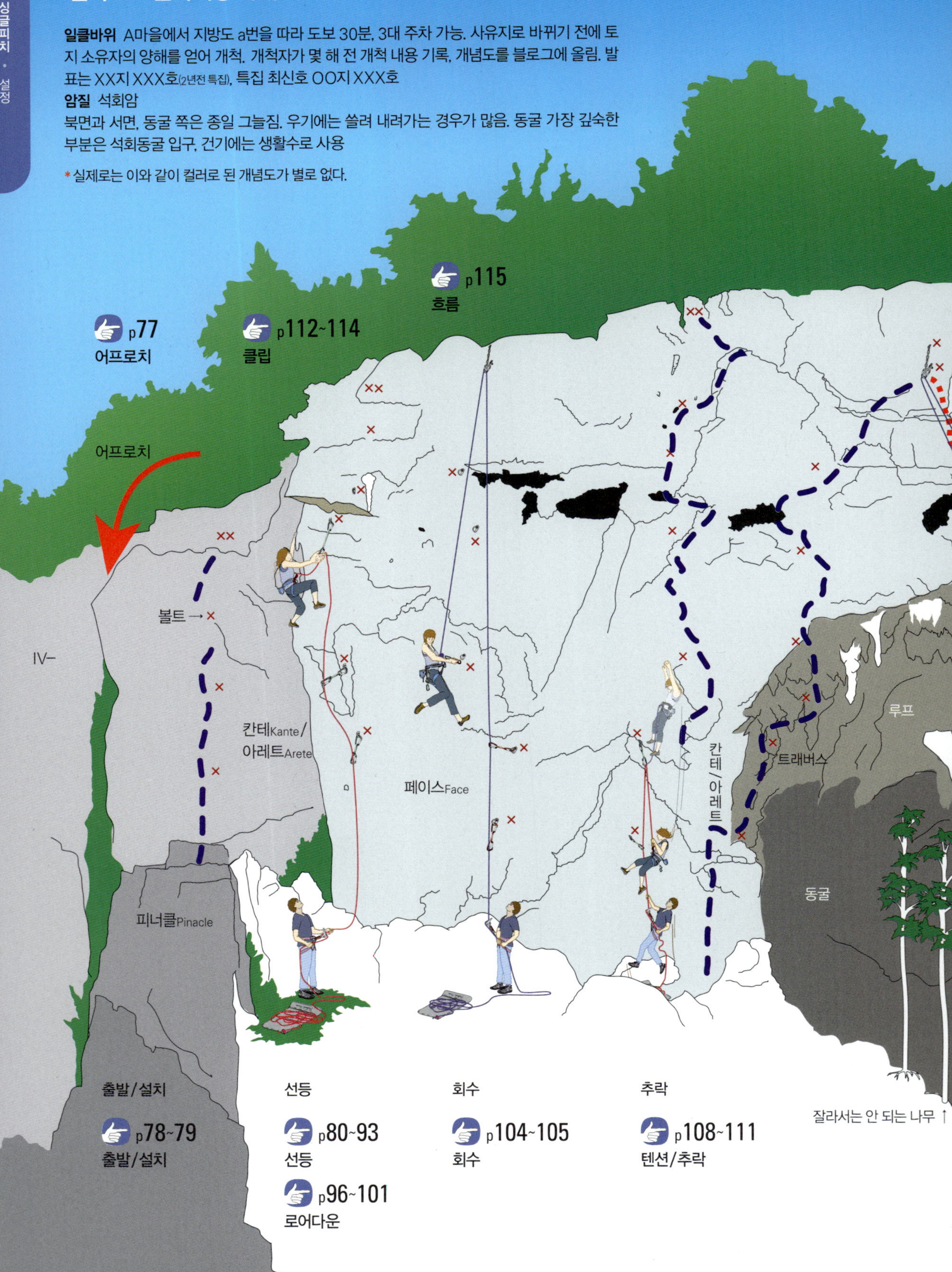

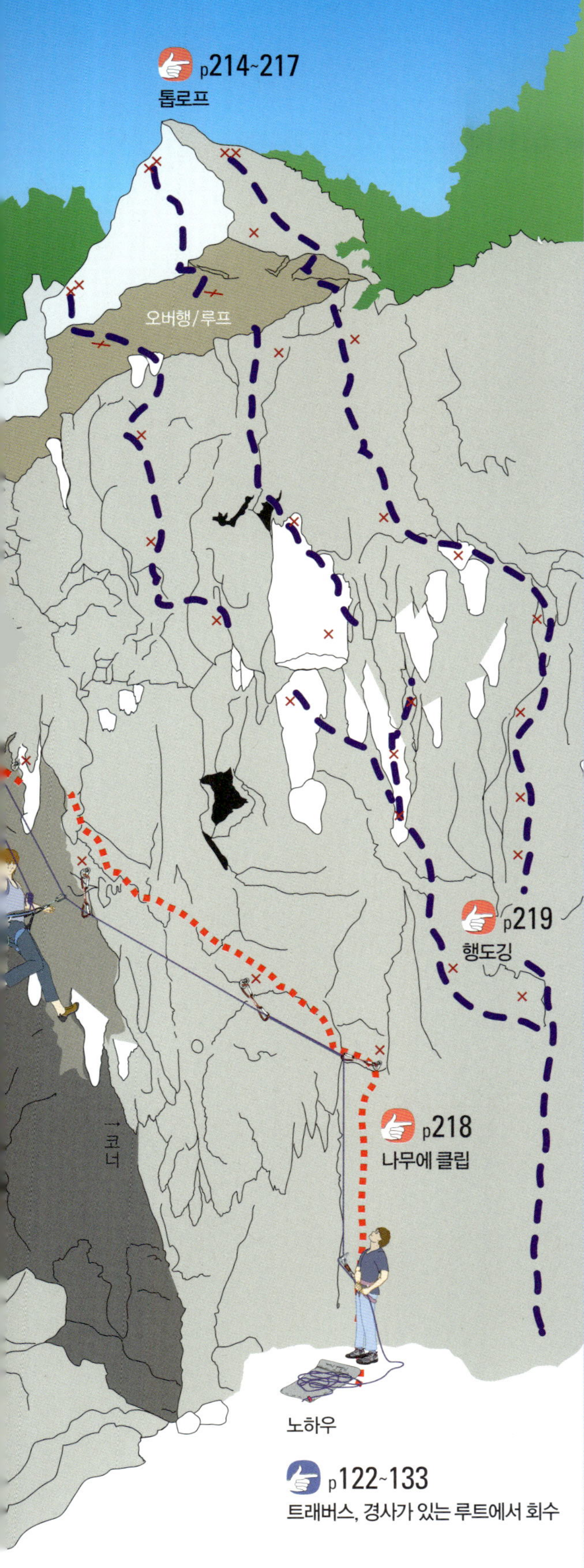

● 3-1의 내용

3–1에서는 가상의 암장인 일클 바위에서 다음의 내용으로 등반한다. 암장, 지역의 명칭은 바위 이름, 지명으로 설정하며, 가상의 클라이머가 등장한다.

선등

로프로 확보한 다음 오르기 시작하고, 도중에 확보를 하면서 오르는 것을 선등이라고 한다. 추락할 때는 확보하여 지면으로의 추락Ground Fall을 막고, 종료점까지 오르면 확보자가 내려 준다(로어다운). 등반 루트는 자유등반으로 오를 수 있는 볼트가 박힌 스포츠클라이밍 루트로 설정한다. 장비는 퀵드로만 지니고, 로프 한 동으로 오른 다음 내려올 수 있는 정도의 거리다. 내려갈 수 있도록 종료점이 설치되어 있다.

회수

오르기 위해 사용하는 장비/기어Gear*를 회수하는 방법. 상황, 루트, 바위의 형태에 따라 회수 방법이 다르다.

추락

팽팽한 정도 및 추락

어프로치/설치

루트를 선택할 때 고려할 사항은 루트의 난이도, 바위의 상태(낙석, 붕괴, 붐비는 정도 등)다. 선등자를 확보할 수 있도록 출발지점(시작점)까지 고려해야 한다.

노하우

시스템의 방법을 익힐 수 있는 노하우. 노하우를 이해하지 않으면 고생할 수 있다.

*기어Gear: 이 경우에는 퀵드로와 잠금카라비너를 가리킨다. 등반 장비 중 철제로 된 것을 기어라고 한다.

● 오르기 전에

암장에 가기 전에 그 장소에서 주의해야 할 사항들을 미리
알아두어야 한다. 특히 사람이 몰리는 암장, 마을 인근에
있는 암장은 더욱 주의를 기울여야 할 점이 많다.

해당 장소만의 특유한 규칙

장소에 따라 특유한 규칙을 가진 곳이 있다. 다른 곳에서
는 당연한 행동이라도 해당 지역에서는 금지된 행위(법으로
금지된 사항이거나 이 지역에서 주로 활동하는 사람들 사이에 정해진 특유한 규칙)
가 있다. 처음 방문하는 곳이라면 이런 규칙이 있는지 조
사해 두는 것이 중요하며, "뭐? 그런 거 몰랐는데."라는 식
으로 경시하는 태도는 마찰의 원인이 된다. 이런 규칙의
대부분은 암장을 찾는 등반가들이 너무 많아서 생긴 것이
다. 이 규칙을 따를지는 개인이 판단하면 되지만, 법적인
규제를 따르지 않을 경우 벌금 부과 등의 처벌을 받는다.

용변 장소

사람이 많은 곳은 자연이 흡수할 수 있는 한도 이상의 분
뇨가 배출되어 넘칠 수도 있다. 물이 흐르는 곳 주변에서
는 용변을 보지 않으며, 구멍을 파고 그 안에 용변을 보
고, 종이에 싸서 숨기지 않는 등, 다음에 올 사람을 염두에
두고 행동한다. 완벽한 용변 대책은 가지고 돌아가거나 그
장소에서 일을 보지 않는 것이다. 가지고 돌아가도록 규정
된 지역도 있다.

숙박

클라이밍 하는 기간 동안 묵을 장소에 대한 정보도 사전
에 조사한다. 환경이 변하여 머물기 어려워진 경우가 있다.
공공기관에서 클라이밍 문화를 이해하고, 과거의 경험을
바탕으로 이전부터 용인되어온 행위들이 계속 이어질 수
있도록 배려해 주었으면 하는 바람이다.

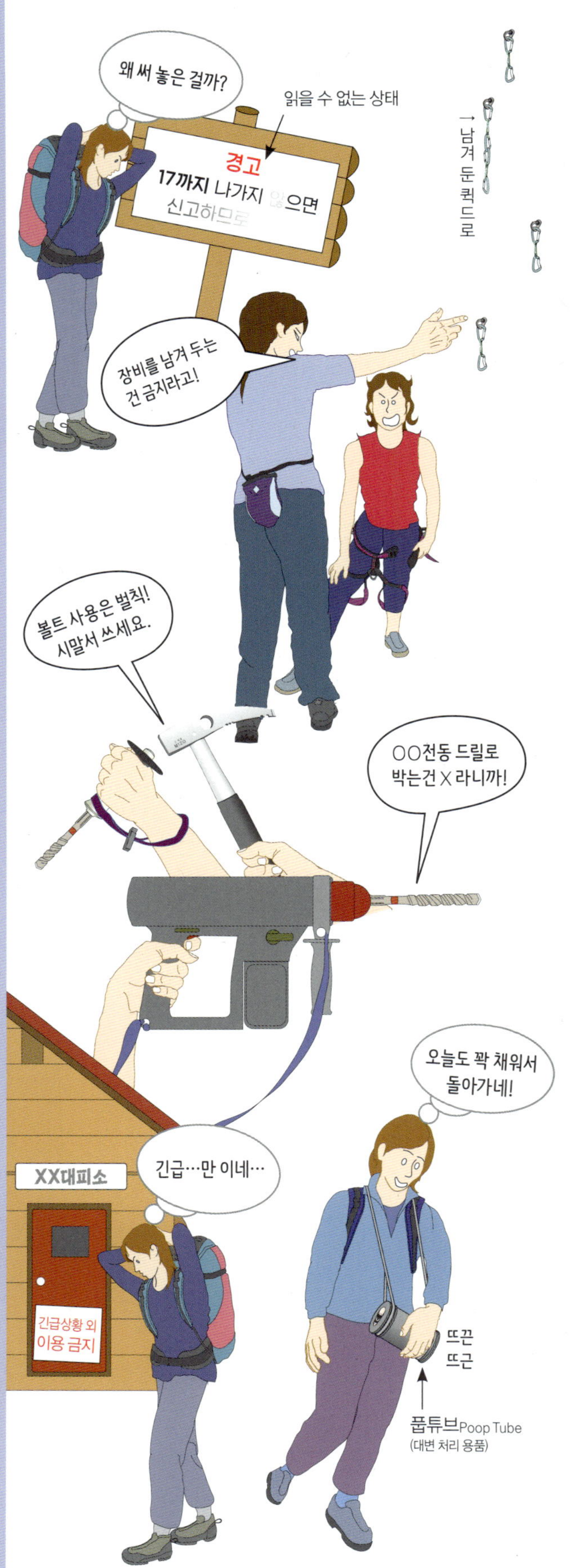

기존에 설치되어 있던 고정로프를 사용할 경우 로프의 손상 여부 등을 확인한다. 기존에 설치되어 있던 고정로프를 사용하는 데는 다양한 의견이 있다.

● 어프로치Approach

개념도(p.74~75)를 보면 어프로치가 적힌 부분에 'IV-' 라는 표시가 있다. 이 숫자는 난이도를 나타낸다. 등반을 완료하면 IV-까지 올라갔다 온 것이 된다. 만약 자신이나 파트너가 경상을 입었을 경우, 스스로 주마링이 가능한지도 생각해 둘 필요가 있다. 어프로치가 위험한 장소도 등반의 과정에 포함된다. "어떤 문제가 있다면 그곳에 있는 사람들에게 도움을 청한다."라는 생각으로는 자기의 책임을 다한다고 말할 수 없다. 루트의 출발지점으로 가는 동안에도 추락 사고가 발생할 수 있다. 어프로치에 장비를 사용할지 말지는 등반자가 판단해야 한다.

개념도에 숨겨진 의미

일러스트 클라이밍 바위의 개념도를 다시 한번 보자. 여기에는 암장 이용 시 알아야 할 중요한 정보가 적혀 있다.

개념도 내용	숨겨진 의미
도보 30분	근처에 인가가 있고, 인근 주민과의 문제 발생 가능성이 있다.
주차 공간 3대	주차 공간의 문제가 있다.
사유지	소유자와의 문제가 발생하기 쉽다.
토지 소유자에 양해	양해를 얻었더라도 등반가가 이용하는 상황이 변할 가능성이 있다.
발표는 OO지 XXX호 (최신 특집)	대중잡지 공표 후에는 일시적으로 사람이 몰려 허용 인원보다 초과하는 경우가 많으며, 사고, 주차, 용변, 숙박 등에 문제가 발생한다.
암질: 석회암	건축자재로 사용될 가능성이 있다.

⚠ 자기확보

선등자 추락 시 확보자도 추락이 예상될 경우, 확보자는 자신이 떨어지지 않도록 로프로 스스로를 고정한다(자기확보). 확보자의 자기확보는 상황에 따라 실시하며, 추락할 만한 장소가 아니면 굳이 필요하지 않다. 평평한 지면일 경우에는 확보하는 것이 오히려 방해된다.

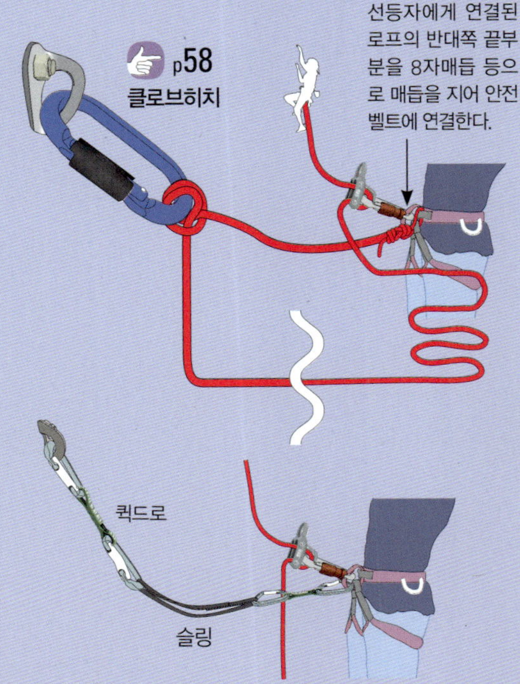

메인로프로 자기확보 하면 길이를 조절하기 편하다. 슬링퀵드로도 가능하다. 지점이 여러 곳이면 그곳에 모두 확보해 두는 것이 확실하고 좋다.

확보자의 자기확보는 상황에 따라 변한다. 선등자도 자신이 떨어질 때를 고려한다. 확보지점이 없을 경우 자연확보가 필요한 경우도 있다.

확보 시 자기확보 요인

자기확보의 요인		자기확보
안정적인 곳		불필요
	체중 차이	후방 확보 필요
불안정한 곳	후방으로 추락할 가능성	전방 확보 필요
	전방으로 추락할 가능성	후방 확보 필요

● 확보자가 안정된 경우

급히 로프를 당길 때나 행도깅, 추락 시 다이나믹빌레이Dynamic Belay를 하기 쉽다.

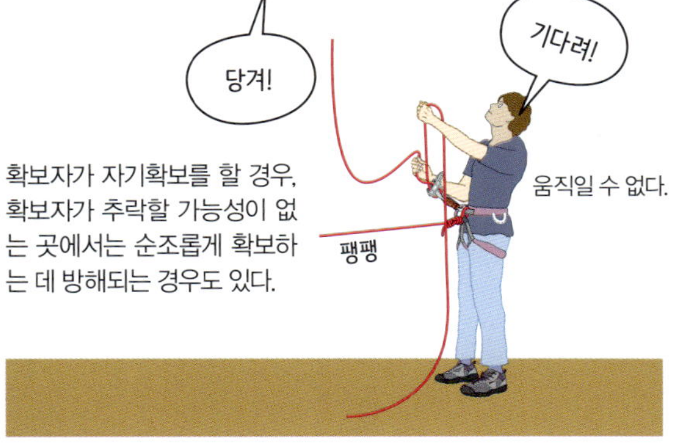

확보자가 자기확보를 할 경우, 확보자가 추락할 가능성이 없는 곳에서는 순조롭게 확보하는 데 방해되는 경우도 있다.

● 체중 차이가 있을 경우

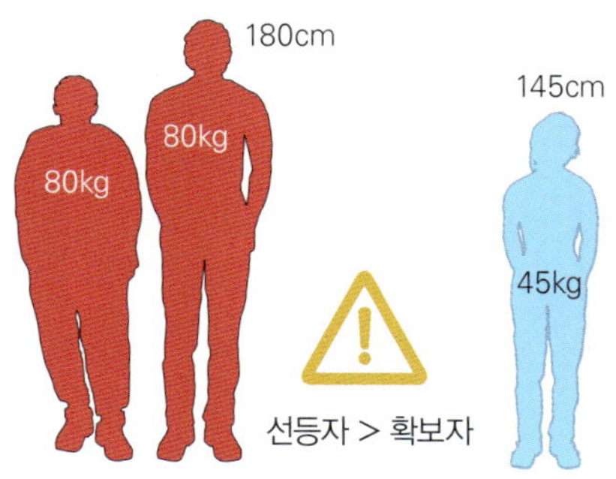

확보자와 10kg 이상 체중 차이가 날 경우 주의해야 한다. 20kg 이상일 경우 추락할 때 끌려가지 않도록 후방에 자기확보를 하는 것이 좋다.

● 확보자가 불안정한 장소1

자기확보를 하지 않고, 첫 번째 클립 전에 추락할 경우

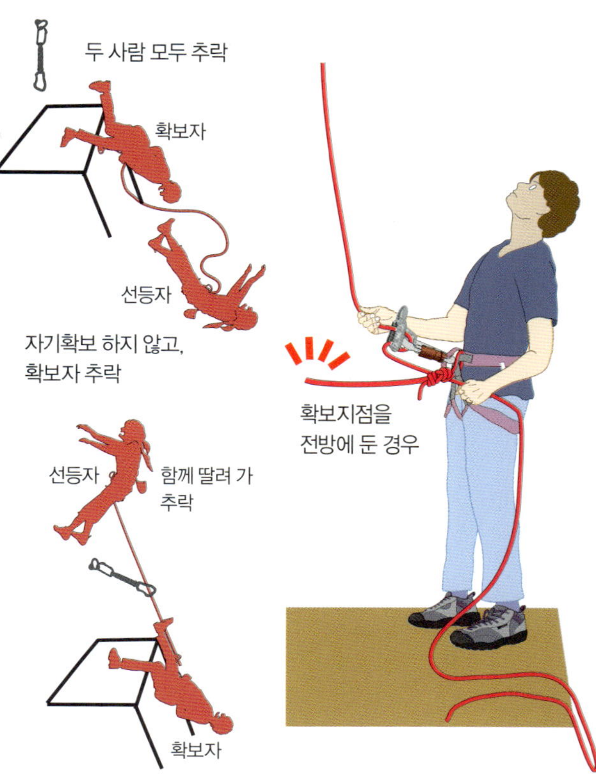

● 확보자가 불안정한 장소2

자기확보 하지 않고, 첫 번째 클립 전에 추락할 경우

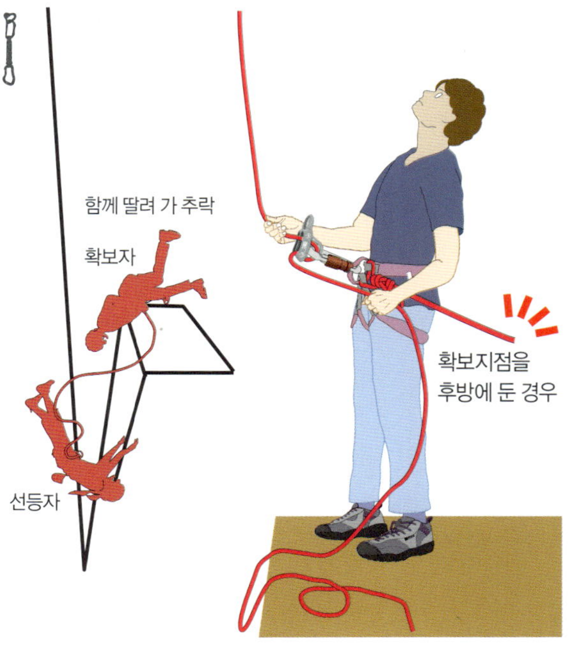

로프 확인1

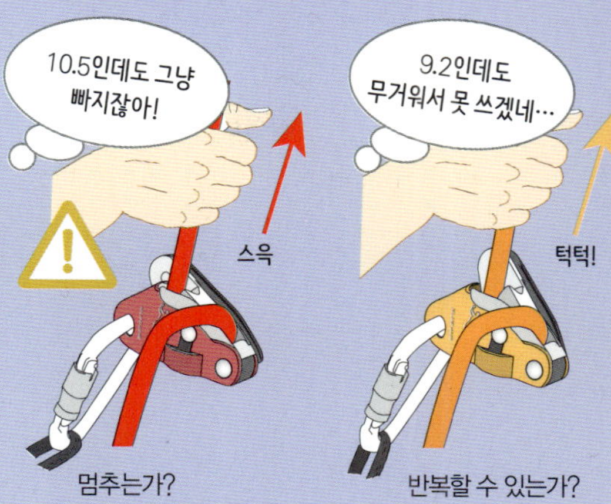

사용하는 로프와 확보장비를 실제로 준비해서 서로 잘 갖는지(잘 미끄러지는지 아닌지)를 확인한다. 취급설명서에 있는 로프의 굵기를 기준으로 실물을 반드시 확인한다.

로프 확인2

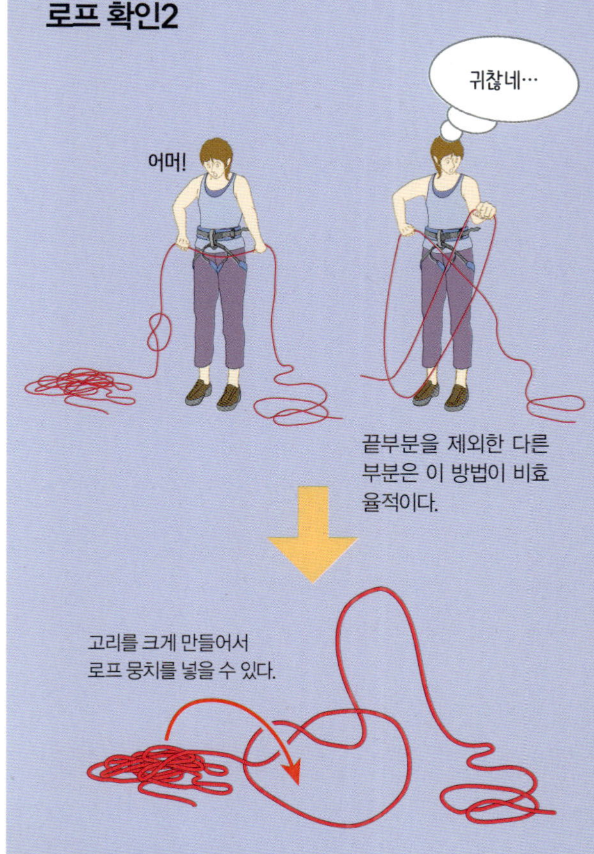

등반을 시작하기 전에 선등자, 확보자는 로프 손상 여부나 풀지 않은 매듭이 남아 있는지 확인한다.

● 선등

장비를 사용하는 등반(선등) 방법은 1~9번 루트의 종료점까지다. 확보자가 내려 주고(로어다운), 지면으로 내려올 때까지의 순서는 10~19번에 해당한다. 선등과 로어다운은 한 세트로 볼 수 있다.

매듭법을 잊는 요인

실제로 여러 가지 상황, 복잡한 요인이 중복되어 매듭 만들기를 잊어 버리곤 한다.

선등하기 전에 준비할 사항(1번 순서를 시작하기 전)

1) 등반할 루트를 정한다.
2) 볼트의 수, 루트의 길이, 종료점(가능할 경우) 확인
3) 루트를 관찰한다. 등반할 라인, 클립 위치, 어렵다고 생각되는 홀드, 스탠스, 동작을 예상한다.
4) 안전벨트를 장착한다.(→ p.29)
5) 초크백을 착용한다.
6) 로프로 매듭을 묶는다.(→ p.54)
7) 퀵드로를 장비걸이에 건다. 종료점에서 매듭을 고쳐야 한다고 판단할 경우, 잠금카라비너와 슬링(자기확보줄)을 가져가면 위험이 줄어든다.
8) 암벽화를 신는다.

1 확인

로프를 당겨 매듭을 확인한다.
버클을 확인한다.
볼트 수와 퀵드로 수를 최종적으로 확인한다.
확보자가 확보했는지 확인한다.

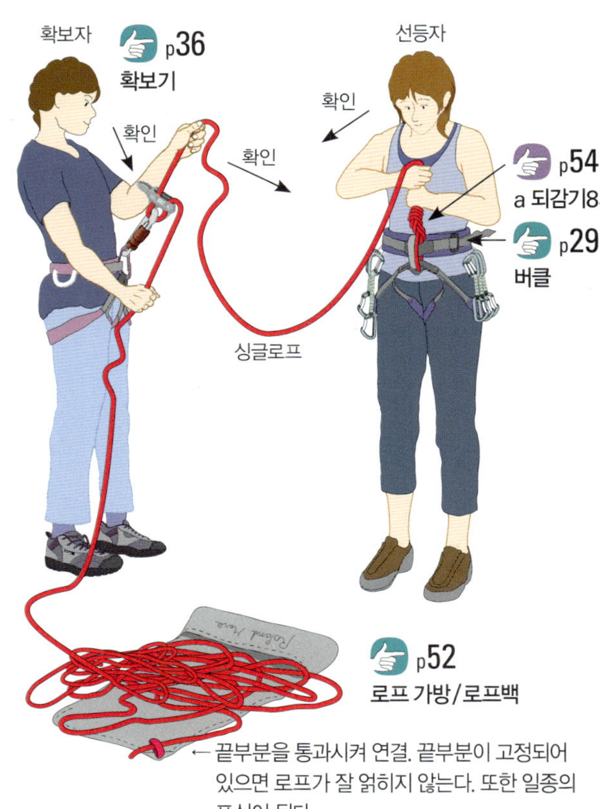

1 확인

로프를 당겨서 확보기 준비 상황을 확인한다.
새 로프나 처음 쓰는 로프일 경우에는 확보기와 잘 맞는지 확인한다.
선등자의 매듭, 안전벨트의 버클이 채워졌는지 확인한다.

2 오르기

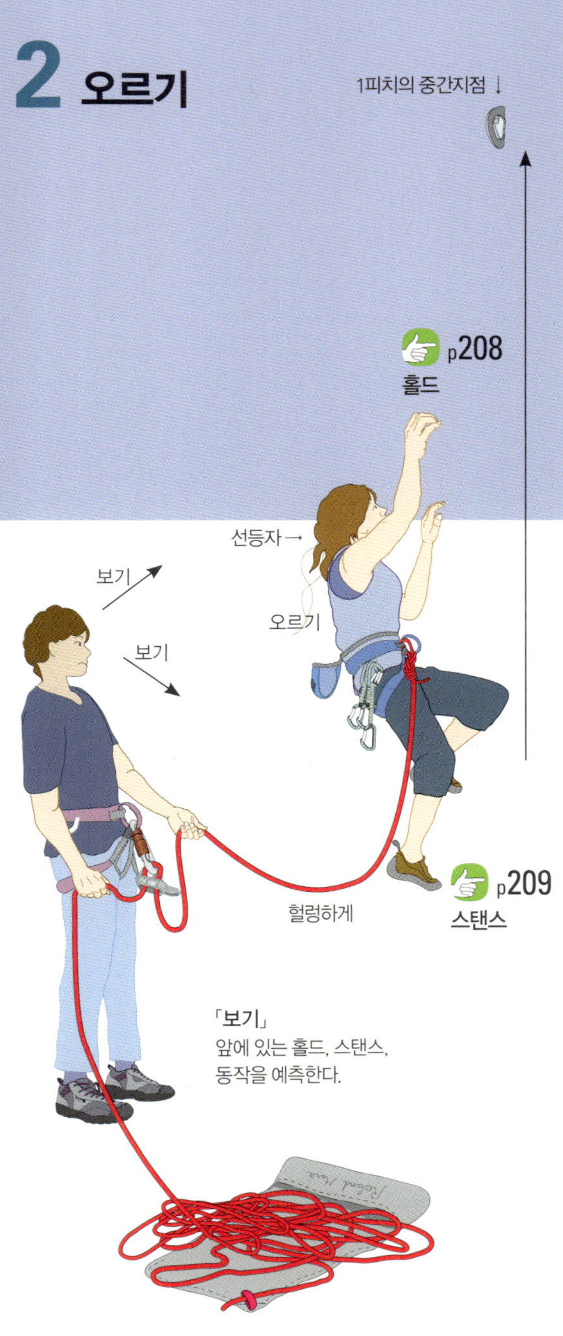

2 보기

첫 번째 클립까지는 로프를 끌고 가기만 한다.
선등자가 오르는 데 방해가 되지 않도록 로프를 풀듯이 조작한다.

● 확보: 보조Support, 스포팅Spotting

지면 부근에서 떨어질 가능성이 있는 경우다.
특히 선등자가 자세를 취하지 않고 떨어질 때 효과적이다.

⚠ 도움이 필요한지 판단하기

가능한 범위 이상으로 보조하려고 하면 확보자도 부상을
입는다. 50kg 이상 되는 사람이 2m 정도 위에서 떨어질
때 받는 것은 위험한 행위다. 서로 간에 어디까지 지원해
줄 수 있는지 알아 두는 것이 중요하다.

확보자도 선등자와 충돌하여 부상 당할 수 있다.

⚠ 퀵드로 걸기

오르는 방향에 따라 카라비너 게이트의 위치를 판단해야 한다. 퀵드로를 걸기 전에 루트를 읽는 것도 중요하다. 게이트의 방향과 오르는 방향이 같을 경우, 추락할 때 로프가 카라비너에서 빠지기 쉽다.

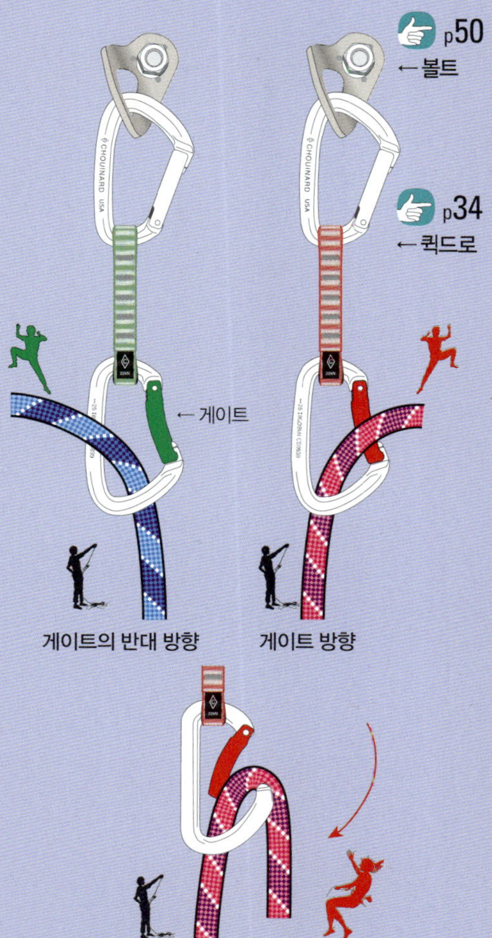

게이트와 같은 방향에 걸면 추락할 때 로프가 게이트를 열어 카라비너에서 빠지기 쉽다.

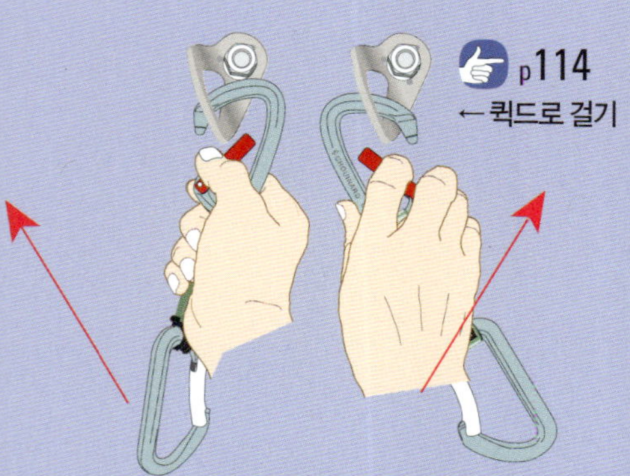

퀵드로를 거는 방향에 따라 카라비너의 방향이 바뀐다.

3 걸기(카라비너 게이트, 퀵드로)

루트를 읽고 퀵드로를 건다.[*]

[*] 루트를 읽고 홀드(손), 스탠스(발), 오르는 방향(라인), 몸의 움직임, 볼트의 위치 등을 고려하며 오를 방법을 생각할 것.

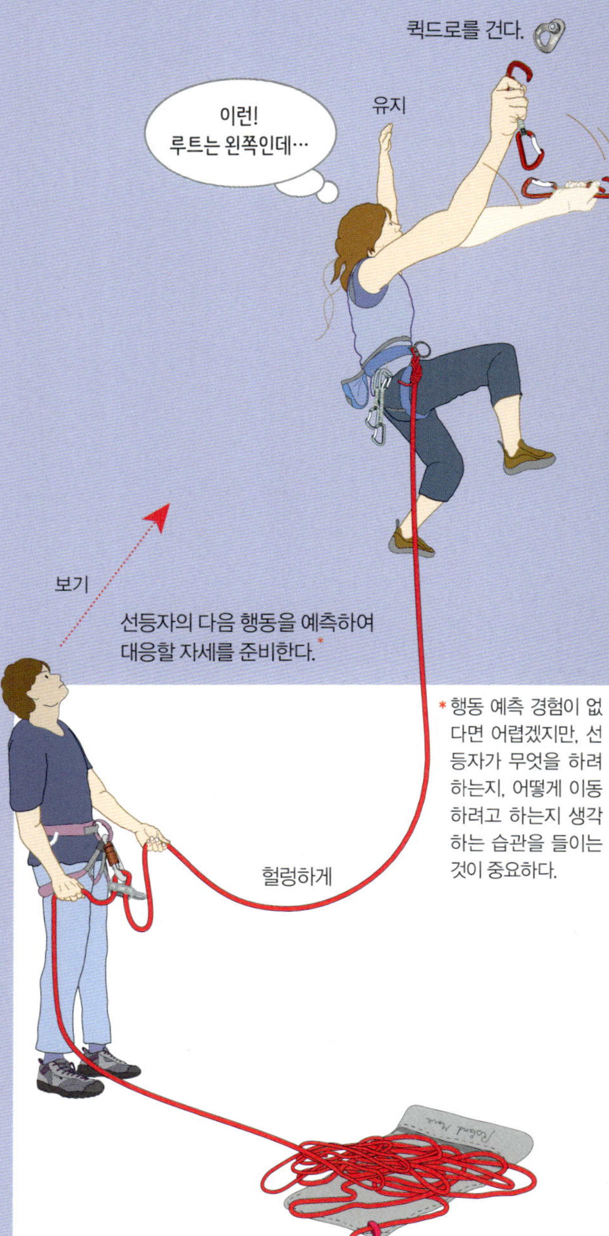

[*] 행동 예측 경험이 없다면 어렵겠지만, 선등자가 무엇을 하려 하는지, 어떻게 이동하려고 하는지 생각하는 습관을 들이는 것이 중요하다.

3 보기

어느 정도의 높이에 오르면 선등자가 떨어질 수 있는 위치에서 피한다.

4 손에 쥐기

클립을 위해 로프를 당기는 방법은 클립의 위치, 클립 방법에 따라
달라진다.

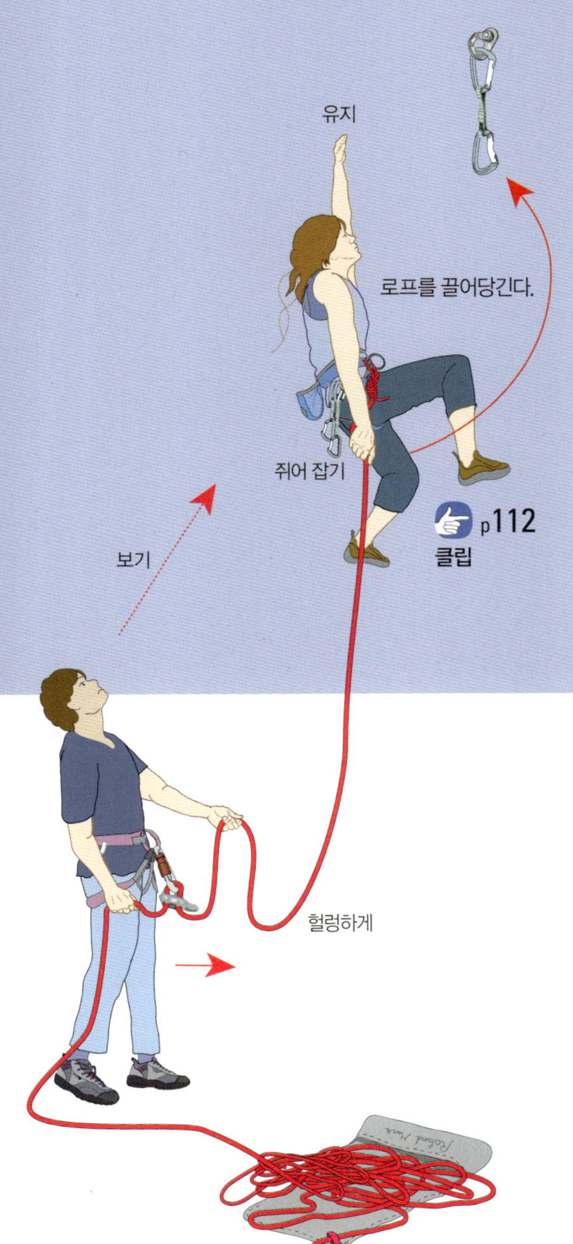

로프를 빼는 타이밍

로프를 빼는 적절한 타이밍을 잡는 데는 경험이 필요하다.
오르기와 확보하기는 다른 동작이지만 둘 다 경험하지 않
으면 확실하게 확보할 수 없다. 확보자가 등반자의 움직은
을 읽으며 확보하면 등반자의 다음 행동을 예측하고 재빠
르게 대응할 수 있다.

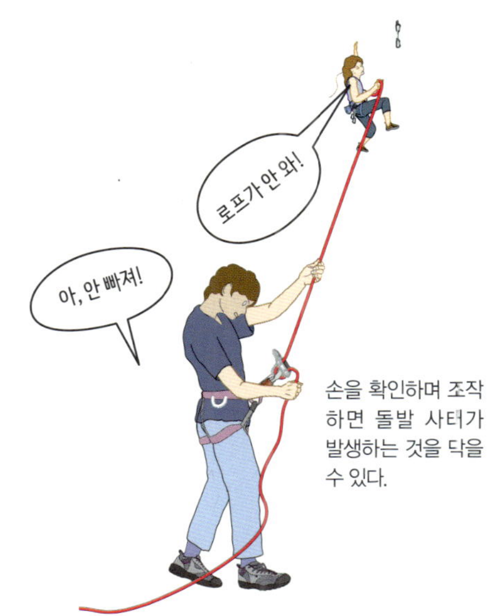

오를 때처럼 갑작스러운 상황에서 완벽하게 확보할 수는 없다.

3.9 앞으로 전진/로프 빼기

끌어 올리는 동작과 함께 전진. 앞으로 나가면서 로프가 느슨해진다.
손동작이 선등자의 등반 속도를 따라간다면 앞으로 나아갈 필요는
없다.

상호간의 의사소통도 중요하다.
선등자나 확보자 중 누가 상대방에 맞춰 줄지….

⚠️ 백클립Back Clip

아래의 오른쪽 그림을 백클립이라고 부른다. 백클립이 아닌 것(왼쪽)은 따로 부르는 말이 없다. 백클립은 추락 시에 로프가 카라비너에서 빠지기 쉽다.

백클립 아님　　　　**백클립**

백클립은 로프가 한쪽 카라비너의 바깥을 지나 다른 카라비너의 안쪽으로 들어간다. p.82의 게이트 방향과는 다른 문제다.

백클립에서 추락 시

백클립일 경우 로프 때문에 게이트가 열리기 쉽다.

4.9 끌어 올리기

퀵드로를 걸고 로프를 클립할 위치는 상황에 따라 변한다. 퀵드로가 걸려 있을 때와 걸려 있지 않을 때 클립 위치가 다르고, 등반에도 영향을 준다. 3~4.9 는 상황에 따라 클립 동작이 변한다. (→ p.112)

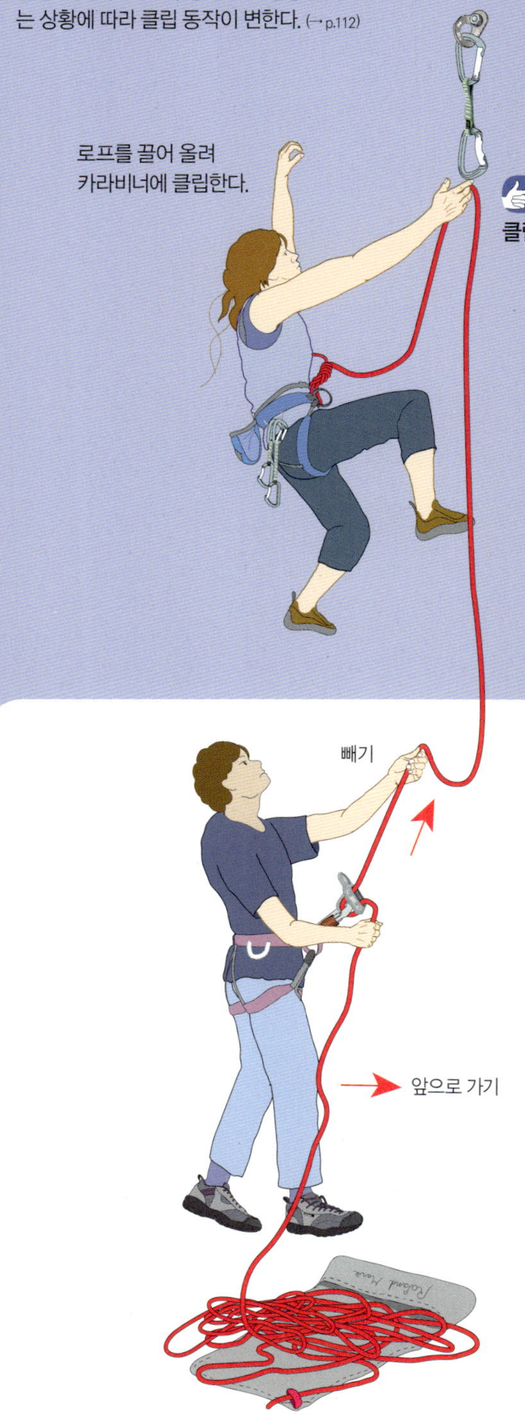

4.6 빼기

끌어 올리는 속도에 맞춰 뺀다.

5.1 클립

눈과 소리를 통해
게이트가 완전히 잠
겼는지 확인한다.

⚠️ 클립 확인하기

클립을 시도할 때 로프가 굵어서 카라비너에 들어가지 않
는 경우가 있다. 꼭 직접 눈으로 확인해야 한다.

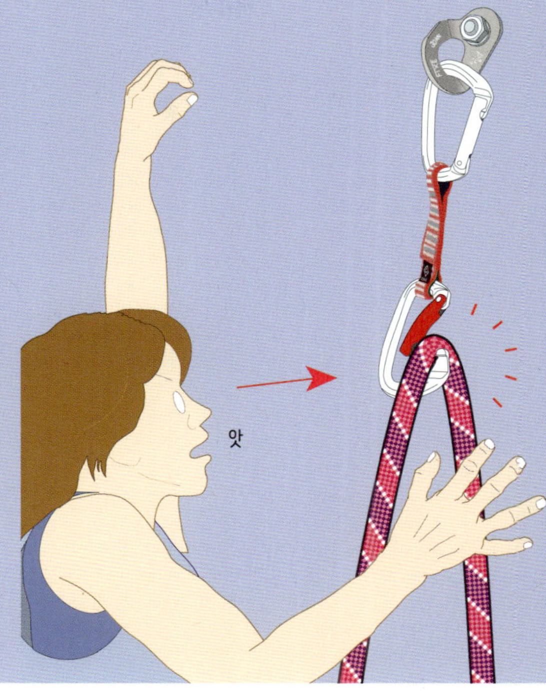

5.1 느슨하지 않게 하기

클립할 때 로프를 덜 느슨하게 한다.

카라비너에 로프가 걸
린 것을 확인하면 로프
에 하중이 걸리지 않을
정도로 당긴다.

● 과하게 당기지 않기

확보할 때는 로프를 너무 세게
당기거나 너무 느슨하게 풀어
도 안 된다. 로프에 하중이 세
게 걸리면 등반에 방해된다. 로
프를 느슨하게 할 때는 당기는
세기에 주의한다.
느슨함이나 팽팽함을 판단하
는 기준은 개인의 경험에 따라
다르다. 그래서 어느 정도 하중
이 있어야 "빌레이 제대로 해
주네." 하며 안심하는 사람도
있다. 선등자가 원하는 방식으
로 확보하는 것이 바람직하다.

로프에 하중이 걸리
는 것 같다면 과하게
당긴 것이다.

⚠️ 5.3과 5.5의 차이

5.5를 기준으로 선등자, 확보자의 상황이 크게 변한다. 5.3~5.5까지는 톱로프 상태로, 로프가 느슨하게 풀린 정도의 거리만큼만 추락한다. 5.5 이후는 선등 상태로, '확보 지점에서 매듭까지 거리의 2배+α' 만큼 추락한다. 중간지점에 클립을 할 때마다 이와 동일한 상황이 발생한다.

5.3의 상태

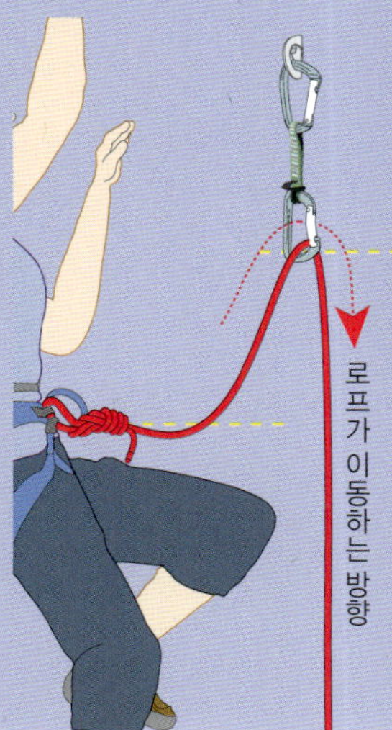

5.6의 상태

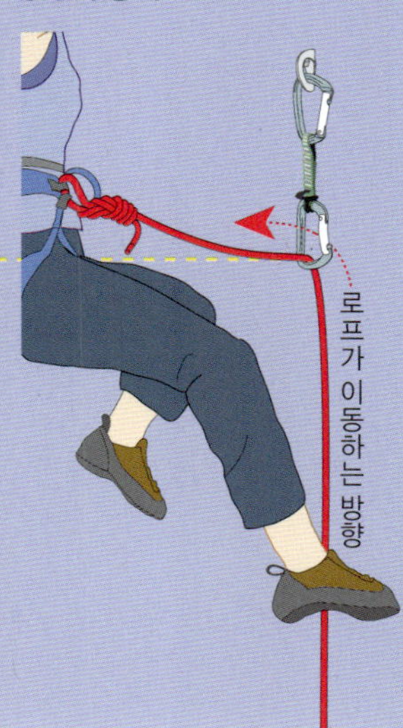

↑ 확보자의 동작
로프의 느슨함을 줄인다.

↑ 확보자의 동작
선등자의 움직임에 맞춰 로프를 뺀다.

⚠️ 낮은 첫 번째 지점에서 추락하는 경우

👍 p115
확보

첫 번째 확보지점의 높이가 사람의 키 정도라면 주의해야 한다. 확보자에게는 확보 기술이 요구되며, 충분히 확보가 이루어지지 않으면 선등자가 바닥에 떨어질 수도 있다. 이런 경우 선등자는 뛰어내리거나 클라이밍다운을 하는 편이 나을 수 있다. 실내 클라이밍장에서는 한정된 높이에서 등반을 즐기며, 훈련 효과를 높이기 위해 낮은 위치에서도 떨어질 가능성이 있게 구성된 곳도 있고, 자연 바위 이상으로 주의가 필요한 곳도 있다.

5.3 오르기(톱로프 상태)

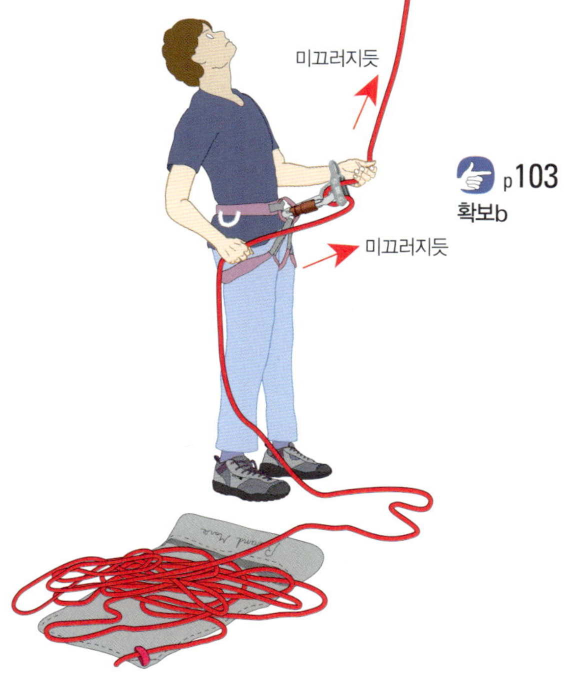

👍 p103
확보b

5.3 덜 느슨하게 만들 준비

5.1에서 느슨함을 줄이는 동작과 5.3~5.5의 동작은 다르다.

5.5 오르기

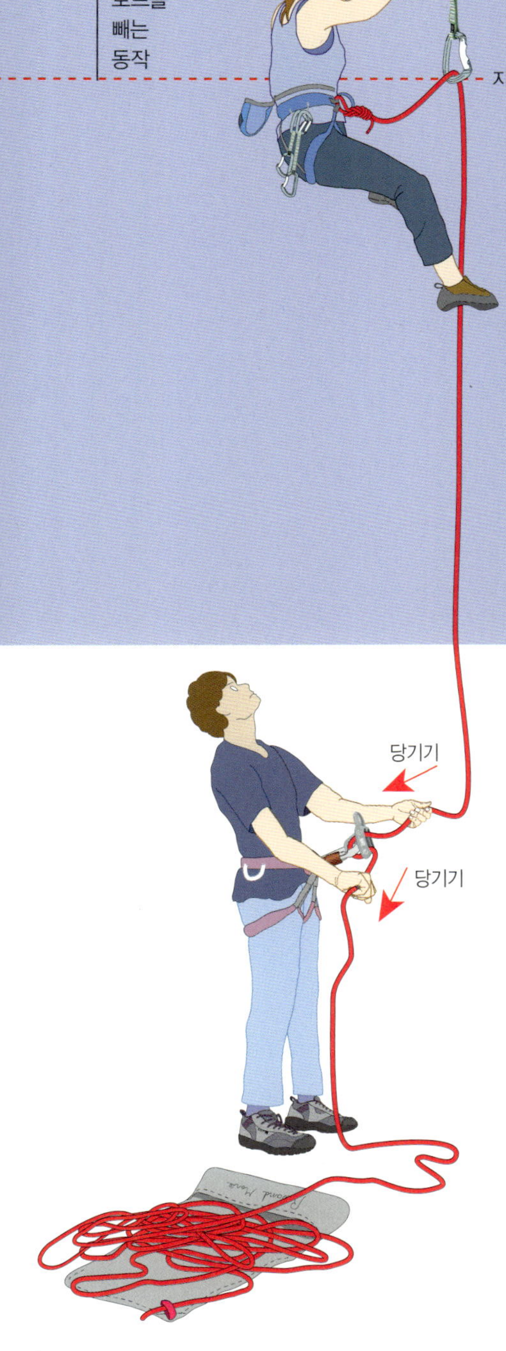

5.3~5.6에서의 확보 조작

5.3~5.5까지 선등자가 등반할 때 취하는 로프의 여유분을 줄이는 동작(로프 끌어당기기)을 하고, 5.5 이후에는 선등자의 등반에 맞추어 로프를 빼는 동작으로 변한다. 로프를 덜 느슨하게 하는 동작은 선등의 클립 위치에 따라 수행하는데, 항상 실시하지는 않는다.(→ p.112)

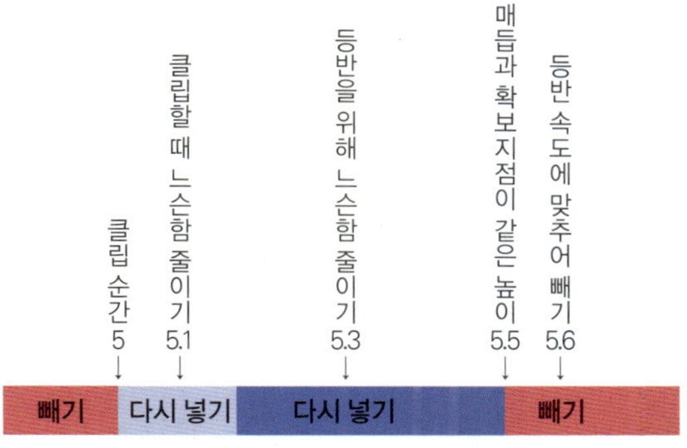

5.5를 경계로 로프의 이동 방향이 반대로 바뀐다.

5.3~5.5에서 확보하기

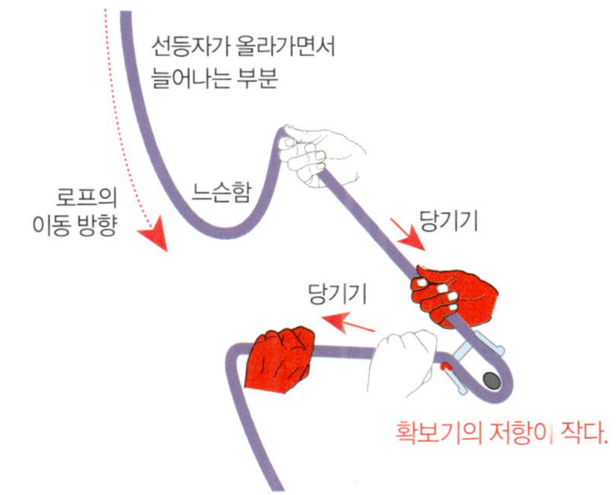

5.6에서 확보하기

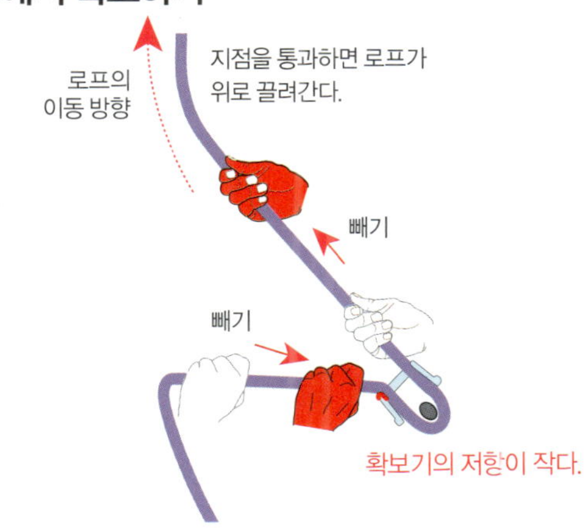

5.5 덜 느슨하게 만들기

5.5까지는 덜 느슨하게 하고, 5.5 이후에는 등반 속도에 맞춰 로프를 뺀다.

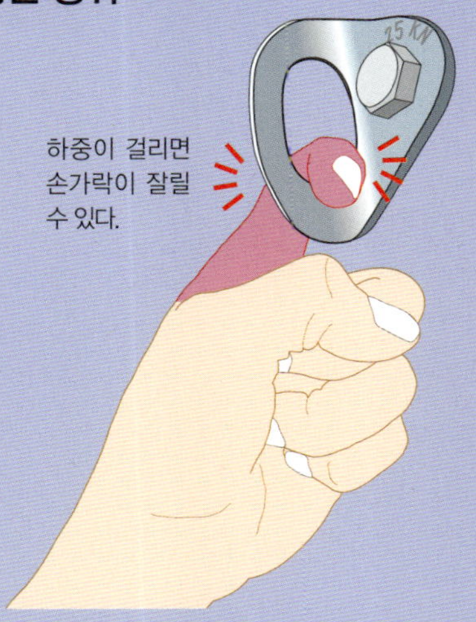

⚠️ 행어에 손가락을 넣는 행위

하중이 걸리면 손가락이 잘릴 수 있다.

큰 하중이 걸리는 경우 손가락이 잘릴 정도로 큰 부상이 발생할 수 있으므로 절대로 이와 같은 행위를 해서는 안 된다. 퀵드로를 걸고서 얼마든지 다른 손으로 쥐어 잡을 수 있다. 애초에 이 루트에서 이런 상황이 발생해서는 안 된다.

⚠️ 예상치 못한 추락

홀드가 떨어지거나 발이 미끄러지는 등 선등자가 예상하지 못하게 추락하는 경우도 있다. 확보자도 빌레이를 보는 동안 한눈 팔면 안 된다.

6 오르기(2번 지점까지)

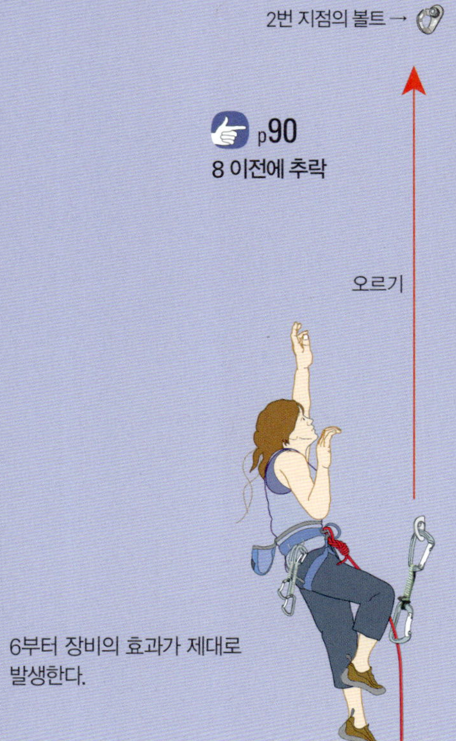

선등자의 등반 속도에 맞춰 로프를 뺀다. 로프를 너무 팽팽하거나 너무 느슨하게 하면 안 된다.

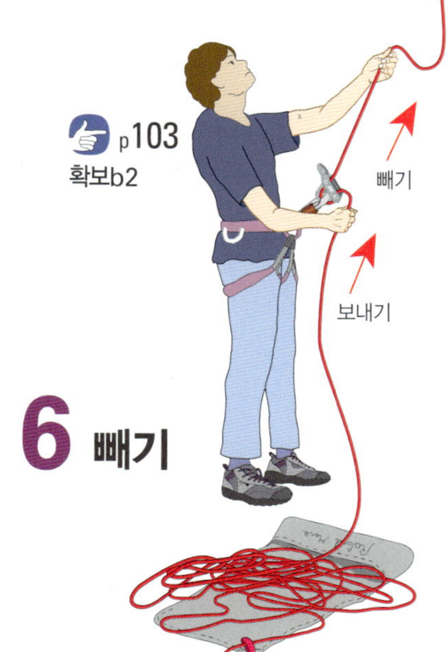

6 빼기

7 2번 지점 클립

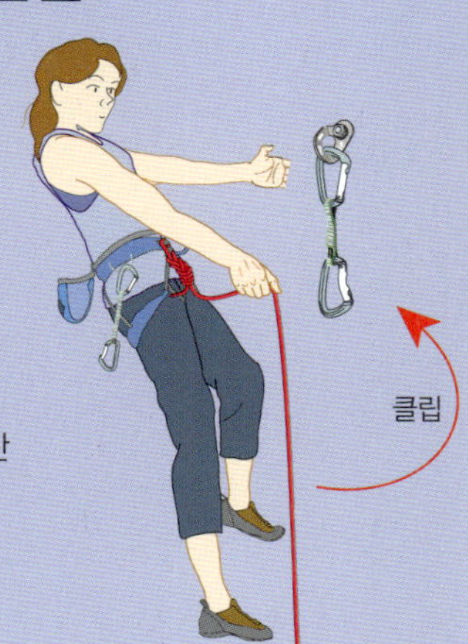

2번 지점도 1번 지점과 마찬
가지로 퀵드로를 건다.
로프를 끌어 올린다.
로프를 클립한다.

⚠ 클립하는 순간 추락하면 매우 위험하다.

클립하는 순간 추락했다면 확보자가 로프를 보내고 있어
서 너무 느슨해지는 바람에 순간적으로 확보할 수 없는 상
태가 되었기 때문이다.

이런 상태에서 추락하면
바닥에 충돌할 가능성이
높다.

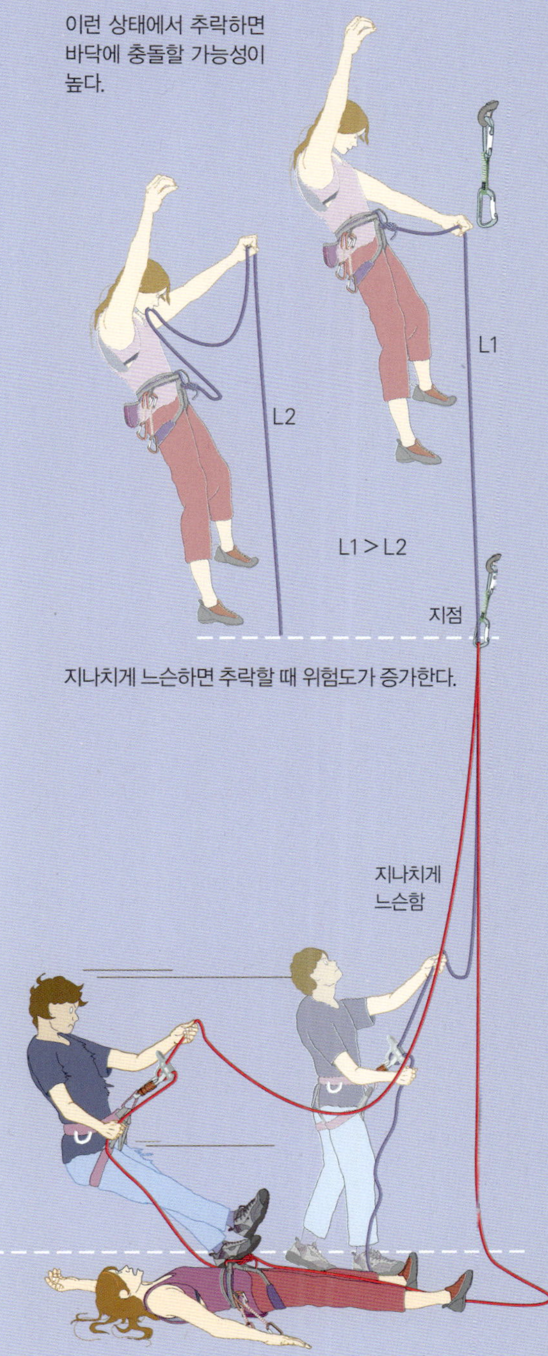

지나치게 느슨하면 추락할 때 위험도가 증가한다.

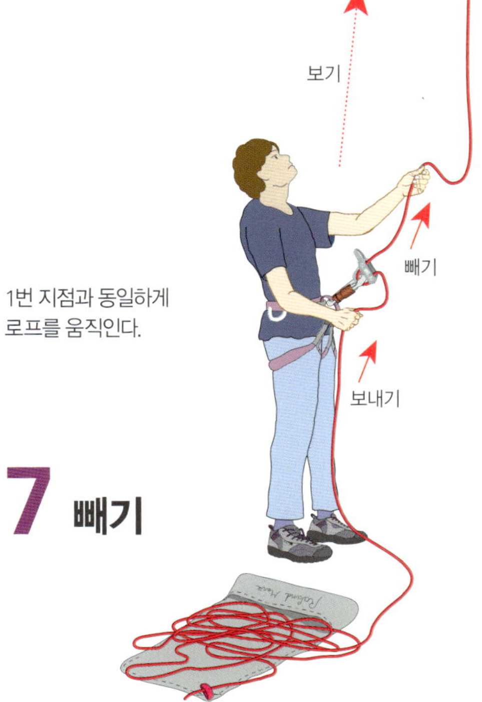

1번 지점과 동일하게
로프를 움직인다.

7 빼기

⚠️ 8 이전에 추락

8 이전(시스템 1~7)에 추락하는 경우의 예시다. 두 번째 확보 지점에서 클립할 때까지는 바닥에 떨어질 가능성이 충분히 있다. 볼트의 간격에 따라 세 번째 지점에서도 바닥으로 떨어질 수 있다. 아래의 표는 올라간 위치에서 추락하는 모습을 보여 주는데, b와 c(보라색)의 상태에서 추락하는 것은 확보자의 미숙함이 원인이다.

추락거리=2L+α
L=추락 지점부터 연결된 로프까지의 길이(높이와 관계 없음)
α=로프의 무게+로프의 느슨한 정도+확보자의 기술

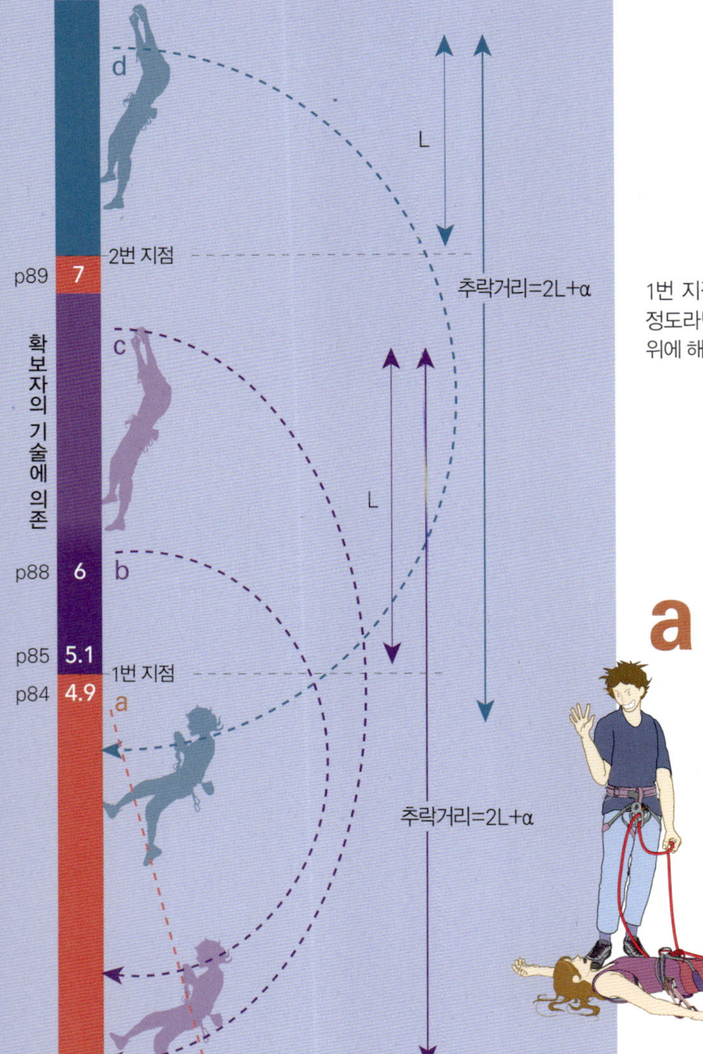

지면에서 가까운 거리에서 떨어질 경우 α의 영향이 크다.

1번 지점 이전의 추락

지면으로 추락

선등자가 낙법을 취하지 않고 떨어지면 지면추락Ground Fall이다. 추락거리에 따라 확보자가 도울 수 있을지 결정한다.

1번 지점 이후에 추락

2L+α=Safe…

확보자가 자세를 낮게 취하는 방법으로 선등자와의 충돌을 막는다. 로프를 어떻게 할지는 경험에 따라 판단한다.

b 확보자가 있는 위치에 추락 6(p.88) 부근

1번 지점의 위치가 이 정도라면 보조하는 범위에 해당 →

a 4.9(p.84) 이전

로프가 팽팽한 상태. 추락과 동시에 위로 끌려 올라갈 수 있다. c처럼 몸을 뒤로 젖히면 선등자와 충돌하지 않을 수 있다. 선등자는 벽에 부딪힐 수 있다. 확보 방식을 b에서 c로 바꾸는 동작은 경험치에 따라 미묘하게 좌우된다.

선등자 바로 아래에서 확보하는 행동은 피한다.

2번 지점에 클립하기 직전에 추락

2L+α=아슬아슬하게 safe…

2번 지점에 클립한 후에 추락

2L+α=safe

d 7(p.89)의 상태보다
높은 위치

c 6(p.88)의 상태보다
높은 위치

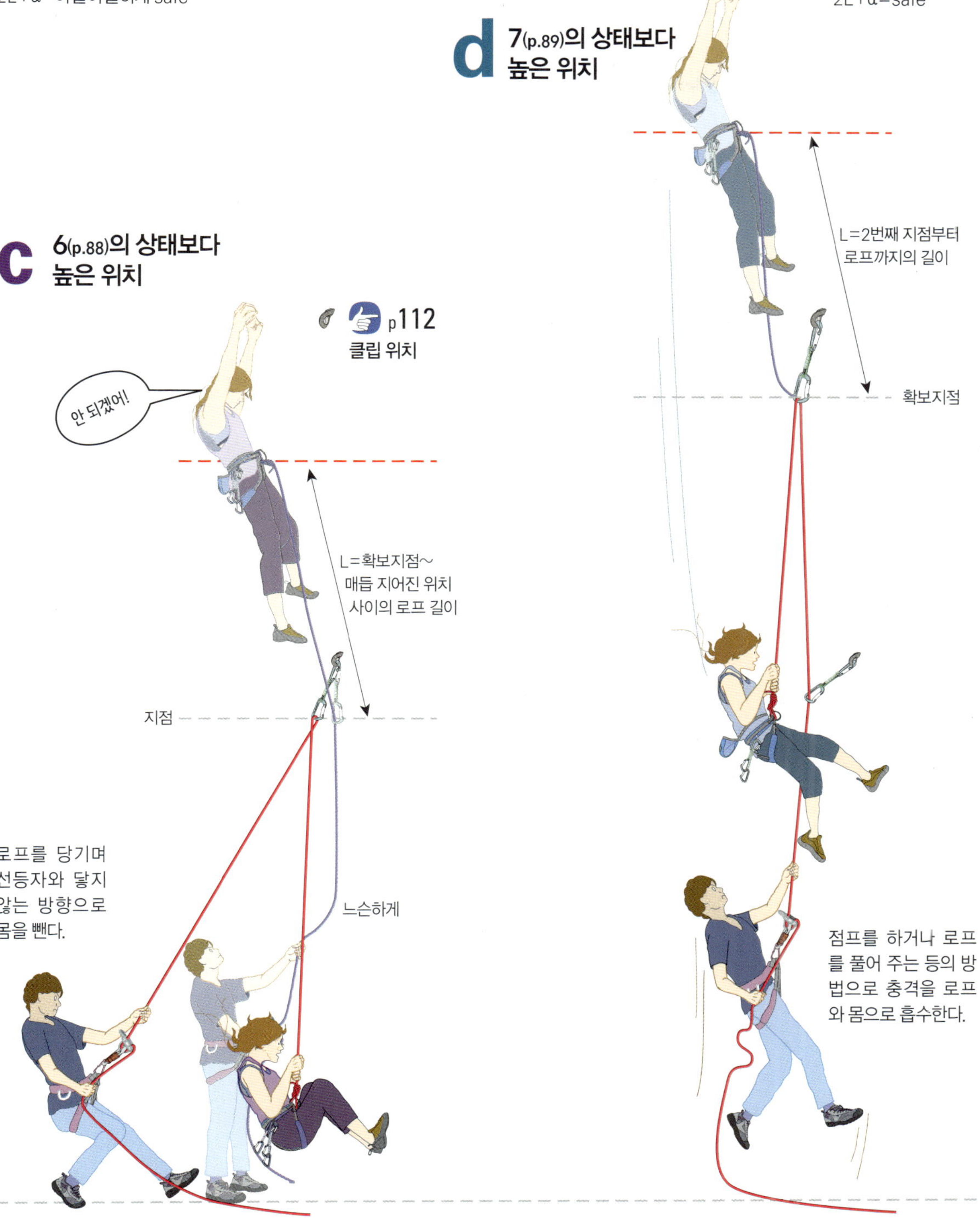

추락의 충격을 줄이
려는 목적으로 로프
를 풀어 주는 동작은
어렵다.

지면에 가까운 경우 확보자는 추락과
동시에 전속력으로 뒤로 이동한다. 로
프가 당겨지므로 선등자는 올바르게 착
지해야 한다.

추락의 충격을 줄이기 위해 로프를 매끄
럽게 하거나 다이나믹빌레이Dynamic
Belay를 하면 최악의 추락을 면할 수 있
다. 이는 볼트 사이의 간격에 좌우된다.

 ## 로프의 흐름

로프를 확보지점에 클립하면 지점마다 굴곡이 발생, 즉 로프가 꺾인다. 직선루트는 로프가 꺾이는 굴곡이 작지만, 트래버스 할 곳이나 오버행 같은 지형이 있으면 굴곡이 커진다. 이 굴곡이 커지면 선등자가 끌고 가는 로프가 무거워져서 등반에 영향을 줄 수 있다. 가능한 한 굴곡이 덜하게 로프를 움직이고, 긴 퀵드로 등을 사용하여 로프의 흐름이 나아지도록 조정해야 한다.

확보자의 조언

로프의 흐름 등으로 인해 등반에 지장이 생길 수 있는데도 선등자가 눈치채지 못한 경우 확보자는 주의를 주는 것이 좋다. 다만 조언하는 타이밍에 주의해야 하는데, 동작에 집중하고 있을 때 말을 걸면 방해된다.

확보자는 단지 추락할 때 확보만 하면 되는 것이 아니라, 선등자와 마찬가지로 클라이밍의 흐름을 생각해야 하며, 주변 사람들과 수다를 떠는 등의 행동을 해서는 안 된다.

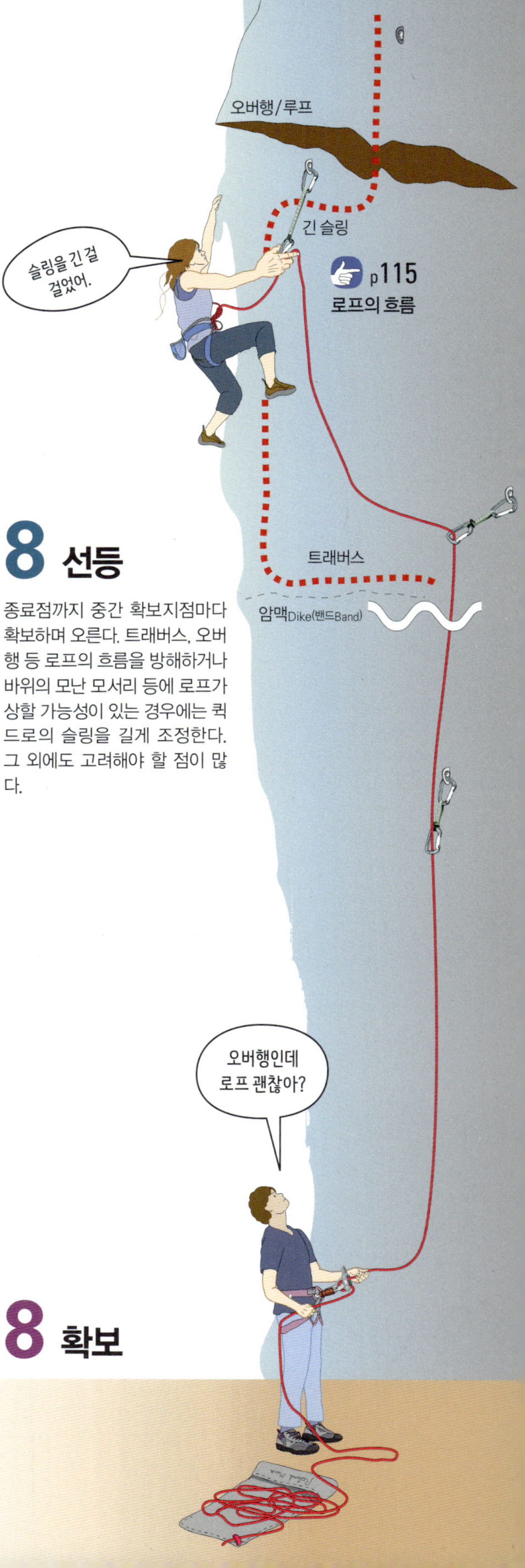

8 선등

종료점까지 중간 확보지점마다 확보하며 오른다. 트래버스, 오버행 등 로프의 흐름을 방해하거나 바위의 모난 모서리 등에 로프가 상할 가능성이 있는 경우에는 퀵드로의 슬링을 길게 조정한다. 그 외에도 고려해야 할 점이 많다.

8 확보

9 종료점

종료점에 클립하여 선등을 완료한다. 종료점의 종류에 따라 클립이 쉽지 않을 수 있다.(→ p.116)

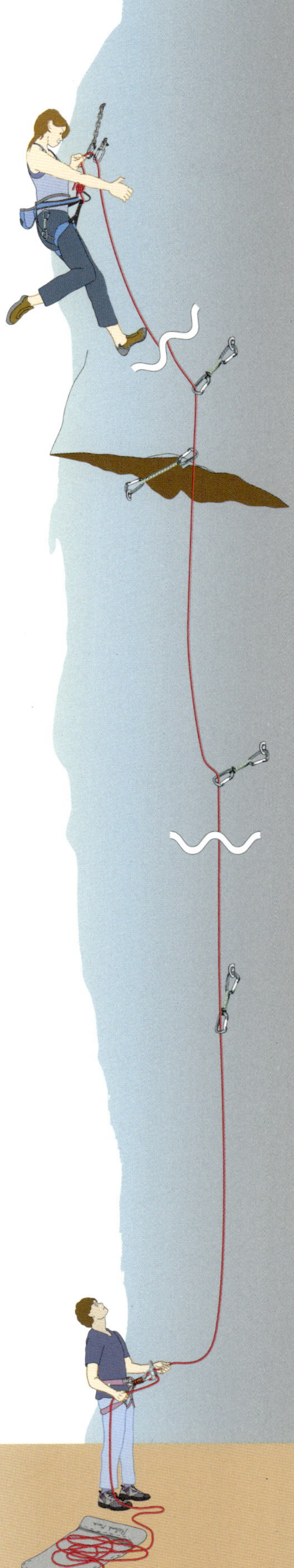

9 보기

"완료!"라고 신호를 줄 때까지 방심하지 않고 확보한다.

⚠ 종료점 확인

종료점에 남아있는 카라비너는 로프와의 마찰로 인해 손상되어 있는 경우가 있다. 또한 장기간 야외에 설치되어 있어 부식 등으로 노후된다. 특히 첫 종료점에 고정할 때는 로프를 클립할 때부터 하중을 걸기 전까지 문제가 없는지 확인하는 습관을 들이는 것이 좋다.

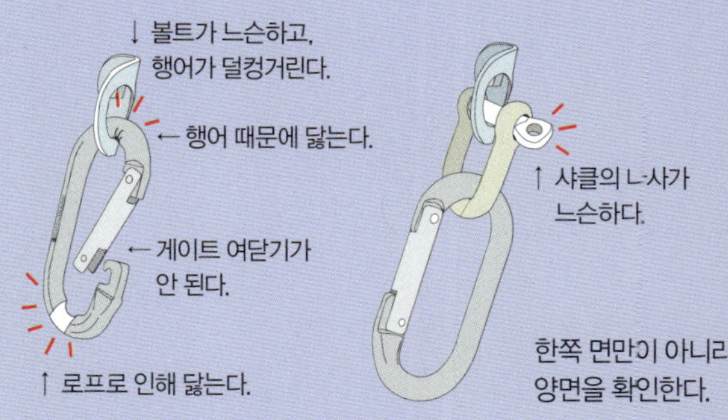

⚠ 종료점의 확보지점은 여러 개

통상적으로 종료점에는 여러 개의 볼트가 박혀 있다. 한 개가 손상되더라도 다른 하나로 백업이 가능하도록 여러 개의 볼트에 로프를 클립한다. 상황에 따라 볼트가 하나밖에 없는 경우도 있다.

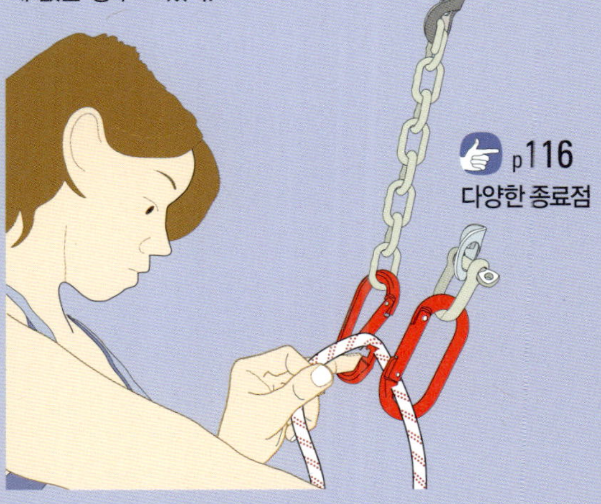

⚠ 클립할 수 없는 종료점

클립이 쉽게 안 되는 종료점도 있다. 예비용 퀵드로를 한 개 정도 가지고 있어야 이런 경우에 대응할 수 있다.

⚠️ 당길 때

종료점에서 "줄 당겨!"라고 신호를 보내면 확보자는 바로 로프를 당겨야 하지만, "줄 당겨!"라고 외친 직후 "대기!", "줄 풀어!"라고 말하는 경우가 있다. 이런 경우 확보자가 하중을 걸고 당기면 손가락에 부상을 입을 수도 있다.

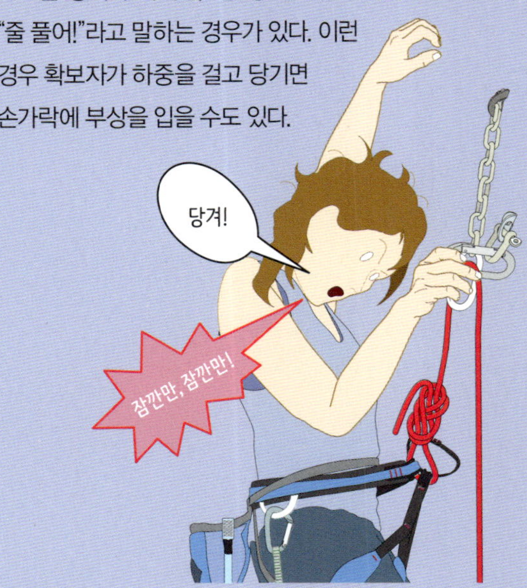

9' 게이트의 방향

잠금카라비너가 아닌 경우
카라비너를 돌려 게이트의 방향을 바꾸면 게이트가 열렸을 때 로프가 빠질 가능성이 낮다.

게이트가 바위 쪽이나 모서리에 닿는 경우
바위에 눌려 게이트가 열릴 수도 있으므로, 이런 경우 카라비너를 한 번 빼서 바위에 닿지 않도록 고쳐서 건다. 단, 게이트 방향을 서로 반대로 할지는 선등자가 결정한다.

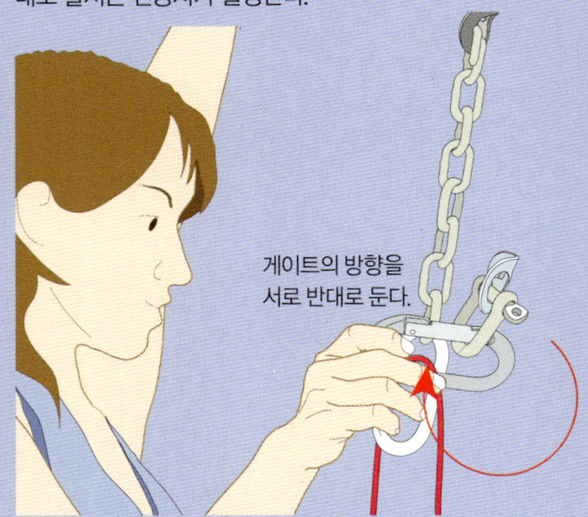

● 착지지점 확인

착지지점은 종료점의 바로 아래가 된다. 등반 루트가 트래버스나 벽이 수직 이상으로 기울어진 경우 오르기 시작한 지점으로는 내려갈 수 없다. 내려오기 전에 지면으로 내려갈 수 있을지 확인할 것. 선등자, 확보자 모두 로어다운으로 내려갈 때의 상황을 오르기 전에 이해해야 한다.

결과만 놓고 보면 '저렇게는 안 해!'라고 생각할 수 있지만, 종료점의 클립 위치와 클립할 손의 연관성 때문에 역방향으로 하는 경우가 있다.

9" 클립의 방향

상황에 따라 선등자쪽의 로프와 확보자쪽의 로프가 종료점 바로 아래에서 교차한다.

10 당기기

신호는 "줄 당겨!", "텐션Tension!" 등으로 표현한다. 로프가 완전히 당겨진 것을 확인하고, 로프에 매달린다.

● 로어다운(하강): 멋대로 내리지 않기

확보자는 선등자가 "내려 줘!"라고 신호를 보내기 전까지는 멋대로 내리면 안 된다. 선등자가 작업 중일 때 로프를 당기면 손가락을 로프에 쓸리는 등 부상을 입을 수 있다. 그러나 "완료!"라는 신호로 등반 전체를 끝내는 경우도 있으므로, 서로의 행동을 이해하고 파악하는 것이 중요하다.

흔들림 방지

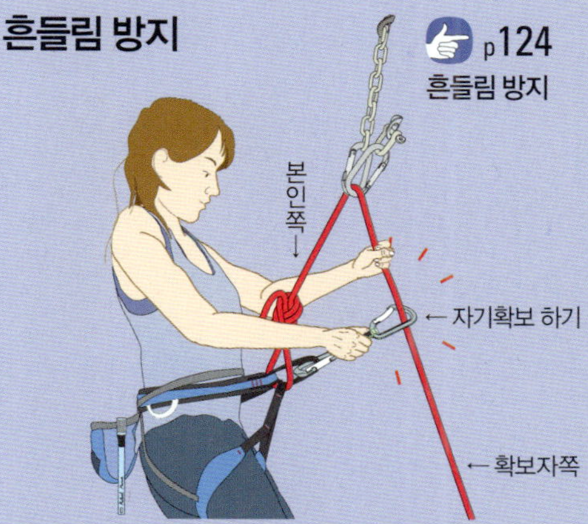

퀵드로로 빌레이루프와 확보자쪽의 로프를 연결한다.

p.94 왼쪽 아래 그림과 같은 경우에는 로프에 자기확보를 하며 내려간다. 로프에 자기확보를 할 때는 특별히 주의할 점이 생긴다.

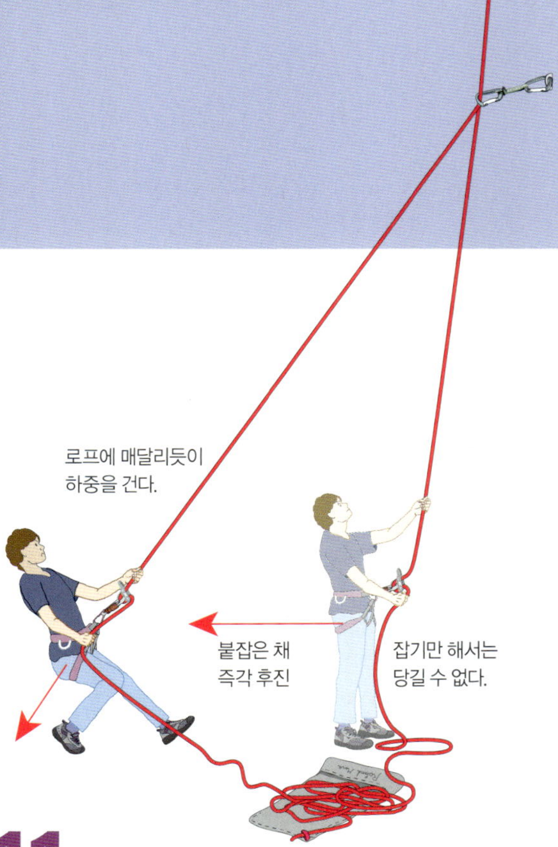

11 당기기

확보자의 체중으로 하중을 주며 확실하게 로프를 당겨야 한다. 선등자가 내려오는 동안 줄을 당기는 방법과 쭉 내려와서 바로 아래까지 왔을 때 당기는 방법이 있다. 당장 확실하게 내리는 것은 내려오는 동안 줄을 당기는 방법이다. 지형 때문에 내려올 수 없는 경우에는 쭉 내려온 다음 바로 아래까지 왔을 때 당긴다.

11 당기기

신호가 오면 재빨리 온몸의 체중으로 로프를 당기는 것이 중요하다. 잡기만 해서는 당길 수 없다.

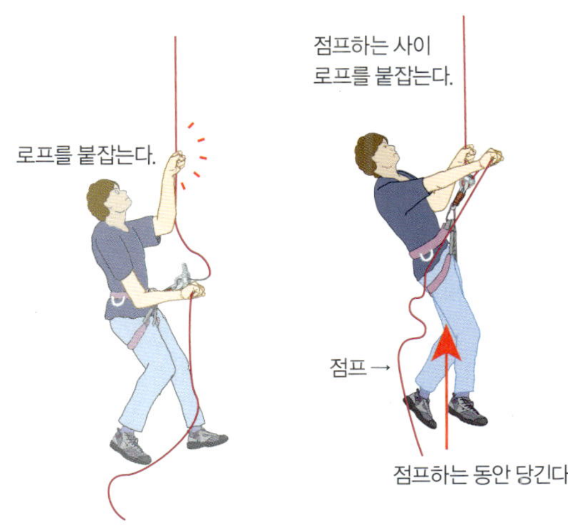

● 로어다운Lower Down

로어다운은 로프에 매달려 확보자에 의해 내려오는 하강법이다. 선등자는 9까지는 올라가고, 10부터는 확보자가 내려 주는 시스템으로 바뀐다.

로어다운도 사고가 많기 때문에, 종료점에서 끝났다고 생각하지 않고 지면에 착지해야 끝난다는 마음가짐을 갖는 것이 좋다. 안심하지 말고 앞을 예측하는 것이 중요하다. 차를 운전할 때처럼, 완전히 정지, 엔진 멈추기, 사이드 브레이크를 걸 때까지 안심해서는 안 된다.

12 내려!(로어다운)

신호를 보내기 전에 최종 확인

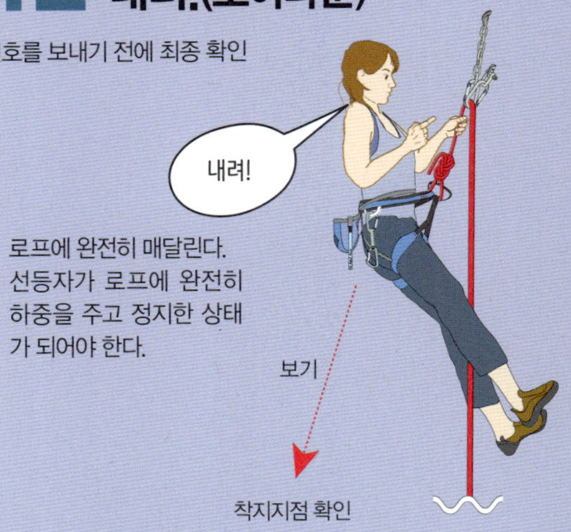

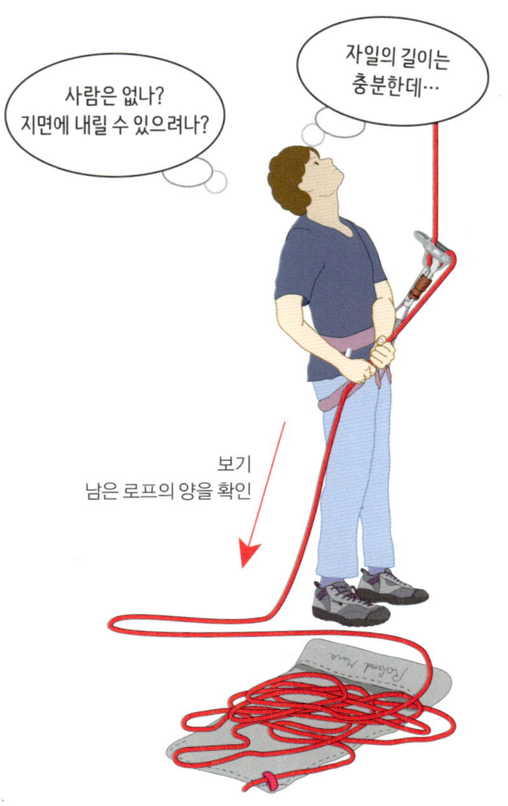

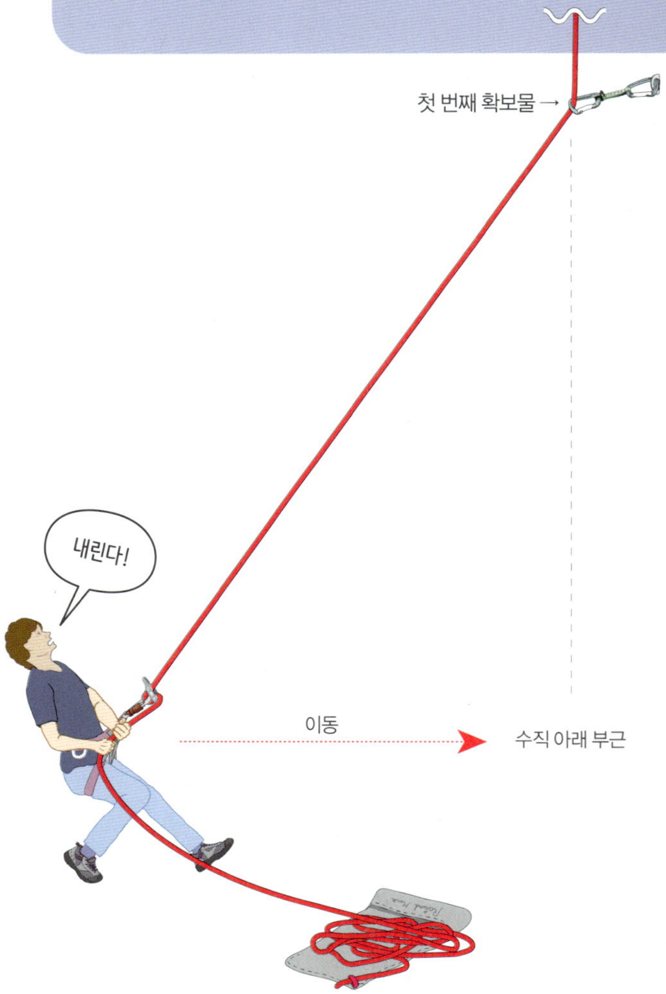

로프에 완전히 매달린다. 선등자가 로프에 완전히 하중을 주고 정지한 상태가 되어야 한다.

보기
착지지점 확인

첫 번째 확보물 →

이동 → 수직 아래 부근

⚠ 내리기 전에 확인

루트 거리에 맞는 로프의 길이는 원래라면 오르기 전에 확인했을 것이기에 여기에서는 확인할 필요가 없다고 생각하기 쉽다. 하지만 로프가 빠지는 사고는 여전히 발생하고 있다. 로프를 보기만 해도 확인할 수 있으니, 내리기 전에 로프의 길이를 생각하는 습관을 만드는 것이 좋다.

남은 로프의 길이가 불안하다면 로프가 빠지는 것을 방지할 수 있도록 로프의 끝부분에 매듭을 만든다.

13 내린다!

완전히 정지한 상태에서 선등자를 확인한 다음 내린다. 상황에 따라 수직 아래 근처로 이동한다.

14 하강!

내려오기 전에 최종 확인

하중을 뺄 때는 로프를 잡는다. ↓

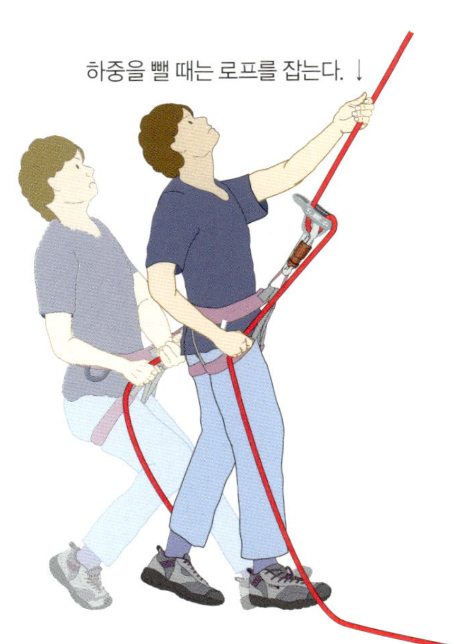

15 천천히 하중 빼기

내리기 시작할 때는 천천히 한다. 갑작스럽게 하면
하강하는 선등자가 하강 자세를 취하기 어렵다.

매듭 만들기를 잊을 때처럼, 로프의 길이가 부족하면 추락 사고가
발생한다. 이런 사고를 방지하려면 선등자는 오르기 전에 르트의
거리와 사용할 로프의 길이를 예측한다. 로프가 빠지는 현상이 발
생하면 확보자뿐만 아니라 선등자도 실패했다고 생각해야 한다.

끝부분을 오버핸드 등의 매듭
법으로 간단히 묶어 두면 완전
하지는 않더라도 로프가 빠지
는 것을 방지할 수 있다. 로프
가 빠졌을 때 끝부분에 매듭을
만들지 않은 것이 원인이라고
생각한다면 근본적인 원리를
이해하지 못한 것이다.

● 걷기

종료점까지 올라간 후 로어다운을 할 때 내려올 수 없는
경우가 있다. 생전 처음 올라가는 사람이라면 높은 곳으로
올라가기 전에 로어다운 자세를 연습하는 것이 좋다.

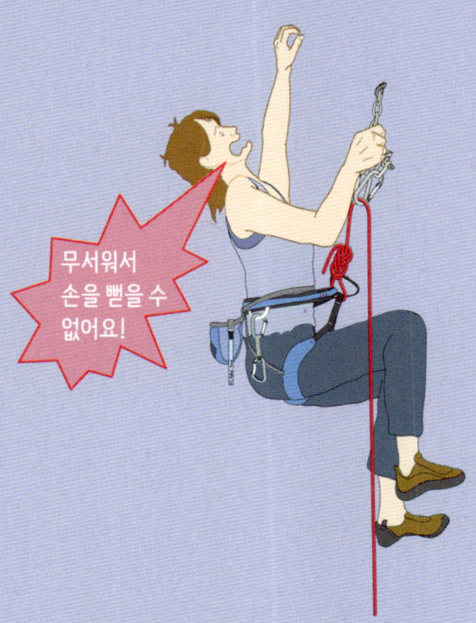

오르는 것과 로프에 매달리는 것은 다른 행위다.
이럴 경우 힘이 다 빠질 때까지 기다릴 수 밖에 없다.

하강자세를 취하지 않으면 벽에 끌리고 공포감이 증가한다.
몸의 움직임은 실제로 체험하지 않으면 이해할 수 없다.

16 벽 걷기

경사가 급한 벽이 아니면 로프에 매달려
발로 버티며 벽을 걷는 것처럼 내려온다.

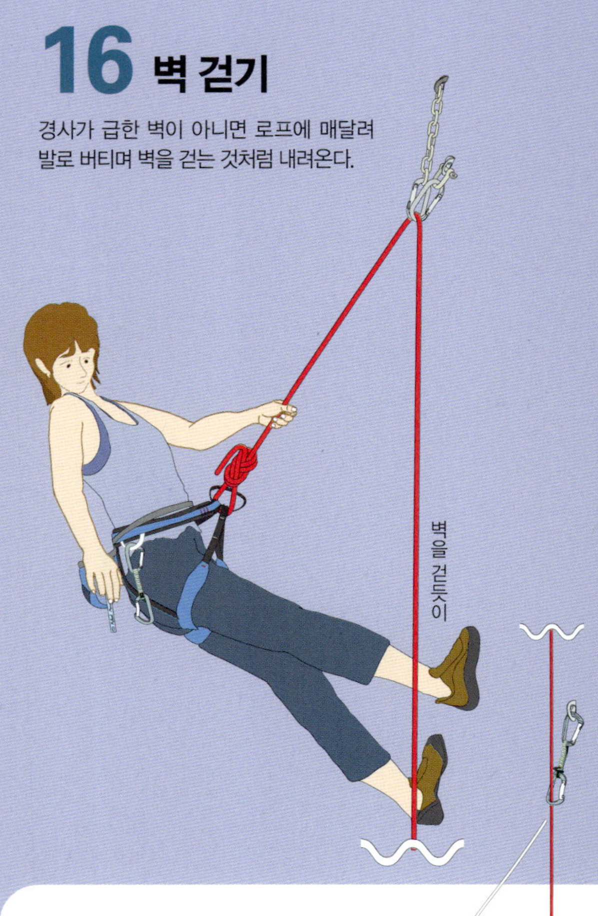

16 내리기

흔들림을 조정하여 로프를
미끄러뜨리듯이 내린다.

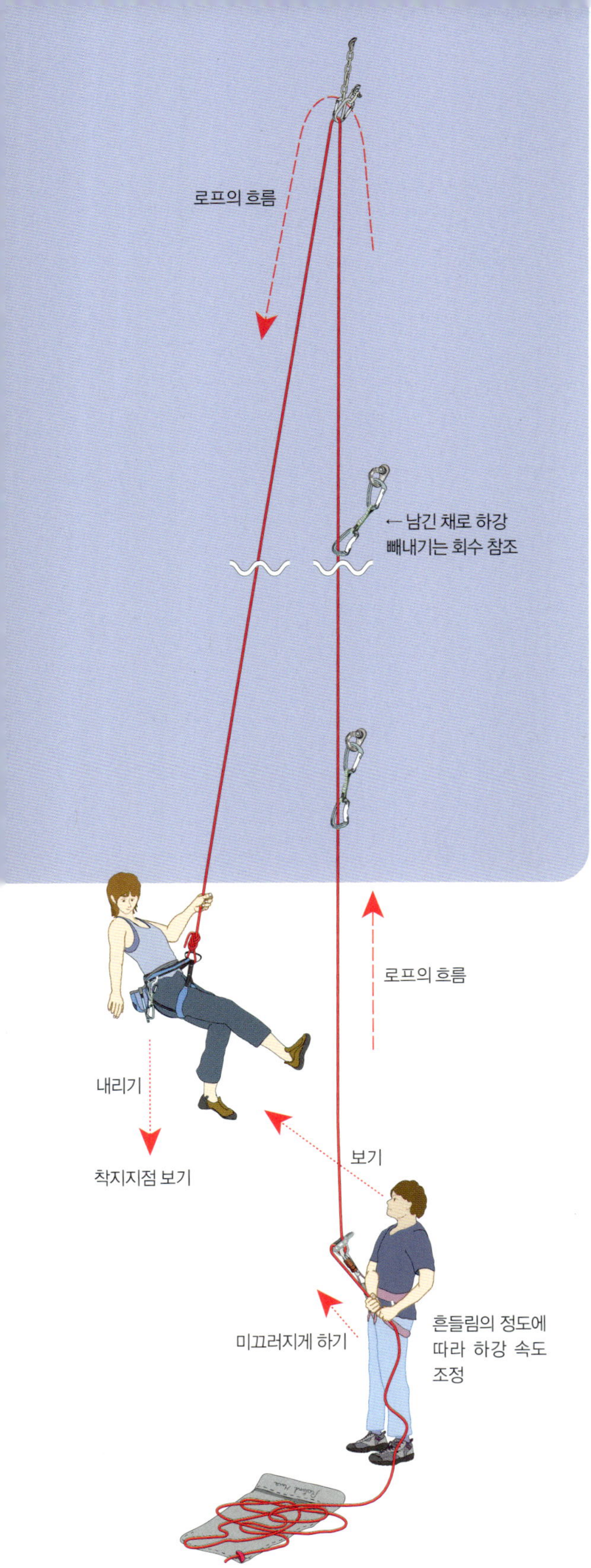

로프의 흐름

← 남긴 채로 하강
빼내기는 회수 참조

로프의 흐름

내리기

착지지점 보기

보기

미끄러지게 하기

흔들림의 정도에
따라 하강 속도
조정

17 내리기

흔들림 정도에 따라 로프가 빠져나가는 양을 조정한다.
착지 직전에는 특히 천천히 내린다.

착지

착지 직전에는 확보자와 선등자 모두 사람이 있는지, 안전
한 장소인지 등 착지 지점을 주의 깊게 살핀다. 확보자는
선등자가 완전히 착지할 때까지 눈을 떼서는 안 된다. 또
한 선등자가 내려오고 있는 바로 아래에 있지 않도록 주의
한다.

착지지점을 보지 않고 내리는 것은 차를 운전할 때 뒤를 보지 않
고 후진하는 것과 같다.

17 내려줄 때 확보자의 손

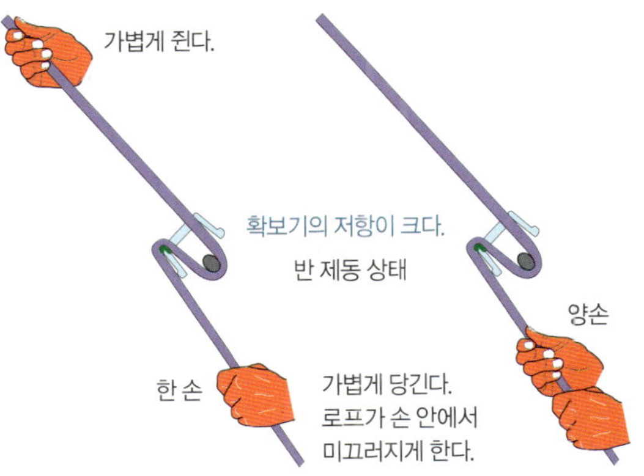

확보기의 아래쪽을 한 손으로 잡거나 양손으로 잡는 등 내리는 방
법이 개인마다 다르다.

착지신호

싱글피치, 로어다운의 경우 눈앞에서 확인할 수 있기 때문에 착지신호를 별로 사용하지 않지만, 멀티피치에서는 '완료' 등의 신호를 매우 일반적으로 사용하고 있다. 여기서 '완료'는 지면, 테라스 등에 도착했다는 신호인데, 자기확보를 하거나 확보가 필요 없는 지면에 내려올 때 또는 상대방에게 다음 행동을 재촉하기 위해 사용하기도 한다. 여기에서는 신호가 각각 다르게 쓰인다.

착지한다고 풀리지 않는다

착지 후에는 쭈그려 앉는 등의 행동으로 로프를 충분히 느슨하게 만든다. 18처럼 넉넉하게 느슨하지 않으면 로프를 풀기 어렵다. 확보자도 쉽게 풀 수 있도록 재빨리 로프를 풀어서 여유분을 준다.

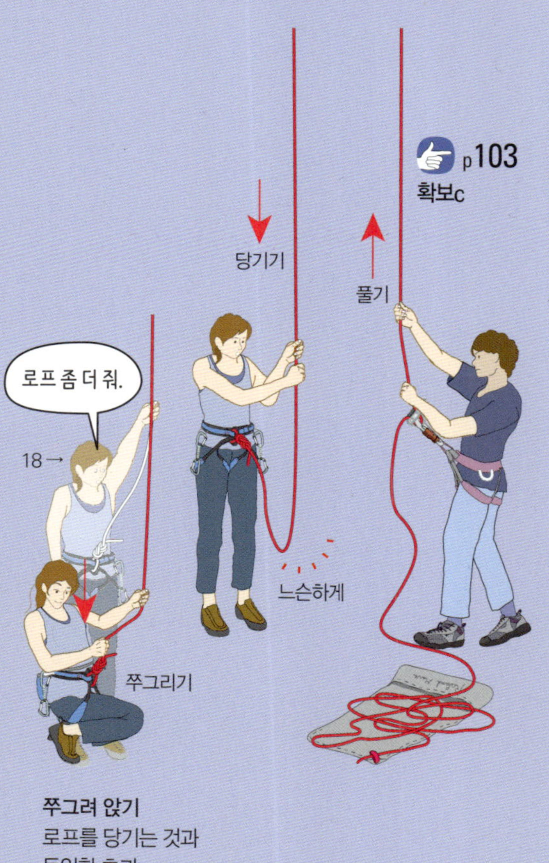

쭈그려 앉기
로프를 당기는 것과
동일한 효과

충분히 느슨하지 않으면 로프가 풀리지 않는다.

18 착지

지면에 착지

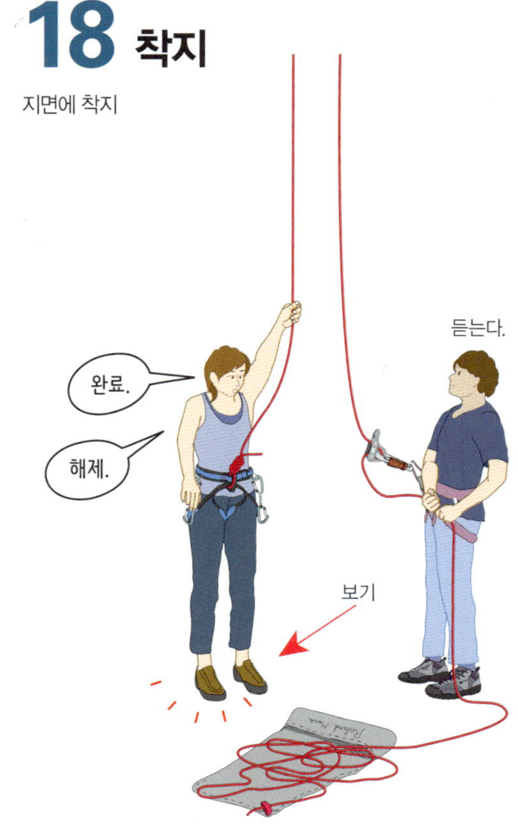

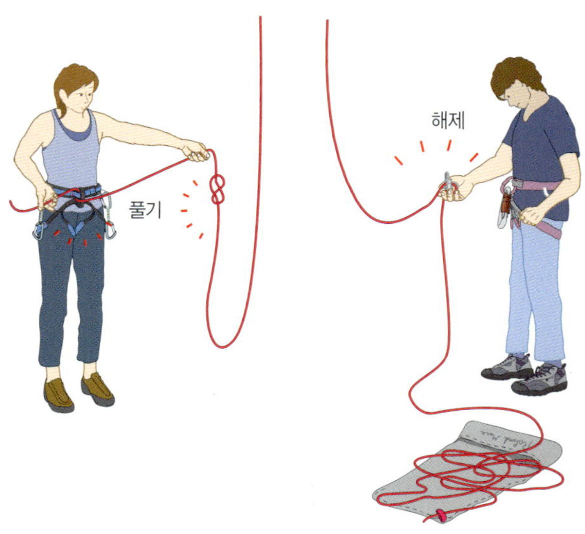

19 로프 풀기/해제

선등은 로프를 푼다.
확보자는 확보기에서 로프를 뺀다(해제한다).

20 빼기(회수)

로프를 당겨 회수한다. 회수, 빼기, 당기기 등 다양하게 표현한다. 싱글피치, 로어다운의 경우, 로프의 양쪽 끝부분 중 어느 쪽에서나 당길 수 있는 경우가 많다. 어느쪽을 당길지는 상황에 따라 결정한다.

확보자쪽으로 빼기

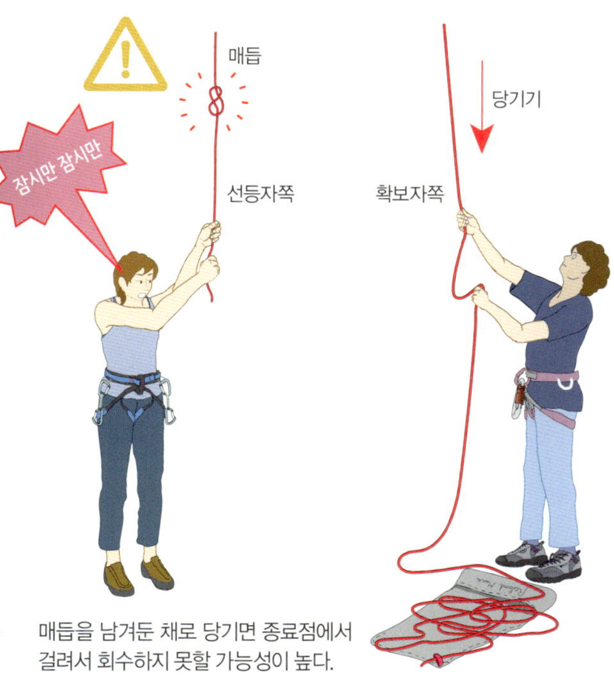

매듭을 남겨둔 채로 당기면 종료점에서 걸려서 회수하지 못할 가능성이 높다.

선등자쪽으로 빼기

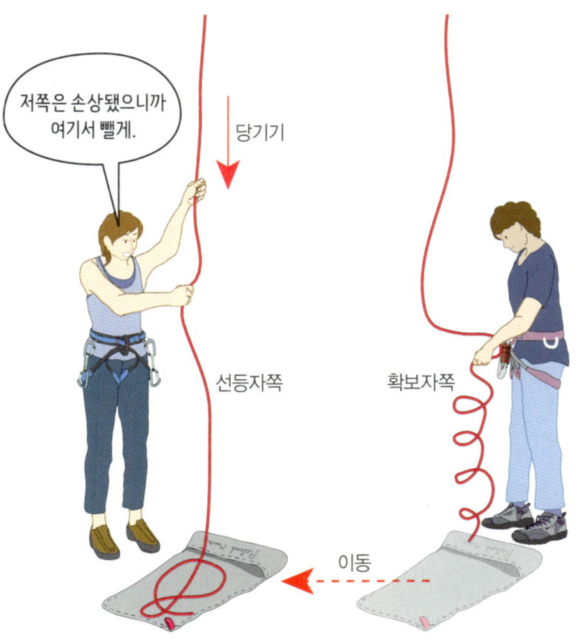

로프 끝부분의 매듭 고리

확보자쪽으로 로프를 뺄 경우, 선등자쪽의 끝부분에 매듭 고리가 없는지 확인하고 나서 로프를 회수한다. 8자매듭처럼 안전벨트에서 빼내도 매듭이 남는 경우에는 특히 주의한다.

로프의 도착지점 확인

로프를 회수할 때는 로프의 낙하, 착지지점을 예상하며 뺀다. 로프를 떨어뜨리는 곳에 사람이나 물건(떨어지는 로프에 부딪치며 손상 발생), 위험요소(모닥불, 날카로운 물건 등 로프를 손상시키는 것들)가 있는지 확인한다.

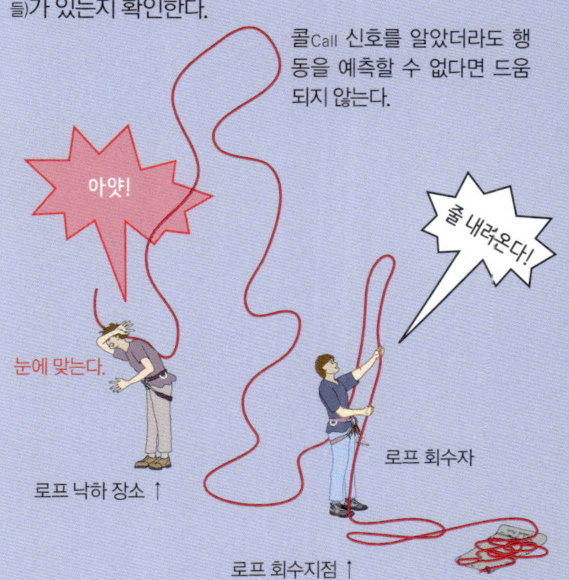

주변 상황 살피기

많은 사람들이 오르고 있는 겔렌데 등에서는(실내 암장도 마찬가지) 주변 상황을 판단하여 로프를 뺀다. 순번을 기다려야 하면 선등자는 착지하자마자 바로 로프를 빼고, 다른 사람이 오르는 곳으로 떨어질 것 같으면 잠시 기다리는 등 상황에 따른 배려가 필요하다.

● 확보(손동작)

다음 일러스트는 확보기를 사용하여 로프를 뺄 때 손의 움직임을 보여 준다. 로프를 느슨하게 풀 때의 조작법은 이와 반대다. 로프를 빼는 손(확보기에서 로프를 뺀다)을 오른손, 로프를 보내는 손(확보기에 로프를 넣는다)이 왼손으로 그려져 있지만, 어떤 손으로든 실행할 수 있어야 한다. 확보지점의 상황, 선등자가 오르는 방향 등의 상황에 따라 만지기 편한 방법을 선택한다.

a는 한 손만 움직이는 조작이다. 처음하더라도 원리를 이해하면 쉽게 할 수 있다. 실제로 이 방법으로 확보하려면 매우 재빠르게 손을 움직여야 하기 때문에 절박한 상황에서는 이 방법으로 확보하기 어려울 수 있다. 또 로프 잡는 손을 바꾸는 동작을 할 때는 손이 이동하는 것을 따라 시선도 옮겨야 한다.

b방법은 중립 상태가 많다. 중립 상태는 확보기에 로프를 통과시키는데, 저항이 작은 상태다. 추락으로 로프가 미끄러지기 시작할 때는 중립 상태에서 로프가 풀리는 것을 막기 어렵다. 즉시 제동 상태로 만드는 것이 중요하며, 몸이 기억하도록 익숙해져야 한다.

c는 로프를 재빨리 풀어야 하는 경우에만 실시하며, 일반적으로는 b방법으로 로프를 다룬다. c방법만 사용하는 것은 확보기를 쓰지 않는 것과 같다. 로프를 풀 때는 동작이 재빨라야 하는데, 확보기쪽 손이 없어지기 때문에 추락할 때 즉각 제동을 걸 수 없다. 그래서 이 방법은 위험하다고 알려져 있다.

이 모든 일러스트에서 보내는 쪽 손(왼손)이 로프를 잡은(위에서부터 잡은 상태) 모습은 순방향의 손으로 그려져 있다. 손을 역방향으로 하여 잡을 수도 있지만 제동력이 크게 떨어지므로 옳지 않은 방법이다. 중요한 것은 잡은 방향으로 끌려가지 않게, 순간적으로 제동을 걸 수 있어야 한다는 점이다.

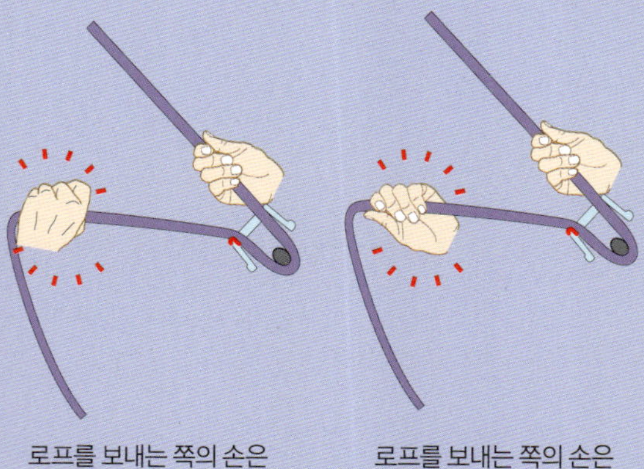

로프를 보내는 쪽의 손은 순방향

로프를 보내는 쪽의 손은 역방향

a 정적 조작

1, 2, 6, 7은 제동 상태, 3, 5는 중립 상태
4만 움직이는 상태

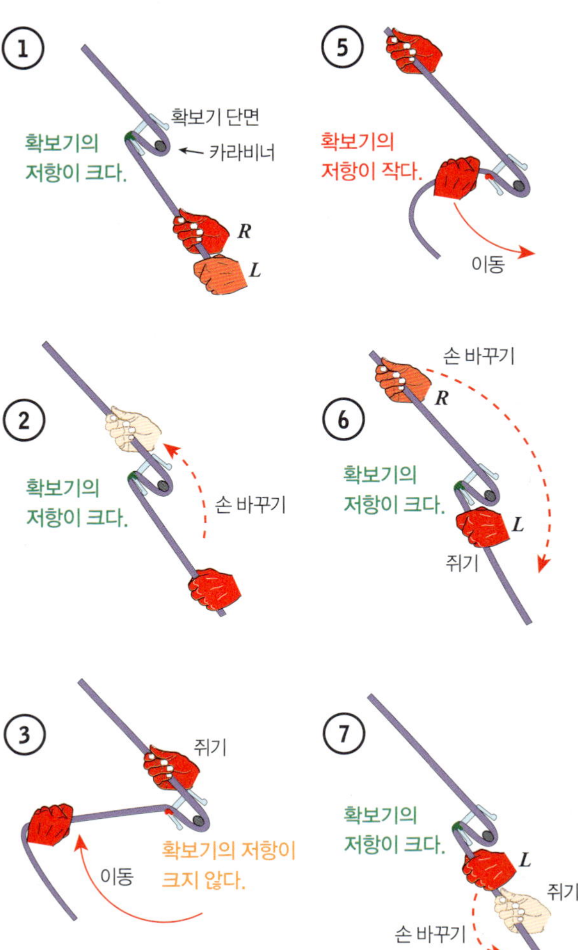

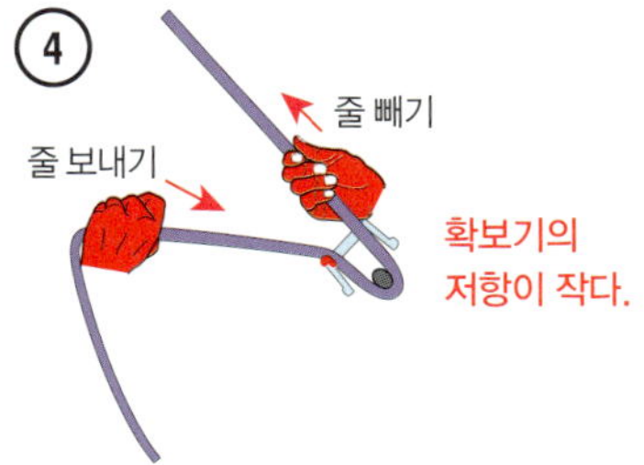

왼손 확보기에 로프를 넣는 손
빨간색 로프를 확실히 쥔 상태

오른손 확보기에서 로프를 빼는 손
오렌지색 로프를 가볍게 쥔 상태

노란색 로프를 가볍게 잡은 상태

살구색 조작 전의 손의 위치

b 중립 조작

b: 1에서 2 사이가 움직이는 상태

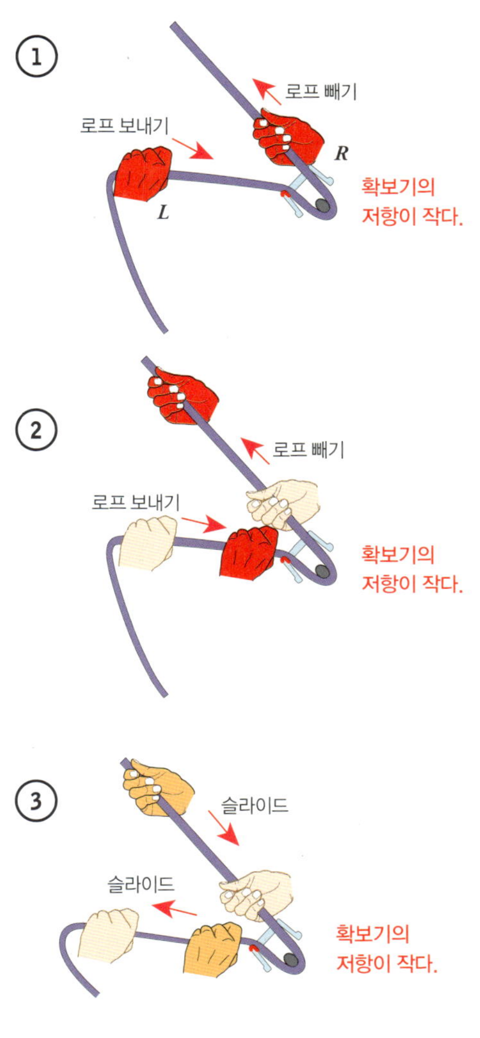

제동

장시간 고정할 때 로프를 제동하는 힘이 약해서 추락하면 멈출 수 없다.

c 줄을 풀 때 중시해야 하는 조작

2에서 4번 사이는 움직이는 상태

1은 b의 1과 같다.

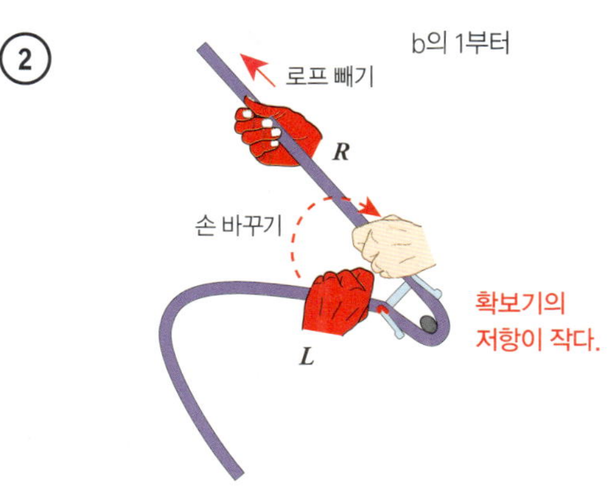

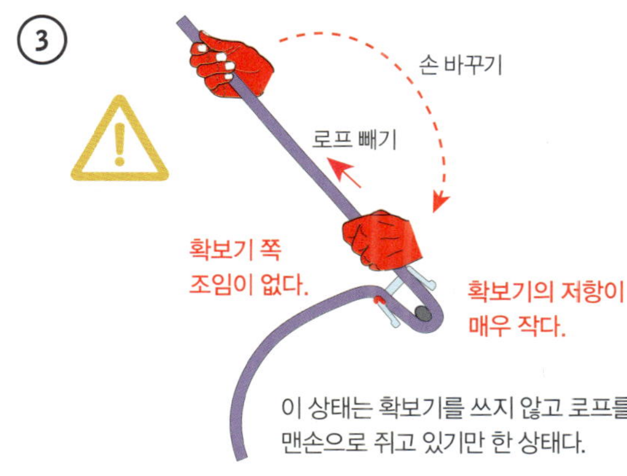

이 상태는 확보기를 쓰지 않고 로프를 맨손으로 쥐고 있기만 한 상태다.

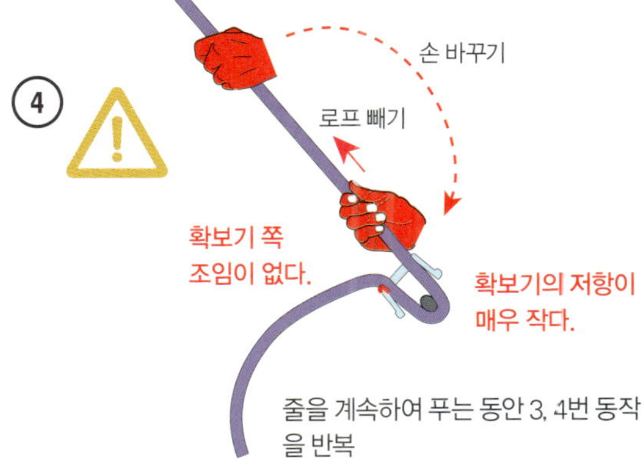

줄을 계속하여 푸는 동안 3, 4번 동작을 반복

3과 4의 상태에서 추락할 경우 멈출 수 없다. 로프가 미끄러지듯 빠지기 전에 제동 상태로 재빨리 잡는다.
p.100의 왼쪽 그림의 경우 문제없이 사용할 수 있다.

● 회수

루트에 남아 있는 퀵드로 등을 회수하는 방법이다.
회수에는 종료점에서 하강하면서 회수하는 방법과 지면
에서 종료점으로 오르면서 회수하는 톱로프, 두 가지 방법
이 있다. 바위의 상태에 따라 오르기보다 회수가 더 힘든
경우도 있으며, 회수방법에서 실수하면 위험해질 수 있다.
회수할 때 종료점의 카라비너나 원래 걸려 있던 카라비너
를 회수하지 않도록 주의한다.

설정

2번과 같은 회수 실수를 쉽게 설명하기 위해 회수하기 쉬
운 루트(반듯하며 경사가 완만한 루트)를 설정한다. 경사가 가파르
고, 트래버스 구간이 큰 루트(p.124)에서는 조작이 복잡하
다.

수단의 선택

회수할 때 선등자가 있는 곳이 종료점인지 지면인지에 따
라 사용할 회수수단을 결정한다. 올라간 후 바로 회수할
때는 로어다운 회수, 남아 있는 퀵드로와 로프를 회수하거
나 이전에 등반했을 때 고정해 둔 로프를 사용할 경우에는
톱로프 회수를 하는 등, 상황에 따라 다른 회수방법을 선
택한다.
수단에 따라 주의해야 할 사항이 다르므로 각각 어떤 위험
이 있는지 잘 알아 두어야 한다.

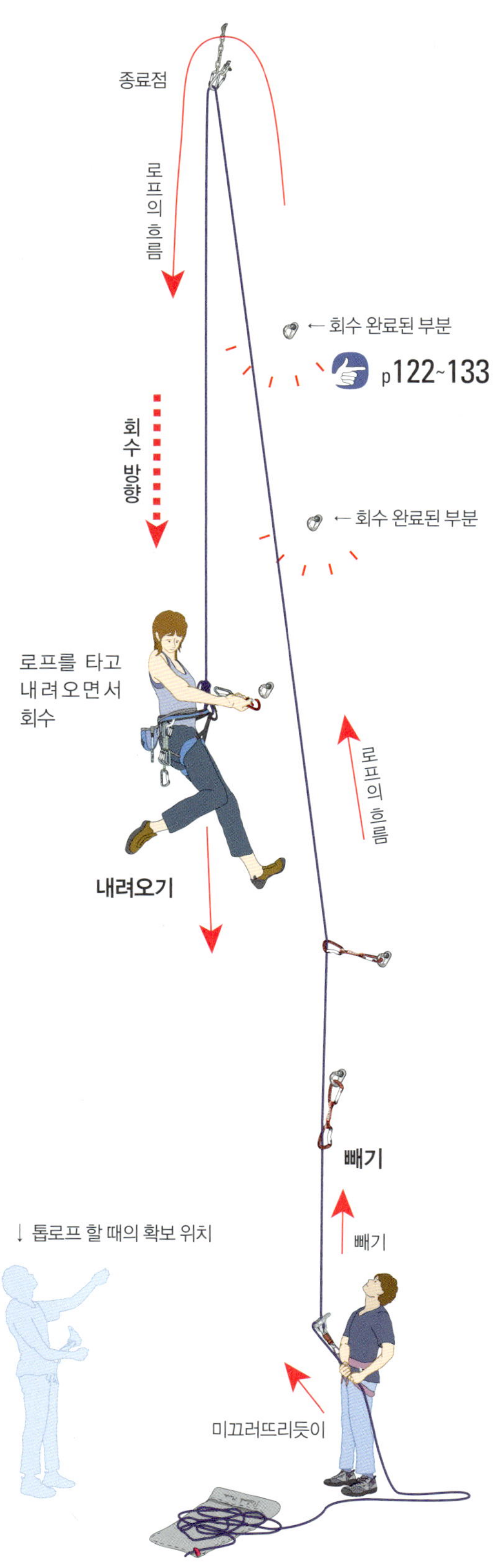

b 톱로프 회수

지면에서 종료점을 항해 아래에서 위로 회수하는 방법

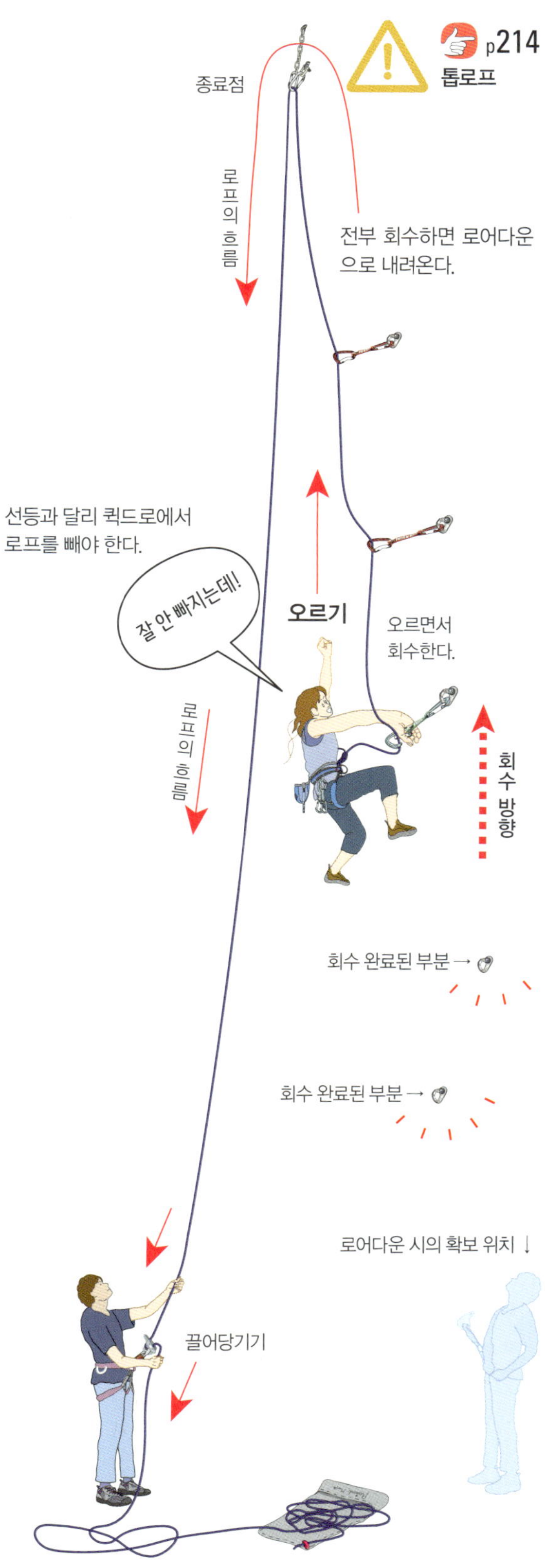

a 로어다운 회수

로프의 길이가 부족해지지 않도록 주의한다. 경사가 심한 루트, 트래버스 구간이 큰 루트일 경우 간단한 회수가 아니므로 하강하기 전에 종료점에서 하강방법을 잘 생각해 두어야 한다.(→ p.94)

b 톱로프 회수

로어다운한 로프를 톱로프 용도로 사용하려면 톱로프 지점이 문제없이 준비되었는지 잘 확인해야 한다. 오르기 시작할 때는 로프가 느슨할 수 있으므로 확보자가 로프를 팽팽하게 만든다.(→ p.215 톱로프 항목 참조)

톱로프로 회수할 때 로프가 느슨하지 않으면 퀵드로를 빼기 어렵거나 빠지지 않을 수 있으므로 확보자는 회수 상황이 어떤지 잘 파악해야 한다. 퀵드로에 로프를 클립하는 것 때문에 회수가 어려울 수 있다.

⚠ 물건 떨어뜨리지 않기!

회수하던 도중에 회수할 장비를 떨어뜨리면 확보자나 클라이머를 직격할 수 있으므로 떨어뜨렸을 때는 "낙비落備(장비를 떨굼)!"라고 즉시 주의를 준다. 또한 금속재질의 장비는 떨어트리면 손상된다.

*예전에는 낙비(장비), 낙석(돌), 낙빙(얼음), 낙자(로프) 등의 용어를 썼으나, 90년대 초부터는 일본어에서 유래한 용어 대신 사물게 상관없이 모두 '낙석'이라고 하는 경우가 많아졌다.

● 로어다운을 할 수 없는 경우

로프의 절반 이상을 사용해 등반했다면 일반적인 방법으로는 로어다운을 할 수 없다. 해당 루트의 상황, 보유한 장비에 맞춰 방법을 바꿀 수 있으며, 상황에 맞게 대처해야 한다. 멀티피치 기술(선등자가 등반 중에 클립 이외의 작업을 하는 경우)도 포함하기 때문에 위험도가 높다.

중요한 점은 루트를 오르기 전에 어떤 방법으로 하강할지 선등자와 확보자가 함께 생각해야 한다는 것이다. 로프가 부족하여 하강기가 빠지면서 밑으로 떨어지는 사고가 발생하지 않도록 철저히 확인한다.

로프의 고정

빌레이루프에 잠금카라비너를 사용하여 한 손으로 클로브히치를 하기는 어렵다. 잘 안 될 경우에는 일반 카라비너로 고정하는 편이 빠르다. 고정방법은 각자 익숙한 방식대로 다양하게 사용한다. 오버핸드슬립매듭 Overhand Slip Knot(→p.235), 로프를 발에 감은 다음 발판처럼 사용하는 방법도 있지만 정확도는 떨어진다.

👉 **p59**
클로브히치

매듭의 통과

설정

후등자 또는 뒤이어 하강하는 사람이 자기확보 없이 로프 두 동, 확보기 두 개, 잠금카라비너 두 개, 확보자 한 명, 로프 고정 없이 한 손으로 작업(한 손으로 확보)한다. 로프의 고정 부분부터 시작할 경우에는 4번에서 제거한다.

1

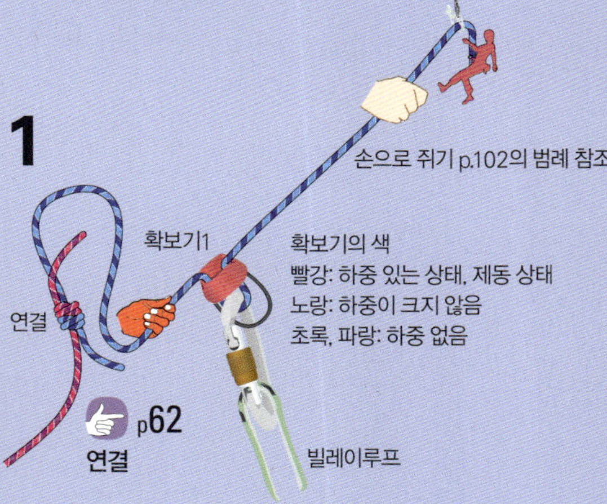

👉 **p62**
연결

2

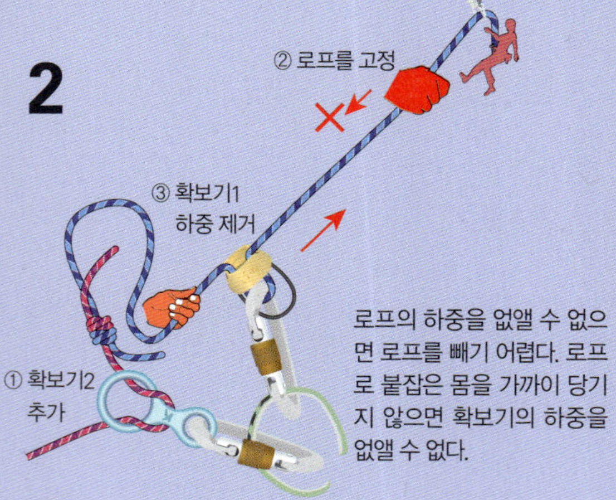

로프의 하중을 없앨 수 없으면 로프를 빼기 어렵다. 로프로 붙잡은 몸을 가까이 당기지 않으면 확보기의 하중을 없앨 수 없다.

3

확보기로 백업(손이 느슨하더라도 확보기가 튜브형이면 매듭 부분에서 정지을 하고 있으나 손으로 쥐어서 확보하는 상태다.

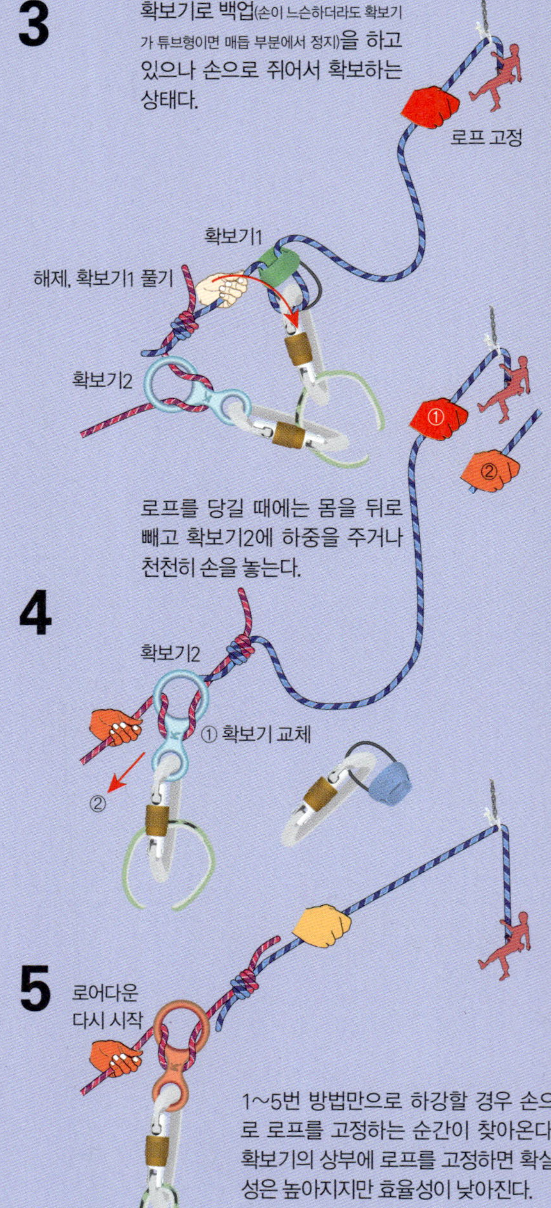

로프를 당길 때에는 몸을 뒤로 빼고 확보기2에 하중을 주거나 천천히 손을 놓는다.

4

5

1~5번 방법만으로 하강할 경우 손으로 로프를 고정하는 순간이 찾아온다. 확보기의 상부에 로프를 고정하면 확실성은 높아지지만 효율성이 낮아진다.

a 연결 로어다운

로프의 길이가 살짝 부족한데, 1번 지점까지 거리가 있을 때

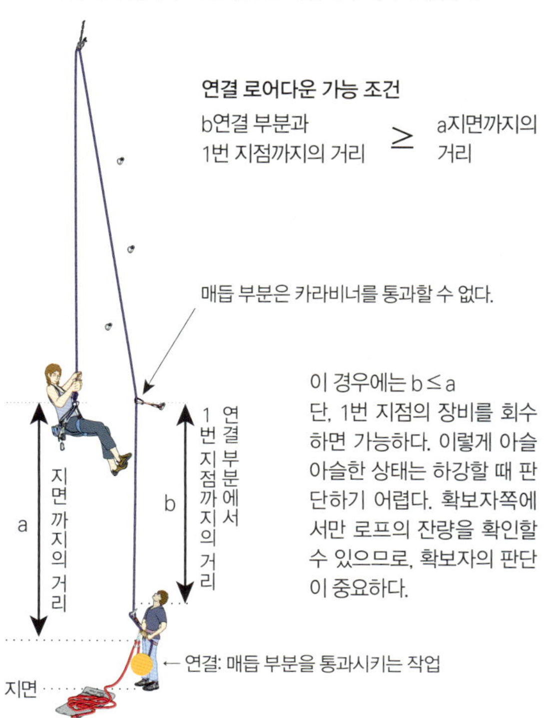

b 분할 로어다운

로프가 한 동밖에 없는 경우. 연결 없이 두 차례 로어다운. 등반 중 작업하지 않는다.

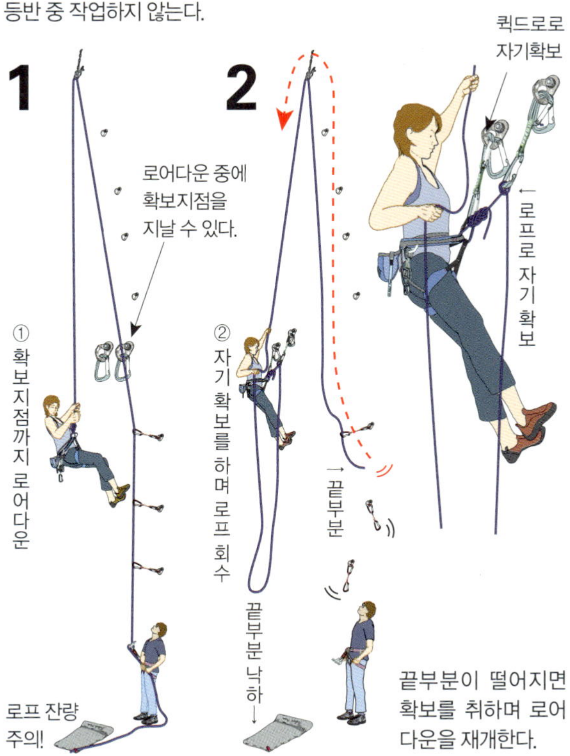

c 빼면서 연결 로어다운

로프 두 동을 사용할 때. 등반 중 작업한다.

① 종료점에서 자기확보를 한다.
② "빌레이 해제!"
④ 로프를 끌어올린다.
⑤ 끝부분이 마지막 중간 확보지점을 통과하면 로프를 떨어뜨린다. "로프 던진다!"

(로프의 무게 때문에 자연 낙하하는 경우도 있다. 완만한 곳이나 불룩 튀어나온 부분이 있으면 끝부분이 지면까지 떨어지지 않는다. 이때는 로프를 말아서 던진다.)

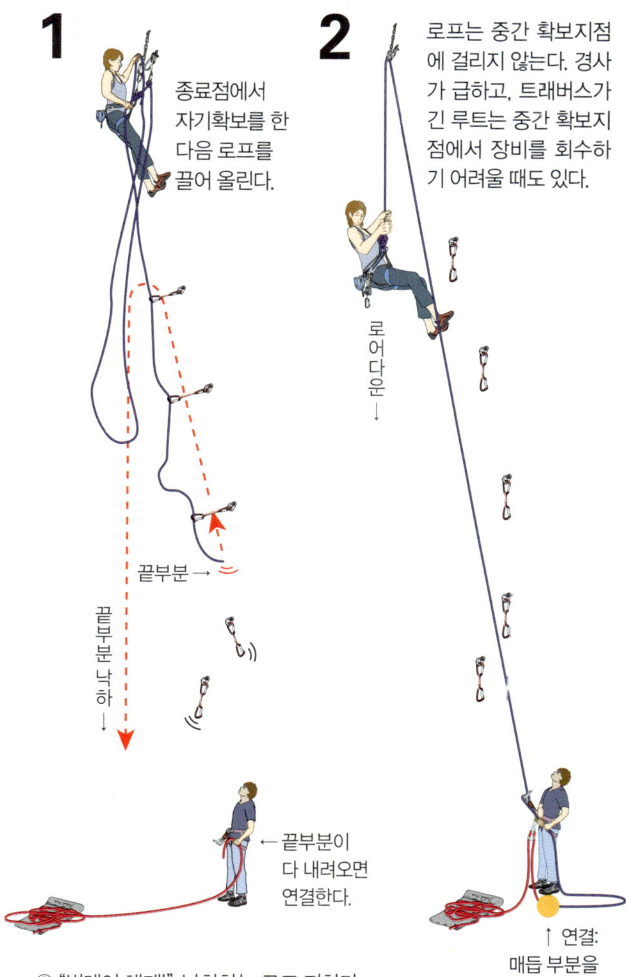

③ "빌레이 해제!", 낙하하는 로프 피하기
⑥ 끝부분이 다 떨어진 후 로프 연결 로어다운 확보 "빌레이 온."

d 기타

상황에 따라 다양해지는 방법

c의 방법으로 로어다운 없이 하강. 회수가 어려운 루트에서는 따라가며 태그라인(→ p.166 참조)을 당기면 효율적이지만, 멀티피치 기술이 없으면 위험도가 높다.
상황에 따라 방법은 다양하다. 등반 전에 어떤 방법을 사용할지 결정해야 한다.

● 추락(텐션과 추락)

추락은 낙하거리가 거의 없는 '텐션'과 낙하거리가 있는 '추락'으로 나뉜다. 텐션과 추락은 따로 정의되어 있지 않으며, 개인이 주관적으로 판단한다.

텐션Tension(로프를 팽팽하게 만들기)

매듭 위치		상태	확보자의 대응
상	a	선등자	추락에 대비
	b		상황에 따라 대응
지점 위치 →	c ~ d	톱로프	당기기
하			

확보지점 부근에서 추락하여 텐션, 즉 로프를 당겨야 할 때 "당겨!", "텐션!"이라고 외친다.

a~b: 매듭 위치가 확보지점보다 높음

c~d: 매듭 위치가 확보지점과 같거나 낮음

c~d는 톱로프 상태에서 텐션을 주는 방법밖에 없다. a의 경우 "당겨!", "텐션!"이라고 말해도 로프를 당기지 않고, 확보지점과 매듭의 위치를 고려하여 추락에 대비한다. 로프를 당기면 선등자가 텐션 때문에 추락할 위험이 있다. 단, b의 상황에 대한 대응은 애매해서 선등자의 요청대로 하는 것이 좋을 때도 있으며, a와 b의 구분은 명확하지 않다. a의 경우에는 추락자세를 취한 다음 떨어져야 한다. 1초 동안이라도 내려가서(클라이밍다운) 퀵드로에 건 다음 텐션을 받는 방법도 있다. 무리한 자세로 퀵드로를 잡으려고 할 경우, 밸런스가 무너지며 떨어져서 손가락이 카라비너에 걸린 채 떨어지는 등의 위험 요소가 있을 수 있다.

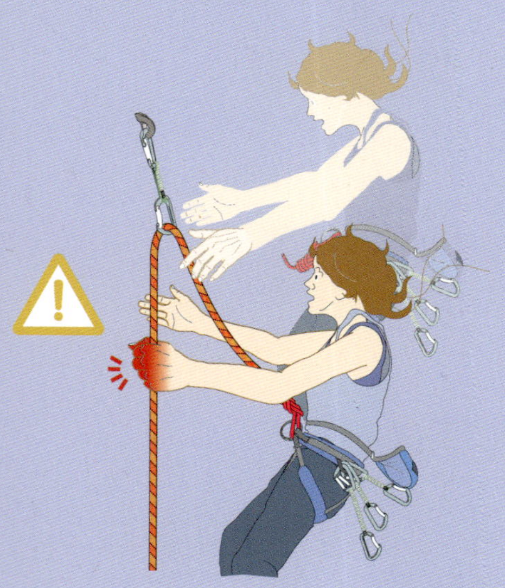

떨어지면서 로프를 잡으면 다칠 가능성이 높다.

a: 떨어지거나 퀵드로를 잡는다.

b: 당기라고 요청한다.
떨어진다.
퀵드로를 잡는다.
상황에 따라 대응한다.

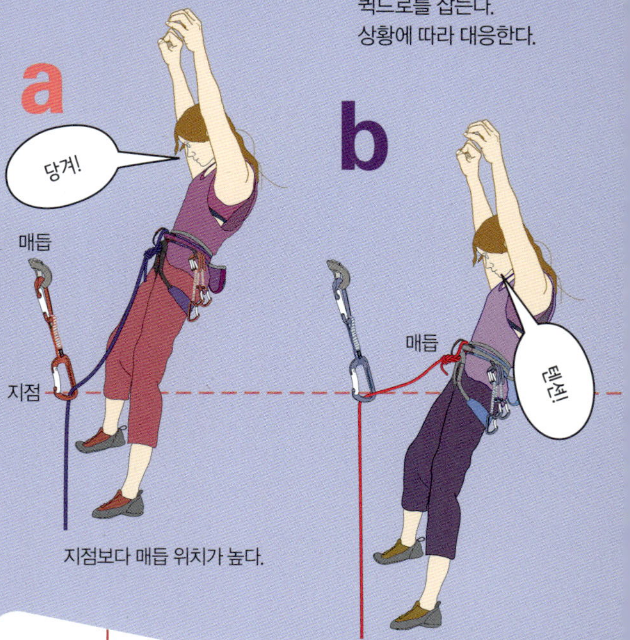

지점보다 매듭 위치가 높다.

확보지점보다 매듭 위치가 높다.

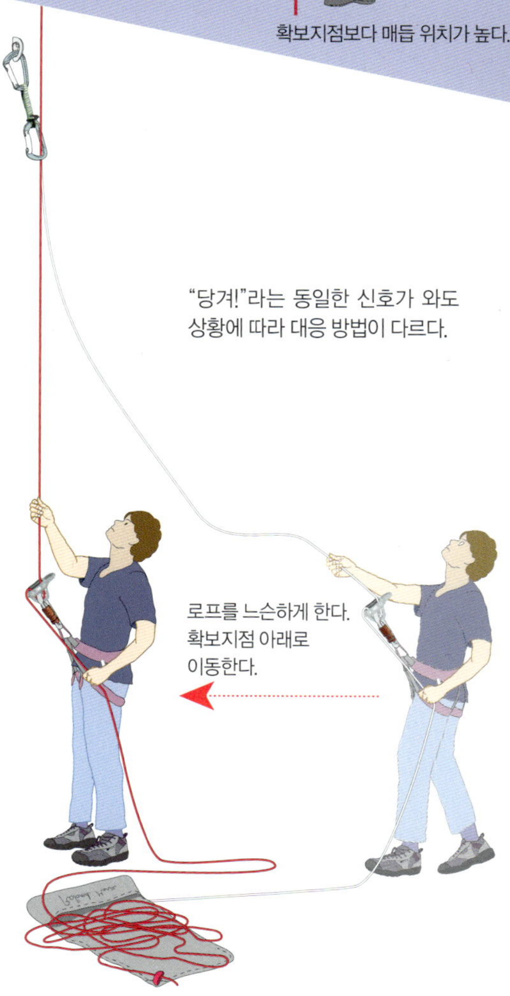

a: 추락에 대비한다. 당기지 않는다. b: 확보자는 대응 경험이 있어야 한다.

c, d: 팽팽해지면 로프에 매달려 하강할 수 있다.

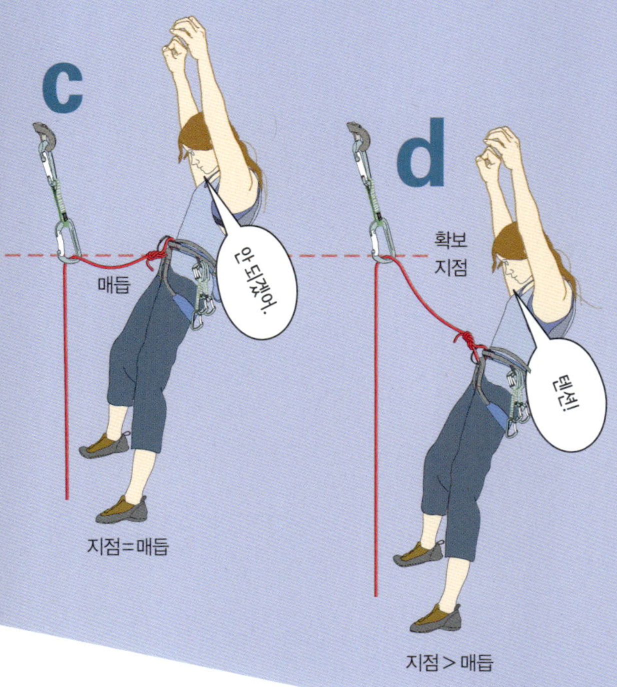

추락

여기에서는 확보지점이 발 아래에 있을 때 떨어지는 것을 추락으로 분류한다. a 정도의 상태를 추락으로 보는 사람도 있으나, 여기에서는 확보자의 확보방법을 기준으로 구분한다.

사람의 성격 때문인지 아무런 말도 없이 갑자기 뛰어내리는 사람도 있고, 발이 미끄러지는 등 선등자가 예상하지 못한 이유로 추락하는 경우도 있다. 어떤 이유로 떨어지든지 확보자는 추락을 확실히 막아야 한다. 떨어지는 위치의 높이, 벽의 경사도에 따라 추락의 위험도가 변한다. 지면 가까운 곳에서 떨어질 때는 지면추락Ground Fall 등의 위험이 있으며, 경사가 심한 벽(오버행Overhang)에서의 추락은 공중에 뜬 다음 벽에 착지하며 부상을 입을 가능성이 있다. 경사가 완만한 벽(슬랩Slab, 페이스Face)에서는 떨어지는 동안 벽에 부딪히는 등 오버행보다 오히려 더 위험하다.

경사에 관계 없이, 추락할 때는 떨어지는 자세를 취하는 것이 중요하다. 잘 떨어지기 위해서는 처음에는 텐션, 다음으로는 조금씩 떨어지는 거리를 늘려가며 보다 덜 위험하게 떨어지는 방법을 습득해야 한다. 오르기처럼 몸으로 기억해야 한다. 또한 전신안전벨트Full Body Harness가 아니면 밸런스가 깨져 몸이 뒤집히며 머리가 바위에 충돌할 수 있으므로 주의한다. 확보자는 추락을 완전히 멈출 수 있는 기술을 익혀야 한다. 하중이 걸렸을 때 로프를 이동시킬 타이밍을 잡는 기술은 경험이 필요하다.

c~d: 로프를 재빨리 당긴다. 손으로 당기면서 뒤로 움직인다.

이 상태에서 추락하면 로프에 다리가 걸려 몸이 거꾸로 추락할 수 있다.

● 추락

추락은 벽의 경사도에 따라 크게 달라진다. 90도 이하의 벽에서 추락할 때는 로프에 다리가 걸리지 않도록 해야 한다. 발목 염좌, 무릎 충돌, 손바닥 쓸림 등에 주의한다. 경사가 심해 공중으로 추락할 때는 선등자와 후등자에게 각자의 기술이 필요하다.

90도 이상의 경사에서 추락하는 경우

기울어진 벽에서 추락할 때의 대처는 경험을 쌓으면 비교적 덜 위험하게 내려올 수 있다. 경사가 심한 경우, 추락할 때 공중으로 떨어지기 때문에 문제는 없다. 문제가 되는 것은 로프에 하중이 걸렸을 때부터다. 밸런스가 제대로 잡히지 않으면 몸이 뒤집어져 머리가 바위에 충돌할 수 있다.

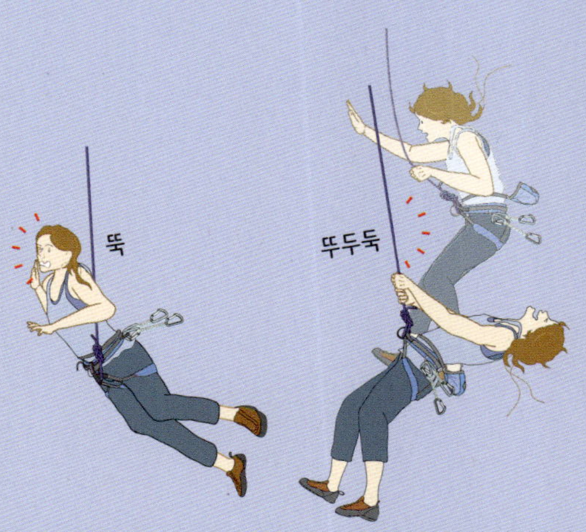

공중에서 추락할 때 로프를 잡아당기면 밸런스가 무너진다.

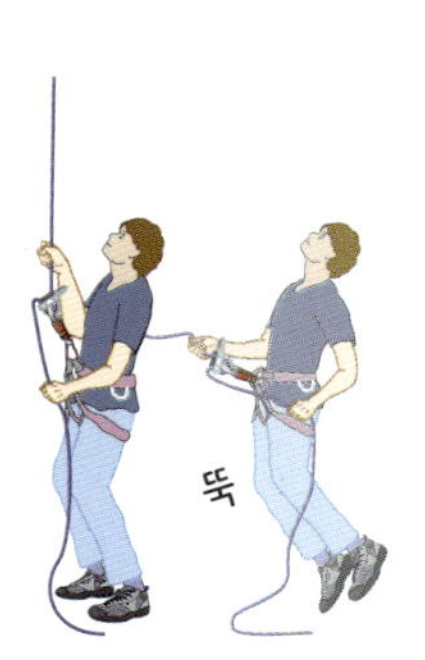

하중을 걸기 전에 추락하면 허리가 꺾인 채 로프를 당기게 된다.

로프를 잡아당기는 것은 신장률을 낮추어 추락자에게 더 큰 충격이 전해진다. 긴급 상황 이외에는 피한다.

로프를 풀어주는 타이밍이 어긋나면 부상 입을 가능성이 높아진다.

경사가 완만할 경우

경사가 완만할 경우(슬랩. 경사도 직각 90˚ 이하의 벽)

예상된 추락과 순간적 추락

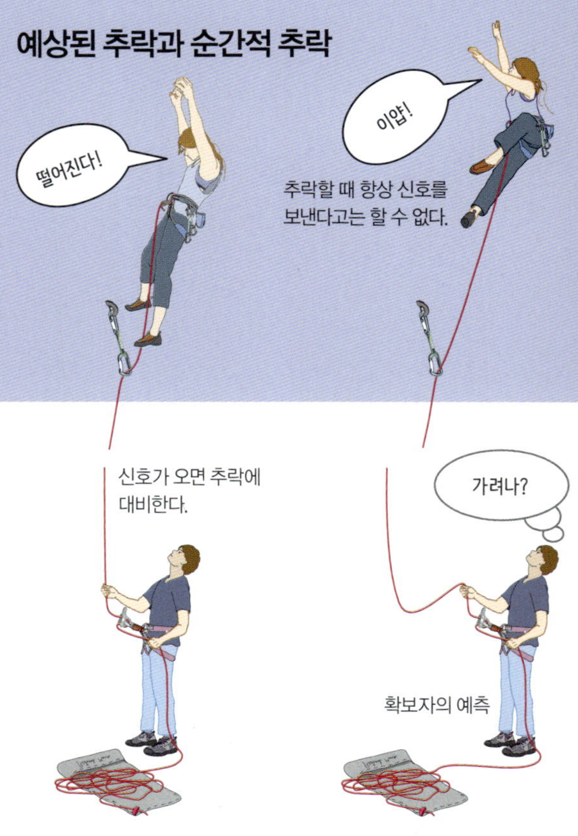

선등자, 확보자가 함께 추락할 때 어떻게 될지 예상하는 일은 중요하지만, 순간적 추락일 경우 확보자의 기술이 결과를 좌우한다. 확보자는 선등자의 상태를 항상 예측하여 추락할 것 같을 때 이에 대비한다.

경사가 심할 때

경사가 심할 경우
(앞으로 기울거나 경사도 90°가 넘는 벽)

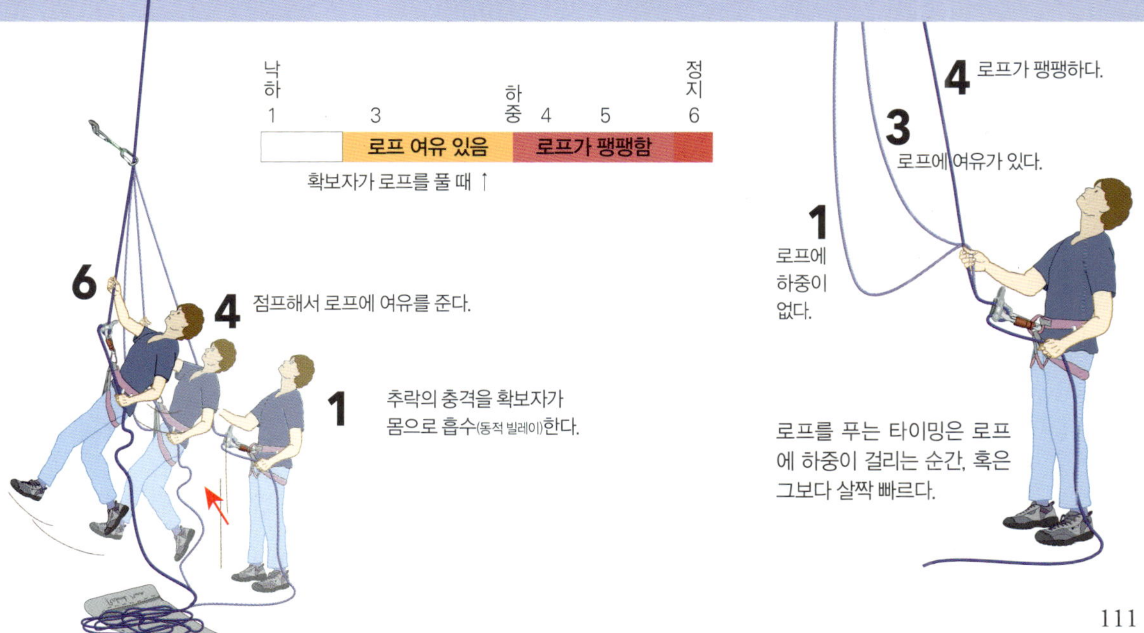

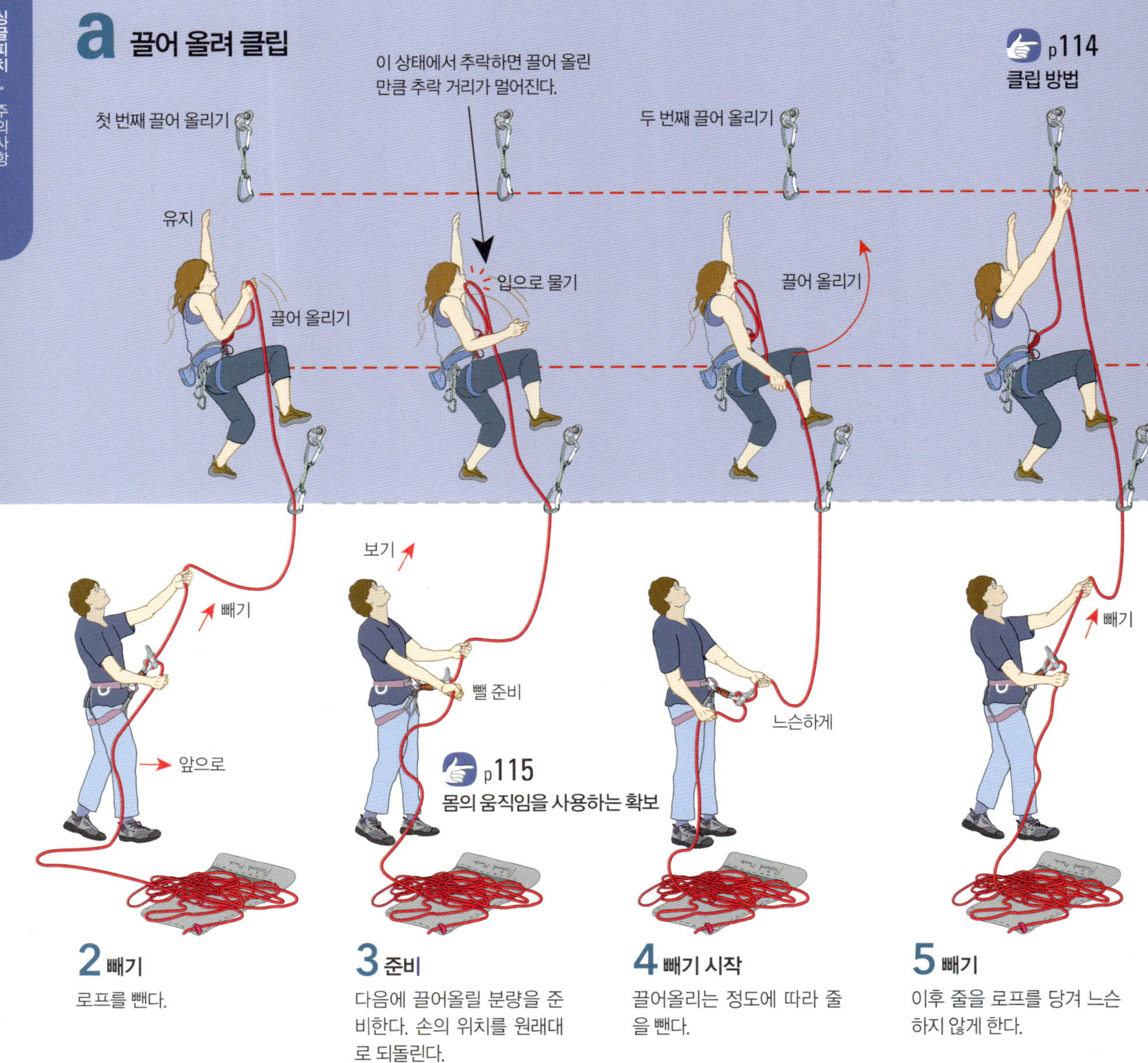

2 빼기
로프를 뺀다.

3 준비
다음에 끌어올릴 분량을 준비한다. 손의 위치를 원래대로 되돌린다.

4 빼기 시작
끌어올리는 정도에 따라 줄을 뺀다.

5 빼기
이후 줄을 로프를 당겨 느슨하지 않게 한다.

● 클립Clip(3가지 방법)

a와 b는 클립 위치에 차이가 있다. a에서 줄을 끌어 올려 클립할 경우에는 고정을 마칠 때까지 동작이 늘어나고, 시간도 길어져 끌어 올리는 양이 증가하여 클립 실패→추락의 경우에는 추락 거리가 길어진다. b에서는 끌어 올리는 양이 별로 없으며 다이렉트로 클립할 수 있다. 어느 위치에서 어떤 방법으로 클립하는 것이 좋을지는 선등자 스스로 판단한다.

아래에서부터 다이렉트로 클립하는 것은 로프를 손으로 잡고 미끄러뜨리며 위치를 바꾸는 클립 방법이다. 확보자가 주의하지 않으면 로프를 제때 못 풀 수도 있다.

노하우

a 끌어 올려 클립

선등자 아래에서 위로 클립하면 일시적으로 톱로프 상태가 되어 안전성이 높아진다. 로프를 끌어 올려 클립할지, 허리에 클립하고 갈지는 클립할 수 있는 위치, 볼트보다 높은 곳에서의 추락 가능성과 관련 있다. 끌어 올려 클립할 경우 로프를 입으로 물어야 한다.

확보자 한 번에 끌어 올릴 수 있는 양은 보통 팔길이의 두 배 정도 되며, 확보자가 로프를 빼는 길이는 거의 이에 비례한다. 선등자보다 확보자의 팔길이가 짧을 경우(5~10cm 정도) 해당 길이만큼 빨리 빼야 한다.

b, c에는 1번에 해당하는 부분은 없다.

b 허리 클립

c 다이렉트 클립

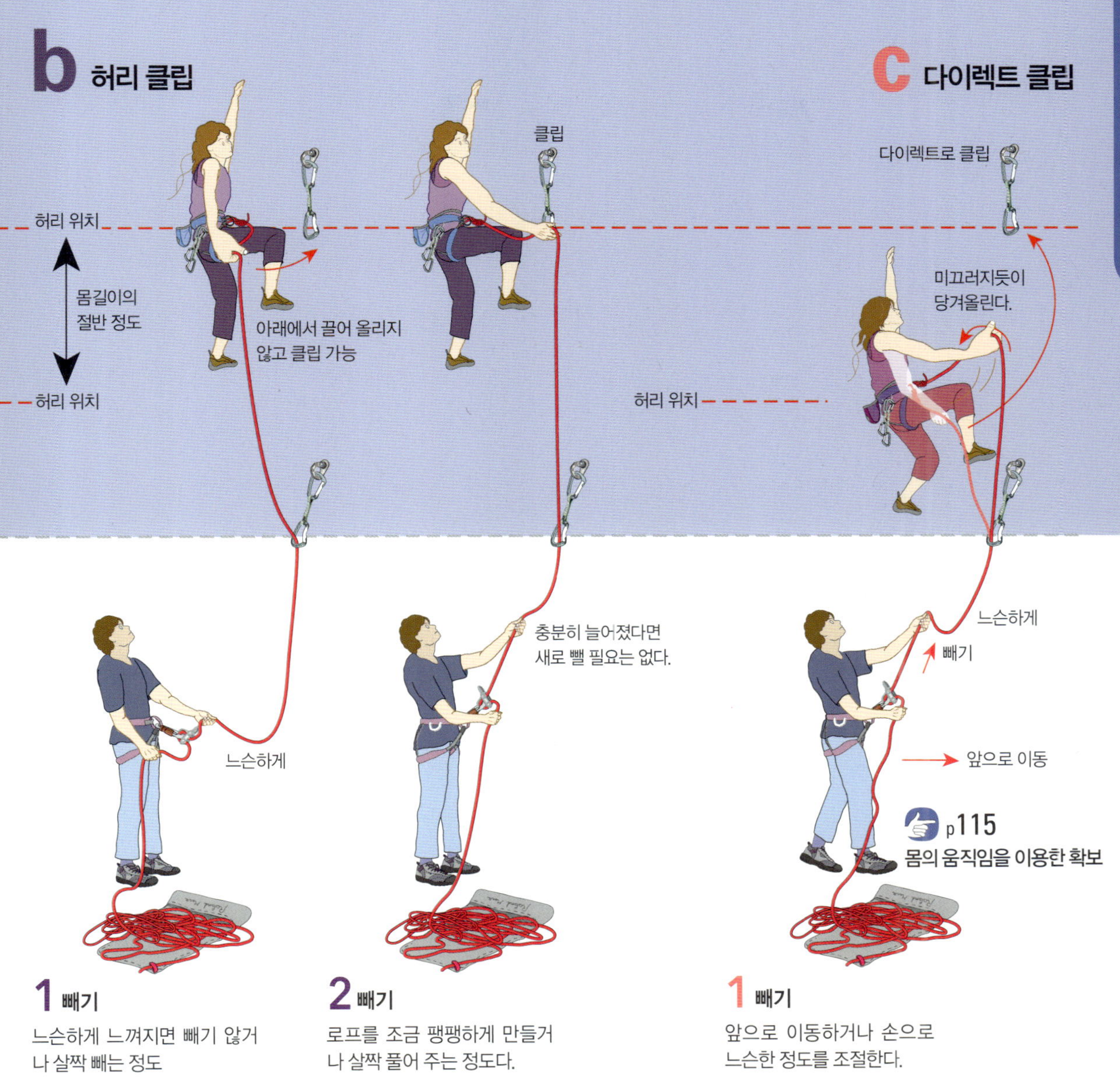

b 허리 클립

선등자 높은 위치에 올라갈 때까지 클립을 자제할 필요가 있으며, 떨어질 가능성이 있을 때는 리스크가 높다. 클립 동작으로는 가장 효율적이다.

확보자 선등자의 등반에 맞추는 정도로 로프를 뺀다. 당황하여 줄을 풀지 못한 경우라도 문제가 발생하지 않는다.

c 다이렉트 클립*

선등자 효율적으로 안정된 상태여야 한다. 로프를 손안에서 미끄러뜨리며 느슨하게 만드는 기술은 경험이 필요하다. 빠르게 미끄러뜨리면 손가락에 화상을 입을 수도 있다.

확보자 선등자가 클립 위치에 도착할 시점에 다이렉트로 클립 할지 예측하여 몸을 움직여 르프를 느슨하게 푸는 등의 행동을 한다. 손으로 줄을 빼는 것만으로는 제때 반응할 수 없다.

*다이렉트 클립: 이 책에서만 사용하는 명칭이다. 이 고정 방법의 일반적인 호칭은 불분명하다.

클립(고정) 방법

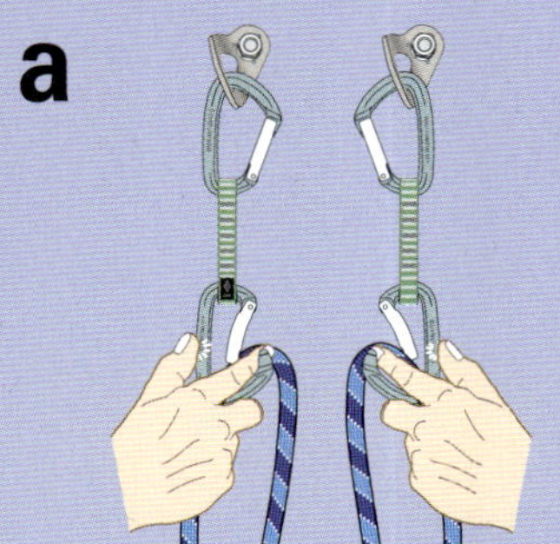

a

엄지로 누르고 검지로 로프를 밀어 넣는다. 게이트의 방향과는 관계없다.

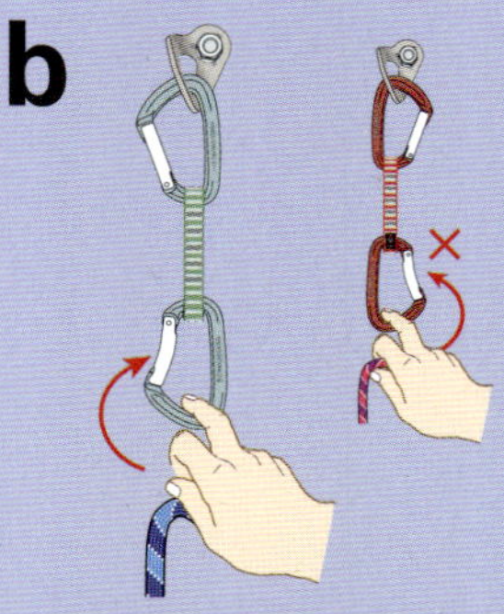

b

중지로 카라비너를 누르고 엄지와 검지로 로프를 집어서 게이트에 넣는다. 게이트 방향의 영향을 받는다.

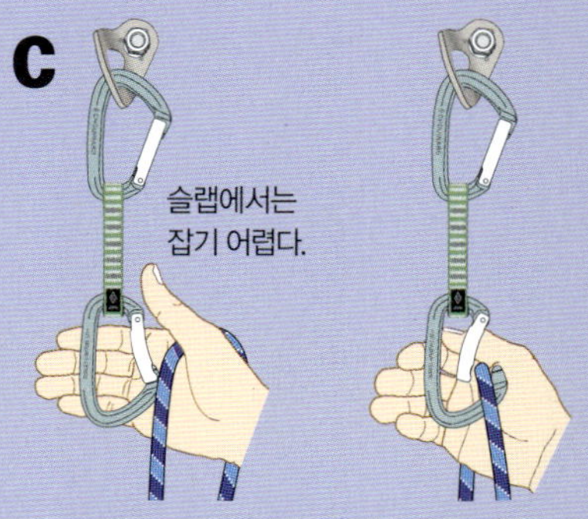

c

슬랩에서는 잡기 어렵다.

엄지와 검지 사이에 로프를 걸고 쥐는 듯한 동작을 한다. 로프, 게이트에 손가락을 넣지 않는다. 퀵드로의 상태에 영향을 받는다.

퀵드로 방향의 조합

c, d는 로프가 빠지기 쉬우나 반드시 빠지는 것은 아니다. d(역방향 클립)를 뒤늦게 알았더라도 다음 볼트까지 떨어지지 않을 것으로 판단한 경우, 다시 클립할 것인가의 여부는 선등자 스스로 판단한다. 빠지기 쉬운 상태인 것을 알아채지 못하는 것은 추락하면서 로프가 빠졌을 때 예방할 수 있는 사고를 막지 못하게 되는 기본적인 실수다. 퀵드로의 위아래에 있는 카라비너 방향의 조합은 상황에 따라 빼려고 하는 것도 있으나 개인의 취향에 따라 정하는 경우가 많다.

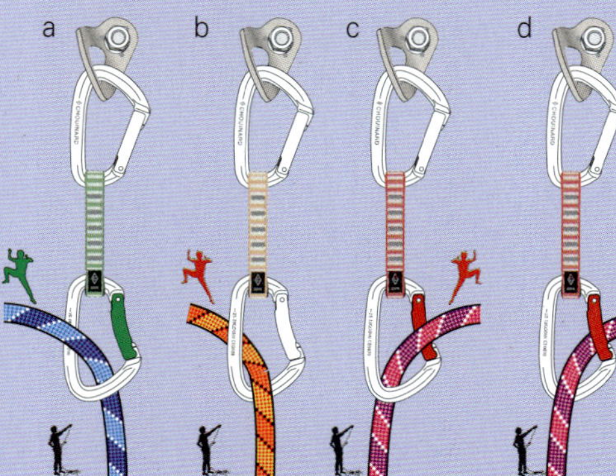

퀵드로가 돌아가는 경우

퀵드로가 걸려 있는 지점을 통과할 때 로프에 끌려 퀵드로가 돌아가서 퀵드로에서 로프가, 혹은 볼트에서 퀵드로가 빠지는 경우가 있다.

다양한 상황이 발생하는데, 모든 경우를 사전에 대비하기란 어려운 일이다. 중요한 것은 퀵드로가 돌아간 것을 눈치챘을 때 로프를 세게 흔들거나 하는 방법으로 고치는 것이다.

위아래의 카라비너가 같은 방향일 때 퀵드로가 돌아가는 경우

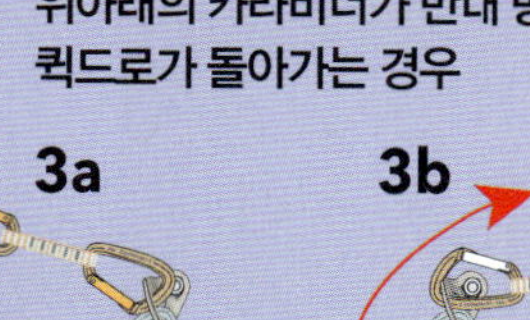

1a **1b**

2a **2b**

1a는 1b처럼 추락할 때 로프가 빠질 가능성이 있다.

2a는 2b처럼 추락할 때 로프가 당겨지면 퀵드로가 빠질 수 있다.

위아래의 카라비너가 반대 방향일 때 퀵드로가 돌아가는 경우

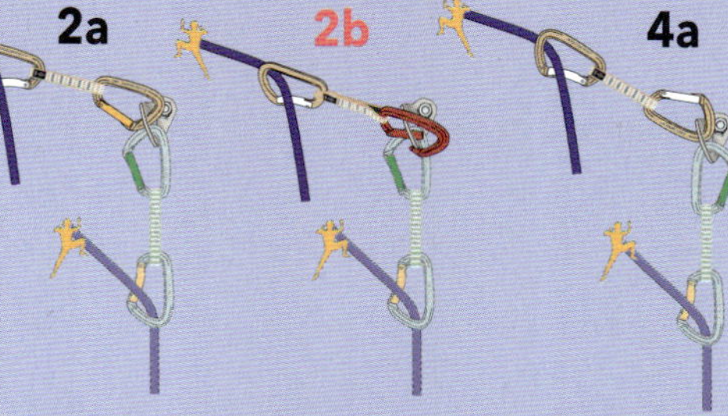

4a **4b** **4b'**

3a는 로프도 함께 빠질 가능성이 있다.
3b는 빠지기 어렵다.

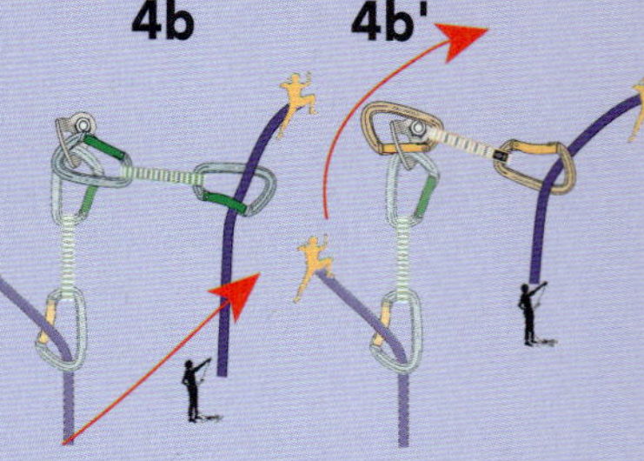

4a는 2a보다 빠질 가능성이 적다. 4b는 빠지기 어렵고, 4b'(카라비너가 더 돌아감)는 빠지기 쉽다.

로프의 흐름 로프가 굴곡에 두 번 꺾이면 치명적일 수 있다.

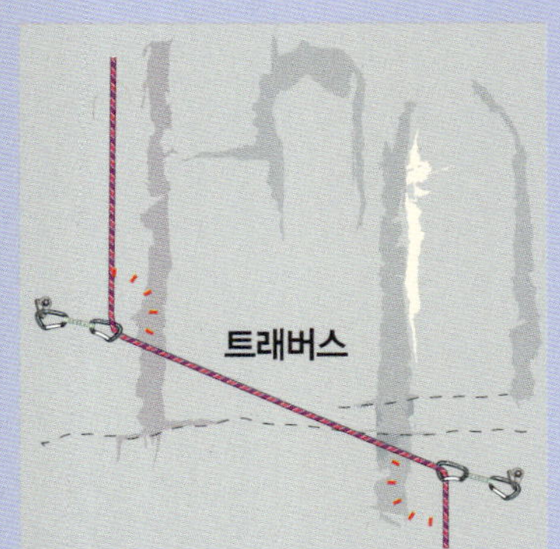

퀵드로 연결

금속제 장비의 접촉은 좋지 않다고도 하지만, 행어에 카라비너를 거는 것도 금속장비 간의 접촉이다. 또한 퀵드로가 낡으면 게이트가 열리기도 한다. 선등자의 판단에 따르는 경우가 많다.

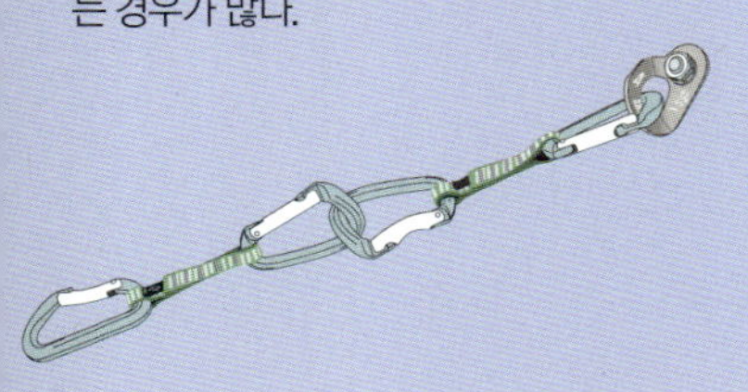

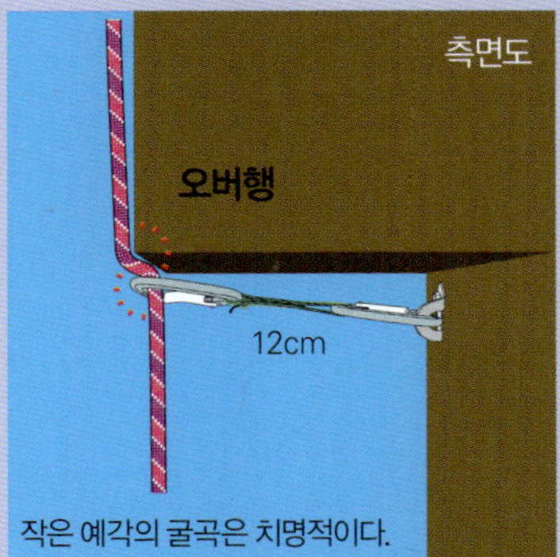

작은 예각의 굴곡은 치명적이다.

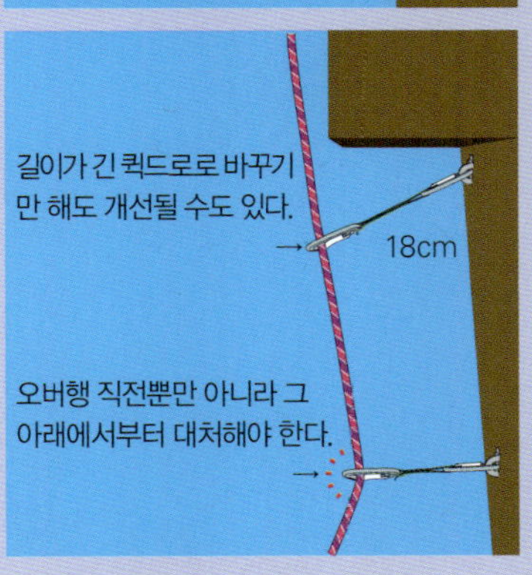

길이가 긴 퀵드로로 바꾸기만 해도 개선될 수도 있다.

오버행 직전뿐만 아니라 그 아래에서부터 대처해야 한다.

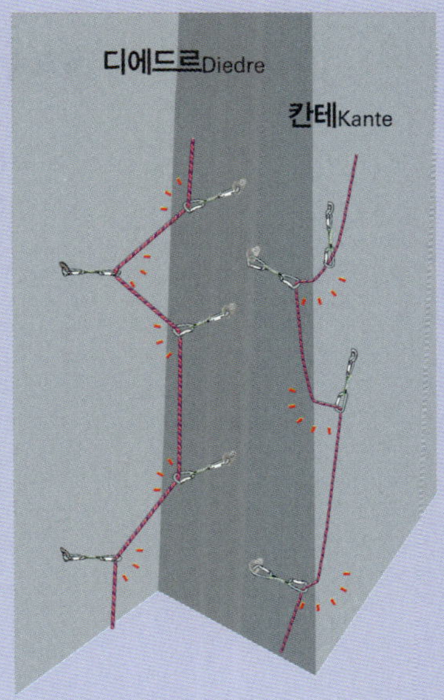

볼트는 설치자가 잘 생각하며 설치한 인공물로, 로프의 흐름에 치명적인 경우는 적다. 그러나 바위의 형태나 등반 루트에 주의해야 하는 경우가 있다. 3-2~3-4 참조.

몸의 움직임을 활용한 확보

앞뒤로 이동하는 경우 이외에 위아래로 움직여서 확보는 경우도 있다.
그림에는 첫 번째 지점만 있으나, 지면에 가까울 때 두 번째 지점도 비슷하다.
첫 번째 확보지점에서 도움주기가 효과적이라면 돕기를 시도한다.

1

낮은 위치에서 확보하며 느슨한 정도에 맞추어 몸을 일으킨다.

2

몸을 일으켜도 부족하면 손으로 로프를 뺀다.

3

등반에 맞추어 몸을 숙이면서 느슨함을 조절할 수 있다.

4

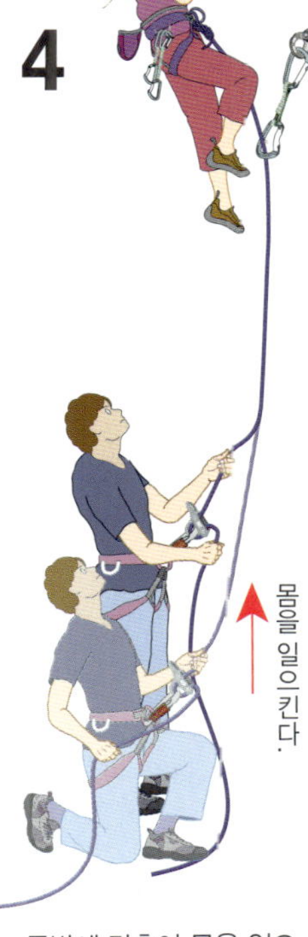

등반에 맞추어 몸을 일으키면 로프가 풀어진다.

● 다양한 종료점

종료점은 스포츠 시설처럼 정비된 곳부터 서 있는 나무 같은 자연을 이용한 곳 등 다양하다. 인공물은 초등자가 설치한 것, 이후 이용자가 보강한 것, 노후한 것을 교체한 것 등이 있으며, 또 개척 시기에 따라서도 설치물의 강도가 다르다.

종료점에 따라 하강 방법이 다르다. 그러므로 "여기는 왜 이렇게 불편하지?"라고 생각하지 말고 아무것도 없는 것보다 낫다고 생각하자. 여러 형태의 종료점을 이용하여 잘 하강하는 것이 더 중요하다.

종료점에서 가장 중요한 점은 확보물 하나가 파손되더라도 대응할 수 있어야 한다는 것이다. 확보지점이 여러 개라도 로프와 연결된 곳 중 어느 하나라도 백업이 빠져 있다면 해당 시스템 전체를 백업하지 않은 것과 같다. 이 백업 확인을 게을리해서는 안 된다.

종료점 확인

설치된 종료점에 문제가 있는지 확인하는 습관을 길러야 한다. 확인할 사항은 다음과 같다.

확보지점에 있는 볼트의 조여진 정도
퀵링크(마일론), 샤클은 나사의 조여진 정도
끼워져 있는 카라비너의
손상 정도(양면 확인)
슬링의 손상 정도

슬링으로 로어다운하면 로프의 마찰로 슬링이 망가진다. 슬링만 사용할 경우 하강을 한다.

a 로프를 걸기만 하는 지점

카라비너, 지점에 로프만 거는 경우

카라비너가 있는 종료점은 로프를 걸기만 한다.
퀵링크, 샤클 나사가 제대로 조여져 있는지 확인한다.
슬링에 손상된 부분이 없는지 확인한다.

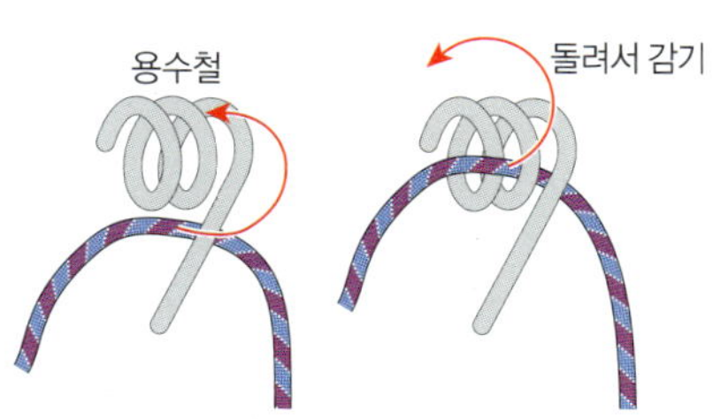

b 로프 통과 후 매듭이 필요한 경우

자기확보를 취하고 매듭 고치기

p118

종료점에서 매듭 고치기

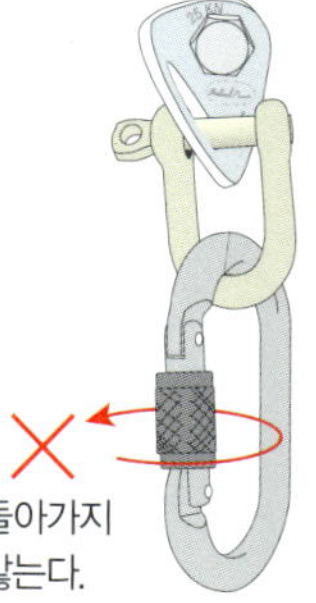

ab 사이에 해당하는 경우

사용자에 따라 다르게 판단한다.

미리 설치되어 있는 카라비너 하나로 내려올지, 매듭을 새로 만들어 샤클에도 걸지 결정한다.

슬링 1개로 유동적으로 분산하면 지점에 균등한 하중이 걸리지만 백업은 할 수 없다.

c 기타

하강, 확보지점 만들기 등(p.171 참조)

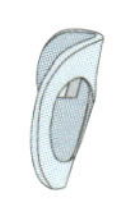

행어만 있으면 슬링을 걸어서 하강한다. 볼트 한 개만 있다면 따로 백업할 것을 고려해야 한다.

하켄 종류는 시간이 지나면 부식하여 지지력이 소실될 수 있다. 손가락으로 건드렸을 때 움직이는 것은 쓰지 않는 것이 좋다.

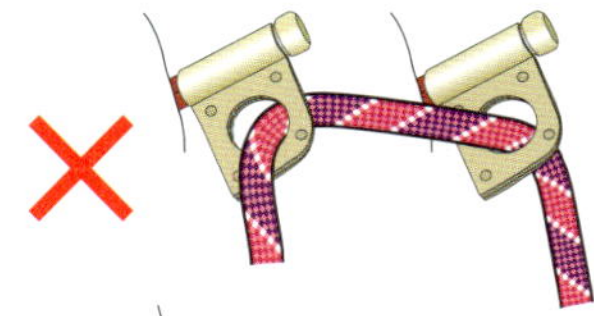

모서리가 날카로운 경우 로프를 걸거나 통과시키지 않는다. 카라비너를 남기거나 슬링을 통과시켜 슬링으로 하강한다.

낡은 것들은 부식, 노화 상태를 확인한다. 링볼트는 링을 비틀어서 돌려본다. 돌아가는 것은 효과가 없다.

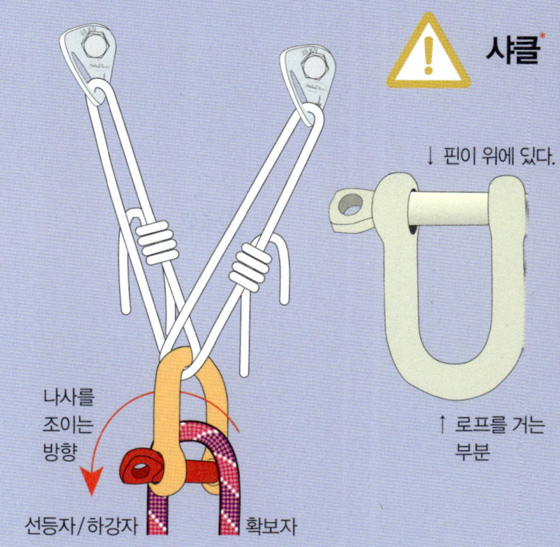

그림처럼 샤클에 로프를 걸어서 로어다운 하강을 하면 나사가 돌아가서 샤클이 빠질 가능성이 있다. 로프 하강으로도 로프를 회수하면서 핀이 돌아가는 경우가 있으므로 핀을 위로 하여 사용한다.

샤클은 CE*의 커넥터Connector 규격에 포함되지 않는다. 그림처럼 위험하다고 해서 제외되었는데, 위험성을 판단하는 것은 사용자다. 실제 암장에서는 사용되고 있으드로 사용방법을 알아 두는 것이 좋다.

* 국내에서 샤클은 산업용 장비로만 사용하고, 등반에는 모두 퀵링크(마일론)로 확보지점을 설치한다.
* CE(Conformité Européene): EU 및 유럽경제지역(EEA: European Economic Area) 시장 내 어디에서나 합법적으로 판매 가능함을 인증하는 EU안전지침

● 평행한 확보지점

로프가 직각으로 두 번 꺾이면 로프의 내부가 크게 손상될 수 있다.

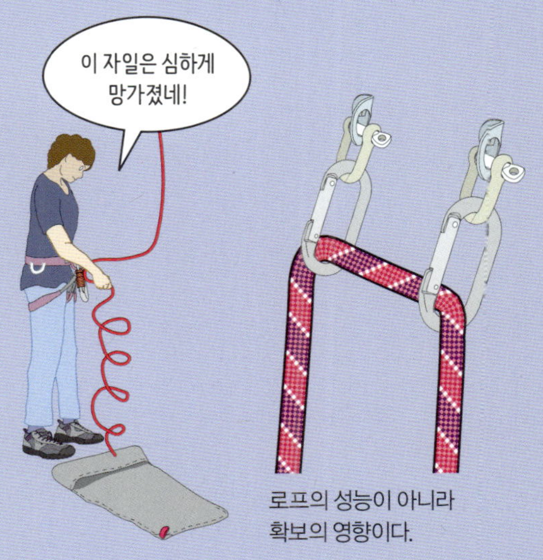

로프의 성능이 아니라 확보의 영향이다.

● 종료점에서 매듭 고치기

p.120의 종료점 같은 경우, 로어다운을 위해 종료점에서 로프의 매듭을 다시 만들어야 한다. 여기에서 소개하는 내용은 하나의 예시로, 어떤 방법을 취할지는 선등자 본인이 판단한다.

자기확보줄(→ p.137)을 장착하는 것은 매듭을 고칠 경우에만 효율적이다. 종료점에서 매듭을 고치려면 최소한 1개의 카라비너가 필요하다. a는 로프와 안전벨트를 연결하여 카라비너를 사용한다. b, c는 안전벨트에 직접 매듭을 묶는다. a의 경우, 안전고리가 있는 잠금카라비너를 여분으로 지니고 있다면 효율적이다.

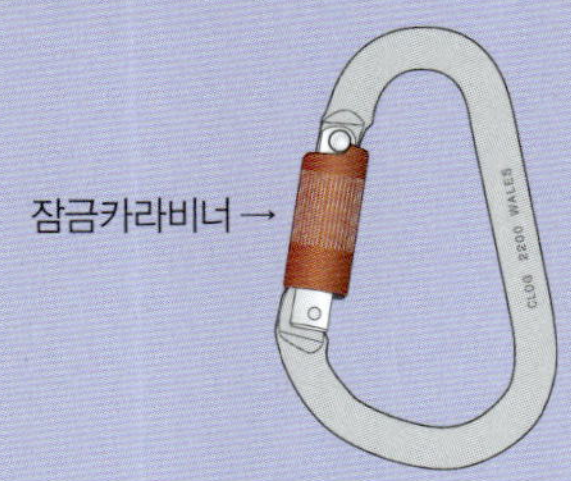

● 자기확보

선등자 스스로 확보지점에 몸을 고정하는 것이 자기확보다. 자기확보는 하나가 빠져도 백업을 할 수 있게 해준다. 게이트는 서로 반대 방향으로 하여 동시에 열리지 않도록 한다.

그림은 최소한 구비해야 하는 장비들이다. 이 외에도 안전고리가 있는 카라비너, 슬링 등이 있다면 확보를 더 잘할 수 있다. 그러나 싱글피치 루트에서 이 정도의 장비를 가지고 오르는 사람이 별로 없다.

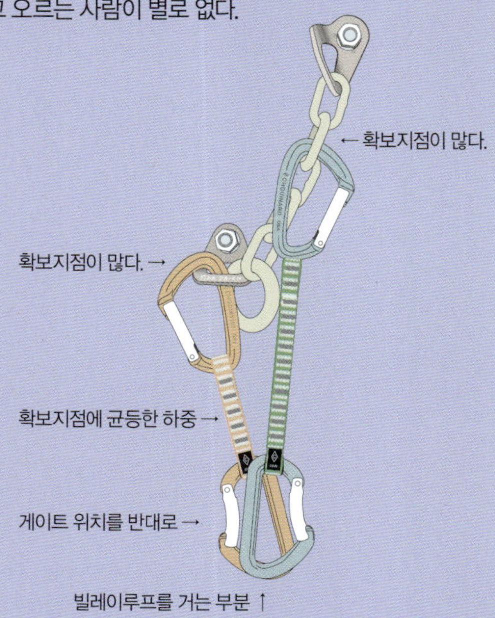

퀵드로 2개
장점 항상 백업할 수 있다.
단점 절차가 복잡하다. 로프 길이에 여분이 있어야 한다.

1 종료점에 퀵드로를 걸어서 고정한다.

2 종료점에서 로프를 팽팽하게 한다.(텐션)

p54
고리8자매듭(선고리매듭)

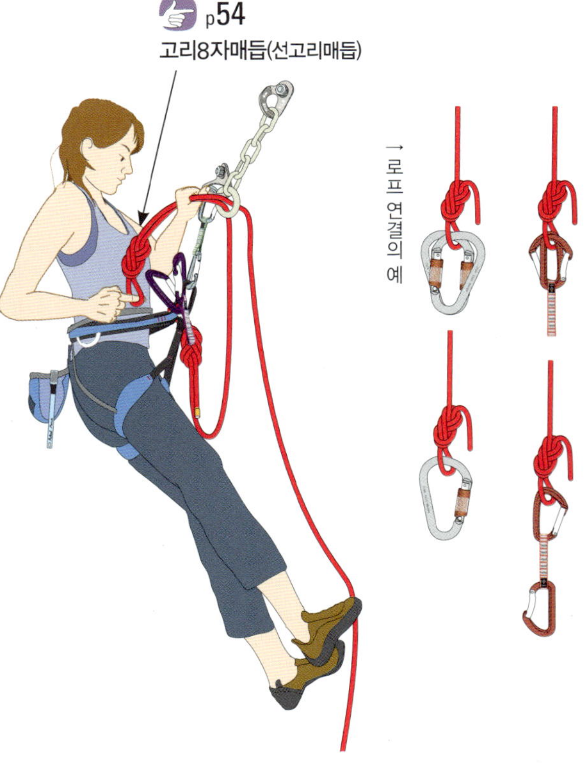

6 고리8자매듭(선고리매듭, p.54)을 만든다.

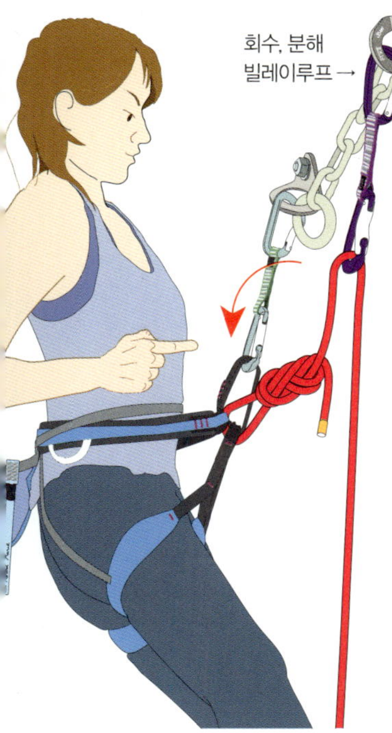

3 자기확보를 한다.
로프에 걸린 퀵드로를 회수한다.

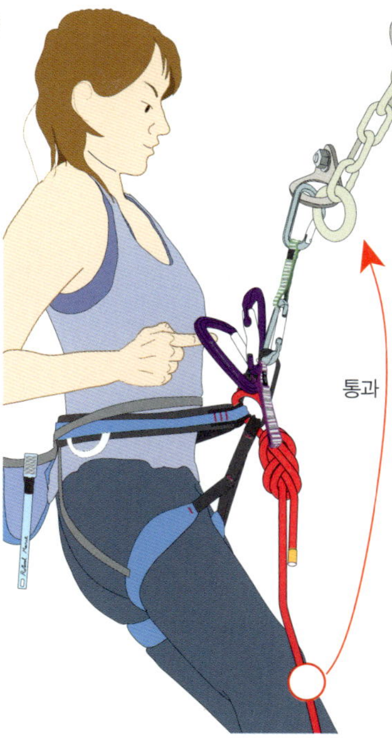

4 퀵드로를 분해하고 카라비너 게이트의
방향을 바꿔 빌레이루프에 건다.

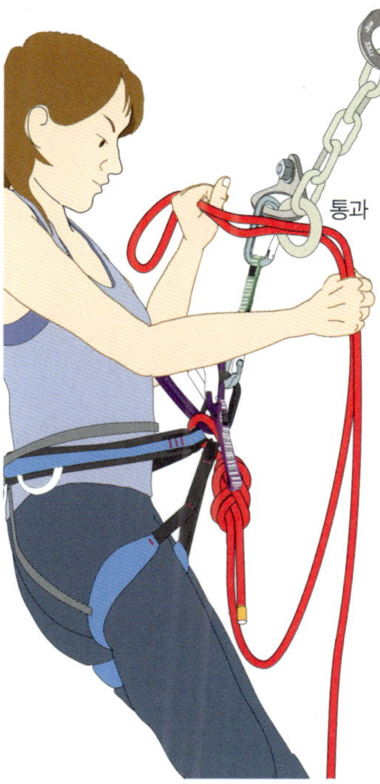

5 로프를 접어서 하강링에
통과시킨다.

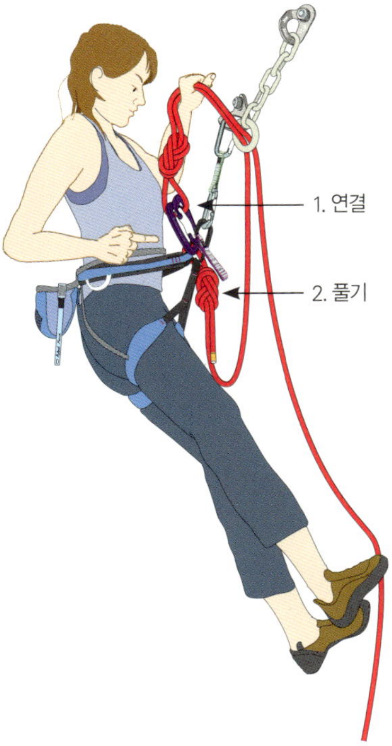

7 카라비너 2개에
8자매듭을 건다.

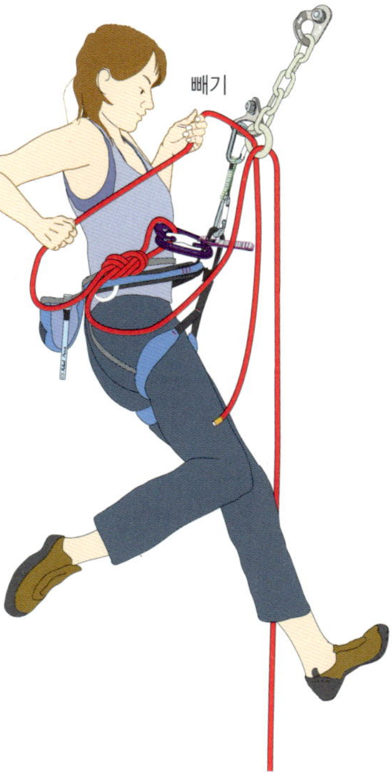

8 안전벨트의 매듭을 풀고
하강링에서 뺀다.

로프에 여분의
길이가 필요하다.
로프의 여분이
아슬아슬할 경우
주의한다. →

9 당겨 본다. 로프에 하중을 걸어서 확인한다.
자기확보를 해제하고 내려 달라고 한다.

b 퀵드로 2개

장점 절차가 복잡하지 않다.
단점 메인로프가 일시적으로 빠진다.

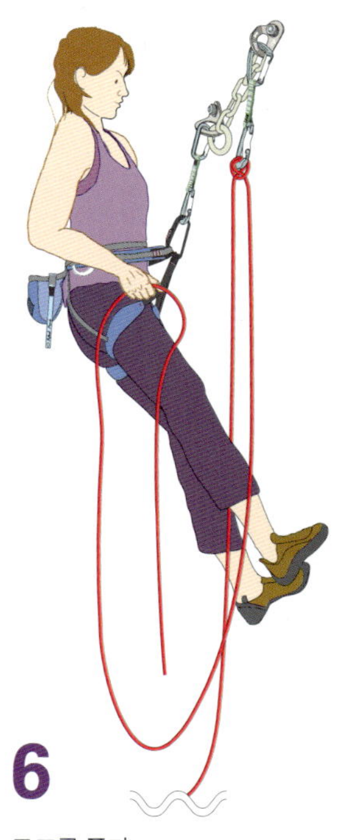

p58
클로브히치

3

1, 2는 p.118과 비슷하다. 자기확보를 확인한다. 로프의 하중을 뺀다.

4

로프를 느슨하게 한다.

5

클로브히치로 로프를 고정한다.

6

로프를 푼다.

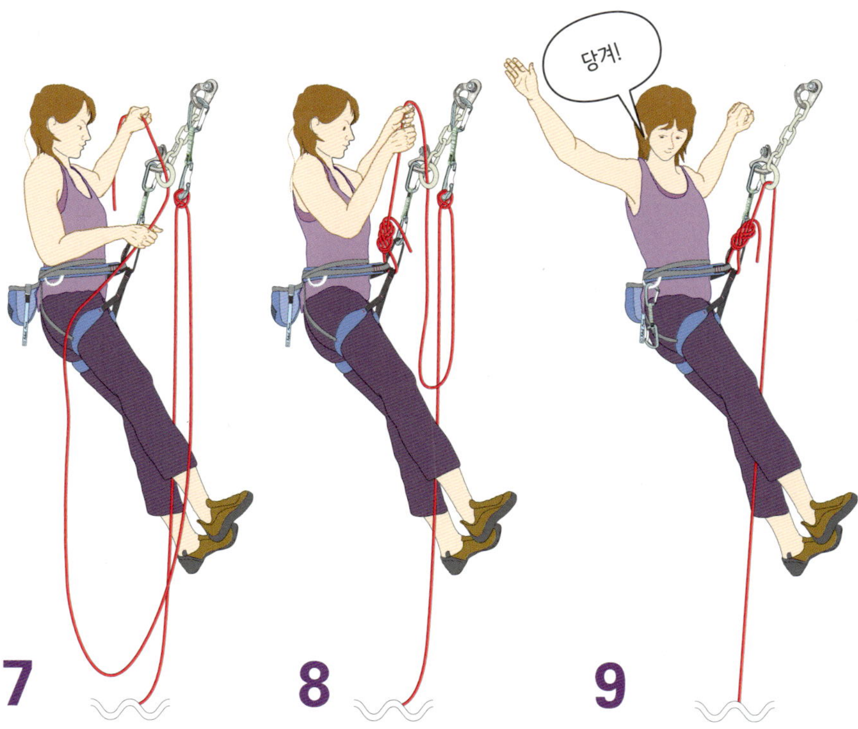

7

로프를 하강링에 통과시킨다.

8

로프를 안전벨트에 매듭짓는다.

9

클로브히치를 풀고 퀵드로를 회수한다. 확보자에게 당기라고 한다.

10

자기확보용 퀵드로를 회수하고 내려달라고 한다.

C 퀵드로 1개

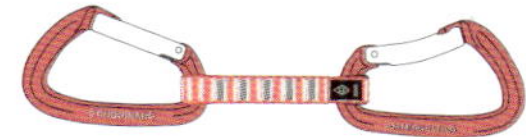

장점 최소한의 장비로 가능하다.
단점 로프가 고정되지 않는다.

p.118의 1, 2부터

3

로프가 걸려 있는 곳에 자기확보를 한다.

4

로프를 퀵드로에서 뺀다.

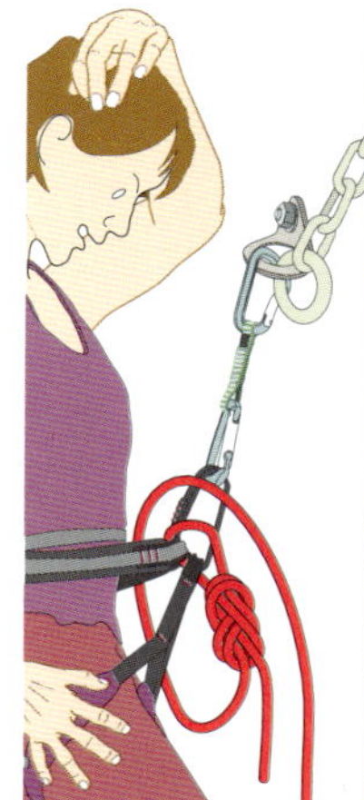

같은 장소에 자기 확보를 하면 로프 가 뒤죽박죽으로 꼬일 수도 있다.

로프를 확보지점에 직접 연결하면
로프로 자기확보를 할 수 있다.

5

발, 입으로 로프 를 누르고 매듭을 푼다.

6

하강링에 통과 시킨다.

7

로프를 묶을 때까 지 안심할 수 없다. 다음 동작은 b의 9, 10과 동일하다.

퀵드로에 빌레이루프를 거는 데 힘이 필요하다.
(종료점 윗부분에 홀드가 없는 경우 등)

상황에 따라 카라비너 한 개에 자기확보를 할 수도 있으 나 이 경우 굉장히 곤란해질 수도 있다. 이 상황에서 자 동잠금식은 효과적이지 않고, 버튼을 눌러 여는 볼록 Ball Lock 방식은 다루기 불편해서 적절하지 않다.

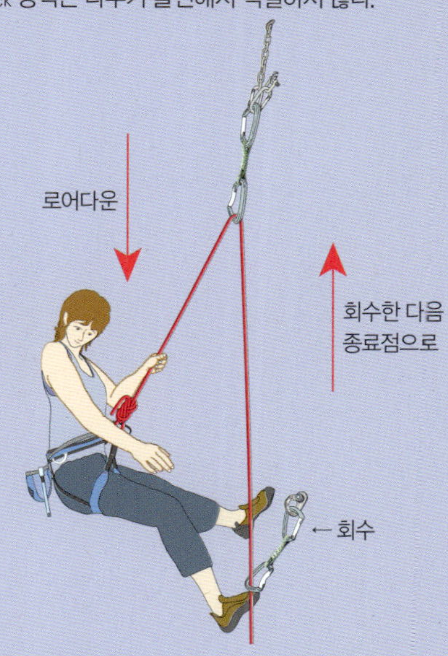

아래에 있는 퀵드로가 있는 곳까지 내려 달라고 하여
회수한다. 옆쪽에 나온 b 방법이 더 효율적일 수도 있다.

a 하중이 있을 때 회수

퀵드로에 하중이 걸려 있을 경우 로프를 누르거나 하여 퀵드로의 하중을 뺀 다음에 회수하기가 쉽다. 이 예시는 하중이 있기 때문에 로프 쪽에서 빼는 편이 더 쉽다.

1

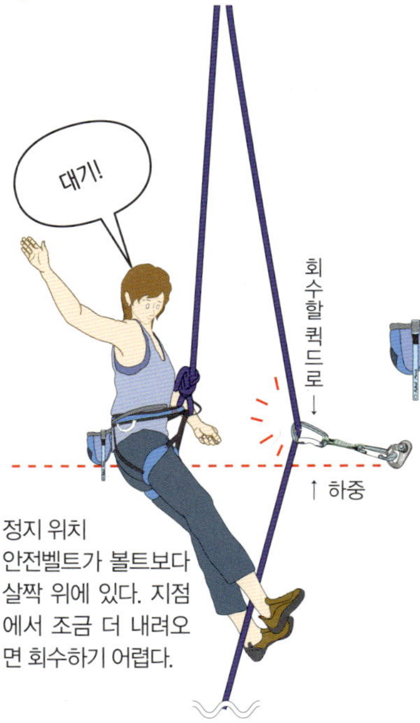

정지 위치
안전벨트가 볼트보다 살짝 위에 있다. 지점에서 조금 더 내려오면 회수하기 어렵다.

2

3

a4는 퀵드로를 떨어뜨릴 가능성이 있으나 실제로는 백업 없이(효율을 우선으로) 회수하는 경우가 많다.

4

퀵드로를 떨어뜨릴 것 같을 때(자세가 나빠서 안정적으로 회수할 수 없을 때)는 백업을 하는 편이 더 나을 수 있다.

5

장비걸이(기어랙)에 확실히 걸려 있는지 확인한다.

b 백업하기

1

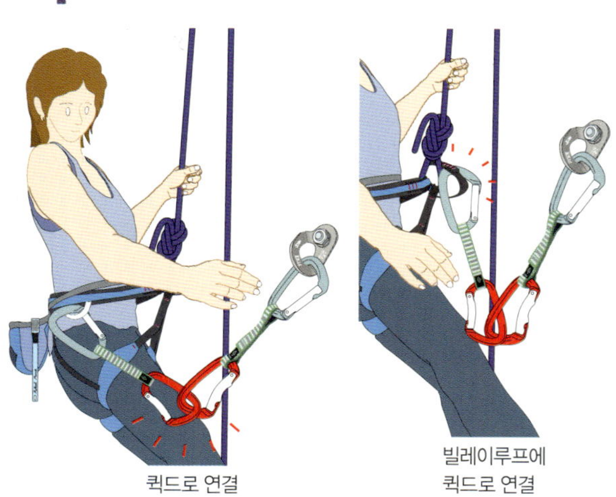

퀵드로 연결

빌레이루프에
퀵드로 연결

하중이 걸렸다면 빌레이루프에 거는 편이 좋다. 장비걸이(기어랙)는
5kg 정도의 하중만 버틸 수 있기 때문에 파손될 수 있다.
백업하면 떨어질 가능성은 사라지지만 회수할 때 몸이 흔들린다. 하
중이 걸리면 효율성이 떨어질 수도 있다.

2

행어에서 회수

← 미리 로프에 퀵드로를 걸어서
백업하는 경우는 드물다.

백업해서 회수할 때는
선등자가 판단한다. 떨
어뜨려서는 안 되는 상
황인지 판단해야 한다.

보통 퀵드로를 걸 때도
백업은 하지 않는다. 항
상 백업을 전제로 하면
아무것도 할 수 없게 된
다.

볼트를 잡지 않으면 회수
할 수 없는 경우도 있다. 퀵
드로를 잡고 반동을 주거
당기면서 순간적으로 회수
할 수도 있는데, 이때 핀게
이트 카라비너는 행어에
걸리기 쉽다.

올라갈 때와 동일한 자세
로 힘들게 회수해야 하는
경우도 있다.

퀵드로를 연결하여 자기확
보를 연장한다.

상체를 아래로 내리면 더
멀리 닿을 수 있다.

퀵드로 2개를 한 번에 회수하는 것보
다 1개씩 회수하는 것이 더 간단할
수도 있다. 퀵드로를 연결하여 백업
을 늘리면 바로 회수할 수 있는 것도
있다.

● 트래버스, 오버행에서 회수

트래버스 루트, 오버행, 경사가 심한 벽 등에서 로어다운
으로 회수하는 것은 오르는 것보다 절차가 복잡하다. 경사
가 심한 벽도, 트래버스 루트도 종료점과 최종 회수지점
사이의 수평거리가 멀기 때문에 흔들리는 폭이 크다. 이
두 상황에 대한 대처는 시스템 상으로는 비슷하지만, 경사
가 심한 벽에서 힘이 더 들어간다.

회수 사례는 4, 5번째 지점의 회수를 하고, 3번째 지점까
지 내려간 부분부터 설명한다. 실제로 회수 곤란한 루트에
는 회수용 카라비너가 남겨져 있는 경우나 칸테가 포함된
루트 등에서는 대처 방법이 다르다. 상황에 따른 대처를
할 수 있도록 훈련하는 것이 무엇보다 중요하다. 다음 네
가지 사항이 핵심이다.

a. 로프와 확보지점에 자기확보를 하여 회수하기
b. 회수하는 위치를 이동하기
c. 1, 2번째 확보 지점에서 회수하기
d. 흔들리기 전에 확보하기

특히 d의 '흔들리기 전에 확보하기'는 종료점의 수직 아래
에 있는 경우로 제한되는 것이 아니기 때문에 시스템을 이
해하고 상황에 따라 대처하는 것이 좋다.

⚠ *1 퀵드로로 연결

"퀵드로로 자기확보를 한다."고도 말한다. 종료점에 도착
했을 때, "퀵드로 자기확보 해!"라는 말을 들었을 때, 오른
쪽 그림1과 같이 준비한 다음 "자기확보 완료."라고 대답
하면 그 사람은 사망할 수도 있다. 말을 이해하지 못한 탓
이 아니라 등반 상황에 대해 근본적으로 이해하지 못했기
때문이다.

상황1:
"그대로 내려오면 회수 못하니까
자기확보를 해야 해."라는 경우에
는 1번의 자기확보를 한다.

여기도 퀵드로로
자기확보를 한다.

상황2:
확보자에게 "로프가 꼬였어! 풀
고 나서 확보하고 기다려!"라는
말을 들은 경우, 왼쪽 그림의 자기
확보를 한다.

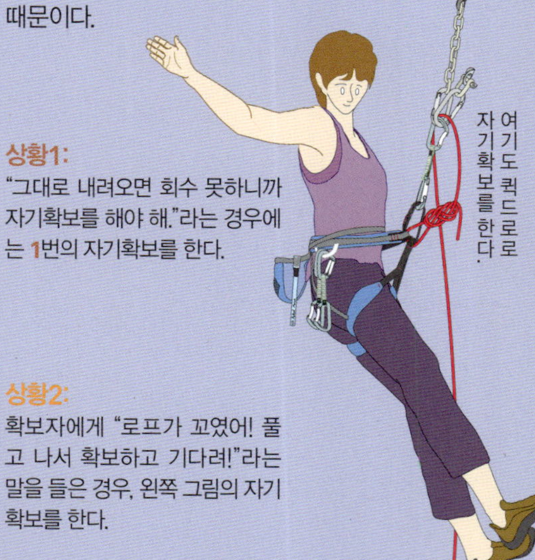

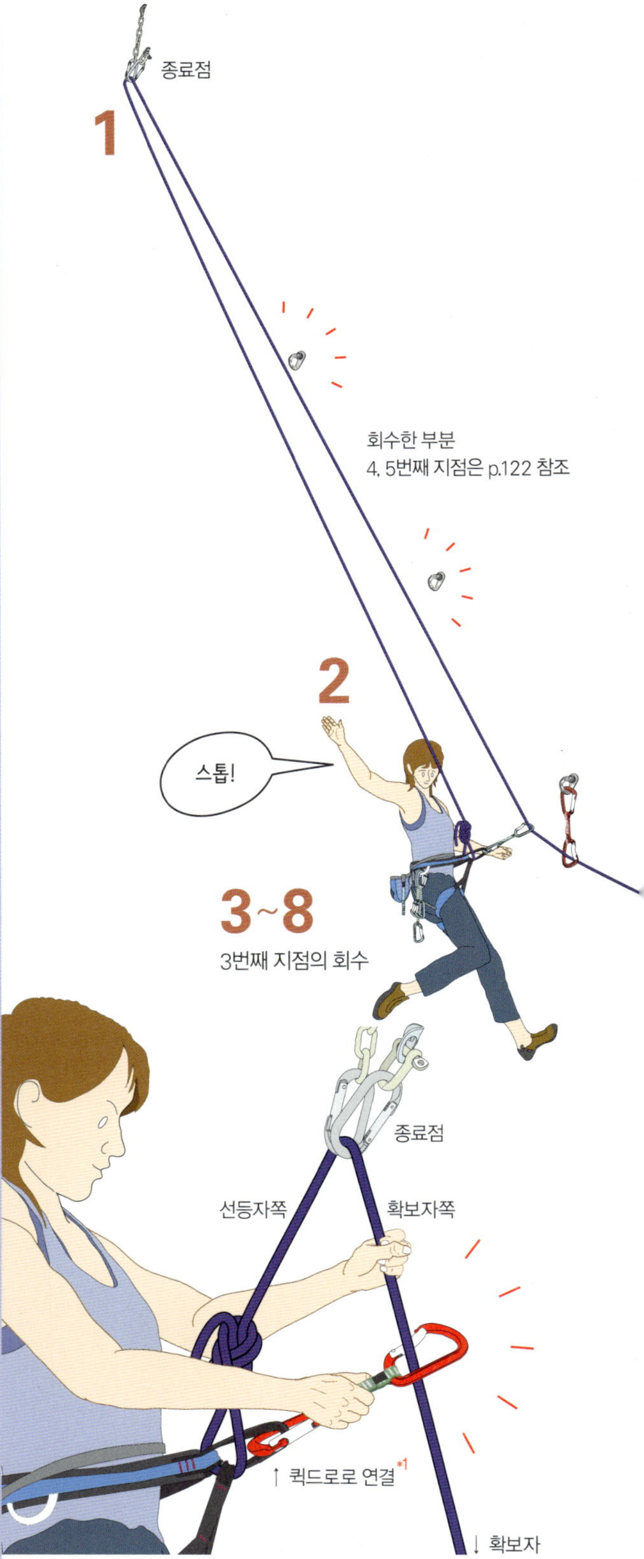

1 로프의 흔들림 방지

트래버스 구간이 큰 루트에서는 종료점에서 하강을 외치기 전에 확보
자쪽의 로프와 안전벨트의 빌레이루프를 퀵드로로 연결한다.

*1 확보자쪽의 로프로 인한 흔들림을 막으면 순조롭게 회수할 수 있다.

2 "멈춰."

4, 5번 지점 회수 후, 3번 지점의 회수를 시작한다.

9　　**10~13, 16~18**

선등자의 신호에 따라 제동을 건다. 확보자도 회수 위치를 이해한 후 로프를 움직인다.

● 로프로 자기확보 하기

자기확보를 하지 않으면 아래 그림처럼 돌아가기 어렵게 되거나 아예 돌아갈 수 없게 된다.

슬랩은 트래버스로 이동할 수 있으나 한계가 있다.

확보자가 제동을 거는 위치

회수하기 쉬운 위치는 범위가 미묘해서 선등자의 신호를 듣고 나서 정지시키면 회수하기 쉬운 위치에 정지하지 못하는 경우가 있다.

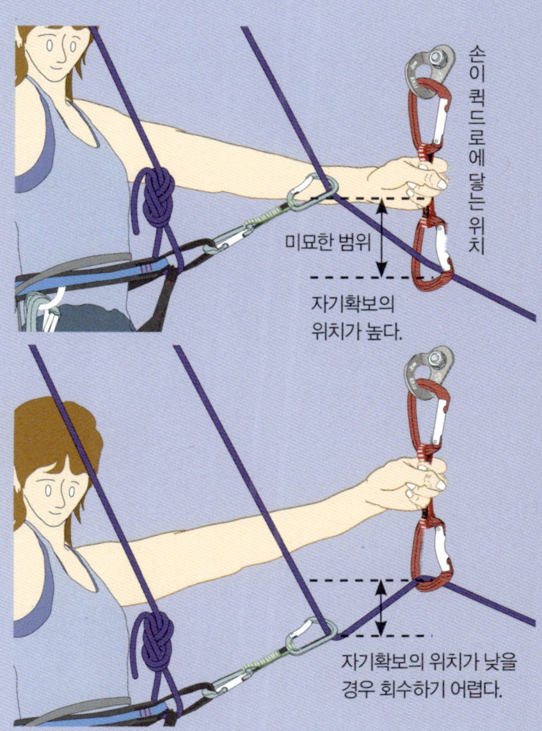

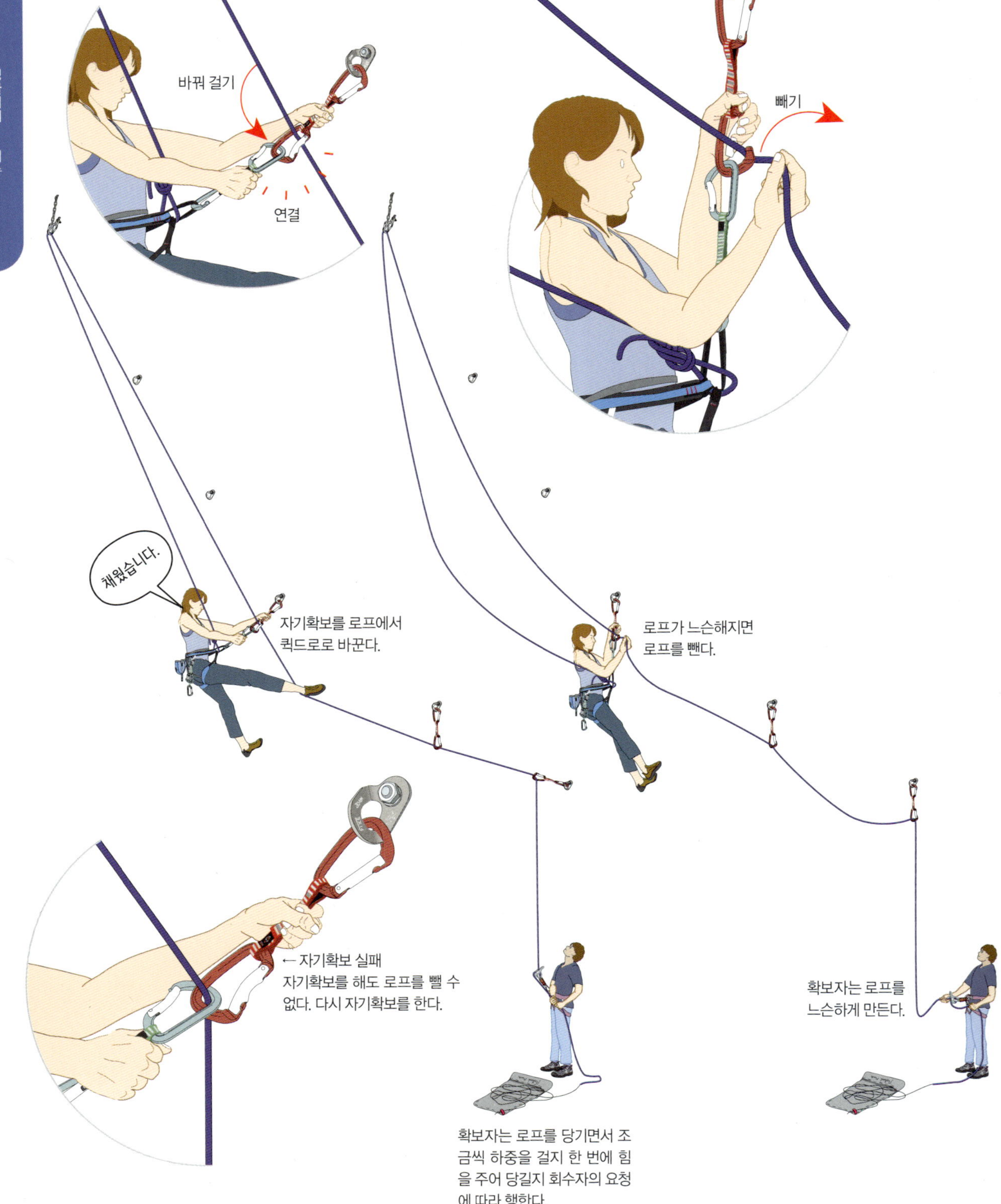

3 자기확보 바꿔 끼우기

자기확보를 바꾸면 확보자에게 로프를 느슨하게 해 달
라고 신호를 보낸다. 바꿀 때 퀵드로로 한 개를 더 쓰면 확
보의 공백은 발생하지 않는다.

4 로프 빼기

로프를 빼려면 자기확보를 건 카라비너를 일시적으로
개방해야 하므로 주의한다. 걱정된다면 자기확보를 다
른 곳에 한다.

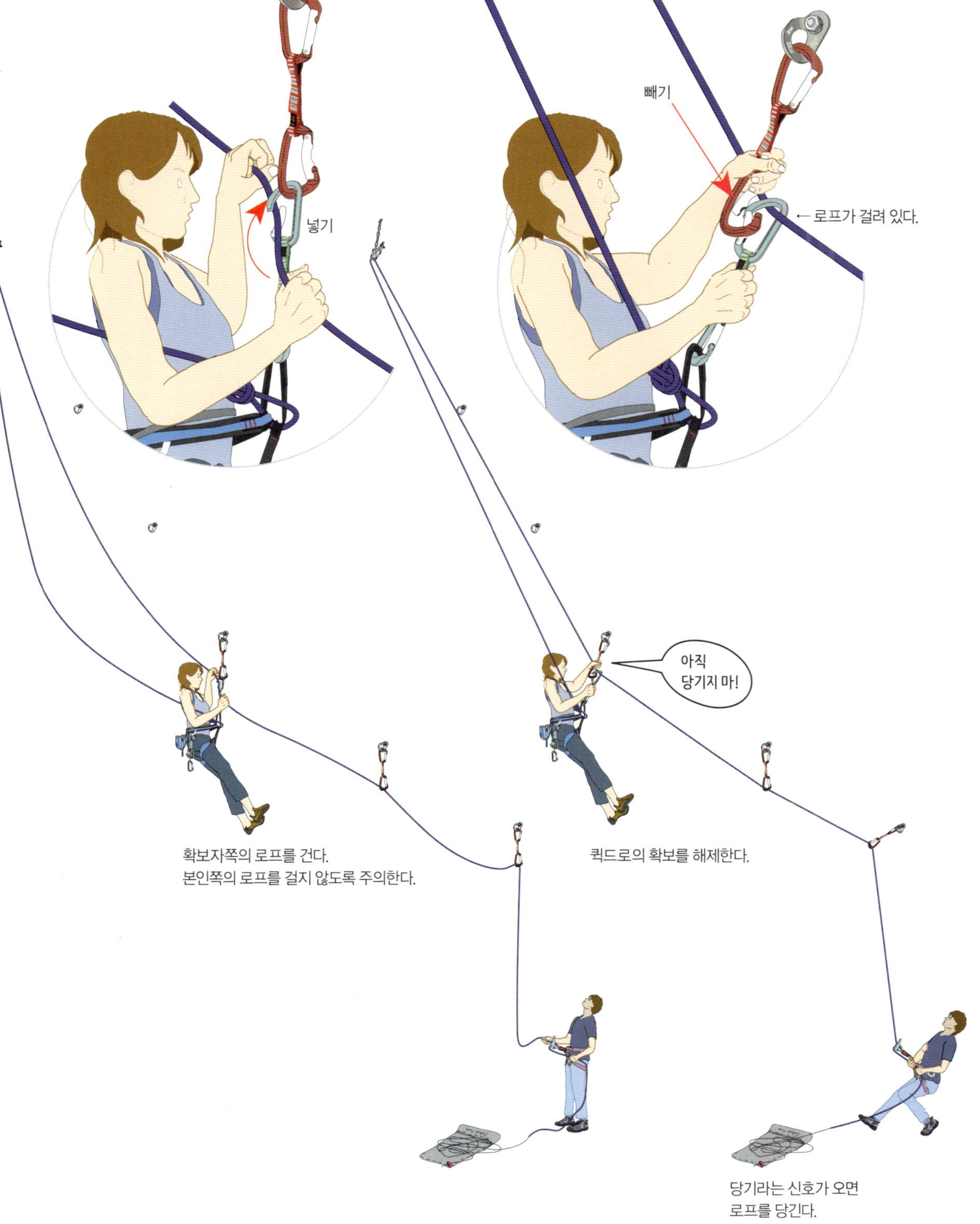

5 자기확보 바꾸기1

5, 6의 동작은 자기확보를 바꾸는 것으로, 5에서는 로프에 자기확보를 한다.

6 자기확보 바꾸기2

자기확보에서 퀵드로를 해제하면 로프에만 자기확보가 걸리면서 바꾸기가 완료된다.

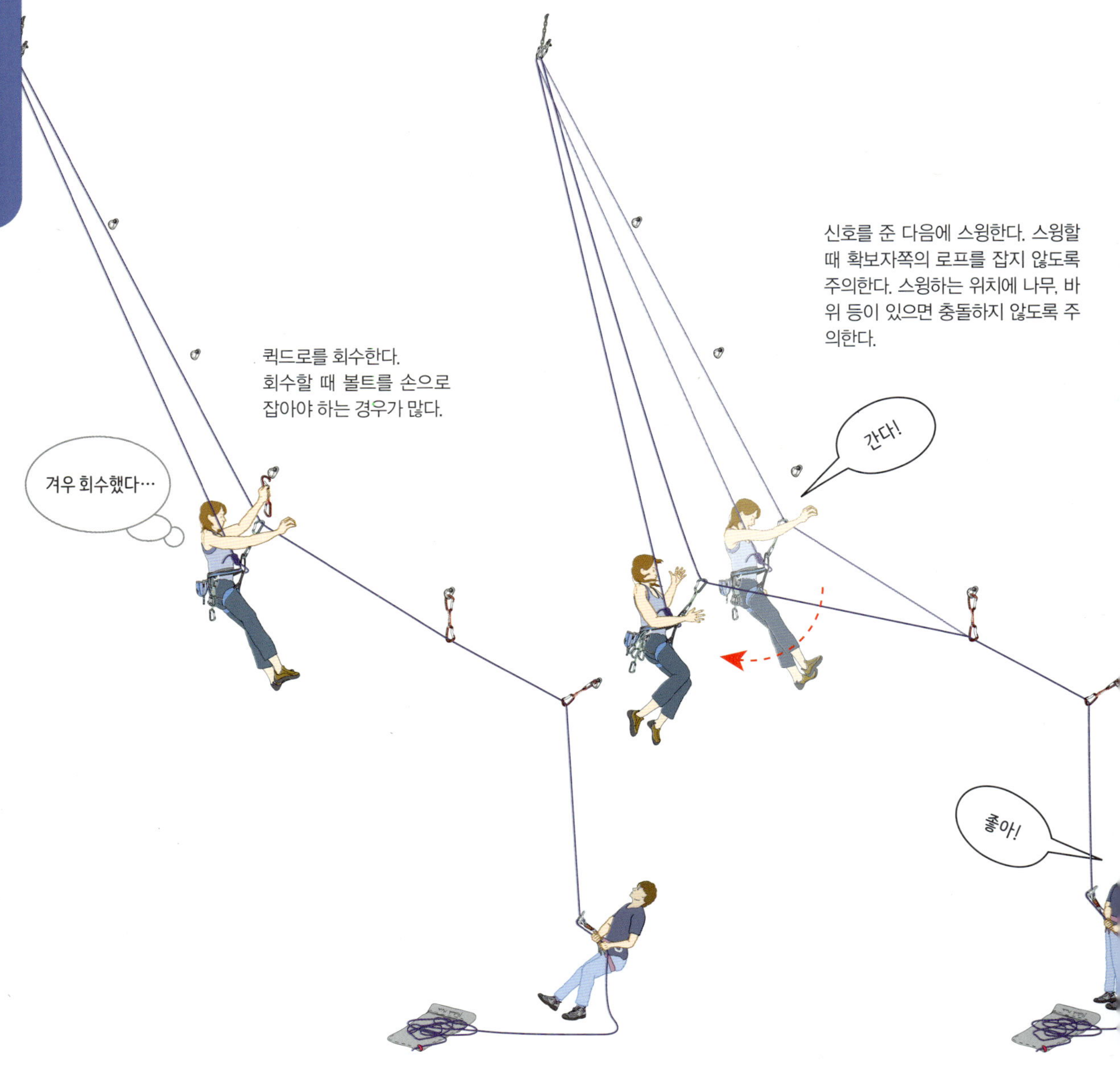

퀵드로를 회수한다.
회수할 때 볼트를 손으로
잡아야 하는 경우가 많다.

신호를 준 다음에 스윙한다. 스윙할
때 확보자쪽의 로프를 잡지 않도록
주의한다. 스윙하는 위치에 나무, 바
위 등이 있으면 충돌하지 않도록 주
의한다.

체중을 실어서 확보한다. 로프를 1mm도
느슨해지지 않도록 주의한다.

로프에 하중이 걸리는 순간 로프가 약간
늘어나는데, 몸으로 흡수하는 등의 방법으
로 충격을 줄인다. 로프가 늘어나지 않으면
회수자가 받는 충격이 크다.

7 퀵드로 회수

3~6의 동작으로 퀵드로를 간신히 회수할 수 있다.

8 스윙Swing

종료점에서 수평거리가 멀 경우 스윙도 커진다.

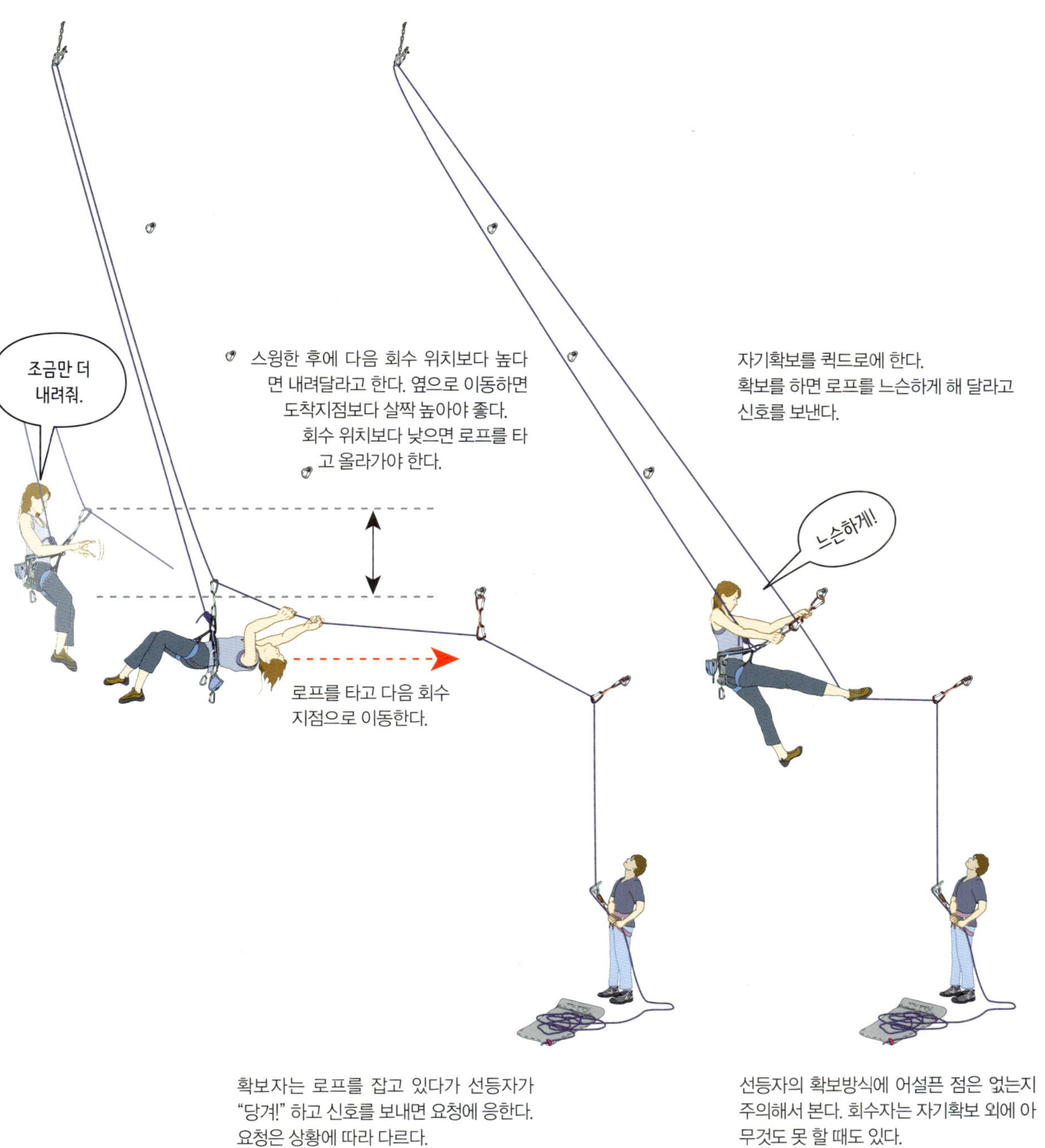

확보자는 로프를 잡고 있다가 선등자가 "당겨!" 하고 신호를 보내면 요청에 응한다. 요청은 상황에 따라 다르다.

선등자의 확보방식에 어설픈 점은 없는지 주의해서 본다. 회수자는 자기확보 외에 아무것도 못 할 때도 있다.

9 이동

이동거리가 멀 때 그림처럼 거꾸로 매달려서 로프를 타고 가면 비교적 편하게 이동할 수 있다.

10 자기확보

3과 마찬가지로 퀵드로에 자기확보를 한다. 출발지점에서 두 번째 확보지점이므로 이후에는 동작이 바뀐다.

11 순서

① 1번 지점의 회수 방법을 생각한다.
  1번 지점에서 스윙할 수 있을까?
  1번 지점을 회수하고 클라이밍다운으로
  지면에 도착한다.
  두 방법 모두 별로라면 이 방법으로 한다.
② 확보자쪽의 로프를 뺀다.
③ 별도의 퀵드로를 빌레이루프에 설치한다
  (12번 동작도 OK).

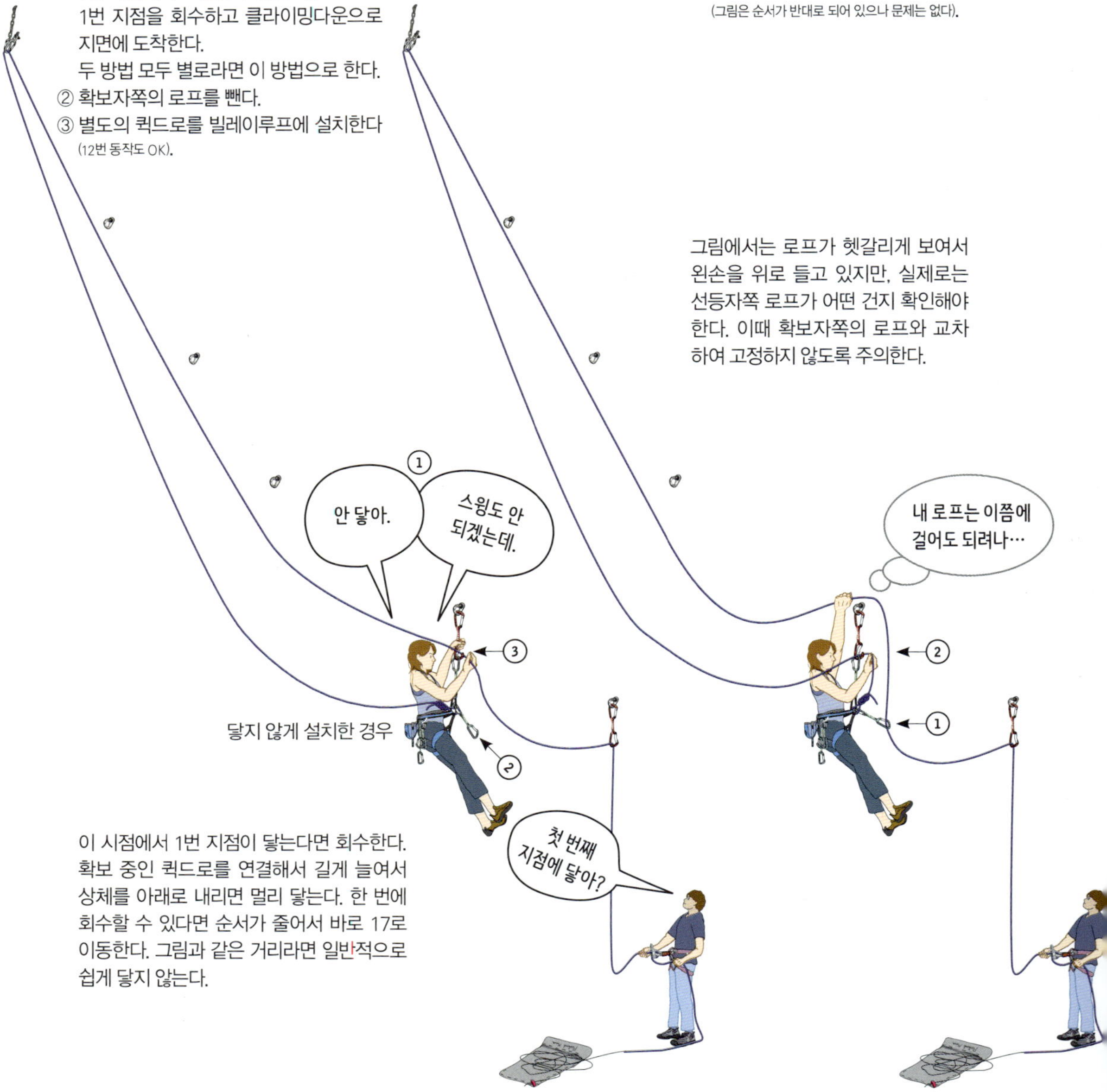

12 순서

① 선등자쪽 로프를 고정한다.
② 확보자쪽 로프에 자기확보를 한다
  (그림은 순서가 반대로 되어 있으나 문제는 없다).

그림에서는 로프가 헷갈리게 보여서
왼손을 위로 들고 있지만, 실제로는
선등자쪽 로프가 어떤 건지 확인해야
한다. 이때 확보자쪽의 로프와 교차
하여 고정하지 않도록 주의한다.

이 시점에서 1번 지점이 닿는다면 회수한다.
확보 중인 퀵드로를 연결해서 길게 늘여서
상체를 아래로 내리면 멀리 닿는다. 한 번에
회수할 수 있다면 순서가 줄어서 바로 17로
이동한다. 그림과 같은 거리라면 일반적으로
쉽게 닿지 않는다.

11 로프 바꿔 걸기1

11~12의 동작2에서 로프를 바꿔 건다. 1번 지점을 먼
저 회수하기 위한 절차다. 2번 지점의 위치에서 닿는다
면 11~14까지의 과정은 필요 없다.

12 로프 바꿔 걸기2

11~12의 동작2에서 로프를 바꿔 건다. 확보자쪽 로프
를 빼고 선등자쪽의 로프를 클립한다.

13 순서

① 로프를 당겨 달라고 한다.
② 2로프를 팽팽하게 한다.
③ 확보를 해제한다.
④ 1번 지점까지 내려 달라고 한다
   (그림에는 없다).

14 순서

① 1번 지점에 자기확보를 한다.
② 로프를 느슨하게 해 달라고 한다.
③ 확보한 퀵드로를 로프에서 빼낸다.
④ 확보자쪽의 로프를 뺀다.

선등자쪽의 로프를 걸었기 때문에
스윙은 불가능하다.

자기확보를 해제할 때 로프를 당기면
선등자의 몸이 위로 올라가서 해제할
수 없는 경우도 있다. 로프는 상황에
맞게 당긴다.

선등자가 로프를 빼기 전에 로프가 교
차되지 않았는지 확인한다. 고차되어
있다면 확보자쪽 로프를 선등자에게
건넨다.

13 자기확보 해제

그림은 순서4의 3번 항목. 순서가 틀리면 힘이 더 들어
간다.

14 자기확보

그림은 순서4의 4번 항목. 3번과 4번 항목의 순서가 중
요하다. 이 시점에서 순서가 바뀌어도 문제가 없을 것
같지만 떨어질 우려가 있다.

15 자기확보 해제

확보자는 최적의 톱로프 확보 위치로 이동한다. 그림에서는
확보자가 확보지점의 수직 아래쪽으로 이동했다. 이 시점에
서는 최적의 위치로 이동한 것을 보여 주지만 17처럼 될 수
있다는 점을 염두에 두어야 한다.

이 경우 당기는 방법도 13과 동
일한데, 당기고 있으면 해제할
수 없는 경우도 생기기 때문에,
상황에 따라 대응해야 한다.

15 순서
① 이동
② 당기기
③ 오르기/해제

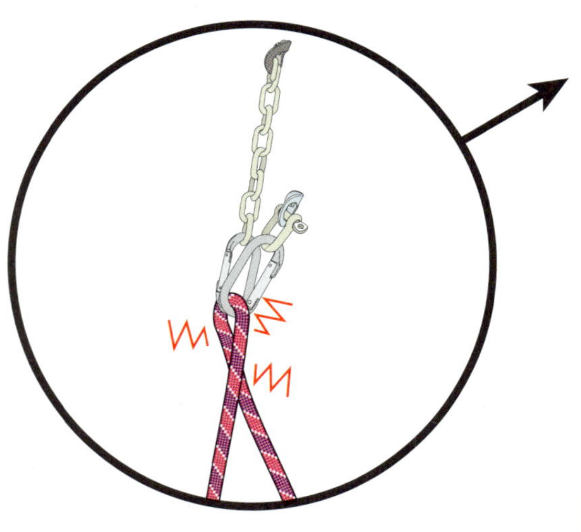

로프가 교차된 상태에서 하중이 걸리면 줄이 서로 마찰하
여 열이 발생한다. 종료점에 따라 종료점에서 꼬인 것이 풀
리는 경우도 있다. 종료점에 도착했을 때 역방향으로 클립해
도 회수할 때 꼬이기 때문에 해결되지 않는다. 로프가 꼬였
을 때 확보자가 위치를 옮기는 등의 방법으로 대처한다.

16 순서
① 1번 지점 회수
　(이 시점에서는 톱로핑 등반과 동일)
② 2번 지점까지 등반

16 1번 지점 회수, 오르기

트래버스는 확보자가 확보지점의 수직 아래로 이동하면
로프가 꼬일 수도 있다.

오르는 것에 맞추어 로프를
끌어당긴다.

마지막 지점을 회수하기 전에 로프의 꼬
임 여부를 확인한다. 꼬였다면 자기확보
를 하고 꼬인 것을 없앤다. 혹은 확보자가
확보 위치를 이동한다.

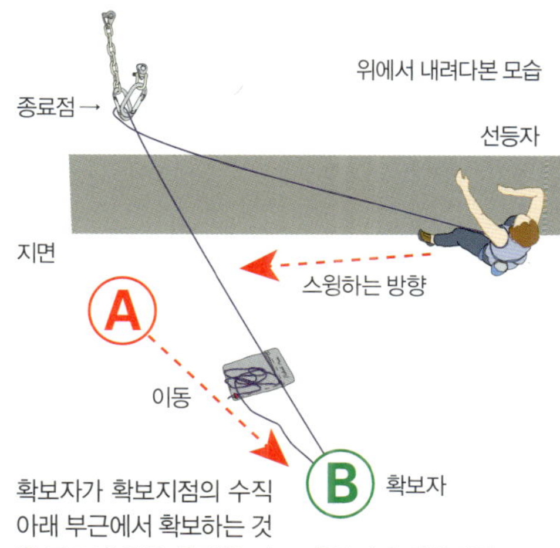

17 2번 지점 회수

마지막 퀵드로의 회수

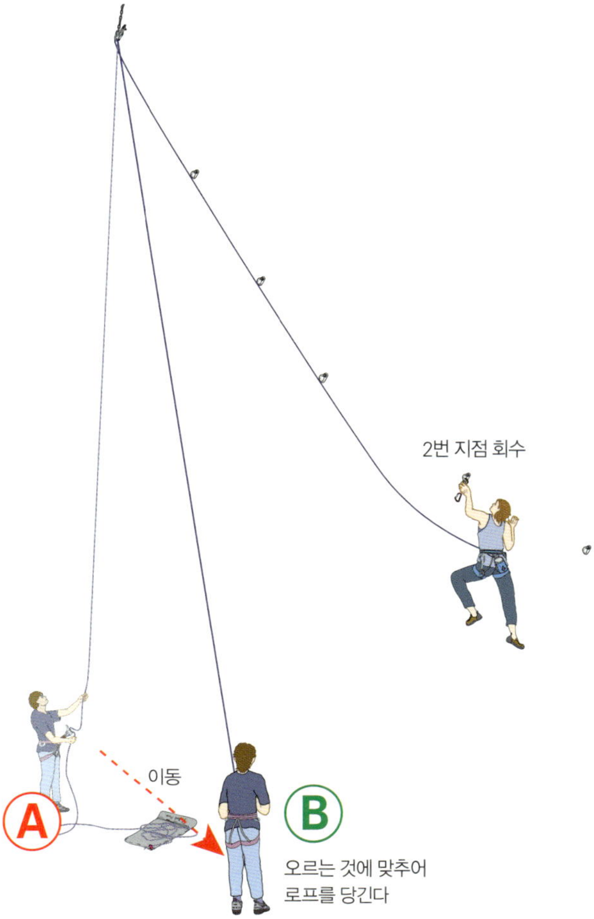

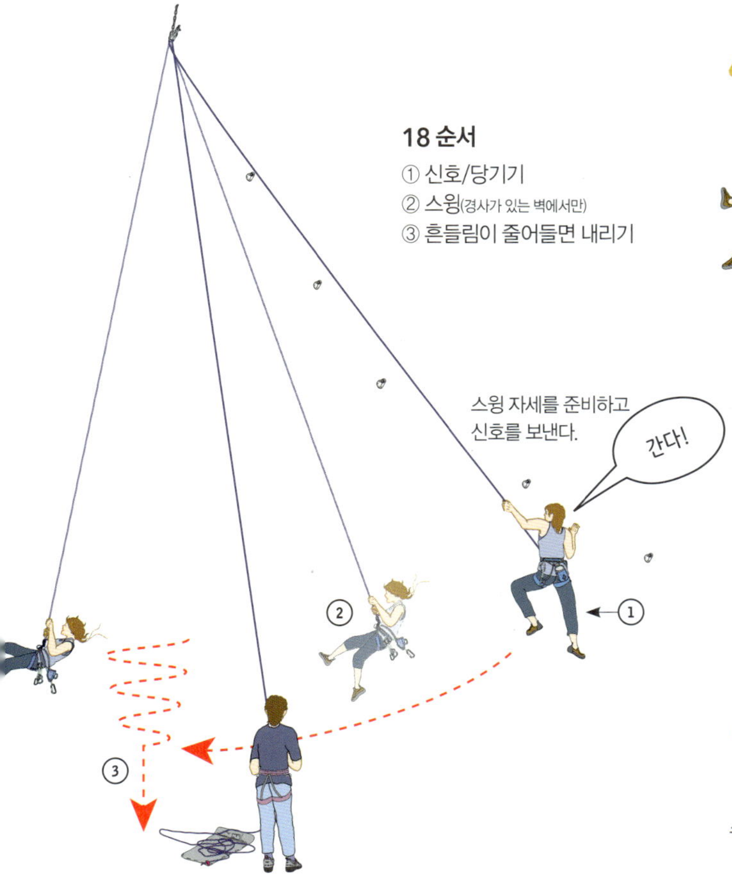

2번 지점 회수
A
이동
B
오르는 것에 맞추어
로프를 당긴다

위에서 내려다본 모습
종료점 →
선등자
지면
스윙하는 방향
A
이동
B
확보자

확보자가 확보지점의 수직 아래 부근에서 확보하는 것은 로프에 직접 충격을 가하는 것이다. Ⓐ에서 확보하고 있으면 아래의 그림처럼 되기 쉽다.

확보자가 이동하면 로프가 꼬이는 정도를 줄일 수 있고, 스윙도 문제없이 가능하다.

스윙 자세를 준비하고
신호를 보낸다.
간다!
①
②
③

18 순서

① 신호/당기기
② 스윙(경사가 있는 벽에서만)
③ 흔들림이 줄어들면 내리기

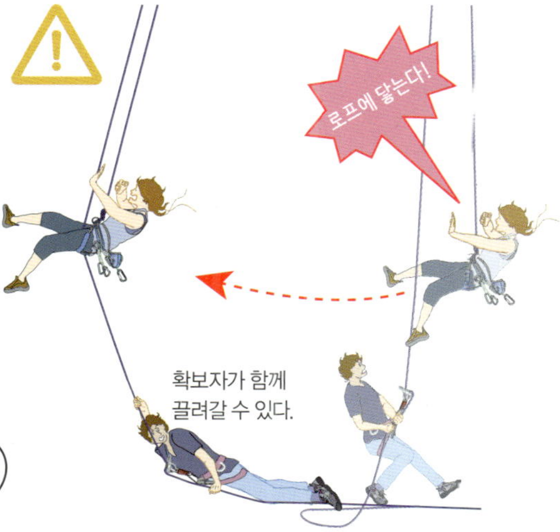

로프에 닿는다!
확보자가 함께
끌려갈 수 있다.

확보자는 스윙할 궤적에서 떨어져 있어야 한다. 확보지점의 수직 아래 근처는 스윙의 궤적 내에 포함되므로 확보지점의 수직 아래쪽은 피한다.

18 스윙

스윙으로 발생한 흔들림이 줄어들면 지면으로 내려온다.

지금 이곳에 존재하는 위험

일일이 다 쓸 수 없을 만큼 다양한 상황에 대한 대처 능력이 필요하다. 절차를 기억하는 것이 아니라 어떤 방법을 쓰면 위험을 줄일 수 있을지 고민하는 습관을 길러야 한다. 상당히 번거로운 상황을 마주했을 때 생각하고 행동하는 능력은 훈련받을 수도 없고, 스스로 계발하기도 어렵다. 또 새로운 것을 발견하거나 창조하는 방법도 배우지 않는다. 등반의 정수는 길을 개척하는 데 있다!

등반은 깊이가 있는 분야다. 그래서 오랜 세월 동안 폭넓은 연령층이 20년, 30년간 계속 등반을 해 오고 있다. 단순히 등반방법, 등반기술에만 집중해서 익히지 말고, 미래를 바라보며 깊이 있게 등반을 배우고 즐기는 것이 좋지 않을까?

클라이밍, 등반은 당연히 위험이 따른다. 그러나 정작 무서운 점은 피할 수 있는 위험을 위험으로 인식하지 못한다는 것!

또 북적이는 암장에서는 위험의 외부적인 요인이 많이 도사리고 있다. 이러한 요인들까지 생각하고 행동해야 한다. "○○○ 때문에 실패했어!"라고 말하지 말고, 그것도 자기 자신이 원인이 된 실패라고 생각해야 한다. 용기를 갖고 다른 사람을 돕자.

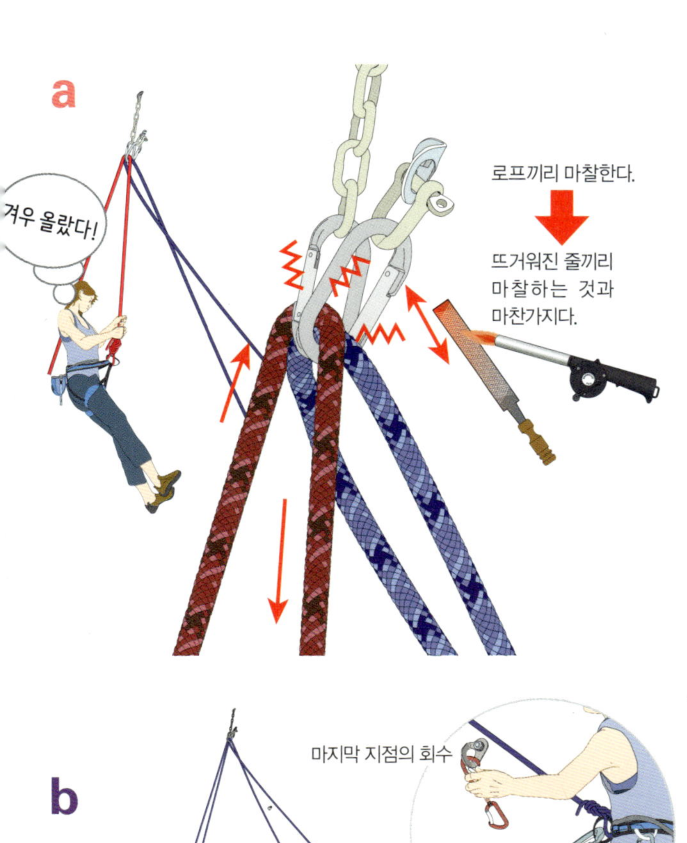

a

상황

나일론은 열에 약하므로 하중이 걸렸을 때 로프가 서로 쓸리게 되면 두 로프 모두 녹을 수 있다. 왼쪽 그림의 빨간색 로프는 쓸리는 부분이 바뀌지만, 파란색 로프는 동일한 부분이 쓸려서 치명적으로 손상된다.

요인

북적이는 암장에서는 종료점이 겹치는 상황이 흔하게 발생한다. 이를 피하려면 이미 이용 중인 루트는 피하거나 대기 한다. 또한 장시간 클라이밍을 하면 체력이 소진되며, 차분하지 않은 상태라면 평소에는 절대 하지 않을 행동을 할 수도 있다. 이런 점들이 사고 발생의 큰 요인으로 꼽힌다. 또한 정신적으로 제어가 되지 않을 때 등반하는 것은 위험을 초래한다.

대응

① 다른 확보지점을 만들어 로어다운
② 한 단계 아래의 지점까지 클라이밍다운하여 로어다운
③ 파란 줄을 회수할 때까지 행어에 자기확보를 하며 기다리는 등 상황에 따라 대응

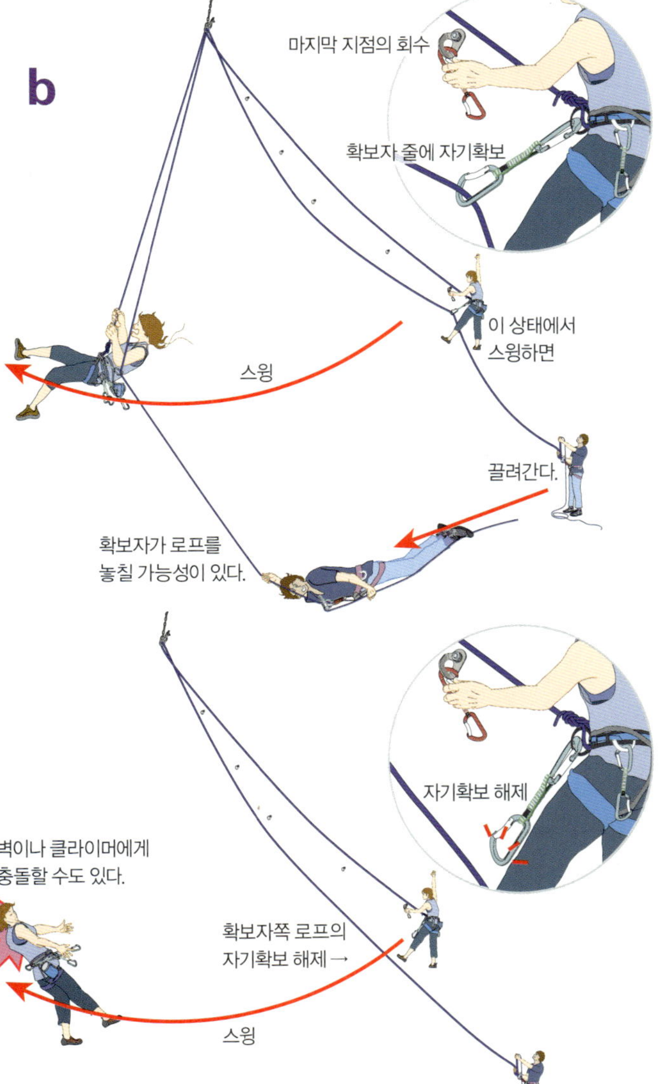

b

상황

확보지점과 이동하는 지점 간 위치의 상관관계, 스윙할 때의 움직임

요인

회수, 확보, 그리고 시스템 기술은 경사도에 따라 다르다. 또한 등반자 자신과 루트가 겹치는 사람들이 어떻게 행동하는지에 주의해야 한다. 머릿속에 등반기술을 향상시키려는 생각만 갖고 있다면 본인이 원인이 되는 위험 또는 그외의 요인으로 인해 발생할 수 있는 위험을 감지할 수 없다.

대응

마지막 피치의 중간지점을 회수하기 전에 확보자쪽 로프의 자기확보를 해제하는 습관을 들이는 편이 좋다(모든 상황에 적용되지는 않는다). 확보자쪽에 자기확보를 하고, 로어다운 하여 아래에서 주마링으로 중간지점을 회수한다. 혹은 확보자에게 자기확보를 하여 스윙하는 등 상황에 따라 대응하는 방법은 다양하다.

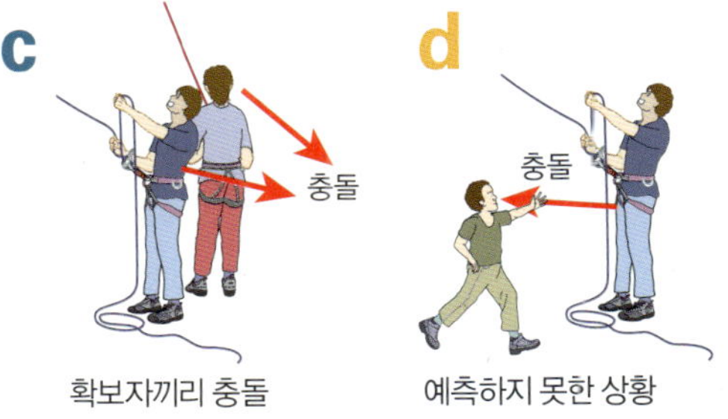

대응

확보자는 선등자뿐만 아니라 자신의 주위도 살피면서 예측하지 못한 사태가 발생할 가능성을 염두에 두어야 한다.

3-2 외줄로프/싱글로프

● 설정

4피치짜리 멀티피치 루트다. 등반하는 팀이 많이 있고, 루트가 명확해서 루트에서 이탈할 염려는 없다. 종료점에서는 걸어서 시작점으로 돌아온다. 3-2에서는 멀티피치 시스템의 흐름을 중심으로 하고, 판단이 필요한 분기점은 생략한다. 실제 등반에서는 판단이 필요한 분기점이 반드시 존재한다.

먼저 오를 사람을 선등자, 그 뒤에 오르는 사람을 후등자라고 부른다. 3-2에서는 선등자가 모든 피치에서 선등을 한다. 3-3에서는 선등과 후등을 돌아가며 하는 '스윙리드' 스타일로 등반한다.

스윙리드 방식을 쓰지 않는 경우
a) 선등자가 전체 피치를 선등하고 싶어 할 때
b) 아직 선등은 설 수 없으나 후등은 문제없이 할 수 있을 때 스윙리드 방식을 선택할 것인가에 따라 등반 방식이 달라지며, 각 피치 종료점에서의 절차가 변한다.

대상자

멀티피치 경험자끼리 등반하는 경우로 설정한다. 후등만 하는 경우라면 2-1의 등반 시스템을 몸으로 기억하고 있는 사람, 멀티피치를 처음 체험하는 사람이 이 경우에 해당한다. 멀티피치, 장비 설치 및 회수 경험이 없는 사람들끼리 이 루트를 오르려는 것은 2종보통면허만 취득한 사람이 화물차를 운전하려는 것처럼 매우 위험하다.

루트

방법　자유등반(프리)

확보　이동식 확보물

　　　볼트를 몇 군데 설치

길이75m　1p 20m/2p 20m/3p 15m/4p 20m

　　　길이는 고도차가 아니라 오르는 거리(로프 길이)
　　　*P는 피치Pitch

하강　걸어서 하강

개념도　p.138

한 명이 전체 루트를 선등하는 스타일

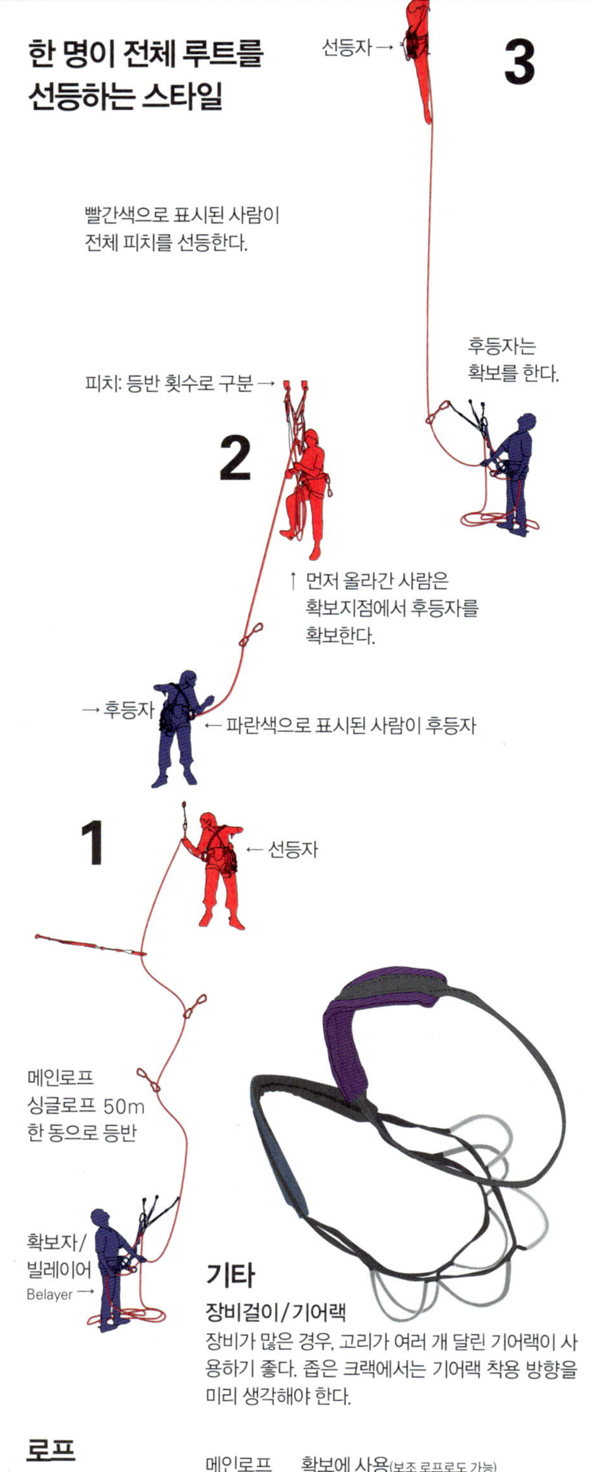

기타

장비걸이/기어랙

장비가 많은 경우, 고리가 여러 개 달린 기어랙이 사용하기 좋다. 좁은 크랙에서는 기어랙 착용 방향을 미리 생각해야 한다.

로프

메인로프　확보에 사용(보조 로프로도 가능)

↑ 싱글로프 표시

중량 약 53~75g/m, 직경 약 9.1~11mm짜리 로프

러너 종류

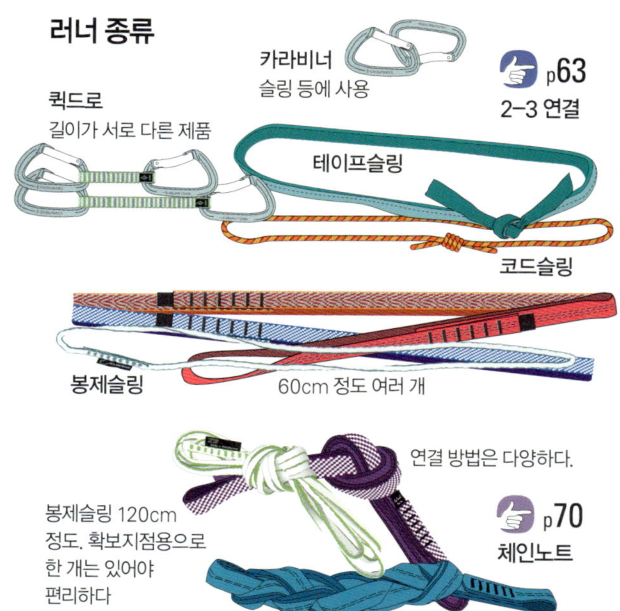

직접 매듭을 지어서 만드는 슬링은 루프의 크기, 테이프슬링, 코드슬링 등 개인의 취향에 따르는 경우가 많다. p.35의 표에 나온 강도는 대략적인 정보다. 로프는 제조사에 따라 측정치의 차이가 크기 때문에 소매점에서 구입할 때 재질, 강도 등을 직접 확인한다.

자기확보줄

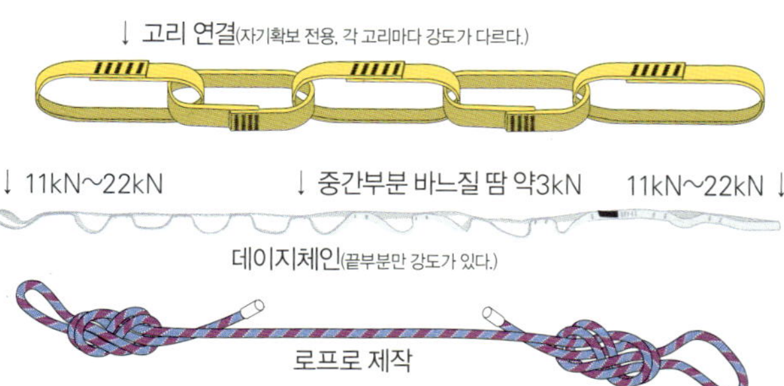

충격을 견디는 강도가 있는 제품과 없는 제품이 있다. 사용할 슬링의 강도를 알고 사용하는 것이 중요하다. 자기확보줄은 사용자가 자기확보 장비로 사용하더라도 제조사측에서는 자기확보용으로 취급하지 않는 것도 있다. 액세서리 카라비너처럼 제조사에서 사용방법을 제한하는 제품이 이에 해당한다.

기타

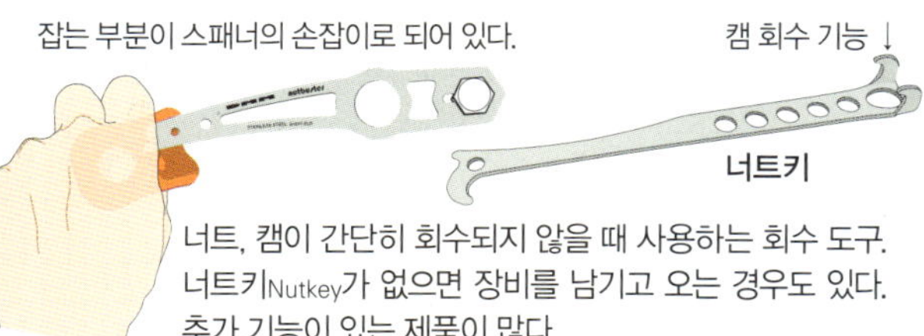

너트, 캠이 간단히 회수되지 않을 때 사용하는 회수 도구. 너트키Nutkey가 없으면 장비를 남기고 오는 경우도 있다. 추가 기능이 있는 제품이 많다.

● 장비

3-1에서 사용한 장비 외에도 왼쪽 그림과 같은 장비가 필요하다.

로프

3-1처럼 싱글로프를 한 동 사용한다.

슬링(퀵드로, 슬링)

3-1에서는 슬링으로 퀵드로만 사용하지만, 여기에서는 슬링을 더 추가한다. 랩볼팅Rap Bolting 루트(인공 루트)는 고정하기 쉬운 위치에 볼트를 설치하기 때문에 자연적인 루트만큼 슬링을 사용할 필요가 없다.

퀵드로만 사용하는데 길이가 너무 짧으면 슬링을 확보물로 사용한다. 슬링은 로프의 흐름을 좋게 만들기 위한 장비다. 또 확보지점용 긴 슬링도 있으면 편리하다. 신소재 장비가 등장하면서 슬링의 중량, 크기에 혁신이 일어나고 있다. 특히 긴 슬링(120cm 이상)에 큰 변화가 생겼으며, 연결 방식도 변하고 있다.

자기확보줄

각 피치의 확보지점에서 자기확보나 자기확보에 백업을 하기 위해 사용하는 장비다. 자기확보줄이라는 명칭은 퍼스널앵커시스템PAS, Personal Anchor System으로도 불린다.

3-2에서는 선등자는 자기확보줄 대신 퀵드로, 슬링 등을 사용한다. 데이지체인에 잠금카라비너를 설치한 다음, 안전벨트에 카우히치(거스히치)로 장착한다.

확보물

확보물은 개념도나 바위 실물을 본 다음 필요할 것으로 예상되는 장비를 검토하여 선택해야 한다. 장비가 너무 많으면 무게가 늘어나 등반 속도 저하와 에너지 소모로 이어지고, 너무 적으면 등반 실패 가능성이 증가하는 등, 위험 요인이 늘어난다. 이동식 확보물(→ p.142) 참조

기타

확보물을 회수하는 도구는 필수 준비물이다. 확보물을 매달 수 있는 고리(장비걸이)가 있는 편이 편리하다.

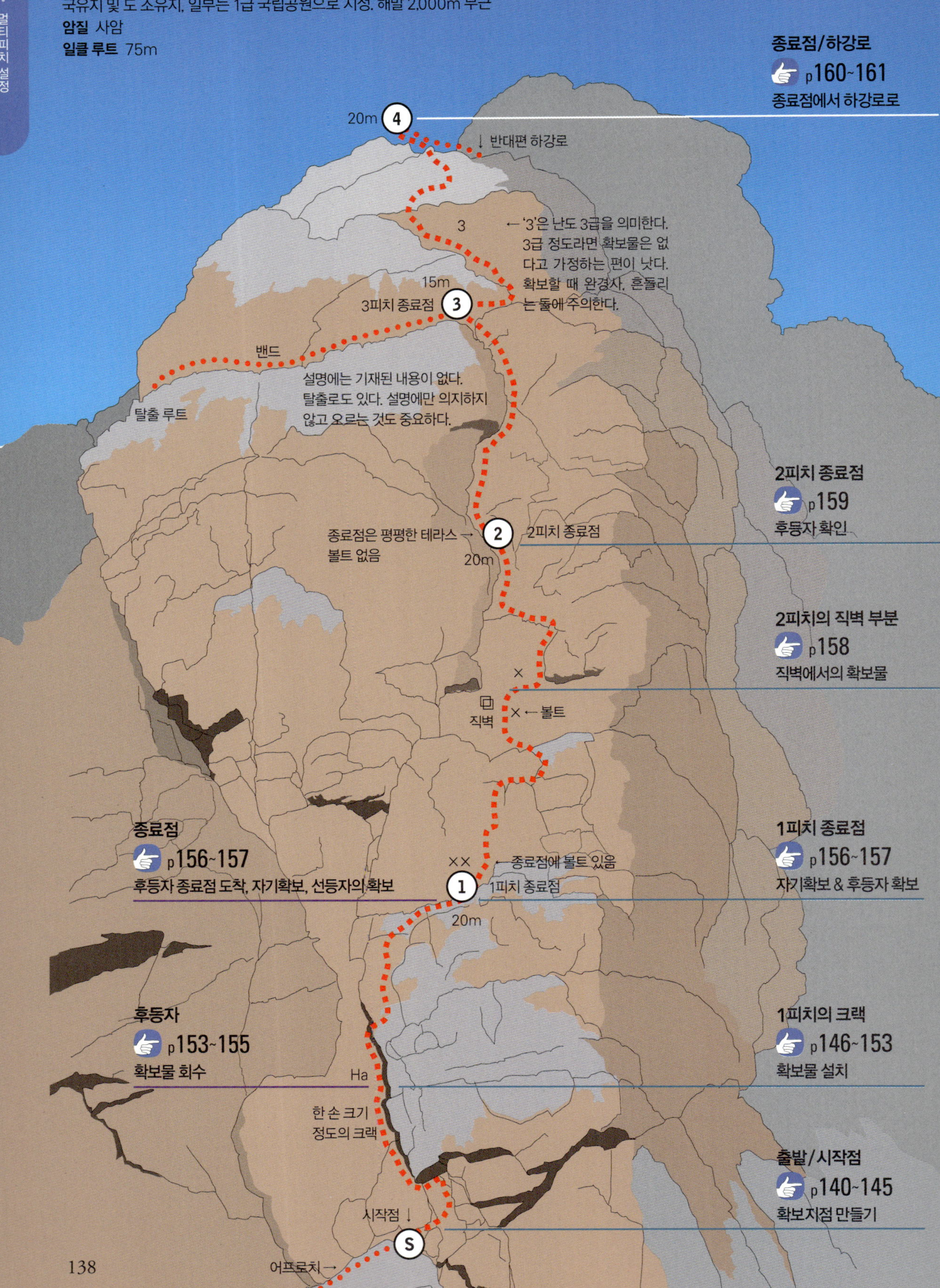

'일클 버트레스Buttress' 개념도
일클 버트레스 C마을에서 마을 길 γ를 경유하여 임도林道 β에서 종료. 임도 주차장 공간 충분.
국유지 및 도 소유지. 일부는 1급 국립공원으로 지정. 해발 2,000m 부근
암질 사암
일클 루트 75m
20m
4
↓ 반대편 하강로
종료점/하강로
p160~161
종료점에서 하강로로
3
← '3'은 난도 3급을 의미한다.
3급 정도라면 확보물은 없
다고 가정하는 편이 낫다.
확보할 때 완경사. 흔들리
는 돌에 주의한다.
15m
3피치 종료점
3
밴드
설명에는 기재된 내용이 없다.
탈출로도 있다. 설명에만 의지하지
않고 오르는 것도 중요하다.
탈출 루트
2피치 종료점
p159
후등자 확인
종료점은 평평한 테라스 →
볼트 없음
2
20m
2피치 종료점
2피치의 직벽 부분
p158
직벽에서의 확보물
×
직벽
×
← 볼트
종료점
p156~157
후등자 종료점 도착, 자기확보, 선등자의 확보
××
1
종료점에 볼트 있음
1피치 종료점
20m
1피치 종료점
p156~157
자기확보 & 후등자 확보
후등자
p153~155
확보물 회수
Ha
한 손 크기
정도의 크랙
1피치의 크랙
p146~153
확보물 설치
시작점 ↓
출발/시작점
p140~145
확보지점 만들기
S
어프로치 →

기호로 표시한 개념도

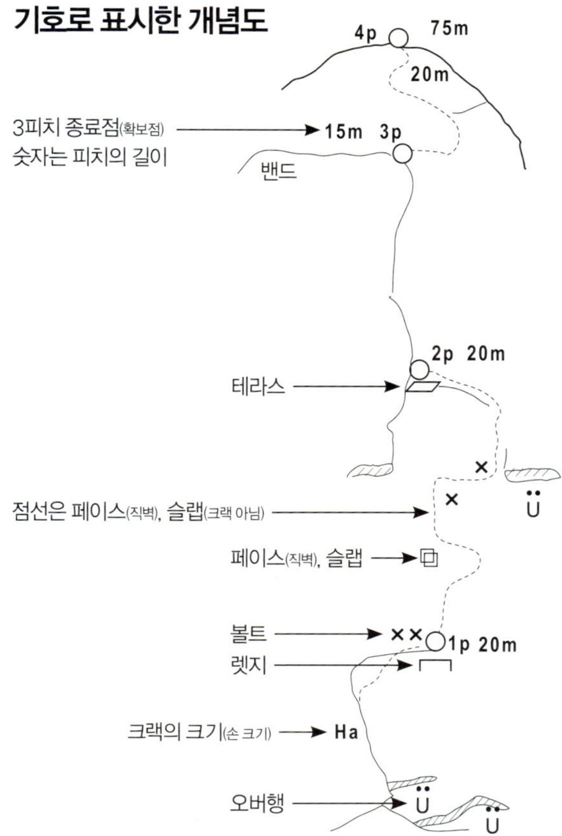

위의 그림과 같은 개념도가 많다. 등반 대상이 늘어남에 따라 개념도에서 상세한 내용이 생략되는 추세다. 멀티피치 개념도에는 루트 전체의 난도와 각 피치의 난도를 나누어 표기하고 있는 지역도 있으며, 각각의 기호도 작성자, 지역에 따라 다양하다.

멀티피치를 싱글피치(로어다운)와 똑같이 생각해서는 안 된다. 특히 자유등반으로 한정할 경우, 등급을 잘 확인해야 한다. 각 피치를 싱글피치로 간주할 때, 각 피치의 난도 평균치를 전체 난도로 여기면 곤란한 일을 겪을 수 있다. 같은 난도라도 상황에 따라 다르다는 점에 반드시 주의해야 한다.

싱글피치(로어다운) 및 랩볼팅의 경우, 루트는 로프 길이의 절반 정도 되는 거리며, 장비는 가볍게 퀵드로만 준비하고, 눈으로 등반 루트를 확인하는 것도 가능하다. 반면, 멀티피치는 로프 전체를 다 쓰는 루트도 있으며, 이동식 확보물을 사용할 때는 퀵드로로 무게의 몇 배나 되는 장비를 가져가야 한다.

이 루트의 경우, 1피치 종료점은 볼트를 사용할 수 있으나 2피치 종료점에는 볼트가 없으므로, 3피치까지 가지 못할 때는 장비를 걸어 둔 채로 내려온다. 등반을 계속하려고 볼트를 박는 것은 심각한 문제를 일으킬 수 있다.

● 3-2의 내용

3-2에서는 왼쪽 일러스트에 나오는 벽에서 다음과 같이 등반한다.

준비

이동식 확보물을 사용하여 크랙을 오를 수 있도록 준비한다.

1피치(첫 번째 피치)

1피치(이하 1p), 확보물의 사용과 종료점에 도착하여 후등자 확보를 시작할 때까지의 순서다. 한 손 크기의 크랙Ha을 재밍Jamming으로 오른다. 1p 종료점에는 볼트가 2개 있다.

후등자

확보물을 회수하면서 등반하여 1p 종료점까지 오르는 절차와 종료점에 도착한 다음 해야 할 일과 2p 등반을 시작하는 선등자 확보까지의 순서다. 장비의 사용방법, 원리, 노하우를 터득하면 확보물을 효율적으로 회수할 수 있다. 원리, 노하우가 몸에 배지 않은 상태에서 확보물을 설치하면 선등자에게 미칠 위험이 커진다.

2피치(두 번째 피치)

직벽(페이스Face)에서의 확보물 다루는 방법. 2p 종료점에서는 볼트가 없으므로 시작지점처럼 이동식 확보물로 지점을 만든다.

하강

정상에서는 바위의 반대편에 있는 하강로를 걸어서 내려간다. 클라이머가 등반에서 하강할 때 이용하는 길은 일반 등산로보다 위험한 곳이 많고, 길이 맞는지 명확하지 않은 곳도 있어서 길을 잘못 들면 내려갈 수 없는 경우도 발생한다. 하강할 때의 길찾기는 경험에 따른 감각과 정찰을 통한 정보수집이 중요하다. 이 루트는 이용자가 많아서 길을 잃을 걱정은 없지만, 하강 도중에 사고가 발생하고 있으므로 시작점으로 돌아갈 때까지는 조심해서 하강한다.

● 멀티피치

'이용자가 많은 루트'는 도로로 비유하면 포장된 도로, '이용자가 별로 없는 루트'는 임도로 볼 수 있는데, 이 두 루트는 등반 난이도에 큰 차이가 있다. 멀티피치를 처음 등반한다면 예상 불가능한 일이 덜 일어나는 '이용자가 많은 루트'에서 시작하는 것이 좋다. 임도에서는 산사태로 인한 통행금지, 최악의 경우 루트에서 벗어나 계곡 바닥으로 굴러떨어지는 사태가 발생할 수도 있다. 반면 이용자가 많은 루트는 다른 팀과 겹칠 가능성이 높다. 멀티피치에서 안일한 마음으로 그냥 다른 팀을 뒤따라 출발하는 것은 현명하지 못한 행동이다. 낙석이나 빌레이 위치가 겹치면 시간 손실이 많이 발생하고, 본인과 일행뿐만 아니라 먼저 올라간 팀에게도 부담을 주기 때문이다. 루트 안에서 머무는 시간을 줄이면 위험도를 낮출 수 있다. 아침에 등반하러 출발할 때 루트에서 다른 팀보다 빨리 출발하게 될지 정해지는 경우가 많다. 다시 말해, 아침에 어떻게 움직이느냐가 그날 하루를 좌우하는 결정적 요인이 된다.

먼저 올라간 팀이 있을 때는 편하게 오르기 어렵기 때문에 루트 변경 등을 고려해야 한다. 여러 팀이 동시에 착수하면 문제가 발생할 소지가 있는 루트를 등반 잡지 등에서 대중적으로 소개하면 이용자가 급격하게 몰려들어 사고로 이어지기 쉽다.

1 출발

출발 전에 장비를 풀고 서로 확인한다. 잊은 물건, 부족한 장비가 없는지 확인한다.

출발시점에 그날의 등반이 결정된다. 시작이 중요하다.

2 어프로치

암장으로 가는 어프로치는 일반 등산로가 아니므로, 위험한 지점을 통과할 때는 주의해야 한다. 어프로치 중에 발생하는 사고 중 다수가 막을 수 있는 사고다.

어프로치 하는 중에 사고가 많이 발생한다. 또 돌아오는 길에 많이 피로하면 몸을 생각대로 움직이지 못할 수도 있다.

3 준비

짐을 어디까지 들고 갈지 판단하는 것이 중요하다. 배낭을 짊어진 채로 어프로치 하기 어려운 길을 오르는 것은 비효율적이며, 등반할 때도 짐을 짊어지고 오르는 것과 맨몸으로 올라가는 것에는 큰 차이가 있다.

장비는 시트 위에 펼쳐놓고 확인하면 분실 가능성이 줄어든다. 특히 등반을 끝내고 어두워질 때 분실하기 쉽다.

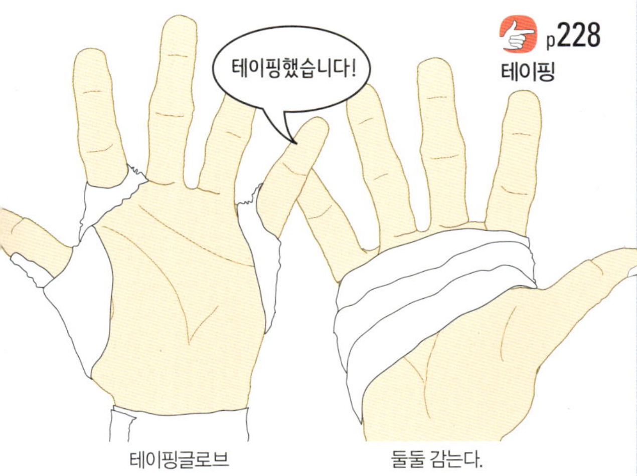

둘둘 감으면 손바닥에서 테이프로 감을 필요 없는 부분까지 감게 된다. p.228에 나오는 방법은 손등만 장갑처럼 덮어서 잘 풀기만 하면 재사용할 수 있다. 처음 할 때는 시간이 걸린다.

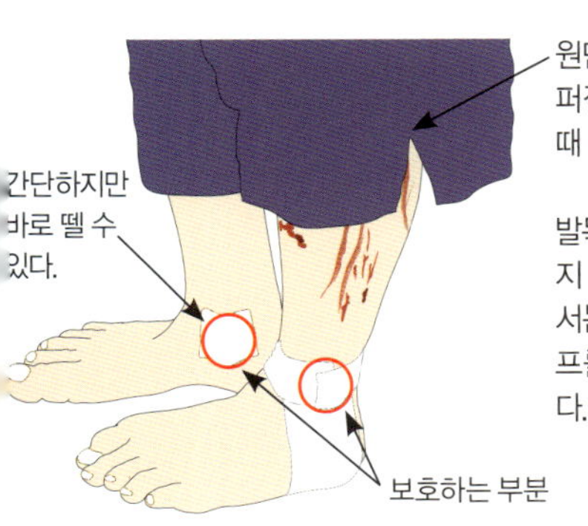

● 암장으로 어프로치

암장으로 어프로치 하는 도중에도 떨어지면 다칠 만한 곳이 있을 수 있다. 어프로치 도중에는 등반기술과는 거리가 먼 요소들로 인해 사고가 일어날 수 있기 때문에 충분히 막을 수 있는데도 막지 못할 가능성이 높다.

배낭 내려놓기

출발지점 근처에 위험이 적어 보이는 장소(낙석이 없고, 평평한 곳)에서 장비, 테이핑 등을 준비한다. 출발 전까지는 좋지 않은 위치로 너무 많이 올라가지 않도록 주의하고, 안전벨트를 착용할 곳 등 준비장소를 결정하는 것이 중요하다.

테이프 감기, 붙이기

재밍이 익숙하지 않은 경우에는 클라이밍테이프를 감고 붙이는 것으로 손의 피부를 보호하며, 통증 때문에 재밍을 못 하게 되는 상황을 막을 수 있다. 3-2에서 선등자는 테이핑을 할 필요가 없다고 생각한다면 사용하지 않아도 된다. 테이프를 감을지 말지는 개인의 습관, 크랙의 형태에 따라 정하는 경우가 많다.

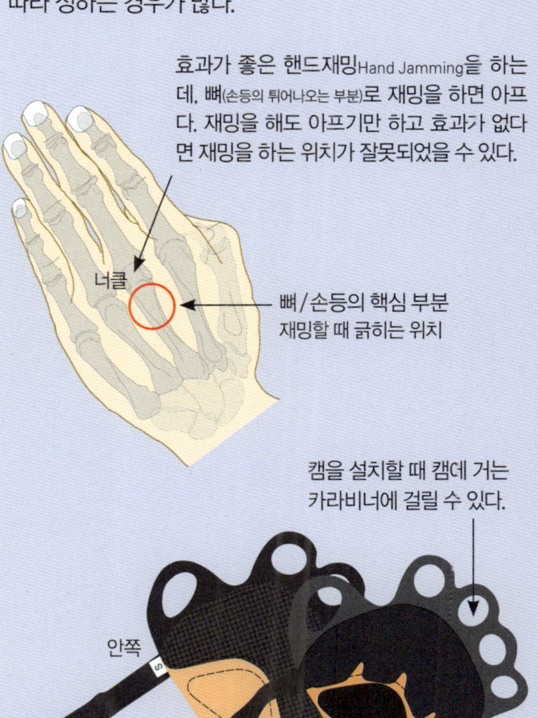

효과가 좋은 핸드재밍Hand Jamming을 하는데, 뼈(손등의 튀어나오는 부분)로 재밍을 하면 아프다. 재밍을 해도 아프기만 하고 효과가 없다면 재밍을 하는 위치가 잘못되었을 수 있다.

재밍글러브Jamming Glove
재밍을 어떻게 해도 참을 수 없을 만큼 아프다면 이 방법도 있다. 테이핑을 하는 것보다 빠르지만 기능성은 떨어진다. 크기가 다양하므로 착용해 본 후 신중하게 선택한다.

장비 선택하기

확보물(장비)이 적을 경우 장비가 부족해지거나(런아웃run out) 등반에 실패할 수 있다. 너무 많으면 여분으로 가져가는 셈이 되는데, 등반속도가 저하되고 피로감이 증대된다. 그러므로 장비의 선택은 매우 중요하다.

캠을 거는 방법

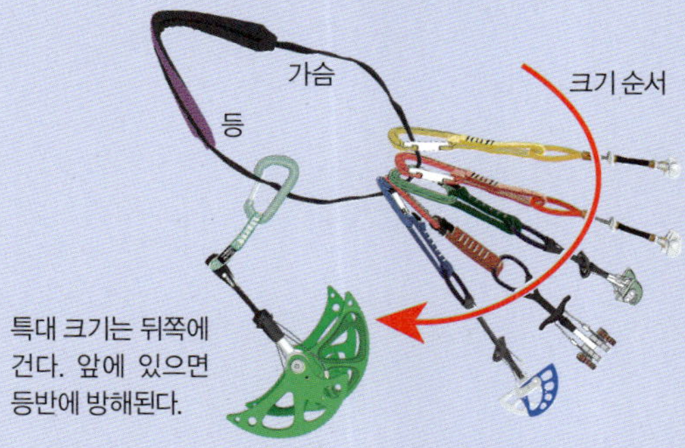

큰 장비부터 작은 장비까지 두 세트 준비하면 대체로 등반이 가능하다(두 세트는 p.15 참조). 넓은 크랙이 없으면 특대 크기는 필요 없다.

장비의 수량이 많으면 고리(루프) 두 줄짜리 기어랙으로도 정리하기 어려워진다. 이런 경우 크기가 같은 장비들을 카라비너 하나에 모아서 걸면 정리하기 쉽다.

4 장비 선택하기

필요하다고 생각되는 확보물을 기어랙에 정리하여 건다.

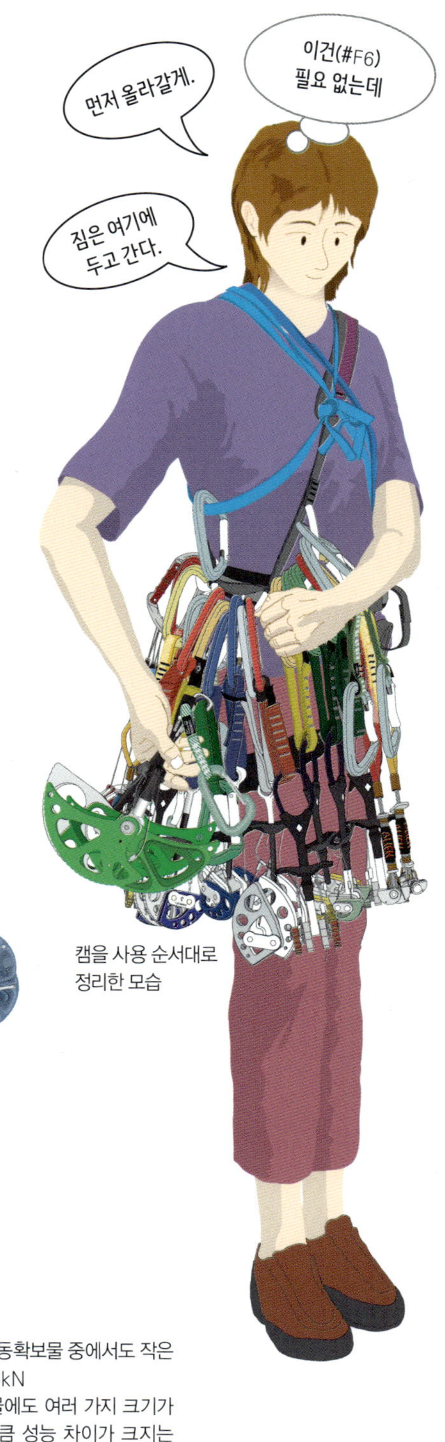

캠을 사용 순서대로
정리한 모습

와이어, 수동확보물 중에서도 작은 크기. 4~6kN
수동확보물에도 여러 가지 크기가 있다. 캠만큼 성능 차이가 크지는 않지만, 효과에 어느 정도 차이가 있다.

기어랙에 장비를 거는 순서는 크기, 사용 순서 등을 기준으로 삼을 수 있다. 정리하지 않은 상황에서는 장비 사용이 어렵다.

5 캠 설치하기

출발점에서는 로프를 사용하지 않고 오르며, 떨어지면 다칠 수 있기 때문에 캠으로 확보지점을 만든다.

⚠️ 출발점으로 어프로치

출발점으로의 어프로치도 추락하여 부상을 당할 수 있는 지점이 있을 수 있다. 어프로치 할 때 로프 사용 여부는 스스로 판단해야 한다. 개념도에 난도가 표시되어 있지 않거나 3급이라고 표시된 곳으로 어프로치 하는데 로프를 꺼낸다면 애초에 자신에게 해당 루트를 등반할 능력이 있는지 재고해야 한다.

● 확보지점을 만들고 자기확보 하기

미끄러져서 추락할 수도 있는 장소에 확보지점이 있다면 즉시 자기확보를 한다. 아무것도 없을 때 직접 확보지점을 만드는 습관을 만들어야 한다.

효과적인 캠 설치

👍 **p47**
캠 설치

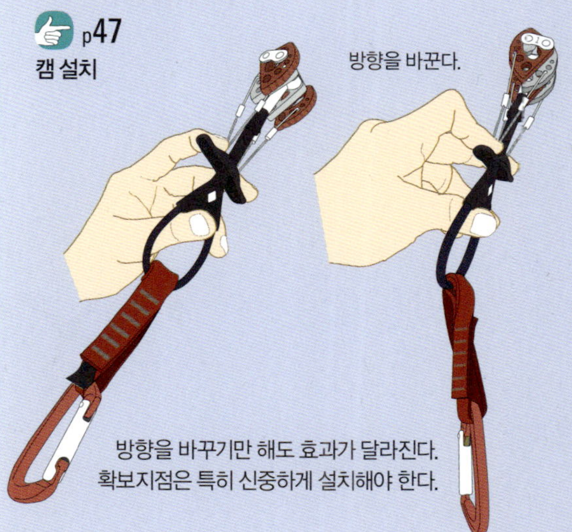

방향을 바꾸기만 해도 효과가 달라진다. 확보지점은 특히 신중하게 설치해야 한다.

자기확보줄 장착

👍 **p146**
데이지체인 사용 주의점

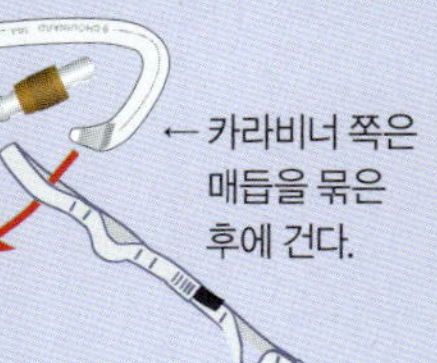

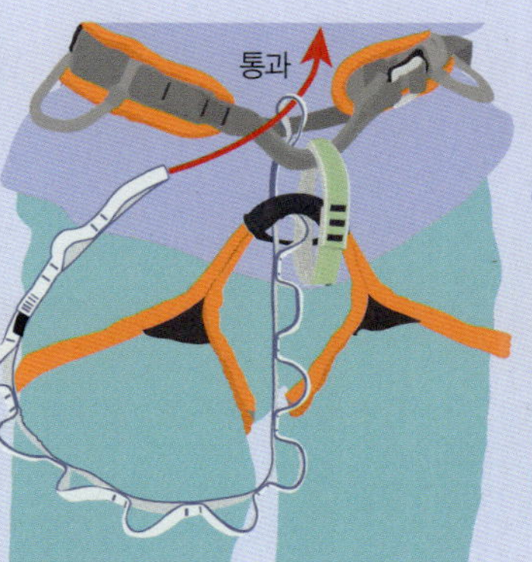

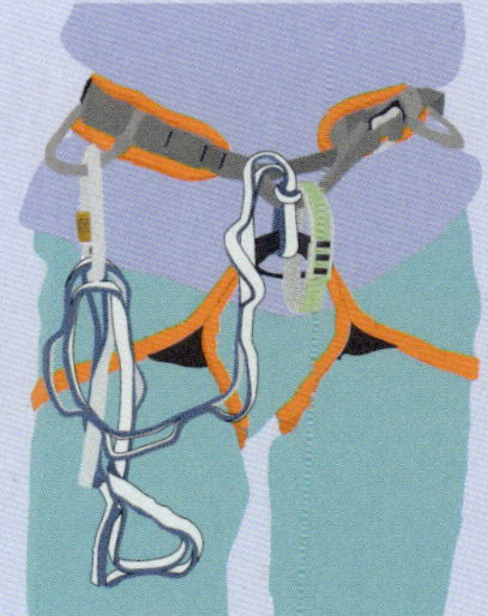

빌레이루프가 두 개인 안전벨트는 로프를 넣는 것과 동일하게 통과시킨다.

끝부분을 통과시킨 다음 조인다.

반대쪽 끝부분, 중간 루프에 카라비너를 걸고 적절한 길이로 조절한다.

* 요즘은 데이지체인보다 고리 강도가 같은 PAS나 로프로 만든 랜야드Lanyard를 사용하도록 권장한다. 데이지체인은 본래 자기확보용으로 나온 장비가 아니고, 대암벽등반 시 물건을 매달아 놓는 용도로 나온 것이지만, 2000년대 초반까지는 편의상 자기확보 용도로 많이 사용했다. 현재는 위험해서 거의 사용하지 않는다.

● 확보지점

확보지점은 여러 지점을 연결하여 만든다. 연결방법으로는 동적, 정적, 반고정이 있으며, 처한 상황이나 가져온 장비에 따라 확보방법이 다르다. 확보지점이 빈약할 때는 확보방법을 심사숙고해야 한다.

- 동적균등연결(동적이퀄라이징 Self-Equalizing. 유동분산): 슬링 길이가 유동적이다.
- 정적균등연결(정적이퀄라이징 Static Equalization. 고정분산): 슬링 길이가 고정된다.
- 반고정균등연결(Sliding-X with knot. 반고정분산): 슬링의 일부 길이가 고정된다.

두 지점 동적균등연결(슬라이딩-X)*

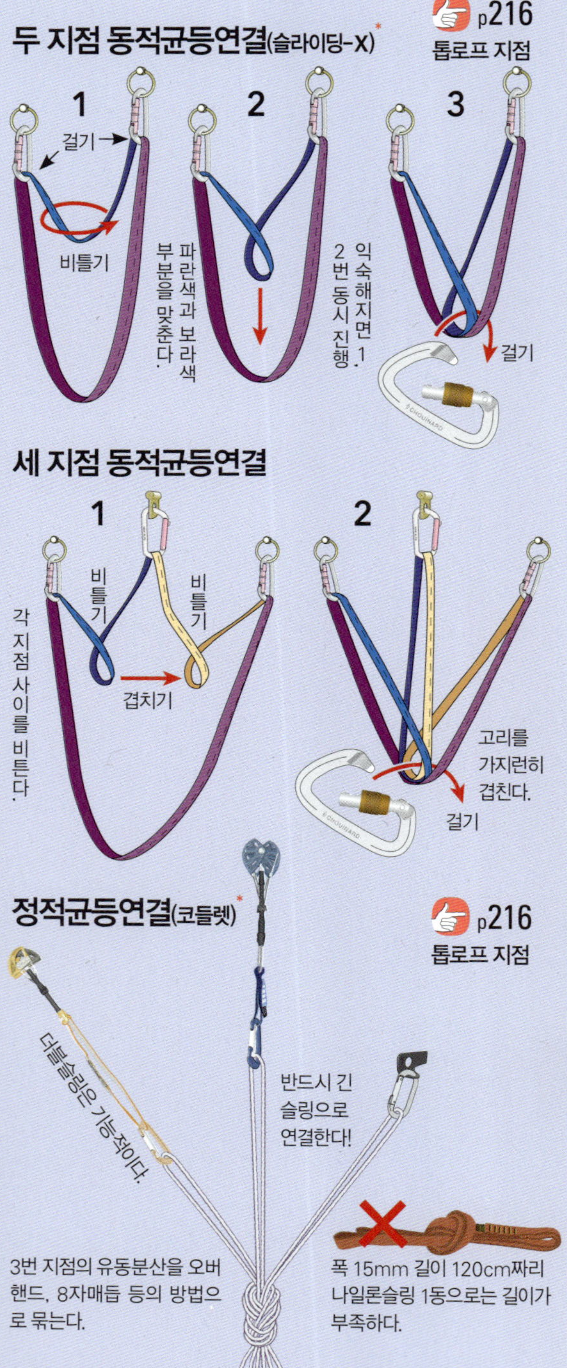

정적균등연결(코들렛)

3번 지점의 유동분산을 오버핸드, 8자매듭 등의 방법으로 묶는다.

폭 15mm 길이 120cm짜리 나일론슬링 1동으로는 길이가 부족하다.

6 확보지점 만들기

유동분산 하여 확보지점 만들기.
로프로 클로브히치를 만들어서 자기확보를 한다.

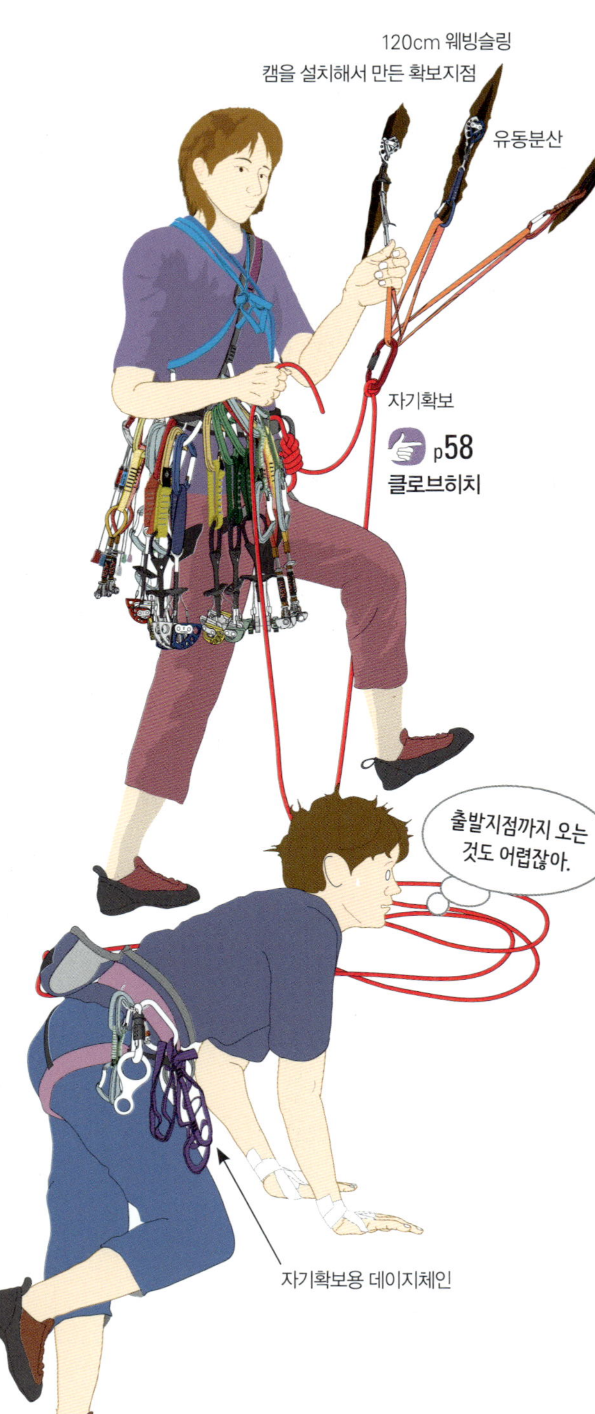

---

* 슬라이딩-X Sliding-X Knot는 두 지점 균등연결 시 사용되는 매듭의 이름이다. 그래서 이 균등연결(이퀄라이징) 방법을 영어로는 'The Sliding-X'라고 부른다.
* 코들렛 Cordlette은 앵커의 균등연결(이퀄라이징)을 위해 고리로 묶어 쓰는 3.6m~5.4m 길이의 코드슬링을 말한다. 정적균등연결 시 주로 코들렛을 써서 '코들렛 정적균등연결'이라고도 한다.

7 자기확보

미끄러져서 떨어질 것 같으면 즉시 자기확보를 한다.
자기확보 하는 습관이 중요하다.

1 데이지체인, 랜야드 등의 자기확보줄로
자기확보를 취한다. 어디에 확보할지는
처한 상황과 본인 생각에 따른다.

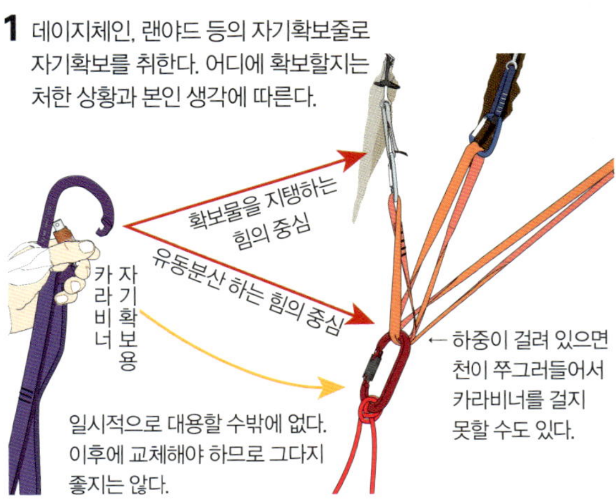

자기확보줄로 하는 자기확보는 걸기만 하면 자기확보가 되므로 매듭
이 익숙하지 않은 초보자에게 유용하다.

2 로프를 안전벨트에 연결한 다음 로프로 자기확보를 한다.

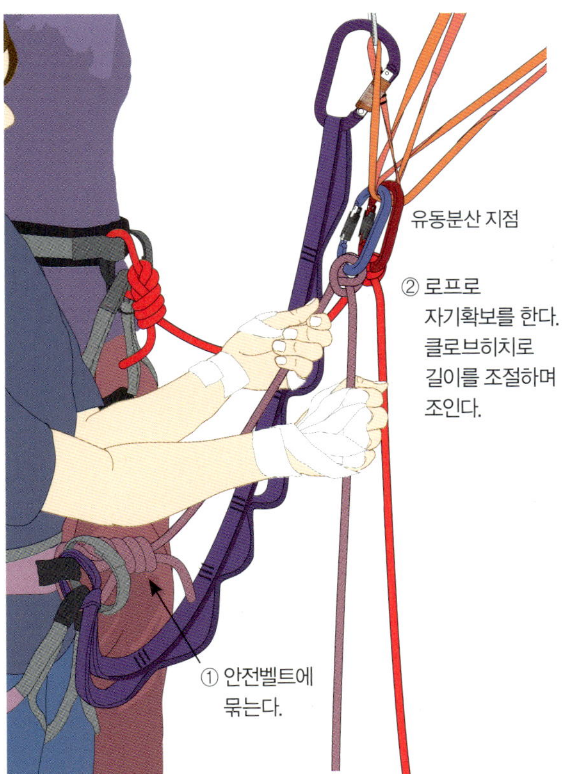

자기확보 후에 8자매듭까지의 동작
- 로프가 이어지지 않고 빠져나오도록 한다.
- 선등자로부터 불필요한 장비는 받고, 필요로 하는 장비를 건넨다.
- 확보자를 위해 로프를 움직이고, 빌레이루프를 준비한다.
- 동시에 진행하나 상황에 따라 대응한다.

하중의 분산: 유동분산과 고정분산1

유동분산(동적균등연결)과 고정분산(정적균등연결)은 장단점이 있
다. 상황에 따라 사용하는 것이 바람직하다.

	동적(유동분산)	정적(고정분산)
구조	작다 걸기만 하고 매듭은 없다. 매듭을 묶지 않기 때문에 빨리 확보할 수 있다.	크다 ← 매듭눈 매듭이 필요하며, 조인 다음에는 잘 풀리지 않는다. 같은 길이의 슬링을 쓸 경우, 매듭에 사용되는 길이만큼 연결거리가 짧아진다. 지점 간의 각도가 커지므로 지점에 걸리는 하중이 크다.
하중	하중이 균등하다. 하중 방향이 바뀌더라도 하중이 균등하다.	하중이 균등하지 않다. 하중 방향이 바뀌면 한 지점에만 하중이 걸린다.
붕괴	늘어난다. 붕괴 붕괴하면 확보줄의 길이가 늘어난다.	붕괴 늘어나지 않는다. 붕괴하면 확보줄의 길이가 늘어나지 않는다.

거는 방법만으로 발생하는 차이

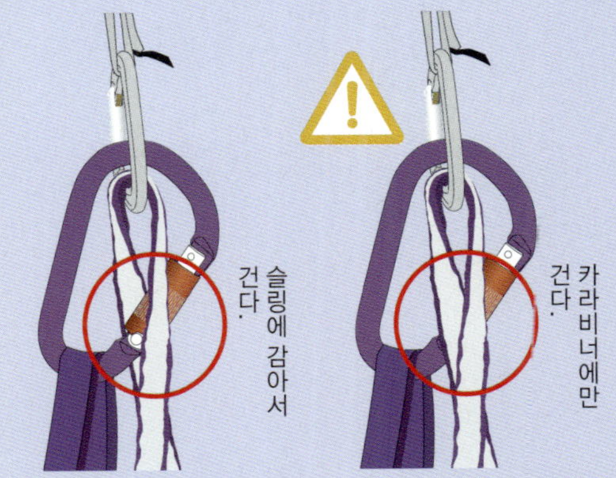

백업용 자기확보도 슬링에 감아서 거는 것과 간단하게 카
라비너에 거는 것은 시스템의 관점에서는 굉장히 다르다.
잠금카라비너를 사용해도 게이트가 일반적인 형태일 경
우 안전고리 효과가 반감된다.

⚠ 데이지체인 사용 시 주의점

데이지체인을 자기확보줄로 사용할 때 주의해야 한다. 길이를 줄이기 위해 체인의 중간 고리를 걸 때 한 번 꼬아서 걸지 않으면 작은 충격에도 고리의 박음질이 끊어져 카라비너에서 이탈할 수 있다.

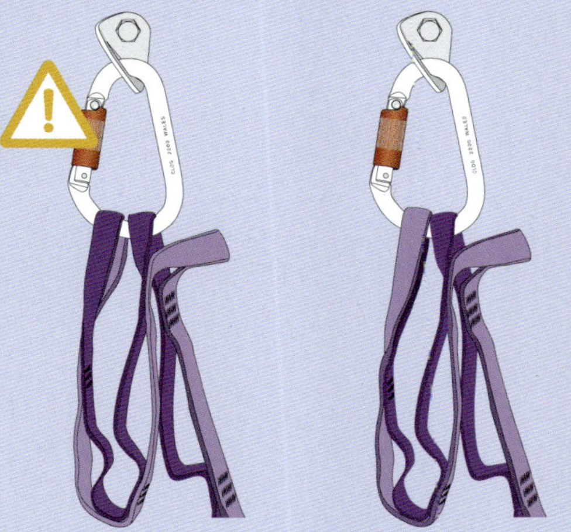

오른쪽 그림과 왼쪽 그림의 차이는 한눈에 이해되지 않는다. 왼쪽 그림은 중간부분의 바느질 땀이 모두 끊어져서 어그러진 상태다.

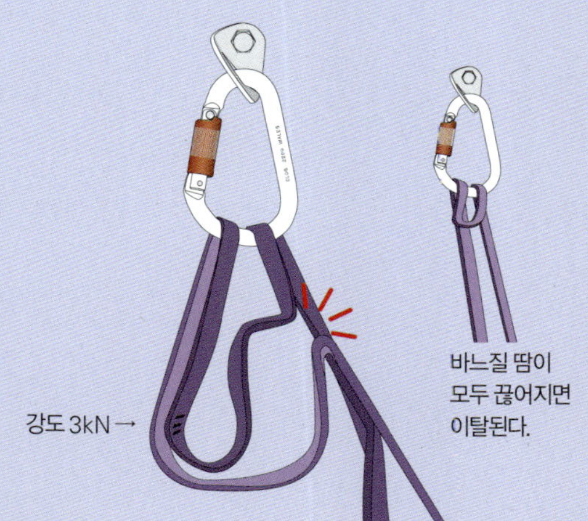

바느질 땀이 끊어지면 이탈될 가능성이 있다. 데이지체인 중간부분의 바느질 땀의 강도는 3kN 정도로, 충격 하중을 버티지 못한다.

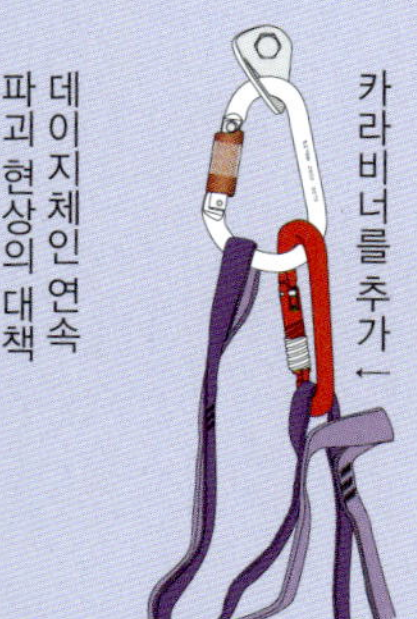

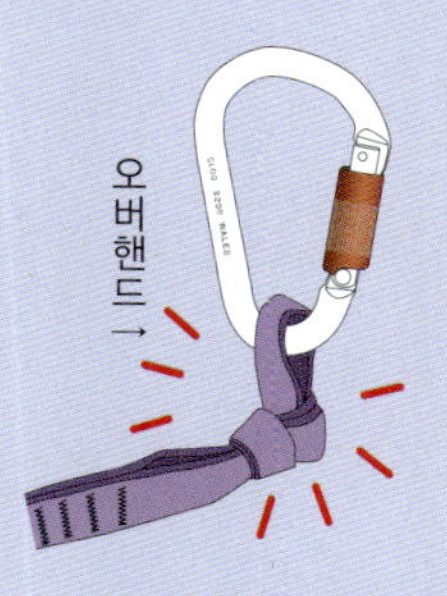

이렇게 대처하면 추락은 예방할 수 있으나 끊어지면 자기확보줄의 길이가 늘어난다.

8 확보

선등자가 등반을 마친 직후 확보지점에 확보물의 설치 여부는 상황에 따라 결정한다.

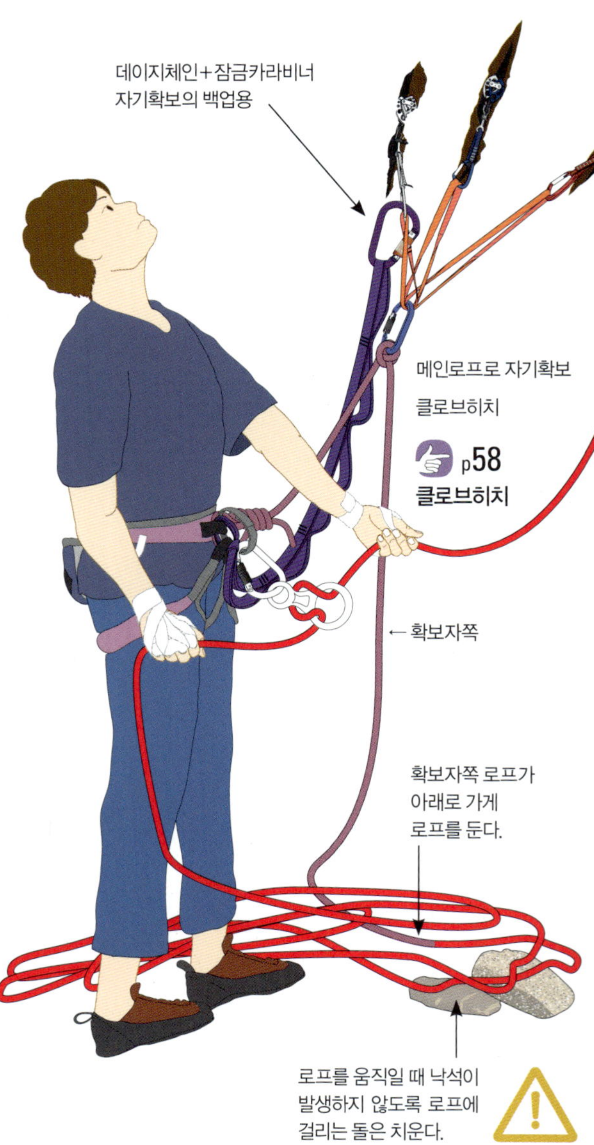

테라스Terrace에서는 로프가 남게 되므로 지면에 두는 편이 조작하기 쉽다. 위에서부터 빠지게 두면 잘 꼬이지 않는다. 로프가 떨어질 수 있는 장소에서는 자기확보용 로프를 따로 나누어서 둔다. (p.152 참조)

9 최초 확보물

첫 번째 확보물은 확보자에게 직접 영향을 주기 때문에 중요하다. 확보가 잘 되지 않았을 때 떨어지지 않도록 해야 한다. 스포츠클라이밍과의 근본적인 차이가 바로 쉬운 구간에서도 추락이 허용되지 않는다는 것이다.

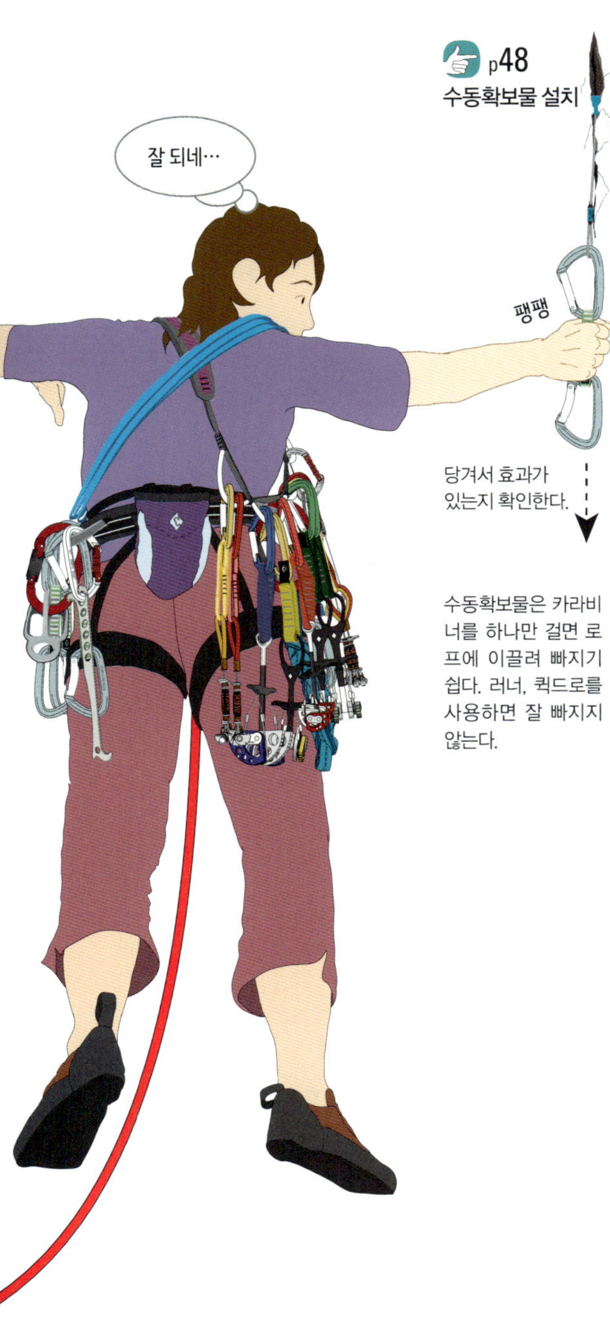

p48
수동확보물 설치

당겨서 효과가 있는지 확인한다.

수동확보물은 카라비너를 하나만 걸면 로프에 이끌려 빠지기 쉽다. 러너, 퀵드로를 사용하면 잘 빠지지 않는다.

왼쪽 장비걸이에는 너트키, 카라비너, 잠금카라비너, 확보기, 퀵드로 3개를 건다.

수동확보물 설치

최초의 확보물이 수동확보물인 경우에는 위, 아래 어느 곳이든 하중을 걸어도 좋게끔 설치해야 한다.

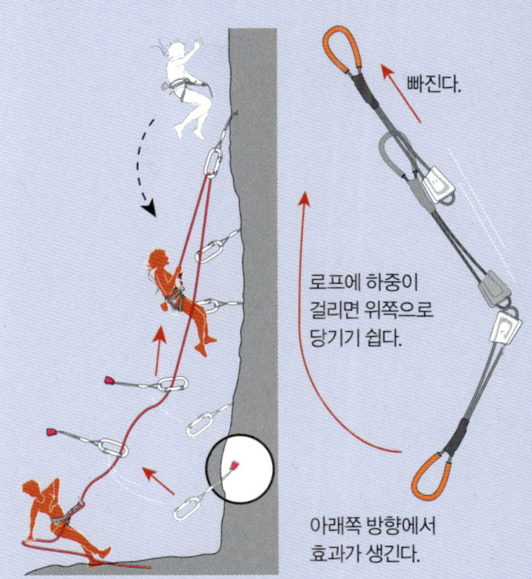

아래쪽에만 효과가 생기도록 설치했을 때는 위로 당기면 빠진다. 추락이 당기기만 해도 빠지는 경우가 있다. 잘 설치하지 않으면 추락 등의 강한 힘이 발생할 때 지퍼효과 가 일어날 수 있다.

* 지퍼 효과Zipper Effect: 여러 개의 확보물을 설치하고 올라갔으나 등반자가 추락할 때 발생하는 강한 힘으로 인해 로프가 팽팽해지면서 첫 번째 확보물부터 줄줄이 빠져버리는 현상.

수동확보물이 빠지지 않는 설치 방법(지퍼효과 방지)

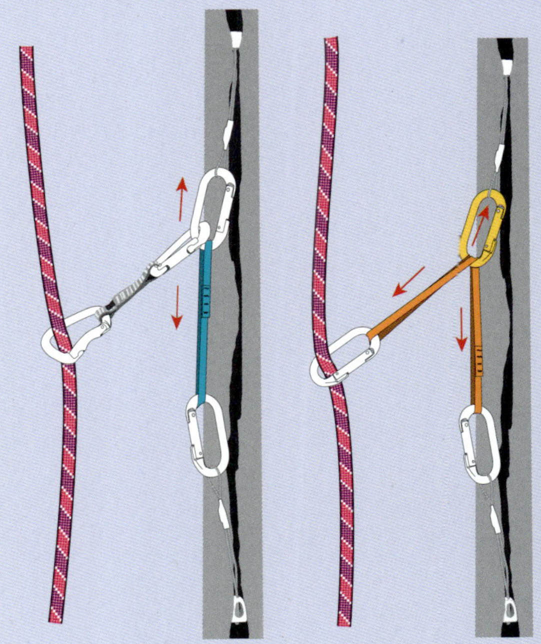

오른쪽은 세 방향으로 하중을 걸어서 큰 힘을 쉽게 이동시킬 수 있다. 왼쪽처럼 위아래로 잘 설치하기는 슬링의 길이가 길어서 어렵다. 무엇이든 일장일단이다.

확보물 설치 이후

확보물을 설치하고 여유가 있으면 다음 확보물을 준비해 두는 것이 효율적이다. 장비걸이의 뒤쪽에 있는 장비는 유사시에 꺼내기 어렵다.

설치 위치 미리 파악하기

루트를 파악한 다음 확보할 위치와 무엇을 설치할지 생각한다. 장비를 정리해 두는 것은 볼트에 확보를 하고 쉬는 동안 다음 루트를 파악하는 것과 같이 유용하다.

다양한 이동식 확보물

'이동식 확보물＝바위의 틈＝크랙'이라고 제한할 수는 없다. 크랙이 없는 페이스(직벽)나 확보물을 설치할 수 없는 작은 크랙, 또는 크랙이 없는 곳에서도 자연확보를 하는 경우가 있다.

로프가 크랙 안으로 껴들어 가지 않도록 캠을 설치하는 동작으로, 확보와는 다르다.

👆 p204
재밍

10 확보와 흐름

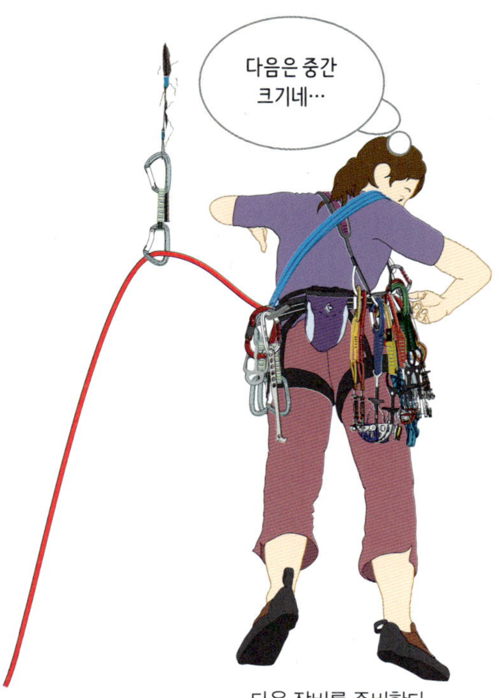

다음 장비를 준비한다.

↑ 크랙이 없어서 확보물을 설치할 수 없다.

👆 p47
캠 설치

오버행에서 빠져나오는 부분에서도 로프가 직각이 되기 쉽다. 손보다 작은 크기의 크랙일 경우, 크랙에 로프가 낄 수도 있다. 로프가 낄 것 같으면 그 크랙 안에 캠을 설치한 다음 로프를 거는 방법도 있다.

확보 거리가 부족할 때는 긴 러너를 사용한다. 여기에서 확보 거리를 짧게 설치하면 오버행을 넘어선 다음에 로프가 무겁게 느껴진다. 확보물을 설치했을 때 발생할 영향과 결과를 예측하는 것이 매우 중요하다.

11 확보지점 도착

1피치 종료점 도착

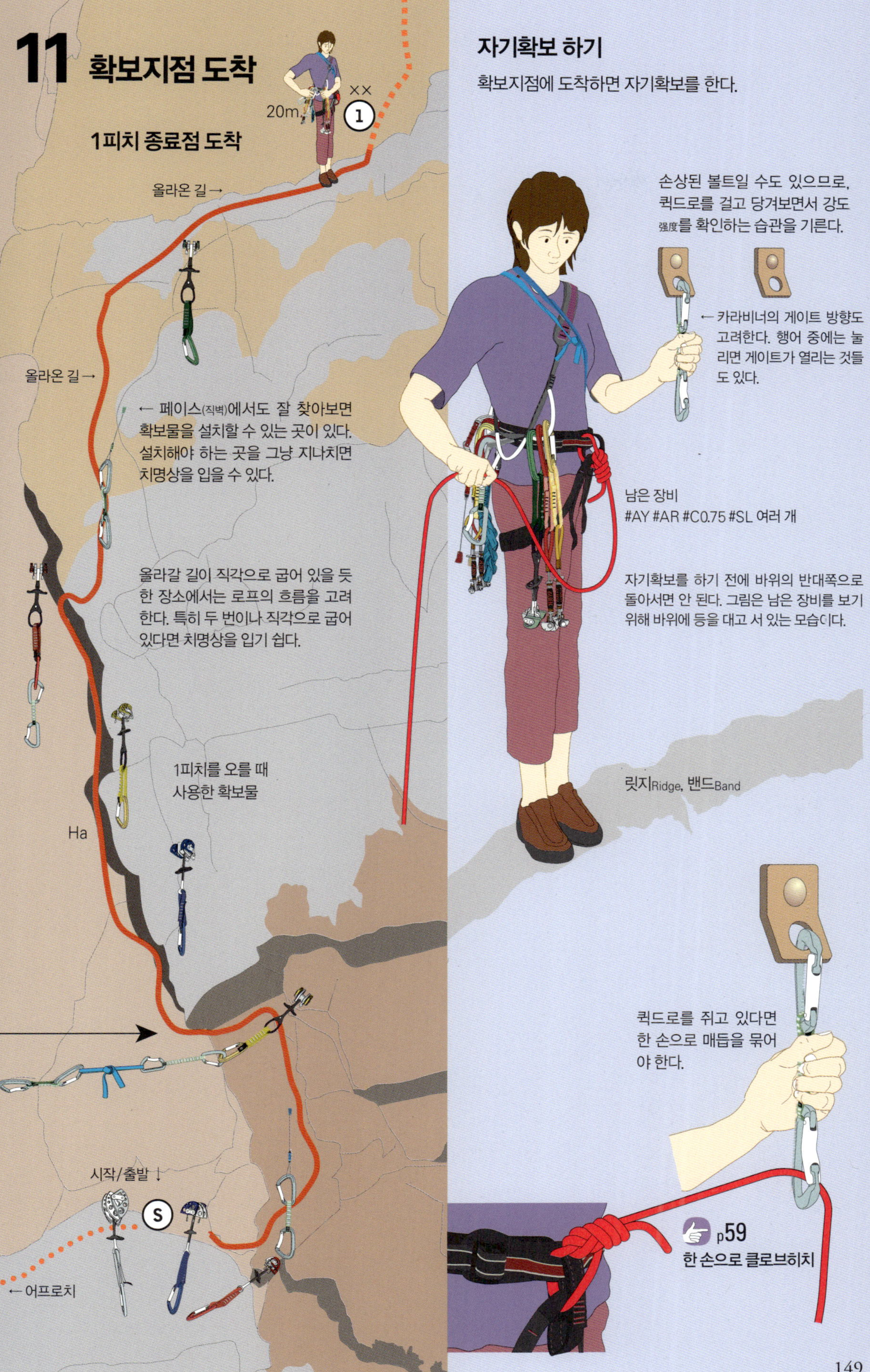

● 확보/빌레이 해제

빌레이 해제는 자기확보를 한 이후에 하거나 후등자를 확보할 지점을 만든 이후에 하는 등 사람마다 다를 것이다. 확보를 해제한다는 신호를 보내면 해제하는 동시에 후등자도 등반 준비를 할 수 있어서 효율적이지만, 확보를 1개만 취한 상태에서 해제 신호를 보내면 백업이 없어서 위험할 수 있다. 또한 확보지점을 만드는 사이에 자기확보를 다시 취할 경우 순간적인 공백 상태가 발생할 수 있다. 방법의 차이로 인해 효율성과 위험성이 달라진다.

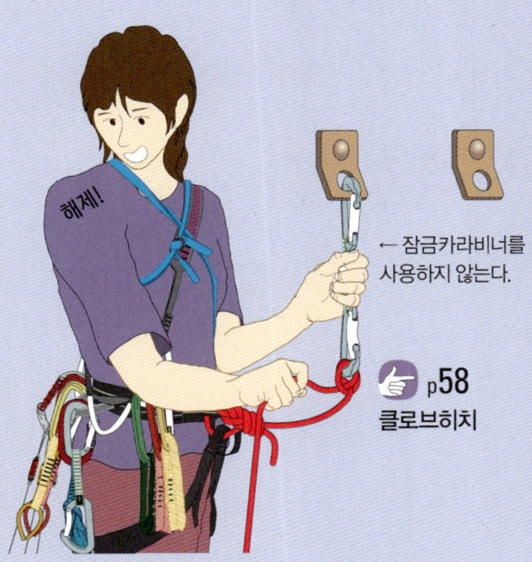

1개 지점에서 자기확보를 한다. 다만 백업이 없다.

12 확보 해제

두 곳에 자기확보를 하고 빌레이 해제 신호 보내기

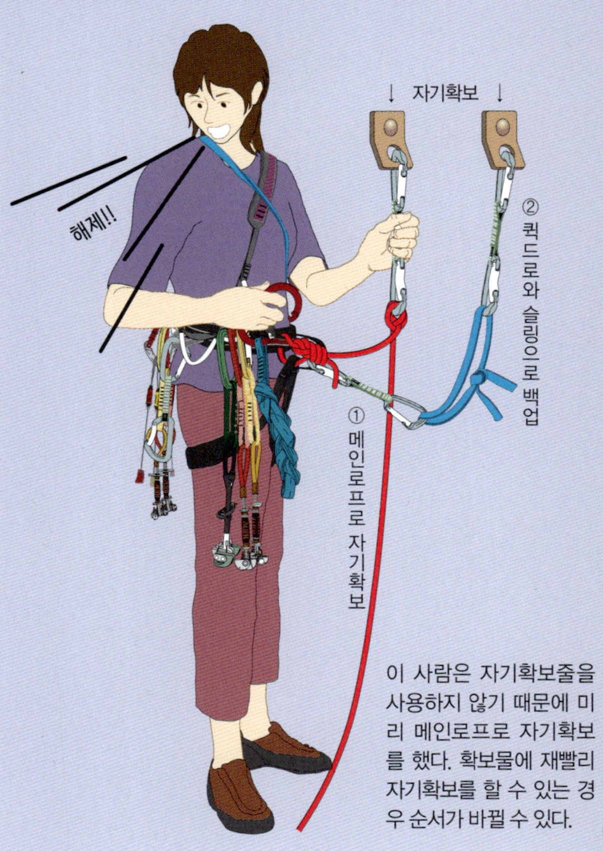

이 사람은 자기확보줄을 사용하지 않기 때문에 미리 메인로프로 자기확보를 했다. 확보물에 재빨리 자기확보를 할 수 있는 경우 순서가 바뀔 수 있다.

12 후등 준비

위를 보고 신호를 주지 않으면 소리가 닿지 않을 가능성이 있다.

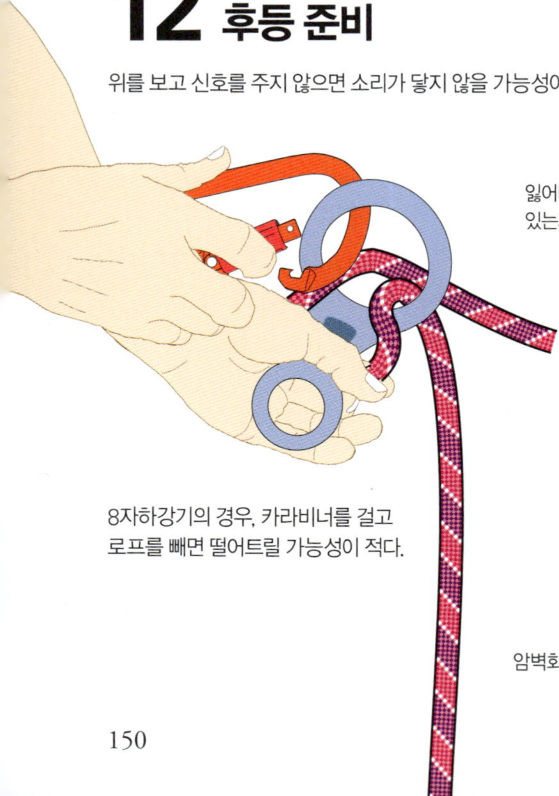

8자하강기의 경우, 카라비너를 걸고 로프를 빼면 떨어트릴 가능성이 적다.

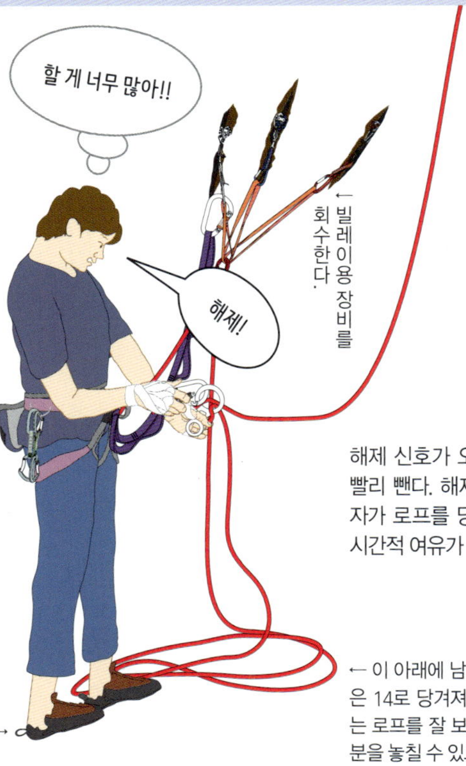

해제 신호가 오면 확보기를 재빨리 뺀다. 해제와 동시에 선등자가 로프를 당길 수 있으므로 시간적 여유가 없다.

← 이 아래에 남아 있는 로프 여분은 14로 당겨져 올라간다. 올라가는 로프를 잘 보지 않으면 꼬인 부분을 놓칠 수 있으므로 주의한다.

13 확보지점 만들기

확보지점을 만든 이후에 빌레이를 해제하는 경우도 있다.

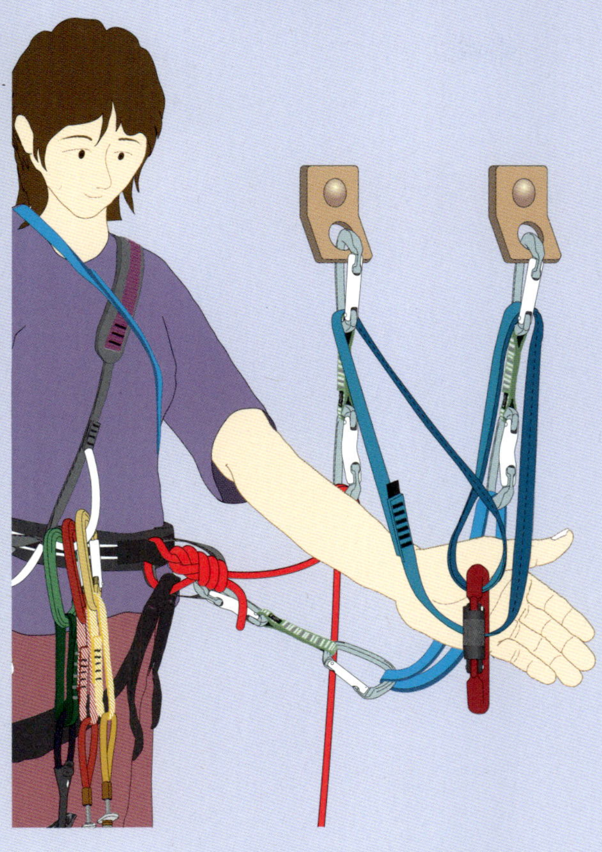

● 확보지점

확보지점을 만드는 방법은 다양하다. 지점의 상황, 선등자가 갖고 있는 장비 등에 따라 달라지기 때문에 기본적인 형태가 별도로 존재하지 않는다. 등반을 시작하는 시점에 결정된다고 볼 수도 있다.

동적균등연결(슬라이딩-X)

설치된 볼트 2개가 모두 붕괴 가능성이 없을 때. 후등자가 있는 방향이 수직 아래가 아니므로 여기에서는 동적균등연결로 확보지점(빌레이 지점)을 만드는 방법을 설명한다.

죽음의 삼각형
Death Triangle

오른쪽의 삼각형은 윗변에 걸리는 하중이 커져서 위험하게 여겨지기도 한다. 긴 슬링이 없고, 볼트가 받칠 수 있는 허용범위 내에서 상황을 보고 판단해야 한다.

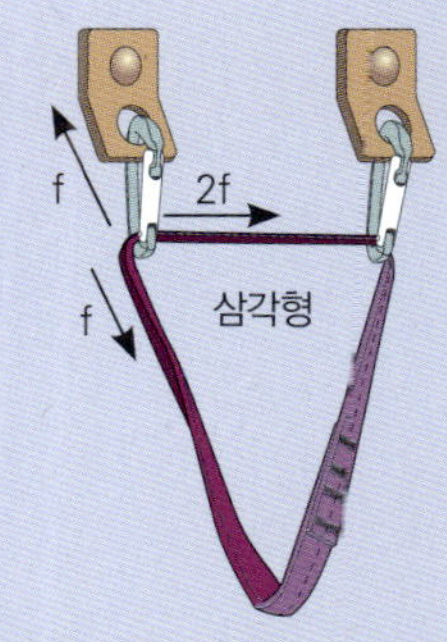

장비가 떨어진 상태에서 종료점에 도착한다. 죽음의 삼각형을 써야 하는 상황으로 볼 수 있다.

선등, 후등을 바꿔 가며 등반할 때는 로프로 지점(p.191)을 만드는 방법을 쓸 수도 있다.

하중의 분산: 유동분산과 고정분산2

붕괴 가능성 없음

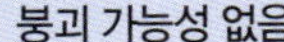

고려하지 않음　　고려하지 않음　　고려하지 않음

1개 지점이 빈약한 경우

유동, 고정　　고정　　고정

다수의 지점이 빈약한 경우

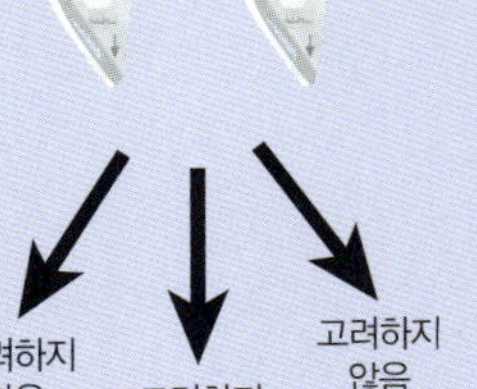

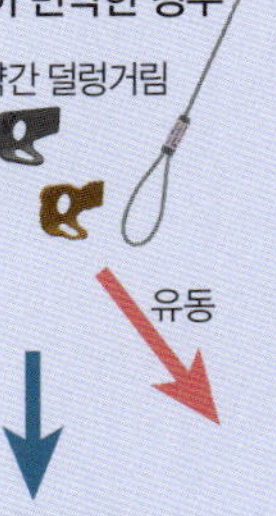

수직으로 고정분산하면 하중이 균등하다.

확보지점을 만들 때 지점의 신뢰성과 하중방향을 고려한다. 하중방향은 후등자 확보뿐만 아니라 선등자의 등반에도 중요하다. 지점이 확실하게 설치되어 있다면 강도보다 조작성에 중점을 둔다. 하중이 수직으로 걸릴 때는 지점의 종류에 상관없이 정적균등연결이 효과적이다.

확보지점에 사용할 잠금카라비너의 개수

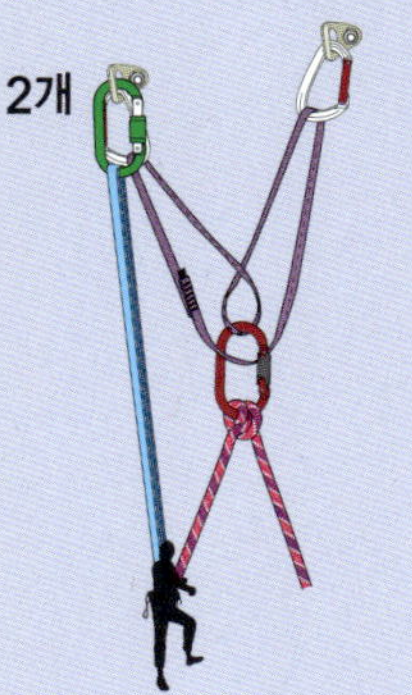

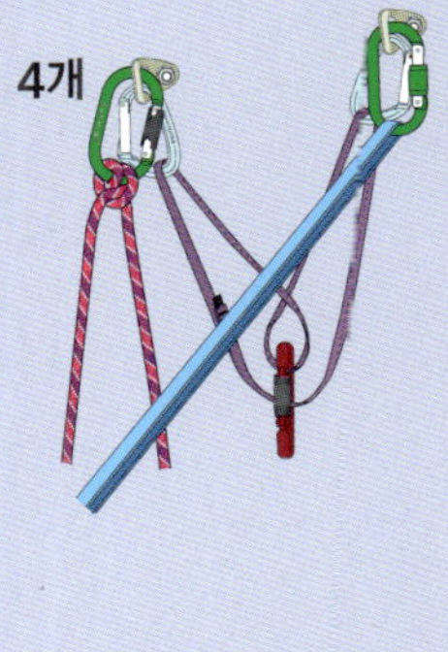

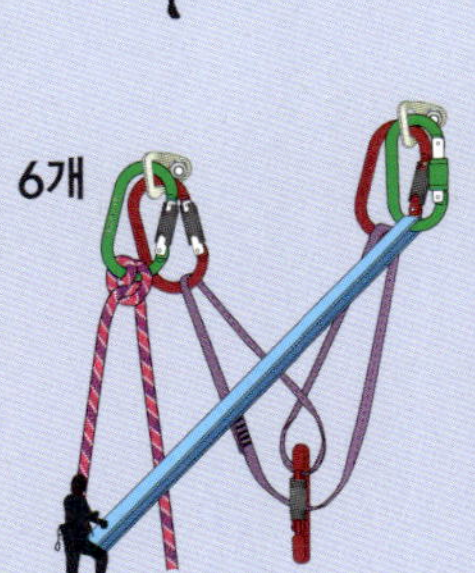

잠금카라비너를 몇 개 사용할지는 개인의 판단게 따른다(그림은 카라비너가 2개 이상 들어가는 볼트). 후등자 확보 기능이 있는 확보기를 사용하게 될 경우, 잠금카라비너 6개가 필요하다.

로프를 이용한 의사소통1

멀티피치에서는 거리가 있어서 확보자가 보이지 않고 목소리도 들리지 않는 경우가 있다. 이때는 로프를 당겨 상대방이 무엇을 하고 있는지 확인해야 한다.

확보를 시작했을 때 아무리 당겨도 상대방의 반응이 없다면 살짝 풀어 보는 등 상태를 확인한다.

14 로프 당겨 올리기

로프를 당겨 올린다.

상호 간의 의사소통이 중요하다. 로프의 움직임으로 상대방이 어떤 상태인지를 판단한다.

모든 장비를 회수하고 등반을 시작한다. 회수는 후등자의 중요한 임무이므로 잊지 않도록 주의한다.

확보물의 회수

해제 신호가 오면 후등자는 빌레이를 해제하고 등반 준비를 시작한다. 메인로프가 모두 위로 올라가고 "올라와!" 하는 신호가 오는 사이에 확보지점을 회수하는 경우와 신호가 오고 나서 회수하는 경우가 있으며, 상황에 따라 다르다.

15 후등자 확보

후등자 확보기능이 있는 확보기로 후등자 확보를 시작하기 직전의 상황

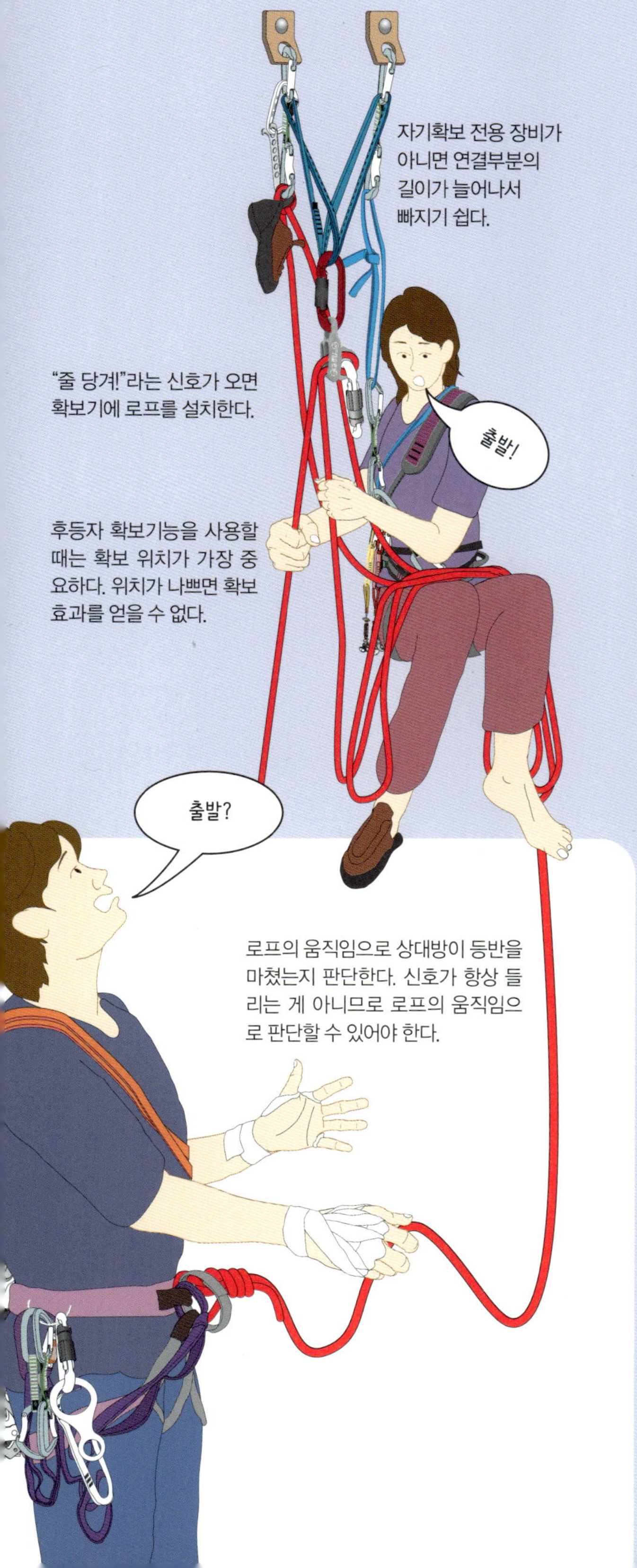

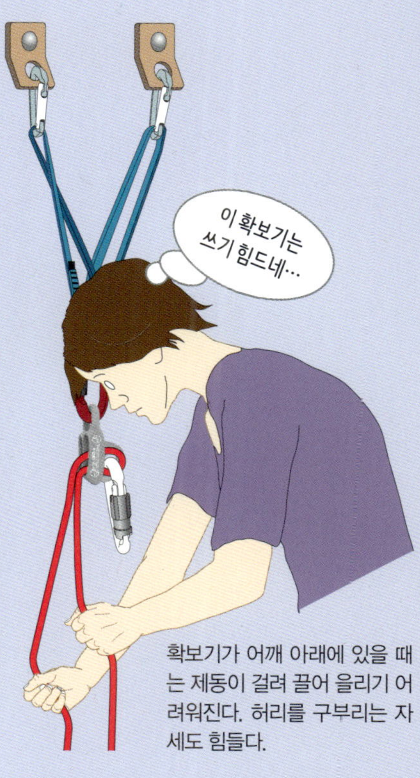

자기확보 전용 장비가 아니면 연결부분의 길이가 늘어나서 빠지기 쉽다.
"줄 당겨!"라는 신호가 오면 확보기에 로프를 설치한다.
출발!
후등자 확보기능을 사용할 때는 확보 위치가 가장 중요하다. 위치가 나쁘면 확보 효과를 얻을 수 없다.
출발?
로프의 움직임으로 상대방이 등반을 마쳤는지 판단한다. 신호가 항상 들리는 게 아니므로 로프의 움직임으로 판단할 수 있어야 한다.

후등자 확보기능이 있는 확보기

후등자 확보기능이 있는 확보기를 사용할 때는 잠금카라비너를 2개 사용하는 것이 좋다(다른 확보기보다 한 개가 더 필요하다). 기능이 늘어나 편리해지지만, 장비가 늘어나 간편하지는 않다.

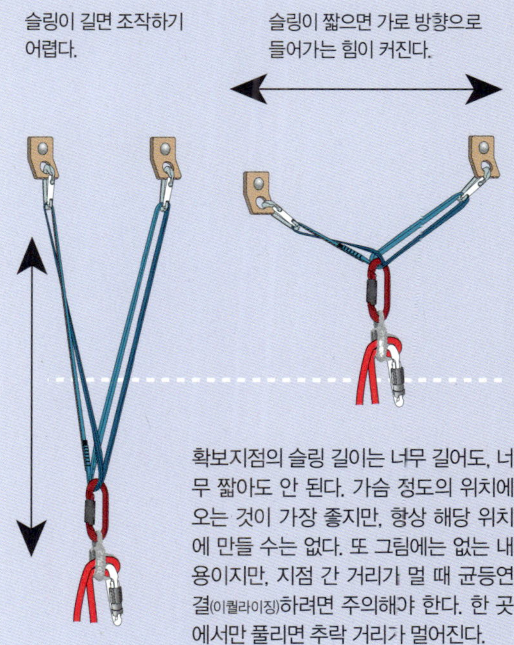

이 확보기는 쓰기 힘드네…
확보기가 어깨 아래에 있을 때는 제동이 걸려 끌어 올리기 어려워진다. 허리를 구부리는 자세도 힘들다.

슬링이 길면 조작하기 어렵다.
슬링이 짧으면 가로 방향으로 들어가는 힘이 커진다.
확보지점의 슬링 길이는 너무 길어도, 너무 짧아도 안 된다. 가슴 정도의 위치에 오는 것이 가장 좋지만, 항상 해당 위치에 만들 수는 없다. 또 그림에는 없는 내용이지만, 지점 간 거리가 멀 때 균등연결(이퀄라이징)하려면 주의해야 한다. 한 곳에서만 풀리면 추락 거리가 멀어진다.

수동확보물의 회수

쉽게 빠지지 않는 수동확보물은 무리하게 당기면 안 된다.
와이어가 손상될 수 있으므로 너트키를 사용하는 것이 무
난하다.

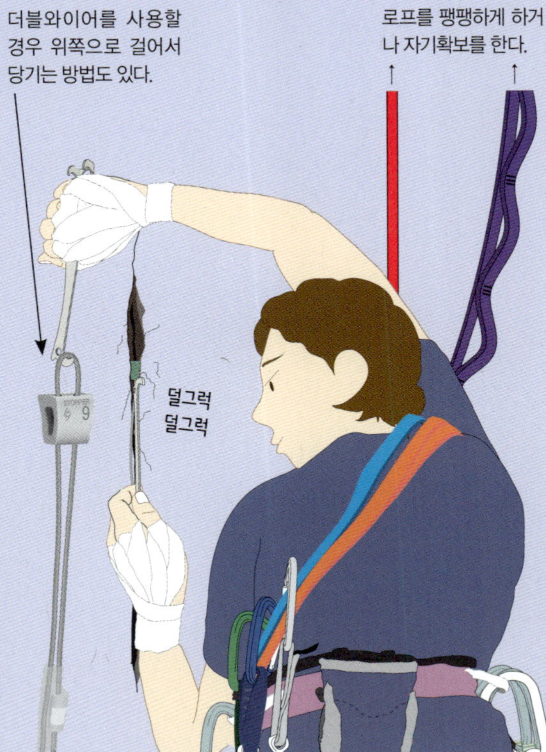

자유등반(프리)을 고집하지 않는다면 로프를 팽팽하게 하거나 별도
의 확보물을 설치하여 확보한 다음에 회수한다.

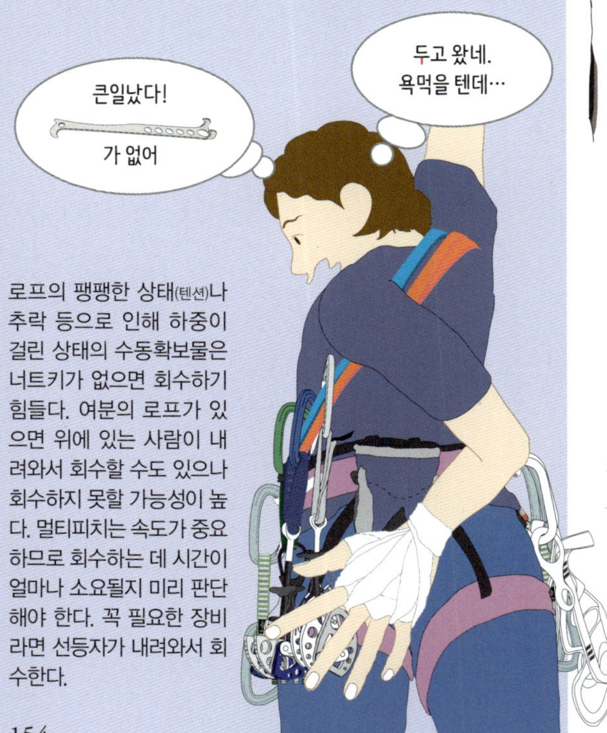

로프의 팽팽한 상태(텐션)나
추락 등으로 인해 하중이
걸린 상태의 수동확보물은
너트키가 없으면 회수하기
힘들다. 여분의 로프가 있
으면 위에 있는 사람이 내
려와서 회수할 수도 있으나
회수하지 못할 가능성이 높
다. 멀티피치는 속도가 중요
하므로 회수하는 데 시간이
얼마나 소요될지 미리 판단
해야 한다. 꼭 필요한 장비
라면 선등자가 내려와서 회
수한다.

16 후등자(너트 회수)

후등자는 선등자가 설치한 확보물을 모두 회수하며 등반한다.
처음 설치한 확보물을 회수하고 있는 상황

기어랙이 없을 때는 슬링을 어깨에 걸어서 대용할 수 있다.

17 후등자(캠 회수)

오버행 아래에서의 트래버스

후등자가 보이지 않을 때는 본인이
올라온 루트에 대한 기억을 떠올리
며 확보해야 한다.

p205
손재밍

선등자의 확보 방식때문에
후등자가 겁을 먹을 때도 있다.

어딘가에 낀 듯한 로프는 무겁게 느껴진다. 확보자가 느끼기에
는 로프가 팽팽한 것 같더라도 실제로는 헐렁헐렁할 수도 있다.

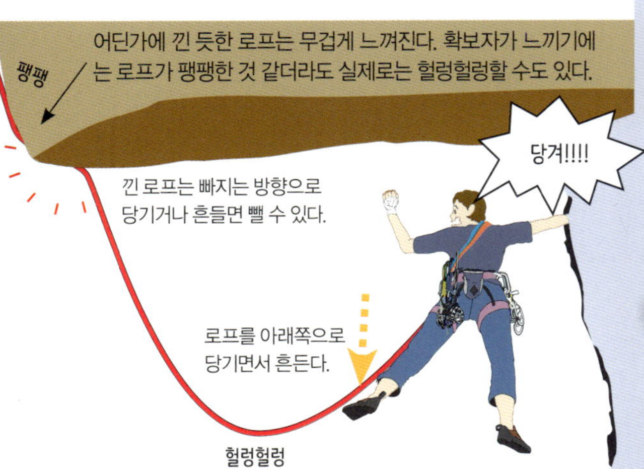

빡빡하게 박힌 캠의 회수

굉장히 좁은 곳에 고정한 캠은 트리거Trigger
를 완전히 당기지 않고 움직일 경우 반대로 고
정한 홈에 걸려 더 단단하게 고정되어 버릴 수
있다.

완전히 다 당긴 줄 알았는데 남
은 부분이 있어서 좀 더 당겨야
할 수도 있다. 끝까지 확실하게
당긴다.

p46
캠의 회수

캠의 이동

로프가 꺾이는 부분에 설치한 캠

로프의 팽팽한 정도에 맞추어 움직인다. 손날보다 좁은 크
랙에서는 너트 회수기나 평평한 얇은 판에(륙색의 프레임 등)에
너트키를 테이핑으로 연결하여 회수해야 하는 경우도 있다.

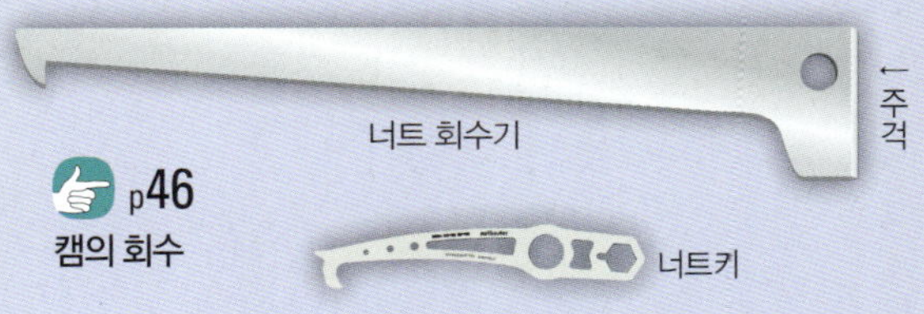

p46
캠의 회수

자기확보줄을 어디에 설치할 것인가

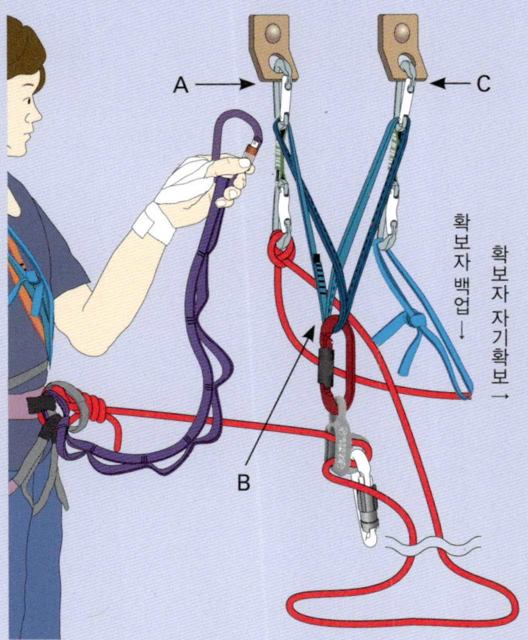

데이지체인과 메인로프로 자기확보를 한다. 데이지체인은 자기확보를 신속하게 할 수 있으므로 먼저 설치한다. 확보할 장소는 상황을 보고 결정한다.

A	B	C
데이지체인 메인로프		메인로프 데이지체인
데이지체인	메인로프 메인로프	데이지체인

18 자기확보 하기

종료점에 도착하면 자기확보를 준비한다.

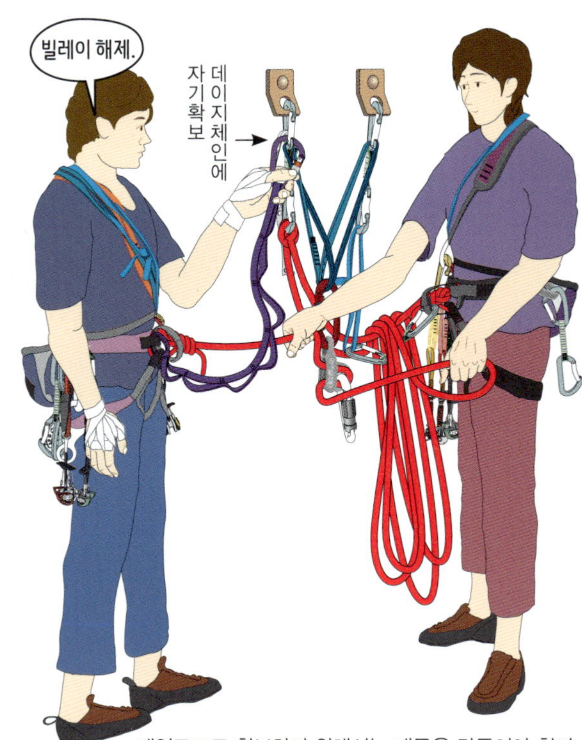

메인로프로 확보하기 위해서는 매듭을 만들어야 한다. 자기확보줄을 사용할 경우 카라비너를 걸기만 해도 되기 때문에 신속하게 확보할 수 있다.

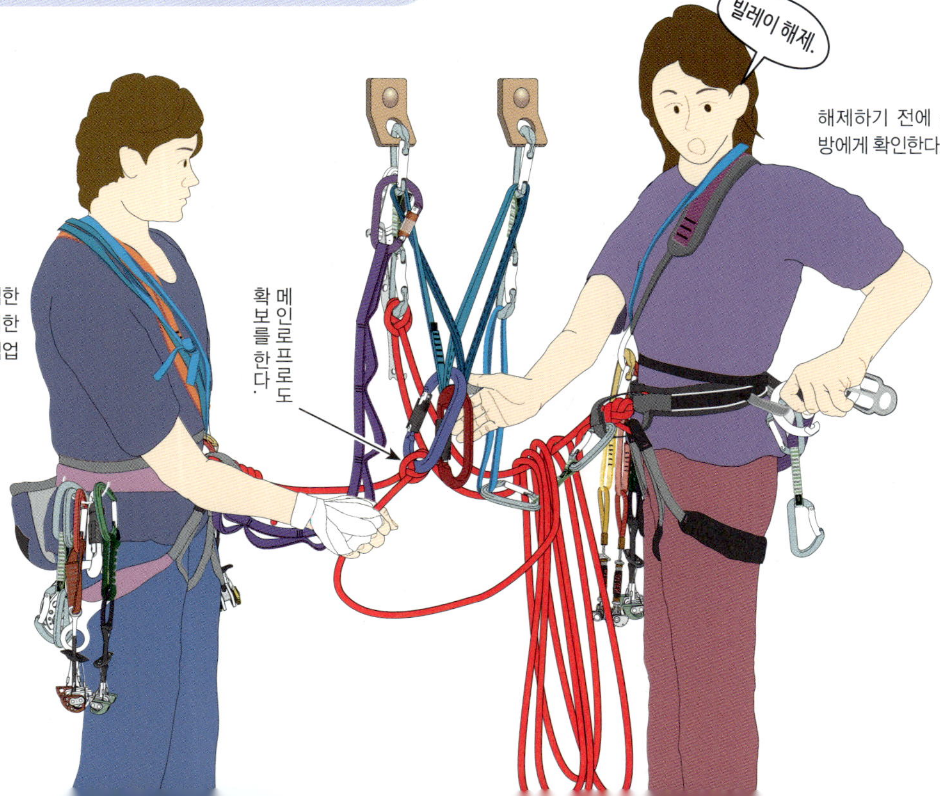

해제하기 전에 상대방에게 확인한다.

자기확보에 백업한다. 사전에 설치한 데이지체인이 백업 요소다.

19 장비 주고받기

후등자는 회수한 장비를 선등자에게 주고, 다음 피치의 확보를 준비한다. 선등자는 건네받은 장비를 정리하고 다음 피치 선등을 준비한다.

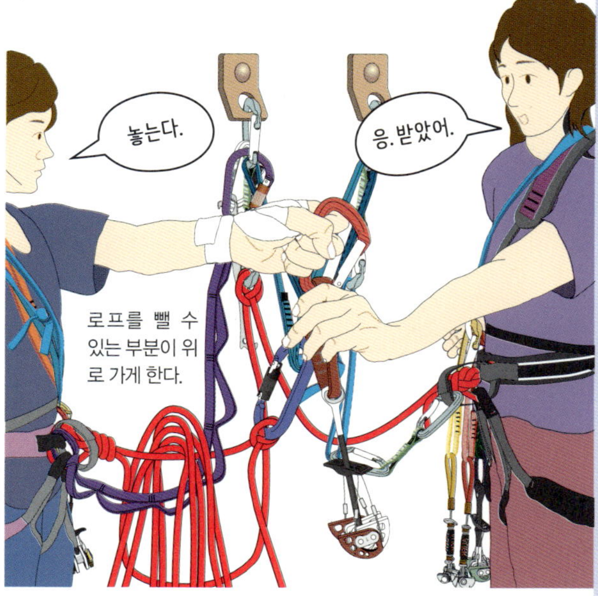

20 확보

선등자가 준비하는 동안 후등자는 확보를 준비한다. 선등자는 안전벨트로 확보한다.

로프 주고받기

장비를 주고받는 절차에는 로프도 포함되어 있다. 로프를 그대로 건네면 로프가 빠져나가는 쪽이 아래쪽에 있기 때문에 확보하는 중에 로프가 빠져나와 엉킬 수 밖에 없다. 로프를 받을 때 위아래를 반대방향으로 뒤집어야 로프가 나오기 쉽다.

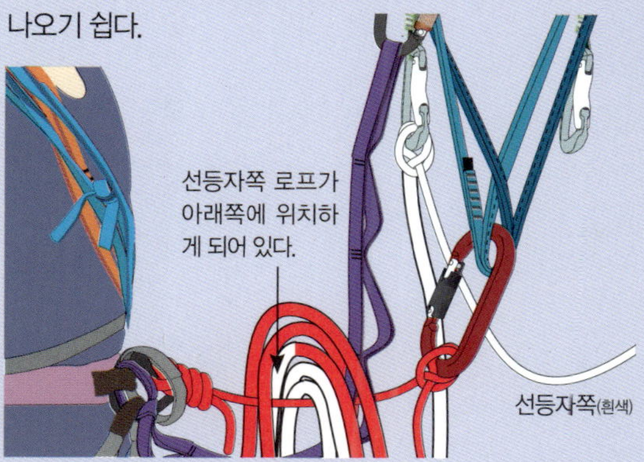

⚠ 주고받을 때 주의

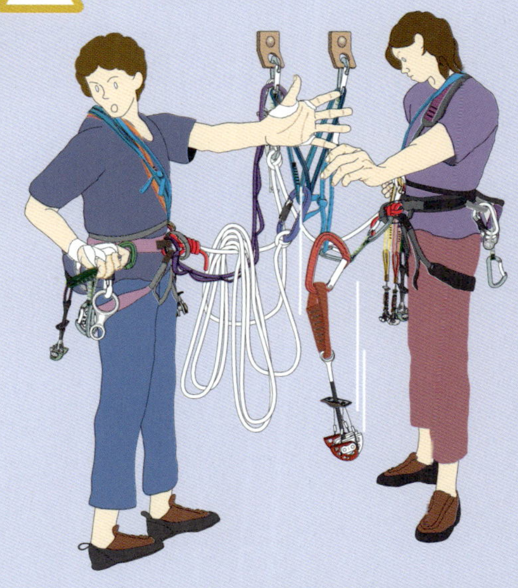

동작이 서로 다르다. 서로의 행동을 의식하지 않으면 물건을 떨어뜨리는 사고로 이어질 수 있다.

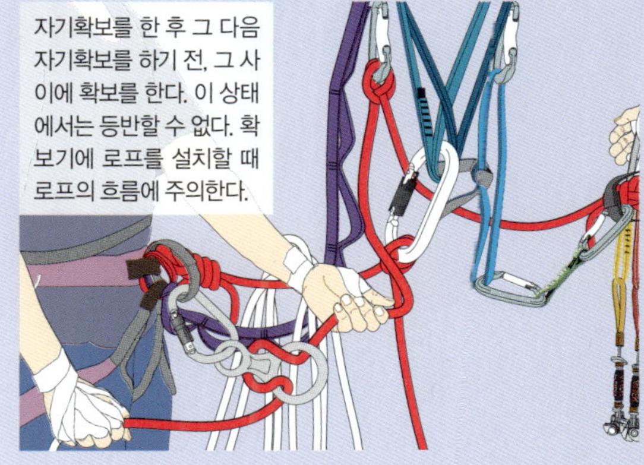

너트, 링볼트를 다른 용도로 사용하는 경우

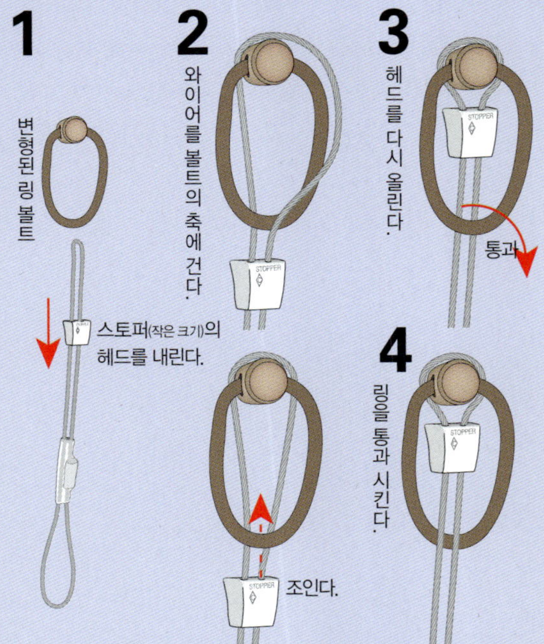

링 부분이 유연한 것은 링이 변형될 때 축으로 가는 충격을 완화하기 위한 것이다. 변형된 링을 사용하고 싶지 않겠지만, 링이 딱딱하면 축에 연결된 부분이 꺾여 강도가 떨어질 수 있다.

재활용식 행어

키홀행어Keyhole Hanger(리벳행어Rivet Hanger)는 재사용할 수 있고, 올라가는 당사자가 직접 들고 갈 수 있는 것이 장점이다. 또 볼트 종류 중에서 바위에 남기고 가는 부분이 가장 적다.

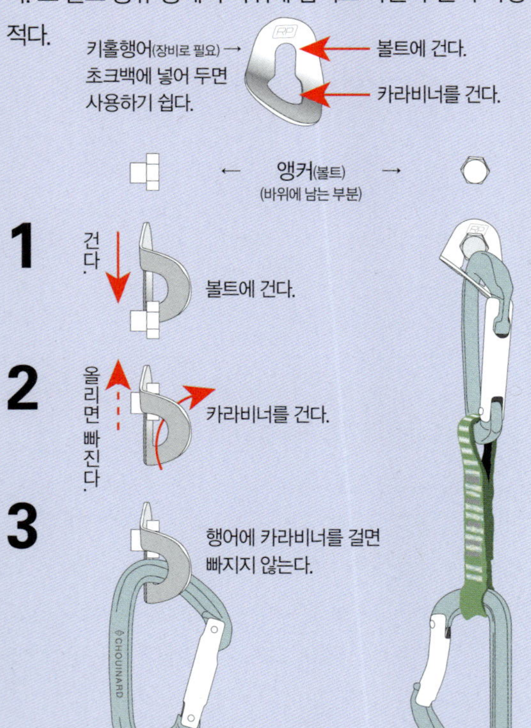

21 2피치(두 번째 피치)

2피치는 직벽을 올라간다.

하강을 고려하지 않는다면 루트에 따라 싱글로프와 더블로프 중에 선택한다. 어려운 자유등반(프리) 루트가 계속될 때는 싱글로프가 기능성이 더 좋다. 직선 루트도 아닌 데다가 로프의 저항이 큰 경우에는 난도 등급보다 루트 형태를 우선 고려할 가능성이 높다.

2피치 종료점은 평평한 테라스다. 볼트가 없기 때문에 시작점에서와 같이 이동식 확보물로 확보지점을 만들고 후등자를 확보한다.

평평한 테라스에서는 로프를 굳이 사릴 필요가 없다. 말려 있는 만큼 효율이 떨어진다.

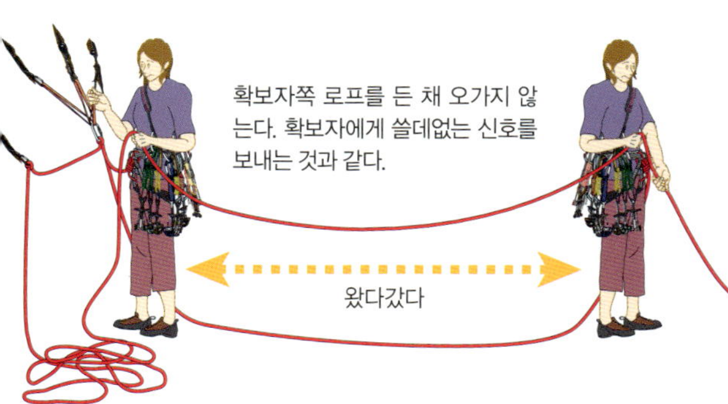

슬링으로 커버할 수 없는 길이는 로프로 커버할 수 있다. 일반적인 확보지점이 아닌 곳에서는 설치하는 데 시간이 필요하다.

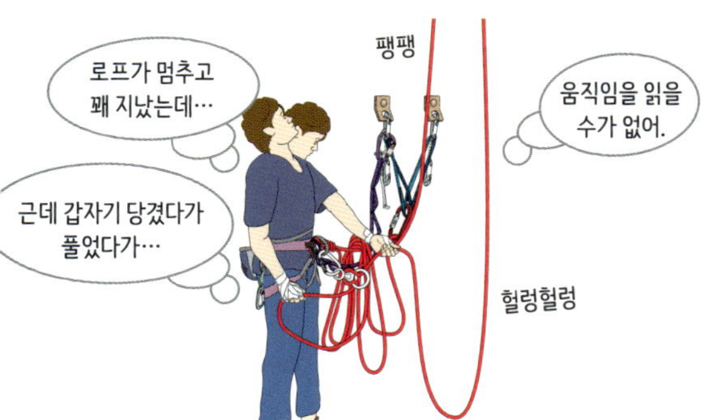

선등자는 확보자가 알 수 있도록 로프를 움직인다. 확보자가 신호를 계속 받고 있다고 느낀다면 서로 의사소통이 되지 않고 있다는 증거다.

확보지점과 확보 위치

후등자를 확보할 때 지형에 알맞은 위치에서 확보하면 로프의 흐름을 크게 바꿀 수 있다. 확보지점의 근처(수직 아래)가 확보 위치로 늘 가장 좋은 것은 아니다. 로프의 흐름이 안 좋을 경우, 후등자의 동작을 파악하기 어렵고, 로프를 당길 때 과도하게 힘을 주어 로프가 손상되는 등 전반적으로 좋지 않다.

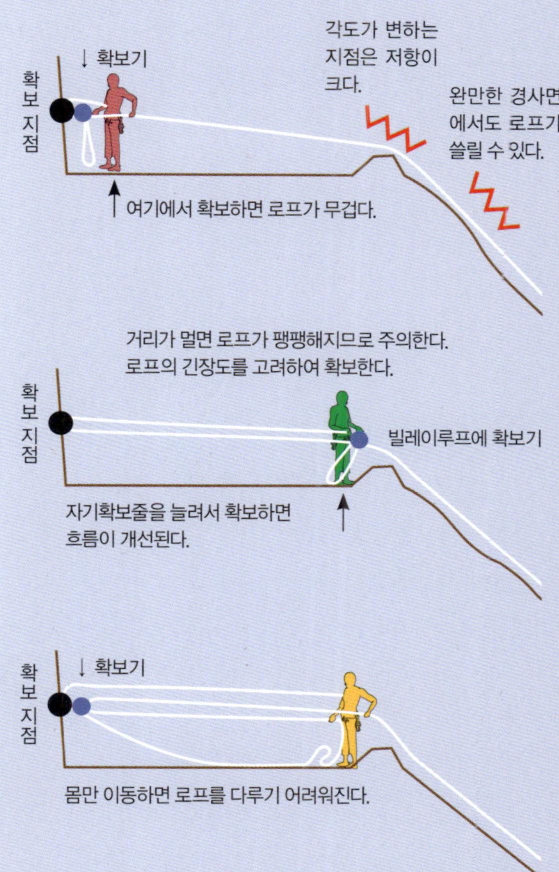

경사가 아주 완만하면 확보 위치를 이동할 때 로프를 다루는 방식이 변한다. 상황에 따라 대처할 수 있어야 한다.

로프를 이용한 의사소통2

로프의 움직임은 선등자와 확보자의 통신수단이다. 선등자는 로프를 움직여 자신이 무엇을 하고 있는지 확보자에게 알려야 한다. 빌레이 지점에 도착한 후, 로프가 멈춘 이후부터 오가는 동작을 반복하는 것은 확보자에게 반복적으로 신호를 보내는 것이 되어 혼란스럽게 만든다. 특히 로프가 거의 다 떨어졌을 때 문제가 발생하기 쉽다.

뮌터히치로 끌어 올리기

👉 p64
이탈리안히치/뮌터히치

a1 끌어올리기

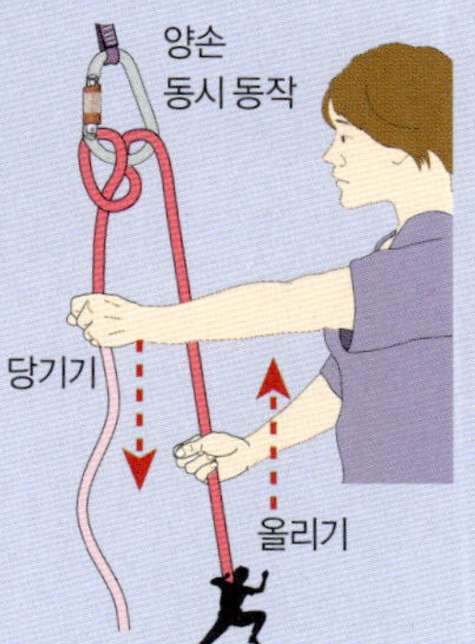

a2 손 바꾸기

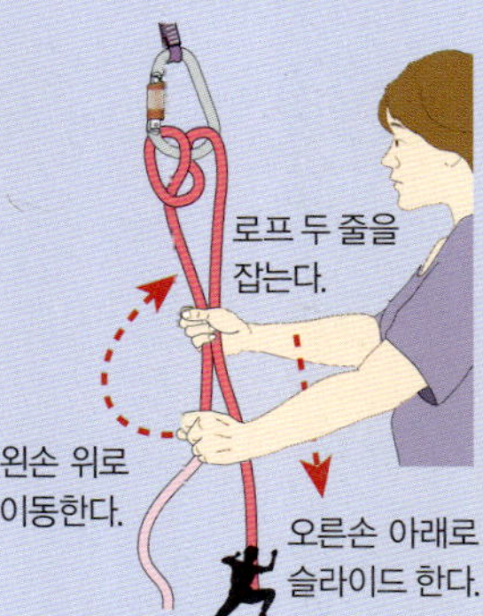

a의 방법은 이탈리안히치 조작의 작용 원리로, 연속으로 신속하게 조작하면 b와 같이 된다.

b 슬라이드

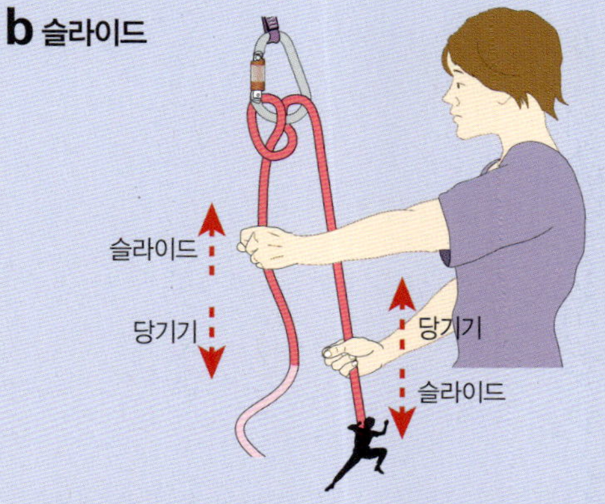

손을 움직이지 않으면 양손이 동시에 처질 수 있다. 후등자가 빠르게 올라온다면 재빨리 당겨야 한다.

이탈리안히치(뮌터히치)로 내려 주기(느슨하게 하기)

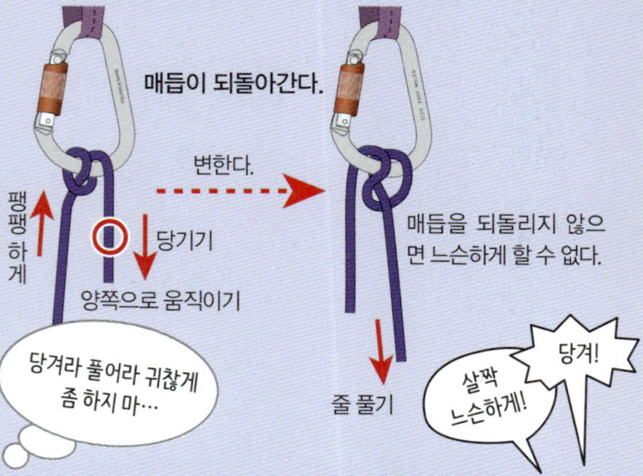

매듭을 돌려서 로프를 느슨하게 한다. 오른쪽의 상태에서 로프 가 미끄러지듯 내려가는 경우 맨손으로 빌레이 해서는 안 된다. 확실하게 로프를 잡고 즉시 내릴 수 있도록 한다. 매듭이 돌아간 상태에서 '텐션!', '당겨!!'라는 말을 들으면 하중이 걸리기 전에 매듭을 되돌린다. 바뀐 상태에서 하중이 걸린 로프를 당길 때에는 악력을 사용한다

---

22 종료점

4피치를 지나 정상에 도착함.

정상에는 인공으로 된 확보지점이나 확보물을 설치할 크랙도 없다. 상황에 따라 확보지점을 신속하게 만들지, 두 발로 서기 어려운 경우 어떻게 할지 스스로 생각하여 대처할 수 있는 경험이 필요하다.

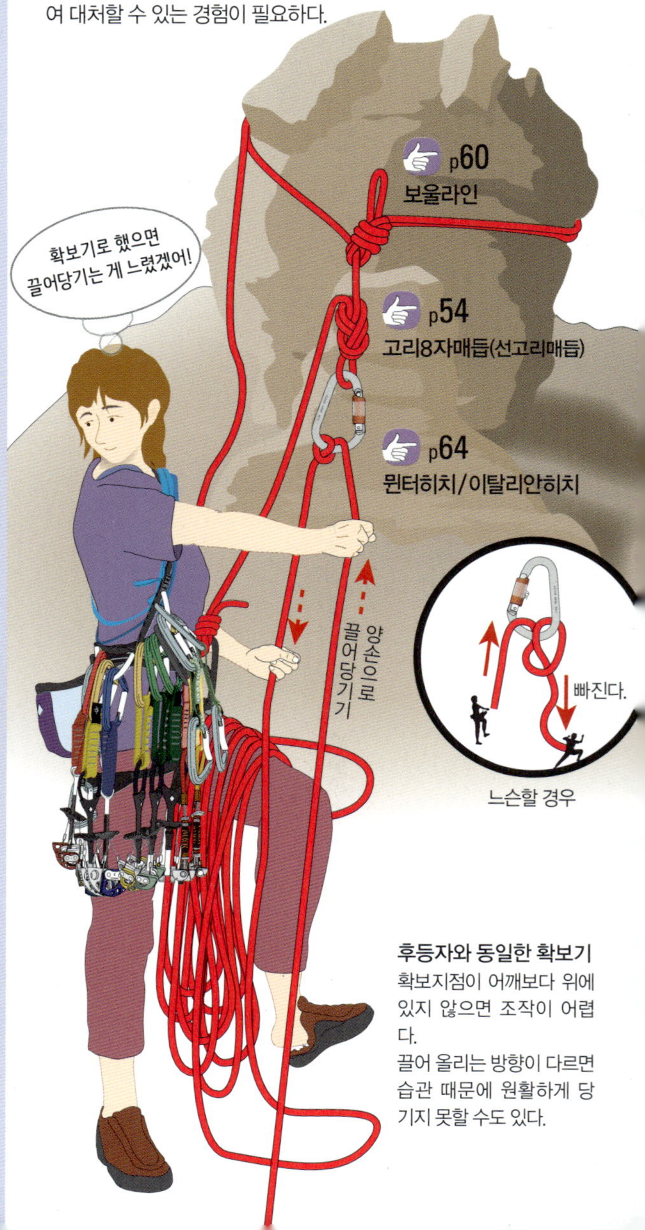

👉 p60
보울라인

👉 p54
고리8자매듭(선고리매듭)

👉 p64
뮌터히치/이탈리안히치

후등자와 동일한 확보기
확보지점이 어깨보다 위에 있지 않으면 조작이 어렵다.
끌어 올리는 방향이 다르면 습관 때문에 원활하게 당기지 못할 수도 있다.

23 하강로

정상, 종료점에서 하강하는 길은 다양하다. 종료점에서 하강로로 이동하는 짧은 피치도 있다.

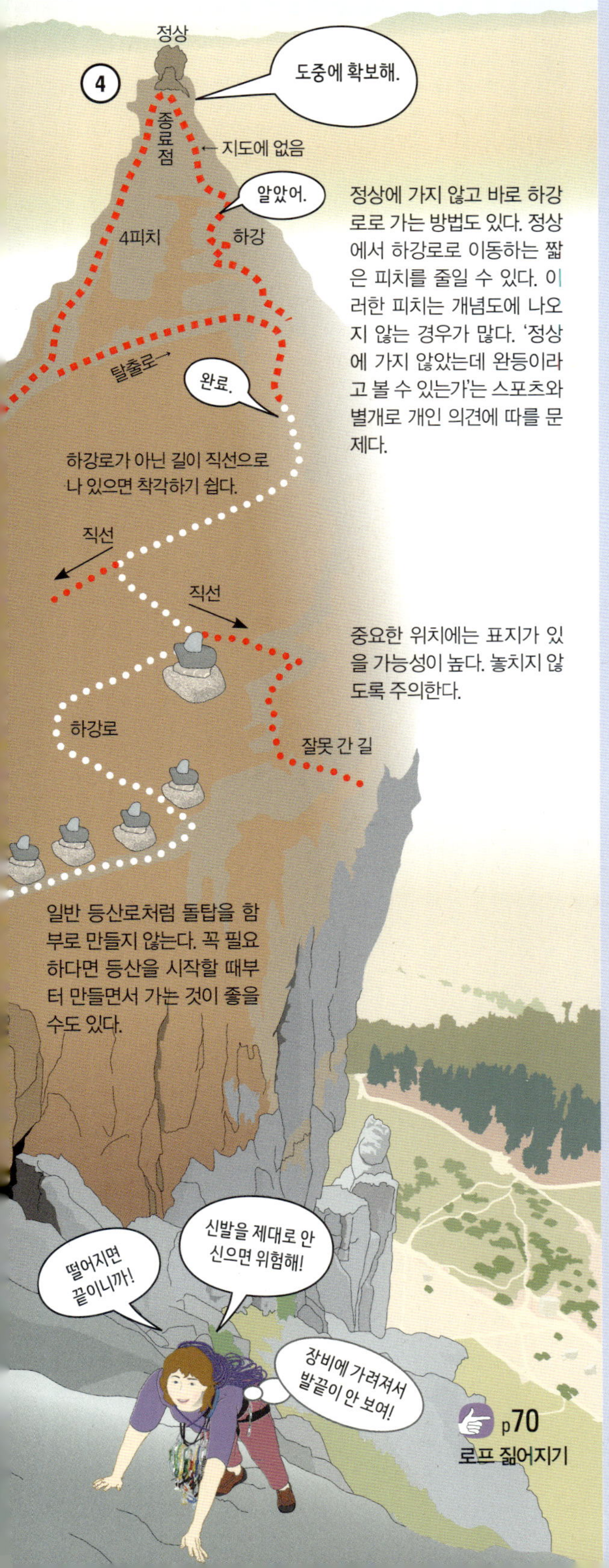

정상에 가지 않고 바로 하강로로 가는 방법도 있다. 정상에서 하강로로 이동하는 짧은 피치를 줄일 수 있다. 이러한 피치는 개념도에 나오지 않는 경우가 많다. '정상에 가지 않았는데 완등이라고 볼 수 있는가'는 스포츠와 별개로 개인 의견에 따를 문제다.

하강로가 아닌 길이 직선으로 나 있으면 착각하기 쉽다.

중요한 위치에는 표지가 있을 가능성이 높다. 놓치지 않도록 주의한다.

일반 등산로처럼 돌탑을 함부로 만들지 않는다. 꼭 필요하다면 등산을 시작할 때부터 만들면서 가는 것이 좋을 수도 있다.

● 하강의 위험

하강로에는 로프로 확보하지 않는데 떨어지면 안 되는 장소가 종종 존재한다. 등반이 끝났다고 안심하지 말고 평지로 돌아올 때까지 주의해야 한다.

하강로는 '로'라고 해도 로프를 설치하지 않고 가는 길이므로 일반 종주길보다 훨씬 위험하다. 루트를 잘 보지 않고 하강을 강행하면 난처한 상황을 만날 수 있다. '확실히 걸을 수 있는', '헷갈리지 않고 걸을 수 있는' 등산의 기본적인 경험을 쌓는 것은 클라이머로서 매우 중요하다.

하강로가 있는데도 어딘지 모른다면 로프 하강을 하는 것이 효율적이다. 로프 하강을 할지 하강로로 갈지는 상황에 따라 판단한다.

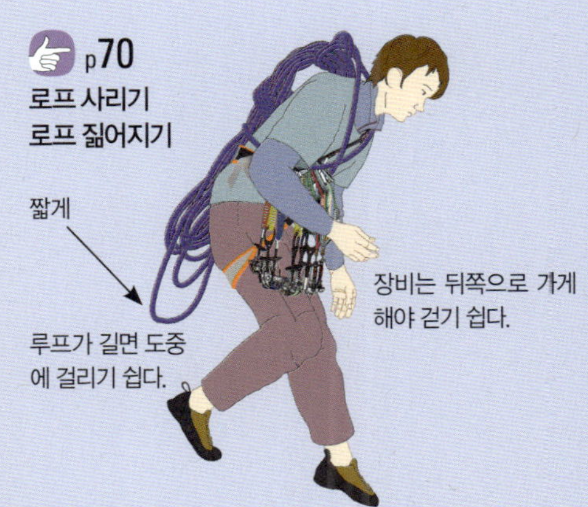

하강시에는 걷기 좋게 장비를 정리한다.

● 하강을 고려한 장비 정리

하강로를 고려하여 배낭, 운동화 등을 가지고 갈지는 당사자의 판단에 따른다. 장비가 늘어나면 등반의 쾌적함과 속도가 떨어지지만 하강할 때는 쾌적함이 증가한다.

3-3 태그라인

● 설정

3-2에서는 걸어서 내려갔기 때문에 로프를 한 동만 사용했다. 이번에는 하강으로만 내려올 수 있는 상황이다. 하강할 높이는 로프 한 동의 절반 이상이기 때문에 하강을 위해 여분의 로프를 한 동 더 들고 올라간다. 또한 각 피치마다 선등자를 교체하는(후등자가 다음 피치에서 선등) 스윙리드 방식으로 등반한다. 하강용 로프이기 때문에 등반용 로프 외에 가볍고 가는 로프(트윈로프: 로프의 종류, 태그라인: 로프의 용도)를 들고 올라간다. 로프의 사용 방법은 상황에 따라 다르다.

1) 선등자가 로프 두 동을 모두 가지고 간다. "두 동으로 오른다.", "태그라인 가져갈게.", "더블(이 경우에는 로프의 종류가 아닌 시스템을 뜻하는데, 정식 명칭은 아님)로 오른다." 등과 같이 말한다. 확보는 싱글로프(메인로프: 용도)만으로 실시한다.

2) 선등자가 로프 한 동으로 등반한다. 선등자는 한 동으로 오르고, 후등자가 나머지 한 동을 들고 등반한다(태그라인).

대상자

3-2 내용과 하강지점 설치를 연습한 사람. 하강 실패로 인한 사고가 많이 발생하기 때문에 주의해야 할 시스템 중 하나다.

선등

방법 = 자유등반(프리), 인공등반(3피치에서 후등자 추락, 주마링)
확보물 = 이동식 확보물, 하강지점에 볼트가 있다.
길이 = 125m(1p 40m, 2p 45m, 3p 20m, 4p 20m)
* P는 피치

● 3-3의 내용

한 시간 정도 어프로치 하여 암장의 시작부분에 도착했다. 시작점으로 가는 길에 약간 험한 길이 있는 듯하다. 장비가 무거우므로 조심해서 시작점으로 올라간다. 30년 정도 전에 올라간 루트인데, 등반을 하러 오는 사람이 좀처럼 없어 초등 당시의 상태 그대로 남아 있다.

로프 2동(하강용), 선등/후등 교체

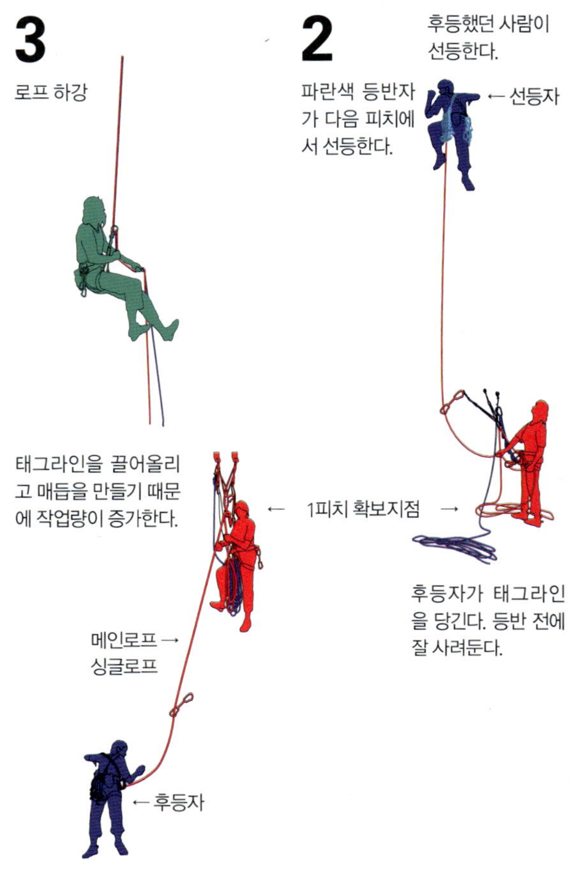

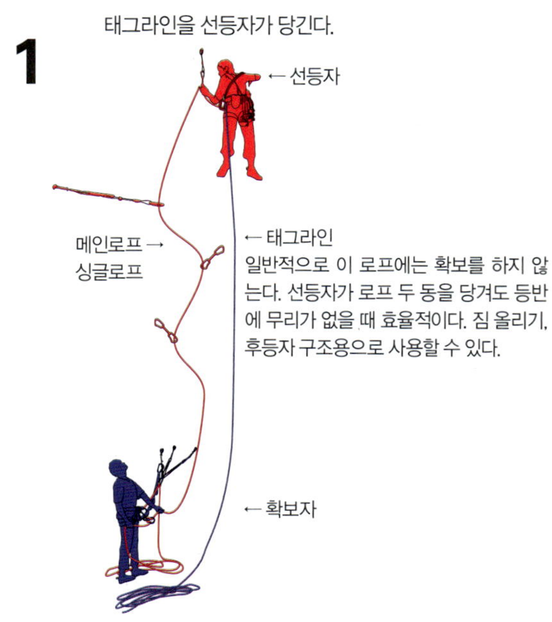

'이타테 바위 제4봉' 개념도

이타테 바위 제4봉 a군 z촌에서 임도가 끝나는 지점 어프로치 1.5시간 도 소유지, 국립공원 지정 지역. 해발 1,900m 부근
암질 화강암
3-3루트 125m

메인로프 확보에 사용

중량 약 53~75g/m   **직경** 약 9.1~11mm 로프

태그라인 하강에 사용

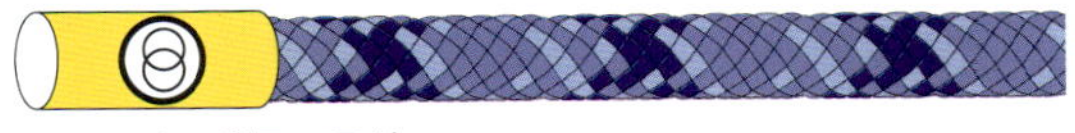

중량 약 37~42g/m   **직경** 약 7.7~8mm 로프

준비

3-4의 더블로프와 동일하지만 시스템은 다르다. 특별한 경우가 아니면 태그라인에는 중간확보물을 통과하지 않으며, 자기확보도 하지 않는다.

1피치

선등자가 태그라인을 가지고 올라간다. 확보자는 메인로프로 확보한다.

2피치, 스윙리드 사용

등반자가 각 피치마다 번갈아 선등을 교체하며 등반하는 시스템이다. 1피치에서 후등한 사람이 2피치에서는 선등으로 올라간다. 이 피치는 선등자가 태그라인을 들고 올라가기에는 부담되기 때문에 후등자가 들고 가는 것으로 한다. 후등자는 등반을 시작할 때 태그라인을 처리하고 올라간다.

3, 4피치

트래버스 구간 느낌의 와이드크랙을 지나 정상으로 향한다.

로프 하강

로프 한 동으로는 길이가 부족하므로 로프 두 동을 연결하여 하강한다. 태그라인은 이때를 위해 가져간 것이다.

● 장비

3-2에 비해 한 피치의 길이가 길기 때문에 확보물이 몇 배는 더 필요하다.

로프

싱글로프로 올라가고, 하강을 위해 트윈로프를 가지고 간다(확보에는 사용하지 않는다). 3-2에서 가져가는 장비와 다른 점은 이것뿐이다.

장비걸이/기어랙

장비가 많지 않을 때는 기어랙에만 장비를 걸어도 문제가 없다. 40m 이상인 피치에서 장비를 두 세트 이상 잔뜩 가져가려면 고리가 달린 기어랙을 사용하는 것이 확실히 편리하다. 장기간 사용할 수 있으므로 앞을 내다보고 구입하는 것이 좋다.

로프가 꼬여 뭉치는 경우

로프를 제대로 정리하지 않으면 로프 중간이 경단처럼 덩어리로 꼬이기 십상이다. 이 상태에서는 로프를 사용하기 어렵다. 또한 로프 내부에 손상이 있는 경우에도 꼬이기 쉬우며, 강도도 저하된다.

꼬여 묶이는 원리

아래 그림은 로프가 꼬이게 되는 예시다. 로프를 아래로 빼면 꼬여 뭉치기 쉽다.

빨간색 루프가 작아지면서 파란색 루프의 윗부분으로 넘어간다. 아래쪽으로 넘어가면 꼬여 뭉치지 않는다.

👆 p249

반매듭/하프히치

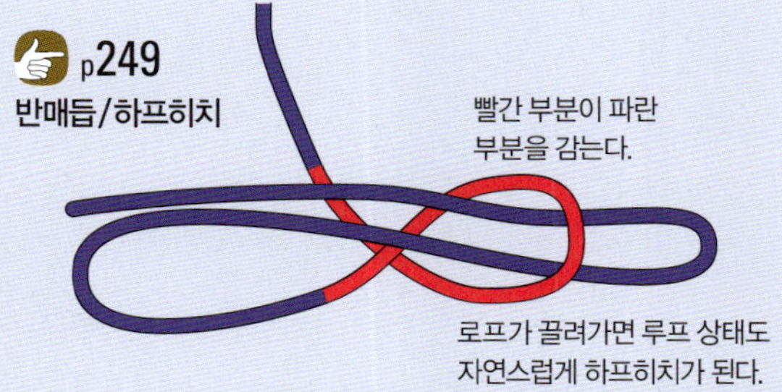

반드시 피할 수 있는 것은 아니지만 로프를 위쪽으로 빼면 꼬여 뭉치는 것을 막을 수 있다. 피치마다 로프를 교대로 들려고 주고받거나 하강하려고 로프를 던지는 경우 등 로프를 감을 때는 항상 이 문제가 발생할 수 있다.

장비가 많으면 많을수록 등반의 쾌적함이 떨어진다. 작은 배낭의 유무만으로도 시간, 속도에 차이가 생긴다. 필요한 물품을 최소한으로 선택하는 것이 중요하다.

1 준비

오르기 전에 준비할 한 가지는, 태그라인이 나오기 쉽도록 메인로프처럼 로프가 나오는 순서를 처리한다.

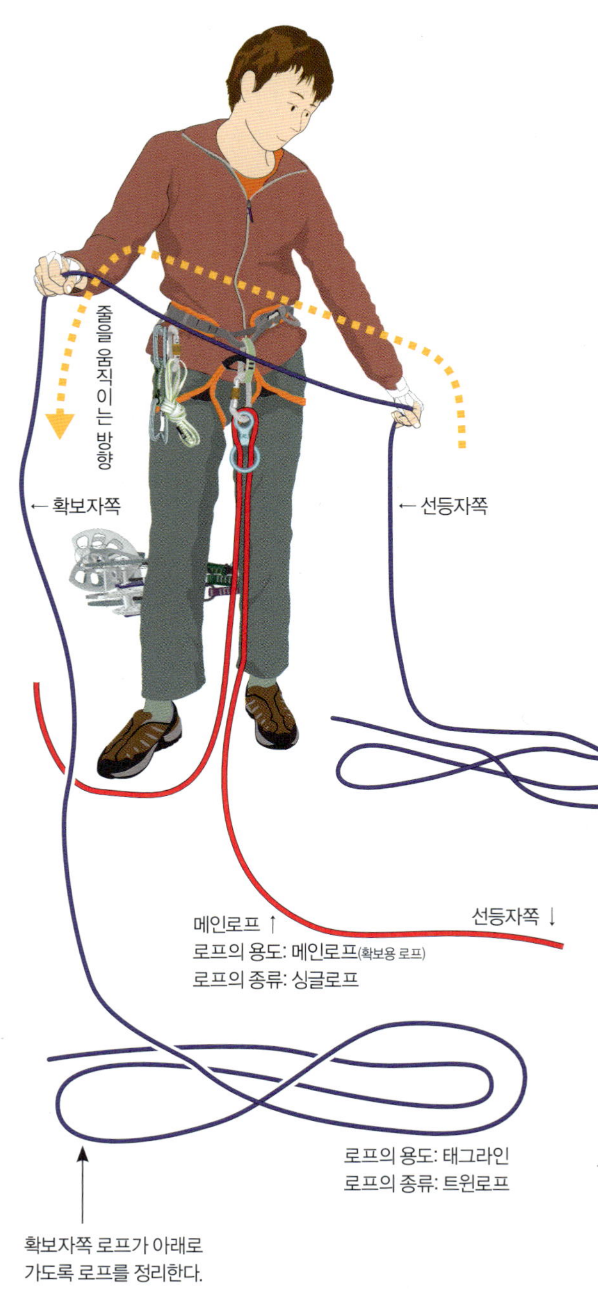

확보자쪽 로프가 아래로 가도록 로프를 정리한다.

로프가 얽히지 않게 끝부분부터 정리한다. 가는 로프는 두꺼운 로프에 비해 꼬이기 쉽다. 여기에서는 무게를 줄이려고 트윈로프를 사용하며, 싱글로프, 더블(하프)로프도 가능하다.

2 확보

선등자가 태그라인을 끌고 올라간다. 확보자는 메인로프로 확보하면서 태그라인을 정리한다.

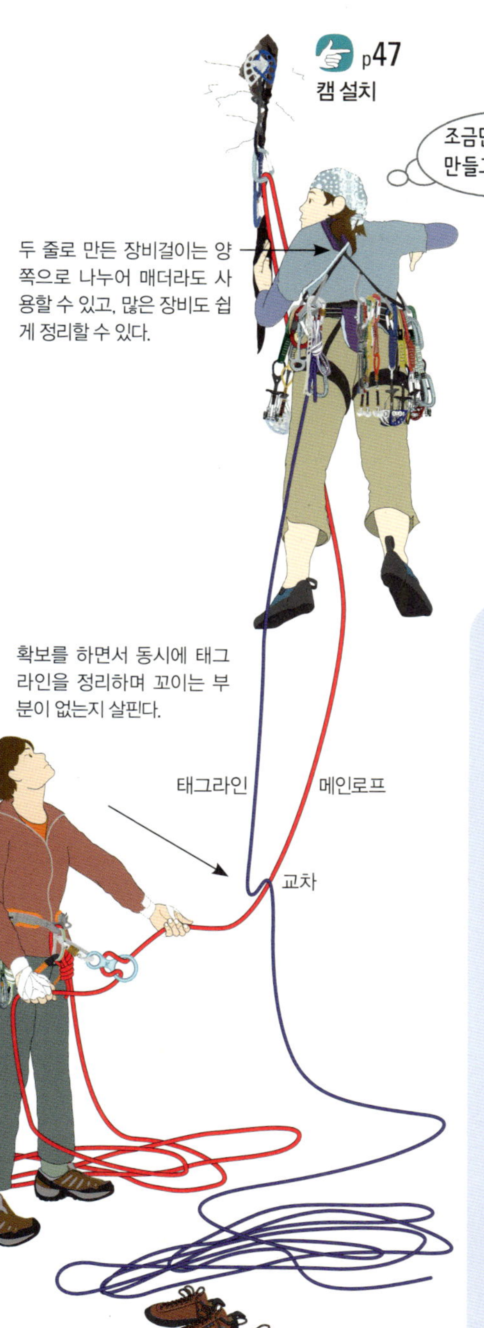

시작 지점이 서 있기 편한 장소라면 확보지점, 자기확보는 필요하지 않다. 1에서 태그라인을 잘 처리하면 로프가 얽히지 않는다.

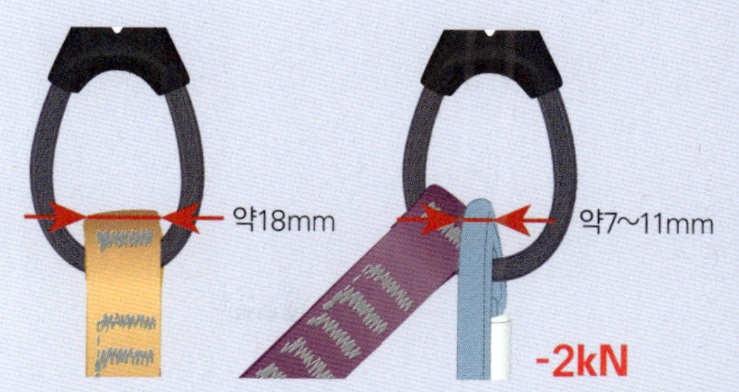

썸루프Thumb Loop에 카라비너를 걸어서 설치하면 최대 -2kN 정도 강도가 저하된다(제품 설명서 수록).

슬링의 폭과 카라비너의 폭의 차이로 와이어가 휘어질 경우 다른 와이어루프에도 동일한 상황이 발생할 수 있으므로 2kN 정도 강도의 너트에는 슬링을 거는 편이 나을 수 있다.

하중의 분산: 유동분산과 고정분산3(반고정균등연결)

슬라이딩-X 균등연결(이퀄라이징) 방식은 한쪽 확보물이 빠지면서 추락 거리가 늘어나면 나머지 확보물도 충격을 받아 빠질 수 있다는 단점이 있다. 따라서 두 확보물을 연결한 슬라이딩-X 연결부 슬링의 한쪽 또는 양쪽 모두 옭매듭을 하면 추락 거리가 짧아져 확보물에 가해지는 충격을 줄일 수 있다. 이 방법을 '반고정균등연결' 또는 '반고정분산'이라고 하며, 영어로는 Sliding-X with knot라고 한다.

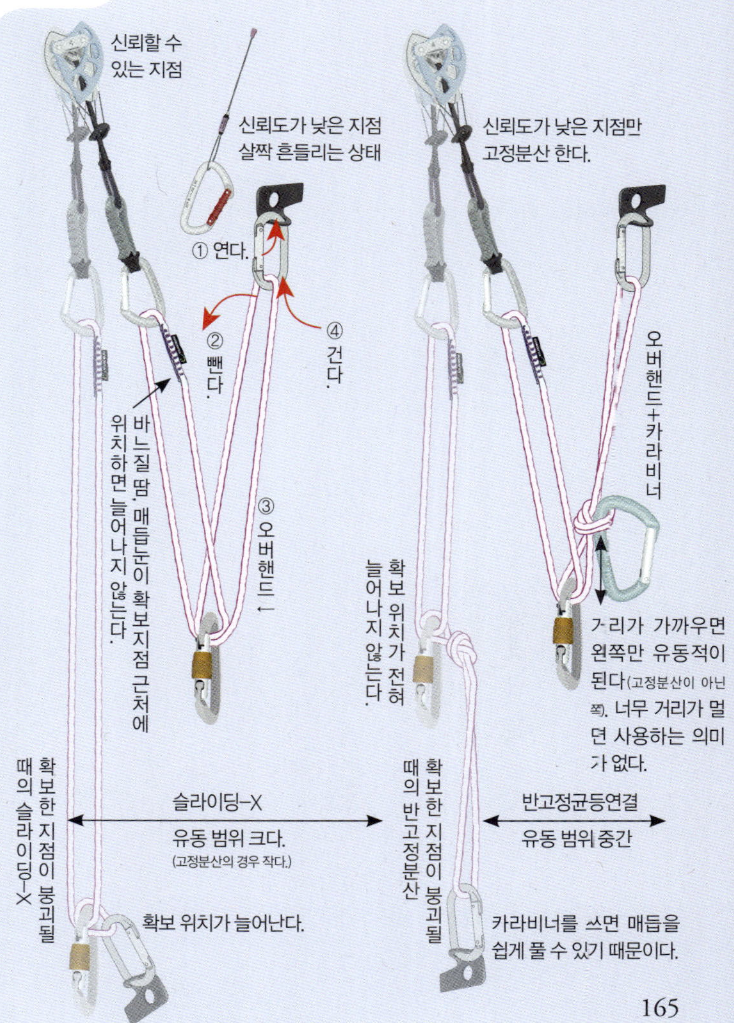

로프 두 동 묶기

로프 두 동을 끌어 올리는 동작은 한 동씩 끌어 올려서 따로따로 묶는 방법과 두 동을 동시에 끌어 올려서 한 번에 묶는 방법이 있다. 두 방법에는 모두 장단점이 있다. 급한 경우가 아니라면 전자의 방식이 무난하다.

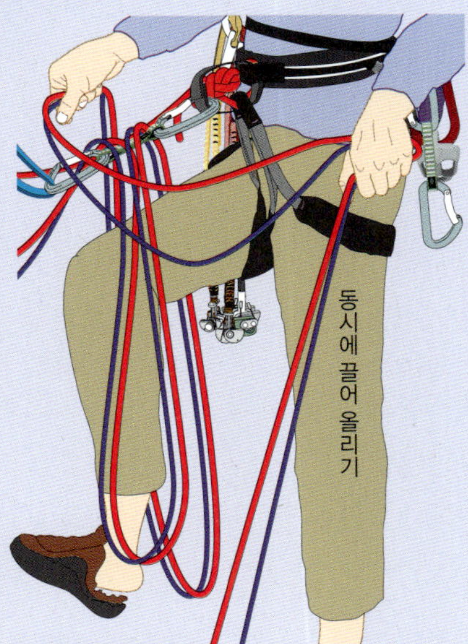

동시에 끌어 올리기

올릴 때는 효율적이지만, 다음 피치에서 확보할 때 로프가 엉키기 쉽다. 단, 스윙리드 방식으로 할 경우에는 로프가 말려 있던 반대 방향으로 빠져 나오기 때문에 거의 영향을 받지 않는다.

이퀄라이징 매듭 위치

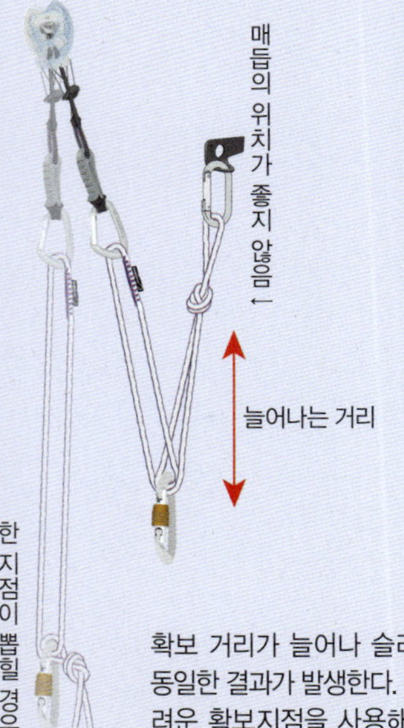

확보 거리가 늘어나 슬라이딩-X와 동일한 결과가 발생한다. 신뢰하기 어려운 확보지점을 사용해야 할 경우 대안으로 삼을 수 있지만, 캠을 설치했을 때 확실하게 고정되었다고 판단되는 지점에서는 굳이 확보지점을 늘리지 않는 것이 좋다.

3 로프 끌어 올리기, 확보

태그라인을 먼저 올린 다음 메인로프를 끌어 올린다.

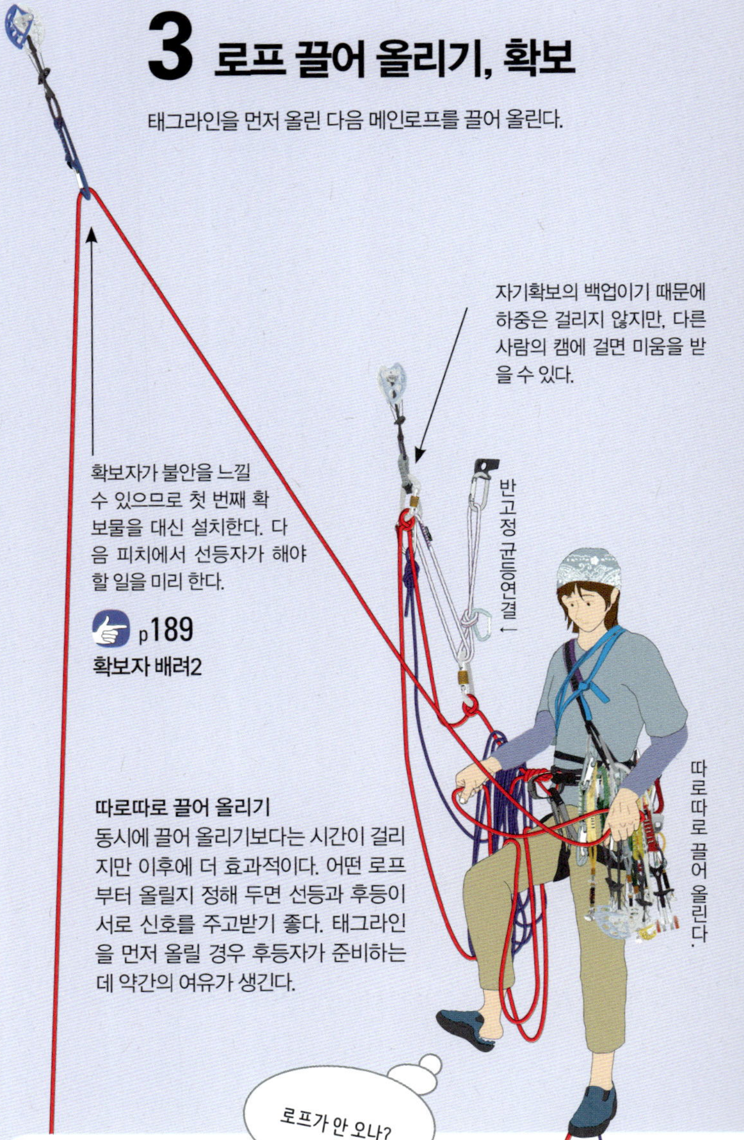

확보자가 불안을 느낄 수 있으므로 첫 번째 확보물을 대신 설치한다. 다음 피치에서 선등자가 해야 할 일을 미리 한다.

p189
확보자 배려2

자기확보의 백업이기 때문에 하중은 걸리지 않지만, 다른 사람의 캠에 걸면 미움을 받을 수 있다.

반고정 균등연결

따로따로 끌어 올린다.

따로따로 끌어 올리기

동시에 끌어 올리기보다는 시간이 걸리지만 이후에 더 효과적이다. 어떤 로프부터 올릴지 정해 두면 선등과 후등이 서로 신호를 주고받기 좋다. 태그라인을 먼저 올릴 경우 후등자가 준비하는 데 약간의 여유가 생긴다.

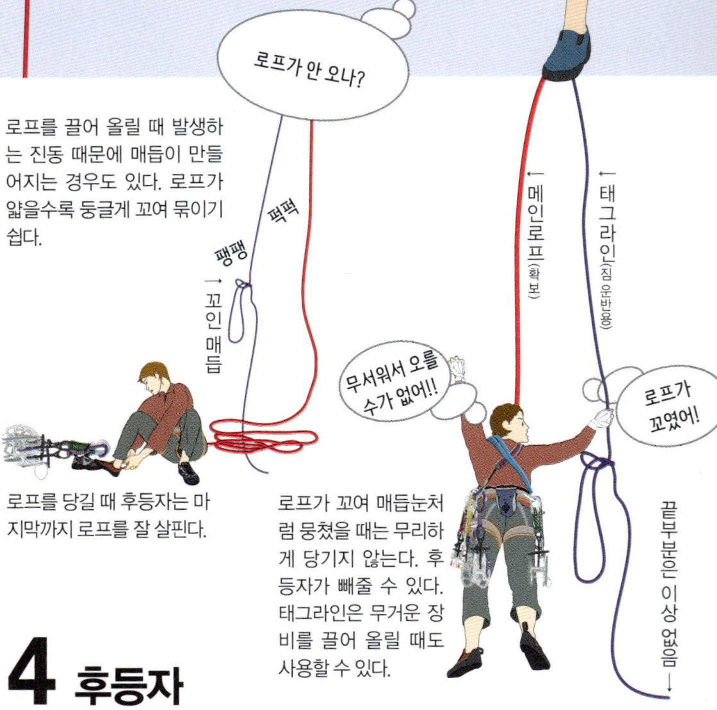

로프를 끌어 올릴 때 발생하는 진동 때문에 매듭이 만들어지는 경우도 있다. 로프가 얇을수록 둥글게 꼬여 묶이기 쉽다.

로프를 당길 때 후등자는 마지막까지 로프를 잘 살핀다.

로프가 꼬여 매듭눈처럼 뭉쳤을 때는 무리하게 당기지 않는다. 후등자가 빼줄 수 있다. 태그라인은 무거운 장비를 끌어 올릴 때도 사용할 수 있다.

4 후등자

5 스윙리드

후등자가 2피치에서 선등(스윙리드)한다.

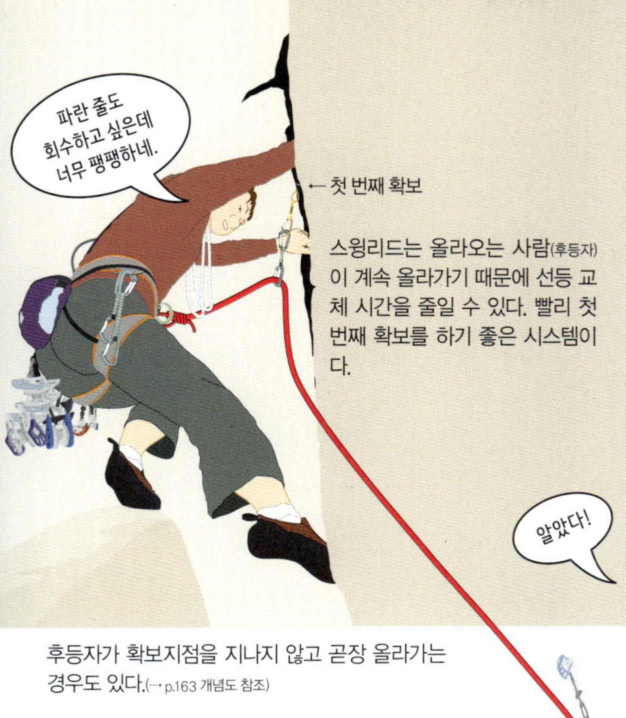

후등자가 확보지점을 지나지 않고 곧장 올라가는 경우도 있다.(→ p.163 개념도 참조)

로프 흐름에 좋지 않으므로 회수 →

6 후등자가 태그라인 끌기

태그라인을 후등자가 끌고 올라간다. 줄의 끝부분을 살필 사람이 없으므로 주의해야 한다.

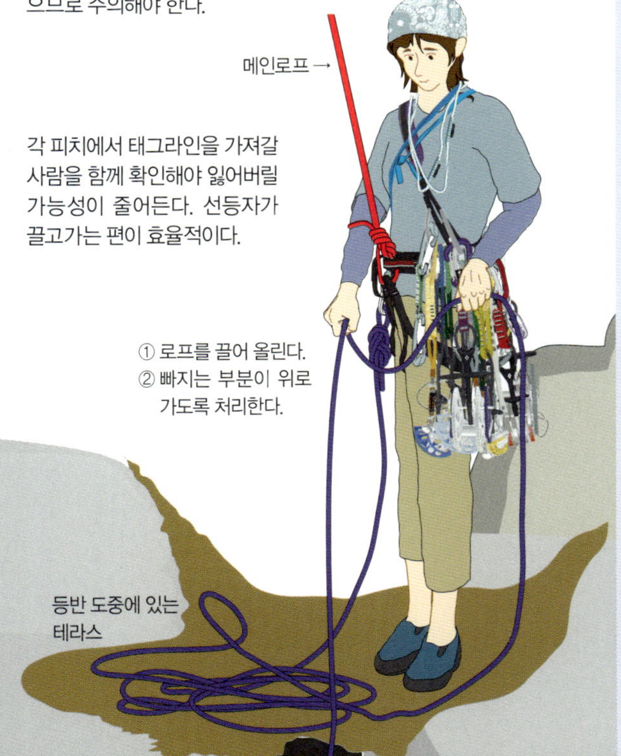

스윙리드 방식에서 선등과 후등 교체

스윙리드 방식(2피치 연속 등반)은 3–2의 스윙리드를 하지 않는 시스템보다 일반적인 방법이다. 피치마다 선등과 후등을 바꿀 때 후등자가 쉬지 않고 다음 피치를 오르는 것이 시스템을 효율적으로 만든다. 시간 단축과 장비의 경량화는 멀티피치에서 가장 중요한 부분이다.

후등자가 다음 피치를 오르기 전에 확보지점에서 자기 확보 하며 장비를 정리한다. 자기확보를 하지 않고 그대로 이어서 올라가면 매우 효율적이지만, 실제로 하기는 어렵다. 후등자는 회수할 때 장비를 정리하며 넘길 준비를 하므로 시간을 줄일 수 있다.

후등자 확보 기능이 있는 확보기로 후등자 확보를 하면 확보자는 편하지만, 선등자 확보로 전환하려면 다시 설치해야 하므로 효율이 떨어진다. 후등자 확보 기능은 후등자에게 자주 텐션을 줘야 할 경우에 효율적으로 사용할 수 있으며, 선등자와 후등자 모두 오를 수 있는 루트에서는 굳이 가져갈 필요가 없다.

	스윙리드 방식	스윙리드 방식을 쓰지 않는 경우
체력	연속하여 등반하기 때문에 지구력이 필요하다.	선등자의 부담이 크다.
시간	확보자 교대가 없다. 각 피치에서 교대하는 시간이 줄어든다.	로프와 장비를 주고받고, 확보 준비하는 데 시간이 걸린다.

멀티피치의 약점

피치마다 교대할 때에는 확보지점 이외에 따로 확보물이 존재하지 않기 때문에 첫 번째 확보를 할 때까지의 구간이 시스템 상 가장 취약하다. 확보지점이 빈약할 경우 확실한 첫 번째 확보를 재빨리 준비하면 이 문제를 피할 수 있다. 확보지점, 피치마다 교대하는 방법은 상황에 따라 다르며, '5 스윙리드' 방법이 가장 좋다고는 할 수 없다.(→ p.190 참조)

도중에 사다리, 테라스 등이 있을 경우 태그라인을 그대로 끌고 가면 로프가 걸리거나 무겁게 느껴질 수 있다. 끌고 올라간 로프는 빼내는 쪽이 위로 가도록 처리한다. 로프를 빼는 도중에 아래로 떨어트리지 않도록 주의해야 한다. 로프를 떨어트리면 난이도가 애매한 루트에서는 치명적인 문제가 될 수 있다. 끌고 올라갈지 짊어지고 올라갈지는 로프의 흐름을 읽으면서 판단할 것. 짊어지고 가도 문제가 없을 때는 굳이 등반 중에 로프를 끌어 올릴 필요가 없다.

167

트래버스Traverse

트래버스는 일반적으로 암벽을 오르는 것과 다르게 생각해야 한다. 선등자는 본인만 생각하지 않고 후등자가 추락할 경우도 고려하여 확보물을 설치해야 한다.

트래버스 할 때는 심하게 당기는 행위도 자제해야 한다.

떨어지면 무서워서 올라갈 수 없는 상황도 있다. 후등자를 생각하여 확보물을 설치하는 것도 중요하다. 트래버스 할 때만이 아니라 안쪽으로 깊게 들어가는 침니에서도 비슷하다. 침니에서는 확보물을 설치할 수 없을 수도 있으며, 후등자가 등반 중에 떨어질 수 없는 곳도 있다.

👉 p220
힌트5 인공등반 수단

후등자가 다시 올라오지 못하여 시간이 걸릴 수도 있다.

큰 캠을 쓸 경우, 캠이 열리는 것을 방지하기 위해 캠 안에 특정 도구를 끼우면 고정하기 쉽다. 끊어진 나뭇가지도 끼울 수 있다.

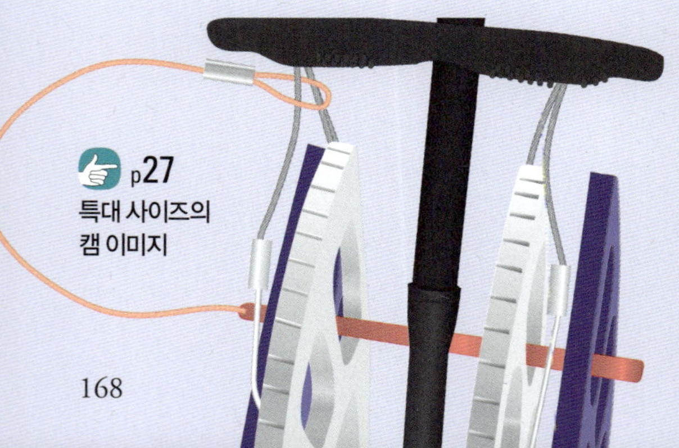

👉 p27
특대 사이즈의 캠 이미지

7 트래버스

3피치에서는 오른쪽 위로 와이드크랙을 오른다.

트래버스 하다가 경사가 있는 벽면으로 추락하면 원래 있던 곳으로 완전히 돌아갈 수 없다. 선등자에게는 적절한 확보물 간격일지라도 후등자가 추락할 경우를 고려하여 설치하는 편이 좋다.

스퀴즈침니Squeeze Chimney

시중에 판매되고 있는 캠으로는 이 크랙에서 확보를 할 수 없다.

그림에서 벽의 색은 경사가 있는 부분은 비에 젖지 않아 황토색으로 처리하고, 비가 흐른 부분은 회색으로 처리했다.

8 종료점

4피치까지 오는 동안 이런저런 일들이 있었지만 무사히 바위 정상에 올랐다. 이제부터 지면으로 내려가기 위한 로프 하강을 실시한다.

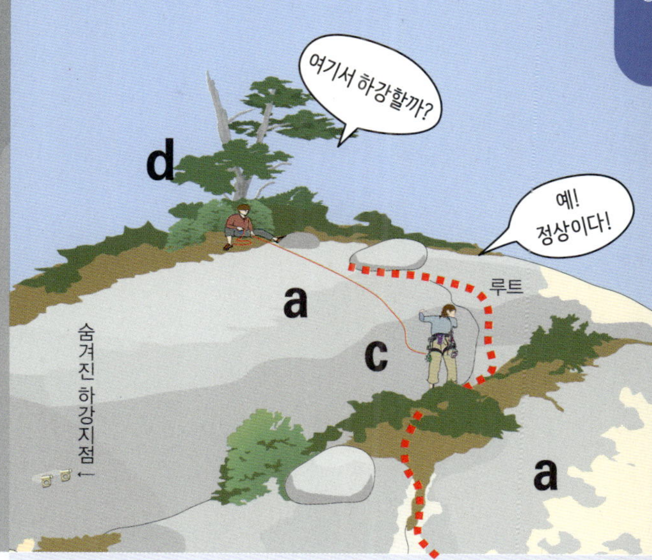

하강로의 위치1

로프를 설치하기 전이나 등반을 마치고 로프를 회수할 때 로프의 움직임을 파악하는 것이 중요하다. 이미 개척된 곳일 경우 좋은 하강지점이 있을 가능성이 있지만, 가깝다고 쉽게 여기면서 하강하면 로프 회수가 불편할 수도 있다. 하강지점이 없을 때는 클라이밍다운Climbing Down*으로 내려가는 길이 있을 가능성이 있으므로 잘 찾아봐야 한다. 전에 왔던 사람들도 볼트 없이 하강했다면 굳이 하강용 볼트를 설치하는 것은 삼가는 것이 좋다.

*줄을 이용하지 않고 손과 발로만 하강하는 방법을 '클라이밍다운 Climbing Down'이라고 한다.

개인의 체형에 따라 등반이 달라지는 경우가 있다. 손을 어떤 모양으로 넣는가에 따라 등반이 쉬워질 수도 있다. 넣는 방향은 왼쪽, 오른쪽으로 표현하지만, 경사가 있을 때는 몸이 뒤로 젖혀지고, 몸을 바짝 붙인다는 이미지를 떠올린다.

크랙 방향으로 장비걸이를 걸지 않는 것이 좋다.

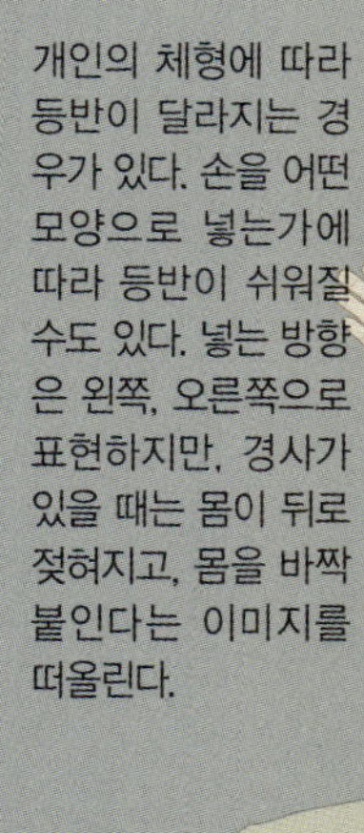
p207
와이드크랙

바깥쪽 발이 나아가는 데 중요하다. 로프를 밟으면 움직일 수 없다.

어깨 너비의 크랙/ 오프위드 Off-Width 손보다 큰 크기로 손재밍이 통하지 않는다.

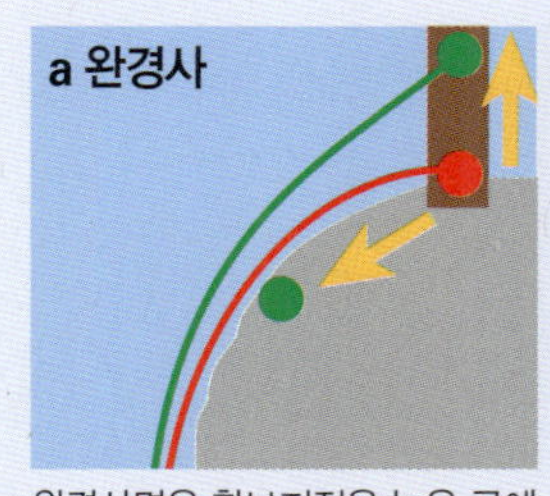

완경사면은 확보지점을 높은 곳에 만들면 저항이 줄어든다.

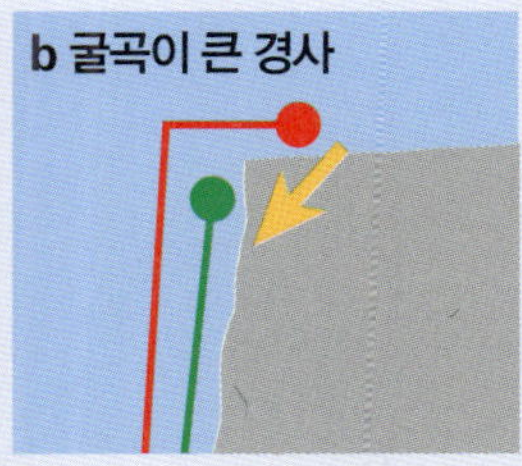

굴곡이 크면 저항이 매우 크다.

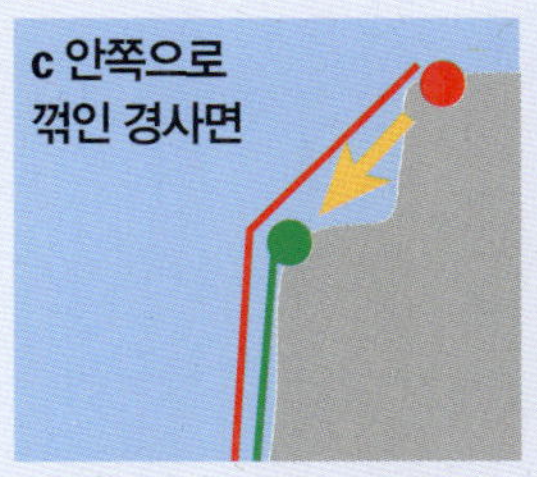

아래에 꺾인 부분이 있으면 굴곡이 커져서 저항이 크다.

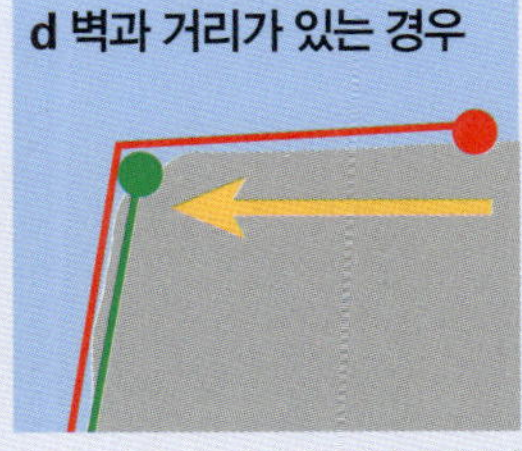

벽과 멀리 떨어져 있으면 굴곡이 커서 저항이 커진다.

9 하강지점 이동 및 로프 준비

루트의 종료점과 하강지점이 다를 수 있다. 하강지점을 발견하면 이동하여 설치되어 있는 하강지점에 로프를 설치한다. 회수할 때의 마지막 상황을 생각하며 설치해야 한다.

로프 하강이나 클라이밍다운으로 종료점에서 하강지점으로 이동. 클라이밍다운을 할 경우 짧은 거리라도 확보를 하는 것이 좋다.

자기확보1
확보지점에 매여 있는 슬링에 퀵드로와 슬링을 연결하여 자기확보를 하고 있다. 연결이 많아지면 연결이 빠질 확률이 높아진다.

끝부분 처리
로프의 끝부분이 빠지는 것을 막기 위한 매듭이다. 필요에 따라 매듭을 묶는다.

p62
연결

자연물을 이용한 확보지점 →

기존 설치물(볼트, 슬링)은 반드시 강도를 확인해야 한다. 손상된 슬링은 교체한다.

하강지점
삼각연결

자기확보1
잠금카라비너, 슬링을 데이지체인 모양으로 만든다. 확보지점을 슬링으로 감은 다음 걸고 있는 상황이다.

자기확보2
자기확보의 백업. 적절한 위치라고 볼 수는 없다. 항상 적절한 위치에 설치할 수 있다는 보장은 없다.

자기확보2

↑ 로프로 자기확보
로프로 자기확보를 할 경우 안전벨트에서 로프가 빠지면 자동으로 로프에 확보된다. 하강기를 설치한 이후에 해제하면 로프가 떨어지지 않는다.

로프의 연결
매듭의 종류는 개인의 판단과 상황에 따라 달라진다.

로프 설치 방법에 따른 장점과 단점

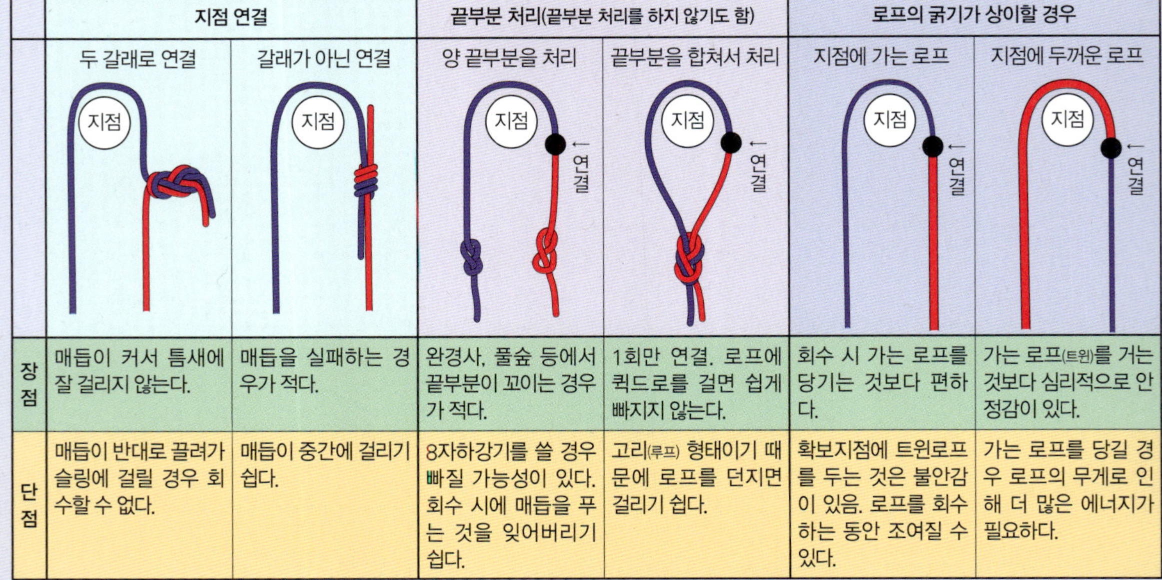

	지점 연결		끝부분 처리(끝부분 처리를 하지 않기도 함)		로프의 굵기가 상이할 경우	
	두 갈래로 연결	갈래가 아닌 연결	양 끝부분을 처리	끝부분을 합쳐서 처리	지점에 가는 로프	지점에 두꺼운 로프
장점	매듭이 커서 틈새에 잘 걸리지 않는다.	매듭을 실패하는 경우가 적다.	완경사, 풀숲 등에서 끝부분이 꼬이는 경우가 적다.	1회만 연결. 로프에 퀵드로를 걸면 쉽게 빠지지 않는다.	회수 시 가는 로프를 당기는 것보다 편하다.	가는 로프(트윈)를 거는 것보다 심리적으로 안정감이 있다.
단점	매듭이 반대로 끌려가 슬링에 걸릴 경우 회수할 수 없다.	매듭이 중간에 걸리기 쉽다.	8자하강기를 쓸 경우 빠질 가능성이 있다. 회수 시에 매듭을 푸는 것을 잊어버리기 쉽다.	고리(루프) 형태이기 때문에 로프를 던지면 걸리기 쉽다.	확보지점에 트윈로프를 두는 것은 불안감이 있음. 로프를 회수하는 동안 조여질 수 있다.	가는 로프를 당길 경우 로프의 무게로 인해 더 많은 에너지가 필요하다.

트윈로프와 싱글로프로 하강할 경우, 트윈로프를 확보지점에 거는 것은 심리적으로 망설여질 수 있다.

하강지점 만들기 (기존에 설치되어 있는 슬링이 없거나 교체할 때)

볼트 구멍으로 슬링을 통과

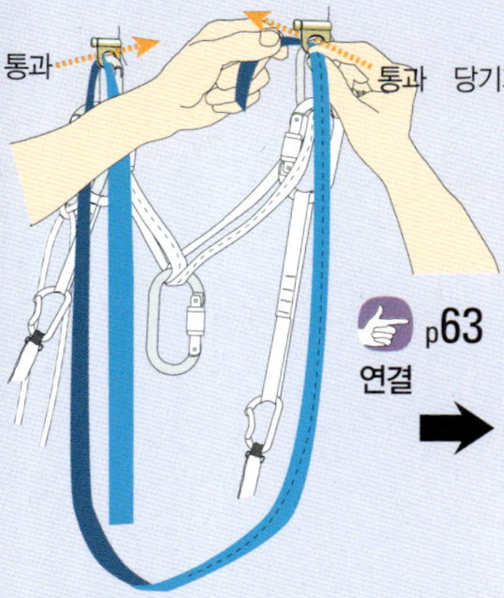

통과 / 통과 / 당기기

느슨해지지 않게 한다.

당기기 / 매듭눈 / 길게

짧다. / 가로 방향으로 하중이 늘어난다. / 짧다.

p63 연결

슬링이 짧으면 횡으로 작용하는 힘이 커지며 확보지점에 걸리는 힘이 증가한다.

그림의 볼트(RCC볼트)는 카라비너가 걸려 있을 경우 슬링을 통과시키기 어렵다.

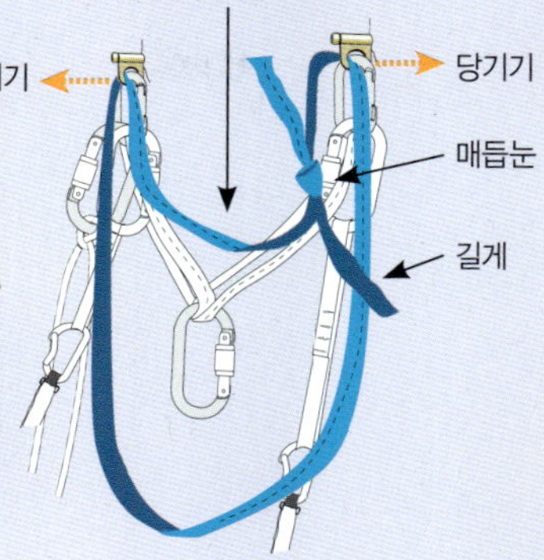

테이프는 테이프 연결, 로프는 이중피셔맨즈매듭으로 슬링을 만든다.

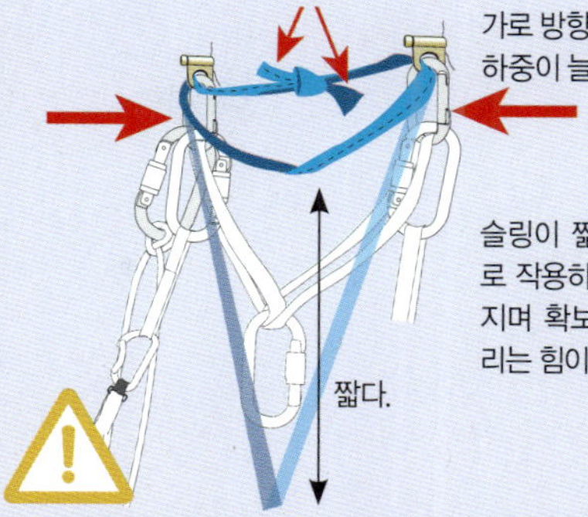

하강지점도 확보지점과 마찬가지로 여러 개의 지점을 연결하여 하중을 분산한다. 삼각연결은 강도는 약하지만 연결 길이(슬링의 길이)가 가장 짧으며, 다른 방식보다 회수 시에 저항이 작다. RCC볼트에 직접 연결하면 슬링에도 좋지 않으며, 여분의 카라비너, 슬링이 있어서 회수하지 않아도 된다면 다른 방법을 사용하는 것이 좋다.

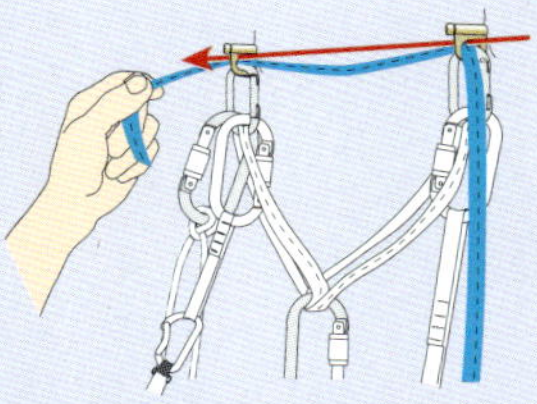

← 하켄

← 슬라이딩-X

그림과 같이 통과시키면 매듭이 로프가 걸리는 위치로 이동하는 경우가 많다.

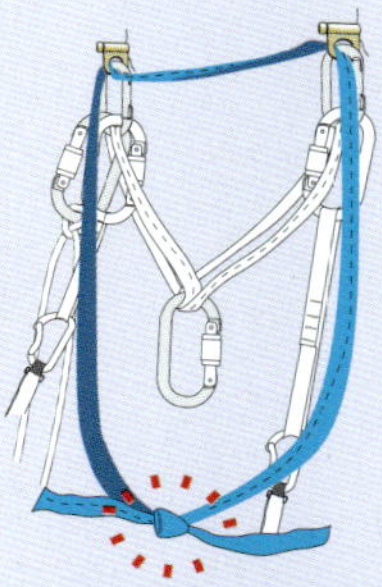

슬링의 매듭은 로프가 걸리는 곳과 달라야 조작하기 쉽다.

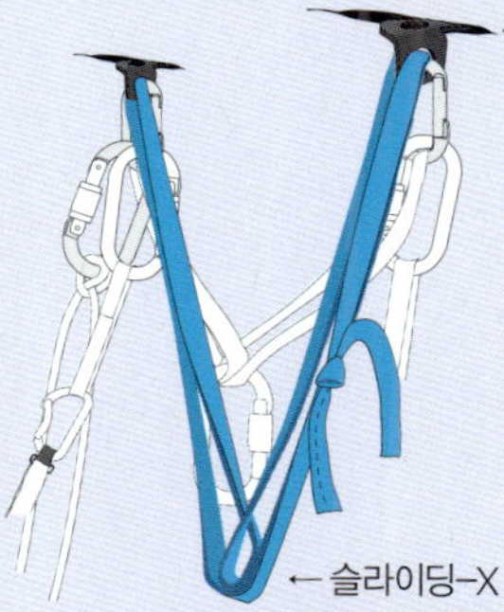

하켄이 횡방향으로 힘을 주고 있는 경우, 이를 고려할 필요가 있을 것이다.

로프 준비   위아래는 매듭이 아래쪽, 좌우는 매듭을 끌어당기는 쪽

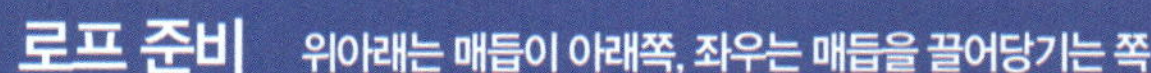

통과

통과 / 상 / 하

연결

상 / 하

하강링, 카라비너 등

좌 / 우

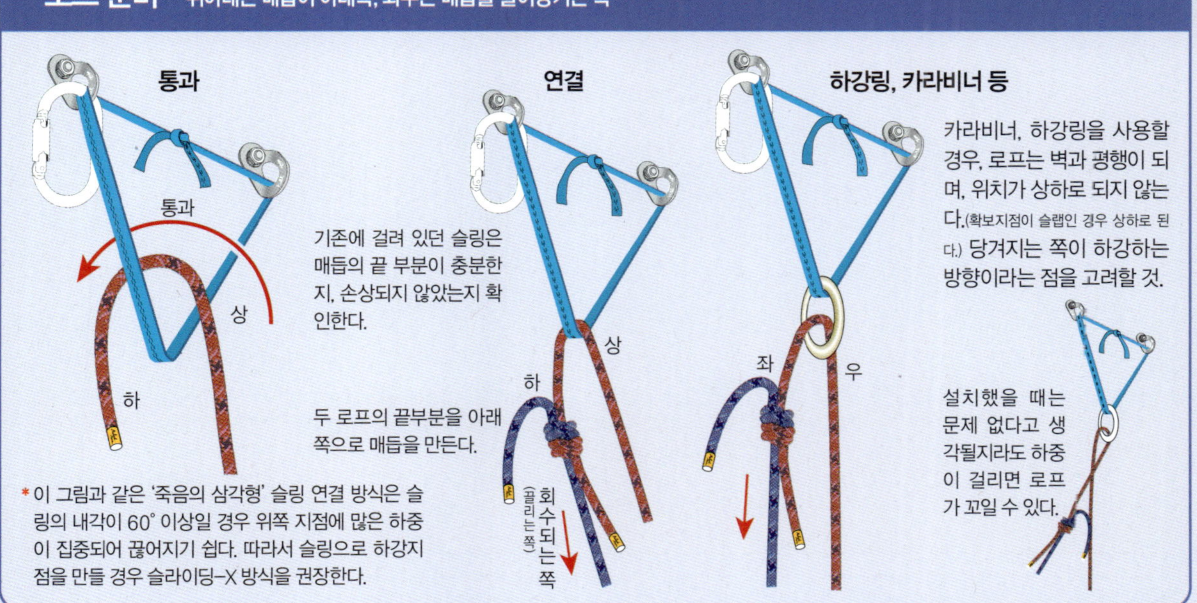

기존에 걸려 있던 슬링은 매듭의 끝 부분이 충분한지, 손상되지 않았는지 확인한다.

두 로프의 끝부분을 아래쪽으로 매듭을 만든다.

카라비너, 하강링을 사용할 경우, 로프는 벽과 평행이 되며, 위치가 상하로 되지 않는다.(확보지점이 슬랩인 경우 상하로 된다.) 당겨지는 쪽이 하강하는 방향이라는 점을 고려할 것.

설치했을 때는 문제 없다고 생각될지라도 하중이 걸리면 로프가 꼬일 수 있다.

* 이 그림과 같은 '죽음의 삼각형' 슬링 연결 방식은 슬링의 내각이 60° 이상일 경우 위쪽 지점에 많은 하중이 집중되어 끊어지기 쉽다. 따라서 슬링으로 하강지점을 만들 경우 슬라이딩-X 방식을 권장한다.

10 로프 던지기

착지지점으로 로프를 던진다. 그냥 던지는 행동이지만 어떻게 던지는지에 따라 하강 할 때의 착지 지점이 다르다.

로프를 던질 때는 로프의 추락을 방지하기 위해 확보지점에서 잡고 있는다. 그림에서는 백업이 되어 있으므로 로프를 떨어뜨릴 일은 없지만, 로프를 잡는 습관을 들이는 것이 좋다.

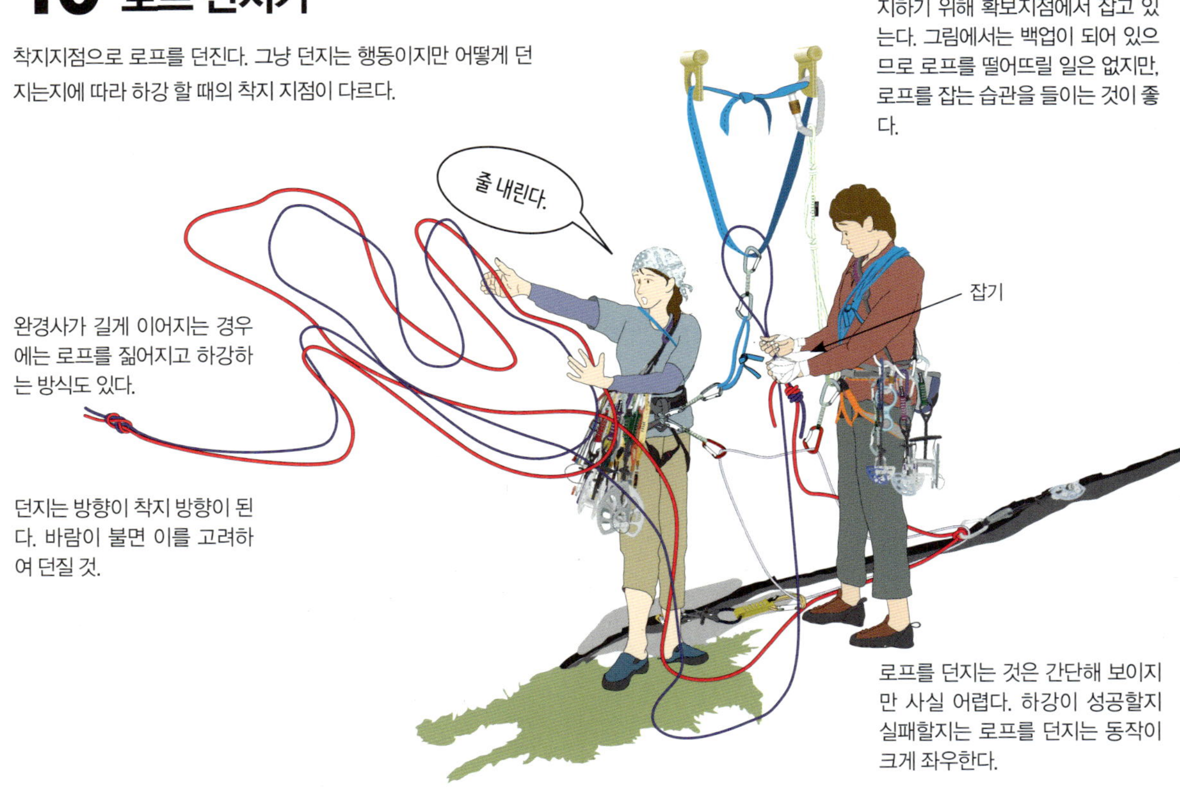

완경사가 길게 이어지는 경우에는 로프를 짊어지고 하강하는 방식도 있다.

던지는 방향이 착지 방향이 된다. 바람이 불면 이를 고려하여 던질 것.

로프를 던지는 것은 간단해 보이지만 사실 어렵다. 하강이 성공할지 실패할지는 로프를 던지는 동작이 크게 좌우한다.

로프를 던지기 전에 고려해야 할 사항

	완경사면	거리	단차 (段差, 층간 높이 차이)	장애물	방향(평면도) 바람
상	완경사면에서는 로프가 잘 떨어지지 않는다. 경사면 위로 떨어진 로프는 꼬이기 쉽다.	확보지점이 벽에서 떨어져 있을 때는 던질 수 없고, 회수도 어렵다.	아래쪽으로 끌고 내려가거나 아래쪽으로 던지더라도 전부 내려지지 않는다.	풀숲, 피너클 등 장애물에 걸린다.	① 로프가 바람을 따라 이동한다. 떨어진 장소에서 끌어당겨야 하는 경우도 있다. ② 상승기류가 강하면 다시 돌아오기도 한다.
황	동그랗게 꼬여 묶인 것을 풀려면 로프를 손에서 놓고 해야 한다.	벽의 가장자리까지 로프를 끌고 가야 한다.	완경사와 마찬가지로 로프를 다시 던지야 한다.	매달린 상태에서 로프를 던져야 한다. 나뭇가지에 걸리면 회수하기 어려울 수도 있다.	로프가 하강 방향으로 떨어지지 않으면 하강하기 어렵다. 로프를 끌고 가야 하며, 양손을 모두 써야 할 수도 있다.
대책	① 완경사가 짧으면 완경사면이 끝나는 지점에서 던져도 된다. 완경사가 길면 위에서 던져야 한다.	① 확보지점을 바꾼다. ② 슬링 등으로 확보거리를 늘린다. 확보지점이 벽의 가장자리에서 3m 이상 떨어져 있으면 회수하기가 굉장히 어렵다.	① 아래쪽으로 하강지점을 나눈다. ② 위에서 던진다.	① 장애물을 피해 던진다. ② 위에서 던져 준다.	① 바람의 세기를 계산하여 위로 던진다. ② 강풍, 상승기류가 강할 때는 위에서 던진다.

로프를 나누어 던지기

완경사면

확보지점의 로프를 어느 정도 늘어뜨린다. 던지는 부분을 둘로 나누면 매듭이 줄어 들어서 로프가 잘 뭉치지 않는다. 로프를 따로따로 정리한 다음 두 사람이 각자 던 져도 된다.

뒤에서 로프 내리기

끝부분

위에 있는 사람의 로 프 조작도 중요하다.

풀숲, 흙이 있는 경우

완경사, 층, 풀숲, 바람 등으로 인해 로프가 제대로 던 져지지 않을 때는 뒤에 있는 사람이 줄을 빼면서 하 강을 돕는다. 로프를 빼는 사람은 팽팽해지지 않도록 로프를 빨리 빼면서 정리한다. 하강할 때 조금만 팽팽 해지더라도 하강에 방해가 될 수 있다.

하강지점의 위치2

발 위치에 하강지점이 있는 경우
아래로 몸을 뺄 수 있는 상황이 될 때까지는
따로 확보를 해 두는 편이 좋다.

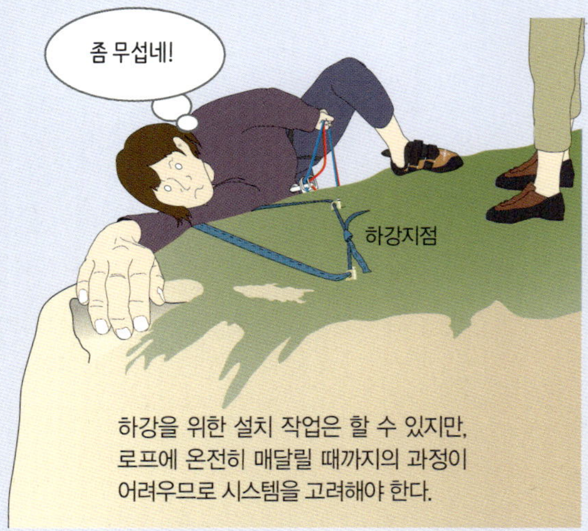

하강을 위한 설치 작업은 할 수 있지만,
로프에 온전히 매달릴 때까지의 과정이
어려우므로 시스템을 고려해야 한다.

하강지점이 아래에 있는 경우에는 로프에 매달릴 때까지의 과정에
어려움이 있다. 바위의 정상이 평평할 때 하강지점이 발 위치에 있
는 경우가 있다.

위에서 아래로 하강지점을 설치하는 경우
손이 닿더라도 설치 작업이 어려울 수 있다.

이런 작업을 할 때
는 자기확보를 하
는 편이 좋다.

자신의 위치보다 아래에 하강지점이 있는 경우에는 하강을 위한 작
업을 수행하기 어렵다. 그림과 같은 위치에 있는 하강지점은 로어다
운을 위해 설치된 경우가 많다.

11 하강기 준비

하강기를 준비한 다음 자기확보를 해제하고 하강을 시작한다.

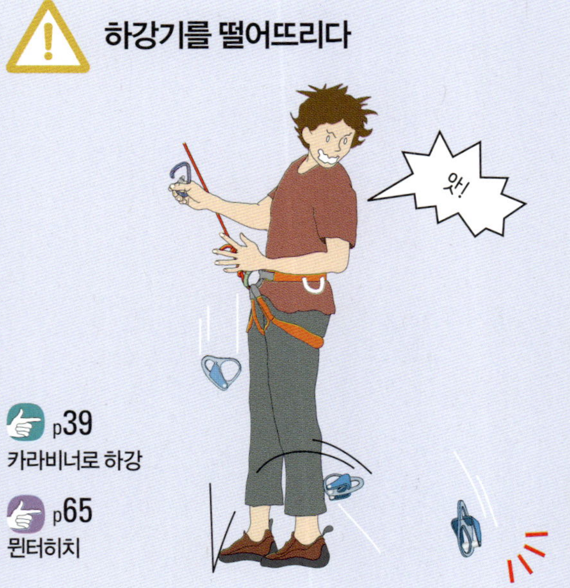

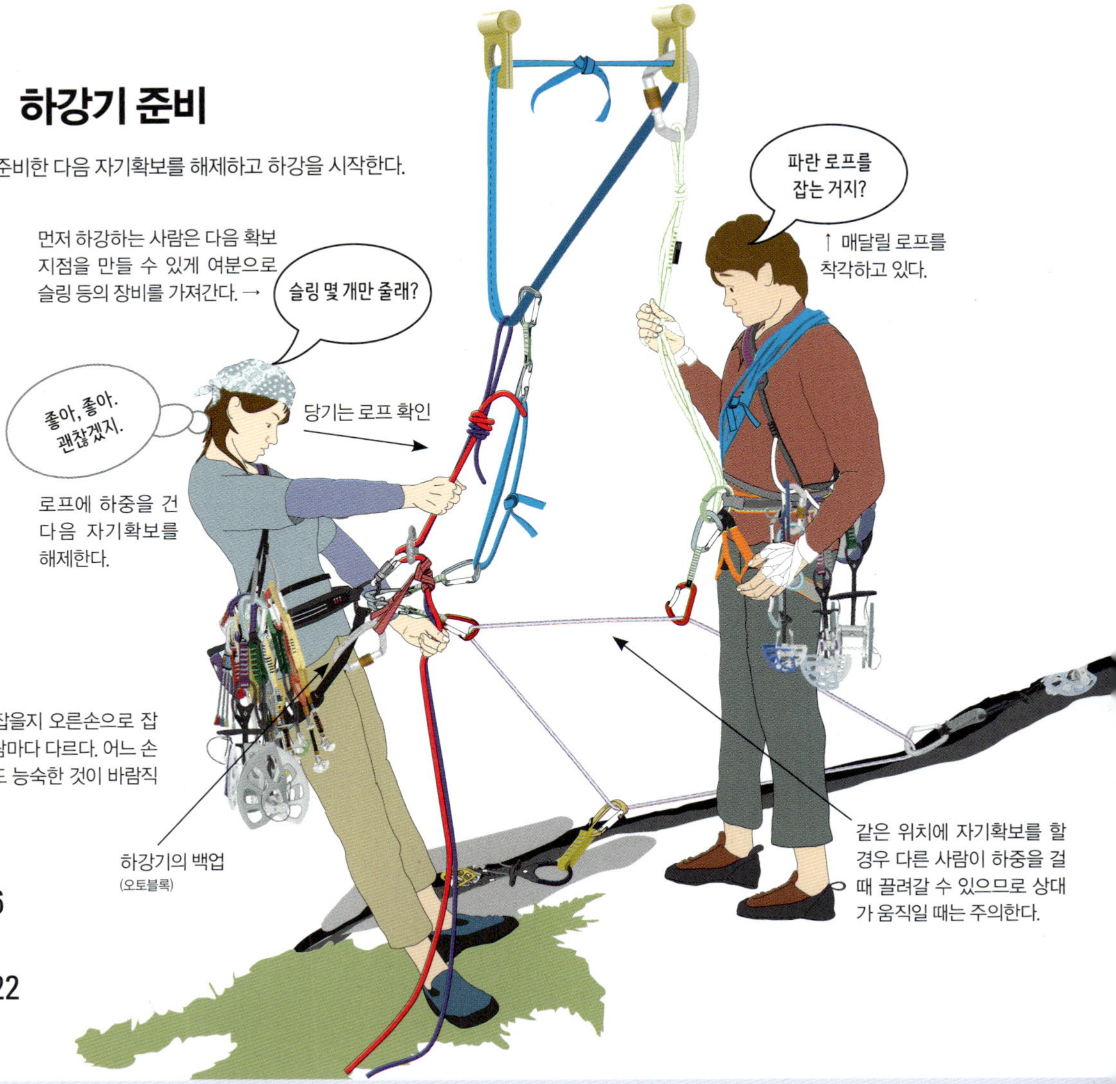
파란 로프를
잡는 거지?
↑ 매달릴 로프를
착각하고 있다.
먼저 하강하는 사람은 다음 확보
지점을 만들 수 있게 여분으로
슬링 등의 장비를 가져간다. →
슬링 몇 개만 줄래?
좋아, 좋아.
괜찮겠지.
당기는 로프 확인
로프에 하중을 건
다음 자기확보를
해제한다.
왼손으로 잡을지 오른손으로 잡
을지는 사람마다 다르다. 어느 손
을 쓰더라도 능숙한 것이 바람직
하다.
하강기의 백업
(오토블록)
같은 위치에 자기확보를 할
경우 다른 사람이 하중을 걸
때 끌려갈 수 있으므로 상대
가 움직일 때는 주의한다.

p66
반고정

p222
힌트6

하강기를 떨어뜨리다

악!

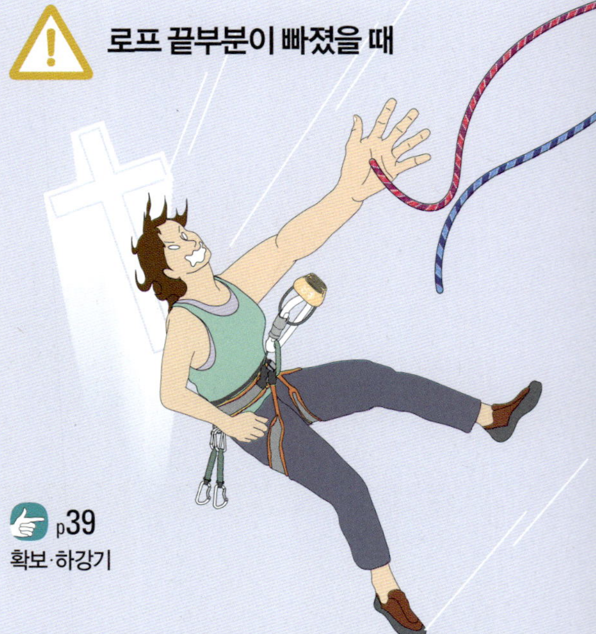

p39
카라비너로 하강

p65
뮌터히치

하강기를 떨어뜨리지 않아야 한다. 하강기가 없어도 하강할 수 있는 기술을 익혀 두지 않으면 유사시에 대처할 수 없다.

로프 끝부분이 빠졌을 때

p39
확보·하강기

하강에서 발생하는 사고 중 이와 같은 유형이 많다. 추락 방지를 위한 매듭을 묶으면 이를 예방할 수 있다.

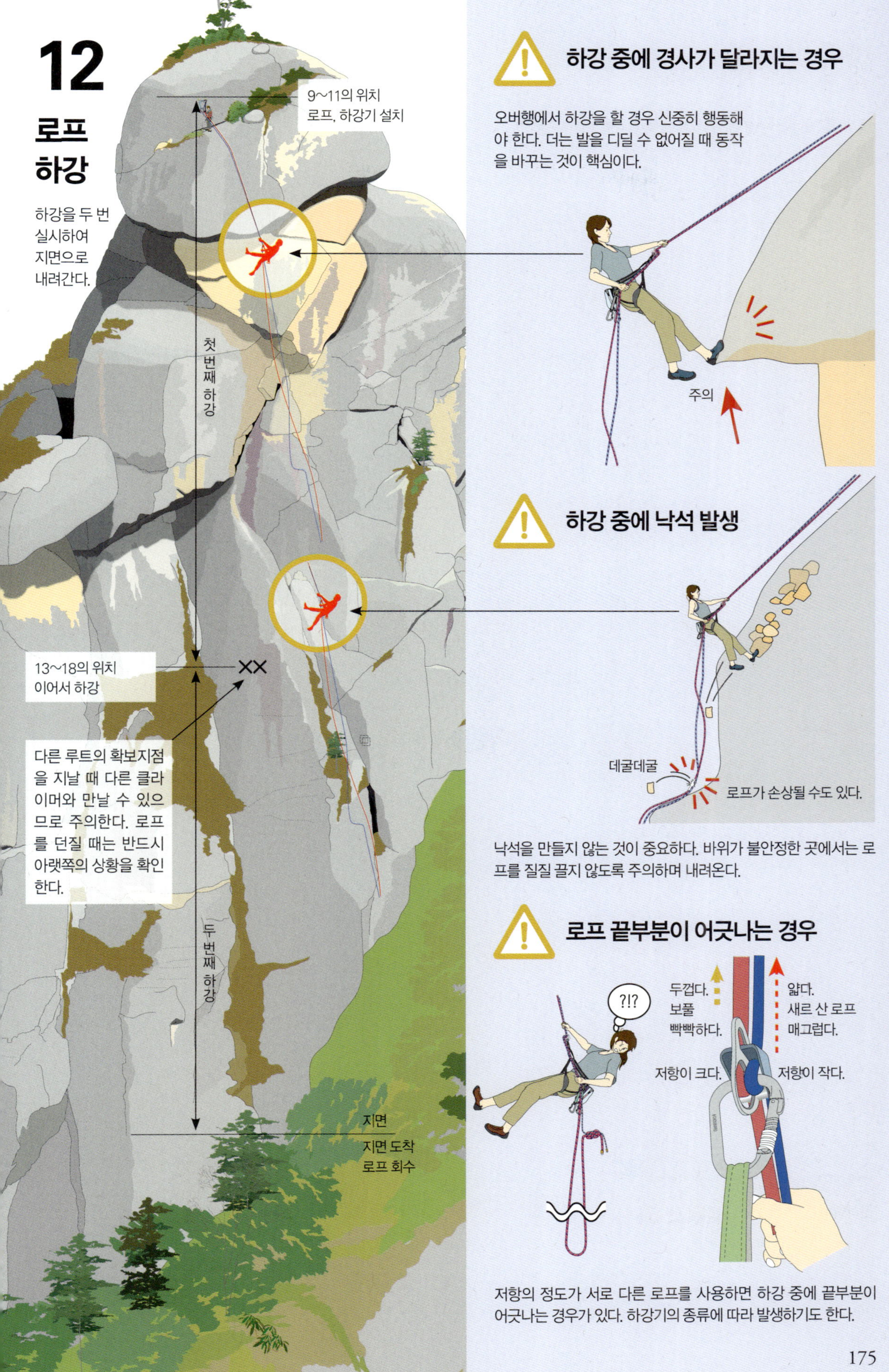
12
로프 하강
하강을 두 번 실시하여 지면으로 내려간다.
9~11의 위치 로프, 하강기 설치
첫 번째 하강
13~18의 위치 이어서 하강
다른 루트의 확보지점을 지날 때 다른 클라이머와 만날 수 있으므로 주의한다. 로프를 던질 때는 반드시 아랫쪽의 상황을 확인한다.
두 번째 하강
지면
지면 도착
로프 회수
하강 중에 경사가 달라지는 경우
오버행에서 하강을 할 경우 신중히 행동해야 한다. 더는 발을 디딜 수 없어질 때 동작을 바꾸는 것이 핵심이다.
주의
하강 중에 낙석 발생
데굴데굴
로프가 손상될 수도 있다.
낙석을 만들지 않는 것이 중요하다. 바위가 불안정한 곳에서는 로프를 질질 끌지 않도록 주의하며 내려온다.
로프 끝부분이 어긋나는 경우
?!?
두껍다. 보풀 빡빡하다.
얇다. 새르 산 로프 매그럽다.
저항이 크다.
저항이 작다.
저항의 정도가 서로 다른 로프를 사용하면 하강 중에 끝부분이 어긋나는 경우가 있다. 하강기의 종류에 따라 발생하기도 한다.

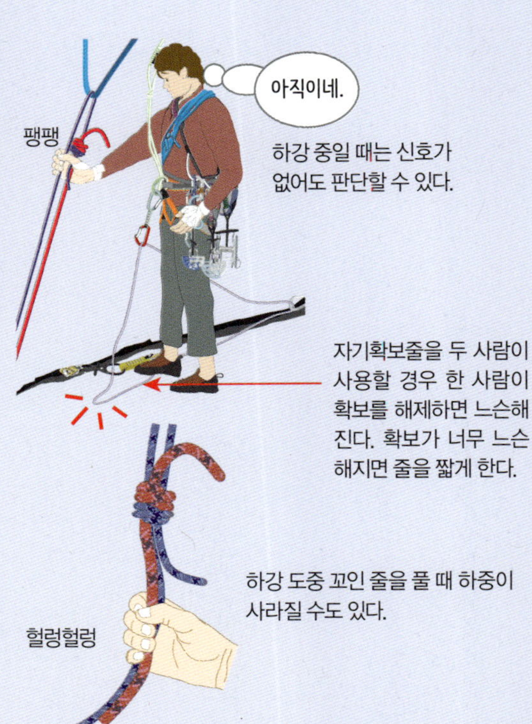

하강 중일 때는 신호가 없어도 판단할 수 있다.

자기확보줄을 두 사람이 사용할 경우 한 사람이 확보를 해제하면 느슨해진다. 확보가 너무 느슨해지면 줄을 짧게 한다.

하강 도중 꼬인 줄을 풀 때 하중이 사라질 수도 있다.

신호가 없을 때는 로프의 팽팽한 정도로 확인한다. 하강 중일 때는 하중이 걸린다. 하중이 사라졌다면 두 로프를 가볍게 당겨서 확인한다. 잠시 기다렸다가 하강기를 설치하는 것이 좋다. 아래에서 회수 확인 작업을 하려 해도 로프가 당겨지지 않아서 확인하지 못하는 경우도 있다.

15 회수 확인, 신호

회수 가능한지 확인한다. 먼저 하강한 사람의 중요한 역할이다. 회수 확인은 위에 있는 사람에게 보내는 신호가 된다.

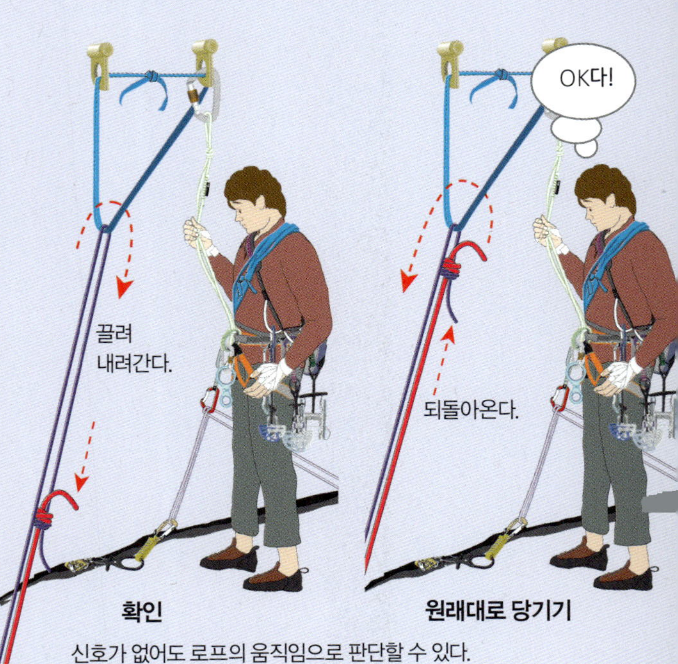

신호가 없어도 로프의 움직임으로 판단할 수 있다.

13 자기확보

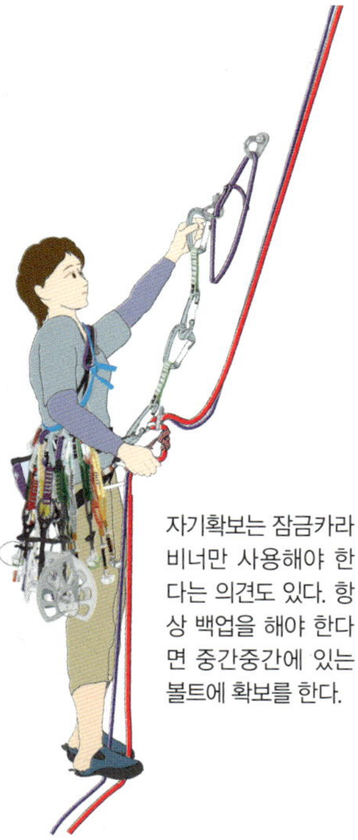

자기확보는 잠금카라비너만 사용해야 한다는 의견도 있다. 항상 백업을 해야 한다면 중간중간에 있는 볼트에 확보를 한다.

14 해제

자기확보를 한 다음 로프를 해제한다.

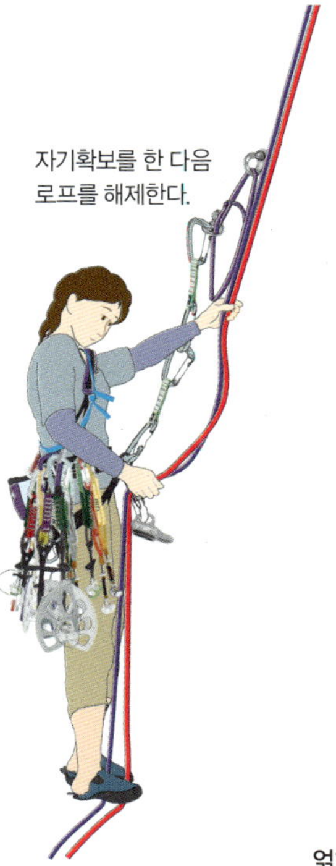

15 신호

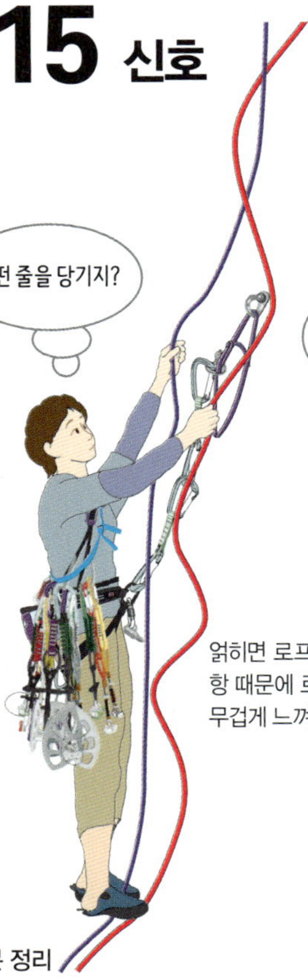

얽히면 로프의 저항 때문에 로프가 무겁게 느껴진다.

얽힌 부분 정리

당겨지지 않으면 반대쪽 로프를 당겨본다. 이후의 조치로 확보지점을 바꾸는 등의 방법이 있다.

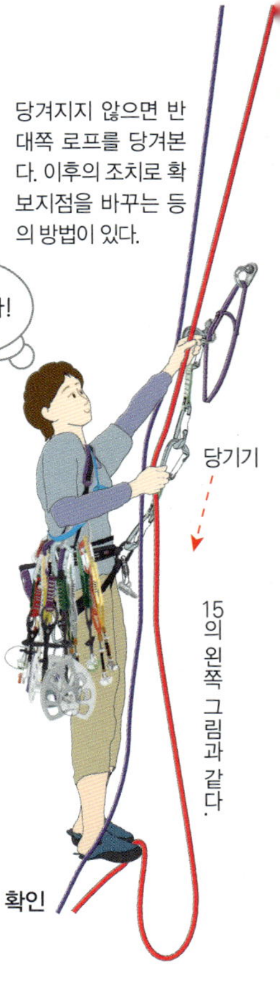

당기기

15의 왼쪽 그림과 같다.

확인

지점에 매듭이 역방향으로 걸려 있으면 회수할 수 없다. 이 경우 반대로 당기면 회수할 수 있다.

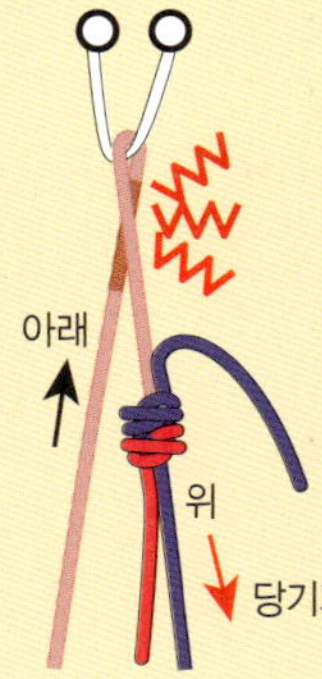

위에서 아래쪽을 눌러서 회수할 수 없다.

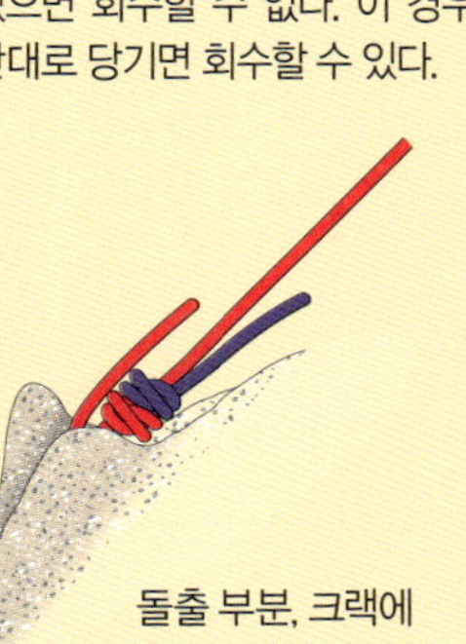

돌출 부분, 크랙에 걸리는 경우

반대로 당기거나 로프를 앞으로 보내 슬링에 매듭이 걸린다.

16 후속 하강

회수할 수 있도록 정리를 하고 하강한다.
회수는 마지막에 하강하는 사람이 책임진다.

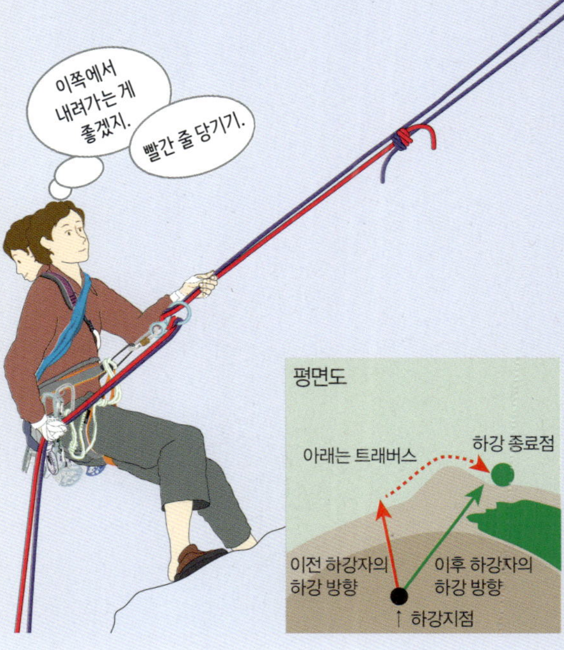

이어서 신호를 보내고 확보 준비를 위해 반대쪽 로프를 당긴다.(당기기)

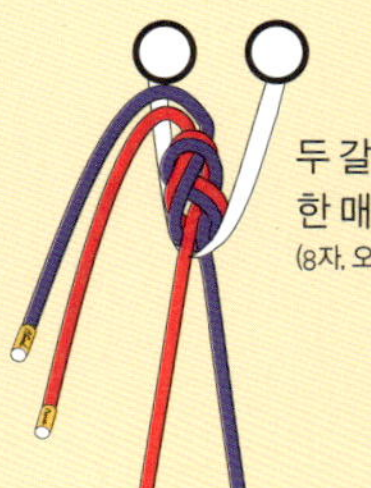

회수 확인 신호를 보낸 다음 다시 구호를 외치는 경우가 많다.

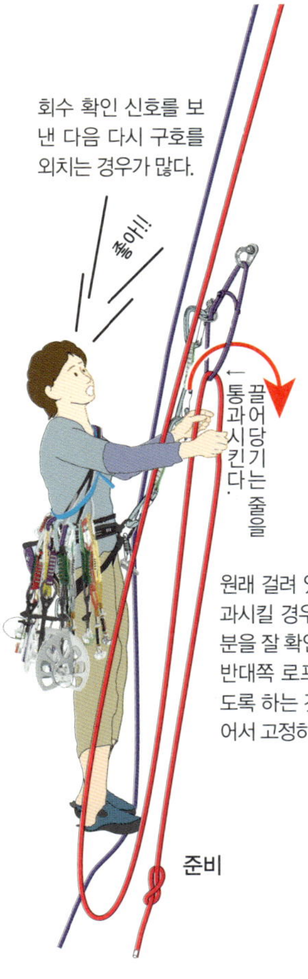

원래 걸려 있던 슬링에 로프를 통과시킬 경우 슬링이 통과하는 부분을 잘 확인해야 한다.
반대쪽 로프가 멀리 떨어지지 않도록 하는 것이 좋다. 느슨하게 걸어서 고정하는 방법도 있다.

17 도착

확보지점에 도착하면 자기확보를 한다.

 ## 회수할 때 발생하는 낙석

로프가 돌을 건드려 떨어뜨린다.

끝부분이 나뭇가지에 걸리면 낙석이 발생할 뿐만 아니라 회수하지 못할 수도 있다. 이 경우에는 주마링도 할 수 없다.

로프를 끌어당길 때 낙석을 만드는 경우가 있다. 로프를 회수하지 않는 사람은 안전한 장소로 피신한다.

회수할 수 없는 경우

각도가 완만해져서 저항이 줄어드는 경우가 있다. →

다른 로프에 눌리거나 좁은 틈으로 들어갈 수 있다. ↓

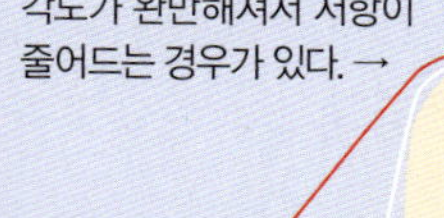

벽에서 거리를 두고 끌어당긴다. 끌어당기는 위치를 좌우로 바꾸면서 회수한다.

로프를 당긴다.

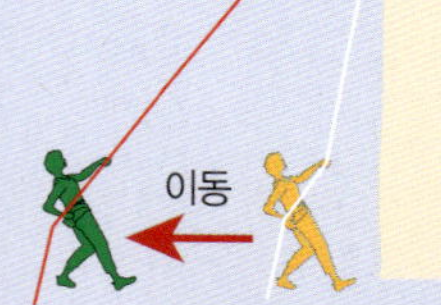

👍 p194
주마링

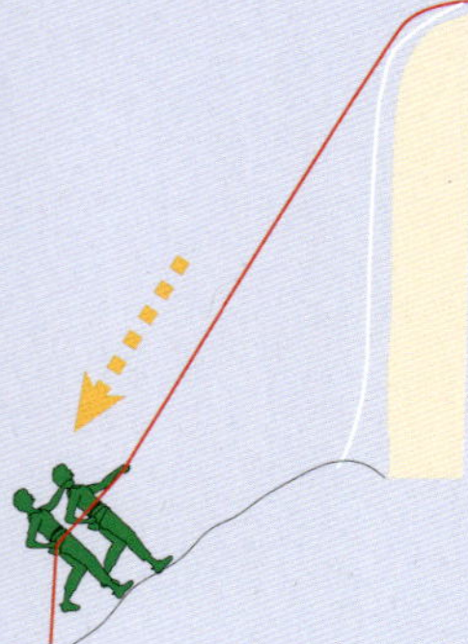

하강기에 매달리듯이 힘을 주어 당긴다.

어떻게 해도 회수할 수 없을 때에는 주마링하여 하강지점을 변경한다. 등강기가 없을 때는 프루지크히치로 슬링을 묶어 등강기 대용으로 이용한다.

18 회수

로프를 끌어당겨서 회수한다. 하강지점에 로프를 준비하고 지상으로 끌어 내린다.

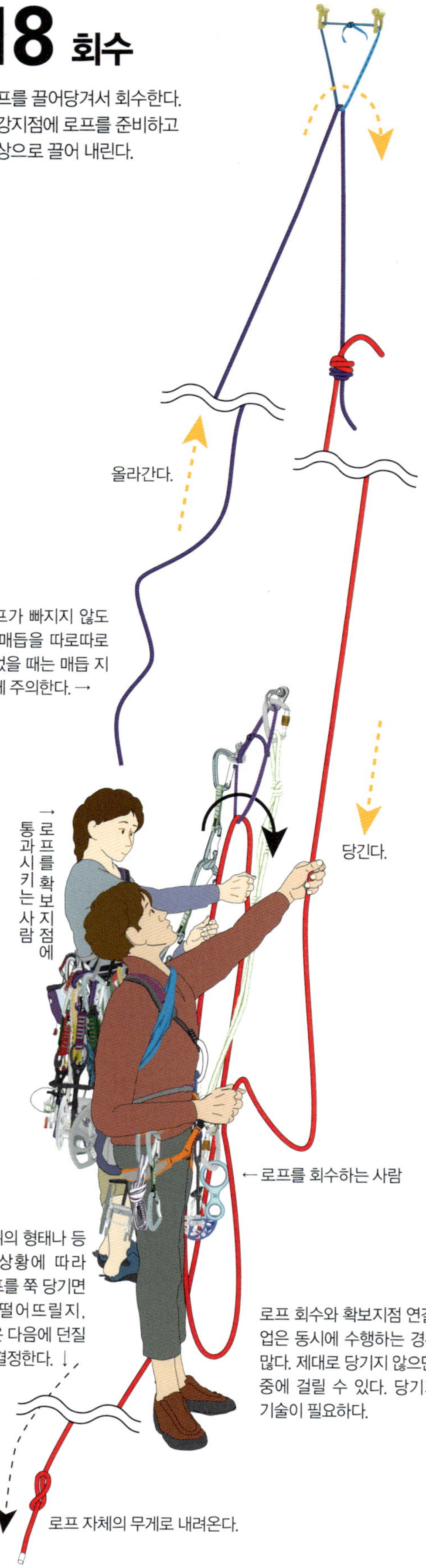

올라간다.

로프가 빠지지 않도록 매듭을 따로따로 묶었을 때는 매듭 지점에 주의한다. →

→ 로프를 확보지점에 통과시키는 사람

당긴다.

← 로프를 회수하는 사람

바위의 형태나 등반 상황에 따라 로프를 쭉 당기면서 떨어뜨릴지, 감은 다음에 던질지 결정한다. ↓

로프 회수와 확보지점 연결 작업은 동시에 수행하는 경우가 많다. 제대로 당기지 않으면 도중에 걸릴 수 있다. 당기기도 기술이 필요하다.

로프 자체의 무게로 내려온다.

3-4 이중로프/더블로프

2인 또는 3인 등반 유형

3-4의 루트
멀티피치
더블로프

1 1일차 2인 등반

더블로프(하프로프)
선등자는 로프 두 동으로 오른다.

2 2일차 3인 등반

선등자는 로프 두 동으로 오른다. 후등자는 한 동씩 사용하여 오른다.

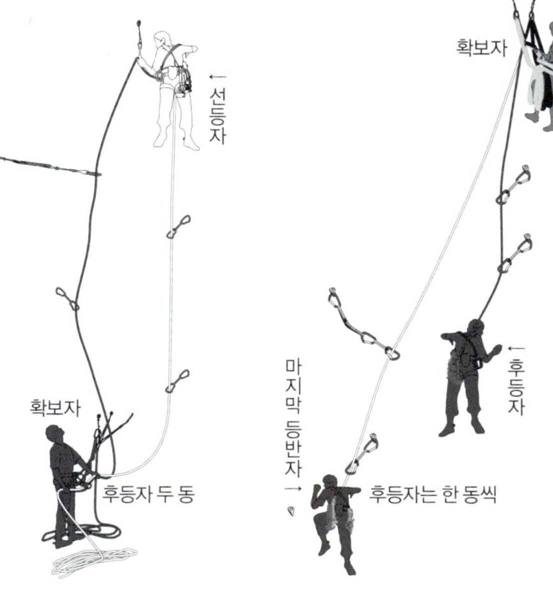

주마링

인공등반 수단 기타 확보물

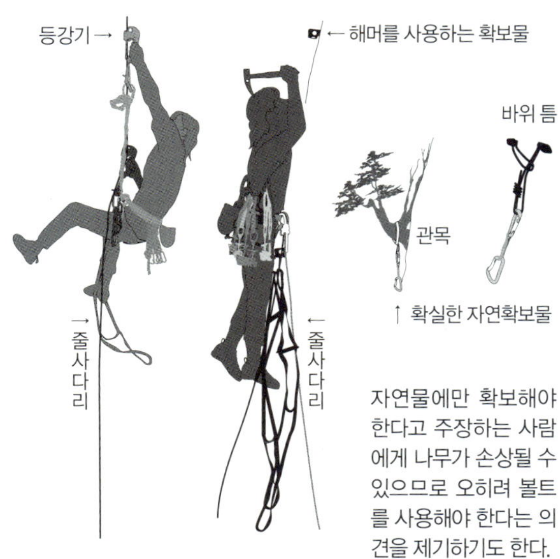

자연물에만 확보해야 한다고 주장하는 사람에게 나무가 손상될 수 있으므로 오히려 볼트를 사용해야 한다는 의견을 제기하기도 한다.

● 설정

지도에 표시된 것과 해발 150m 정도의 차이가 있는 것으로 보인다. 오는 길에 표지판에서 봤던 다른 봉우리였다는 것을 정상에 도착해서야 알아차린다. 어프로치 길도 몰라서 '이쪽으로 가면 되겠지.' 하는 생각으로 산으로 들어간다. 시작점까지 우왕좌왕하며, 지도가 전혀 도움이 되지 않는다는 것을 알게 된다. 그러나 정오 무렵에 운 좋게 숲 속에서 바위로 보이는 하얀 물체를 발견한다. 시작점에서 보았을 때 바위의 형태를 잘 알 수 없었고, 등반하기로 한 바위인지는 정확하게 알 수 없으나 바위가 좋아 보여서 등반하기로 한다.

3-4에서는 1일차에 두 사람이 스윙리드 방식으로 등반한다. 2일차에는 장비(주마링)를 사용하여 로프를 오르고, 세 사람이 등반한다. 로프는 더블로프를 사용한다.

대상자

멀티피치 경험자와 동행한다. 다른 사람에게 어떠한 사태가 발생하여 움직일 수 없게 되는 상황에 대처할 수 있는 정도의 능력을 지닌 사람이다. 긴급사태가 일어나면 어쨌든 구조를 요청해야 하는 수준의 초보자는 대상자가 아니다. 장비도 상황에 따라 적절하게 사용할 줄 아는 사람을 대상으로 한다.

루트

방법 = 자유등반(프리) 및 인공등반
확보물 = 이동식 확보물, 하켄, 볼트
거리 = 약 100m. 개념도는 없으며, 바위의 사진만 구비

● 장비

3-3의 장비 외에 인공등반 장비를 포함한다.

확보물

확보물은 3-2에서 사용한 장비 이외에 하켄, 볼트(등반 후 회수)도 사용한다.

등강기

로프(한 동)로 오를 때 사용하는 장비. 로프 두 동을 걸고 오를 때는 등강기 2개를 사용한다. 기본 기능만 따로 떼서 소형으로 판매하기도 한다.

줄사다리Ladder

자유등반을 할 수 없을 때 등반 수단으로 사용한다.

● 3-4의 내용

싱글로프와 더블로프, 더블로프와 트윈로프의 차이

로프의 '흐름', '거리', '끊김'의 3가지 기준을 근거로 어떤 로프를 사용할지 결정한다.

고정Fix, 하강

확보지점에 다다르는 데 시간이 많이 걸려서 등반을 계획했던 시간이 지나고 말았다. (다음 날) 등반을 이어서 하기 위해 로프를 고정한 채 하강하여 지면으로 내려온다.

주마링

설치되어 있는 로프를 사용하여 종료지점까지 주마링으로 다시 올라간다. 주마링은 가지고 있는 장비에 따라 준비 방법이 다르다.

3인 등반 시스템

선등자가 로프 두 동을 끌고 등반하고 후등자 두 명은 선등자가 들고 간 로프를 각각 한 동씩 걸고 올라간다.

인공등반

인공등반이 필요할 것 같아 인공등반 장비도 준비한다. 확보물로 하켄 종류의 장비와 볼트도 사용한다.

더블로프(하프로프)

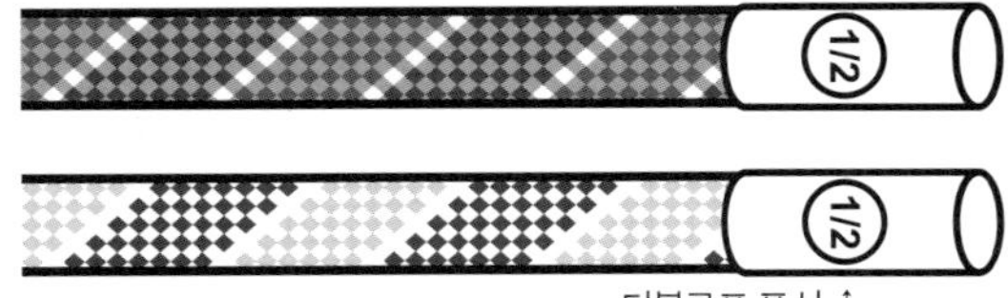

두 동을 연결하여 사용
중량: 42~54g/m, 직경: 8.1~9mm인 로프

해머

피톤, 볼트를 설치할 경우 해머가 필요하다.

하켄(피톤)의 종류

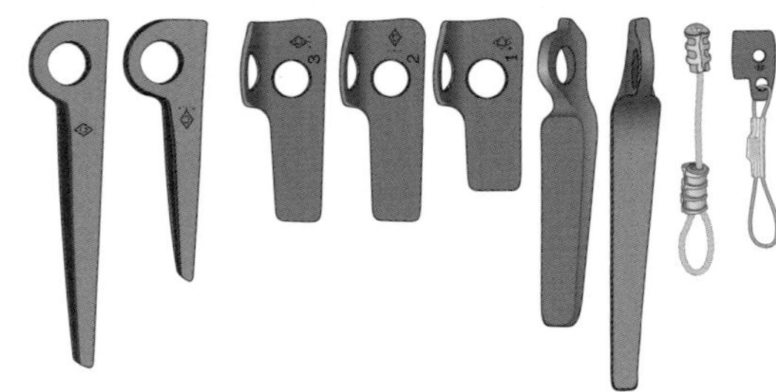

하켄도 크랙에 따라 다양한 크기를 사용한다. 크기는 같더라도 두께가 다를 수 있다.

볼트 설치 도구

점핑Jumping은 바위에 구멍을 만드는 도구다. 사용할 볼트의 두께에 맞는 장비가 필요하다.

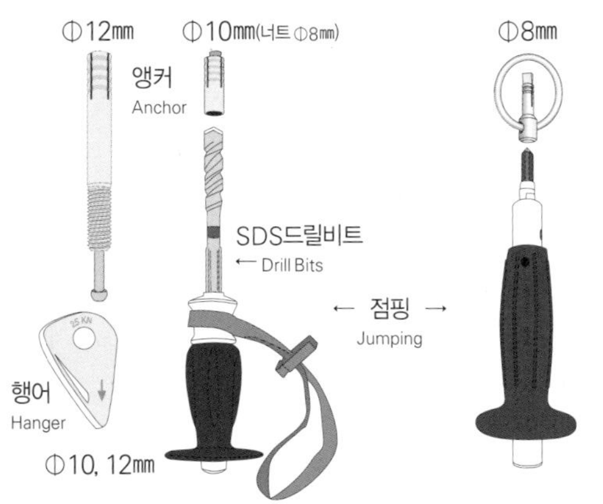

앵커의 둘레대로 구멍을 뚫으면 행어의 두께도 달라진다. 구멍의 둘레는 비트를 교환하면 바꿀 수 있다. 조합을 잘못하면 아무 도움이 되지 않는다.

Ø8mm 날은 그라인더Grinder로 갈 수 있다.

'불명 바위' 개념도

불명 바위 A군에서 γ선 국도 경유. β 임도 종점
국유지, 국립공원. 해발 1,800m 부근
암질 화강암
어프로치 없음

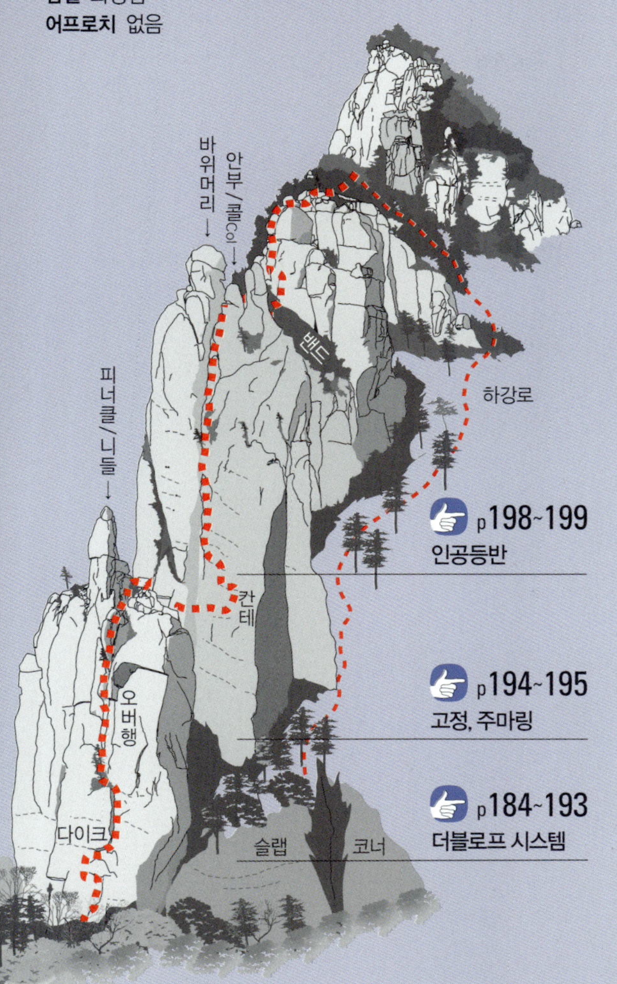

개념도의 기호 범례

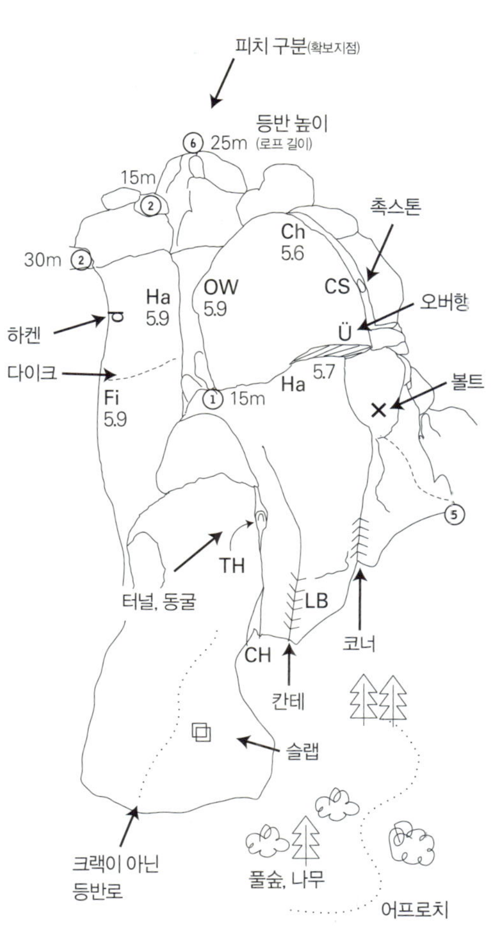

바위의 모양을 나타내는 기호

Ch	‖	침니
fCh		플레어드침니
Sq		스퀴즈침니
OW		오프위드
fist		주먹
Ha		손
TH		손날
Fi		손가락
thin		좁은 크랙
flake		플레이크(덧바위)
dike	-----	다이크
ridge		칸테, 릿지
corne		코너, 디에드르
LB		레이백
Ü		오버행, 루프

확보물 표시 기호

X ⊗	볼트
p	하켄
	인공등반의 경우 하켄의 크기도 표기하는 경우가 있다.
k	나이프
L	로스트애로우
R	러프
N	너트
F, C	캠 장비는 #F3 등으로 표시한다. 캠에 대한 표기법은 다양하다.
T	튜브초크
▱	슬랩 또는 페이스(직벽)

기타 기호

s.b.	슬링빌레이
CS	촉스톤
⬡	테라스
▭	렛지

181

더블로프(하프) 와 싱글로프

흐름
더블로프(하프 로프)

1/2

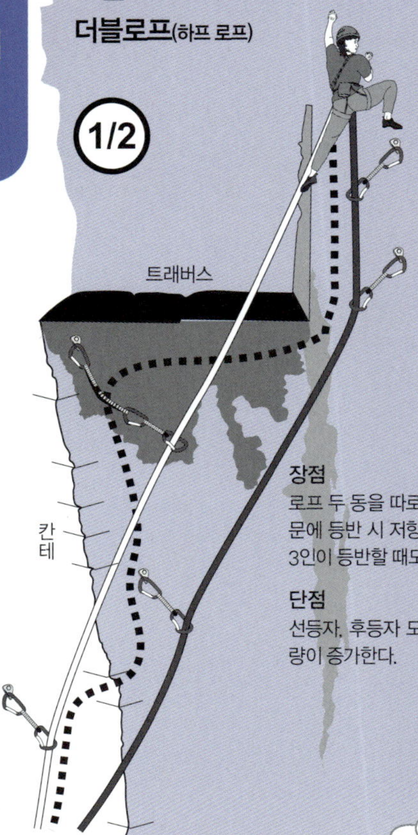

싱글로프를 사용하면 생각할 필요 없는 요소가 생긴다. 로프의 흐름을 고려할 필요가 없다면(루트가 직선일 때) 태그라인을 보조 로프로 사용하는 것이 효율적이다.

트래버스

칸테

장점
로프 두 동을 따로 끌고 가기 때문에 등반 시 저항이 작다. 또한 3인이 등반할 때도 유용하다.

단점
선등자, 후등자 모두 로프 작업량이 증가한다.

싱글로프

1

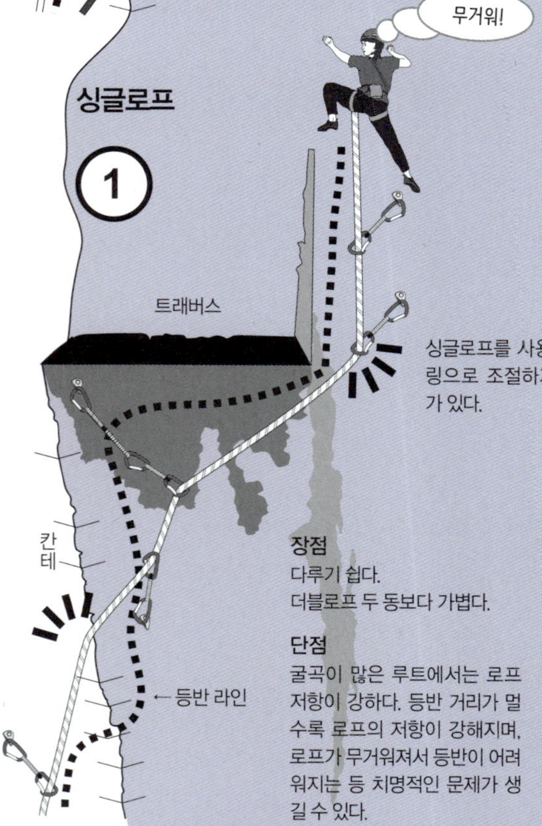

트래버스

칸테

← 등반 라인

싱글로프를 사용할 경우 슬링으로 조절하기에는 한계가 있다.

장점
다루기 쉽다.
더블로프 두 동보다 가볍다.

단점
굴곡이 많은 루트에서는 로프 저항이 강하다. 등반 거리가 멀수록 로프의 저항이 강해지며, 로프가 무거워져서 등반이 어려워지는 등 치명적인 문제가 생길 수 있다.

거리

1/2

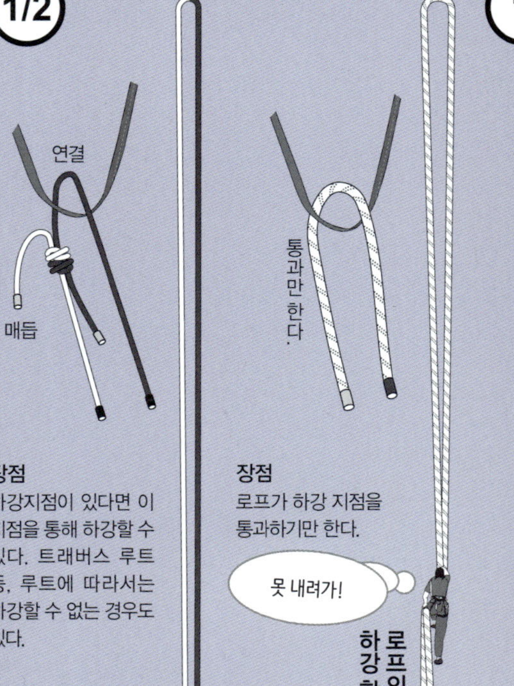

1

로프의 절반 길이로 하강한다.

장점
하강지점이 있다면 이 지점을 통해 하강할 수 있다. 트래버스 루트 등, 루트에 따라서는 하강할 수 없는 경우도 있다.

장점
로프가 하강 지점을 통과하기만 한다.

단점
연결한 2개의 로프를 하강지점에 통과시켜야 한다.

단점
하강지점까지의 거리가 로프 길이의 절반보다 멀 때는 하강할 수 없다! 더블로프와 싱글로프 중 어느 것을 사용할지 선택하는 기준이 된다. 회수할 때는 어떤 로프를 당겨야 할지 구분할 수 없다. 하강 중에 카라비너를 거는 방식으로 준비해야 한다.

로프의 길이와 하강 거리가 동일한 경우

하강 거리만 고려한다면 태그라인을 끌고 올라가는 것이 효율적일 것이다.

로프 절단 *1

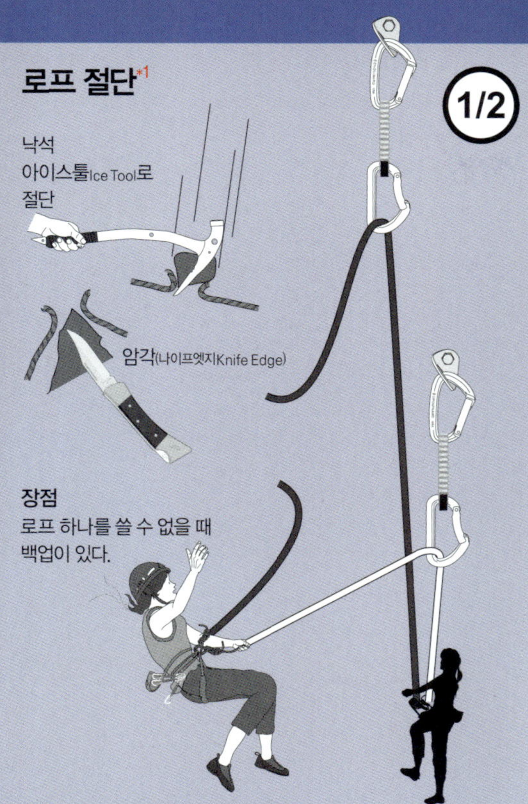

장점
로프 하나를 쓸 수 없을 때
백업이 있다.

로프의 생산기술이 발전하면서 예전에 비해
로프를 자르기 어려워지고 있다. 겔렌데에
비해 멀티피치에서 낙석 위험이 높다. 로프
절단을 고려할 경우, 더블로프를 사용하면
큰 이점이 있다. 또한 빙벽등반에서 후등을
할 때는 로프를 아이스툴로 자를 수 있다.

*1 로프의 성능이 향상되어 백업 개념이 점점 희미해지고 있
다. '흐름'과 '거리'가 더블로프를 선택하는 1차 요인이라면
'절단'은 일종의 보험 같은 2차 요인이다.

더블로프와 트윈로프

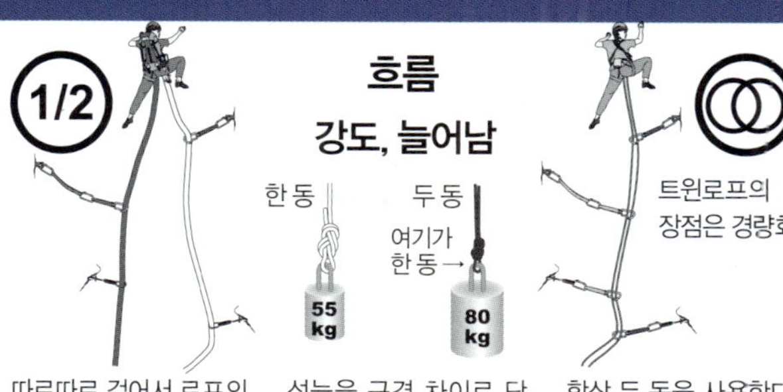

따로따로 걸어서 로프의
흐름을 조정할 수 있다.

성능을 규격 차이로 단
순비교 하는 것은 무리
다. 가는 트윈로프가 훨
씬 잘 늘어난다. *2

항상 두 동을 사용한다.
싱글로프처럼 러너(슬링)
로 조절해야 한다.

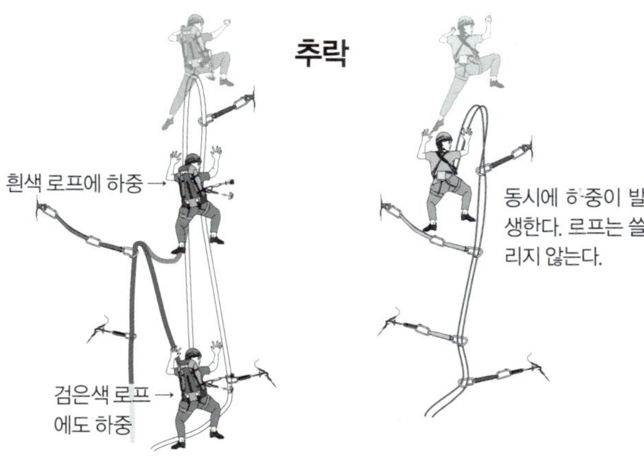

추락부터 하중이 걸릴 때까지 시간차가
있으며, 검은색 로프가 걸린 지점까지
떨어지지 않으면 흰색 로프에만 하중
이 걸린다. 검은색 로프는 백업용이다.

추락 시 두 로프에 하중이 동시에 걸린
다. 동시에 하중이 발생하기 때문에 카
라비너에 로프가 쓸리는 경우는 드물
다.

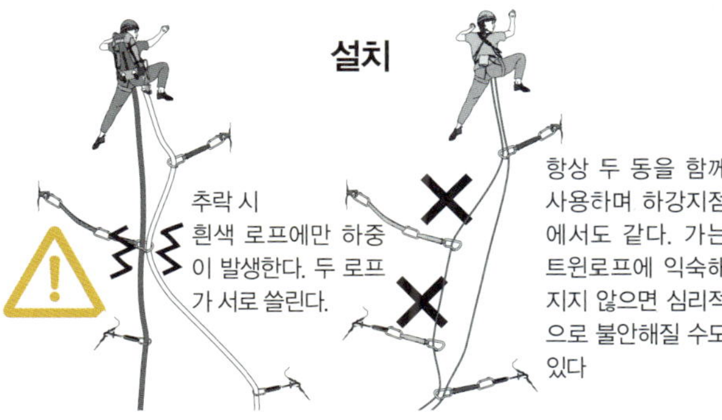

추락 시 하중이 걸리는 시간이 동일하
지 않기 때문에 한쪽 카라비너에 로프
가 쓸린다.

한 동으로 사용할 경우 더블로프에 비
해 강도가 떨어진다.

두 동 모두 하중이 걸리기 때문에 상황
에 따라 로프가 쓸릴 수도, 쓸리지 않
을 수도 있다. 통상적으로 더블로프를
지점 한 곳에 걸 때와 동일한 상황이
발생할 수 있다. 한 곳에 카라비너 2개
를 걸면 해제할 수는 있지만 장비가 많
아서 몸이 무거울 수 있다.

*2 가는 트윈로프가 더 잘 늘어난다. 설명서에 기록된 신장률은 더블로프 약
8.5~10%, 트윈로프 약 7.6%이다. 수치 상 더블로프가 더 잘 늘어난다. 측정 방
법이 다르기 때문에 실제 차이는 비교할 수 없다.

1 매듭

로프 두 동으로 매듭 만들기

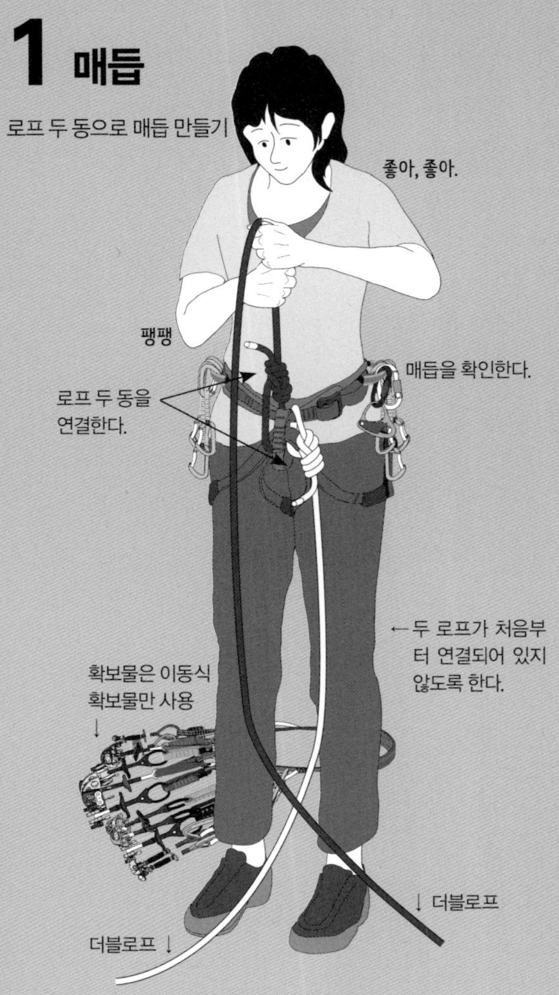

2 오르기

인공등반 장비를 사용하지 않기로 약속하고 등반하는 경우 유사 시에 클라이밍다운을 한다.

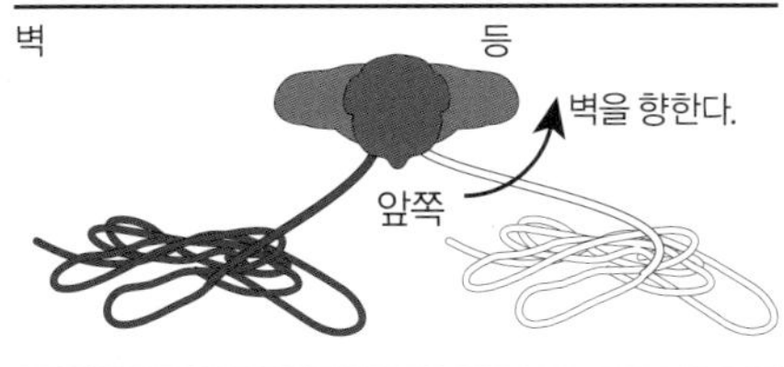

벽을 등지고 매듭을 만든다.

로프는 교차하지 않는다.

벽을 향하는 동작과 함께 로프가 교차된다. 로프를 통째로 넘기더라도 매듭 위치는 그대로이므로 교차상태가 된다.

확보자가 이 상태로 확보 장비를 설치하면 로프가 교차된 상태로 등반을 시작하게 된다. 또 이 상태에서 확보자가 선등자보다 먼저 로프를 연결하면 매듭이 풀리지 않을 수도 있다.

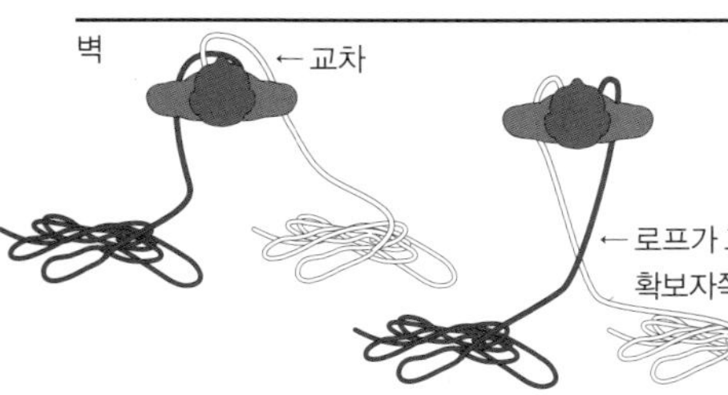

← 로프가 교차되는 부분은 확보자쪽으로 가게 한다.

두 로프가 얽혔을 때는 로프가 팽팽해지지 않게 잡는다. 선등자는 확보를 하기 전에 확보 장비에 로프를 다시 묶는 것이 좋다.

자기확보가 필요 없을 경우, 확보자는 선등자보다 먼저 로프를 연결하지 않는 편이 줄을 잡기 쉽다.

하강기에 로프 두 동 끼우기

3 첫 번째 클립

처음에 한 곳에 할지, 두 곳에 클립 할지는 선등자가 상황에 맞게 결정한다.

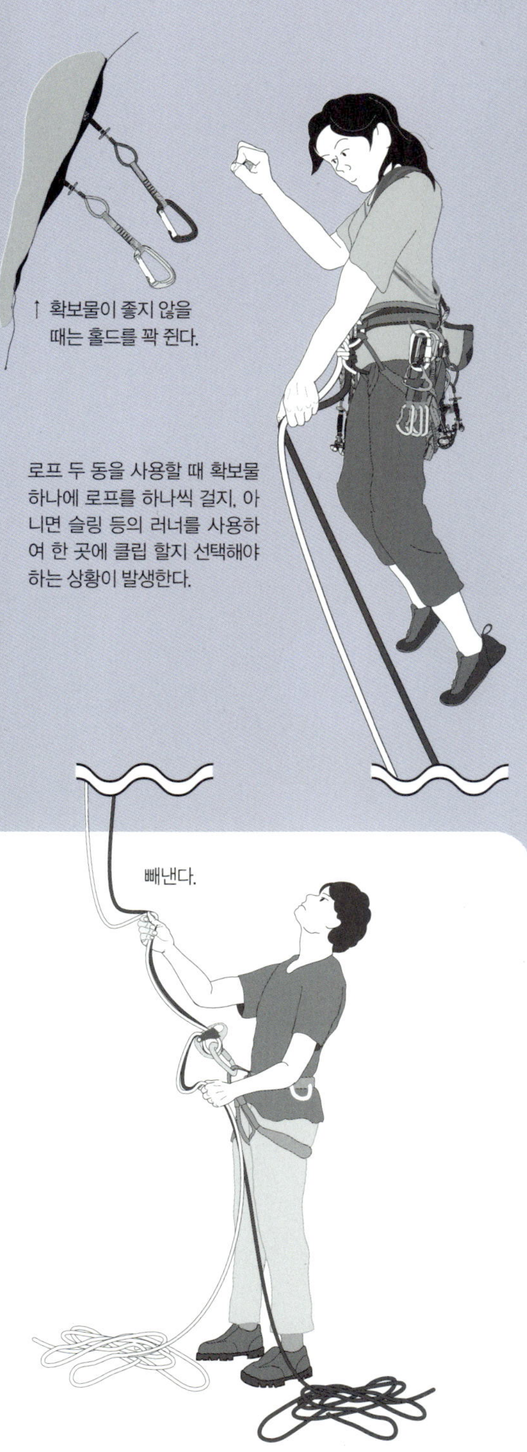

↑ 확보물이 좋지 않을 때는 홀드를 꽉 쥔다.

로프 두 동을 사용할 때 확보물 하나에 로프를 하나씩 걸지, 아니면 슬링 등의 러너를 사용하여 한 곳에 클립 할지 선택해야 하는 상황이 발생한다.

로프를 느슨하게 푼다. 확보자의 기술과 판단에 따라 한 곳만 클립할 때도 로프 두 동을 동시에 풀 수 있다.

첫 클립 시 고려 사항

더블로프의 경우, 한 동에 클립을 두 번 하거나 한 번만 하는 경우가 있는데, 주로 선등자가 판단한다. 아래 그림은 2피치 이후다. 1피치에서는 확보자보다 떨어지는 일은 적다.

확보물 한 곳에만 클립하는 경우

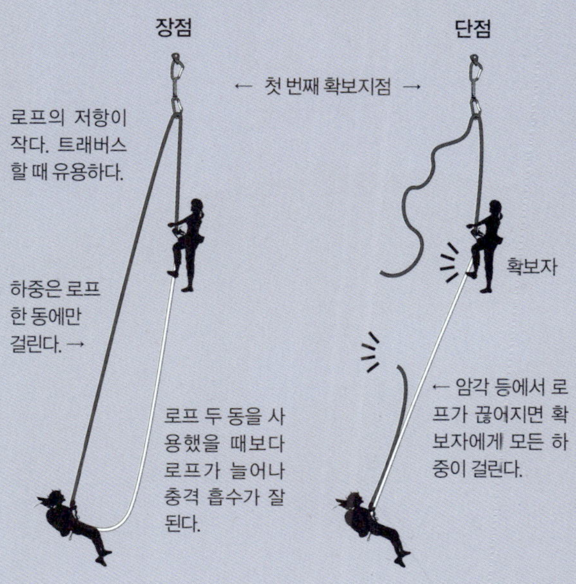

로프의 저항이 작다. 트래버스 할 때 유용하다.

하중은 로프 한 동에만 걸린다. →

로프 두 동을 사용했을 때보다 로프가 늘어나 충격 흡수가 잘 된다.

← 암각 등에서 로프가 끊어지면 확보자에게 모든 하중이 걸린다.

클립을 두 번 할 경우

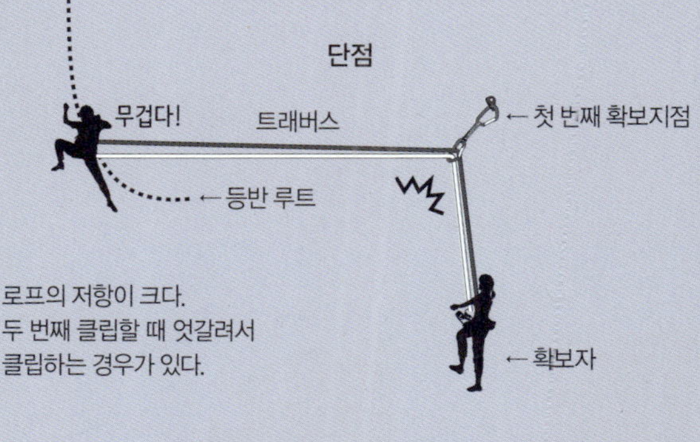

로프의 저항이 크다. 두 번째 클립할 때 엇갈려서 클립하는 경우가 있다.

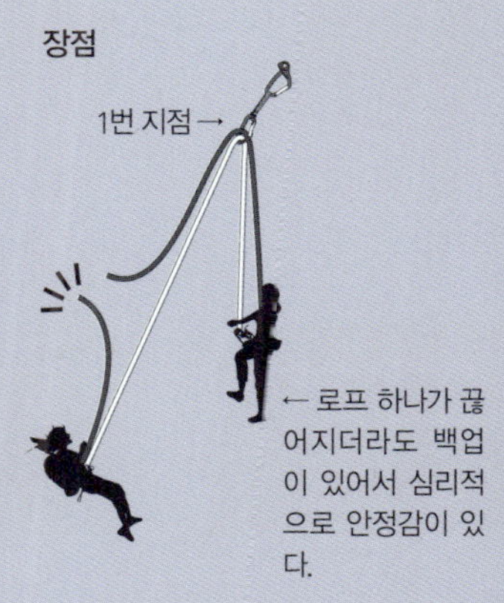

추락 가능성이 있는 경우, 볼트에 확실하게 확보를 하고, 암각에 로프가 닿지 않을 때는 물리적으로 한 동이다(로프 두 동을 모두 클립할 경우에는 굵은 로프를 클립하는 것과 마찬가지로 충격흡수율이 낮아진다). 단, 심리적으로는 두 동 모두 클립하는 편이 좋다. 실제 상황에 따라 클립 방식을 선택한다.

← 로프 하나가 끊어지더라도 백업이 있어서 심리적으로 안정감이 있다.

항상 번갈아 클립하지 않는다

상황에 따라 한쪽 로프만 연속적으로 클립하는 경우도 있다. 이런 상황(a~b)에서는 싱글로프를 사용하는 것과 동일한 상태가 된다.

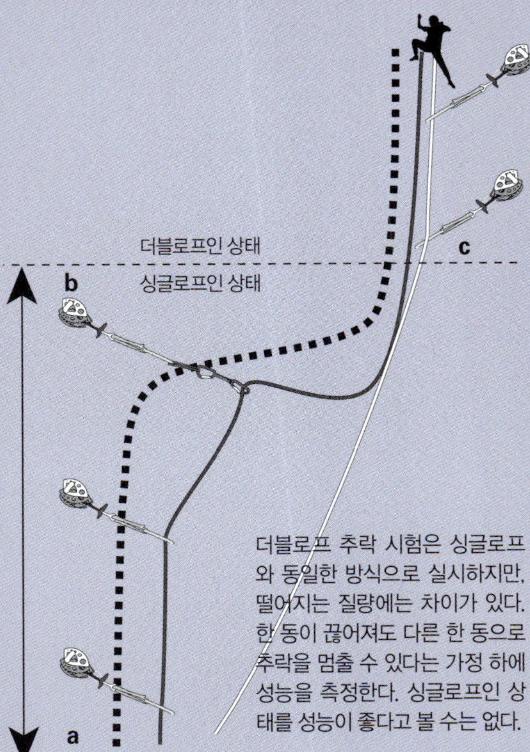

더블로프 추락 시험은 싱글로프와 동일한 방식으로 실시하지만, 떨어지는 질량에는 차이가 있다. 한 동이 끊어져도 다른 한 동으로 추락을 멈출 수 있다는 가정 하에 성능을 측정한다. 싱글로프인 상태를 성능이 좋다고 볼 수는 없다.

로프를 교차하지 않는다

싱글로프를 쓸 경우에는 발생하지 않는다.

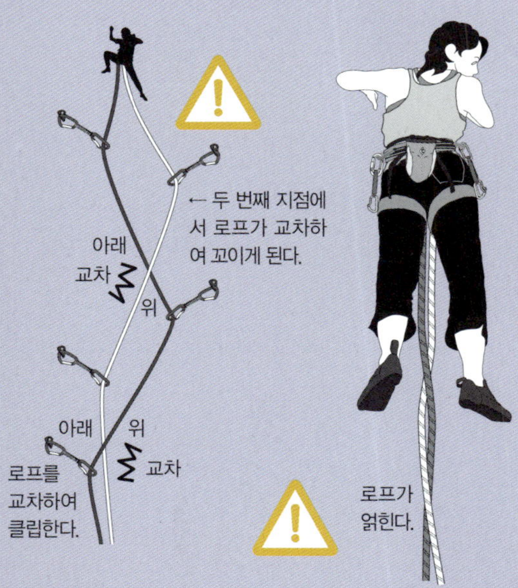

로프가 쭉 펴지도록 러너로 조절한다. 로프 두 동을 교차시켜 클립하는 것은 절대 금지해야 한다. 로프가 서로 쓸리면서 마찰 저항이 증가하여 로프가 무겁게 느껴진다. 최악의 경우 로프가 쓸리면서 발생하는 마찰로 인해 로프가 끊어질 수도 있다.

4 클립

로프 두 동을 따로 클립한다.

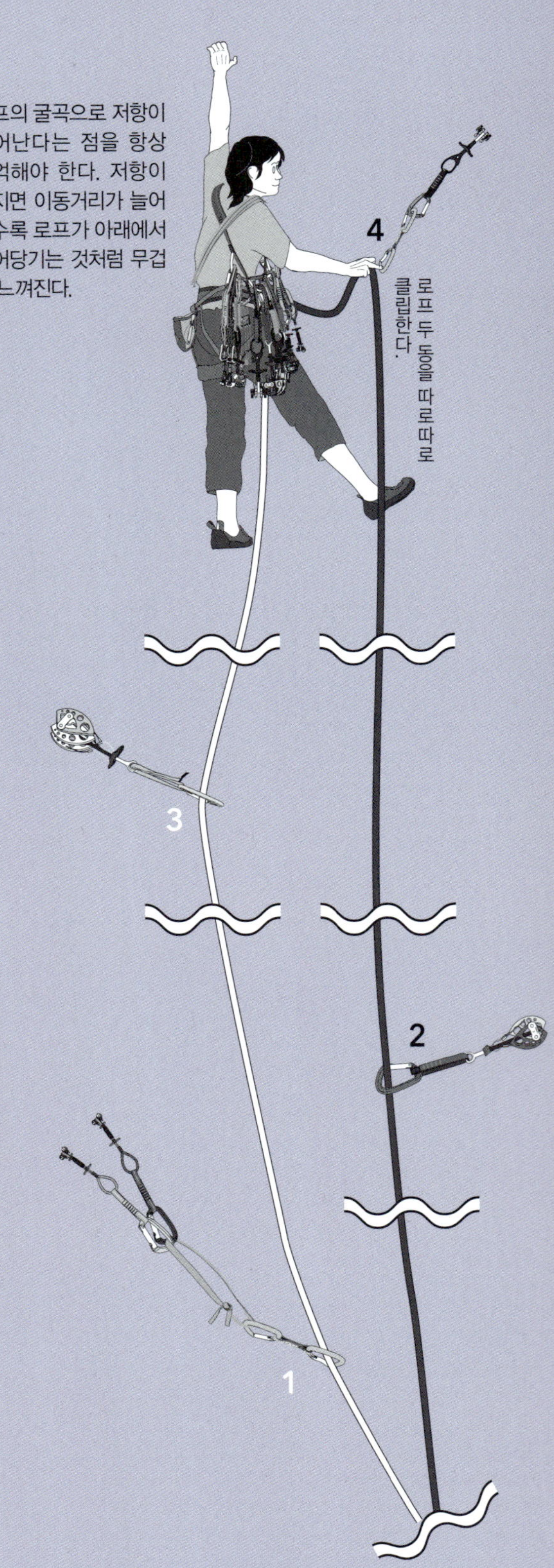

로프의 굴곡으로 저항이 늘어난다는 점을 항상 기억해야 한다. 저항이 커지면 이동거리가 늘어날수록 로프가 아래에서 끌어당기는 것처럼 무겁게 느껴진다.

4' 더블로프 확보

더블로프의 확보 예시

a 두 줄씩

● **장점**
싱글로프와 같이 활용하므로 다루기 쉽다.

● **단점**
클립을 한 이후에는 느슨하게 풀지 못한다. 마지막
확보물을 해제한 경우에는 느슨한 만큼 추락거리
가 멀어진다. 트래버스와 같이 한쪽으로만 이동하
는 경우에도 추락거리가 늘어난다.

b 한 줄씩

● **클립 시**

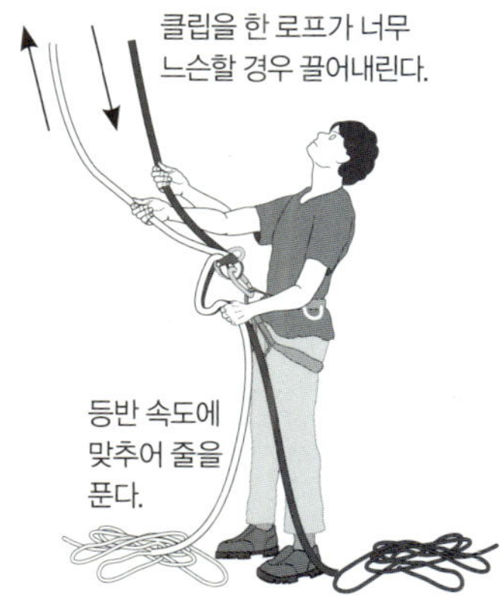

● **클립 직후**

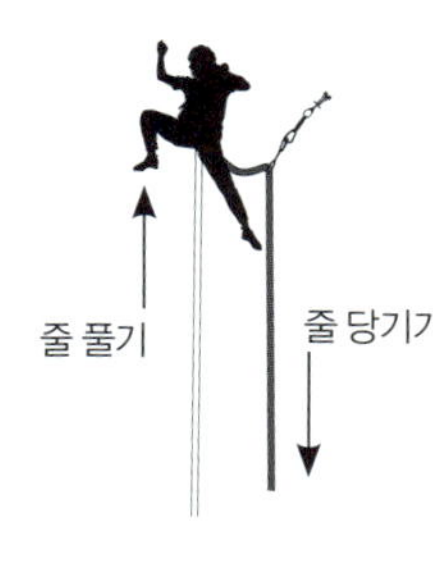

클립을 한 로프가 너무
느슨할 경우 끌어내린다.

등반 속도에
맞추어 줄을
푼다.

검은 줄만 잡은 다음
미끄러뜨리듯 푼다.

검은 줄만 잡은 다음
미끄러뜨리듯 푼다.

흰 줄만 잡은
다음 미끄러
뜨리듯 푼다.

흰 줄만 잡은 다음
미끄러뜨리듯 푼다.

검은 줄만 느슨하게
풀어 주는 조작

흰 줄만 풀어 주는 조작

● **두 줄을 동시에 끌고 가는 경우** ● **두 줄을 따로따로 끌고 가는 경우**

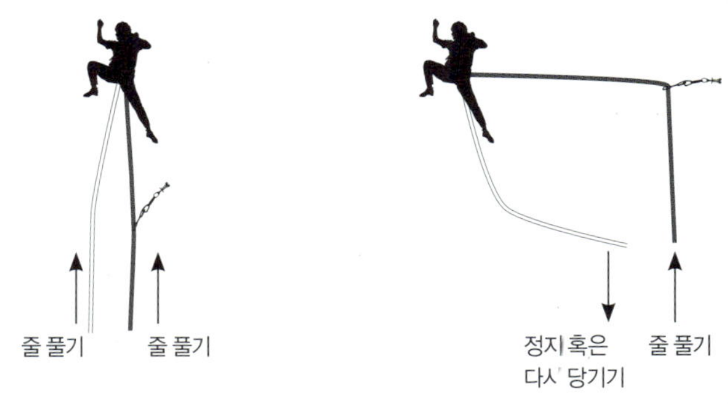

다른 등반팀 고려하기

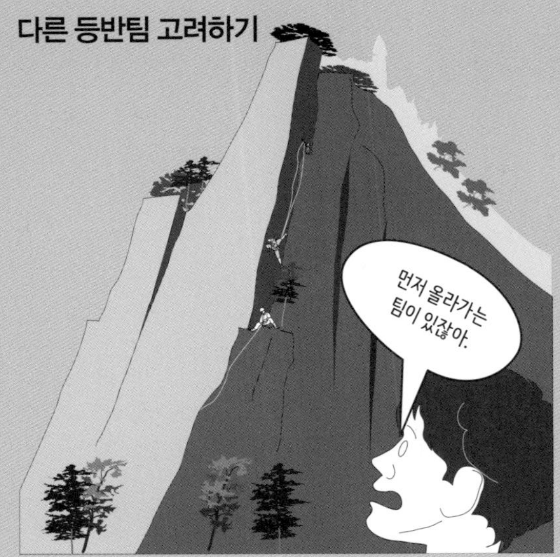

먼저 올라가는 팀이 있을 경우, 시간적인 문제뿐만 아니라 확보지점, 사람으로 인한 낙석 등을 고려해야 한다. 등반을 시작하기 전에 이미 고려해야 할 일들은 시작된다.

유연하게 등반 피치 나누기

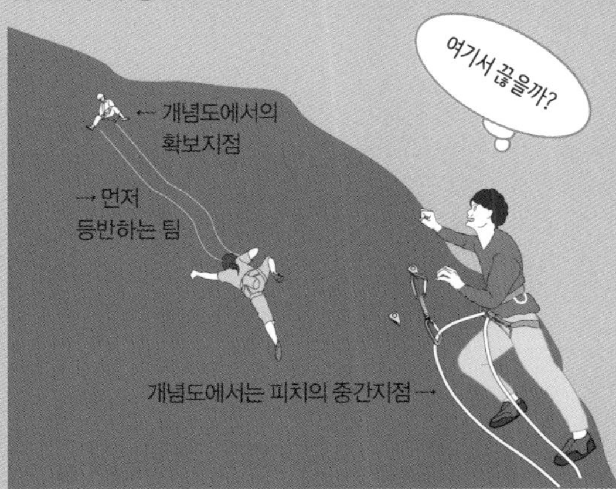

무조건 개념도에 맞추지 말고 상황에 따라 대응해야 한다.

로프의 가운데 표시하기

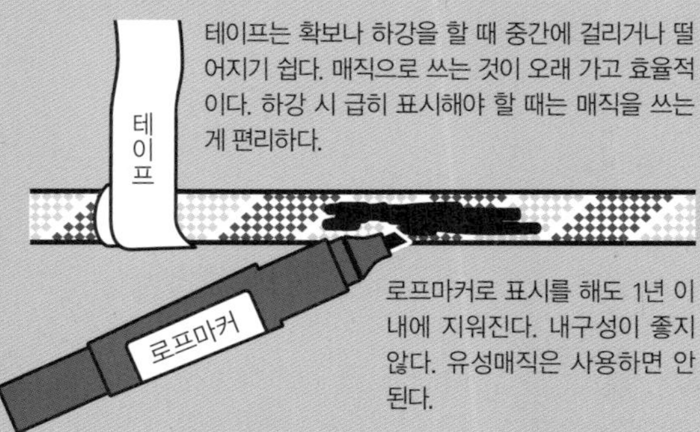

테이프는 확보나 하강을 할 때 중간에 걸리거나 떨어지기 쉽다. 매직으로 쓰는 것이 오래 가고 효율적이다. 하강 시 급히 표시해야 할 때는 매직을 쓰는 게 편리하다.

로프마커로 표시를 해도 1년 이내에 지워진다. 내구성이 좋지 않다. 유성매직은 사용하면 안 된다.

로프 길이의 중간지점을 표시한 부분이 없어지면 로프마커로 표시할 수 있다. 유성매직은 로프가 상할 수 있다는 보고도 있으므로, 나일론 계열의 소재에 시험한 다음 화학반응이 일어나는지 확인해 보는 것이 좋다. 로프마커는 칠한 부분의 감촉이 덜 매끄러워진다는 단점이 있다.

5 확보지점 고려하기1(피치 완료 지점

어디에서 피치를 끝낼지 생각한다.

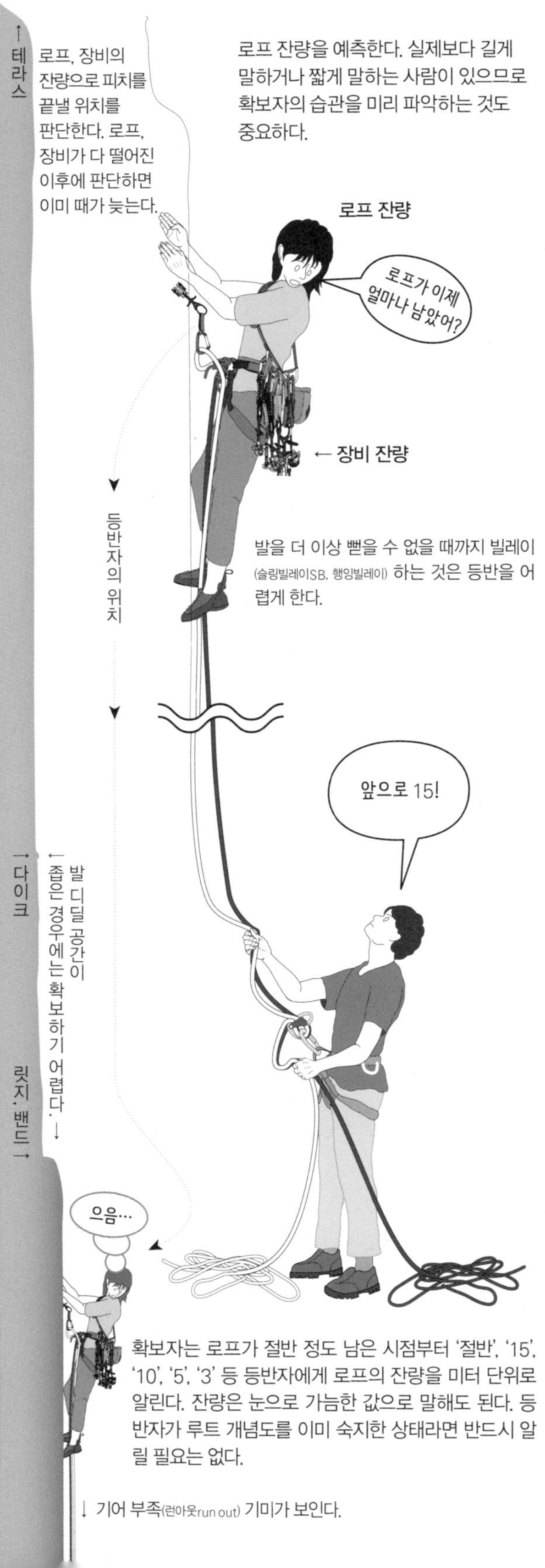

로프, 장비의 잔량으로 피치를 끝낼 위치를 판단한다. 로프, 장비가 다 떨어진 이후에 판단하면 이미 때가 늦는다.

로프 잔량을 예측한다. 실제보다 길게 말하거나 짧게 말하는 사람이 있으므로 확보자의 습관을 미리 파악하는 것도 중요하다.

발을 더 이상 뻗을 수 없을 때까지 빌레이(슬링빌레이SB, 행잉빌레이) 하는 것은 등반을 어렵게 한다.

확보자는 로프가 절반 정도 남은 시점부터 '절반', '15', '10', '5', '3' 등 등반자에게 로프의 잔량을 미터 단위로 알린다. 잔량은 눈으로 가늠한 값으로 말해도 된다. 등반자가 루트 개념도를 이미 숙지한 상태라면 반드시 알릴 필요는 없다.

↓ 기어 부족(런아웃run out) 기미가 보인다.

확보지점 고려하기2
(확보 시스템의 차이)

확보지점을 만드는 방법은 시스템에 따라 큰 차이가 있다. '확보지점에서 선등 교대 방식', '다음 피치 준비 방식'은 여기에서만 쓰는 명칭이며 일반적인 명칭은 아니다.

다음 피치의 첫 확보물을 설치한다. 로프를 걸고 테라스로 클라이밍다운을 실시한다.

a 확보지점에서 선등 교대 방식

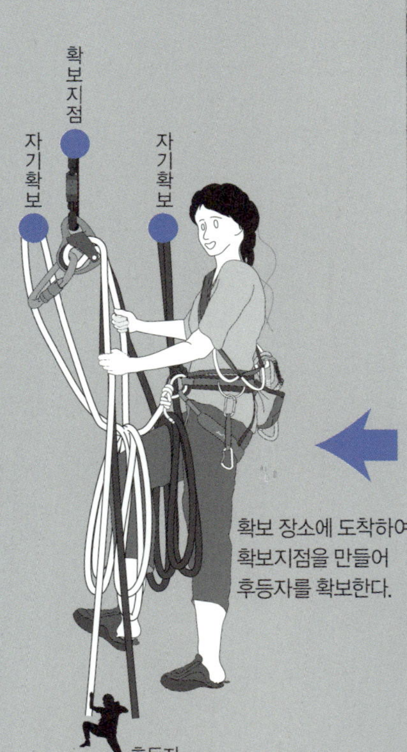

후등자를 확보하는 지점이므로, 애매한 경우에는 확보를 하지 않는 편이 좋다.

설치 및 클라이밍다운

이 방식이 익숙하지 않을 경우 여기서부터 로프를 끌어올려 확보기에 연결한다.

테라스

확보장소 도착

확보 장소에 도착하여 확보지점을 만들어 후등자를 확보한다.

b 다음 피치 준비 방식

← 확보자 쪽 로프가 위로 올라오게 고정한다. 선등을 교대할 경우 후등자는 그대로 올라가면 된다.

보디빌레이 Body Belay로 톱로프 상태의 확보

자기확보

후등자

장점
로프를 최대한으로 늘릴 수 있다.

단점
확보물을 설치하기 전에 추락하면 확보자쪽으로 추락할 수 있다.

확보장소보다 높은 곳에 로프를 고정하여 후등자를 확보할지는 상황 및 사용하는 시스템에 따라 정한다. 여분의 확보물이 없으면 불가능하다. 확보장소에서 루트가 급격하게 꺾이면 등반이 어려워진다.

장점
피치가 바뀐 이후에 확보물이 설치되므로 확보기를 다시 준비할 필요가 없다.

단점
설치하려면 클라이밍다운을 해야 한다.

확보지점 고려하기3
(확보 형태의 차이)

더블로프 설치방법도 다양한데, 여기에서는 그중 한 가지 예를 설명한다. 어떤 방법을 사용할지는 등반자 본인이 판단한다. 루트 안에 인공 확보물이 항상 있는 것은 아니다. 피치를 도중에 끊기로 했으나, 들고 있는 인공장비가 없을 때는 본인 힘으로 끝까지 올라가야 한다.

'확보지점에서 생각하자.'고 하지 말고 미리 생각해 두어야 한다. 이를 위해서는 다양한 상황에 대한 경험이 필요하다.

아래 그림은 사람을 작게 그렸기 때문에 실제 위치와는 큰 차이가 있다. 어떤 방법이든 확보지점이 머리 위로 가도록 한다. 확보지점이 가슴 아래에 오면 다루기 어렵다. 자기확보 줄을 사용하는 방법은 이 그림에서 설명하는 것에 해당하지 않는다. 캠 2개로 지점을 만들 경우 실제로는 불안감을 크게 느끼기 때문에, 다른 장비로 보강하는 편이 좋다.

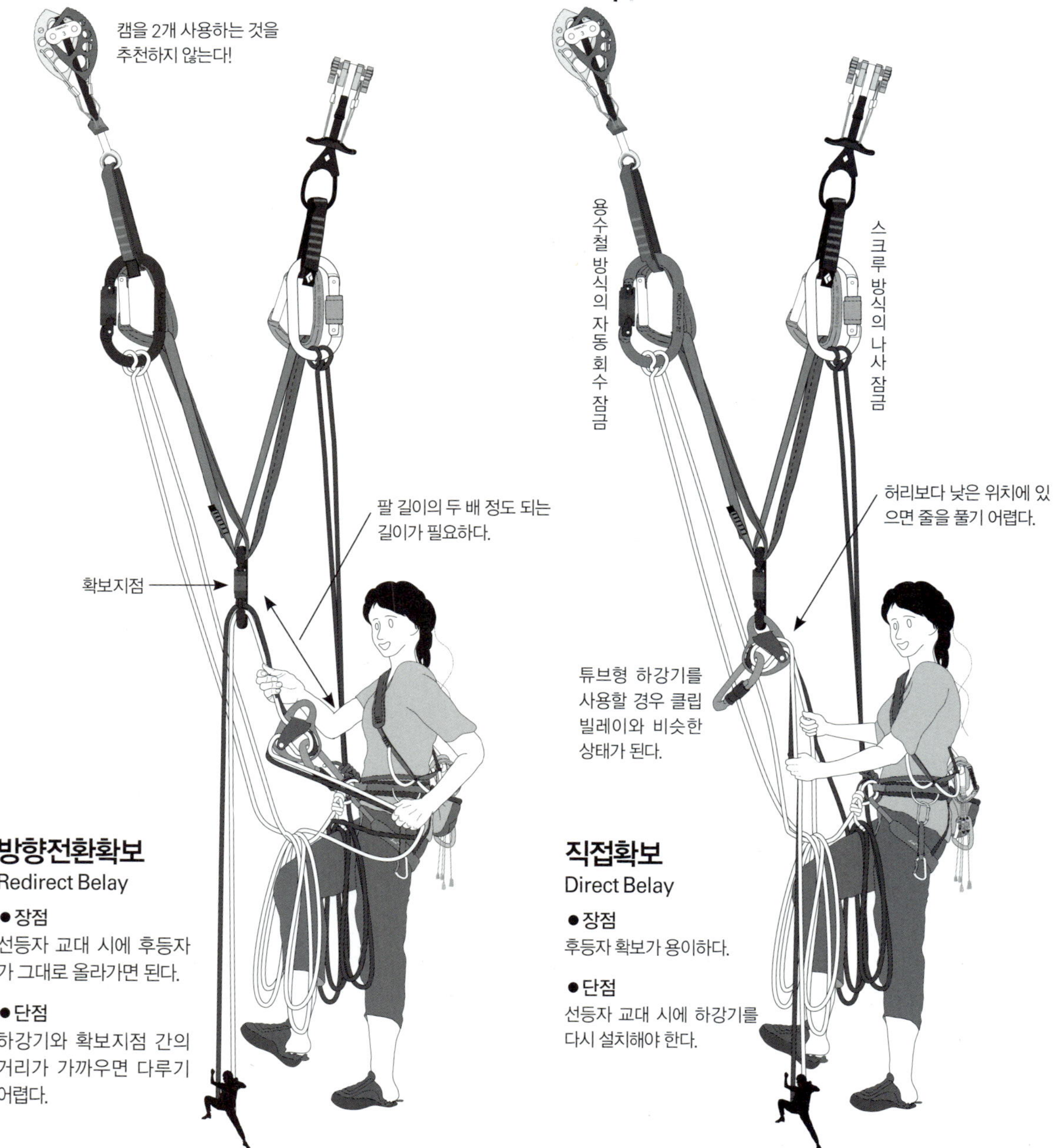

방향전환확보
Redirect Belay

● 장점
선등자 교대 시에 후등자가 그대로 올라가면 된다.

● 단점
하강기와 확보지점 간의 거리가 가까우면 다루기 어렵다.

직접확보
Direct Belay

● 장점
후등자 확보가 용이하다.

● 단점
선등자 교대 시에 하강기를 다시 설치해야 한다.

Z형　　　　　**후등자 확보기**

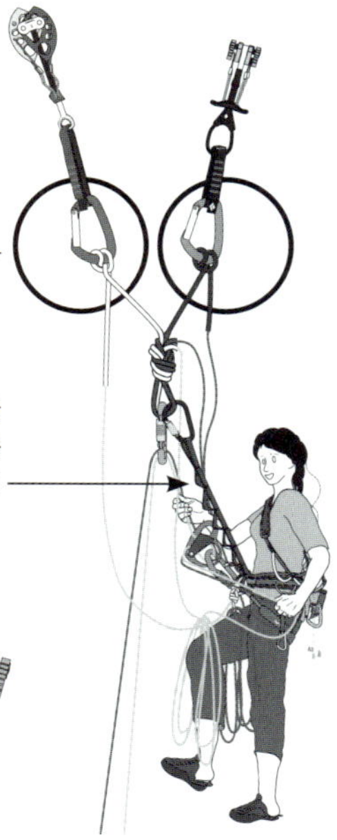

자기확보에 잠금카라
비너를 사용하지 않는
경우

조절 가능한 자기확보줄
(랜야드, 데이지체인 등)을 사용
하면 자기확보의 조절이
편해진다.

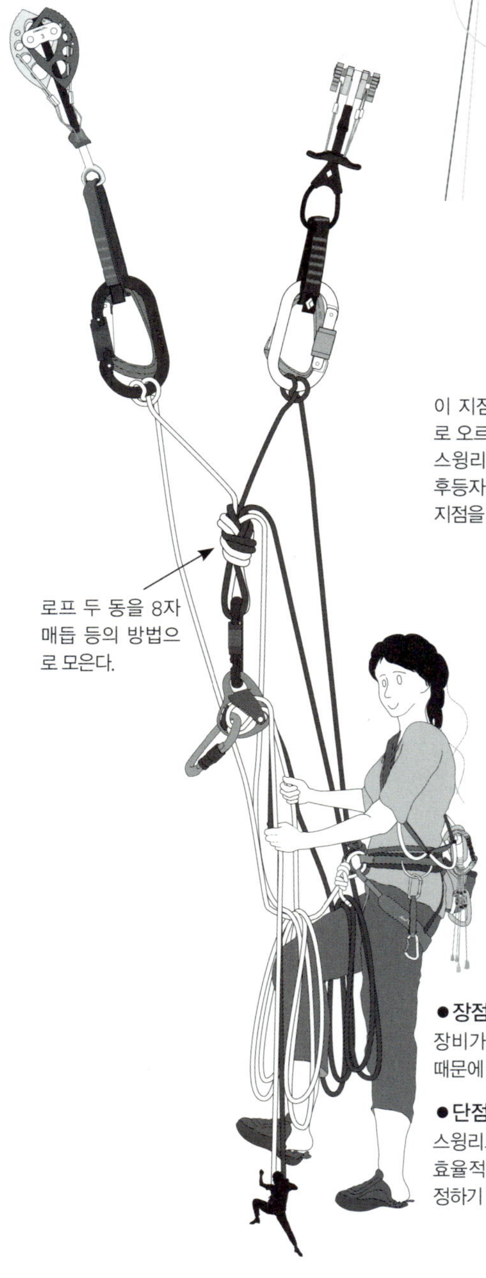

이 지점은 스윙리드 방식으
로 오르는 것을 전제로 한다.
스윙리드 방식이 아니라면
후등자가 도착한 후에 확보
지점을 다시 설치해야 한다.

로프 두 동을 8자
매듭 등의 방법으
로 모은다.

● 장점
장비가 최소량만 필요하기
때문에 효율적이다.

● 단점
스윙리드 방식이 아니면 비
효율적이다. 자기확보를 조
정하기 어렵다.

로프로 확보지점 만들기

슬링을 쓰지 않고 로프만으로 자기
확보, 확보지점을 만든 경우

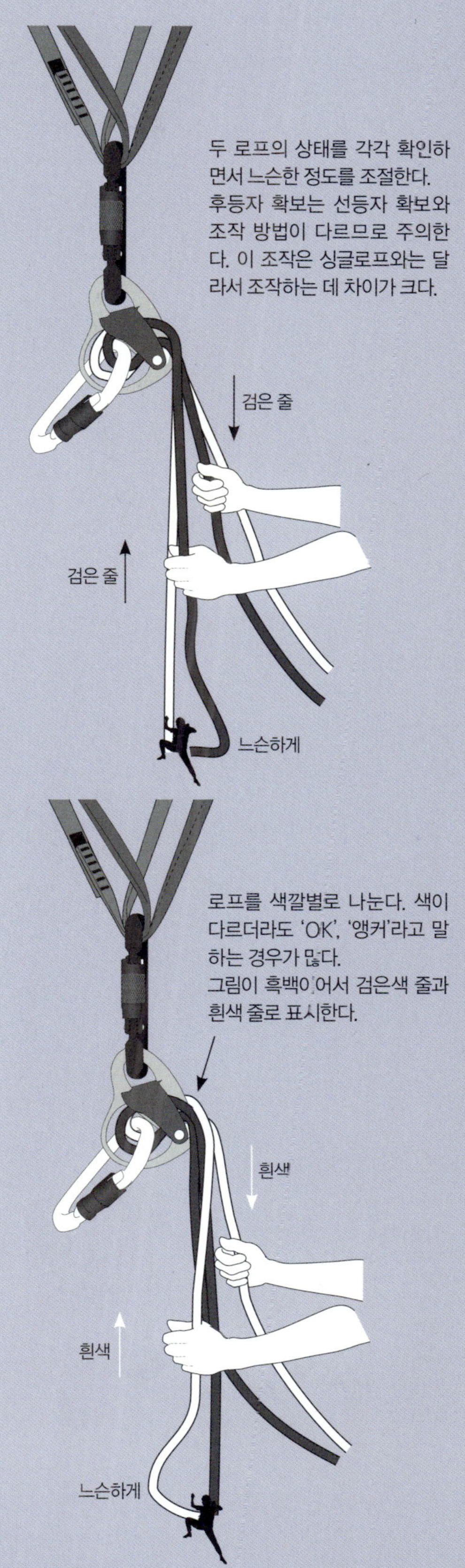

확보할 때의 손동작

두 로프의 상태를 각각 확인하
면서 느슨한 정도를 조절한다.
후등자 확보는 선등자 확보와
조작 방법이 다르므로 주의한
다. 이 조작은 싱글로프와는 달
라서 조작하는 데 차이가 크다.

로프를 색깔별로 나눈다. 색이
다르더라도 'OK', '앵커'라고 말
하는 경우가 많다.
그림이 흑백이어서 검은색 줄과
흰색 줄로 표시한다.

6 해제

1. 자기확보
2. 해제 신호
3. 로프를 끌어 올린다.
(그림과 같은 상태)
또는 확보지점을 설치한 후에
로프를 끌어 올린다.

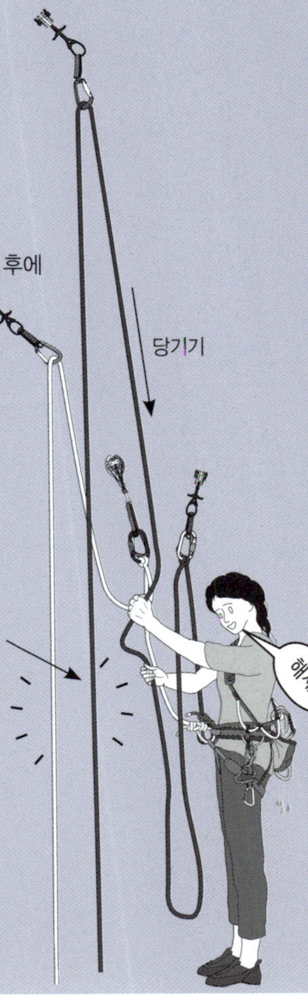

당기기

이 시스템은 로프를 당기는 장소에 주의한다! 여기에서 끌어 올리면 머리 위로 확보지점을 만든 의미가 없어진다.

7 빌레이 온

1. 하강기에 로프 설치
등반 신호
후등자 확보(로프 당기기)

해제 후에 확보하는 시간이 길어지면 아래에서 '줄 당겨!' 등의 신호를 준다. 후등자가 기다리지 않도록 신속하게 준비한다. 해제 이외의 신호가 빈번히 온다면 의사소통이 원활하지 않다는 증거다.

← 해제하자마자 곧바로 로프를 당기지 않도록 한다. 확보자가 해제하는 데 시간이 걸린다. 확보지점을 만들고 나서 로프를 당겨야 확보자가 여유를 가질 수 있다.
순서가 달라지면 효율성이 달라진다. 서로가 상대방의 동작 순서를 알고 있어야 한다.

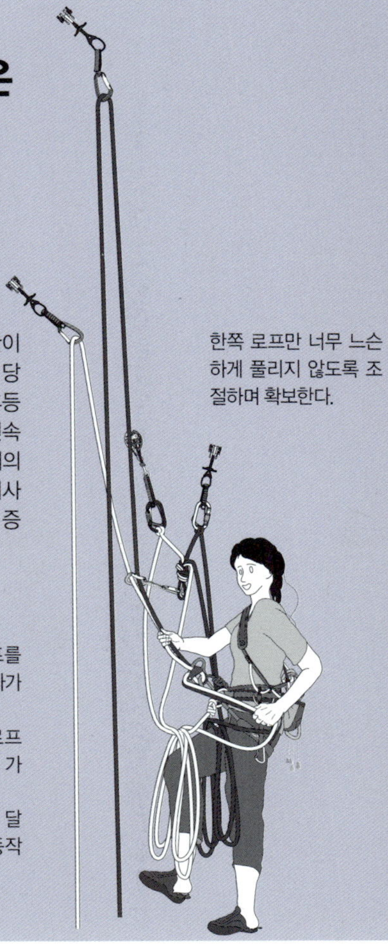

한쪽 로프만 너무 느슨하게 풀리지 않도록 조절하며 확보한다.

6.1 해제

1. 해제 신호 이후 해제
2. 로프 매듭 실시
(로프가 꼬이지 않도록)
3. 암벽화 착용
4. 장비 착용
5. 로프를 팽팽하게 당긴다.

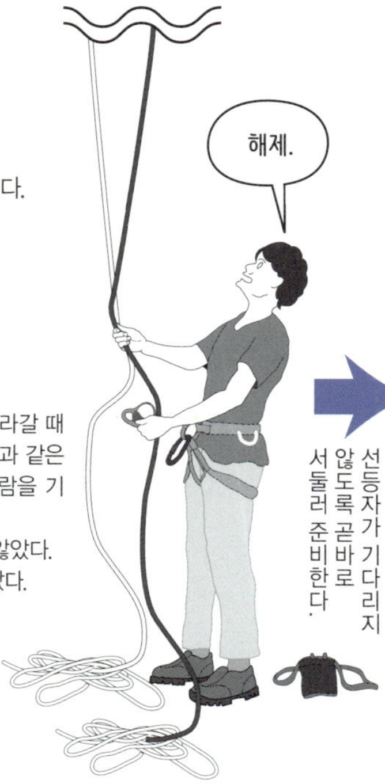

해제 후 로프가 끝까지 올라갈 때까지의 시간이 짧다. 다음과 같은 상태에서는 위에 있는 사람을 기다리게 만들 수 있다.
1) 로프로 매듭을 만들지 않았다.
2) 암벽화를 착용하지 않았다.

7.1 후등

후등자는 장비를 회수하면서 등반하기 때문에 장비가 점차 증가한다.

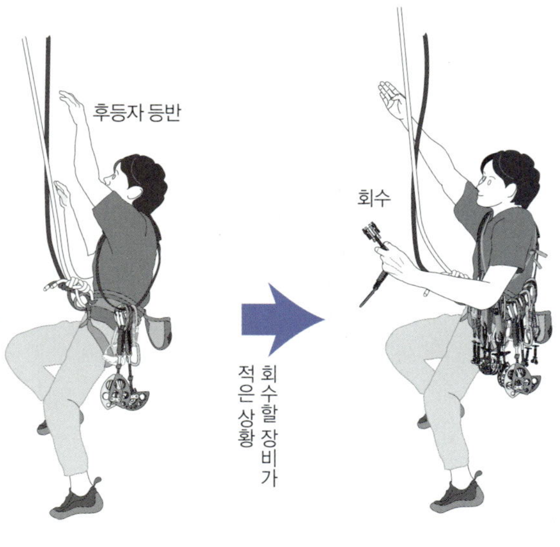

선등자가 기다리지 않도록 곧바로 서둘러 준비한다.

로프가 팽팽하게 확보된 것을 확인하고 올라간다.

회수할 장비가 적은 상황

선등자가 장비를 많이 설치한 경우, 마지막에 오르는 사람이 회수해야 하는 장비의 양이 많아져 등반에 영향을 미칠 수 있다.

8 선등 교대

1. 후등자 확보지점 도착
2. 후등자 자기확보 실시(p.156 참조)
3. 장비 주고받기(p.157 참조)
4. 자기확보 해제(아래 그림에서는 선등자 교체)

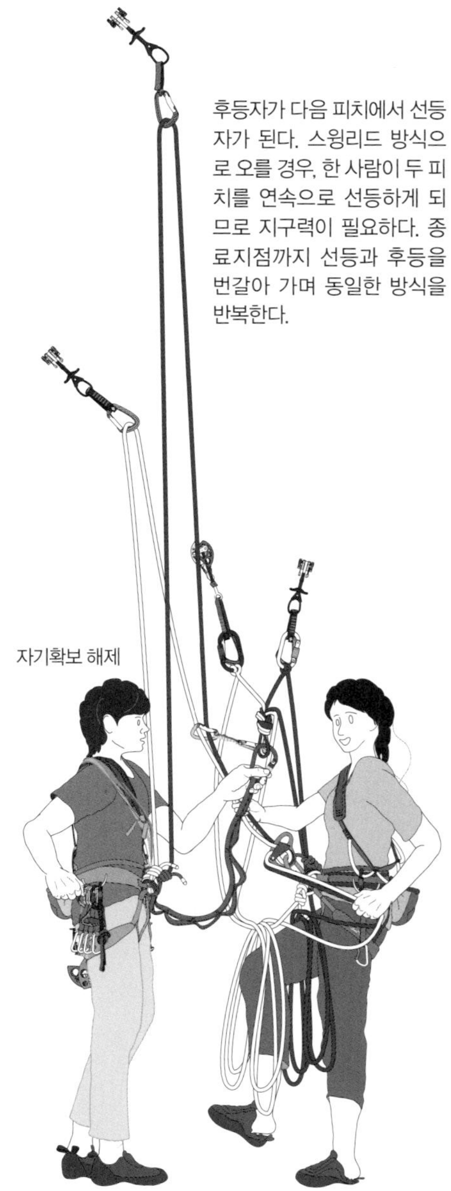

후등자가 다음 피치에서 선등자가 된다. 스윙리드 방식으로 오를 경우, 한 사람이 두 피치를 연속으로 선등하게 되므로 지구력이 필요하다. 종료지점까지 선등과 후등을 번갈아 가며 동일한 방식을 반복한다.

자기확보 해제를 잊어 버려서 다시 올라가야 하는 경우가 있다. 또 확보자가 로프를 풀지 않고 있다고 선등자가 착각하는 경우도 있다.

다음 피치 준비 방식   확보지점 교대 방식

시스템에 따라 위험이 달라진다. 다음 피치의 준비 방식이 반드시 최선책인 것은 아니며, 이는 상황에 따라 좌우된다.

확보지점의 확보 차이

첫번째 확보물을 설치하기 전에 추락

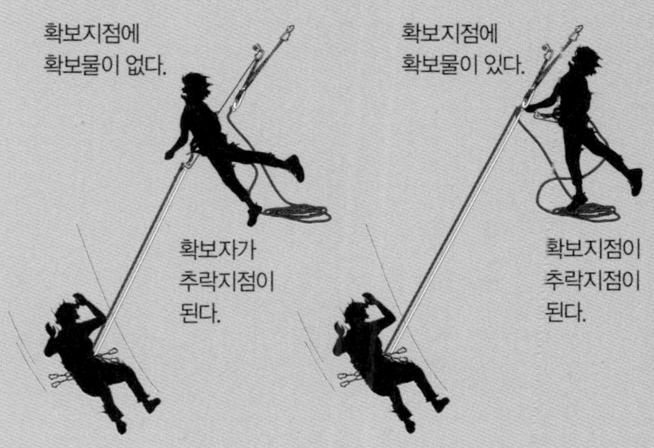

● 장점
확보자가 추락의 충격을 완화한다.

● 단점
확보자가 입는 피해가 크다. 떨어질 때 로프를 놓칠 수도 있다.

● 장점
확보자가 입는 피해가 작다.

● 단점
확보지점에 발생하는 손상이 크며, 확보지점이 파괴될 수도 있다.

확보지점에서의 확보물 설치 여부는 선등자의 판단과 볼트의 상태에 따라 결정된다. 선등자가 한 곳에만 클립을 했더라도 클립이 풀리게 될 것인지는 상황에 따라 다르다.

9 로프 고정Fix

자유등반(프리)으로는 완등이 어려울 것 같고, 시간도 부족할 것 같아서 하강하기로 한다. 인공등반 장비를 들고 다시 돌아오기로 한다. 장비도 늘어났기 때문에 동료를 늘려 3인 등반을 하기로 한다.

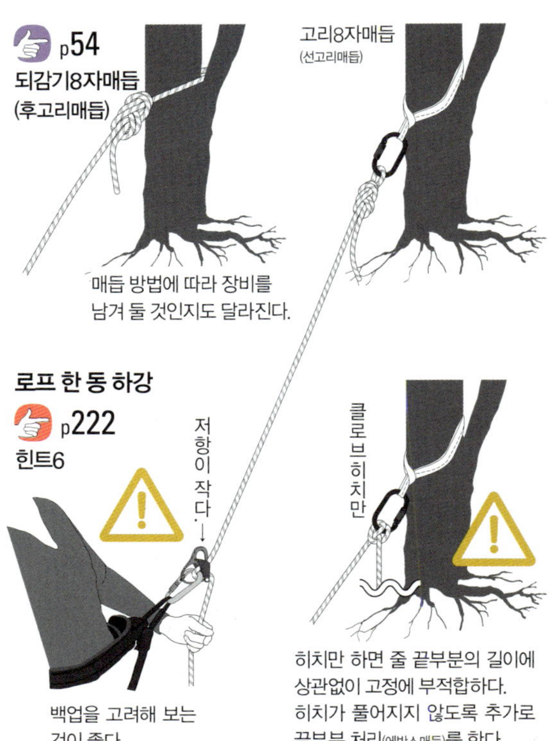

로프 한 동으로 하강을 하면 저항이 작다. 더블로프, 가는 싱글로프를 사용할 경우 특히 주의해야 한다. 일반 로프와 똑같이 사용하면 제동을 걸기 어려울 수 있다.

하강로

하강로는 일반 등산로가 아닌 경우가 많다. 하강로를 걸을 때는 등산의 기초 지식과 감각도 필요하다. 장비를 슬링으로 어깨에 매단 채 수풀을 통과하면 장비를 떨어뜨리기 쉬우므로 주의한다.

10 로프 따라 오르기(주마링)

로프를 타고 올라간다. a는 하강을 한 두 줄 로프인 경우. b는 한 줄로 고정한 로프인 경우다. 하강하는 시점의 상황에 따라 로프의 준비 방법이 달라진다.

a 로프 두 동

슬링의 종류(테이프. 코드), 두께, 폭에 따라 감는 횟수가 다르다. 감는 횟수가 너무 적어도, 너무 많아도 좋지 않다. 들고 있는 장비 내에서 대응해야 한다.

히치에 따라서도 조이는 정도나 이동의 용이성이 다르다. 손의 위치는 히치의 모양을 보여 주기 위해 실제 위치와 다르게 그려졌다. →

테이프슬링은 코드슬링보다 감는 횟수가 많아야 한다. 이 그림에서는 점점 미끄러지고 있다.

그림의 프릭션히치가 권장 방식은 아니다. 히치는 로프의 두께, 슬링의 종류, 두께, 폭 등에 따라 효과가 다르다.

하강 후 로프를 회수할 수 없는 경우에는 주마링으로 회수한다. 이 상태에서는 등강기로는 주마링을 할 수 없다. 로프의 한쪽 끝부분을 고정한다. 단, 로프가 많이 늘어나게 된다. 하강한 로프를 고정할 수도 있으나 매듭을 확인하지 못해 문제가 되는 경우도 종종 있다.

b 로프 한 동

고정한 로프로 주마링을 한다.

1. 로프에 주마를 설치한다.
2. 주마와 안전벨트를 연결한다.

주마링은 잠금카라비너를 사용하는 것이 좋다.

p146

데이지체인 사용 주의점

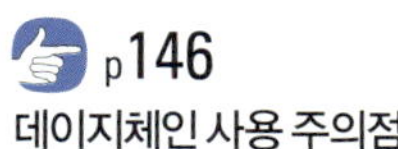

매듭 풀림
매듭을 만들면 도중에 바늘땀이 모두 끊어져도 매듭이 빠지지 않는다.

p51

등강기
팔을 완전히 뻗은 상태에서 주먹 하나 정도를 뺀 길이다. 조절 가능한 자기확보줄이 있으면 편리하다.

그 외의 등반 방법

등강기 1개

p36
자동잠금식 확보기

등강기 1개를 사용할 경우, 위쪽에 등강기, 아래쪽에 프릭션히치를 하는 것이 효율적이다.

경사가 완만하면 자동잠금식 확보기만 사용하는 것도 가능하다(확보하는 손을 떼면 이를 보장할 수 없다). 프루지크히치 등의 방법으로 줄사다리를 쓴다면 확보기가 위로 가게 한다.

1

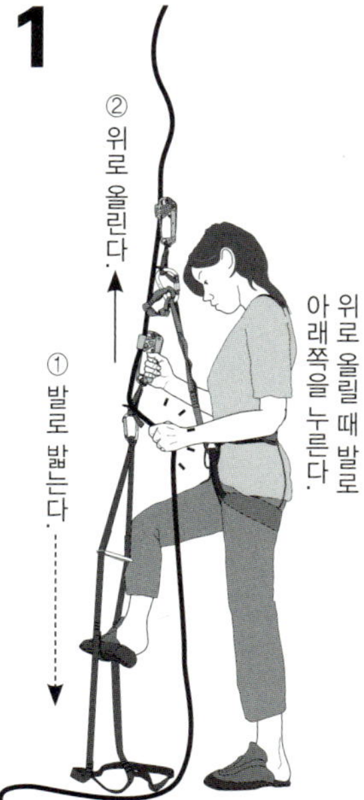

로프가 늘어나지 않을 때까지 누른다. 이 과정을 거치지 않으면 로프에 매달릴 수 없다.

2

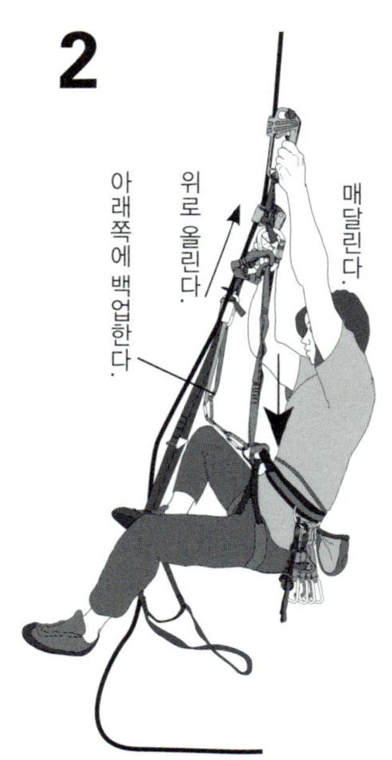

그림은 90° 이상인 바위를 공중에서 주마링하여 올라가는 자세다. 페이스(직벽)보다 경사가 낮은 바위에는 발을 디딜 수 있기 때문에 상체가 위로 간다. 아래의 백업도 데이지체인이며, 안전고리가 있는 장비를 사용하면 빠질 가능성이 감소한다.

3

이 동작을 하는 시간이 길어지면 에너지 낭비가 크다. 3~4는 에너지 소모가 가장 큰 동작이다. 팔 힘만으로 버티면 에너지 소모가 커진다.

4

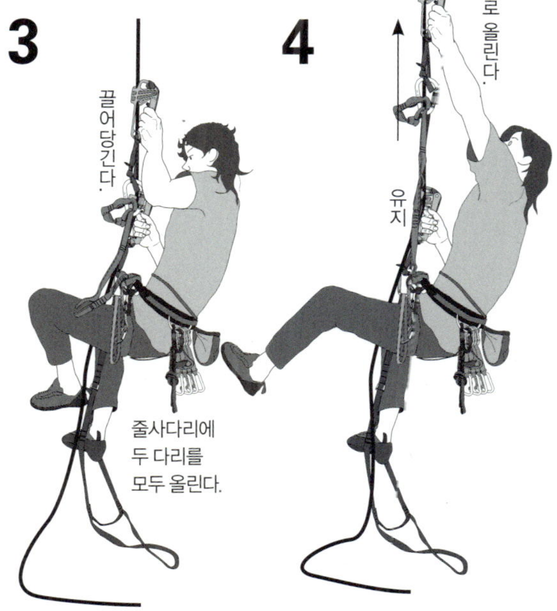

위의 주마를 올리고 안전벨트로 매달린다. 2~4를 반복한다. 요행이라고도 하지만, 다리에만 힘을 집중하여 오르는 방법도 있다.

11 3인 등반

3인 등반에서 후등자가 로프 한 동으로 등반하는 것이 2인 등반과의 차이점이다. 선등자는 본인이 오를 때와 후등자가 오를 때의 로프 흐름 모두 고려해야 한다. 세 사람이 스윙리드 방식(후등자 중 한 사람이 다음 피치에서 선등)으로 등반할 경우 빌레이 지점에서 로프에 다시 매듭을 묶어야 하기 때문에 오히려 시간이 더 많이 걸릴 수도 있다. 세 번째로 등반하는 사람은 주마링과 같은 별도의 방식으로 오를 수도 있다.

트래버스 할 때 선등자는 로프가 아래로 처지지 않도록 카라비너를 끼워 두 동 모두를 같은 흐름이 되도록 대처할 수 있다. 트래버스 할 곳이 길거나 직각 모양의 칸테 등에서는 로프가 무겁게 느껴져 아무 대응을 할 수 없는 경우도 있다.

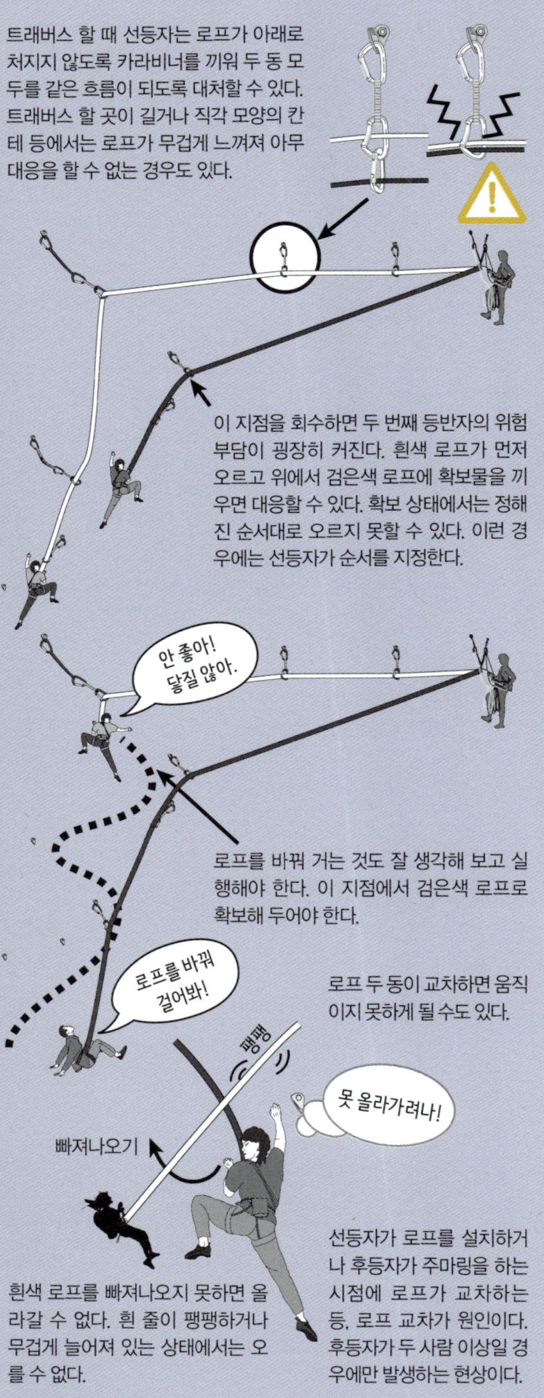

이 지점을 회수하면 두 번째 등반자의 위험 부담이 굉장히 커진다. 흰색 로프가 먼저 오르고 위에서 검은색 로프에 확보물을 끼우면 대응할 수 있다. 확보 상태에서는 정해진 순서대로 오르지 못할 수 있다. 이런 경우에는 선등자가 순서를 지정한다.

로프를 바꿔 거는 것도 잘 생각해 보고 실행해야 한다. 이 지점에서 검은색 로프로 확보해 두어야 한다.

로프 두 동이 교차하면 움직이지 못하게 될 수도 있다.

흰색 로프를 빠져나오지 못하면 올라갈 수 없다. 흰 줄이 팽팽하거나 무겁게 늘어져 있는 상태에서는 오를 수 없다.

선등자가 로프를 설치하거나 후등자가 주마링을 하는 시점에 로프가 교차하는 등, 로프 교차가 원인이다. 후등자가 두 사람 이상일 경우에만 발생하는 현상이다.

선등

선등자는 로프 두 동을 들고 등반한다.

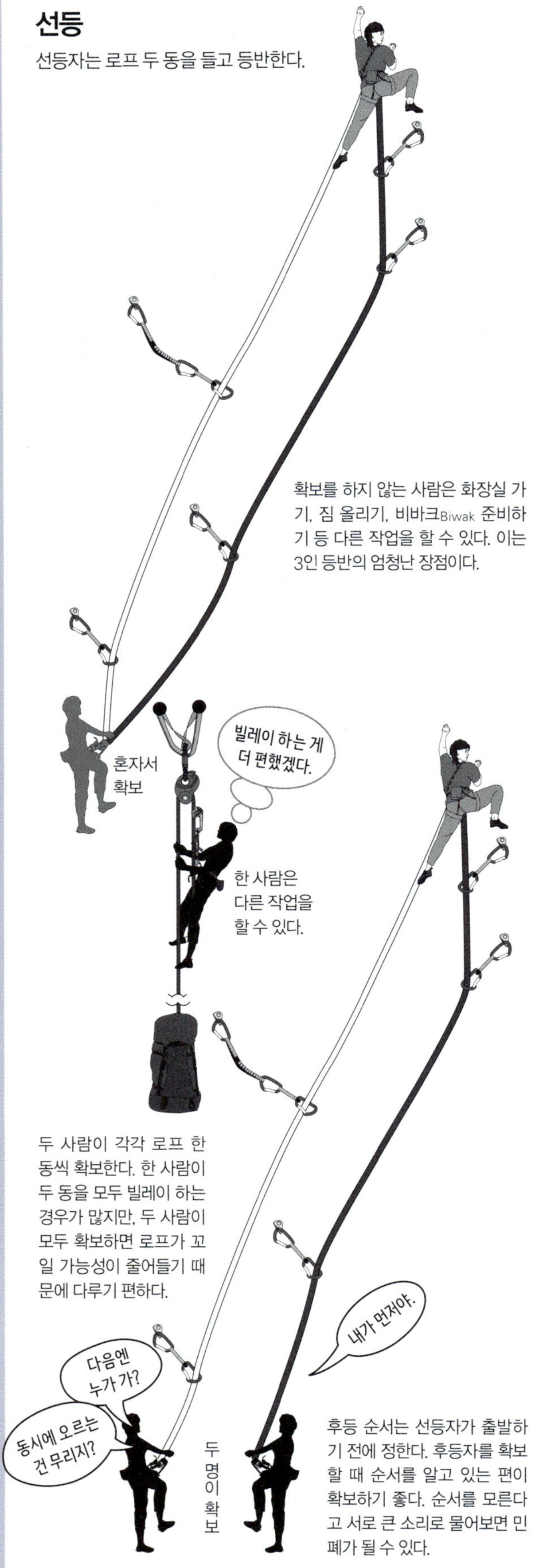

확보를 하지 않는 사람은 화장실 가기, 짐 올리기, 비바크Biwak 준비하기 등 다른 작업을 할 수 있다. 이는 3인 등반의 엄청난 장점이다.

두 사람이 각각 로프 한 동씩 확보한다. 한 사람이 두 동을 모두 빌레이 하는 경우가 많지만, 두 사람이 모두 확보하면 로프가 꼬일 가능성이 줄어들기 때문에 다루기 편하다.

후등 순서는 선등자가 출발하기 전에 정한다. 후등자를 확보할 때 순서를 알고 있는 편이 확보하기 좋다. 순서를 모른다고 서로 큰 소리로 물어보면 민폐가 될 수 있다.

한 명씩 후등하기

후등자는 로프 한 동씩을 이용해 등반한다.

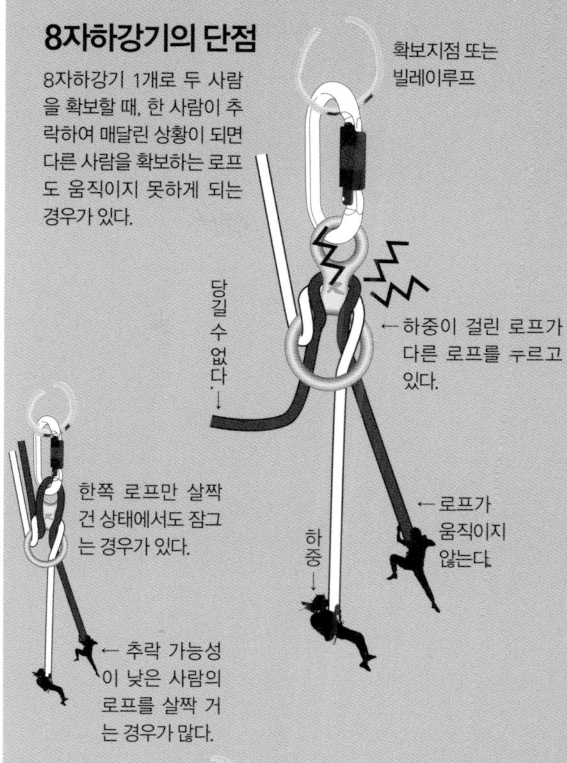

후등자는 각자 로프 한 동씩을 이용해 등반한다.
두 번째 등반자는 마지막에 오르는 사람을 고려하며 러너, 확보물을 회수한다.
빨리 오르고 싶은데.
↑ 두 번째 등반자쪽으로 걸려 있던 장비를 해제한다.
↑ 두 번째 등반자의 등반을 기다린다.
세 번째로 오르는 사람 = 마지막, 라스트last, 써드third 등

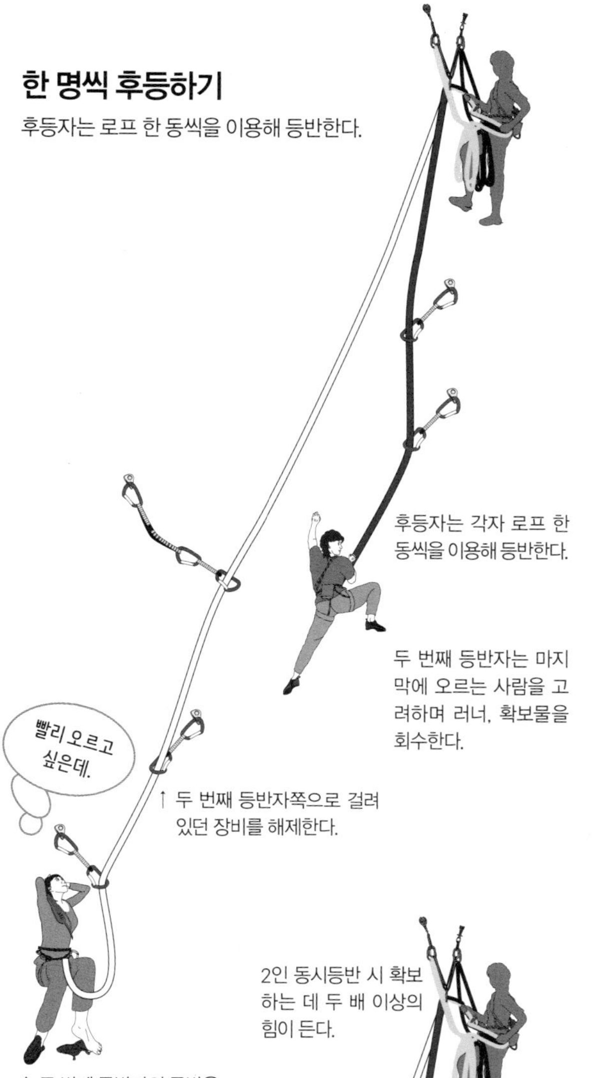

2인 동시 후등(동시등반)

2인 동시등반 시 확보하는 데 두 배 이상의 힘이 든다.
당기지 마!
검은색(파란색) 로프 느슨하게!
흰색(빨간색) 로프 올려!

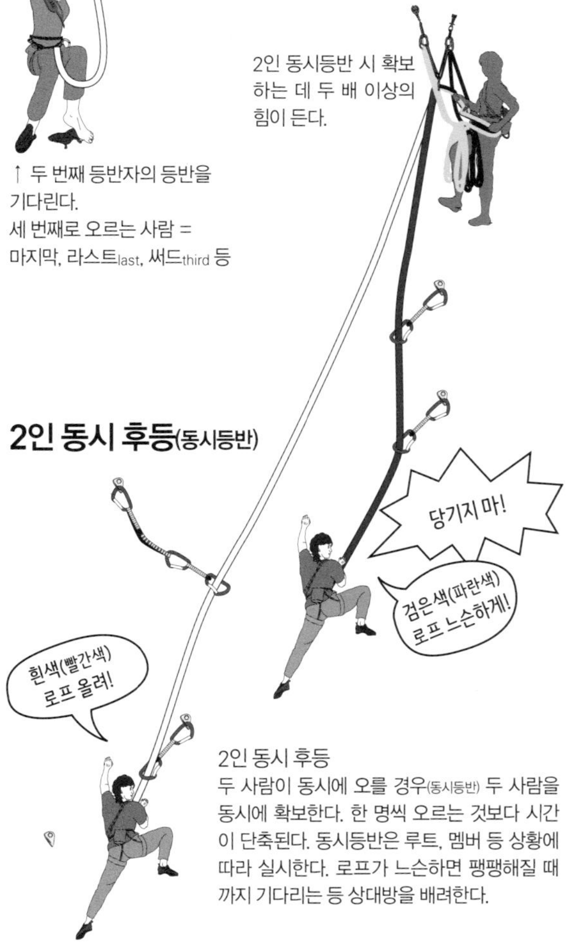

2인 동시 후등
두 사람이 동시에 오를 경우(동시등반) 두 사람을 동시에 확보한다. 한 명씩 오르는 것보다 시간이 단축된다. 동시등반은 루트, 멤버 등 상황에 따라 실시한다. 로프가 느슨하면 팽팽해질 때까지 기다리는 등 상대방을 배려한다.

8자하강기의 단점

8자하강기 1개로 두 사람을 확보할 때, 한 사람이 추락하여 매달린 상황이 되면 다른 사람을 확보하는 로프도 움직이지 못하게 되는 경우가 있다.

확보지점 또는 빌레이루프
당길 수 없다.→
←하중이 걸린 로프가 다른 로프를 누르고 있다.
한쪽 로프만 살짝 건 상태에서도 잠그는 경우가 있다.
하중→
←로프가 움직이지 않는다.
← 추락 가능성이 낮은 사람의 로프를 살짝 거는 경우가 많다.

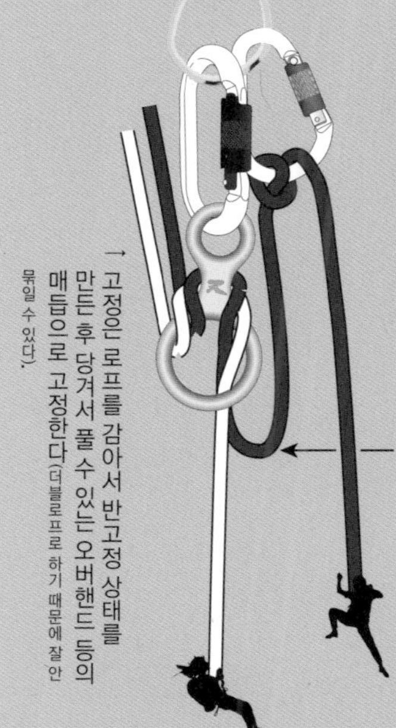

하프클로브히치(뮌터히치) 등으로 따로 확보한다. 한 손으로 뮌터히치를 하기는 어렵다. 후등자가 빠른 편이라면 흰색 로프가 고정된 후에 검정색 로프가 빌레이 지점으로 도착할 때까지 오르는 데 전념한다. 완등 후 흰색 로프에 확보한다.
→ 고정은 로프를 감아서 반고정 상태를 만든 후 당겨서 풀 수 있는 오버핸드 등의 매듭으로 고정한다(더블로프로 하기 때문에 잘 안 묶일 수 있다).
8자하강기로 느슨한 부분을 조인다.
튜브형 하강기와 비교하여 8자하강기가 고정하기 쉽다.

● 싱글, 더블 겸용 로프

로프 무게의 중요성은 사용해 봐야 알 수 있다. 가는 만큼 내구성이 떨어진다. 특히 싱글로프로 확보, 하강(더블로프도 마찬가지)을 할 때는 가는 로프 전용 하강기가 좋다. 체감상으로는 추락 시 마찰이 매우 크다.

1
1/2

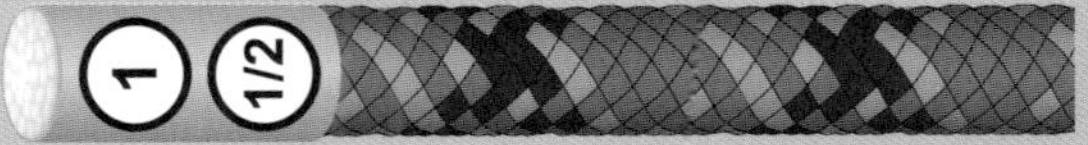

싱글 규격의 로프 두 동을 사용하는 것은 정식 용도와는 다르다(실제로는 그렇게 사용되고 있다). 거리가 먼 피치에서는 로프의 무게가 무겁게 느껴질 수 있다. 또한 로프의 마찰에 의한 충격 흡수력은 줄어든다.

하켄 관련 규제

하켄을 규제하고 있는 루트에서는 하켄 사용을 피해야 한다. 개념도에는 '클린 에이드Clean Aid(내추럴 에이드Natural Aid 만)'라고 써 있다. 하켄을 계속 사용하면 바위의 원래의 상태가 변한다. 많은 사람이 하켄 사용을 당연하게 여기더라도 하켄을 쓰지 않고 오르는 사람의 입장에서는 바위가 훼손된 상태에서 오르는 것과 마찬가지다.

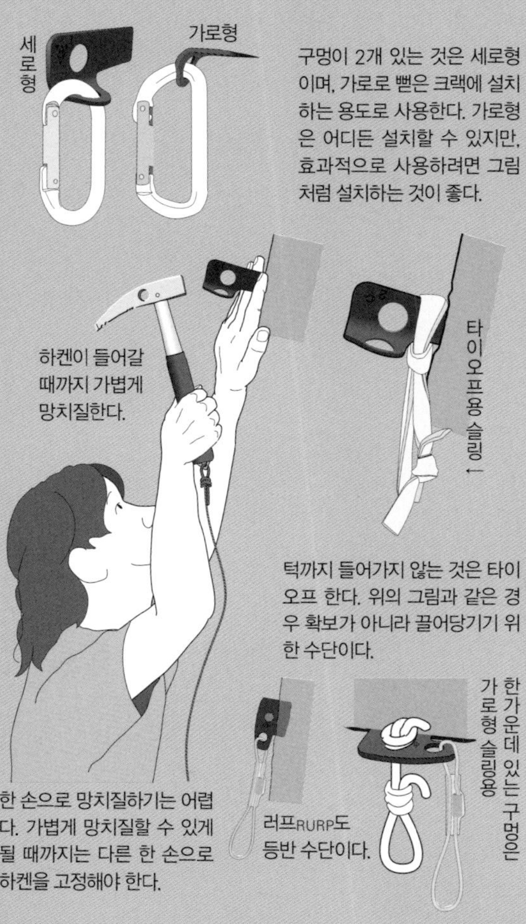

구멍이 2개 있는 것은 세로형이며, 가로로 뻗은 크랙에 설치하는 용도로 사용한다. 가로형은 어디든 설치할 수 있지만, 효과적으로 사용하려면 그림처럼 설치하는 것이 좋다.

하켄이 들어갈 때까지 가볍게 망치질한다.

턱까지 들어가지 않는 것은 타이오프 한다. 위의 그림과 같은 경우 확보가 아니라 끌어당기기 위한 수단이다.

한 손으로 망치질하기는 어렵다. 가볍게 망치질할 수 있게 될 때까지는 다른 한 손으로 하켄을 고정해야 한다.

러프RURP도 등반 수단이다.

앵글 크기의 피톤은 에일리언 등으로 대체할 수 있으며, 진흙이나 나무 뿌리로 막힌 크랙에 효과적이다. 바위에 두드려 넣는 것과 달리, 쳤을 때의 소리나 감각으로 효과가 있는지(잘 들어가는지) 판단하기 어렵다. 위에서 내려오면서 제거하면 이동식 확보물 설치, 자유등반(프리)으로 오를 수 있게 될 가능성이 커진다.

12 하켄 박기(후킹)

캠, 너트 등으로 확보를 할 수 없는 작은 크랙에 사용한다. 이동식 확보물을 사용할 수 있는 곳에 하켄을 설치하면 큰 문제가 될 수 있다.

← 하켄이 안으로 박히면서 망치질 소리가 점점 고음으로 변한다. 소리로 판단할 수 있으려면 경험이 필요하다. 망치질이 끝난 다음 하중을 걸고 시험한다.

← 해머 자기확보
가는 코드슬링 등으로 확보한다. 팔을 충분히 뻗을 수 있는 정도의 길이로 한다.

← 인공등반 장비를 가져가면 짐의 무게가 늘어난다. 사용할 일이 많다면 무게가 늘어나는 것이 큰 문제가 되지는 않는다.

자연물도 중요한 확보물이 된다. 확보용 장비로 슬링도 반드시 지참한다.

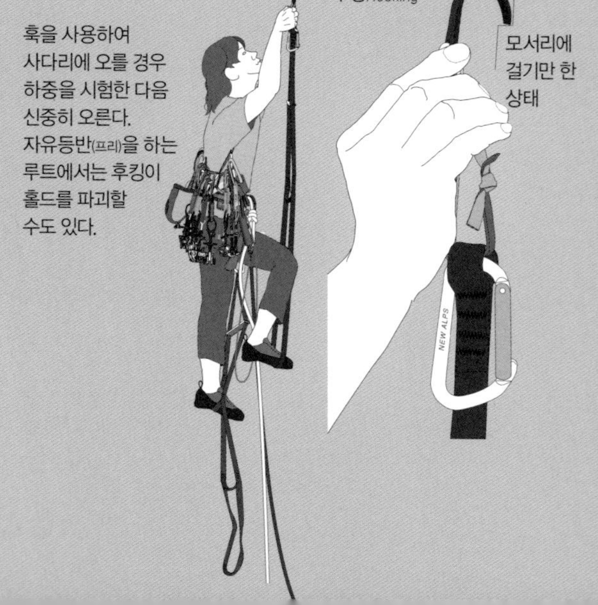

훅을 사용하여 사다리에 오를 경우 하중을 시험한 다음 신중히 오른다. 자유등반(프리)을 하는 루트에서는 후킹이 홀드를 파괴할 수도 있다.

13 바위 뚫기(볼트 구멍, 후킹 구멍 등)

이동식 확보물, 하켄을 사용할 수 없을 경우 마지막 수단으로 볼트를 설치해야 한다.

바위 뚫기1

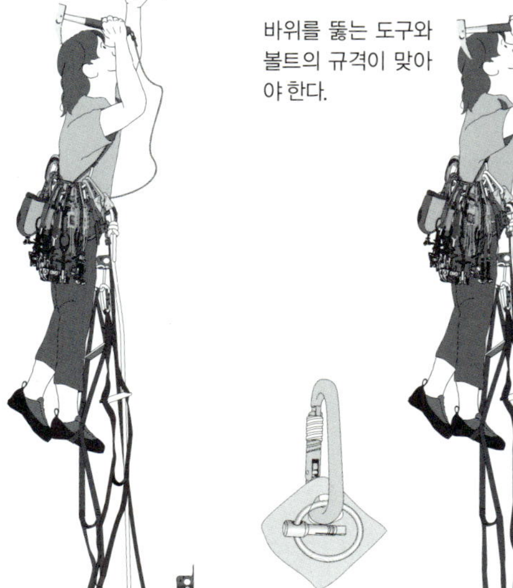
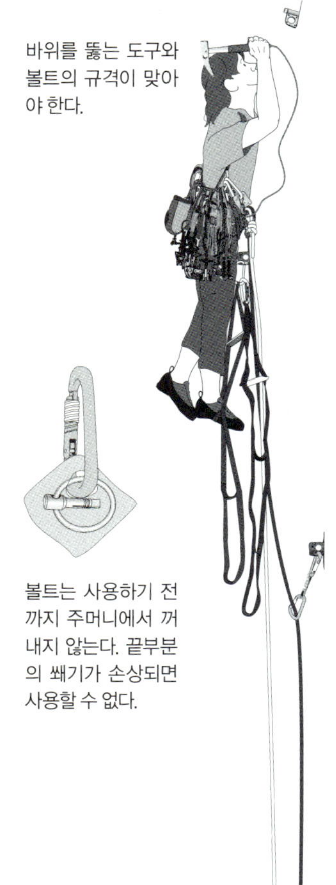

볼트로 메우기

바위를 뚫는 도구와 볼트의 규격이 맞아야 한다.

볼트는 사용하기 전까지 주머니에서 꺼내지 않는다. 끝부분의 쐐기가 손상되면 사용할 수 없다.

볼트 박기란

그라운드업Ground Up, 랩볼팅Rap Bolting*을 막론하고 볼트를 박는 행위는 후대에 물려줄 유산을 없애버리는 것과 같다. 현재의 기술(자유등반 기술, 장비 기술)로는 오를 수 없는 루트라도 미래에는 올라갈 수 있을지도 모른다.

이미 루트가 된 곳의 주변에 볼트를 새로 박는 것은 '길'의 파괴로 연결된다. 그렇기에 처음에 '길'을 개척한 사람의 책임은 무겁다. 개척자의 클라이밍 기술, 정신력에 따라 볼트의 수와 설치 장소의 수가 다르며, 박힌 볼트에 대한 평가는 훗날 역사가 판단할 것이다. 10년 정도는 그 시대의 흐름이 있어서 정당한 평가가 내려지기는 어렵다.

* 그라운드업Ground Up: 랩볼팅의 반대 방식. 아래에서 위로 오르며 개척한다.
* 랩볼팅Rap Bolting / 톱다운볼트Top Down Bolt: 위에서 아래로 내려가며 볼트를 설치하는 행위.

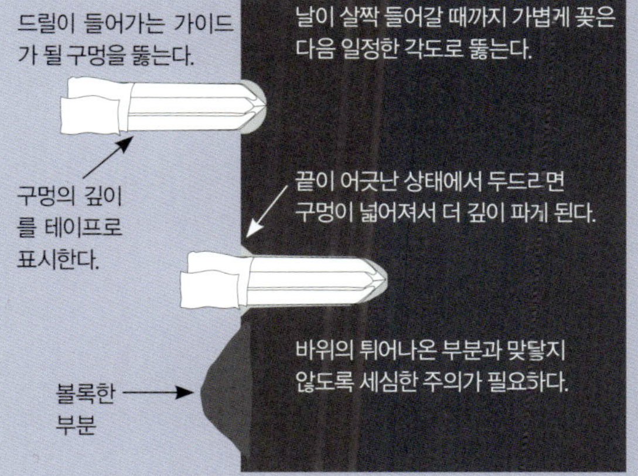

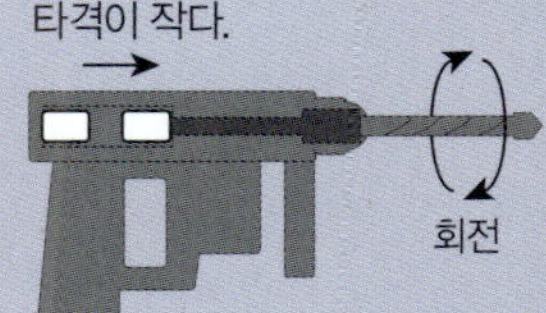

해머드릴의 타격력이 그리 크지 않도록 회전시키는 것이 핵심이다. 두드리는 것만으로는 빨리 파낼 수 없다.

바위 뚫기2

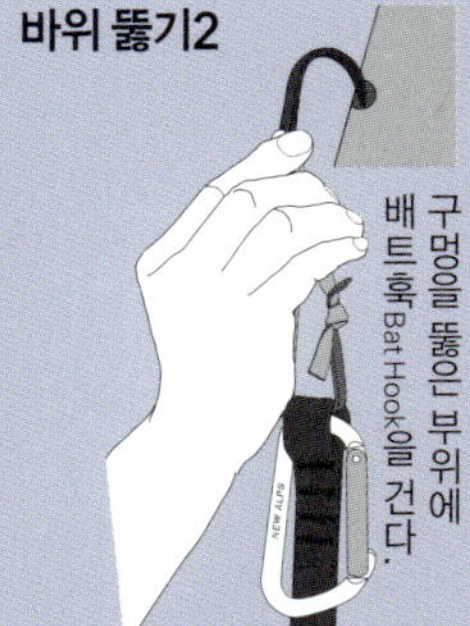

바위 뚫기3

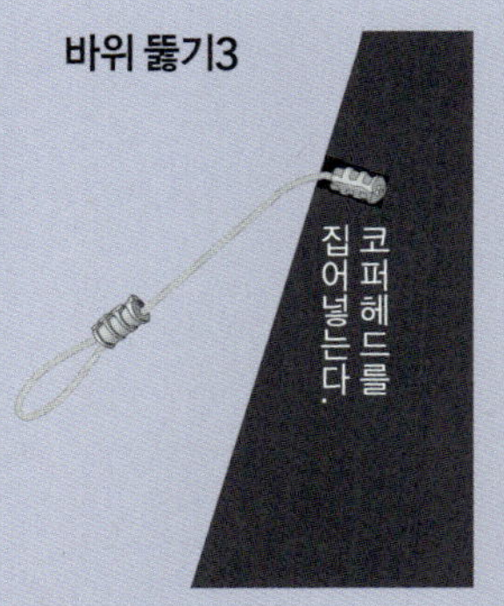

볼트를 설치할 때처럼 구멍을 깊게 내지 않고도 살짝 걸 수 있는 정도로 구멍을 뚫고 후킹 한다. 깊게 팔 경우 바위가 손상되어 다음 번에 다시 사용할 수 없게 된다.

볼트와 비슷한 정도로 구멍을 뚫고 코퍼헤드Copper Head를 넣는다. 확보용으로 사용하는 지역도 있고, 하강지점으로 사용하는 경우도 있다.

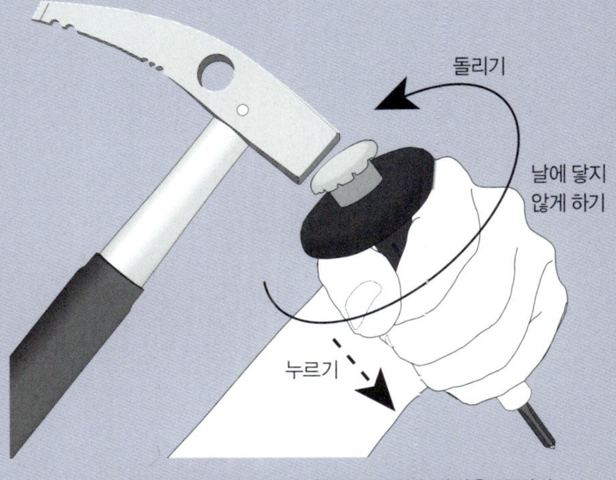

해머드릴과 마찬가지로 망치를 내리치는 순간에 점핑을 돌린다. 하켄처럼, 살짝 구멍이 생길 때까지는 세게 내려치지 않는다.

3-5 기타(짐 올리기, 단독등반)

짐 올리기

벽의 크기가 클수록 짐의 양이 증가한다. 짐을 등에 짊어지고 오르는 것이 어려울 때는 짐을 끌어 올려야 한다.

완경사에서는 마찰 저항이 커서 끌어 올리기 어렵다.

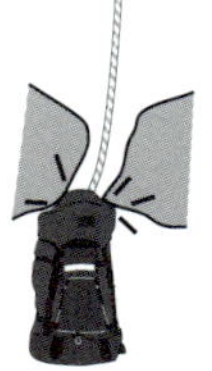

오버행이 아닌 루트에서 바위틈에 짐이 껴서 끌어 올리지 못할 수도 있다.

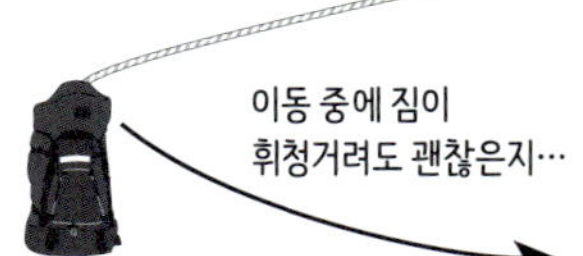

트래버스를 고려해야 하는 경우도 많다.

이동 중에 짐이 휘청거려도 괜찮은지…

장비: 스토퍼가 내장된 도르래, 등강기
시스템: 1/2
힘: 몸

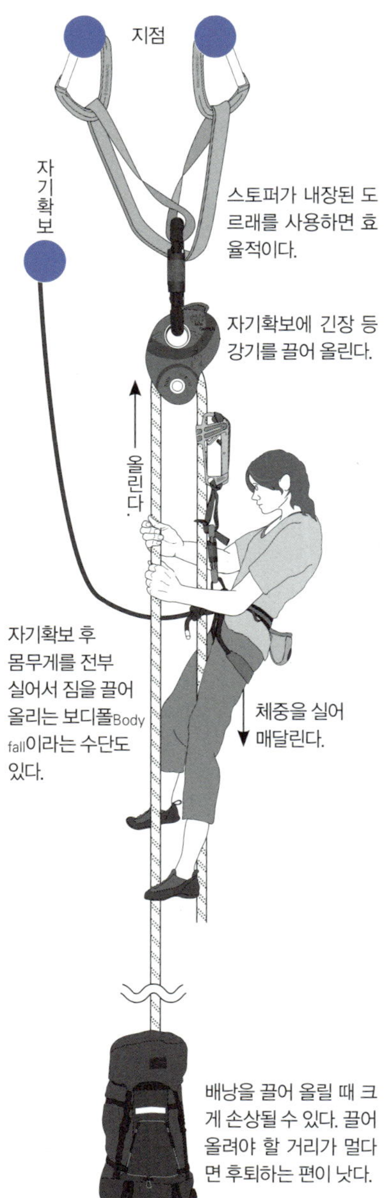

장비: 도르래, 등강기, 사다리
시스템: 1/2
힘: 손, 발

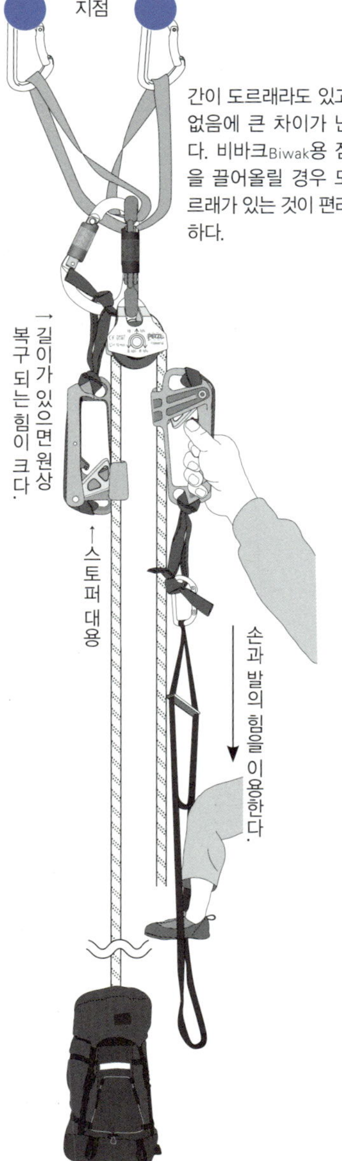

장비: 카라비너, 슬링
시스템: 1/3
힘: 손

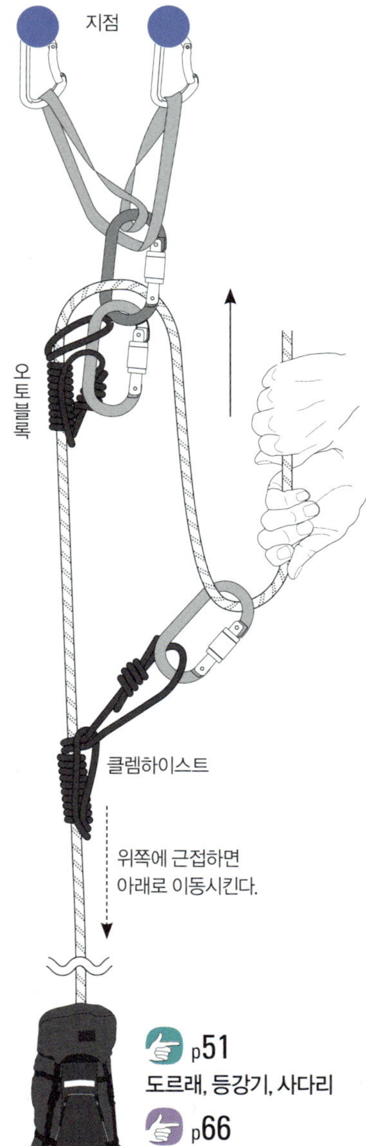

👍 p51
도르래, 등강기, 사다리
👍 p66
프릭션히치

단독등반/솔로Solo

필자는 이 시스템으로는 등반하지 않기 때문에 실제로 추락을 멈출 수 있는지는 불확실하다.

3 확보장비 준비

사용하기 어렵다.

●단점
사람이 빌레이 하는 것보다 효율적이지 않다.
로프가 멋대로 이동할 수 있다.
로프가 원활하게 풀리지 않는다.

여기에서 사용하는 장비는 자유등반(프리)용 확보기가 아니다. 자유등반 전용 디바이스로 렌인더스트리사WREN Industry社의 제품인 사일런트파트너Silent Partner가 있다.

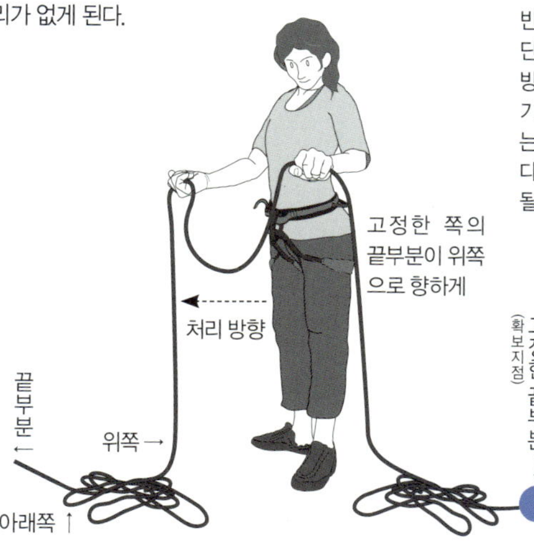

2 로프 처리

로프가 느슨해져도 엉키지 않도록 고정한 쪽을 위로 향하도록 정리한다. 이것을 게을리하면 올라가는 동안 아래에서 로프가 꼬여 어쩔 도리가 없게 된다.

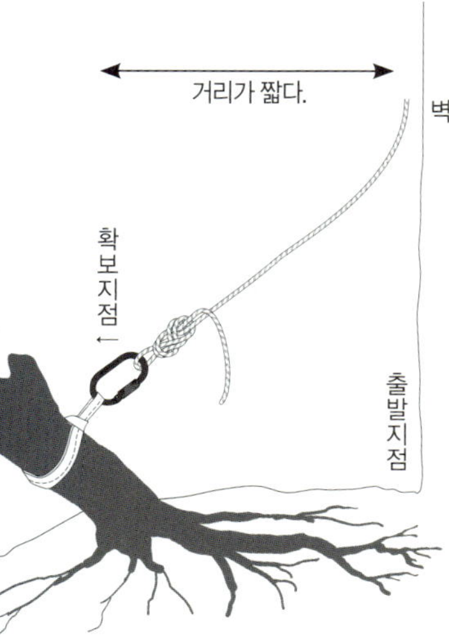

1 확보지점 만들기

확보지점이 출발점에서 수직 방향으로 설치된 경우 처음부터 자유등반으로 올라가기 어렵다.

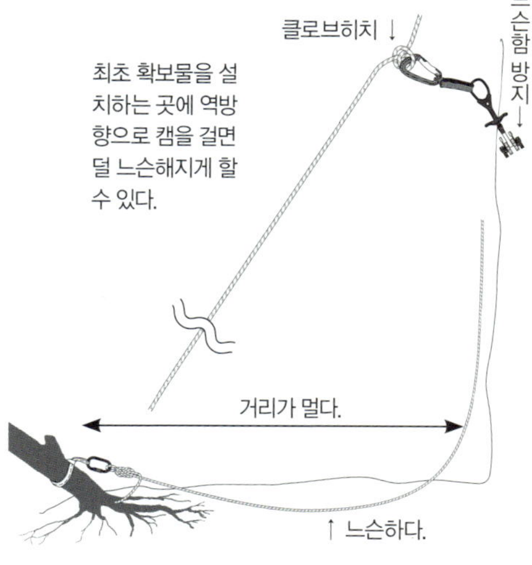

출발지점에서 종료지점까지 거리가 멀면 로프가 옆으로 늘어지기 때문에 추락할 경우 추락 거리가 멀어진다.

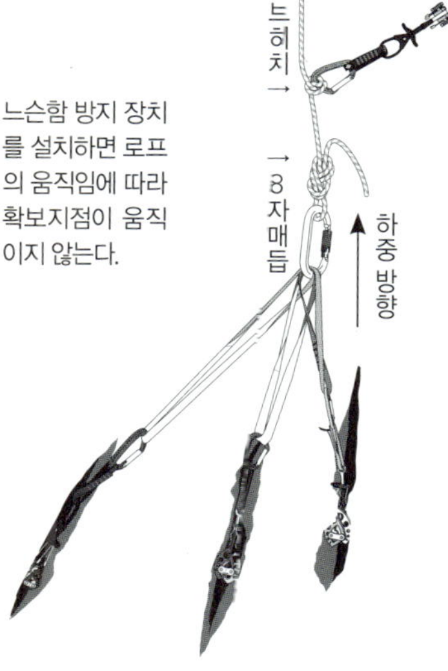

캠으로 확보지점을 만들 때는 위쪽으로 하중이 걸린다. 설치(책수)지점에서 캠을 여러 개 사용하기 때문에 가져가는 장비 수량이 일반적인 등반어 비해 줄어든다.

4 확보물

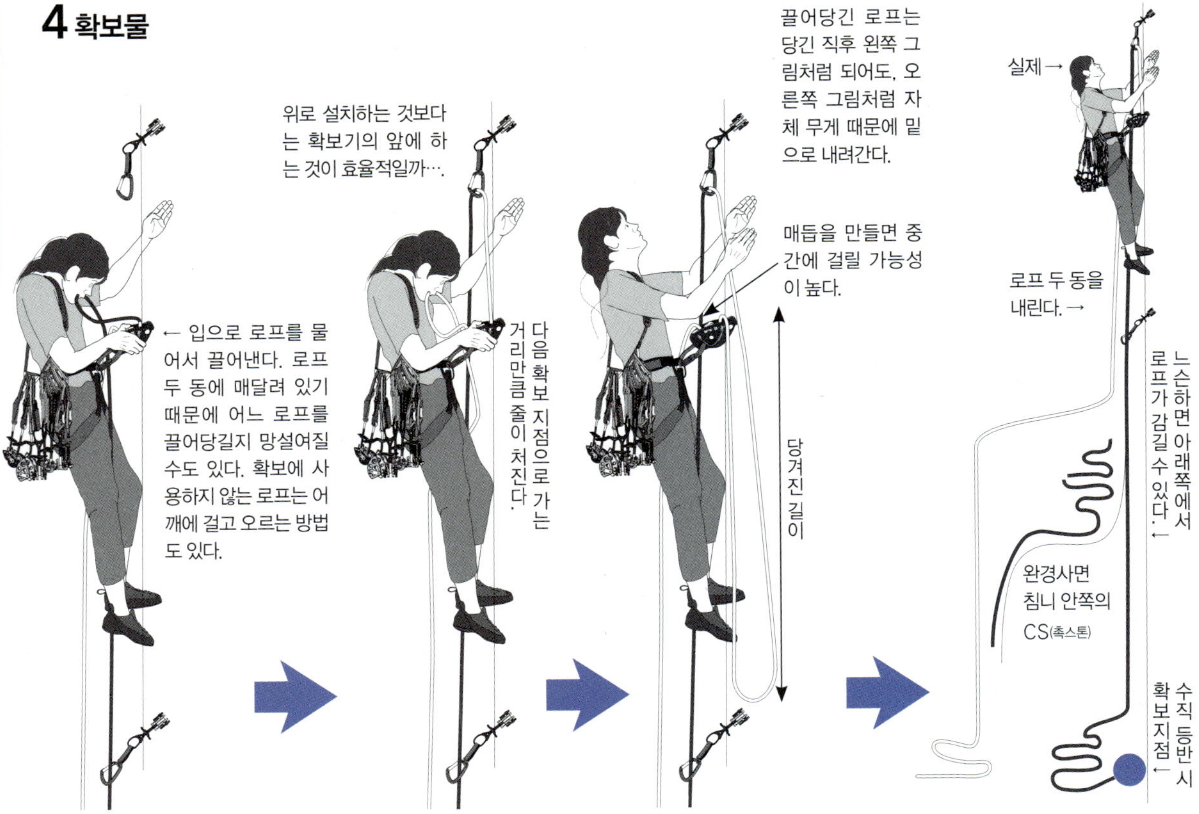

← 입으로 로프를 물어서 끌어낸다. 로프 두 동에 매달려 있기 때문에 어느 로프를 끌어당길지 망설여질 수도 있다. 확보에 사용하지 않는 로프는 어깨에 걸고 오르는 방법도 있다.
위로 설치하는 것보다는 확보기의 앞에 하는 것이 효율적일까….
다음 확보 지점으로 가는 거리만큼 줄이 처진다.
끌어당긴 로프는 당긴 직후 왼쪽 그림처럼 되어도, 오른쪽 그림처럼 자체 무게 때문에 밑으로 내려간다.
매듭을 만들면 중간에 걸릴 가능성이 높다.
당겨진 길이
실제 →
로프 두 동을 내린다. →
느슨하면 아래쪽에서 로프가 감길 수 있다. ←
완경사면
침니 안쪽의
CS(촉스톤)
수직 등반 시 확보 지점 ←

클라이밍 초반에는 로프 자체의 무게가 미치는 영향이 별로 없으므로 로프를 푸는 것이 비교적 편하다.

다음 확보분까지 로프를 풀어둔다. 끌어당길 분량도 포함하여 여분으로 풀어 두는 것이 클립하기 쉽다.

사람이 확보한 경우에 비유하자면, 등반하는 것을 보지 않는 상태에서 빌레이 하는 것과 같다.

로프의 절반 이상 되는 거리를 오른다면 끝부분이 얼마나 남았는지 주의해야 한다.

늘어진 길이만큼 추락한다. (확보기가 작동하는 경우) 확보는 스태틱빌레이Static Belay와 같은 상태.
← 확보기는 아래를 향하게 한다. 잠그더라도 자연스럽게 해제되어 버리는 경우도 있으니, 안심해서는 안 된다.
추락
추락하지 않는 것이 중요하다.

5 하강, 로프 따라 오르기

단독등반(솔로)일 경우 등반을 두 번 하게 된다. 내려온 길을 되돌아갈 때 등반으로 오를지 주마링으로 오를지를 상황에 맞춰 정한다.

끝부분을 고정하고 하강 →
← 하강지점
하강하면서 회수할지 로프를 타고 다시 올라가서 회수할지는 상황에 따라 결정한다.
하강
로프 따라 오르기
확보 지점 →
회수 ←

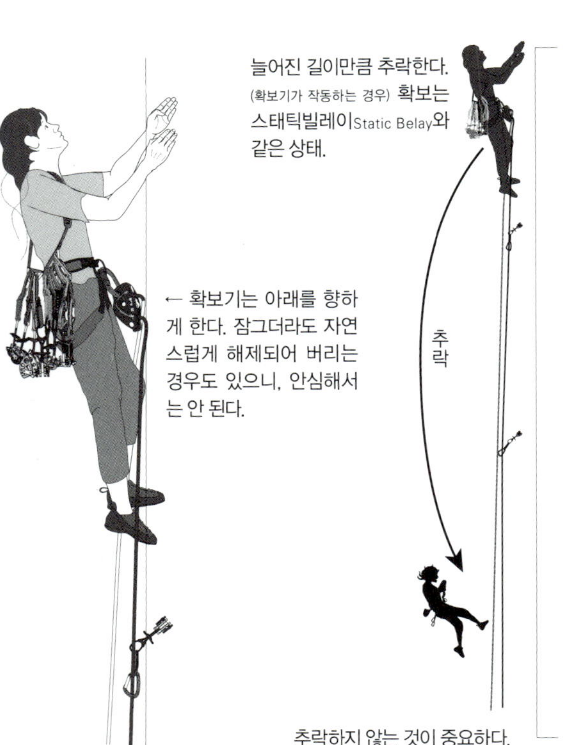

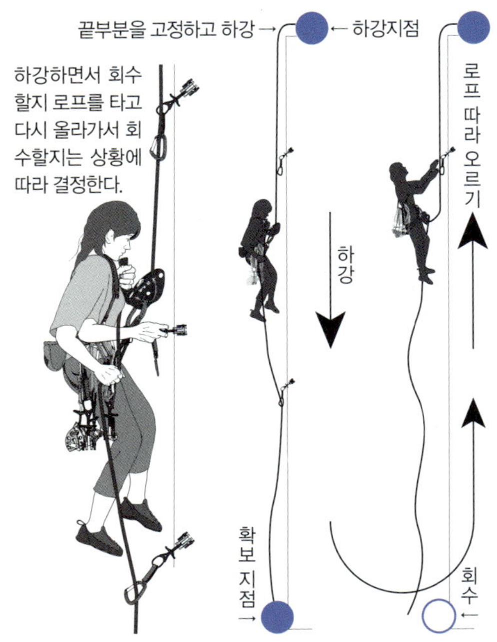

4 동작

4-1 크랙Crack

손

크랙 자체를 홀드 삼아(갈라진 틈 속에 있는 홀드가 아님) 크랙 안으로 손을 넣어 고정하는 것을 '재밍Jamming(끼우기)'이라고 한다. 크랙의 폭에 따라 손가락, 손을 넣는 방법이 다르다. 손이 들어간 모양따라 다양한 명칭이 있으며, 크랙의 크기를 나타내는 표현도 사용되고 있다.

발

크랙에 발을 넣는 방법은 발끝(토재밍Toe Jamming)과 발(풋재밍 Foot Jamming)의 두 가지 형태가 있다. 와이드크랙의 경우에는 발 전체를 넣는 등 별도의 동작이 필요하다. 발이 들어가지 않는 크랙일 경우 크랙 주변의 스탠스Stance를 찾아 두어야 한다.

그림 기호	
⟋⟋	힘이 걸리는 접지 지점
⟍⟍⟍	재밍을 고정하여 힘을 받게 하는 동작

크랙의 크기는 클라이머 당사자 손의 크기에 따라 정해지므로, 개인이 느끼는 난도도 다르다. 손이 작은 여성과 손이 큰 남성은 캠 하나를 넣을 수 있을 만큼 차이가 날 수도 있다.

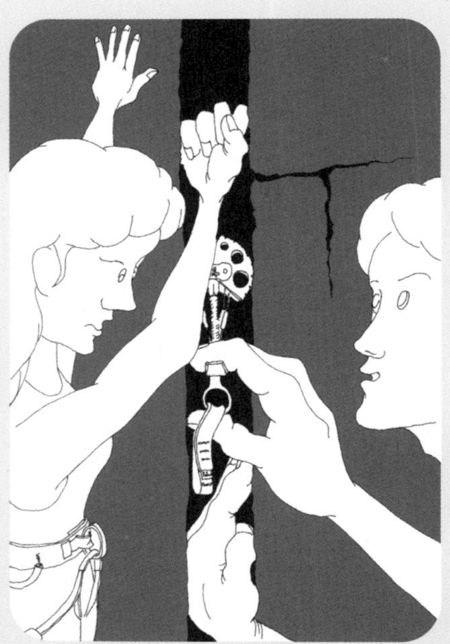

"너의 손 크기는 내 주먹 크기야."

크랙은 손 크기에 따라 등반 방법이 달라진다.

| #AY F0.5 | #AGR F1 | #AR F 1.5 C 0.5 | #C0.75 | #F2 |

손가락Finger

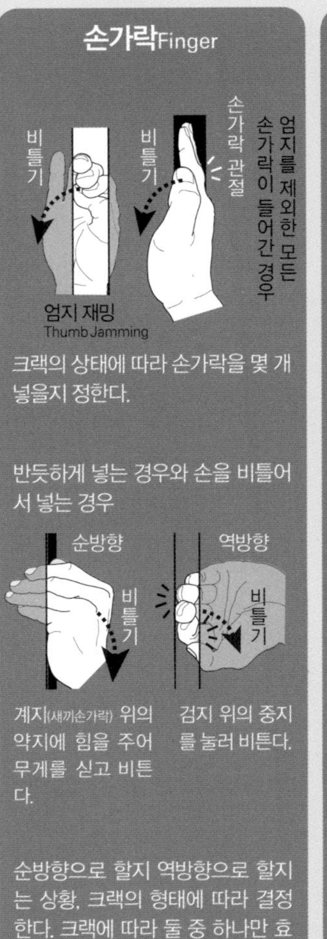

크랙의 상태에 따라 손가락을 몇 개 넣을지 정한다.

반듯하게 넣는 경우와 손을 비틀어서 넣는 경우

계지(새끼손가락) 위의 약지에 힘을 주어 무게를 싣고 비튼다.

검지 위의 중지를 눌러 비튼다.

순방향으로 할지 역방향으로 할지는 상황, 크랙의 형태에 따라 결정한다. 크랙에 따라 둘 중 하나만 효과가 있을 수 있다.

손날Thin hand

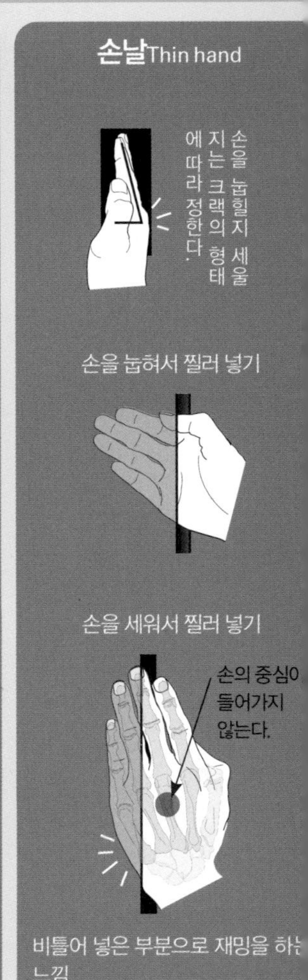

손을 눕혀서 찔러 넣기

손을 세워서 찔러 넣기

비틀어 넣은 부분으로 재밍을 하는 느낌

손처럼 하는 발 재밍

토재밍(발가락 재밍)

엄지발가락의 역할이 크다. 실제로는 암벽화를 착용하지만 그림에서는 맨발을 넣는 것으로 표현했다.

풋재밍(발 재밍)

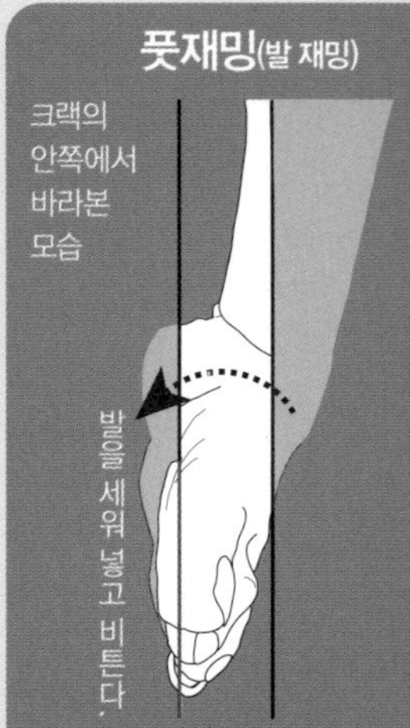

발을 잘 비틀어야 고정된다. 단, 너무 심하게 비틀면 발에 통증이 생긴다.

손Hand

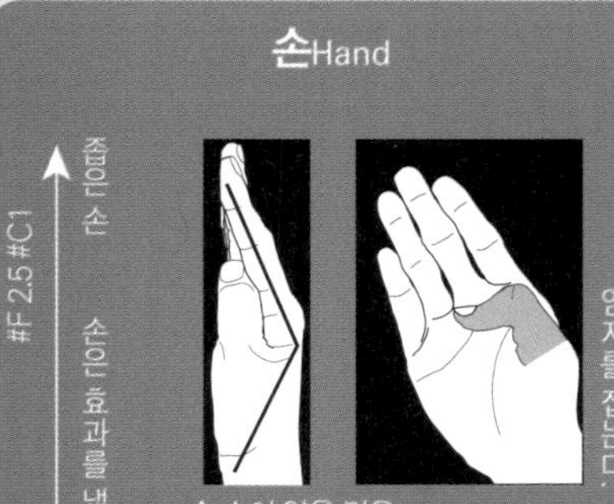

↑ 손이 얇은 경우
구부려서 넣는다.

손에 정확히 맞는 크랙은 가볍게
힘을 넣은 다음 접촉면을 넓힌다.

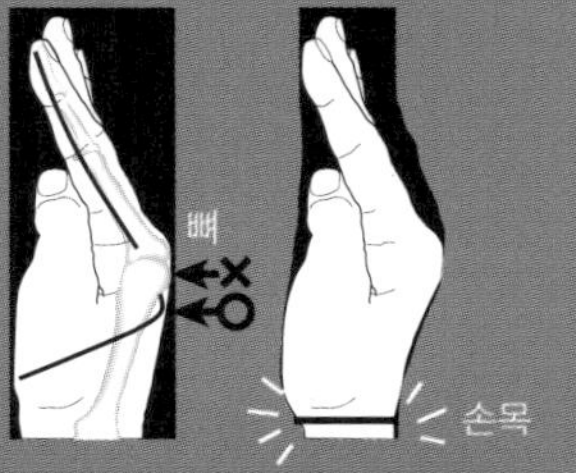

너트처럼 손목을 끼운 경우(손 모양이
중요) 편하게 고정할 수 있다.

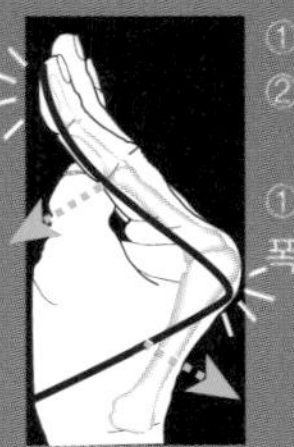

주먹Fist

주먹을 넣고 조인
다. 주먹을 쥔 면
으로 재밍한다.

크랙이 넓을 경
우 주먹에 힘을
주고 돌린다.

양손 주먹

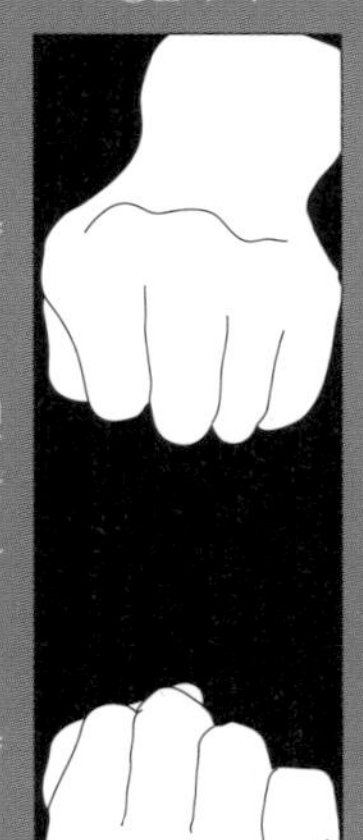

양손 주먹으로 결정했
을 때 동시에 움직이는
경우(펌프업Pump Up)도
있다.

리비테이션Leavittation

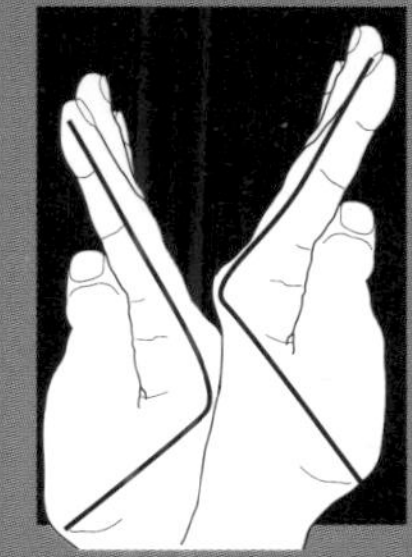

양손의 손등을 맞대고 손재
밍. 완경사에 발을 디딘 상
태에서 사용한다.

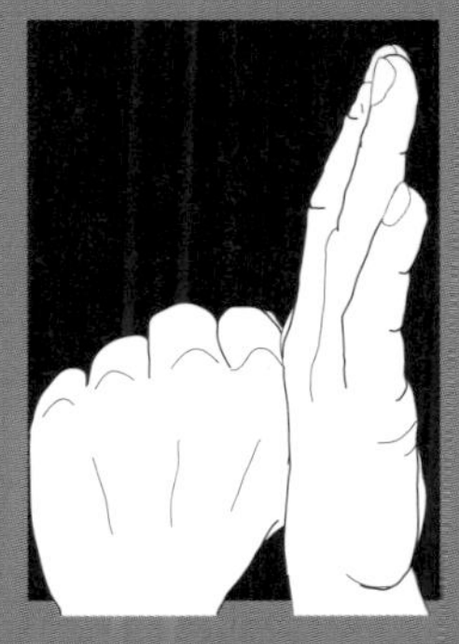

주먹과 역방향으로 쥔 손의
리비테이션.
양손을 폈을 때보다 넓은
크랙에 고정할 수 있다.

주먹처럼 하는 발 재밍

토힐Toe Heel(발가락 끝과 발뒤꿈치)

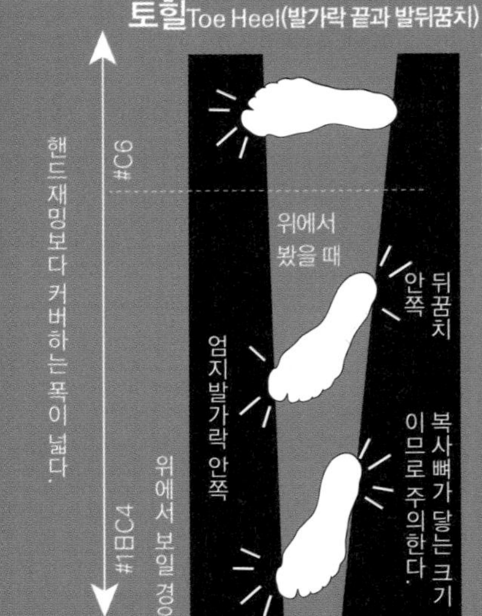

토힐과 니앤힐(무릎과 발뒤꿈치)의 조합

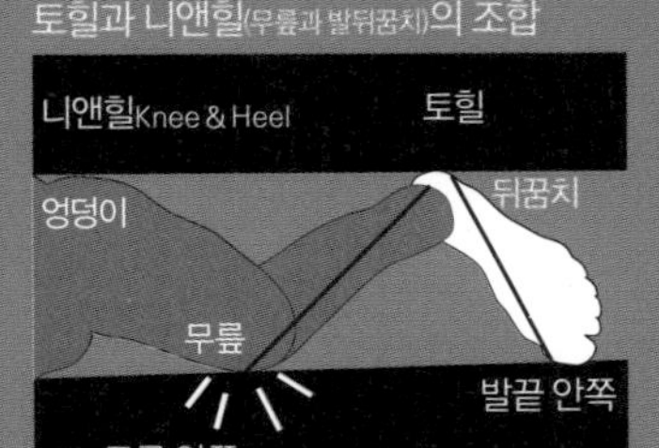

T스택Stack

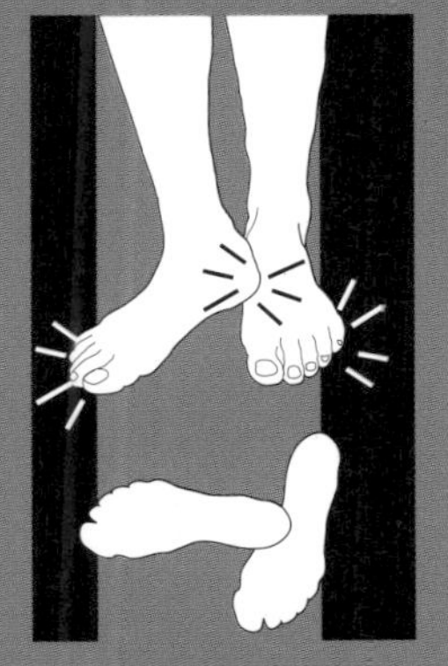

발보다 넓은 경우 쓰는 리비테이
션. T스택을 사용하면 발의 각도
에 따라 고정할 수 있는 폭이 넓
어진다.

손 너비 크랙Hand Crack, Ha

그림은 등반 예시로 크랙의 형태 및 개인의 등반방식에 따라 다르며, 항상 동일한 동작을 하지는 않는다.

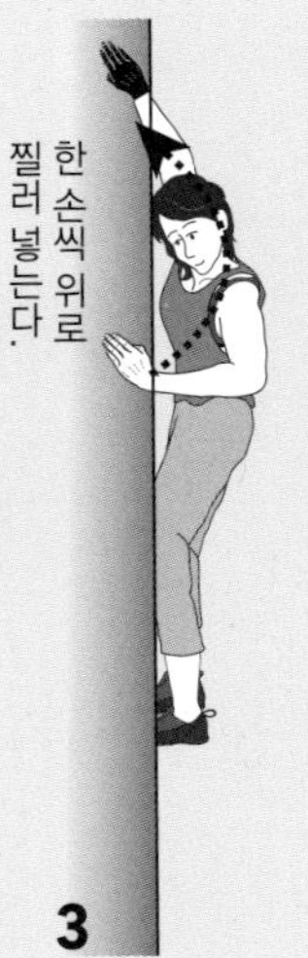

0
양손 넣기
휴식 상태

1
양손으로 몸을 끌어 당긴 다음 손목을 고정한다.
끌어 올린다.
다리를 든다.

2
→ 손을 역 방향으로 꺾어서 찔러 넣는다.
→ 몸을 일으킬 때. 손이 움직이면 재밍이 느슨해진다.

3
한 손씩 위로 찔러 넣는다.

4
먼저 넣은 손의 방향을 돌려 다시 고정한다.

5
1번부터 4번까지의 동작을 반복

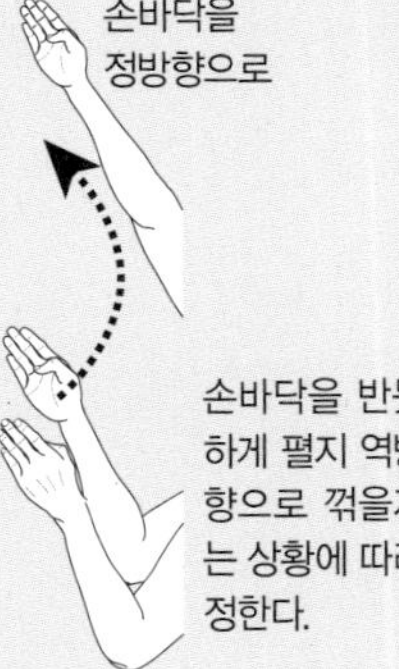

2'
손바닥을 정방향으로
손바닥을 반듯하게 펼지 역방향으로 꺾을지는 상황에 따라 정한다.

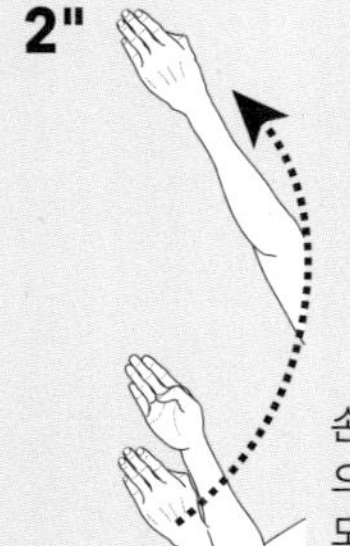

2"
손목을 역방향으로 꺾는 방법도 상황에 따라 다르다. 보폭이 커지고 효율성이 높다.
아래쪽 손

3
정면 방향
역방향

정방향
0, 5번의 상태

확보물의 설치는 0, 5의 동작을 할 때 실시하는 것이 효율적이다. 기어랙의 방향, 보유한 장비의 종류 등 다양한 요인이 있다.

레이백Lay Back, LB

← 칸테Kante에 손을 끼우고 발로 버티면서 균형을 유지하여 오르는 방법. 레이백 가능 여부는 크랙의 폭과 상관없이 크랙의 형태에 따라 정해진다. 오프위드Off-Widths, 침니Chimney에서도 레이백으로 오르면 빠른 속도로 등반할 수 있다. 단, 체력이 빨리 소모되기 때문에 확보에 문제가 생길 수도 있다.

위로 손을 옮길 때 다음 손은 어디로 옮겨야 할지 고려해야 한다.

확보물을 어느 위치에 설치해야 할까? 들고 있는 장비와 크랙의 형태에 따른 조건, 등반 난이도, 추락 방지 등 다양한 조건을 고려하여 설치 위치를 정한다.

와이드크랙이라는 표현이 올바른지 아닌지를 떠나서 실제 크랙은 페이스와 크랙의 차이만큼이나 뚜렷한 두 종류가 있다.

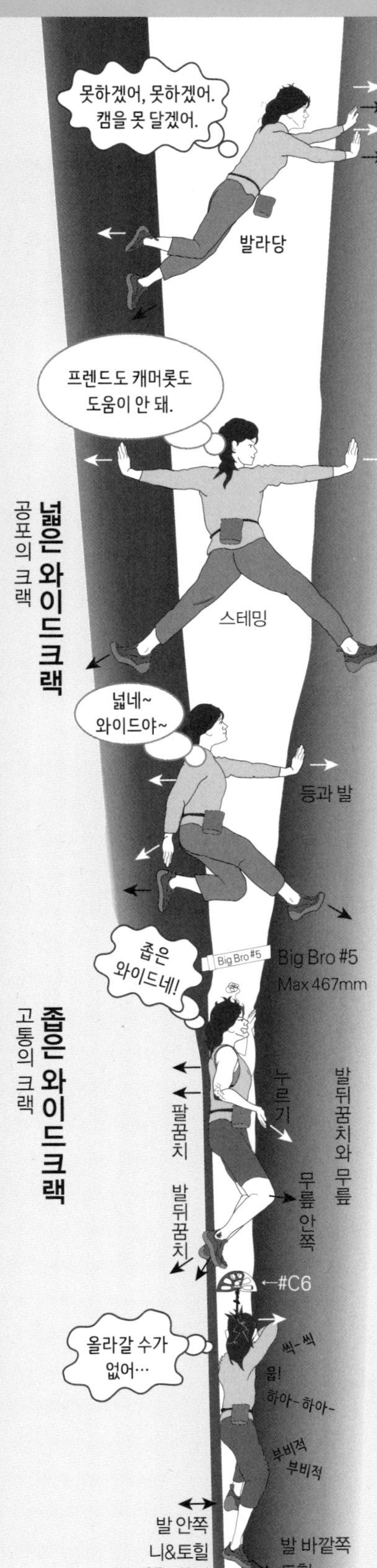

손발을 모두 사용하여 벽을 밀면서 오른다. 신장이 큰 편이 유리하다. 위로 갈수록 넓어질 경우 아래에서는 판단하기 어렵다.

벌려 딛기Stemming 동작을 바꿀 경우 한쪽 손발만 사용한다.

손으로 몸의 고정 상태를 유지하고, 두 발을 위로 이동한다. 몸집이 크고, 다리가 길며, 관절이 유연한 사람에게 유리하다.

거리가 멀어 등과 발, 벌려 딛기로 오를 경우 손보다는 복부에 펌핑이 온다.

와이드를 오를 때는 신축성 좋은 긴 바지를 입는 것이 좋다. 발뒤꿈치를 덮을 수 있는 암벽화가 무난하다. 사람에 따라 좁은 스퀴즈 침니가 오프위드와 비슷해 보일 수 있다. 얼굴을 돌렸을 때 코가 벽에 닿을 정도라면 충분히 오를 수 있다.

침니 Chimney, Ch

침니 크기 정도 되는 크랙은 확보물을 설치할 수 없는 경우가 있어서 인공등반이 어렵기 때문에 오르려면 정신력이 필요하다. 침니에 볼트를 박으면 큰 문제가 생길 수 있으니, 더는 올라갈 수 없다고 판단될 경우에는 클라이밍다운을 하는 편이 좋다.

플레어드침니 Flared Chimney, fCh

몸이 들어간 느낌이 별로 들지 않는다.

안쪽으로 갈수록 좁아져 점점 닫히는 형태이지만 재밍을 하기에는 어려운 침니다. 안쪽이 좁고 오픈북Open Book처럼 생긴 플레어드침니는 캠을 사용하는 데 제약이 있을 수 있다.

스퀴즈침니 Sqeeze Chimney, Sq

팔꿈치와 손바닥으로 재밍을 한다. 발은 양발을 개구리 다리처럼 넓게 펴거나 한쪽 발로 밀어서 올라간다.

어깨 너비 크기의 크랙/오프위드 Off-Widths, OW

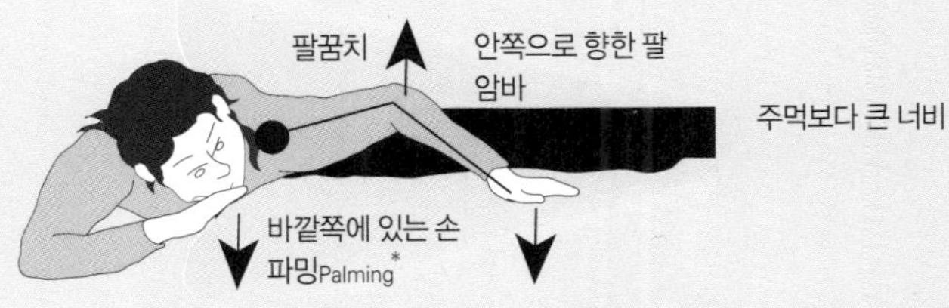

팔꿈치와 손바닥으로 재밍한다. 안쪽으로 향한 손발로 몸의 균형을 유지하고 바깥쪽에 있는 발로 전진한다.

*파밍Palming: 손바닥을 쓰는 방법

여기에는 영어 단어가 많이 쓰인다. 단어의 의미를 알지 못하면 무엇을 이야기하는지 이해하지 못할 수 있다.

홀드Hold

저그Jug

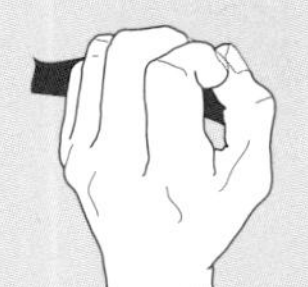

크림프Crimp/엣지Edge

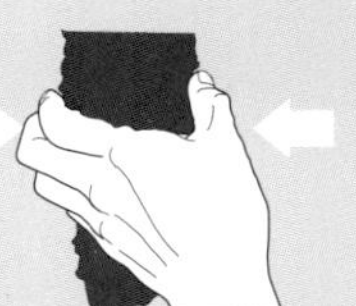

핀치Pinch

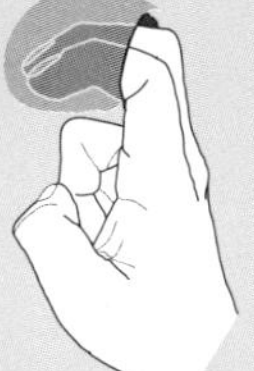

포켓Pocket

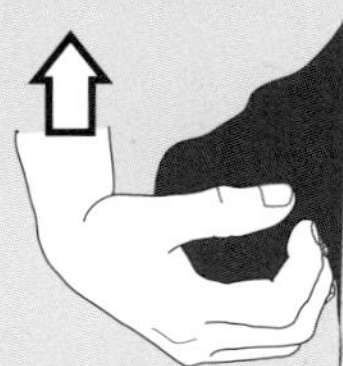

언더컷Undercut

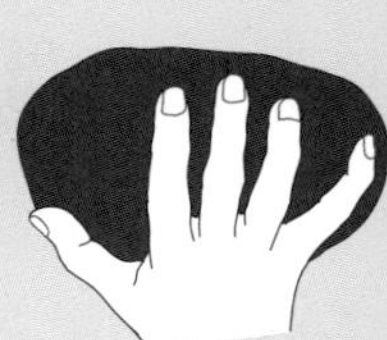

슬로퍼Sloper

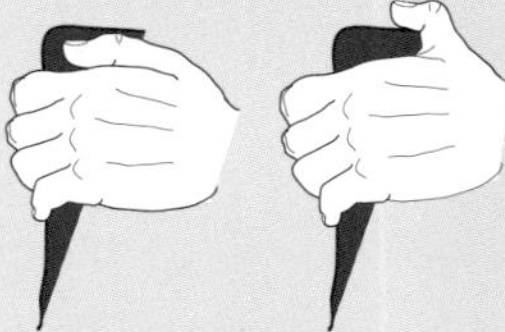

잡는 방법(그립Grip)의 차이

엄지를 걸었는가에 따라 유지력에 큰 차이가 있다. 어떻게 잡을지는 홀드의 형태 및 개인의 손가락 힘 차이, 그리고 습관에 따라 정한다.

엄지로 홀드를 눌렀을 때와 누르지 않았을 때

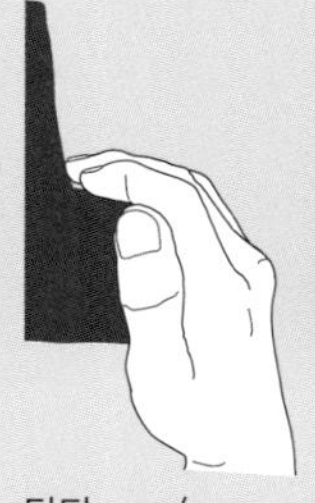

탕뒤Tendu/
오픈핸드Open Hand

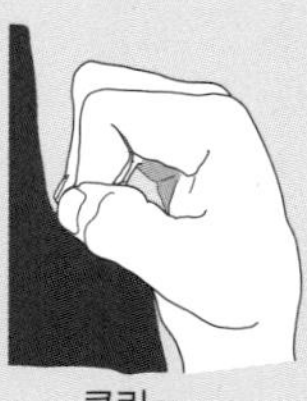

클링Cling

손가락을 펴고 마디로 누르는 경우와 손가락을 세워서 잡는 경우가 있다. 오픈핸드로 할지 클링을 할지는 홀드의 형태, 개인의 손가락 및 손가락 마디의 힘을 고려하여 정한다.

손동작

잡는 손 바꾸기(1~3)

1

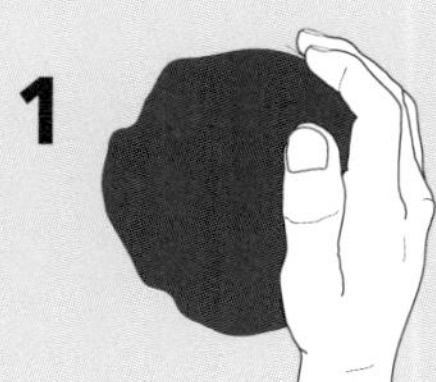

감싸 잡기

2

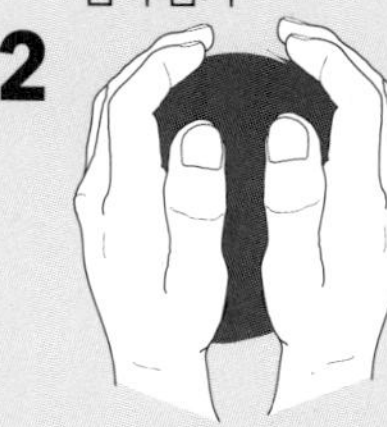

3

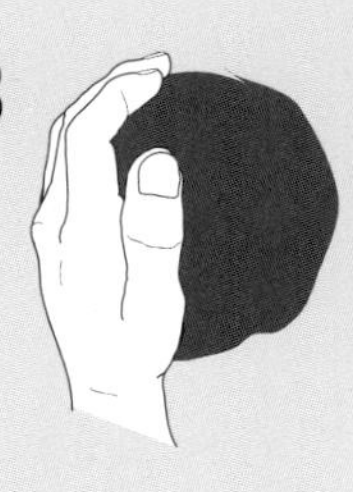

잇기

가스통Ggaston

홀드를 쥐는 손을 바꾸면 다른 손을 다음 홀드로 이동시킬 수 있다.

크로스Cross

전방

후방

전방 크로스는 일반적인 동작이나 후방 크로스를 하는 경우는 드물다.

휴식Rest

홀드에서 손을 뗀 다음 손을 털어 준다. 휴식을 취할 때 자세가 중요하다.

스탠스Stance

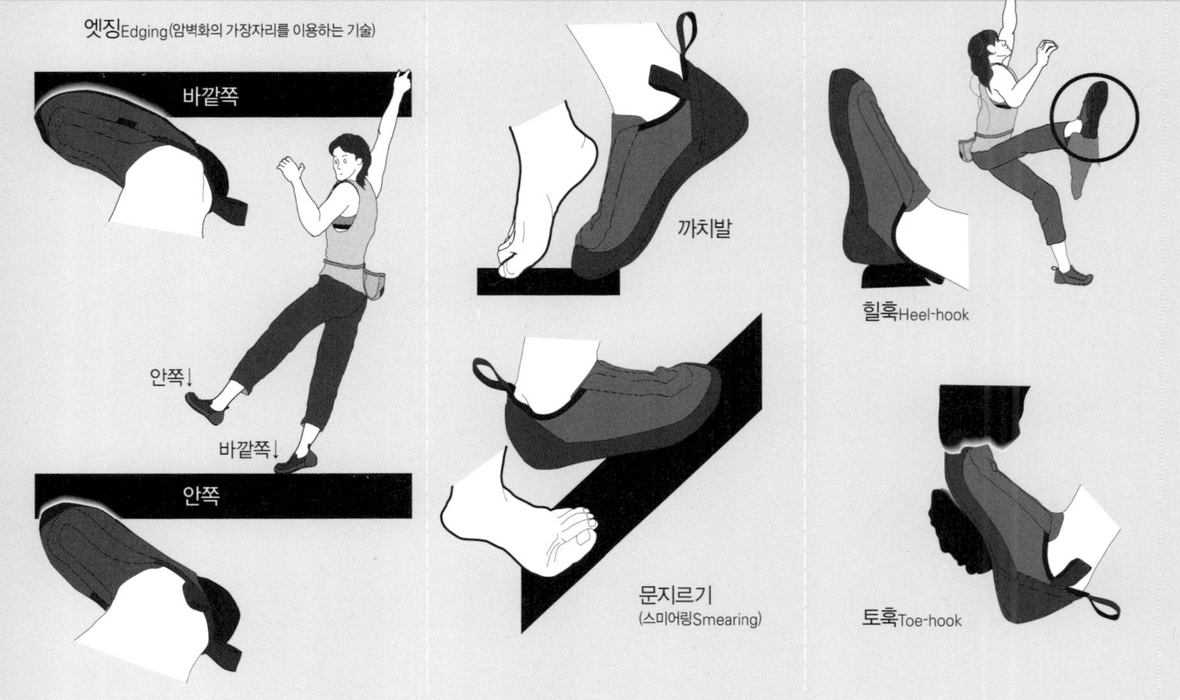

엣징Edging(암벽화의 가장자리를 이용하는 기술)
바깥쪽
안쪽↓
바깥쪽↓
안쪽
까치발
문지르기
(스미어링Smearing)
힐훅Heel-hook
토훅Toe-hook

자세

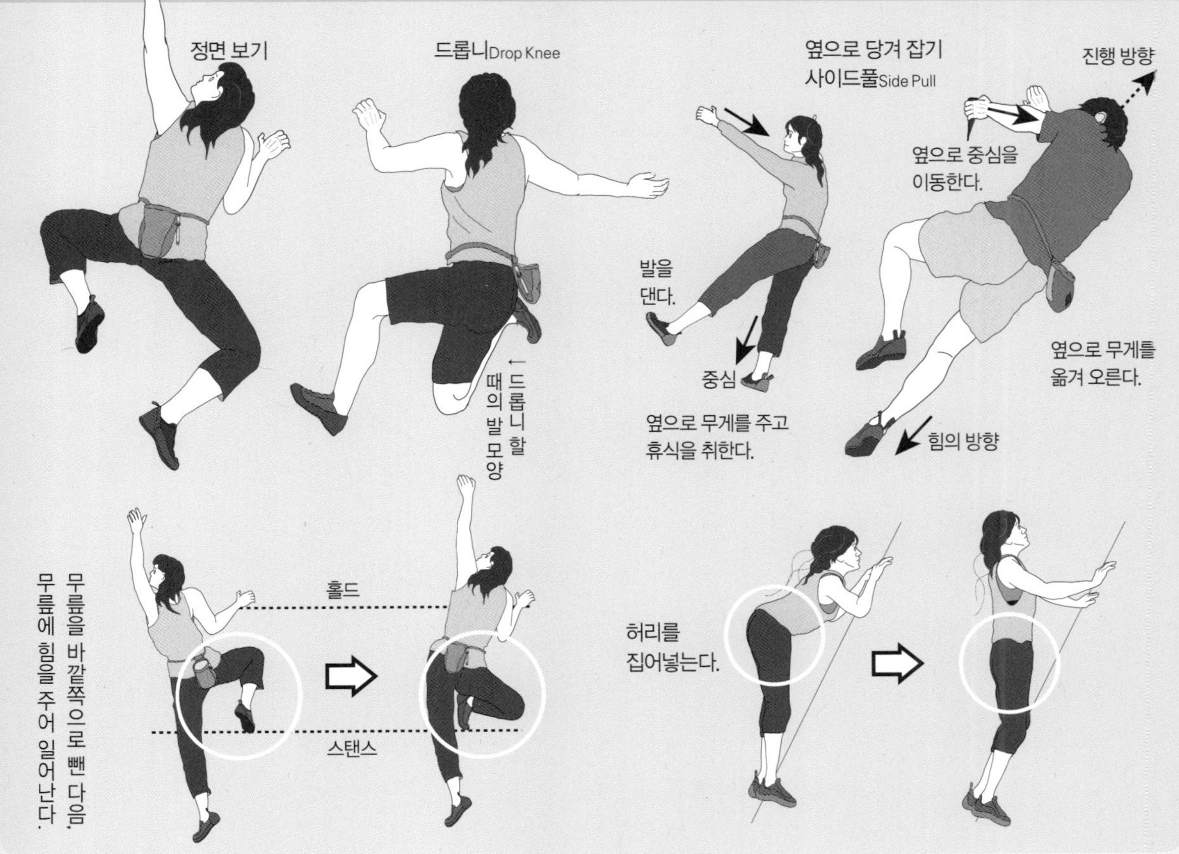

정면 보기
드롭니Drop Knee
←드롭니 할 때의 발 모양
옆으로 당겨 잡기
사이드풀Side Pull
발을 댄다.
중심
옆으로 무게를 주고 휴식을 취한다.
진행 방향
옆으로 중심을 이동한다.
옆으로 무게를 옮겨 오른다.
힘의 방향
무릎을 바깥쪽으로 뺀 다음, 무릎에 힘을 주어 일어난다.
홀드
스탠스
허리를 집어넣는다.

● **정적 움직임**Static Move
잡아당기는 방식으로 홀드를 잡는 방법. 지속적으로 에너지를 소모한다.

● **동적 움직임**Dynamic Move
몸의 반동으로 홀드를 잡는 방식. 정적 동작에 비해 보다 빠르게 홀드를 잡을 수 있으며, 가속을 받아 에너지 소모를 줄일 수도 있다. 단, 홀드를 잡지 못하면 추락한다.

런지Lunge
멀리 있는 홀드를 뛰어서 잡기

데드포인트Dead Point
순간적으로 몸을 던졌을 때 몸이 추락하기 전 가장 높이 있는 순간

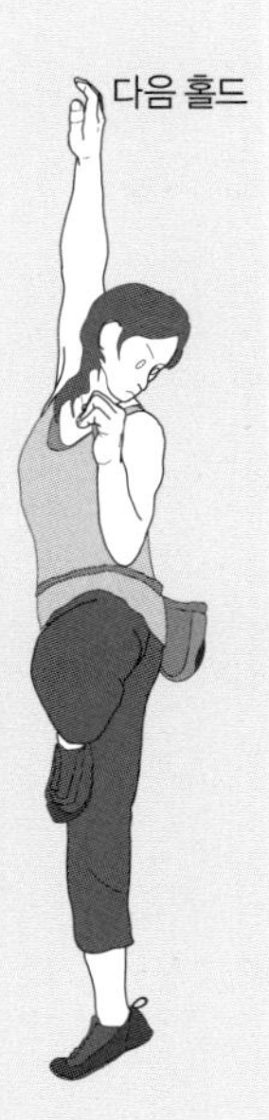

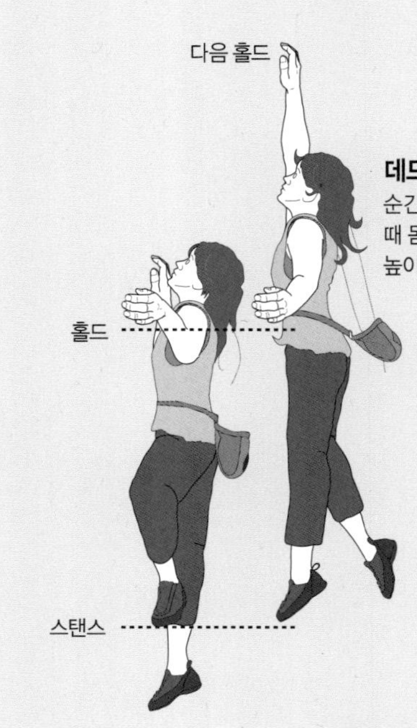

니바Knee Bar, **니록**Knee Lock

니바, 니록은 동작이 아닌 스탠스로 취할 수도 있다.

푸싱Pushing
누르는 푸싱 또한 등반 동작이 아니라 일종의 홀드를 잡는 방식이라고 생각할 수도 있다.

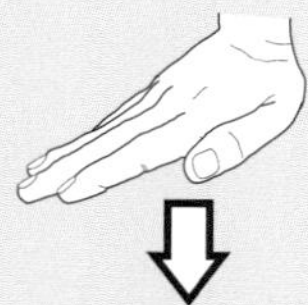

선반 오르기/맨틀링 Mantling
몸을 위로 솟구치도록 끌어 올리는 오르기 동작

점프Jump

등반 동작에 포함할 수 있을지 의문이 들기는 하지만 위와 같은 상황도 존재한다. 이것도 다이나믹한 등반 동작이라고 볼 수도 있다.

5 힌트

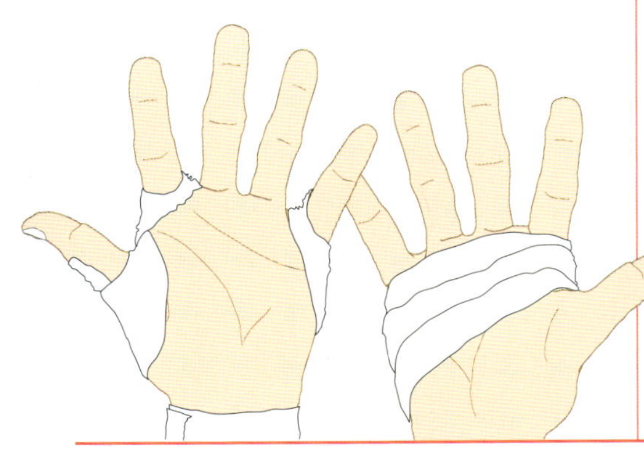

힌트1 어프로치 위험한 지점에서 대처하는 방법

● 위험한 지점 통과

암벽까지의 어프로치 중에 위험한 지점이 있는 경우가 종종 있다. 이에 대처하려면 그룹의 리더격인 사람이 구성원들의 역량을 알고 있어야 한다. 그렇지 않으면 그룹 내에서 경험이 많은 사람이 다른 구성원들의 역량을 확실히 판단하여 대처해야 한다. 또 초보자는 위험한 지점을 통과하는 것이 불안할 경우 자신의 상태를 구성원들에게 확실히 전달하여 도움을 받는 것이 중요하다. 사실 자신의 의사를 직접 말해야만 구성원들이 알 수 있다면 의사소통이 부족한 상황으로 볼 수 있다. 멀티피치를 등반할 경우 상호역량을 파악하여 말하지 않아도 알 수 있는 수준의 충분한 의사소통이 이뤄져야 한다.

도움용 끈

올라가기 어려운 2m 정도의 턱이 있을 경우 위에서 슬링을 내려 주면 쉽게 올라갈 수 있다. 또 마지막에 지나가는 사람이 뒤에서 밀어 주는 식으로 도와주면 쉽게 통과할 수 있는 경우도 있다.

짐 올리기

장비와 로프가 들어 있는 배낭을 멘 채 오르는 것과 배낭 없이 오르는 것은 엄청난 차이가 있다. 배낭을 먼저 올리면 맨몸으로 쉽게 오를 수 있다.

고정하기Fix

트래버스할 때 위험한 지점에서는 로프를 걸고 자기확보를 취한 다음 통과하는 것으로 위험도를 낮출 수 있다. 단, 설치하는 사람의 역량에 따라서는 설치하지 않는 것만 못한 상황이 발생할 수 있다.

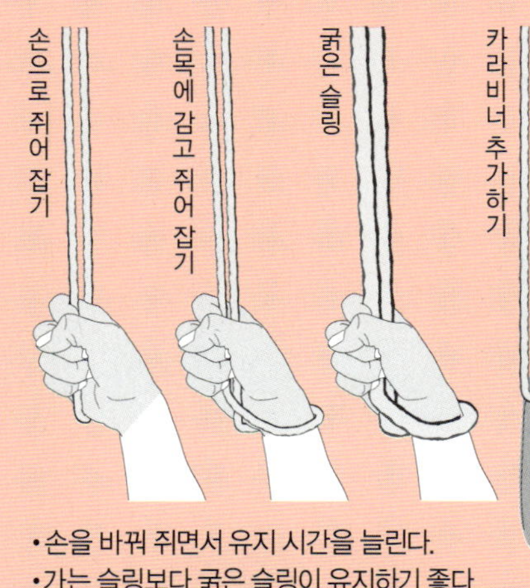

• 손을 바꿔 쥐면서 유지 시간을 늘린다.
• 가는 슬링보다 굵은 슬링이 유지하기 좋다.
• 카라비너를 추가하는 것만으로도 효과가 증가한다.

절대 떨어지지 않는다는 것을 전제로 한다. 카라비너를 잡았을 때 추락한다면 치명적인 부상을 입을 가능성이 있다. 또한 슬링에 손가락을 끼운 채로 떨어지면 손가락을 크게 다칠 수 있다. 오히려 통과할 때 카라비너 같은 장비를 사용하지 않는 편이 안전한 경우도 있다. 사용자의 역량에 맞춰 설치를 하는 것이 핵심이다.

짐 올리기

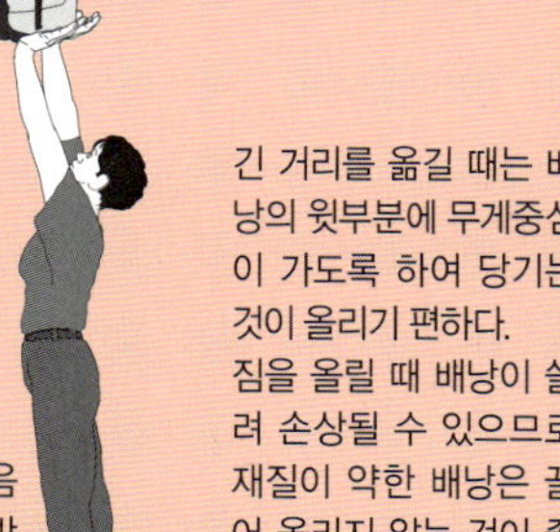

이 방법을 쓸 경우 장비를 회수하려면 다시 설치지점으로 돌아가야 한다. 여러 명이 등반할 때는 마지막 사람이 이동하면서 장비를 회수할 수도 있다.

확실하지 않은 홀드는 나무뿌리를 누르듯이 잡는다. 당겨서는 안 된다.

중간지점을 고정하는 것은 로프를 팽팽하게 고정하기 위함이다. 고정한 로프가 처질 경우에는 추락 거리가 늘어난다. 중간 지점을 고정할지 말지는 상황에 따라 판단한다.

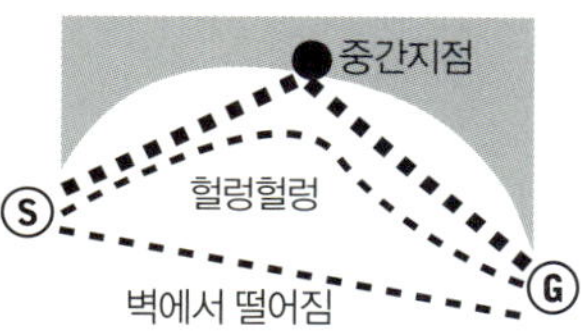
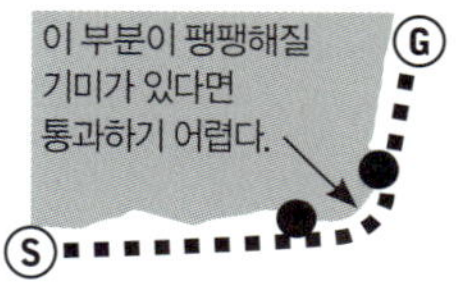
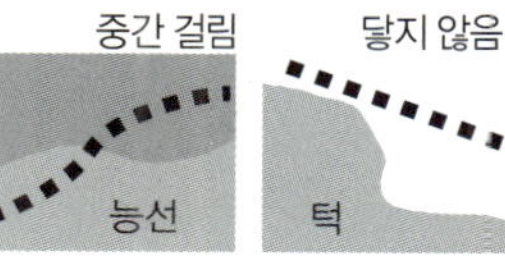

중간지점에서 생각할 점

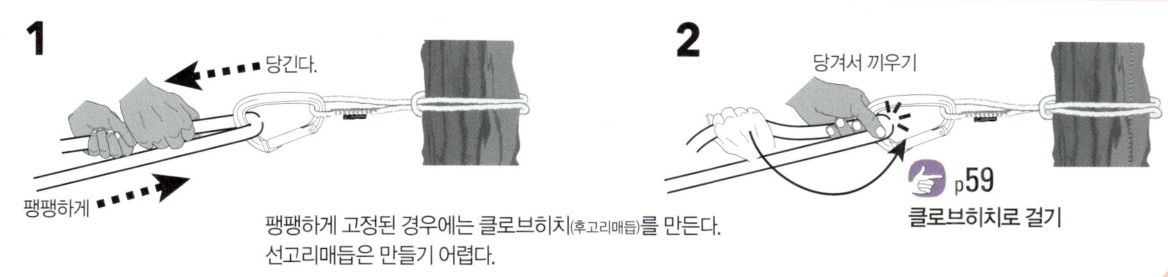

이동 거리에 따라 중간지점을 정한다. 3m 이내일 경우에는 필요하지 않다.

중간지점이 없을 경우 로프가 느슨해지거나 벽에서 멀리 떨어질 수 있다.

상대방이 보이지 않게 되므로 두 명이 등반할 때 주의해야 한다.

능선, 수풀 또는 턱이 있는 곳을 지날 때 손이 닿지 않는 지점에 팽팽함이 느껴질 경우 통과하기 힘들다.

로프를 당기는 방향

1

팽팽하게 고정된 경우에는 클로브히치(후고리매듭)를 만든다. 선고리매듭은 만들기 어렵다.

2

중간지점 통과시키기

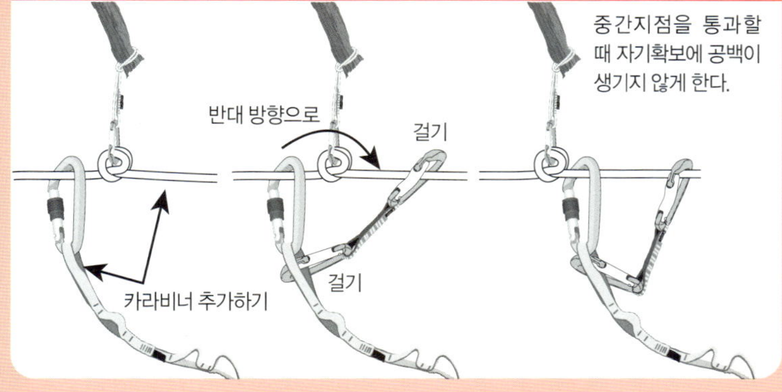

중간지점을 통과할 때 자기확보에 공백이 생기지 않게 한다.

회수 가능한 고정(픽스)

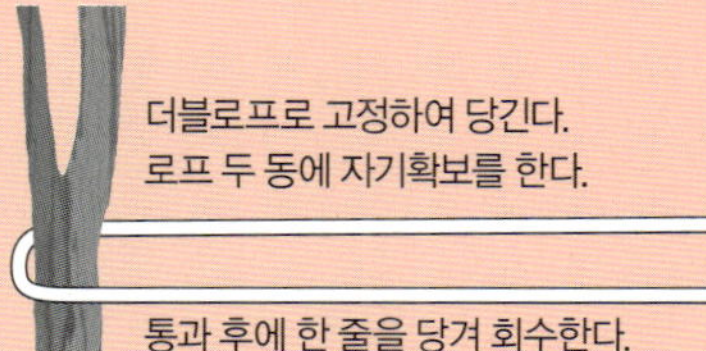

중간지점이 필요 없는 짧은 거리나 특수한 상황게서만 가능하다. 아니면 마지막에 등반하는 사람이 중간지점에 고정한 장비를 회수하면서 통과한다.
짧은 거리에서는 슬링을 연결하여 도움용 끈을 만드는 것이 로프를 연결하는 것보다 효율적이다. 멤버, 상황에 따라 판단하여 사용한다.

힌트2 톱로프클라이밍Top Rope Climbing[*]

선등이 어려울 때

*꼭대기에 로프를 걸어 놓고 등반하는 시스템.

몸이 기억하는 등반 방식

자전거 타는 방법을 익힐 때까지 보조바퀴를 달고 연습한 적이 있는가? 클라이밍에도 등반 방법을 익히는 요령이 있다. 톱로프는 처음 클라이밍을 배우는 사람이 등반방법, 장비 사용법 등을 익히는 데 유용하다.

톱로프는 리드클라이밍Lead Climbing과 비교하면 추락의 공포감이 적으며, 클라이밍에서 중요한 측면인 정신적 부담을 줄여 주기 때문에 초보자가 처음 클라이밍을 할 때 걱정 없이 등반기술을 습득할 수 있다.

자전거로 몇 번이나 같은 공간을 돌며 연습하다 보면 보조바퀴 없이도 탈 수 있게 되듯이, 클라이밍도 용기를 내어 몸이 등반기술을 기억하게 만들어야 한다.

리드와 톱로프의 차이

방법	리드	톱로프
추락 거리	큼	적음
선등 장비	많음	퀵드로 1개 정도
로프의 손상 정도	매듭지점에서 약 3m까지 손상 발생 전체적으로 늘어남	상대적으로 적음
추락 시의 공포감	많음	상대적으로 적음
필요한 기술	많음	상대적으로 적음

추락 시의 공포감, 필요한 기술은 톱로프만 해서는 경험할 수 없다. 톱로프는 정신적인 부담이 적기 때문에 리드와 비교했을 때 성취감이 적기는 하지만, 리드 방법을 이해할 때까지는 톱로프로 연습해야 한다. 톱로프는 루트를 장시간 이용하기 때문에 주변의 상황과 확보 설치방법을 확인하는 것이 중요하다.

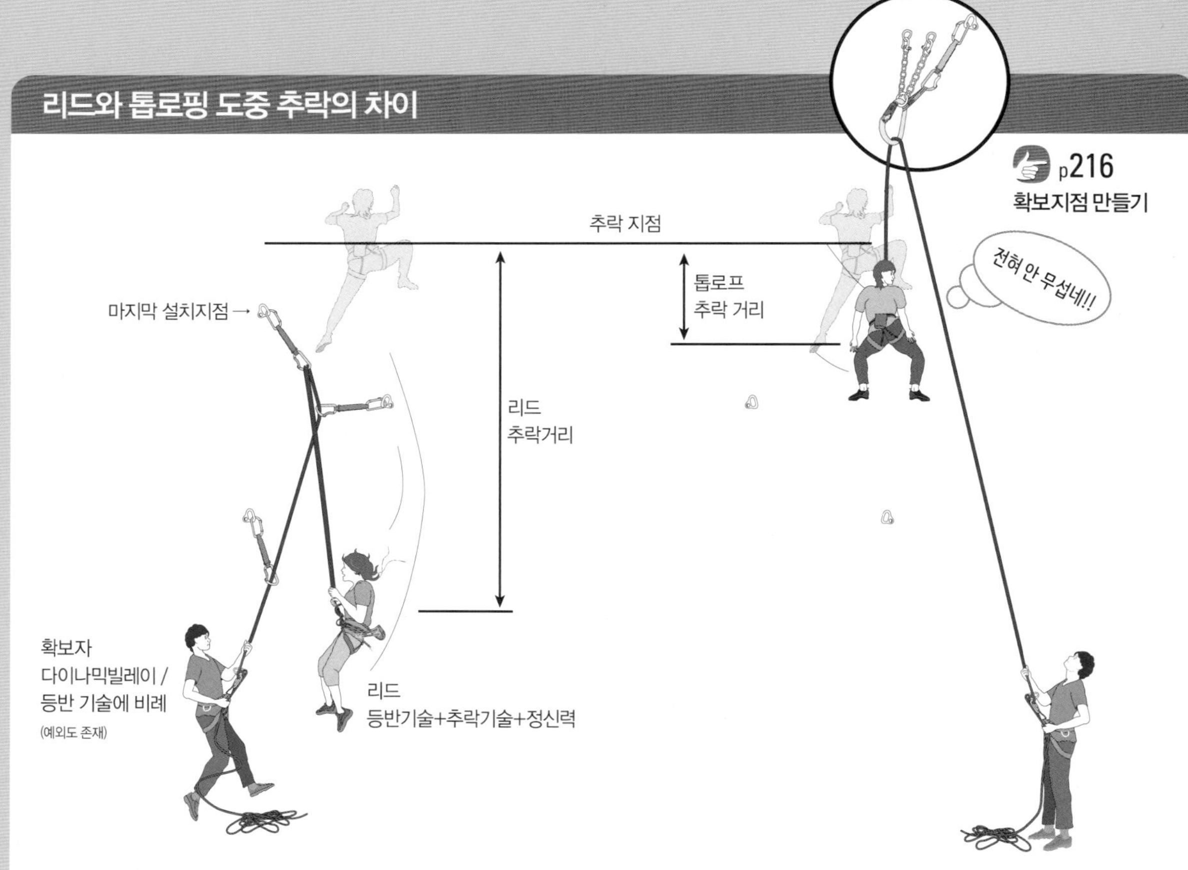

리드의 추락거리=추락지점에서 마지막 설치지점까지의 거리 × 2+로프의 늘어나는 길이+α
/α=확보자의 기술, 상황에 따른 변수(α는 상황에 따라 굉장히 커질 수 있음)

톱로프 추락거리 = 로프가 늘어나는 길이+α

톱로핑 도중의 추락

톱로프도 위험이 크며, 반드시 안전하다고는 할 수 없다.

● 확보자의 미숙함

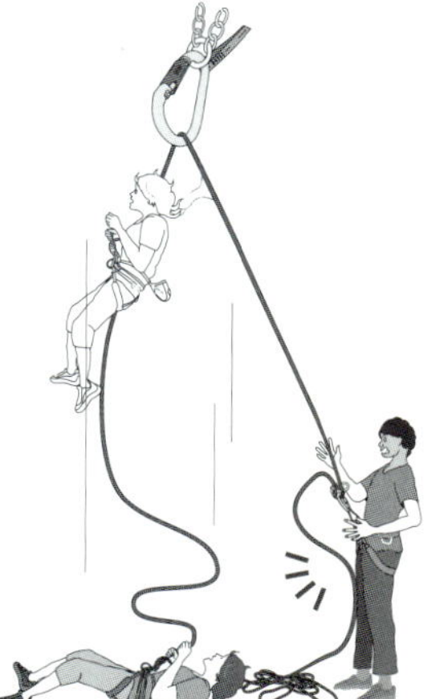

● 확보지점의 붕괴

● 등반 시작할 때의 추락

출발 후 1m 지점에서 추락할 때의 거리 비교

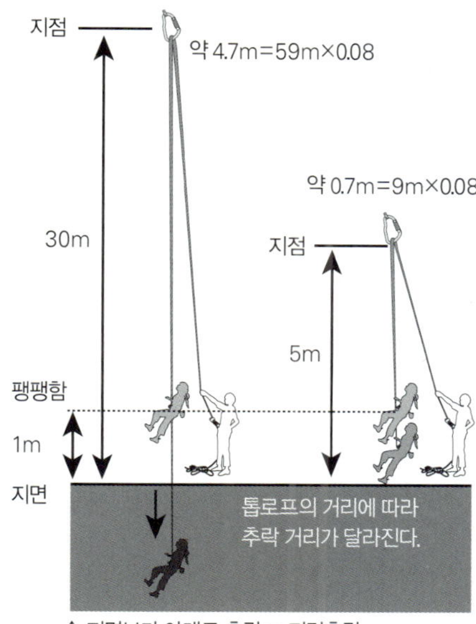

↑ 지면보다 아래로 추락 = 지면추락

로프가 늘어가는 길이 = 로프의 길이×신장률

등반 시작 시에 로프를 팽팽하게 할 경우 선등자, 확보자 모두 주의가 필요하다. 특히 거리가 먼 톱로프에서는 로프가 늘어나기 때문에 확보자는 로프에 팽팽한 느낌이 들도록 하는 것이 좋다. 시작지점에서 1m 정도 높이에서는 톱로핑 도중 추락이 발생할 가능성이 높다. 그림의 경우 특정한 지점, +α를 생략한 이론상의 상황이므로 실제 추락 거리와는 차이가 있다.

● 형태1

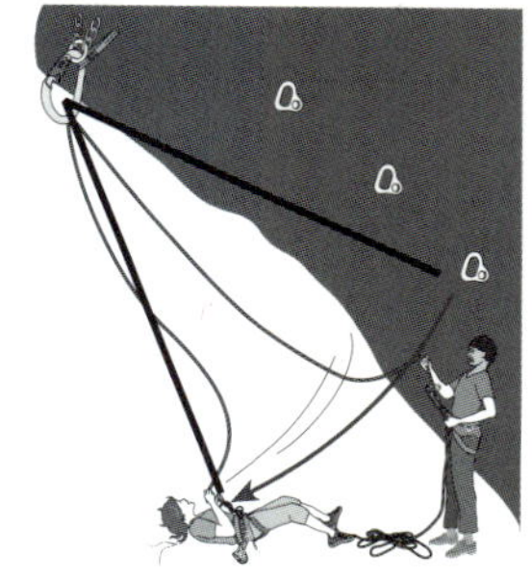

● 형태2

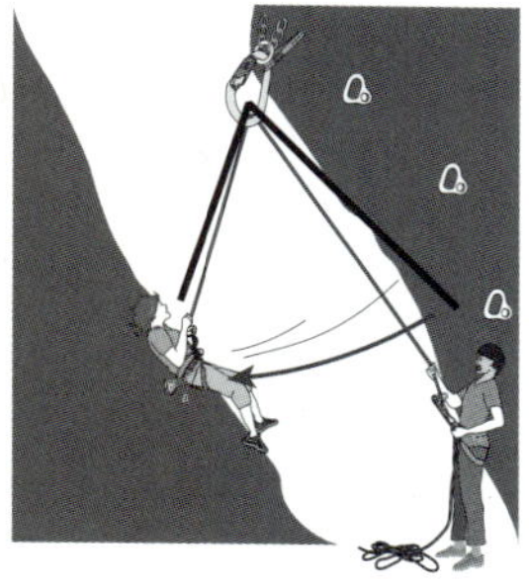

부적절한 확보 위치

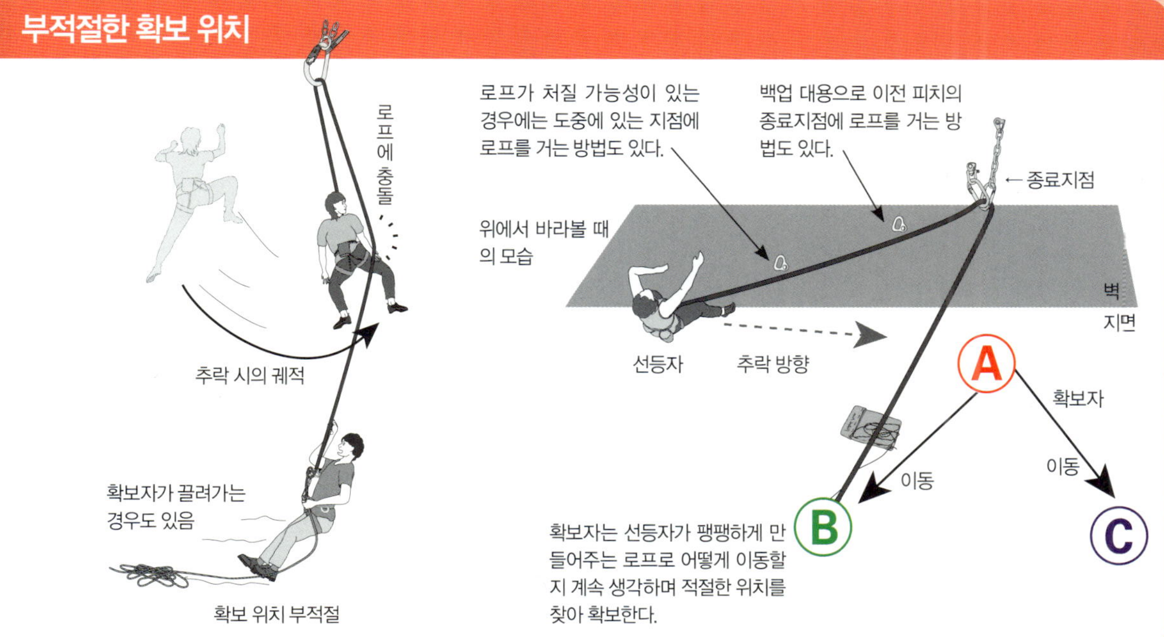

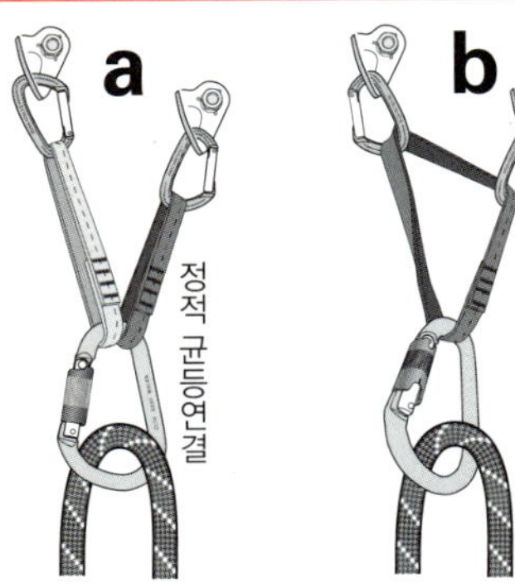

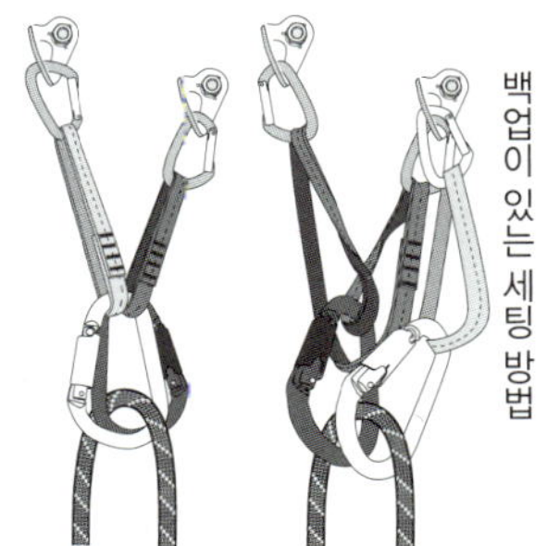

지점 중 하나가 파손될 경우를 대비하여 백업이 필요하다면 이 그림에서 a~c는 모두 로프 한 동에 잠금카라비너 1개를 사용하고, 이중 b와 c는 슬링 1개로 설치했기 때문에 적절치 못하다. 그러나 실제로는 위의 방법 모두가 사용되고 있다.

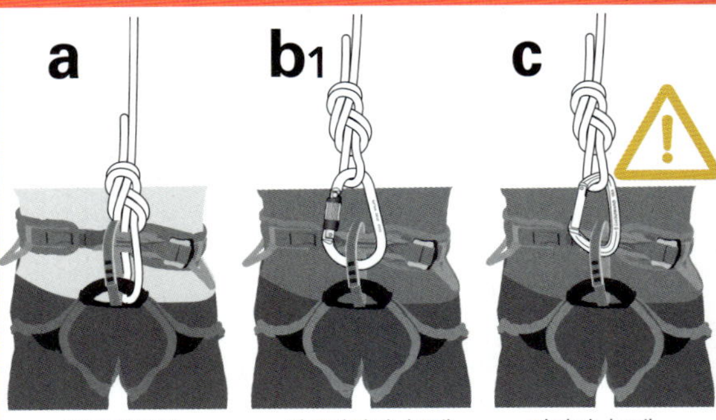

시간 단축이 필요한 경우나 매듭을 만들 수 없는 경우 카라비너를 사용하는데, 매듭을 제대로 만들 수 있다면 매듭을 묶는 편이 확실하다. 톱로핑을 할 때 안전벨트에 연결한 카라비너는 게이트가 열리기 쉽다. 잠금카라비너도 잠금이 풀려서 개방되는 경우가 있다.

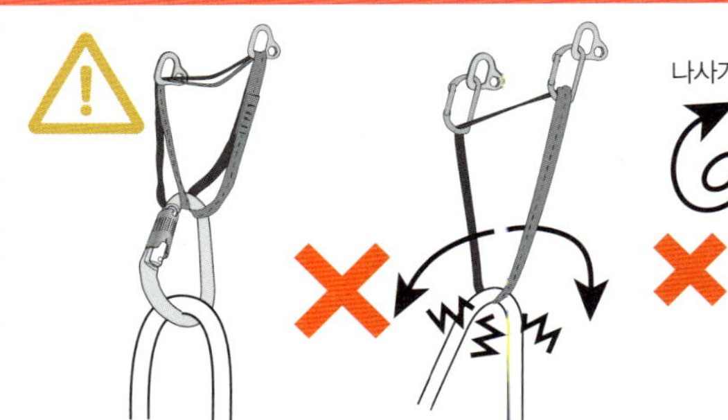

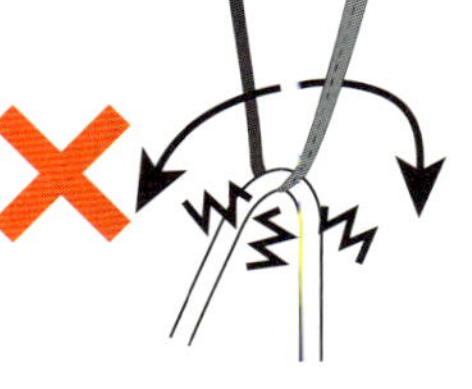

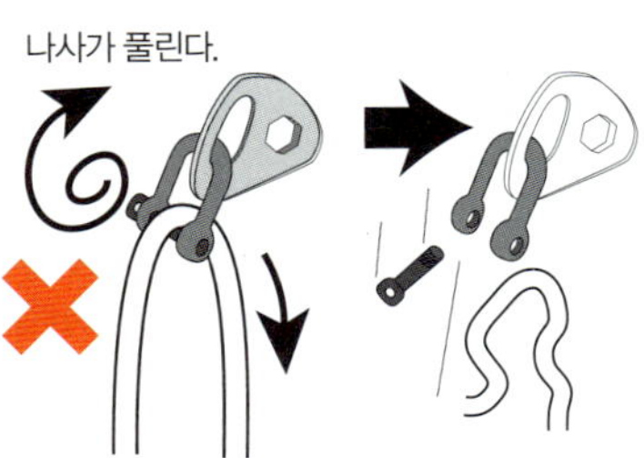

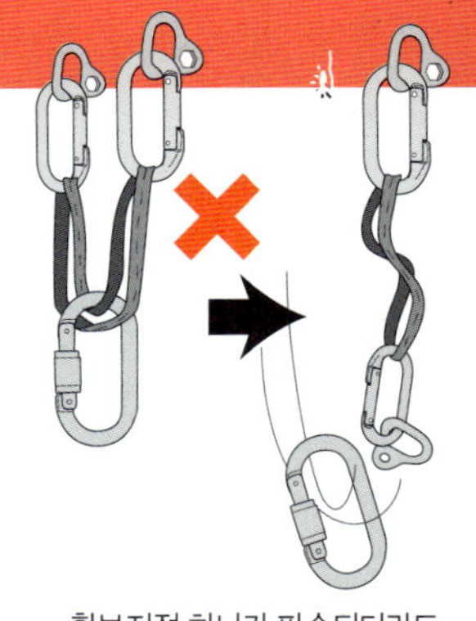

모서리가 있는 물체에 슬링을 직접 거는 경우

슬링에 로프를 직접 걸면 마찰로 인해 슬링이 절단될 수 있다.

나사가 돌아가서 추락한다.

확보지점 하나가 파손되더라도 로프가 빠진다.

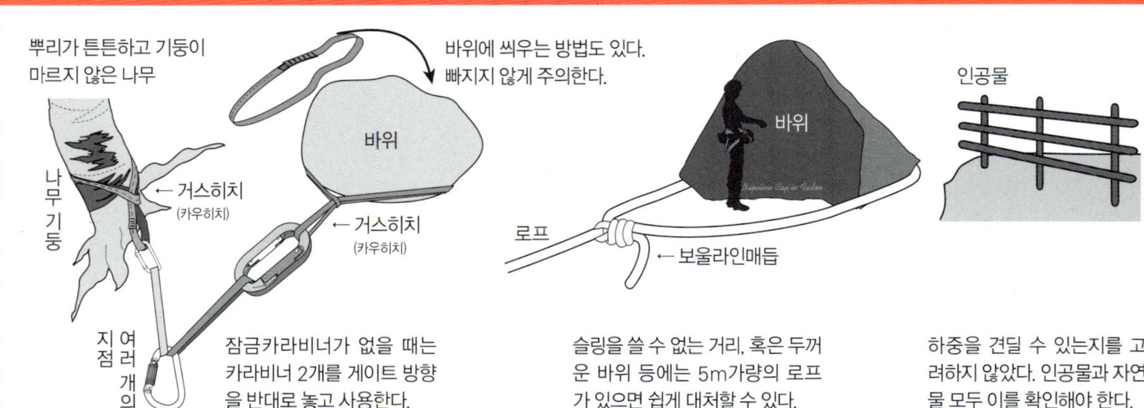

잠금카라비너가 없을 때는 카라비너 2개를 게이트 방향을 반대로 놓고 사용한다.

슬링을 쓸 수 없는 거리, 혹은 두꺼운 바위 등에는 5m가량의 로프가 있으면 쉽게 대처할 수 있다.

하중을 견딜 수 있는지를 고려하지 않았다. 인공물과 자연물 모두 이를 확인해야 한다.

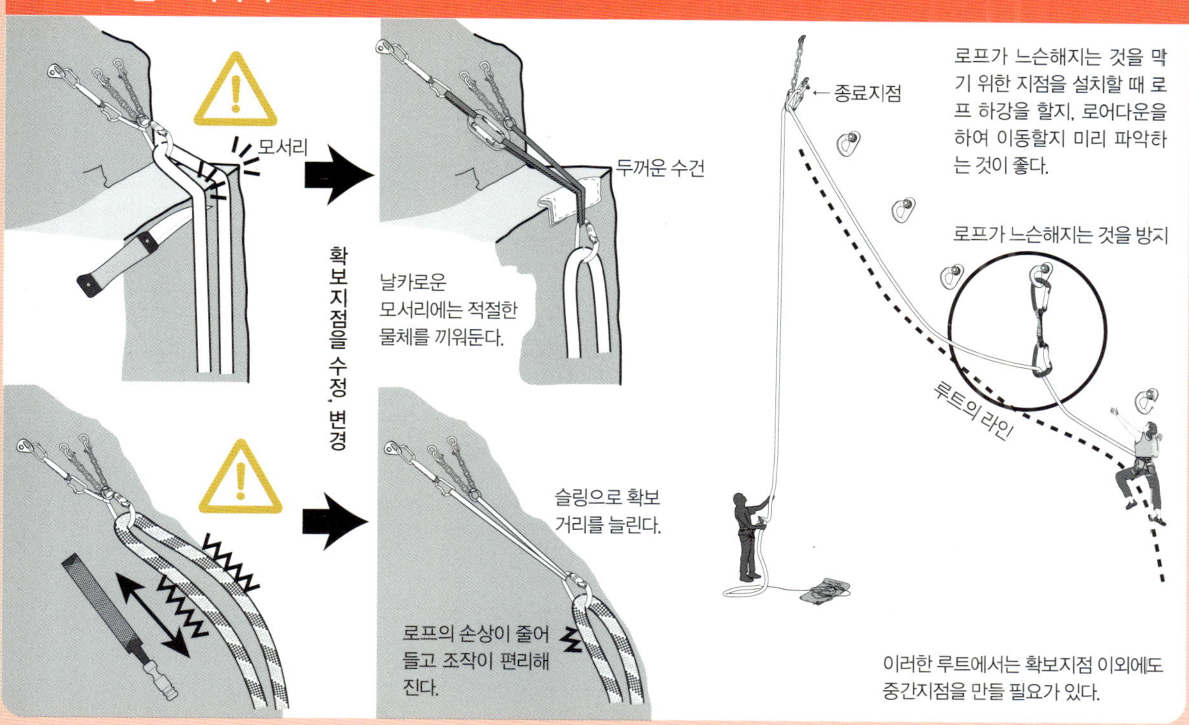

그 외의 지점에 설치할 때 주의할 점(멀티피치에서의 등반 기술 포함)

● 위험한 지점에 들어갈 경우

자기확보

위험지대 안전지대

위에서 확보지점을 만들 때는 아래에서 확보할 수 없기 때문에 위험성이 증가한다. 추락하지 않도록 자기확보를 한 다음 설치 작업을 해야 한다.

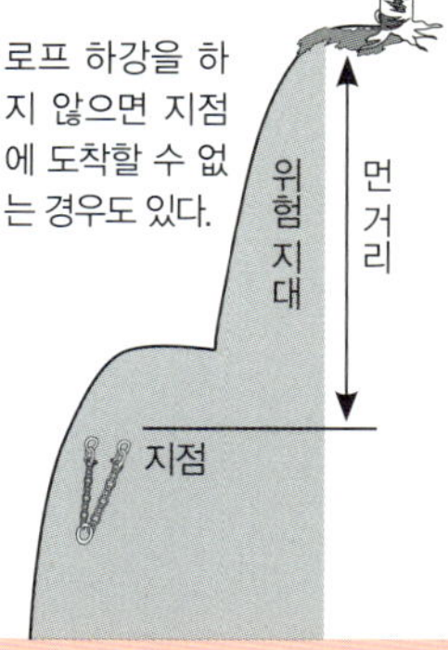

로프 하강을 하지 않으면 지점에 도착할 수 없는 경우도 있다.

위험지대 먼거리

지점

● 로프를 던질 때 신호를 보낸다.
아래에 있는 사람이 주의하고 있는지 확인한다.

👉 p172
로프 던지기

위에서 작업 중일 때는 바로 아래에 있지 않도록 한다. 상호 행동을 주시하며 실수할 경우를 대비한다.

● 로프를 던질 때 끝부분이 제대로 도착할 수 있을지 생각하며 던진다.

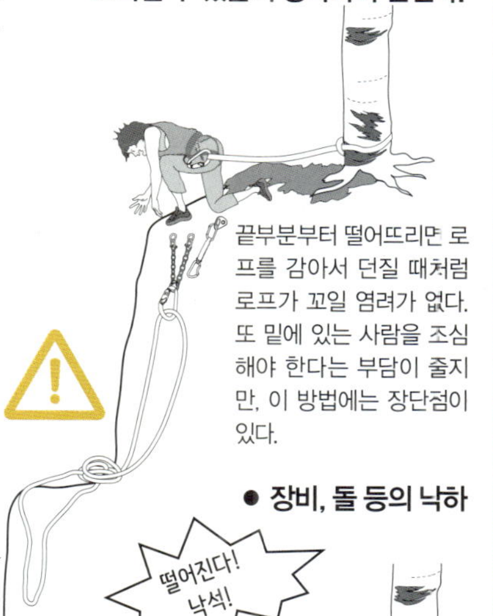

끝부분부터 떨어뜨리면 로프를 감아서 던질 때처럼 로프가 꼬일 염려가 없다. 또 밑에 있는 사람을 조심해야 한다는 부담이 줄지만. 이 방법에는 장단점이 있다.

● 장비, 돌 등의 낙하

위에서 장비를 떨어뜨리지 않는다. 떨어졌을 때는 신호를 보낸다.

힌트3 인공수단1 1번 지점에 클립 할 수 없을 때

자유등반(프리)으로 오를 수 없을 경우 부분 인공수단을
이용해 등반하는 방법이 있다.

발판 오르기

홀드를 잡을 수 없을 때의 인공등반 방법이다. 사다리나
의자 등을 사용할 경우 회수하여 가져갈 수 있으나, 돌을
쌓는 경우에는 이후 이용자들의 등반에 영향을 줄 수 있
으므로 원래의 상태로 되돌려 놓는 것이 중요하다.

나무 클립(프리클립 or 퀵드로클립)

첫 번째 지점에 고정하기 전에 추락 가능성이 있다고 판
단될 경우, 먼저 첫 번째 지점에 로프를 걸고 처음에는 톱
로프 방식으로 등반할 수 있다.

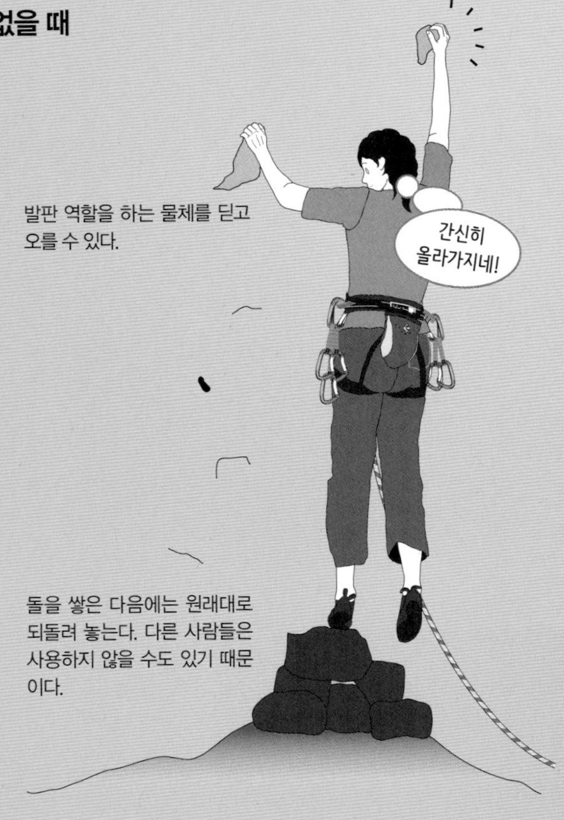

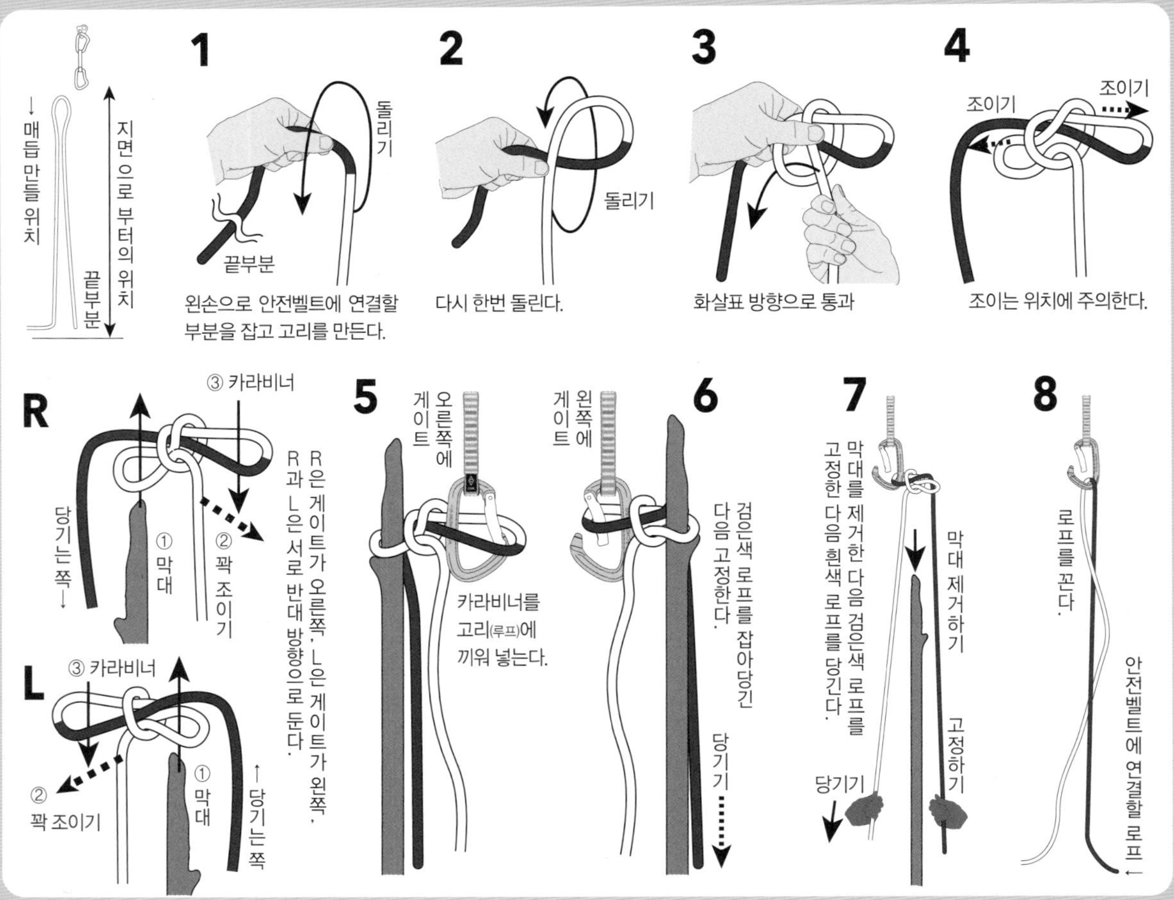

 힌트4 행도깅Hangdoging

● 톱로프 상태에서 문제 해결하기

행도깅은 자유등반(프리)으로 특정 지점을 오를 수 없을 때 반복적으로 해당 지점에 오르는 시도를 하며 올라가는 방법이다. 연습하지 못한 동작을 해결하는 데 효과적이며, 자신의 실력보다 높은 난도의 루트와 마주쳤을 때 자주 활용한다. 자유등반(프리) 실력을 향상시키려면 볼트를 잡는 것보다는 이 방식을 쓰는 것이 좋다.

자유등반(프리)의 해제

퀵드로가 걸려 있다면 손으로 쥐어 잡는다. (A0) 손에 닿지 않을 경우, 아래에서 올려주는 막대를 이용하여 고정하는 방법도 있다.

확보자의 도움을 받아 혼자 힘으로는 풀지 못하는 부분을 해결한다. 처음부터 올라가는 것보다는 훨씬 효과적이다.

동작 굳히기

오를 수 없었던 지점을 몇 번이나 연습할 수 있다.

휴식할 때 자기확보를 하면 로프나 확보자 모두 에너지 소모를 줄일 수 있다.

장시간 행도깅 할 경우, 다음 순서를 기다리는 사람이 있는지 주변 상황을 살펴야 한다. 헝도깅 하는 사람은 시간이 얼마나 지났는지 모를 때가 많기 때문에 확보자가 등반자에게 알려줘야 한다.

힌트5 인공수단2

경사가 급한 벽, 오버행 등에서 추락하면 바위에서 떨어진 지점에 매달리는 상태가 된다. 벽에서 떨어지게 되면 홀드를 잡을 수 없기 때문에 로프를 타고 추락 전의 위치로 돌아가는 인공등반이 필요하다.

매달린 채로 올라가기

확보자가 로프를 당기는 타이밍에 맞추어 조금씩 위로 올라간다. 확보자가 당기는 것을 멈추고 로프를 잡고만 있을 때 손을 놓는 다이나믹한 동작이 중요하나, 최소한 가슴 근육과 복근의 힘이 없다면 올라갈 수 없다. 매달린 채로 올라가기는 추락지점으로 돌아가는 방법으로서 스포츠 클라이밍을 중심으로 하는 암장에서는 빈번하게 이용되며, 경사가 강한 벽에서 행도깅 할 때 필요한 기술이다.

로프 타기

매달린 채로 오르는 것은 확보자의 도움을 받아 오르는 방법이지만 장비를 사용하면 스스로 로프를 타고 오를 수도 있다. '자기탈출'이라고도 불리는 인공등반, 혹은 등강기를 사용하지 않는 주마링이다.

그 외의 인공기술

그 외의 인공기술로는 로프를 이용하는 방법과 사다리를 이용하는 방법이 있다.

확보자는 로프를 팽팽하게 유지한다. 손으로 누르고 있으면 빠지는 경우도 있으므로 로프를 고정하는 편이 좋다.

그림에서 사용하는 장비
● 위쪽
프루지크 Ⓓ=6mm L=45cm
잠금카라비너
자기확보 W=14mm L=55cm
● 아래쪽
프루지크 W=5mm L=120cm
잠금카라비너
자기확보 W=14mm L=45cm

그림은 완전히 공중(→ p.195 공중에 매달린 상태 참조)에 있는 것이 아니라 무릎이 벽에 닿는 정도에 해당하다. p.168의 피치에서 떨어질 경우 이러한 상태가 된다. 등반 방법은 신장, 손발의 길이에 따라 다르다. 슬링 없이 로프만 타고 오르는 것은 매우 어렵다. 로프를 오르기 위한 목적으로 비상용 장비(등반 장비와는 별개)를 항상 구비하도록 하는 산악회도 있다.

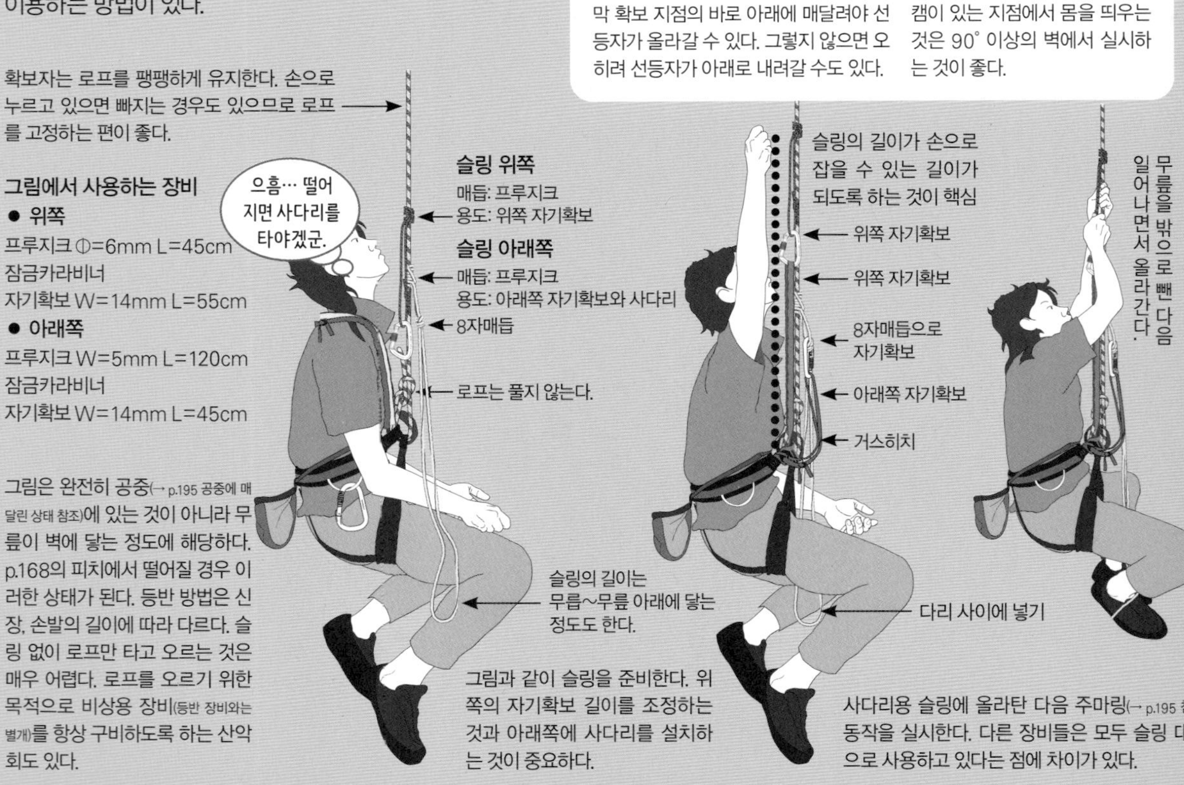

트래버스 할 때 로프가 팽팽한 경우

A1

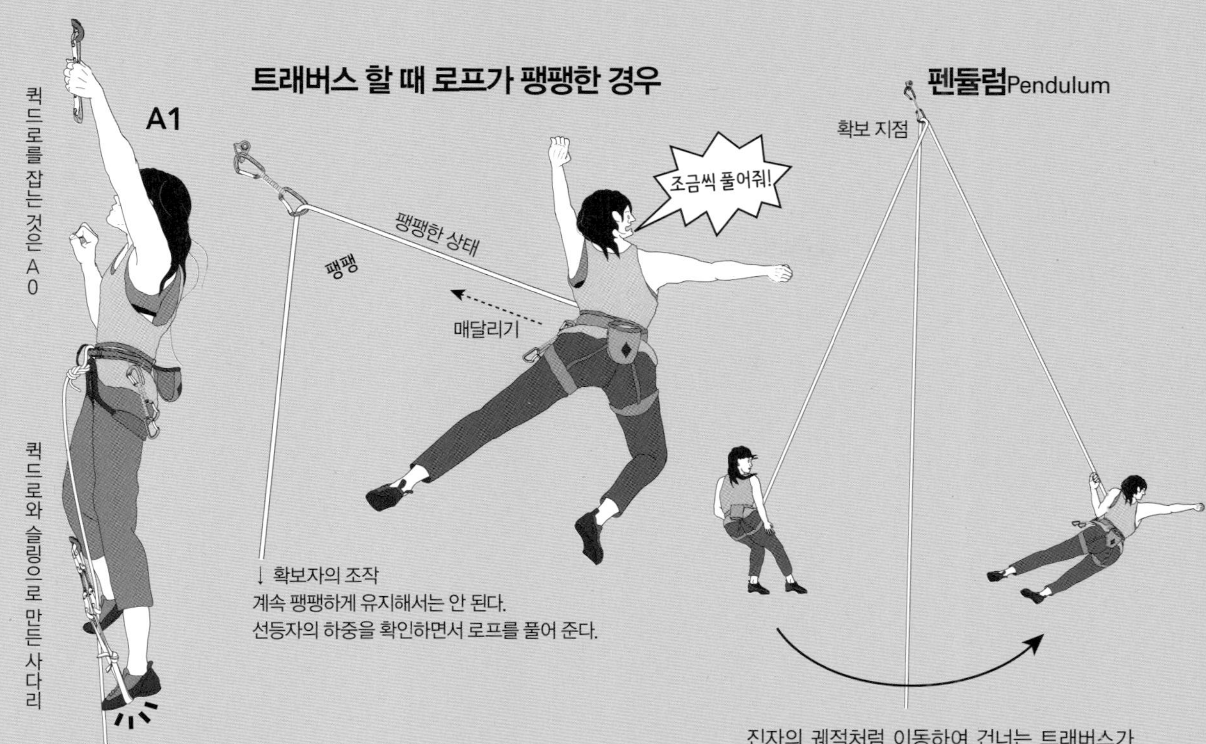

슬링이나 퀵드로를 연결하여 발디딤을 만들어서 올라간다. A0(→ p.219)보다 빠르게 이동할 수 있다.

↓ 확보자의 조작
계속 팽팽하게 유지해서는 안 된다.
선등자의 하중을 확인하면서 로프를 풀어 준다.

로프에 절반은 매달린 상태로 트래버스를 하며 지나간다.

펜듈럼Pendulum

진자의 궤적처럼 이동하여 건너는 트래버스가 있는 루트, 옆에 있는 다른 루트로 탈출하는 경우 등에 사용한다. 트래버스를 건넌 후에 후등자를 고려하여 확보물을 설치해야 한다.

사다리를 사용하는 인공등반(A1) 자유등반(프리)을 할 때도 반드시 알아야 할 기술

사다리를 교체하는 것도 순서, 절차에 따라 효율이 크게 변하며 전체 등반 시간에 영향을 준다. 장비를 사용하는 기술이 많이 포함되어 있다.

1
시중에서 판매하는 4단 사다리는 3번째 단부터 밟는 것이 효율적이다.

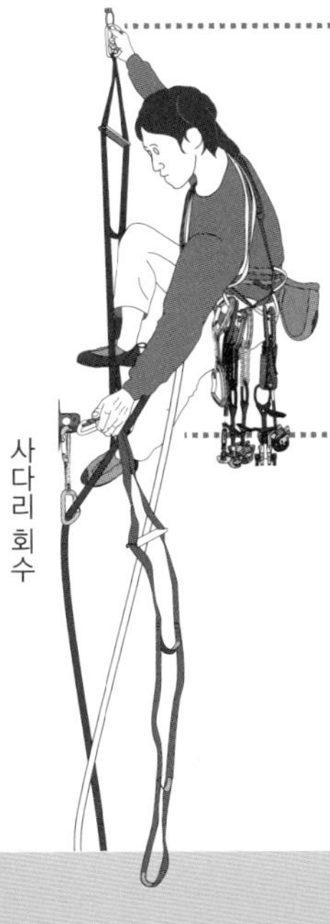

2
확보물 설치하기

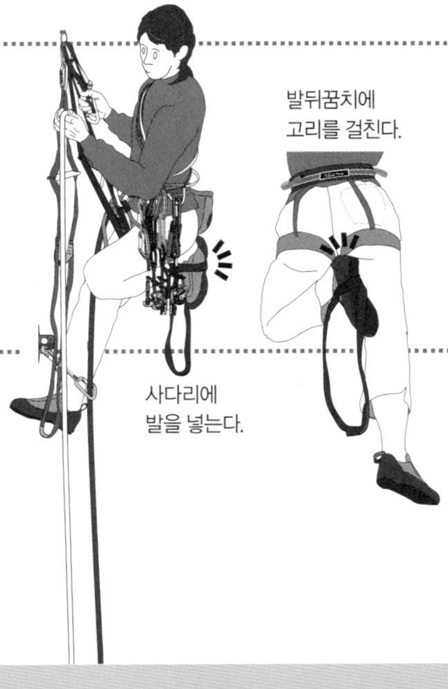

3

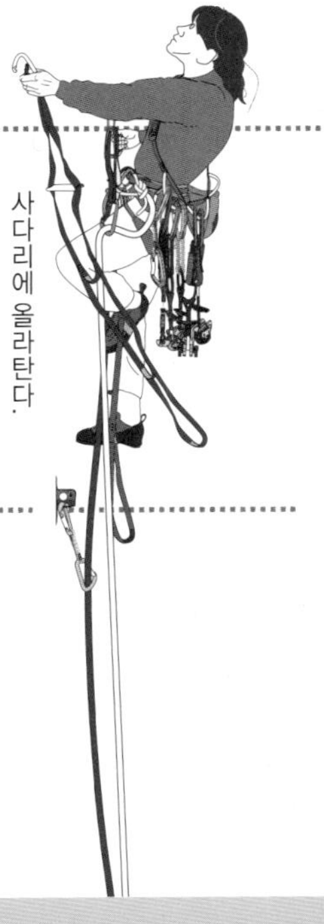

4 사다리 걸기

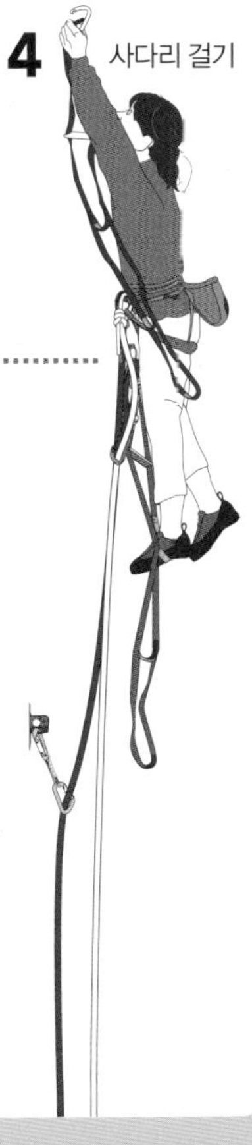

하강이 불안할 때

초보자와 2인 등반을 할 경우

먼저 하강하는 사람은 하강하기 전에 다음에 하강할 사람이 사용할 하강기도 설치한다. 두 번째로 하강하는 사람이 하강에 익숙하지 않을 경우 먼저 하강기의 상태를 확인할 수 있다. 단, 회수하는 것은 확인할 수 없는 경우가 많기 때문에 이 방법은 하강하는 모습을 아래에서 볼 수 있는 경우에 실시한다.

백업 Back Up

하강기가 다른 슬링과 마찰하도록 프릭션히치를 만든다. 짐이 무거울 경우, 하강기의 제동이 약해질 경우, 그리고 하강 중에 특정 작업을 해야 할 경우(로프 연결을 해제하는 등 양손을 모두 하강기에서 떼야 하는 경우)에 유용하다. 하강 중에 낙석으로 의식을 잃더라도 추락하지 않게 할 수 있다. 다이니마 등의 신소재 슬링을 쓸 경우 소재의 성질을 이해한 다음 사용한다.

백업 방식은 개인마다 다르며, 경험이 필요하다. 하강할 때는 손으로 매듭을 붙잡고 하강한다.

●빌레이루프
○ 하강기 아래에 히치
테이프슬링, 코드슬링, 카라비너

확실한 백업을 만들기 위해 하강기와 오토블록이 닿으면 안 된다.

●레그루프
○ 하강기 아래에 히치
테이프슬링, 카라비너

끝부분을 아슬아슬하게 조금만 남기더라도 추락을 막을 수는 있지만 매우 위험하다. 백업은 끝부분의 매듭이 쑥 빠지는 것을 막기 위한 목적이 아니다.

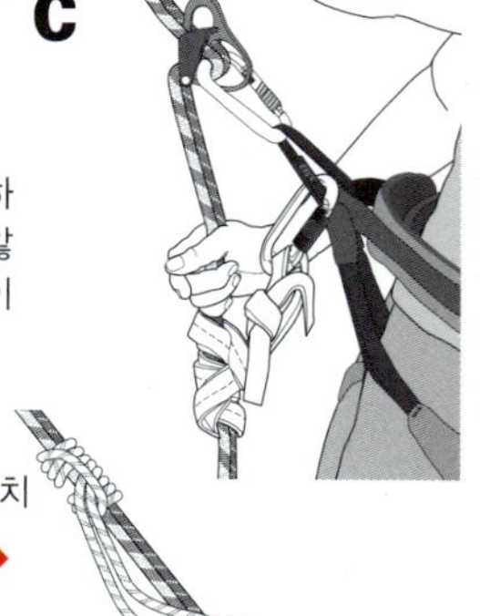

●빌레이루프
○ 하강기 아래에 히치
테이프슬링, 카라비너

제동하는 손을 놓을 경우 히치와 하강기가 닿아서 자동제동이 되지 않는다. a와 같이 하강기와 매듭 사이에 간격이 있어야 한다.

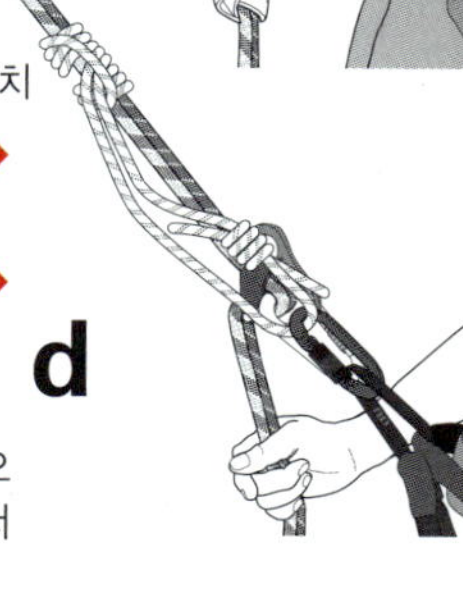

●빌레이루프
○ 하강기 아래에 히치
코드슬링, 카라비너

하강기 위쪽에 히치를 만들 경우, 오버행 턱에서 히치가 세게 조여져서 해제하기 어려울 수 있다.

남은 장비가 2개뿐일 때, 어떻게 할 것인가?

● 슬라이드Slide

슬라이드는 확보물을 크랙에서 완전히 빼지 않고 위쪽을 향해 쭉 끌고 가는 행위다. 슬라이드의 방법은 세 가지로 나누어진다.

떨어질 것 같은 불안감에 톱로프 상태를 유지하고 싶은 경우, 남은 장비가 얼마 없을 때 긴급조치용으로 이용하는 경우, 고정하기 쉬운 지점에 확실하게 고정하고자 할 경우가 이에 해당한다.

● 바꿔 걸기

위에 확보물을 설치한 다음, 발 밑에 설치했던 확보물을 회수하여 재사용한다.

이 방법은 효율은 떨어지지만 확보물이 충분하지 않다고 판단될 때 긴급 대책이 될 수 있다.

● 회수

장비가 절대적으로 부족하다고 판단될 경우 로어다운으로 아래로 내려가서 크랙에 맞는 크기의 장비를 회수한 다음 다시 원래의 위치로 돌아온다. 로어다운 할 때는 여러 개의 확보물을 이용하여 내려가는 것이 좋다.

회수

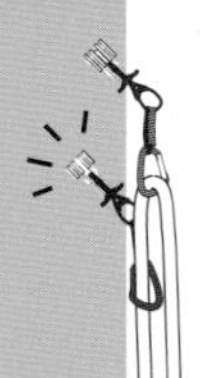

하강할 지점은 현자 가지고 있는 장비를 사용하여 보강하는 것이 좋다.

하강지점 바로 아래 지점에 설치된 장비는 남겨 두는 편이 좋다.

필요한 확보물을 회수한다.

슬라이드

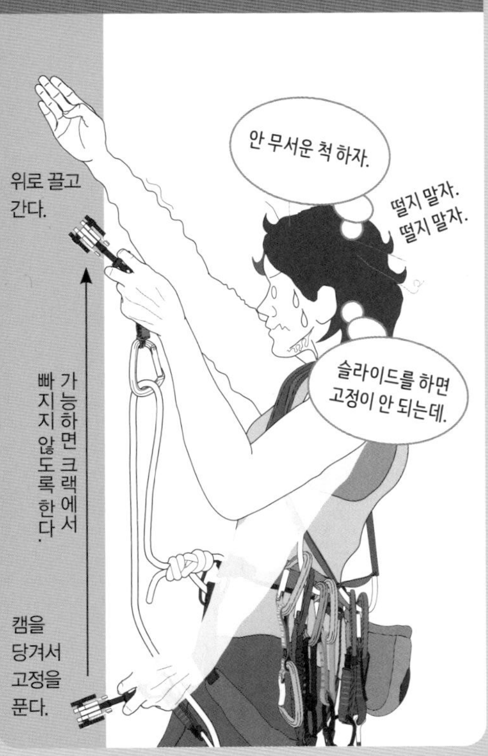

바꿔 걸기

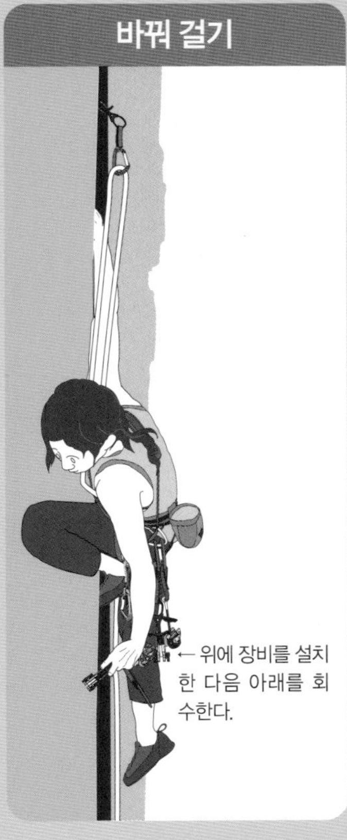

힌트8 탈출1 볼트에 건 장비가 빠지지 않을 때

● 탈출의 개념

탈출은 위로 올라갈 수 없다고 생각될 경우 아래로 내려오는 수단이다. 로어다운이 가능한 범위라면 퀵드로나 탈출용 카라비너를 남겨 두고 하강할 수 있다. 추락을 전제로 하는 스포츠클라이밍 성격의 루트에서는 퀵드로를 회수한 다음 뛰어내리는 것도 하나의 탈출 방법이다. 탈출용 카라비너는 카라비너가 하나밖에 들어가지 않을 것 같은 행어의 경우 다음에 오를 사람에게 장애물이 될 수도 있다. 정보가 없는 루트를 오를 경우에는 어쩔 수 없을지도 모르지만, 정보가 있는 겔렌데 등에서는 원래의 상태를 유지하는 것이 가장 중요하다.

슬링을 이용한 탈출

로프의 3분의 1 정도 길이의 높이일 경우 슬링과 로프 하강으로 장비를 남김없이 회수하면서 탈출할 수 있다. 단, 이는 확보지점이 한 곳인 경우에만 해당하며 루트를 충분히 이해하고 있어야 가능하다.

힌트9 탈출2 추락으로 부상 입었을 때

어프로치에서 미끄러져서 부상을 입거나 선등 중 추락하는 등의 사고로 인해 보행이 어려운 사람을 이송하는 방법도 기억해야 한다. 로프가 있을 때는 로프를 지게 모양으로 만드는 것이 시간과 효율성 면에서 좋다. 상대를 짊어질 수 있는 힘이 필요하다. 거리가 멀고, 길이 좋지 않은 데다가 부상자가 의식이 없는 경우, 변형된 방법으로 고정하는 편이 짊어지기 편하다.

1a 👍 p69
로프 사리기

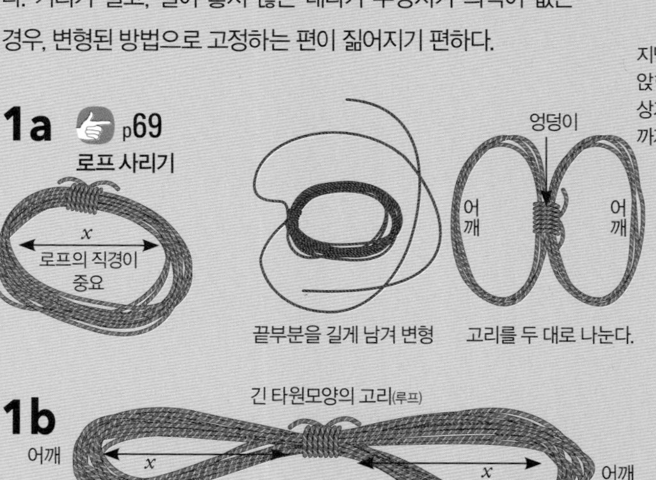

1b

양쪽 고리(루프)에 부상자의 다리와 운반자의 어깨가 들어가기 때문에 옆으로 긴 원모양을 만들면 부상자가 앉기 편하다. 단, p.69의 방법을 쓸 경우에는 로프가 감기지 않기 때문에 시간이 걸린다.

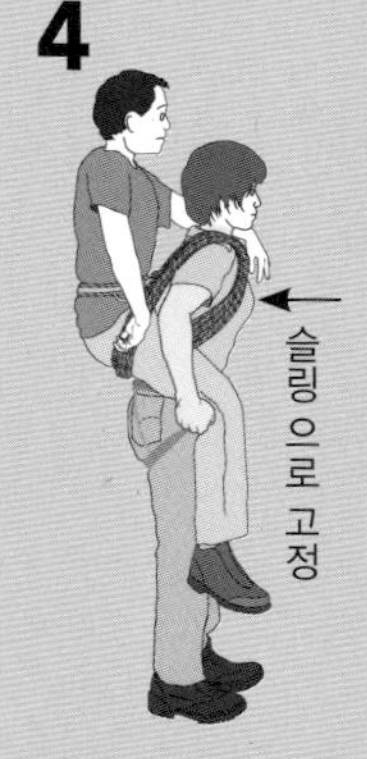

1

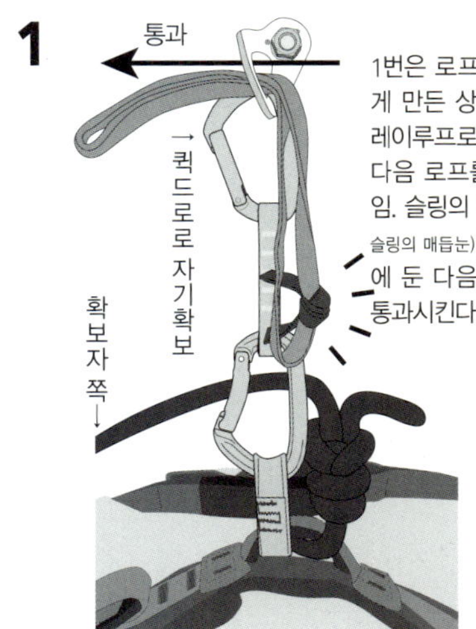

1번은 로프에 팽팽하게 만든 상태에서 빌레이루프로 확보를 한 다음 로프를 뺀 상태임. 슬링의 매듭눈(봉제 슬링의 매듭눈)을 오른쪽에 둔 다음 왼쪽으로 통과시킨다.

2

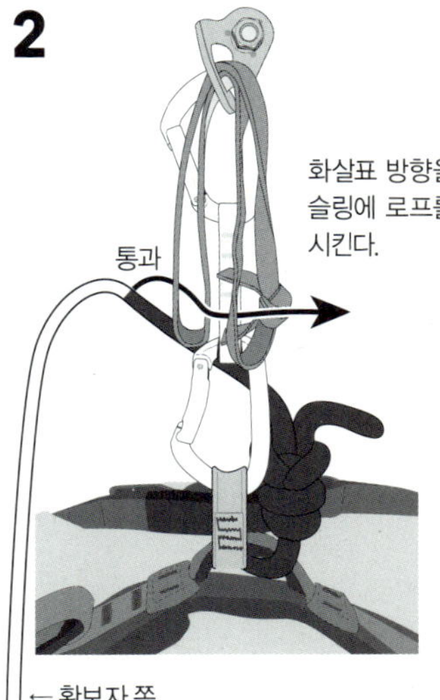

화살표 방향을 따라 슬링에 로프를 통과시킨다.

3

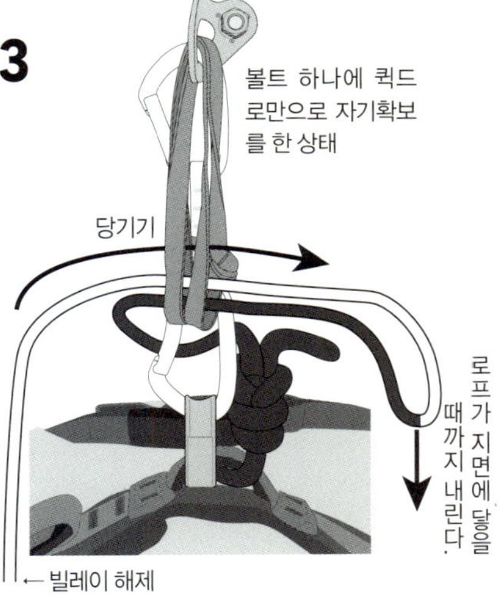

볼트 하나에 퀵드로만으로 자기확보를 한 상태

4

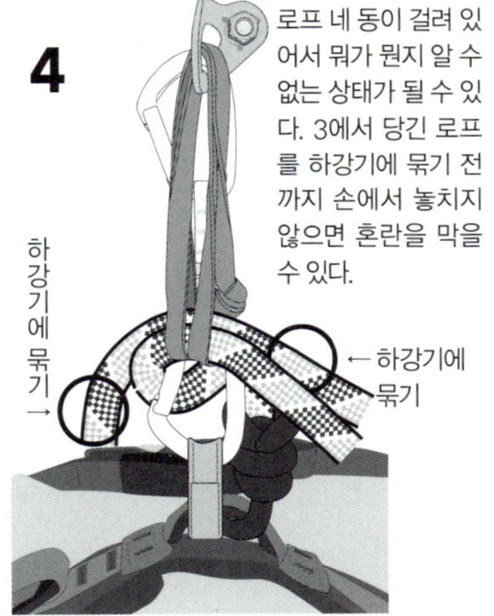

로프 네 동이 걸려 있어서 뭐가 뭔지 알 수 없는 상태가 될 수 있다. 3에서 당긴 로프를 하강기에 묶기 전까지 손에서 놓치지 않으면 혼란을 막을 수 있다.

8

완성도를 보면 간단해 보이지만, 이러한 모양을 만드는 과정은 간단하지 않다. 로프를 지면으로 내린 후에도 회수 과정에서 실수할 경우 거스히치로 변하여 회수할 수 없게 되므로 주의한다.

5 / 6 / 7 / 9

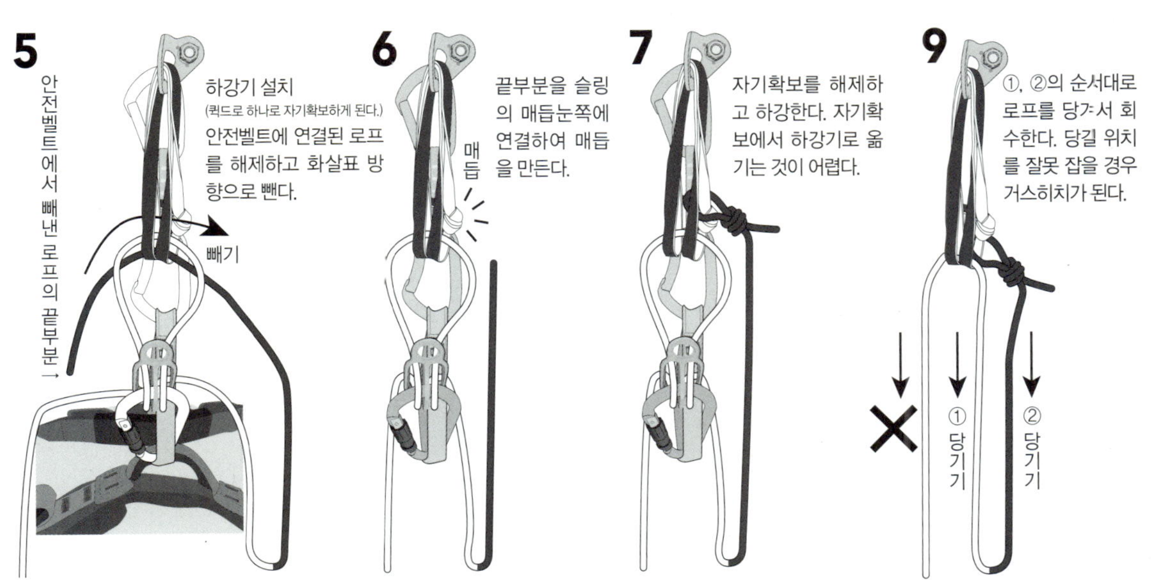

5 하강기 설치 (퀵드로 하나로 자기확보하게 된다.) 안전벨트에 연결된 로프를 해제하고 화살표 방향으로 뺀다.

6 끝부분을 슬링의 매듭눈쪽에 연결하여 매듭을 만든다.

7 자기확보를 해제하고 하강한다. 자기확보에서 하강기로 옮기는 것이 어렵다.

9 ①, ②의 순서대로 로프를 당겨서 회수한다. 당길 위치를 잘못 잡을 경우 거스히치가 된다.

힌트10 탈출3 더블로프가 피치 종료점에서 빠지지 않을 때

더블로프 사용 시 로프를 절반 이상 사용했을 경우 탈출하는 방법은 싱글로프를 사용할 때와 다른 방법을 선택할 수 있다. 여기에서 설명하는 방법은 긴급하게 하강해야 하는 상황에서도 활용할 수 있다.

a 로어다운

아래의 그림은 로어다운으로 탈출하는 경우에 해당하며, 탈출지점에서 로프 길이의 절반 정도의 거리까지는 장비를 남기게 된다. 지점마다 매듭을 새로 만들어야 하기 때문에 효율성이 떨어진다.

b 로프 하강

탈출지점에서 하강을 하는 방법도 있다. 백업을 하거나 로어다운으로 지점 한 곳을 내려오는 등 여러 가지 방법이 있다.

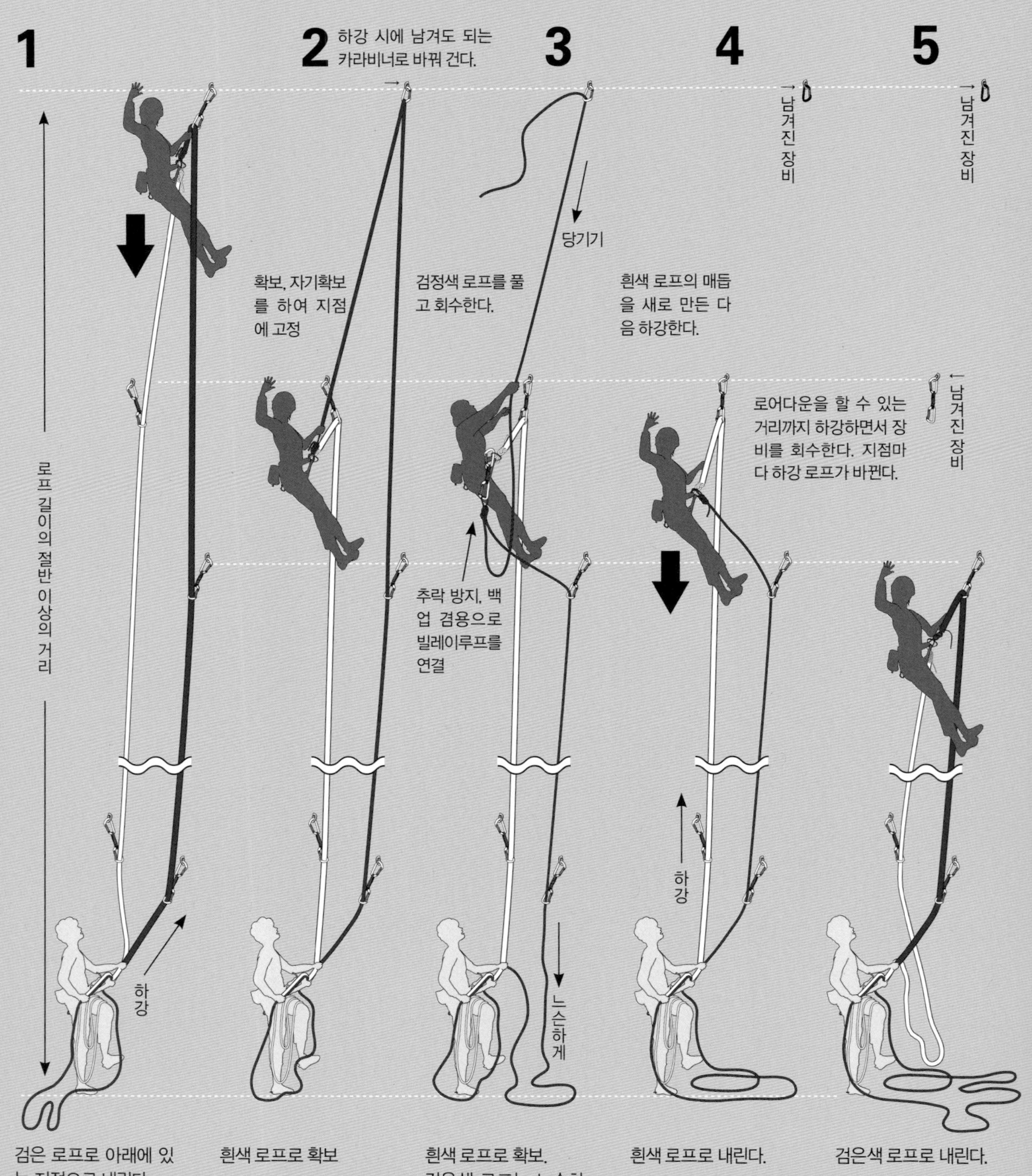

최악의 상황

레그루프형 안전벨트를 착용한 상태에서 의식을 잃을 경우 머리가 아래로 향하게 된다. 이 상태가 장시간 지속되면 후유증이 생길 수 있으므로 되도록 빨리 구출해야 한다.

추락하여 확보지점보다 아래로 떨어진 상황. 실제로는 로프가 10m 정도 확보지점 위에서 추락이 멈추지만, 로프의 절반 이상의 거리를 이동했을 경우에는 로프가 충격을 흡수한다.

확보자는 메인로프와 데이지체인으로 확보를 취하고 있다. 메인로프는 팽팽하고, 데이지체인은 느슨하다.

자연확보물로 지점 설치
추락의 충격으로 캠의 방향이 바뀌어 있다.

로프 길이의 절반
이하의 길이만 남음

테라스

● 어떻게 할 것인가?

멀티피치에서 파트너의 응답이 없을 때는 상황에 따라· 대처 방법이 달라진다. 눈으로 확인할 수 있다면 어떻게 할지 알 수 있지만, 파트너가 시야에 들어오지 않는 상황에서 응답도 없는 경우(이러한 상황이 종종 발생한다.) 로프의 움직임만으로 상대방의 상태를 예상할 수 있어야 한다.

로프의 움직임이 멈출 경우에는 로프 앞뒤의 흐름을 보고 판단할 수 있는 경우가 많다.

추락 후 응답이 없을 때

선등자가 추락 후 충격으로 인해 응답할 수 없는 상태가 되거나 확실히 사망했을 것으로 판단될 경우에는 남은 로프의 양, 선등자의 상태, 일몰로 어두워지는 상황, 기상 악화가 예상되는 경우 등 다양한 상황에 대해 미리 학습을 하는 것이 중요하다.

● 예시

2인 등반. 다른 등반 그룹은 보이지 않는다.
장소가 외진 관계로 전화 통화가 불가능하다.
한나절 동안 등반할 예정이라 비바크Biwak(비박) 장비는 없다.
3피치 종료지점 바로 아래에서 추락한다. 탈출로는 있다.
60m 로프(더블로프) 중 절반 이상이 사용된다.
확보자가 보유한 장비
지점＝카라비너 2개, 슬링 1개, 캠 3개, 퀵드로 2개
자기확보＝데이지체인, 잠금카라비너 1개, 카라비너 1개
기타＝확보기＋잠금카라비너 1개, 슬링 2개, 퀵드로 1개

확보자가 자유롭게 이동할 수 있도록 하려면?
(확보자도 선등자의 추락으로 인해 공중에 떠 있는 상황)

로프를 어떻게 고정할 것인가?
(로프를 잡고 있기 때문에 두 손을 뗄 수 없음)

선등자의 로프를 확보자가 가지고 있는 장비로 고정할 수 있는가?
(보통 선등자가 대부분의 장비를 가지고 올라감)

선등자가 있는 위치까지 어떻게 올라갈 것인가?
(슬링, 등강기 보유 여부, 장비 수량)

확보지점까지 내릴 것인가, 올릴 것인가?

힌트12 **테이핑** 재밍용 테이핑

1

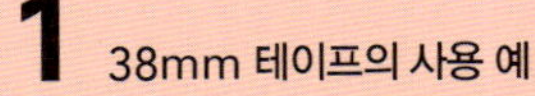

38mm 테이프의 사용 예

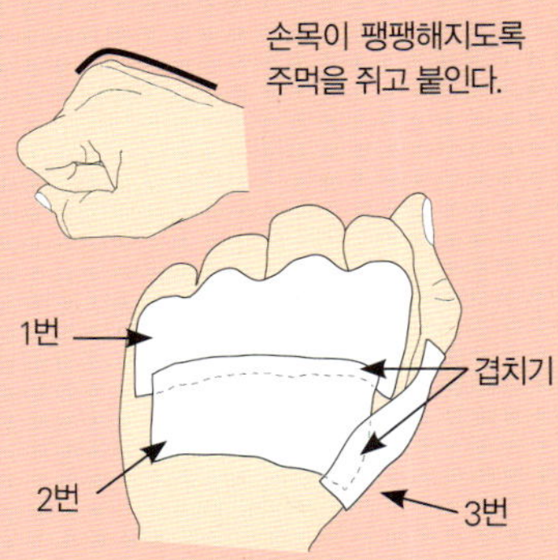

2번 테이핑은 1번보다 짧게 붙이고 3번 테이핑은 주먹 재밍을 하지 않으면 굳이 붙이지 않아도 된다. 테이핑이 뜯어지지 않도록 확실하게 눌러준다. 다른 쪽 손바닥으로 압착한다.

2

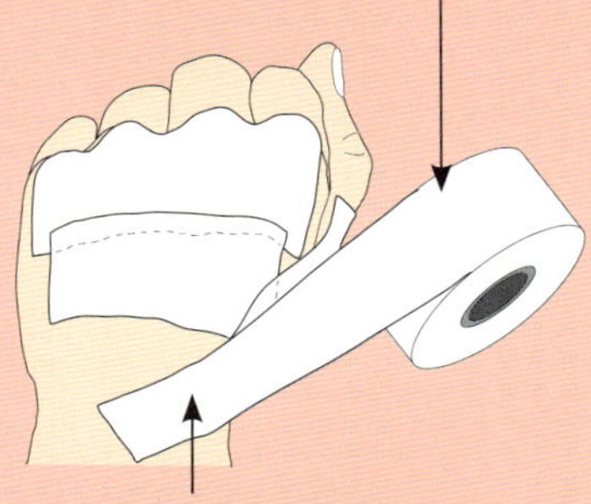

손등에 테이프를 붙인 상태에서 테이프를 푼다. 처음부터 테이프를 많이 빼면 주름이 잡힐 수 있다.

테이프를 처음부터 팽팽하게 만든 다음 붙이는 것이 중요하다.

3

감긴 부분을 절반 정도 접는 방법도 있다. 테이프가 끈적거리는 것을 방지할 수 있다.

손가락에 감을 때에는 느슨하게 감는다. 감은 후에는 너무 심하게 조이지는 않았는지 확인하는 것이 중요하다. 너무 꽉 조이면 펌핑Pumping이 오기 쉽다.

4

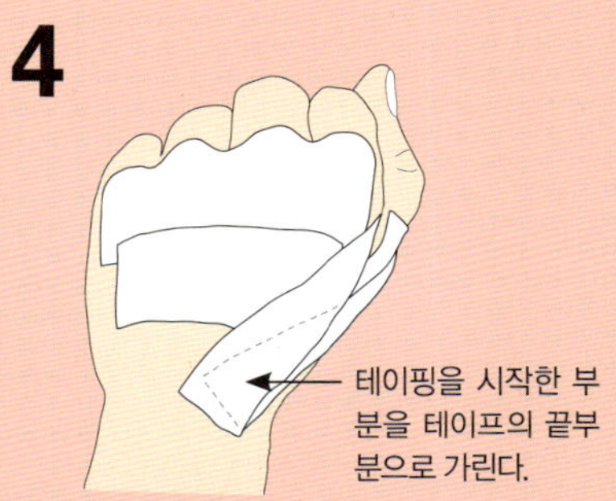

구김이 없도록 붙인다. 한 장, 한 장, 위에서 아래로 꾹꾹 누른다.

5

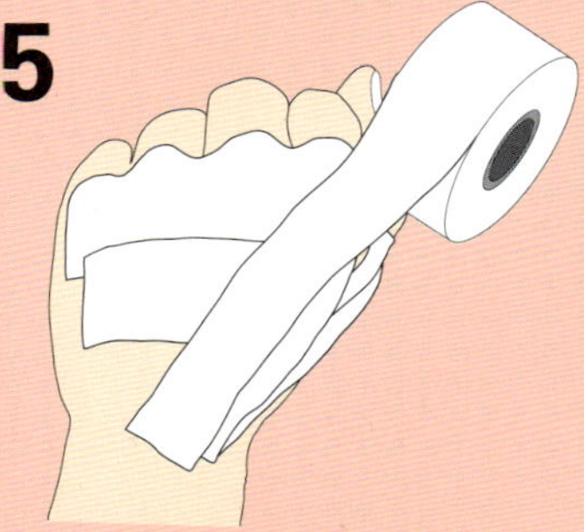

테이프를 겹쳐서 붙인다. 손등에 붙일 때에는 주먹을 쥐고 손등을 팽팽하게 만든다.

6

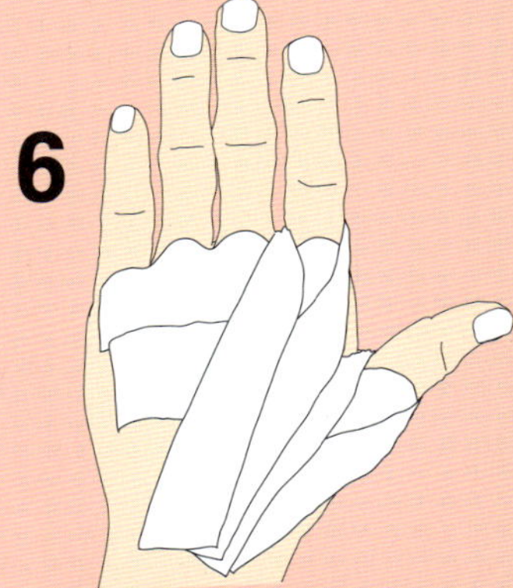

검지도 엄지와 동일한 방식으로 감는다.

7

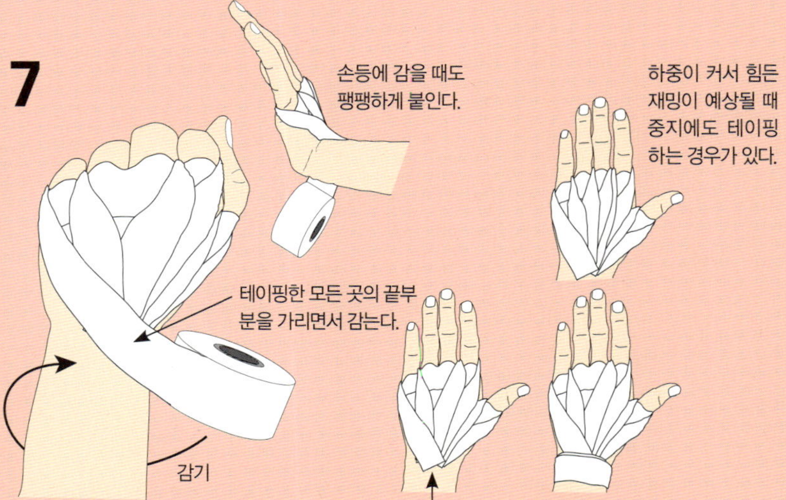

계지(새끼손가락)도 5~6번처럼 테이핑한다. 손목에 감으면서 다른 손가락에 감은 테이프의 끝부분을 가리듯이 덮는다.

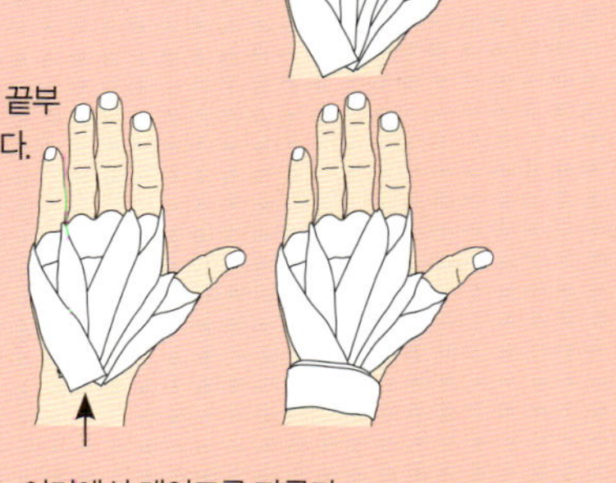

하중이 커서 힘든 재밍이 예상될 때 중지에도 테이핑하는 경우가 있다.

여기에서 테이프를 자른다. 손목에 감지 않고 끝내는 경우도 있다.

8

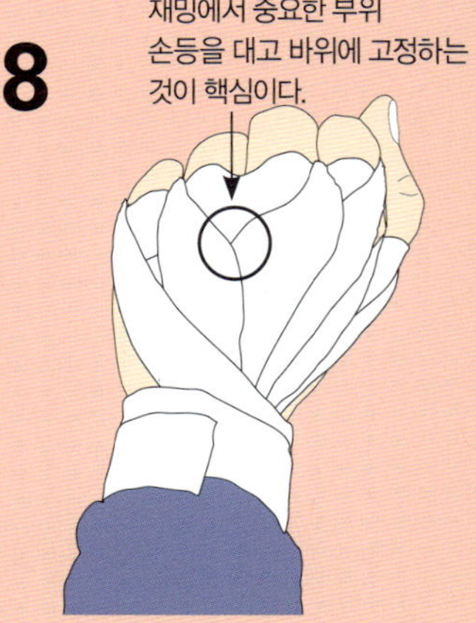

와이드크랙에서는 옷소매가 많이 올라온다. 옷소매가 테이핑을 덮어서 등반을 방해하지 않도록 소매까지 테이핑하는 방법도 있다. 테이핑이 옷소매에 손상이 가는 것을 방지하는 역할을 하기도 한다.

6 등반 용어 및 장비

『생과 사의 분기점』 • 3시그마 • 8자매듭 • 8자하강기 • A0 • A1 • ATC • RCC볼트 • T스택 • UIAA

ㄱ 가슴안전벨트 • 개념도 • 개폐구 • 고정분산 • 꼬임 • 규격 • 균등연결 • 그라운드업 • 그리그리 • 그립빌레이 • 기어

ㄴ 나일론 • 내면등반 • 냉간단조 • 너트 • 노트 • 노트와 히치 • 누즈

ㄷ 다운토 • 다이나믹빌레이 • 다이니마 • 더블로프 • 더블피규어에이트노트 • 데드포인트 • 데이지체인 • 도르래 • 동시등반 • 동적균등연결 • 동적 로프 • 두 줄 로프 • 드래건캠 • 등강기 • 등급 • 등반 • 디센더 • 디에드르

ㄹ 랩볼팅 • 러너 • 러프 • 런지 • 레드포인트 • 렛지 • 로어다운 • 로프 • 로프백 • 로프 하강 • 록스 • 루트 • 루프 • 루프 • 문제 • 리비테이션 • 링벤드 • 링볼트 • 링 하중

ㅁ 맞매듭 • 매듭눈 • 멀티피치 • 뮌터히치

ㅂ 바위(암벽)의 명칭 • 바위(암석)의 종류 • 발재밍 • 백클립 • 밴드 • 버트레스 • 벌려 딛기 • 벤드 • 벤트게이트 • 보디빌레이 • 보레알 • 보울라인매듭 • 볼더링 • 볼트 • 봉봉 • 부시 • 블랙다이아몬드 • 빌레이 • 빌레이루프 • 빌레이어 • 빙벽등반

ㅅ 살레와 • 선고리매듭 • 선등 • 선반 오르기 • 세미스태틱로프 • 셀프빌레이 • 손가락재밍 • 손날 • 수동확보물 • 슐링게 • 스와미벨트 • 스윙리드 • 스태틱로프 • 스탠스 • 스테밍 • 스퀴즈침니 • 스포츠클라이밍 • 슬랩 • 슬링 • 신장률 • 싱글로프 • 싱글피치

ㅇ 아레트 • 안전벨트 • 알루미늄합금 소재 • 알파인스타일 등반 • 암바 • 암벽등반 • 암벽 트레이닝 • 암벽화 • 앵글 • 앵커 • 어깨 너비의 크랙 • 어센더 • 에반스매듭 • 에센셜 • 에이드 • 에일리언 • 엣징 • 연속등반 • 열간단조 • 오버핸드매듭 • 오버행 • 오토블록 • 오프핑거 • 오프핸드 • 오픈 홀드 • 온사이트 • 와이드크랙 • 와이어게이트 • 와일드컨트리캠 • 위플래시 현상 • 이동식 확보물 • 이중로프 • 이중피셔맨즈매듭 • 이탈리안히치 • 인공등반

ㅈ 자기확보 • 자유단독등반 • 자유등반 • 자유등반이 아닌 등반 방법 • 잠금카라비너 • 장비걸이 • 재밍 • 전신안전벨트 • 점핑 • 정적 로프 • 정적확보 • 제로 • 주마 • 주마링 • 주먹재밍 • 지면 추락 • 지지 • 짐 올리기

ㅊ 초크 • 촉스톤 • 추락 • 추락거리 • 추락계수 • 추락계수2 • 추락시험 • 추락횟수 • 충격하중 • 침니 • 침봉 • 칩핑

ㅋ 카라비너 • 캐머롯 • 캠밍앵글 • 캠디바이스 • 캠프 • 케른맨틀 • 케블라 • 코르네 • 콜 • 콩 • 쿨르와르 • 퀵드로 • 크림프 • 클로브히치 • 클립 • 클링 • 키록 • 킬로뉴턴

ㅌ 타이오프 • 탈론 • 턴인 • 테라스 • 테이핑테이프 • 텐션 • 토폴로지 • 톱로프 방식 • 톱로프 지점 • 튜브초크 • 튜블러테이프 • 트래버스

ㅍ 팔을 이용한 고정 • 패시브프로텍션 • 퍼스널앵커시스템 • 페이스 • 펜듈럼 • 풀리 • 풋재밍 • 프렌드 • 프루지크히치 • 프리클립 • 프릭셔널앵커 • 프릭션 • 프릭션히치 • 플래시 • 플레어드침니 • 피규어에이트노트 • 피셔맨즈벤드 • 피치 • 피톤 • 피피 • 핑크포인트

ㅎ 하강기 • 하강 백업 • 하체를 이용한 고정 • 하켄 • 하프로프 • 하프히치 • 해제 • 핵심부 • 행도킹 • 행어 • 헥센트릭 • 헬멧 • 홀드 • 확보 • 확보물 • 확보·하강기 • 후고리매듭 • 히벨러 등강기 • 히치 • 힐&니 • 힐&토

등반 용어 및 장비

＊용어, 장비에 대한 설명과 함께 본문 내용의 이해를 돕는 설명을 함께 수록했습니다. 본문에 나오지는 않지만, 알아 두어야 할 등반 용어도 수록했습니다.

『생과 사의 분기점』   p.54

피트 슈베르트Pit Schubert의 저서. 원제는 『바위와 얼음의 안전성과 위험(Safety and Risk in Rock and Ice, Bergverlag Rother, Volume 1, 7th Edition, 2004, ISBN 3-7633-6016-6)』

3시그마[3σ]

제품 생산 품질의 척도.

8자매듭[에이트피규어노트eight-figure knot]   p.16, 54, 62, 80

이중로프(더블로프)나 외줄로프(싱글로프)를 구별하지 않고 사용되는 매듭이지만, 각 로프에 묶는 8자매듭의 명칭이 다르다. 외줄로프에 묶는 8자매듭은 하강을 할 때 로프가 빠지지 않게 하기 위한 것이다. 안전벨트에는 되감기8자매듭(후고리매듭)을 묶고, 카라비너에는 고리8자매듭(선고리매듭)으로 묶는 등, 상황에 따라 매듭의 고리를 만드는 순서가 다르다. 매듭이 쉽게 조여지기 때문에 풀기가 어렵고, 매듭의 모양으로 쉽게 판별할 수 있다는 것이 장점이다.

8자하강기   p14, 36~38

확보·하강기. 확보 기능만 있는 제품도 있다. 또한 확보 기능 자체도 사용할 수 있는 경우가 굉장히 제한적이다. 처음에 하강기의 목적으로 개발되었고 일본에서는 80년대부터 확보용으로도 사용되고 있다.

A0   p.219

인공등반의 등급. 확보물을 잡으며 등반하는 방식. 자유등반이 아닌 방식 참조.

A1   p.221

인공등반의 등급. 발걸이나 줄사다리를 사용하여 등반하는 방식. 자유등반이 아닌 등반 방식 참조.

ATC   p.36, 38

인공등반에 사용하는 블랙다이아몬드사Blcak Diamond社에서 제조한 확보기 명칭.

RCC볼트   p.50

일본에서 제조된 전통 있는 볼트.(현재 시판되는 제품은 모치즈키사 モチヅキ社 제품) 링볼트보다 강도가 높지만, 강도 표시가 없다. 스포츠클라이밍에서는 사용하지 않으며, 하켄 같은 확보 장비로 취급된다. 행어를 필요로 하는 볼트에 비해 설치 도구가 적고 중량이 적다는 점에서 효율적이다. RCC볼트와 링볼트는 현재 국내에서는 사용하지 않으며, 인수봉 같은 대상지에는 2010년 이후 모두 교체했다.

T스택   p.43, 205

양쪽 다리를 T자 모양으로 하는 발재밍의 일종.

UIAA(Union Internationale Des Associations D'alpinisme)

1932년 유럽 20개 산악단체가 설립한 연맹. 1960년부터 등산장비의 안전성을 과학적으로 규명하여, 1965년부터 UIAA라벨을 인증해 오고 있다. 현재는 73개국 94개 단체가 가입되어 있다.

ㄱ

가슴안전벨트[체스트하네스]

트롤사Troll社에서 제조한 '윌리언스체스트하네스Willans chest harness'의 용품명. 현재는 주로 산업용 장비 업체에서 생산한다. 추락을 전제로 하지 않는 행위나 캐녀닝canyoning에서는 지금도 사용한다.

개념도   p.74, 138, 163, 181

암벽등반을 위한 지도. 국가, 지방, 작성자에 따라 기호와 표기방법이 다르다. 일반적으로 이 책에 기재된 개념도와 같이 컬러판으로 제작된 개념도는 흔치 않다. 간단한 개념도는 루트의 난도만 표기한다. 개념도의 중요성을 인식하고 제작하는 경우 암장의 역사와 같은 세밀한 정보도 기재하며, 이 암장이 어떠한 암장인지를 명확하게 표기하는 경우도 있다. 역사, 초등자, 초등 날짜(연·월·일)에 대한 정보는 해당 루트를 이해하는 데 중요한 정보가 된다. 개념도에 표기된 정보가 너무 많으면 미지의 영역을 발견하는 재미가 줄어든다. 또 개념도는 경제적 효과가 높기 때문에, 소유권을 두고 소송이 발생하기도 한다.

개폐구[게이트]　　p.32

카라비너를 여는 부분. 안쪽으로 밀어야만 열린다. 종류가 다양하다.

고정분산　　p.144~145, 165~166, 216

하중의 방향을 균등하지 않게 나누는 방법. 정적균등연결, 정적이퀄라이징.

꼬임[S자 꼬임, Z자 꼬임]

로프, 와이어, 끈 등을 비튼 상태. 좌우 방향이나 시계방향, 반시계 방향으로 돌아가면서 꼬임을 만들기 때문에 옆에서 본 상태(S자, Z자 모양)으로 분류한다. 케른맨틀로프를 한 방향으로 비틀어서 꼬임을 만들면 원래의 형태로 돌아오기 때문에 S자, Z자를 조합하여 꼬임을 만든다.

규격

클라이밍 장비의 규격은 UIAA가 1964년에 처음으로 로프의 규격을 정한 것에서 시작되었다. 여기에서 설명하는 규격은 UIAA 홈페이지에서 확인할 수 있다. 단, EN은 저작권이 있어서 유료(제목 및 개요는 인터넷상에서 확인 가능.)로 구매해야 한다. 카탈로그에 기재되어 있는 CE나 UIAA 마크는 사용자가 이해하면 의미를 파악할 수 있다. 장비를 사용하는 사람은 이 규격을 잘 이해하고 있어야 한다.

균등연결[이퀄라이징equalizing]　　p.144~145, 165~166, 216

하중을 여러 개의 확보지점을 만들어 분산시키는 것. 또는 그러한 방식. 유동, 반고정, 고정 등이 있다.

그라운드업[ground up]　　p.199

아래에서 위로 개척하며 올라가는 방식. 랩볼팅의 반의어로 사용된다. 그라운드업으로 볼트를 설치하기 위해서는 양손이 자유로워야 하며, 추락하면 안 되는 경우가 있다. 볼트가 있는 루트에서도 등반자의 능력에 따라 많이 위험할 수도 있다. 등반 시 그라운드업을 전제로 하는 지역이 있는가 하면, 반대로 이를 금지하는 곳도 있다. 또한 등반이 어려울 때 그라운드업 루트를 가로지르거나 근처에 랩볼팅를 개척하는 행위는 볼트를 박는 것과 동일하게 물의를 일으킬 수 있다. 그라운드업이라는 단어는 볼트 설치 방법만을 의미하는 것이 아니라 지면에서 위로 개척하면서 등반하는 스타일 자체를 나타내기도 한다.

그리그리[GRIGRI]　　ɔ.14

페츨사PETZL社에서 개발한 첫 번째 자동 잠금식 확보기. 1991년에 만들어졌으며, 2010년에는 소형화·경량화되고, 사용 가능한 로프의 지름이 확대되었다. 로프에 하중이 걸리면 금속 핀이 로프를 조이는 구조. 구조의 원리는 페츨사의 하강기(스톱STOP: 동굴탐험에 쓰임)에서 응용한 것이다. 로프의 미끄러움, 단단함 등의 요인으로 인해 로프를 끼우는 타이밍이 크게 달라진다. 사용되는 로프의 직경만으로는 적확하게 조작할 수 없다. 사용자는 그리그리와 로프 사이의 작동 관계성을 정확하게 파악해야 한다. 또한 제품 설명서에 적힌 대로 사용하면 클립 시 타이밍이 늦을 수도 있다.

그립빌레이　　p.38

확보기를 사용하지 않고 손으로 로프를 잡고 확보하는 방식.

기어

등반 장비 전체 또는 금속제 장비.

ㄴ

나일론

듀폰사DuPont社의 섬유 제품명. 1935년에 월리스 캐로더스Wallace Carothers가 세계 최초로 개발한 인조 섬유(아라미드 섬유)다. 나일론에도 여러 종류가 있는데, 소재 표기는 나일론으로만 표기한ᄃ·. 녹는점은 '나일론66=265℃', '나일론6=215℃'로 조금씩 차이가 있다. 대부분의 클라이밍 장비(로프, 안전벨트, 슬링 등)에 사용되고 있다. 나일론이 발명된 후 클라이밍 로프는 마麻에서 나일론 소재로 바뀌었으며, 등반에 많은 변화가 생겼다. 이 교체기에 일본에서는 나일론 로프가 절단되는 사고(1955년)가 발생하기도 했다. 클라이머는 새로운 제품, 소재를 사용할 때 세심하게 주의를 기울여야 한다.

내면등반[인사이드클라이밍]　　p.207

몸의 일부 혹은 대부분이 들어가는 넓은 크랙의 안쪽 면inside을 오르는 행위를 뜻하는 표현. 외면등반(페이스클라이밍face climbing)에 반대되는 의미다.

냉간단조[콜드포징cold forging]

가열하지 않고 금속을 두들겨 제품을 제조하는 것. 열간단조[핫포징hot forging]에 비해 제품의 변형이 적으며, 제조 공정이 적은 만큼 저렴한 제품을 만들 수 있다.

너트　　p.40, 48

작은 크기의 수동확보물을 가리킨다. 록스Rocks, 스토퍼 등.

노트

매듭 대상이 사라져도 매듭의 고리가 남게 되는 매듭 방법. 본문에서의 명칭은 '노트'를 생략하기도 했다. 하단 참조.

누즈[noose]

매듭의 원리 중 하나. 매듭의 끝단, 혹은 일부를 잡아당기면 매듭이 조여들거나 풀어지도록 만든 것이다. 사용 빈도가 높은 매듭으로는 에반스매듭 등이 있다.

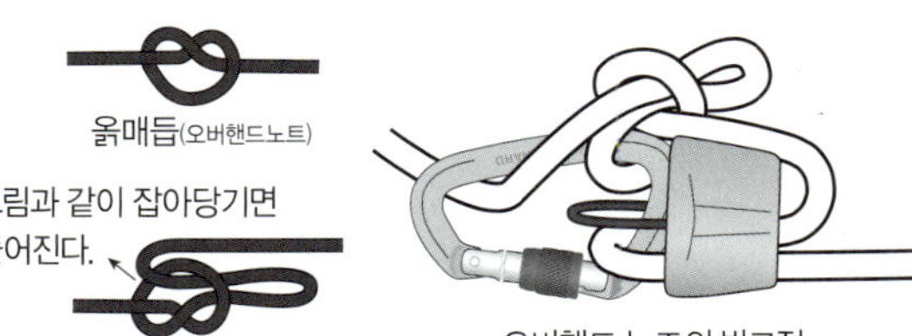

ㄷ

다운토　　　　　　　　　　　　　　　　　　p.30

발끝이 아래로 구부러져 있는 암벽화. 오버행에서 사용하기 위한 목적이며, 굽어진 정도가 심할수록 문지르기(스미어링)를 하기 어렵다.

다이나믹빌레이　　　　　　　　　　　　p.91, 111

등반자가 추락할 때의 충격을 완화하기 위해 확보자가 로프를 잡고 이동하거나 점프하는 등의 동작을 병행하는 확보 방식.

다이니마[Dyneema®]

DSM사DSM-Firmenich社(네덜란드)의 고밀도 폴리에틸렌 섬유 상품명. 듀폰사DuPont社(미)의 케블라Kevlar와 비슷한 최첨단 섬유다. 케블라와 비교했을 때 강도와 신장률이 높으며, 덜 구부러지고, 녹는점이 낮다(용해도160℃). 나일론보다 강도가 높아서 폭이 좁은 가느다란 제품

이 많고, 봉제슬링이나 퀵드로 등에 사용된다. 소형화, 경량화된 제품이 만들어지고 있으나 가늘어진 만큼 손으로 잡기가 어렵다.

더블로프

이중로프 참조.

더블피규어에이트노트

8자매듭 참조.

데드포인트　　　　　　　　　　　　　　　p.210

순간적으로 홀드를 이동하는 동작. 홀드에 닿지 못하면 밸런스가 무너져 추락할 수 있다. 몸 전체를 이용하여 데드포인트deadpoint를 하면 런지lunge가 된다.

데이지체인　　　　　　　　　p.14, 35, 143, 146, 195

봉제슬링의 곳곳을 꿰매어 만든 슬링. 에이드클라이밍에서 사용되는 장비다. 8자하강기에서 발생하는 문제가 데이지체인에서도 동일하게 발생한다. 데이지체인의 중간 부분에 꿰매어진 고리는 약 3kN 정도로, 충격에 견딜 수 있는 정도의 강도는 아니다. 또한 확보 거리가 짧은 경우 꿰매어진 부분이 터지면서 확보가 풀릴 가능성이 있다.

도르래　　　　　　　　　　　　　　　p.15, 51, 200

짐 올리기, 구조 시에 사용되는 도구. 제동장치(스토퍼)가 내장된 제품도 있다.

동시등반　　　　　　　　　　　　　　　　p.197

3인이 등반하는 경우 후등자 2인이 동시에 등반하는 시스템. 또는 선등자와 후등자가 경쟁하듯이 동시에 오르는 상황을 가리키기도 한다. 등반 시간 단축을 목적으로 사용되는 경우가 많다.

노트와 히치

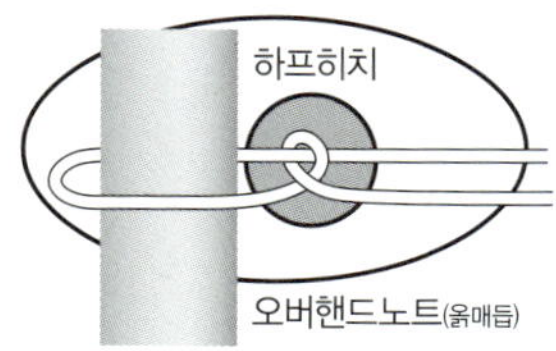

원리상 중앙부분이 하프히치에 해당하며, 전체적으로는 오버핸드노트(옭매듭)다.

검은색 부분이 하프히치, 하얀색 부분이 매듭 대상이 되는 부분으로 사각형으로 표시된 부분은 실험에서 고려하지 않는다.

전체를 오버핸드노트(옭매듭)로 매듭을 묶는다. 위의 경우와는 매듭 대상이 다르다.

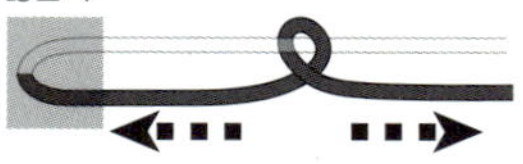

매듭 대상(하얀색 로프) 없이 끝단을 당긴다.

대상(막대, 봉) 없이 끝단을 당긴다.

아무것도 남지 않는다.

매듭 대상이 없어도 매듭(오버핸드 노트)이 남는다. 하프히치라고 설명한 바 있으나 매듭의 원리상으로는 노트가 맞다.

동적균등연결   p.144~145, 216

하중 위치가 바뀌어도 복수의 분산지점에 균등하게 하중을 걸게 하는 방법. 동적균등확보, 슬라이딩-X, 유동분산이라고도 한다.

동적 로프[다이나믹로프]   p.31

정적 로프(스태틱로프) 또는 세미스태틱로프가 아닌 로프. 선등할 때 사용되는 나일론 소재의 케른맨틀로프, 그리고 싱글/더블(하프)/트윈 로프 등 사용 방법에 따라 3종류의 로프가 있다. 규격으로는 충격 하중, 충격을 견딜 수 있는 회수, 신장률, 외피의 매끄러운 정도에 따라 분류한다. 추락 시험 참조.

● 유럽의 규격

Standard No EN892: 2004

EN 뒤에 붙은 숫자가 이 규격의 번호다. 2004는 2004년에 개정했다는 의미다. 규격은 기술의 발전에 발맞춰 개정되고 있다.

Title of Standards

Mountaineering equipment. Dynamic mountaineering ropes.

Safety requirement sand test methods.

두 줄 로프[트윈로프]   p15, 163, 183

로프 두 동을 외줄로프(싱글로프) 한 동처럼 사용하는 로프. 이중로프(더블로프)보다 가늘다. 경량화, 직선형으로 등반하는 경우에 사용하는 것이 적절하다. 추락 시험은 외줄로프, 이중로프와 달리 두 줄로 시험한다.

드래건캠[Dragon Cam]   표2, p.40~43, 142

DMM사에서 제조하는 2축, 8mm 더블루프 다이니마 슬링캠. 2011년 출시한 이후 2012년 #00,0 사이즈가 추가되어 총 8개의 사이즈가 있다. 프로토타입은 썸루프thumb loop 형식이었으나, 시판용은 경량화와 강도 문제로 인해 썸루프 형식이 아니다. 드래건은 웨일즈의 상징으로, 웨일즈의 국기(레드드래건), DMM사의 로고 안에도 있다.

등강기   p.51, 195

로프를 타고 오를 때 쓰는 도구. 내장된 톱니 모양의 장치가 로프를 물면서 고정하는 구조로 되어 있다. 스토퍼가 작동하는 상태에서는 한쪽으로만 이동할 수 있다. 1958년 아돌프 쥬시Adolph Juesi(Jüsi)와 발터 마르티Walter Marti가 발명한 주마Jumar가 대표적이다. 90년대에는 등강기의 내하중을 '내하중 500kg'라고 표기했으나, CE의 규격화가 정착되고 나서는 이 표기가 사라졌다. 추락에 대한 내구성이 없다고 생각해야 하며, 강한 충격을 받으면 등강기 본체보다 로프의 외피, 속심이 심하게 손상된다. 등강기는 짐을 올릴 때 사용되기도 하지만, 바디폴body fall 방식은 제조사에서 인정하는 사용 범위에 속하지 않을 수도 있다. 아직 짐을 올리는 과정에서 사고가 발생한 적이 없어서 문제시되지 않고 있지만, 사고가 발생한다면 제조사에서 용도를 벗어난 사용이라고 규정할 수도 있다.

등급[그레이드grade]

등반의 난도. 국가, 지역, 방법에 따라 표기 방식이 다양하다. 등반 방법으로는 자유등반과 인공등반이 있다. 멀티피치에서는 피치와 루트 전체의 난도를 표기하는 방식도 있다. 루트나 볼트에 따라 표기 방식이 다르기도 하다. 루트의 등급도 지역에 따라 표기가 다르다. 이탈리아에는 'E GRADE'라고 하는 위험도를 반영한 별도의 등급이 있고, 프랑스는 루트 전체만 표기하는 D, TD, ED, Abo 등급이 있다.

● **지역별 난이도 표기법(언어, 국가별 분류)**

국가별 / 난도	프랑스, 스페인 등	독일(UIAA), 스위스, 오스트리아 등	영국	호주, 뉴질랜드	한국, 미국, 일본 등
쉬움 ↑	~	~	~	~	~
		V+	5a	17	5.8
	5	VI−		18	5.9
	6a	VI	HVS		
			5b	19	5.10a
	6a+	VI+	E1		5.10b
	6b	VII−		20	5.10c
	6b+	VII	5c E2	21	5.10d
	6c	VII+	E3	22	5.11a
어려움 ↓	~	~	~	~	~

등반

국어사전에는 '험한 산이나 높은 곳의 정상에 이르기 위하여 오름.'이라고 나온다. 이 책에서는 스포츠 성격의 등반 또는 스포츠클라이밍에 대한 용어로 사용한다. 이 표현 방식은 이 책에서만 사용되며 다른 곳에서는 통용되지 않는다. 영어 sports climbing에 해당하는 용어로, 전통적인 등반은 traditional climbing이라고 한다.

디센더

하강기 참조.

디에드르[diedre(프), 칸테kante(독), 오픈북open book(영)]   p.181

바위에서 직각에 가까운 각도로 움푹 들어간 부분.

랩볼팅   p.72, 137, 139

위에서 아래로 내려가며 볼트를 설치하는 행위를 일컫는 말. 클라이밍은 등산 과정에서 행해지는 활동의 일부로, 아래에서 위로 올라가는 경우도 있다. 그러나 랩볼팅은 동굴탐험(케이빙caving)처럼 먼저 위에서 아래로 확보물을 설치하여 역방향으로 나아가는 방식이다. 랩볼팅 중 동굴탐험 스타일은 80년대부터 세계적으로 행해졌다. 동굴탐험이 성행했던 프랑스에서 발원한 것인지 정확히 알려지지는 않았다. 클라이밍 기술을 발전시키기 위해 아래에서는 올라갈 수 없던 곳을 위에서 매달려 내려가며 볼트를 설치하게 하여 등반자의 기술을 향상시키는 하나의 방법으로 사용되었다. 눈길을 지나 산을 오르기 위한 목적으로 개발된 스키가 지금은 겔렌데 스키(스키 연습)처럼 내려오는 것을 목적으로 하는 스포츠로 변화한 것처럼, 클라이밍도 개인이 지향하는 목적에 따라 세분화되면서 현재는 랩볼팅도 오르기 위한 목적을 이루기 위한 수단 중 하나로 변화했다.

러너 　　　　　　　　　　　p.34~35

확보지점과 로프 사이의 거리를 조절하는 도구. 퀵드로와 슬링을 모두 포함하는 명칭으로 사용되며, 대부분 섬유로 만들어진다.

러프[RURP Realized Ultimate Reality Piton] 　　p.50, 198

하켄 중 크기가 아주 작은 제품. 추락 방지용 확보물이 아니라 인공등반에서 전진 수단으로 사용한다.

런지 　　　　　　　　　　　p.210

뛰어드는 동작.

레드포인트[Redpoint]

자유등반을 할 때, 등반 종료점에서 정상까지 텐션 없이 오르는 것. 퀵드로가 걸려 있는지에 관계없이 마지막 지점에서 텐션 없이 오르는 행위를 칭한다. 종료점 상부에 완만하거나 평평하거나 편히 쉴 수 있는 부분이 있을 때 종료점을 지나칠지 말지는 개인의 판단에 따른다. 로어다운 Lower down을 고려한 종료점일 경우, 지나칠 곳의 상부(정상부)에서 종료점을 설치하면 로어다운 시 로프가 손상될 수 있기 때문에, 지나칠 곳의 하부(정상부 아래)에 종료점을 설치할 때가 많다. 어느 곳이 진짜 종료점이 될지를 판단하는 능력이 중요하다.

렛지[ledge] 　　　　　　　　p.139, 149

바위에서 사람이 겨우 걸터앉을 수 있을 정도로 좁고 평평한 부분. 테라스 terrace와 렛지를 구분하는 경계는 애매하다.

로어다운[lower down] 　　　　p.72, 96~100

등반자가 확보자의 확보를 받으며 하강하는 방식.

로프[자일(독), 코드(프)] 　　　　p.31

현재 클라이밍에 사용되는 로프에는 나일론 소재로 된 케른맨틀(독, '심지를 싸다'라는 뜻) 구조의 동적 로프가 있다. 동적 로프는 신장률이 규격 표준에 속하며, 사용 방법의 차이에 따라 싱글/더블(하프)/트윈 등 세 종류가 있다. 적게 늘어나는 것으로는 정적 로프(세미스태틱 로프)가 있다.

로프백 　　　　　　　　　　p.52

로프를 수납하는 가방. 로프에 이물질이 묻는 것을 방지하며, 로프를 사려서 정리할 필요가 없는 등 여러 장점이 있다.

로프 하강[라펠(프/영), 압자일렌(독)] 　p.169~178

로프의 마찰을 이용하여 하강하는 방법. 예전에는 '현수하강'이라고도 했으나 지금은 이 표현을 사용하지 않는다. 요즘은 하강기를 사용하여 하강하는 경우가 많으나 하강기가 보급되기 전에는 도구를 사용하지 않고 로프를 어깨에 걸친 채 하강했다.

록스[Rocks]

와일드컨트리사에서 제조한 수동확보물.

루트

바위나 벽을 오르는 '길'을 뜻한다.

루프[loop]

로프가 굽어 고리를 만든 모양을 말한다. 고리, 바이트 bite.

루프[roof, 천장] 　　　　　　p.139, 181

바위에서 지붕, 처마와 같이 평평하게 형성된 부분. 오버행과 루프를 구분할 수 없는 경우가 많다.

룬제[Runse(독)]

암벽의 급격하게 패인 부분. 패인 부분이 좁은 데서 넓은 곳까지 룬제의 형태는 다양하다. 물이 흘러내리는 통로인 경우가 많다. → 쿨르와르, 걸리

리비테이션 　　　　　　　　p.26, 205

양손을 모두 사용하여 재밍하는 행위.

링벤드 　　　　　　　　　　p.17, 63

테이프슬링용 매듭, 물매듭 water knot 등

링볼트 　　　　　　　　　　p.50, 199

일본에서 발명된 볼트. 다른 제조사와 달리 강도 표기가 없다. 사용자는 링볼트를 하켄과 비슷한 방식으로 사용한다는 점을 이해해야 한다. 링의 용접 부분의 강도가 고르지 않다. 현재 국내에서는 사용하지 않는다.

링 하중

로프의 고리에 걸리는 하중. 또는 보울라인으로 매듭한 부위에 걸리는 하중.

ㅁ

맞매듭[스퀘어매듭, 리프매듭] p.170

어느 순간부터 유행하기 시작한 매듭법으로 매듭 명칭을 모르는 경우가 많다. 잘못하면 옆으로 매듭을 만들어서 쉽게 풀어질 수 있다. 이 책에서는 이 매듭은 다루지 않았다.

매듭눈

로프나 슬링을 엮을 경우 만들어지는 고리(루프)의 가운데 부분. 이 책에서 설명하는 매듭의 눈은 슬링을 사용한 경우를 말한다.

멀티피치 p.20~23, 72, 136~199

두 피치 이상인 루트를 등반하는 것, 또는 큰 바위, 혹은 로프 한 동 이상 되는 길이의 루트를 가리킨다. 멀티피치에는 싱글피치에서는 사용하지 않는 시스템, 장비, 기술이 필요하다. 또 바위의 크기에 따라 등반에 필요한 시간이 달라진다. 한나절에서 하루 정도 걸린다면 바위에서 숙식을 해결해야 하므로 식재료, 물, 비바크Biwak 장비가 필요하다. 바위에서 2일 이상 숙박해야 한다면 짐을 올리기 위한 장비와 시스템도 필요하게 되므로 바위 크기에 비례하여 장비, 노력, 시간도 증가하게 된다.

뮌터히치

이탈리안히치 참조.

ㅂ

바위(암벽)의 명칭

바위·암벽의 파인 부분: 쿨르와르(프), 룬제(독), 걸리(영) p.181

봉우리와 봉우리 사이에 움푹 들어간 함지陷地 또는 분지盆地: p.181
  안부鞍部, 콜(영)

바위 면이 직각 형태로 들어가 있는 부분: p.181
  디에드르(프), 코너(영), 오픈북(영), 칸테(독)

바위의 능선 부분: 아레트(프), 릿지(영) p.181

바위의 각도가 직벽에 가까운 부분: 버트레스, 페이스, 슬랩 p.138

단독으로 튀어나와 있는 부분: 장다름(프), 피너클, 니들 p.181

직벽보다 각도가 큰 부분: 오버행, 루프(천장) p.181

바위 중간에 있는 평평한 부분: p.149, 159, 181
  밴드, 테라스, 렛지

풀, 나무가 자라는 부분: 부시bush, 풀숲 p.181

바위(암석)의 종류

화성암火成巖, 화강암花崗巖, 심성암深成巖 p.181

발재밍[풋재밍foot jamming] p 204

발로 크랙에 재밍하는 행위를 뜻하는 말.

백클립 p.84

로프가 카라비너의 바깥쪽에서 안쪽으로 고정된 상태.

밴드[band] p.181

바위 중에 평평한 부분이 띠와 같은 형상으로 있을 때 해당 부분 혹은 단편을 뜻하는 표현. 폭은 좁은 곳에서부터 넓은 곳까지 범위가 넓다.

버트레스 p.138

사람의 흉부 모양처럼 평평하고 큰 형태의 벽.

벌려 딛기[스테밍steaming] p.209

다리를 벌려 몸을 지탱하는 동작.

벤드 p.62

매듭의 일종으로 두 종류의 줄을 연결하는 매듭이다. 이 책의 2장에서 설명하는 매듭은 모두 벤드에 해당한다. 벤드에는 노트형(피셔맨즈매듭 등)과 히치형(스퀘어노트 등)이 있다. 히치형 벤드가 히치라고 불리지 않는 것은 연결부분을 매듭의 일종으로 여기기 때문인 것으로 보인다.

벤트게이트[Bent Gate]

뉴알프NEW ALP(프)의 장 폴 프레시앙Jean-Paul Fréchin이 고안한 카라비너의 게이트 형태. 게이트가 구부러져 로프 자체의 하중으로 고정하기 쉽게 설계됐다.

보디빌레이

몸을 확보지점으로 삼는 확보의 방식. 싱글피치 등반, 로어다운에는 보디빌레이가 통상적으로 이용되고 있으나, 이를 보디빌레오 라고 말하는 경우는 별로 없다.

보레알[BOREAL]

스페인의 암벽화 제조사. 1984년에 최초로 슬리퍼 타입의 암벽화(클라이밍슈즈Climbing shoes)를 개발하여 암벽화 시장을 크게 변화시켰다.

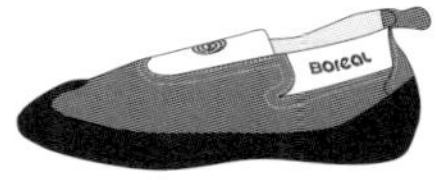
최초의 슬리퍼 타입의 암벽화

주로 로프를 안전벨트에 연결할 때나 로프로 확보지점을 고정할 때 사용하는 경우가 많다. 안전벨트에 보울라인매듭으로 묶을 때는 요세미티피니시Yosemite Finish 등으로 반드시 끝처리를 하지 않으면 위험하다. 이 책에서 이 매듭을 설명하는 이유는 이 책이 안전에 대한 내용만 다루는 게 아니기 때문이다. 보울라인매듭은 잘못 묶기 십상이며, 로프의 고리에 하중이 없어지면 풀리기 쉽다는 단점(사고로 직결)이 있으나, 하중이 걸려도 쉽게 풀 수 있고, 로프의 끝단이 바깥으로 향하지 않아서 매듭의 크기가 작다는 장점도 있다. 매듭법을 확실하게 연습한 뒤 사용할 것을 권한다.

장비를 사용하지 않고 등반하는 스타일, 혹은 바위 자체를 의미한다. 볼더링을 하는 사람을 '볼더러boulderer'라고 하지만, 등반 루트를 오르는 사람을 볼더러라고 부르지는 않는다. 다른 등반 방식에 비해 동작, 힘의 난도가 매우 높다. 또한 오를 바위나 스탠스를 엄격하게 제한하는 문제가 많다. 몸의 움직임을 습득하기 가장 좋은 방법이다. 하이볼더링high bouldering은 떨어지면 매우 위험한 높이에서 볼더링 하는 것을 의미한다. 자유단독등반(프리솔로)도 장비를 사용하지 않는 볼더링 스타일의 등반으로 볼 수 있다. 하지만 볼더링과 프리솔로의 경계는 명확하지 않다. 등반 루트를 볼더링 같은 스타일로 등반하는 것을 프리솔로라고 하며, 10m 정도의 높이에서 오르는 것을 볼더링으로 보기도 한다. 볼더링은 장비를 사용하지 않고 등반하기 때문에 볼더링 문제(루트)가 있는 장소에 볼트를 설치하는 행위는 큰 문제를 일으킬 수 있다.

바위에 구멍을 뚫어 확보 지점으로 설치하는 장비. 등반 기술만 가지고는 올라가기 어려운, 홀드가 적은 판판한 바위 등에서 사용된다. 단, 스포츠용 로어다운을 위한 지점과 같이 편의성만을 위해 설치하는 경우도 있다. 등반에 볼트를 사용하기 시작한 것은 등반사에서 최근이라고 할 수 있는 20세기 중반이다. 볼트를 사용하면서 지금까지 불가능했던 루트도 오를 수 있게 되었고, 이는 등반사에서 큰 전환점이 되었다. 볼트를 설치한 루트에서는 퀵드로만 사용하면 등반할 수 있게 되었다.

봉봉

앵글에 비해 훨씬 사이즈가 큰 대형 피톤(하켄). 지금은 캠 장비가 개량되면서 판매되고 있지 않다.

BONG

| 101.6mm | 76.2mm | 63.5mm |
| 4inch | 3inch | 2.5inch |

풀숲. 키가 큰 식물들이 자라는 지대를 일컫는 말.

블랙다이아몬드[Black Diamond]

미국의 등반장비 제조사. 1965년 미국의 클라이머 이본 취나드에 의해 설립된 취나드이큅먼트사Chouinard Equipment社가 전신이다. 1989년 취나드이큅먼트사의 안전벨트를 착용한 사용자가 안전벨트의 버클을 제대로 조이지 않아 등반 도중 사고가 발생했다. 이 사건으로 고소를 당해 회사의 운영이 어려워지자 취나드는 직원에게 회사를 양도했고, 이렇게 설립된 회사가 블랙다이아몬드다. 다른 스포츠처럼 일반 대중에게 클라이밍을 보급하면서 발생한 최악의 사례다. 이 사고의 파급력은 굉장히 커서 이후 각국의 장비 제조사 소매점에도 영향을 미쳤다.

빌레이

확보 참조.

확보용 장비를 장착하기 위해 안전벨트의 중심 부분에 만든 고리. 자기확보의 백업에도 사용된다. 퀵드로, 카라비너 등의 강도는 자주 거론되지만 빌레이루프의 강도를 표시한 제조사는 매우 적다.

빌레이어

확보자. 확보를 실시하는 사람.

얼어붙은 폭포나 바위의 급경사를 주로 오르는 행위. 10m 정도의 높이부터 하루 종일 올라도 끝나지 않는 루트까지 형태는 다양하며 스포츠 형식과 등반의 형식을 모두 포함한다. 길을 개척하는 사람들에게 빙벽등반의 미래가 달려 있다고 생각한다. 도끼를 사용하며 등반하는 빙벽등반이 인공등반인지 자유등반인지는 명확하지 않다. 지금은 확보 없이 맨몸으로 오르는 것을 자유등반이라고 하나 이는 훗날 역사가 판단할 것이다.

ㅅ

살레와[Salewa(독)]

1960년에 창업한 이래로 최초의 튜브형 하강기인 슈스터Schuster 하강기(p.36), 원터치 아이젠 등을 개발하여 등반 장비의 진화를 도모한 독일(서독)의 제조사다. 슈스터는 뮌헨München에 있는 살레와의 매장 이름 Sporthaus Schuster에서 나왔다.

매듭을 할 때 고리를 먼저 만든 다음에 연결하는 방법. 매듭을 만들어 걸 경우에 한해서는 후고리매듭보다 매듭을 만들기 쉽다.

선등[리드lead]   p.80~93
로프로 매듭, 확보를 취하면서 등반하는 사람과 그러한 방법으로 등
반하는 행위를 의미하는 용어.

선반 오르기[맨틀mantle]   p.210
몸을 일으키는 동작.

세미스태틱로프
정적 로프(스태틱로프) 참조.

셀프빌레이
자기확보 참조. '자기확보 해!', '확보했어?'라는 표현으로 쓰인다. 이
경우 '하다'라는 말은 확보를 해제하는 것이 아니라 확보를 만든다는
뜻. '확보가 되지 않아!'(→ p.152참조) 라고 말하는 경우는 반대의 의
미로 사용되는 경우가 있다. 또한 '저기 확보한 거야?'라는 표현처럼
사람뿐만 아니라 물체에도 사용할 수 있다.

손가락재밍[핑거재밍finger jamming]   p.204
손가락 끝부분(검지, 중지, 약지 등의 제2관절을 사용)을 크랙에 넣어
서 손가락 두세 개로 눌러 고정하는 방법.

손날[Thinhand]   p.26, 204
손바닥이 들어가지 않는 크랙 크기에 사용하는 재밍 방식 또는 이러
한 크랙의 크기를 뜻하는 말. 오프핸드off hand로 표기하는 경우도 있
다.

수동확보물[패시브프로텍션]   p.48
바위의 손상된 부분에 고정하여 확보 지점을 만들 수 있도록 하는 장
비(캠을 제외한 자연확보물). 확보물은 자갈처럼 작은 돌에서 시작해
이후 너트를 사용하게 되었다. '너트'라는 표현은 수동확보물을 가리
키는 말로 사용되며, 록스, 스토퍼Stoppers는 제품명에 해당한다. 사이
즈가 큰 제품으로는 헥센트릭Hexentric(1971년 제조) 등이 있다. 강도
는 와이어의 굵기에 의해 결정되는 경우가 많으며, 2~3kN(링볼트 이
하) 정도의 강도를 가진 제품도 있다. 규격명은 초크.

슐링게[Schlinge(독)]
슬링 참조.

스와미벨트[Swami Belt]
허리만 조이는 벨트로, 지금도 추락을 전제로 하지 않는 행위나 높은
곳에서 작업할 때 사용되고 있다.

스윙리드[Swing Lead]   p.72, 162, 179
멀티피치 등반 방법 중 하나. 피치마다 선등을 교대하는 방식이다. 스

윙 리드가 아닌 방식(선등자, 확보자가 정해진 경우)을 의미하는 방식
은 특별한 명칭이 없다.

스태틱로프
정적로프 참조.

스탠스   p.209
발을 디디는 곳.

스테밍
벌려 딛기 참조.

스퀴즈침니   p.168, 207
몸이 겨우 들어갈 정도보다 약간 더 큰 너비의 침니.

스포츠클라이밍   p.209
개인에 따라 해석의 차이가 있지만 정의된 내용은 없다. 각 지점에 볼
트가 설치되어 있는 루트를 오르는 것을 스포츠클라이밍이라고 하는
경우도 있다. 그러나, '기상, 날씨, 장소 등을 고려하지 않고 추락을 전
제로 하여 추락할 경우에도 사망할 일이 없이 등반하는 것.'이라고 생
각하는 편이 무난하다. 모든 지점에 볼트가 설치되어 있지 않은 루트
도 있으며, 추락을 전제로 하지 않는 루트도 존재하며, '추락=사망'이
라고 볼 수 있는 높이의 볼더링(볼더링은 확보를 하지 않는다.)도 이에
포함된다.

슬랩   p.181
경사도는 90도보다 낮지만 표면이 비교적 미끄러운 바위(의 부분).

슬링[슈링게(독)]   p.14~15, 17, 35, 53, 137
로프 또는 테이프 모양으로 만든 고리 모양의 끈. 봉제슬링(시제품
22kN)과 직접 잘라서 사용하는 제품이 있다. 시제품과 직접 잘라 만
든 슬링의 강도는 정확하게 비교할 수 없다. 매듭 자체의 강도가 떨어
질 수도 있다.

신장률
로프가 늘어나는 정도를 비율로 나타내는 용어. 로프의 규격 중 하나.
신장률에는 동적신장률과 정적신장률의 두 종류가 있다. 동적신장률
은 추락 시험할 때 로프가 늘어나는 비율(40% 이하)을 의미한다. 동
적 로프와 정적 로프의 신장률 비교에 사용되는 신장률은 정적신장
률에 해당한다. 외줄로프(싱글로프)의 신장률은 최대 8%였으나, 기술
발전에 따라 지금은 10%로 증가했다. 늘어나지 않는 비율에 해당하
는 값은 없다. 앞으로도 제조 기술이 발전하여 이 수치는 늘어날 것으
로 예상된다. 두 줄 로프(트윈로프)는 외줄로프(싱글로프)나 기중로프
(더블로프)와 측정 방법이 다르므로 수치로 성능을 비교하는 것은 불
가능하다.

● 다이나믹 로프의 정적신장률의 규격

로프의 종류 (동적로프)	외줄로프 (싱글로프)	이중로프 (더블로프, 하프로프)	두 줄 로프 (트윈로프)
신장률	10% 이하	12% 이하	12% 이하
조건 (하중, 로프의 개수)	5→80kg로 시험했을 때의 신장률, 두 줄 로프는 두 줄 사용할 때의 값		
(로프의 길이)	초기에 하중을 걸 때의 길이: 1m		

싱글로프　　　　　　　　　　　p.31, 73, 136, 182

로프를 한 동만 사용하는 것을 뜻하는 말. '싱글로프＝클라이밍로프' 는 아니다.

싱글피치　　　　　　　　　　　p.18, 72, 80~134

로프를 단 1회만 조작하여 등반 및 하강을 할 수 있는 짧은 루트. 스 포츠클라이밍용으로 사용되는 루트는 대부분 싱글피치지만, '싱글피 치＝스포츠클라이밍 루트'는 아니다.

ㅇ

아레트[arete(프), 능선, 릿지ridge(영)]　　　　　　p.74

'험준한 산등성이'를 뜻하는 프랑스어. 바위의 명칭 참조.

안전벨트[하네스harness(영)]　　　　　　　　p.28

추락을 멈추기 위해 사용하는 장비로, 몸에 장착하여 사용한다.

알루미늄합금 소재

알루미늄에 불순물을 첨가하여 강도를 높인 소재. 첨가물의 종류에 따라 강도가 달라지며 #6000, #7000 등으로 표시한다. 장비의 상당 수가 알루미늄합금 소재로 생산된다.

알파인스타일 등반[알파인클라이밍]　　　　　　p.9

산을 오르는 방법의 일종. '알프스 스타일로 오른다'는 표현에서 기원 했다. 극지법이 아닌 등산 방법을 뜻한다. 포괄적으로 환경적 요인이 많은 등반이라고 생각할 수 있다.

암바　　　　　　　　　　　　　p.43, 207

손바닥, 팔꿈치, 어깨 등 팔 전체로 크랙을 재밍하는 방법.

암벽등반[록클라이밍]　　　　　　　　　　　p.8

바위를 오르는 행위. 바위를 종류별로 나누어 사용하는 경우가 많다. 암벽등반의 범위는 굉장히 넓으며, 장비를 사용하지 않는 볼더링과 루트(표1)가 있다. 이 책에서는 주로 루트를 다룬다. 루트로 칭하는 암 벽등반도 크게 네 가지 특징으로 분류한다. 루트의 차이가 되는 기준 (표2)의 흰색 부분이 많으면 이 루트는 등반 성격이 강한 루트, 검은 색 부분이 많으면 스포츠 성격이 강한 루트(표3)로 본다. 등반 성격이 강한 루트를 스포츠 성격의 루트로 여기고 갈 경우 호되게 당할 수 있 으므로 주의가 필요하다.

확보지점에 설치된 인공물을 홀드, 스탠스로 사용하는 것도 금지되며, 사용하면 '자유등반(프리)'이라고 하지 않는다. 기존 에는 인공물에 확보했던 루트가 훗날 인공물을 쓰지 않는 자 유등반 루트가 될 때 기존의 난이도와 새로 측정된 난이도를 모두 기록하는 경우가 있다. 자유등반化가 인공등반의 소멸 이라고 볼 수는 없다.

볼트 등에 사다리를 걸고 오른다. 등반을 위해 요구되는 확보물의 수가 많지 않고, 확보물 설치 기 술이 중요한 요소로 작용하지는 않는다.

확보물을 설치하면서 오른다. 이 경우, 등반을 계속 이어 가기 위 해 확보물을 설치할 수 있는 기술 이 필요하다.

루트의 네 가지 차이점

●방법의 차이

방법의 차이는 자유등반, 인공등반으로 나뉜다. 자유등반은 등반 시 장비 사용이 제한되기 때문에 인공등반보다 더 많은 기술이 요구된다. 확보지점이 없는 슬랩, 페이스에서 프리 클라이밍을 할 경우에는 기술이 없으면 등반을 할 수 없다. 크랙에서 이동식 확보물에 매달리는 행위는 자유등반과 인공등반을 동시에 하는 것이라고 볼 수 있다. 자유등반 루트로 알려진 곳에서 하켄, 볼트, 액스, 크램폰(아이젠)을 사용하면 크랙, 홀드, 스탠스 등을 파괴할 수 있기 때문에 큰 문제를 일으킬 수 있다.

●확보의 차이

확보의 차이는 확보를 볼트에 하는지, 이동식 확보물에 하는지로 나뉜다. 볼트, 또는 볼트가 있는 장소는 카라비너나 퀵드로를 걸어서 확보할 수 있다. 자연확보는 확보물 자체를 가지고 등반하며, 로프 따라 오르기(로프를 이용하여 이전 루트로 돌아가는 행위)를 할 시점에 지닌 장비의 양에 차이가 있다. 확보할 때 볼트에 고정하는 것이 조금이나마 더 신뢰할 수 있다. 스포츠클라이밍용 장비는 22kN, 자연확보물의 강도는 2~14kN 정도이기 때문에 이 둘의 신뢰도에는 확연한 차이가 있다. 또한, 확보물을 설치하는 기술에 따라서도 확보지점의 안정도가 크게 달라진다. 크랙을 오를 때 볼트를 잡지 않고 오를 수 있는 기술이 요구된다.

자연 바위는 누구나 이용할 수 있으나 자연확보물만으로 크랙을 오르는 사람들 사이에서는 볼트를 이용하지 않고 올라가야 한다는 암묵적인 규칙이 존재한다. 크랙(크랙 자체, 혹은 크랙에서 손에 닿는 위치 및 그 주변)에 볼트를 박는 행위는 기존의 루트를 부정하는 것과 같다. 크랙을 무시하고 볼트를 설치하면 문제가 발생할 수 있다. 이후에 등반하게 될 사람들도 기존 등반방식과 동일한 조건으로 등반할 수 있도록 가급적 볼트를 박는 행위는 하지 않는 것이 좋다.

●목적의 차이

등반 목적에 따라 확보물을 설치하는 방법에 차이가 있다. 이는 등반 목적에도 직결된다. 볼트가 있는 루트에서는 랩볼팅과 그라운드업 방식이 있으며, 목적의 차이에 따라 랩볼팅은 스포츠클라이밍, 그라운드업은 등반의 성향을 가지고 있다. 이것이 모든 루트에 똑같이 적용되지는 않는다. 랩볼팅은 핵심부로 여겨지는 부분에서 추락할 수 있다는 점을 전제로 하고 있으나 그라운드업에서는 핵심부에서 절대로 추락해서는 안 된다는 전제가 붙는 등 등반 내용에 큰 차이가 있다.

●길이의 차이

길이, 등반 거리에 따라 필요한 기술, 장비, 시간에 차이가 있다. 거리가 짧으면 싱글피치에서 로어다운을 하며, 로프 한 동 길이 이상의 높이를 오르는 경우는 멀티피치가 된다. 멀티피치도 벽의 크기에 따라 피치 수, 등반 시간이 다르며, 거리가 멀어질수록 더 많은 에너지를 쓰기 때문에, 길이의 차이만 두고 보더라도 등반 방식에 많은 차이가 발생한다. 또한, 큰 벽을 오를 때는 날씨 같은 외부 조건도 고려해야 할 필요가 있다.

●표1 암벽등반의 종류

장비사용의 유무	루트 사용	볼더링 사용하지 않음

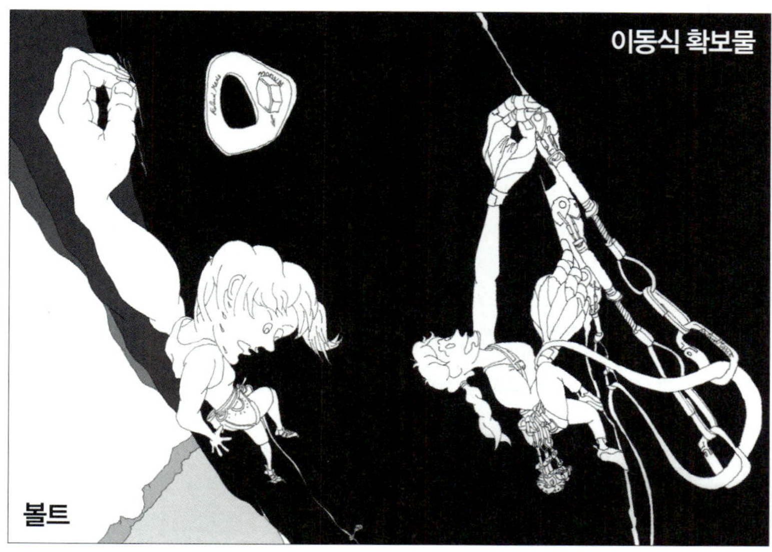

확보물은 볼트를 이용하여 오르는 행위다.
볼트＝자유등반이 아니다.

확보물 설치는 주로 크랙을 이용한다. 확보물을 손으로 잡거나 하면 에이드클라이밍이 되며, 자유등반을 했다고는 말하지 않는다. 확보물의 설치 방법, 개수에 따른 제한은 없다.

위에서 아래쪽으로 매달린 상태에서 볼트를 설치한 다음에 다시 등반을 이어 간다. 스포츠클라이밍에서 사용되는 인공 외벽 높이와 비슷한 경우가 많다. 크랙이 있는 지점에 볼트를 설치하면 문제를 일으킬 가능성이 높다.

● 표2 루트를 분류하는 조건

등반 방법의 차이	대암벽	인공	자유
확보물 차이	자연확보		볼트
목적에 따른 차이	그라운드업		랩볼팅
등반 거리에 따른 차이	멀티피치		싱글피치

● 표3 루트의 특성에 따른 차이

등반	스포츠

암벽 트레이닝

겔렌데에서의 암벽등반 연습. 스포츠클라이밍 겔렌데(실내연습장)이나 짐gym은 오르기 자체를 주목적으로 하기 때문에 암벽 트레이닝이라고 하지 않는다. '실전'의 반의어로 사용된다.

암벽화 p.30

등반에서 사용하는 신발. 60년대 이전에는 등반화나 운동화를 사용했다. 현재 사용되는 고무 재질의 암벽화의 원형은 70년대에 피에르 알랭Pierre Alain이 고안한 PA다. 현대에는 바위의 형태 별, 신발을 매는 방식의 차이에 따라 다양한 제품이 있다.

암벽화의 원형

앵글 p.50, 180, 198

너비가 넓은 하켄(피톤)의 일종.

앵커 p.80, 180

볼트가 있는 지점을 뜻한다.

어깨 너비의 크랙[오프위드off-width] p.168~207

주먹보다 넓고, 스퀴즈침니보다 좁은 너비의 크랙을 가리킨다. 몸의 절반이 들어가는 크기라고 설명하기도 한다. 몸의 오른쪽을 넣을지 왼쪽을 넣을지에 따라 난이도가 달라지기도 한다. 어느 쪽을 넣을지는 등반자의 경험에 따라 정한다. 어깨, 무릎이 들어가지는지, 페이스의 홀드나 스탠스 유무 등의 조건에 따라 난이도가 변한다. 바깥에 있는 발의 추진력으로 올라가는 경우가 많으며, 올라간 후 발을 바꾸는 시점에 팔로 고정한 다음 바깥쪽의 손발로 고정을 유지하는 것이 어렵다. 크랙 안으로 손발이 너무 많이 들어가거나 억지로 고정하기 위해 발버둥 치지 않고 손과 발의 동작을 확실하게 정하는 것이 중요하다. 무릎이 끼는 크기라면 무릎으로 고정하여 휴식을 취할 수 있다.

어센더

등강기 참조.

에반스매듭[올가미매듭] p.56, 60~61, 160

안전벨트에 연결한 로프의 끝단을 처리하는 매듭. 이 명칭은 많이 사용되지 않는다. 8자매듭 자체가 튼튼하기 때문에 에반스를 추가하는 경우가 별로 없을 수도 있지만, 보울라인을 사용하는 사람들 가운데 상당수가 에반스를 보울라인의 일부라고 생각하는 것 같다. 8자매듭에서 끝단 처리를 할지 말지는 개인의 판단에 따라 정한다.

에센셜[Essentials]

99년 이후 블랙다이아몬드사의 확보·하강기를 총칭하는 표현.

에이드 p.198~199

자유등반이 아닌 등반 방식 참조.

에일리언[Alien] p.40~41, 142

CCH사Colorado Custom Hardware社에서 제조하는 캠의 제품명. 창업자이자 개발자인 데이비드 레온 웨고니어David Leon Wagoneer가 타계하면서 유통이 일시적으로 중단되었으나 현재 픽스클라이밍사Fixe Climbing社가 계속 생산하고 있다. 캠 안에 스프링이 내장되어 있어서 작은 크랙에도 고정할 수 있다. 캠의 재질은 6061의 유연한 알루미늄 합금으로, 탄성이 굉장히 좋다. 다른 캠 장비에 비해 성능이 좋지만 빨리 닳는다는 단점이 있다. 소형 캠 장비들은 대개 에일리언을 기본 모델로 한다. 크랙의 안쪽으로 들어가는 부분이 작고 바깥으로 나오는 부분을 크게 만든 오프셋 제품도 있다.

엣징 p209

발끝으로 서는 동작.

연속등반[컨티뉴어스클라이밍Continuous Climbing]

선등, 후등자가 동시에 오르는 방식, 또는 시간 단축 기술을 뜻한다. 확보자가 없거나 상호 확보를 하면서 등반한다. 등반자 사이에 설치한 확보지점이 파괴되면 로프가 끝나는 지점에서 추락이 멈춘다. 암벽보다는 빙벽에서 많이 사용된다. 암벽등반에서 연속등반을 한다면 둘 중 한 사람이 추락하지 않는다는 전제가 깔려 있는 것이다.

열간단조[핫포징hot forging] p.32

가열한 물체를 단조하는 방식으로 쉽게 변형할 수 있으며 작은 소재(경량)로 만들어 강도를 높이는 기법. 냉간단조(콜드포징cold forging)에 비해 제조 공정이 복잡하여 제품의 가격이 높다. DMM사 제품의 경우 열간단조 기술을 사용한 제품이 많다.

오버핸드매듭   p.63, 70

매듭 명칭. 옭매듭.

오버행

루프(천장) 참조.

오토블록   p.17, 67

로프에 슬링을 추가 연결하여 카라비너를 거는 행위.

오프핑거

손가락을 넣기에는 크고 손날은 들어가지 않는 너비의 크랙.

오프핸드   p.205

손보다는 크고 주먹은 들어가지 않는 너비의 크랙. 와이드핸드보다
폭이 넓은 편이다.

오픈 홀드   p.26, 208

넓게 잡을 수 있는 홀드.

온사이트

루트에 대한 정보 없이 단 한 번에 완등하는 것을 일컫는 말. 이미 개
척되어 있는 루트를 단번에 완등하는 것도 온사이트에 해당한다.

와이드크랙   p.168, 207

주먹 크기의 크랙보다 폭이 넓은 크랙.

와이어게이트   p.32

카라비너의 게이트 부분이 와이어(철제)로 된 제품.

와일드컨트리캠[Wild Country Cam]

처음으로 캐밍디바이스를 제조한 회사.

위플래시 현상

진동에 의해 카라비너의 게이트가 열리는 현상. 추락 시 로프와 마찰
하면서 일어나는 진동으로 인해 게이트가 개방되어 로프가 빠져버리
는 경우가 있다. 와이어게이트는 구조적인 특성 때문에 다른 게이트
에 비해 위플래시 현상이 잘 발생하지 않는다고 한다.

이동식 확보물[리무버블프로텍션]   p.15, 40~50, 142, 표1, 2

수동확보물, 캠디바이스 등의 총칭. 하켄, 쐐기형 장비는 회수가 가능
하지만, 이동식 확보물로 취급하지는 않는다. 여러 차례 하켄을 설치
하고 회수하는 과정을 거치면 크랙이 넓어져pitons and pin scar 원래의

상태로 돌아오지 않게 된다. 인공등반 중에는 하켄의 사용을 금지하
자는 취지의 '클린에이드clean aid(이동식 확보물만 사용하는 등반 방
식)' 방식도 있다. 또한, 이동식 확보물로 취급되는 장비도 바위가 손
상되기 쉬운 곳에서는 하켄과 비슷한 문제가 발생할 수 있어서 확보
물로 로프나 슬링만 사용하는 장소도 있다. 작은 암석, 나무, 바위에
있는 구멍 등의 자연물은 자연확보물(내추럴프로텍션)이라고 한다.

이중로프[더블로프, 하프로프]   p.31, 180 182

로프의 종류 또는 등반 시스템을 가리키는 두 가지 경우가 있다. '저거
이중로프야?'라고 물으면 로프의 종류를 말하는 것이고, '이중로프로
오르자.'라고 말하면 시스템을 뜻한다. 종류에서 말하는 이중로프는
로프 두 동을 사용하는 것을 말한다. 두 줄 로프(트윈로프)도 두 동을
사용하나 사용 방법이 다르기 때문에 주의해야 한다. 로프 한 동으로
는 하강을 할 수 없는 멀티피치를 등반할 때 많이 사용된다. 또한, 이
중로프를 사용하면 로프의 저항(러너, 암각 등에서 로프 굴곡의 마찰
저항)을 경감시킬 수 있다. 이중로프로 톱로핑 할 때는 별로 사용되지
않으나, 제조사에서는 톱로핑 할 때 한 줄만 사용해도 된다고 소개한
다. '이중로프 한 동으로 톱로핑 하는 것은 위험하다'는 말은 잘못된
이해에서 나온 것이다.

이중피셔맨즈매듭[더블피셔맨즈벤드double fisherman's bend]

p.17, 63

로프의 말단끼리 서로 연결하는 매듭. 이중으로 매듭을 하지 않으면
피셔맨즈매듭이라고 한다. 하강, 로프로 슬링을 만들 때 사용하는 매
듭이며, 세게 조이면 다시 풀기 어렵다.

이탈리안히치[뮌터히치, 하프클로브히치]   p.17, 64, 160

확보, 하강할 때 걸 수 있는 매듭.

인공등반

자유등반이 아닌 방법 참조.

ㅈ

자기확보   p.78

등반자 자신의 몸을 확보지점에 고정하여 추락하지 않도록 하는 행
위.

자유단독등반[프리솔로]

장비(확보물, 로프)를 사용하지 않고 등반하는 행위. 볼더링과 조건은
동일하지만, 볼더링을 프리솔로라고 말하지는 않는다. 볼더링에는 추
락하면 치명상을 입을 수 있는 하이볼더링도 포함되는데, 자유단독등
반은 치명상이 발생할 수 있는 높이에서 오르는 행위라고 규정하지
않는다. 또한, 초등자가 '온사이트 프리솔로'를 성공한 다음 르트로 발
전할 가능성도 있기 때문에, 초등자가 자유단독등반을 했다고 해서

그 루트를 등반하는 것을 모두 프리솔로라고 하지도 않는다. 자유단독등반을 스포츠 프리솔로와 등반 프리솔로로 이원화하여 구분하기도 한다.

자유등반[프리클라이밍]

등반 중에 일부 장비의 사용을 제한하여 오르는 방법(볼더링 bouldering, 자유단독등반free solo은 장비를 전혀 사용하지 않는다). 정의는 개인에 따라 차이가 있기 때문에 자신만의 정의를 정립해야 한다. 예전에는 랩볼팅으로 개척된 루트를 오르는 행위나 톱로프 방식도 자유등반으로 분류되기도 했다. 랩볼팅은 확보물을 설치한 다음 위에서 아래로 내려가는 방법이라서 인공등반으로 보는 것도 곤란하지만, 볼트를 설치하는 행위는 자유등반에 해당하지 않는다. 자유등반으로 여겨지는 범위는 굉장히 넓으며, 빙벽등반에서도 자유등반으로 올랐다는 표현이 사용되지만, 아이스툴ice tool을 등반 수단으로 사용하기 때문에 명확히는 자유등반의 정의에 부합한다고 볼 수는 없다. 빙벽등반도 아이스툴, 크램폰(아이젠)을 손, 발의 일부처럼 사용하기 때문에 자유등반으로 인정하지 않는 추세다.

자유등반이 아닌 등반 방법　　　　p.24, 198~199, 218~221

등반 또는 전진 수단으로 장비를 사용하는 등반 방식 및 수단. 자유등반이 불가능하거나 어려운 지점에 볼트나 하켄 등으로 확보지점을 설치하거나 사다리(에이더)를 사용하여 오르는 행위를 뜻한다. 이 책에서는 자유등반이 아닌 등반을 에이드, 인공등반으로 표현했다.

● 인공등반

볼트, 하켄에 사다리를 걸고 올라가는 등반법. 확보지점이 없는 경우에는 새로 지점을 설치하는 경우는 있지만, 설치한 장비를 모두 회수하지는 않는다. 인공등반의 난도는 사다리를 사용하지 않는 경우(A0), 사용하는 경우(A1), 오버행이 있는 경우(A2) 등으로 나타낸다.

잠금카라비너　　　　p.32

게이트를 잠글 수 있는 고리가 부착된 카라비너. 게이트의 고정 방법은 나사 방식과 스프링 방식으로, 나사(스크루), 자동잠금(오토록), 삼중잠금(트리플록) 등이 있다. 고정 기능이 없는 카라비너와 비교했을 때 게이트가 잘 열리지 않는다는 차이점이 있다. 상황에 따라 의도치 않게 열릴 수도 있으므로 절대적으로 안전하다고 볼 수 없다.

장비걸이[기어랙gear rack]　　　　p.15

안전벨트에서 장비를 거는 부분. 안전벨트에 달린 기어랙의 강도는 5kN 정도로 몸의 하중, 충격을 커버할 수 있는 정도는 아니기 때문에 자기확보 할 때는 사용하면 안 된다.

재밍　　　　p.26, 42, 204~205

크랙에 손과 발을 넣어서 고정하는 방법. 손재밍은 크랙의 크기에 따라 손가락재밍, 손재밍, 주먹재밍 등이 있다.

전신안전벨트[풀보디하네스]

허리부터 가슴에 이르는 상반신 전체에 착용하는 안전벨트. 가슴 부분은 분리할 수 있는 안전벨트도 존재한다. 또한 어린이용 안전벨트는 전신안전벨트가 주류를 이룬다. 어린이는 성인보다 몸의 중심이 높기 때문에 전신안전벨트가 주류가 된 것으로 보인다.

점핑　　　　p.50, 115, 180, 199

바위에 구멍을 뚫는 도구. 대표적인 제품(Ø10mm, 12mm)으로는 페츨사Petzl社, 캠프사CAMP社의 제품이 있다. 블랙다이아몬드사는 창업자인 이본 취나드의 의사에 따라 바위에 구멍을 내는 도구는 제조하지 않는다.

정적 로프[스태틱로프, 세미스태틱로프]

동적 로프(다이나믹로프)보다 늘어나는 정도가 적은 로프. 정적 로프는 늘어나는 정도가 적기 때문에 선등자가 등반할 때 사용하기에는 위험하므로 그 외의 경우에 짐 올리기, 고정 후 주마링을 할 때 사용되고 있다. 톱로핑에서도 사용되는 경우가 있다.

● 유럽의 규격

Standard No EN1891: 1998 Title of Standard
Personal protective equipment for the prevention of falls from a height. Low stretch kernmantel ropes
신장률5% 이하(50→150kg으로 하중이 걸릴 경우)
파손 강도 22kN 이상(매듭 없음), 15kN 이상(8자매듭)
충격 하중 6kN 이하(100kg을 60cm 가량 낙하, 로프 길이는 불확실)

● 북미 지역의 분류 방식(C.I만)

로우스트레치로프 / 신장률 6~10%(파손 강도 10%인 하중)
정적로프 / 신장률 0~6%(파손 강도 10%인 하중)
유럽 제품과 북미 제품은 규격이 전혀 다르기 때문에 비교할 수 없다. 스태틱로프로 불리던 제품과 최근 세미스태틱로프로 불리는 제품은 사실 유럽의 규격에 따르면 동일한 제품이다.(단, '충격 하중'이라는 개념은 최근에 추가된 내용이다.) 규격상으로는 세미스태틱로프라는 명칭 자체가 존재하지 않는다고 주장하는 사람도 있다. 세미스태틱로프라는 명칭의 출처는 불명. 북미에서 분류하는 방식과 혼동될 수 있기 때문에 제조사에서 만들어낸 표현으로 추측된다. 기존에 사용되지 않았던 단어가 규격에 추가되면서 혼란이 발생한 것이다. 세미스태틱이라는 표시를 한 제품이 많아졌지만 독일의 제조사에서 발행하는 제품 설명서에는 스태틱자일statikseil(독)과 세미스태틱로프semi-stactic rope(영)가 병기된 제품이 있다.

정적확보[스태틱빌레이]　　　　p.91

추락할 때 로프가 느슨해지지 않도록 로프를 강하게 당기면서 확보하는 방법. 긴급사태에 추락할 때는 로프를 당기면서 확보한다.

제로

와일드컨트리사Wild Country社(영)에서 만든 초소형 캠(다른 회사에서 만든 제품 중 이와 비슷한 크기가 지금은 없다.) 제로1(3kN), 2(4kN)는 올라가는 수단이라고 표기되어 있다. 칼날처럼 얇은 두께로 설치 가능하다.

주마[Jumar] p.51

로프를 타고 오를 때 사용하는 장비인 등강기의 제품명. 이 이름은 발명자 주시E. Jusi와 마티W. Marti의 이름을 조합하여 지어졌다. 1959년 동굴탐험caving용으로 개발된 등강기의 시초가 되는 장비다.

주마링[Jumaring] p.195

등강기, 또는 프릭션히치Friction hitch를 사용하여 로프를 타고 올라가는 행위. 어원은 등강기 제품인 '주마'에서 유래했다. 현대의 로프 타고 오르는 기술은 클라이밍이 아니라 동굴탐험에서 탄생했다. 여러 제조사에서 유사한 제품을 생산하고 있으나, 각 제품명을 활용해 부르는 것보다는 '주마링'이라고 부르는 것이 정착되었다.

주먹재밍[피스트fist] p.205

주먹을 크랙에 넣어 고정하는 방법.

지면 추락[ground fall] p.81, 89, 90, 215

지면으로의 추락.

지지[GiGi]

콩사Kong社에서 개발한 확보·하강기. 후등자 자동제동 기능을 최초로 탑재했다. 최초로 탑재했다. 판매 초창기에는 제품 설명서에 후등자를 확보하기 위한 전용 장비로 소개했

으나, 얼마 지나지 않아 선등자 확보 기능도 추가됐다. 사용법에 익숙해져야 할 필요가 있다. 요즘 국내에서는 잘 사용하지 않는다.

짐 올리기 p.196, 200

짐을 올리는 행위. 일반적인 등반에서 짐을 올리는 것과 고산등반에서의 짐 올리기는 차이가 크다. 고산에서는 짐을 등에 짊어지고 상부에 있는 캠프로 짐을 옮기는 것을 가리키고, 바위에서 짐을 올리는 것은 로프에 짐을 매달고 위에서 끌어 올리는 것을 의미한다. 중간자도 도와야 하는 경우도 있다.

ㅊ

초크

수동확보물 참조. 수동확보물을 총칭하는 표현이지만, 지금은 거의 사용하지 않는다. 제품 규격의 총칭으로, 규격번호는 EN-12270, UIAA-124로 표시한다.

● 초크의 규격(강도 시험)

초크의 강도 시험은 아래의 그림과 같이 실시하는 것으로 규정되어 있다.

규격 명칭 CHOCKS
규격 번호 EN-12270 UIAA-124

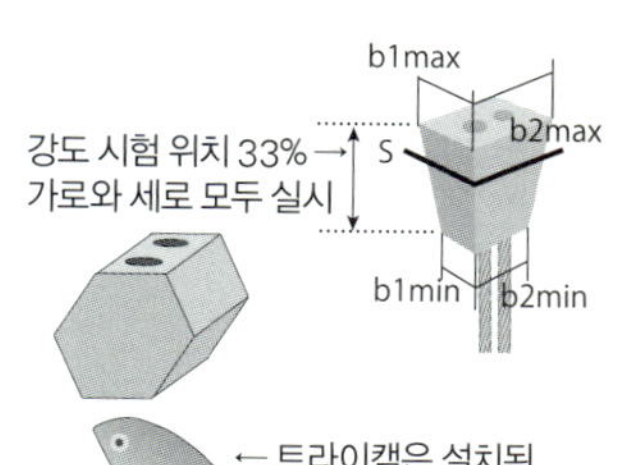

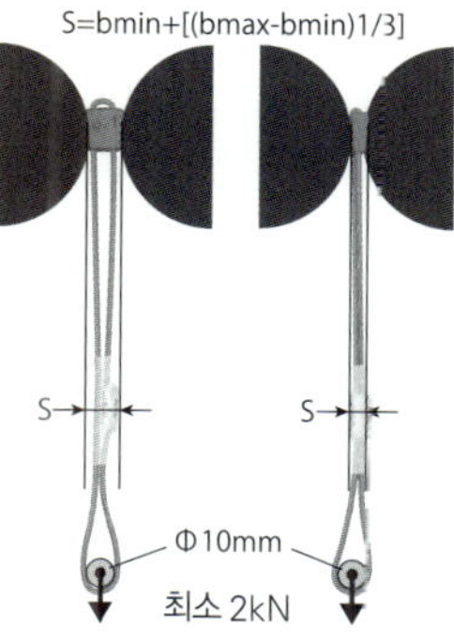

초크는 위의 그림과 같이 모든 형태도 포함할 수 있는 하중분산 없는 확보물로 볼 수 있다.

촉스톤

크랙에 붙어 있는 작은 암석, 바위. 거대한 침니 가운데는 자동차만 한 촉스톤이 있는 곳도 있다. 개념도에서는 기호 CS로 표기된다.

추락 p.90, 108~111

바위에서 떨어지는 것. 일반적(경찰 발표, 신문 게재)으로는 추락, 미끄러짐 등의 의미로 사용된다. 벽에서 추락하는 경우에도 미끄러졌다는 표현으로 기재되는 경우가 있다.

추락거리

a (추락 시작 지점), b (정지 지점) 사이의 거리. 일반적인 로프는 늘어나는 성질이 있다. 오른쪽 그림에서 x < y.

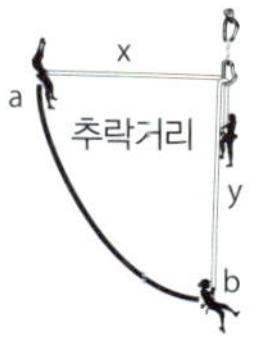

추락계수[낙하율, Fall Factor] p.31

고도차/로프의 길이(우측 그림). 추락의 정도를 나타내는 지수. 추락거리/로프 길이로도 기재되지만, 추락거리보다는 추락할 때의 고도차라고 하는 편이 보다 정확하다. 규격시험 공식은 '4.8+α/ (2.5+0.3) ≥ 1.71'이다. 제품 설명서에는 '추락계수=4.6/2.6=1.77', '1.7'이나 '2'로 추락시험이 실시되었다고 소개하고 있다.

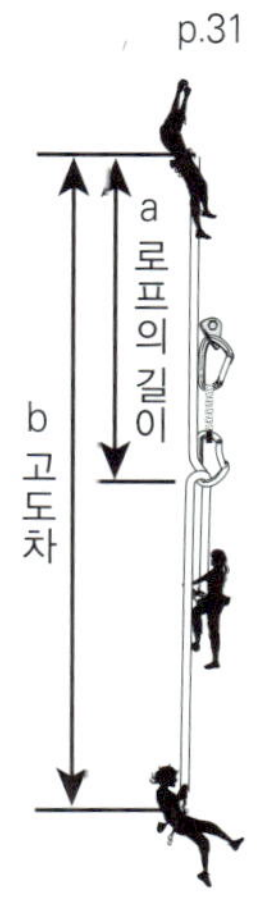

추락계수2

추락할 경우 치명적인 상태를 의미. 우측 그림에서 b/a=2가 되는 상태.

추락시험[Fall Test]

로프 규격을 확인하기 위한 강도 시험. 추락을 견딜 수 있는 횟수Drop Resistance, 충격 하중Impact Force, 신장률이 있다(우측 그림 참조). 추락시험 이미지는 UIAA 홈페이지, 『생과 사의 갈림길』 p.76에서도 확인할 수 있다. 『생과 사의 갈림길』에는 '공중 추락 고도 약 4.7m'라고 되어 있다. UIAA 홈페이지에 나온 내용은 초기 하중의 이동 위치이며, 추락거리는 표시되어 있지 않다.

● **동적 로프(다이나믹로프)의 규격(추락시험)**
동적 로프의 추락시험은 아래의 그림처럼 실시하도록 매뉴얼화 되어 있다.

규격 제목: Dynamic Mountaineering Ropes
규격 번호: EN-892 UIAA-101

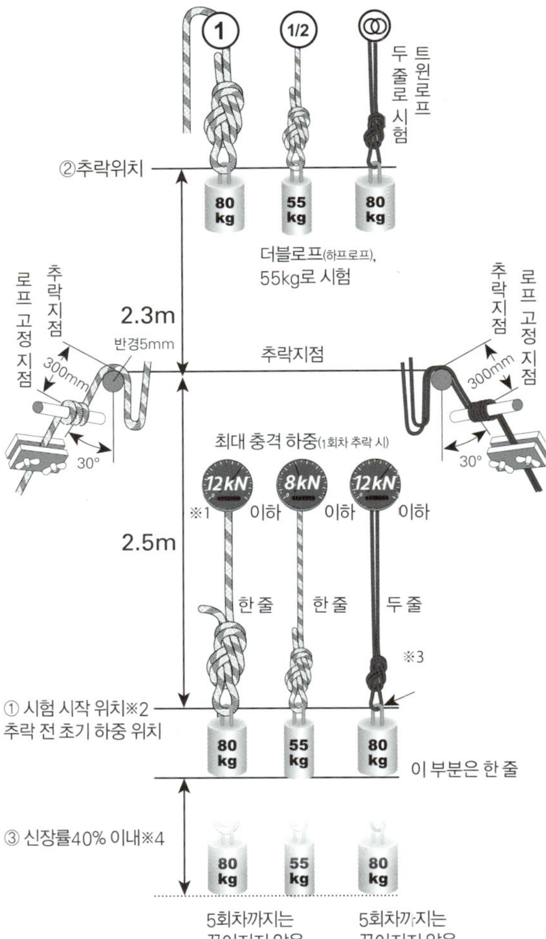

※1) 충격 하중 측정기를 로프에 어떻게 연결했는지는 원본 자료에 기재되어 있지 않아 불확실하다.
※2) ① 2.5m 위치에 매달아 로프의 길이 차이를 일정하게 한다.
※3) 원본 그림에는 트윈로프 두 동을 각각 흰색과 검은색으로 표시했다. 두 동이라는 의미를 강조하기 위한 것으로 보인다. 또한, 두 로프의 끝부분을

8자매듭으로 따로따로 연결하지 않고 로프 한 동의 중간에 8자매듭을 만들어서 매달고 있다. 무게는 한 동에만 걸린다.
※4) ③신장률은 동적 신장률을 의미한다. 반면 제품 설명서에는 신장률(8~9.6 등)을 정적 신장률(→ p237 신장률 참조)로 표기하고 있다.

● **동적 로프의 추락시험 기준치**

로프의 종류 (동적로프)	싱글	더블(하프)	트윈
최대 충격 하중 (1차시)	12kN 이하	8kN 이하	12kN 이하
견딜 수 있는 추락 횟수	≥5회 ※1	≥5회 ※1	≥12회 ※2
신장률	40% 이내		
조건 (추락 질량, 로프 수)	80kg, 1줄	55kg, 1줄	80kg, 2줄
(추락물의 위치)	최초 하중 시, 추락 거리2.5m		

※1) 5회까지는 끊어지지 않음.　　　※2) 12회까지는 끊어지지 않음.

추락횟수[Rope Resistance]　　　p.31

추락을 견딜 수 있는 횟수. 추락 시험에서는 싱글로프와 더블로프는 6회, 트윈로프는 13회부터 파손된다는 결과가 있다.

충격하중[임팩트포스impact force]　　　p.31

추락, 하중 시에 발생하는 충격의 정도. 추락 시험 참조.

침니　　　p.207

바위의 갈라진 부분. 스퀴즈침니 보다 폭이 넓다. 스퀴즈 침니와 침니를 구분하는 경계는 명확하지 않으며, 등반을 위해 사용하는 동작에 따라 구분하는 경우가 많다.

침봉[첨봉, 니들needle]　　　p.181

바위의 뾰족한 부분.

칩핑[chipping]

바위를 깎아서 홀드나 스탠스를 만드는 행위. 자유등반 루트에서 칩핑을 하면 큰 문제가 발생할 수 있다. 초등자의 경우 상황이나 개인의 느낌에 따라 칩핑을 하는 경우가 있다.

ㅋ

카라비너[무스크톤(프)]　　　p.32

카라비너는 1910년대 오스트리아의 오토 헤르조그Otto Herzog가 소방관들이 사용하던 것을 등반에 사용하기 시작한 것으로 알려져 있다. 이름의 유래와 발명자는 불확실하다. 카라비너가 대중화된 것은 1940년 이후이며, 그전에는 피톤과 로프를 짧은 매듭으로 연결하여 사용했다. 카라비너의 재질이나 형태 및 사용 용도에 따라 지금도 개발이 진행되고 있다. 클라이밍에 사용되는 카라비너의 재질은 60년

대에 철제에서 알루미늄합금으로 변화했다. #7000번 대의 알루미늄 합금을 주로 사용한다.

캐머롯[Camelot]
p.40~47

취나드이큅먼트사(현 블랙다이아몬드사)에서 개발한 캠디바이스. 'Cam a lot(캠이 많다)'이라는 표현에서 나온 명칭. 86년에 초기 모델에서 네 차례 바뀌었다. 축이 1개인 것에 비해 폭이 넓은 크랙에서도 고정할 수 있다. 축이 2개인 제품은 2011년에 DMM에서도 제조(드래건캠Dragon Cam)했다. 캐머롯의 캐밍 앵글은 14°이며, 드래건캠과 프렌드Friends는 모두 13.75°다.

캐밍앵글

캠의 축과 캠이 수평으로 바위에 접하는 각도. 캠디바이스 참조.

캠디바이스[캐밍디바이스, 스프링로디드 캐밍디바이스SLCD]
p.40~47, 142

와일드컨트리사Wild country社에서 만든 프렌드Freinds(1978년 레이 자댕Ray Jardine, 마크 밸런스Mark Vallance가 개발)가 원조다. 바위와 캠이 접하는 곳을 고정한 다음 확보한다는 발상은 1930년대 비탈리 미하일로비치 아발라코프Vitaly Mikhaylovichi Abalakov가 가장 먼저 시작했다. 캠의 커브는 13.75°로 설계되어 있다. 이론상으로는 이 각도가 0에 가까울수록 강도가 강해지지만, 바위의 표면은 평평하지 않기 때문에 실제로는 0°에 가까워지더라도 강도가 크게 향상되지는 않는다. 캠의 구조는 추와 와이어의 개수 등에 따라 다양하게 분류된다. 추가 3개인 제품은 추가 4개인 것에 비해 동작에 제약이 있지만, 크랙의 폭이 좁은 경우 설치가 비교적 편리하다. 본체의 축이 2개인 것보다 1개인 제품이 이동하는데 편리하다. 현재 본체의 축은 유연한 와이어 소재가 많이 사용되며, 예전에 구리로 만들었던 제품은 거의 없어진 상태다.

캠프[CAMP]

이탈리아의 등반용품 제조사. 트라이캠, 요요 등 독자적인 제품도 있으나 볼 너트, 하켄도 일부 OEM 방식으로 제조하고 있다.

케른맨틀[Kernmantle(독), 코어 쉬스 로프Core-sheath rope(영)]
p.31

로프의 구조. '심지로 싸다'라는 뜻의 독일어. 코어 부분과 외피로 이뤄진 로프의 구조 또는 종류를 말한다. 1953년에 독일의 에델리드사Edelrid社에서 처음으로 제조했다. 로프 참조.

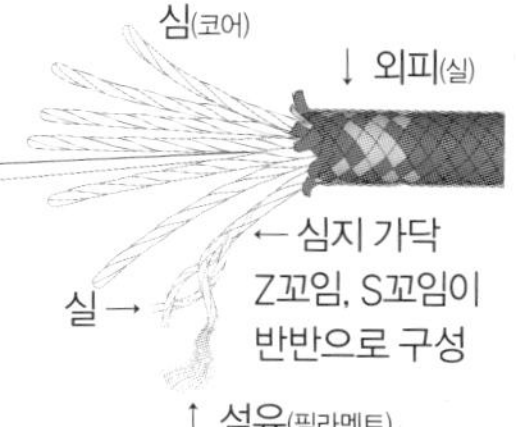

케블라[Kevlar]
p.41

미국 듀폰사Dupont社에서 개발한 아라미드Aramid 섬유. 나일론보다 강도가 높고, 가볍고, 열에 강하다.

코르네[cornet(프)]
p.75

원뿔 모양의 물건을 가리키며, 석회암에 형성되어 있는 홀드를 말한다.

콜[col]
p.182

산마루가 움푹 들어간 곳.

콩[Kong]
p.182

후등자 확보 기능이 있는 최초의 확보기 지지GiGi를 개발한 이탈리아의 등반장비 제조사. 현재는 구매하기 어렵지만 회사의 제품 카탈로그에는 아직 포함되어 있다.

쿨르와르[Couloir(프)]

바위에서 아래로 움푹 패인 곳에 눈이 쌓인 부분(이 책에서는 다루지 않음).

퀵드로
p.14, 34, 73

봉제슬링의 양 끝에 카라비너 2개가 각각 연결되어 있는 제품. 퀵드로용 봉제슬링은 나일론 소재, 다이니마 소재 등이 있다. 다이니마 소재는 나일론보다 강도가 높아서 경량화된 두께가 얇은 슬링이 나오는 편이다. 행도깅hangdogging 도중 퀵드로를 쥐어 잡는 행위를 하려고 할 때 슬링이 얇아서 손으로 잡기 어려울 수도 있다.

크림프[crimp]
p.26, 208

손가락 끝으로 겨우 모서리를 잡을 수 있는 홀드.

클로브히치[감아매기매듭]
p.16, 58

자기확보에 많이 사용되는 매듭법. 로프로 감을 대상이 없을 때는 풀어질 수 있기 때문에 노트(매듭)보다는 히치(걸기)로 보는 것이 맞다.

클립
p.84 112~114

카라비너, 퀵드로 등에 로프를 거는 행위.

클링[cling, 아케arqué(프)]
p.26, 208

손가락을 세워서 홀드를 잡는 방법.

키록[key lock]
p.32

카라비너의 게이트 부분의 형태 중 하나로 단면이 열쇠구멍처럼 생겼다. 게이트 부분이 평평해서 로프가 잘 걸리지 않지만, 동줄기에는 안

으로 들어가 있는 부분에 얼음이 생겨서 게이트를 여닫기 어려워진
다. 뉴알프스사NEWALPS社의 장 폴 프레샹이 고안하여 특허를 취득했
다. 특허기간이 만료된 2007년 이후에는 업체들이 각자 직접 제조하
고 있다.

킬로뉴턴

물체에 작용하는 힘의 단위로, 1뉴턴N의 1,000배, 기호는 kN이다.
공식은 '질량×가속도(중력가속도)'다. '9.8N ≒ 1(kg) × 9.8(㎧) =
1(kgf)'에서 9.8은 표준 중력가속도의 근사치다. 90년대 초까지는 kg
으로 표기했으나, 국제단위의 통일이 추진되면서, 물리학적 관점에서
는 올바르지만 일반인은 이해하기 어려운 단위로 표기가 변경되었다.
카라비너에 '22kN'로 표기된 것은 약 2243kgf로, 2.2t까지 버틸 수
있다는 의미다. 1(kN)=1,000(N) ≒ 1,000(kg)/9.8(㎧) ≒ 102(kgf는
'킬로그램중')

ㅌ

타이오프   p.61, 198

확보지점에 슬링을 거는 매듭의 일종.

탈론[Talon]

블랙다이아몬드사에서 제조한 훅. 세 방향에 세 가지 크기의 훅이 달
린 제품.

턴인[turn in]   p.30

발끝이 굽은 암벽화. 엄지발가락에 힘을 집중할 수 있다.

테라스[terrace]   p.139, 159

벽 중간에 있는 평평한 부분. 사람이 두 발을 양옆으로 벌려 겨우 설
수 있는 정도에서부터 대형 텐트를 설치할 수 있을 정도의 크기까지
범위가 넓다. 테라스와 렛지의 경계는 명확하지 않다.

테이핑테이프   p.15, 52, 141, 228

손가락, 손, 팔꿈치, 복사뼈 등 바위에 접촉하는 부분이나 관절을 보
호하거나 고정할 때 사용하며, 긴급상황에서 장비를 써야 할 때 활용
할 수도 있기 때문에, 등반 필수 장비로 생각해도 손해볼 일이 없다.

텐션   p.108

로프를 당기는 행위. 영어권에서는 '텐션tension'이라고 하지 않고 '테
이크take' 등의 표현을 사용한다.

토폴로지[Topology, Topo]

개념도 참조.

톱로프 방식[톱로핑]   p.214

루트 상부에 항상 확보지점이 있는 특수한 등반 방식. 선등에 어려움
이 있거나 쿨다운cool down, 훈련, 회수할 때 이용한다.

톱로프 지점   p.182

안전하다고 생각하는 여러 개의 확보지점에서 하중 분산, 트라이앵
글(정식 명칭 없음), 유동분산 등 백업할 수 있는 지점이 있어야 한다.
정적균등연결, 죽음의 삼각형, 동적균등연결 모두 각각의 장단이 있
다. 아래의 내용에서 ▲은 장점, ▽은 단점에 해당한다.

● **정적균등연결(정적이퀄라이징)**

▲ 두 지점에 슬링 두개를 사용하여 백업할 수 있다.

▽ 하중 방향이 좌우로 나누어져 있을 경우에는 한 개의 지점에만 하
중이 걸린다. 두 지점으로부터의 거리를 균등하게 나누기 어렵다.

● **죽음의 삼각형**Death Triangle

▲ 가장 적은 장비로 간단히 확보할 수 있다.

▽ 각 지점마다 횡橫으로 장력이 발생하여 확보할 때 걸리는 무게가
증가한다.

● **동적균등연결(동적이퀄라이징)**

▲ 확보지점이 좌우로 나누어져 있더라도 하중이 균등하게 걸린다.
톱로프 시에는 하중을 균등하게 나누어야만 하는 확보지점은 사
용하지 않는다. 하중이 균등하지 않은 지점에서는 힘을 균등하게
주어 지점이 붕괴되지 않도록 해야 할 필요가 있다. 톱로프 지점에
확보물을 설치할 때는 하중을 확실하게 버틸 수 있는 지점을 선택
해야 한다. 픽스사FIXE社(스)에서 개발한 빌레이스테이션시스템과
같이 안전이 확실한 지점에서는 균등분산이 아닌 백업이 형식으
로 만들게 된다. 그러나 톱로프를 실시하는 지점에 설치할 경우에
는 하중이 균등하게 걸리지 않을 것이다.

▽ 잘못 설치하여 확보지점 하나가 파손되면 확보 자체에 문제가 발
생한다. 보울라인매듭이 안전하지 않다고 생각되면 유동분산 또한
위험하다고 판단될 수 있다. 지점 하나가 붕괴되면 추락거리가 다
른 분산 방식에 비해 길다. 특히 확보지점들이 떨어져 있을 때는
확보지점이 파손되지 않더라도 지면에 추락할 가능성이 있다.

튜브초크

파이프 크기(#C 이상)의 수동확보물.
개념도의 기호에 '#T'로 표기되어 있다.
요즘은 크기가 큰 캠이 판매되면서 사
라지는 추세지만, 사이즈 변경이 가능
한 제품(빅브로Bigbro)은 시판 중이다.

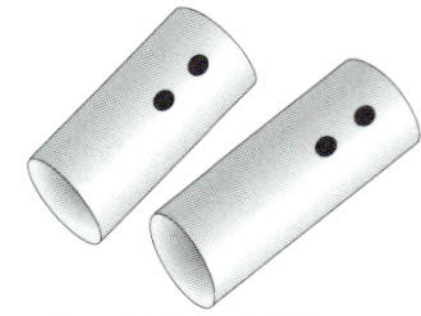

튜블러테이프   p.35

튜브 형태로 감겨 있는 테이프. 일반적인 테이프보다 사용이 용이하
나 가격이 높다. 슬링의 표면 중 마모되기 쉬운 부분을 보강하기 위한
목적으로 사용된다.

ㅌ

트래버스   p.115, 122~133, 148, 168, 221
위, 아래가 아닌 옆으로 이동하는 행위.

ㅍ

팔을 이용한 고정   p.207
어깨너비의 크랙(오프위드)에서 크랙의 안쪽에 손이 아닌 팔꿈치 등
을 넣어서 고정하는 방법이다.

패시브프로텍션
수동확보물 참조.

퍼스널앵커시스템[P.A.S]   p.35
시스템이 아니라 제품의 명칭이다. 메톨리우스사Metolius社의 제품으
로 링을 부착한 자기확보용 슬링이다. 용도에 따라 길이가 다르며, 각
제품의 명칭도 다르다.

페이스
바위에서 경사가 크고, 경사면이 평평한 부분. 슬랩과 페이스의 경계
는 엄밀하지 않다.

펜듈럼[진자 트래버스]   p.221
확보지점에 매달린 다음 좌우로 몸을 이동하여 트래버스를 하는 행
위. 진자 트래버스는 확보지점을 낮게 설치하면 이동 중에 지면으로
추락하는 사고를 유발할 수 있다. 더블로프와 보조 로프 등을 사용하
여 백업을 설치하면 대응할 수 있으며, 수단이나 방법은 상황에 따라
크게 바뀔 수 있다.

풀리[pulley(영)]
도르래 참조.

풋재밍
발재밍 참조.

프렌드[Freinds]   p.42
캠디바이스 참조.

프루지크히치   p.17, 66
로프에 줄을 감아서 사용하는 프릭션히치의 일종. 카우히치의 변형.
'프루지크매듭'으로 불리지만, 원리상으로는 '매듭(노트)'이 아니라 '걸
기(히치)'라고 보는 편이 옳다. 1931년 칼 프루지크Karl Prusik 박사가
바이올린의 현을 수리하던 과정에서 고안해 냈으며, 발명자의 이름
을 따서 명명되었다.

프리클립   p.218
첫 번째 확보지점 전에 추락 가능성이 있을 때 로프를 몸에 걸고 올라
가면서 중간중간 고정하는 행위(나무 고정 참조). 자유등반 스타일로
보기에는 어려우며, 실력이 있는 클라이머의 경우 프리클립을 할 필
요는 없다. 이 책에서만 사용하는 표현이다.

프릭셔널앵커   p.41
확보물을 설치할 수 있는 장비 중 고정의 폭을 늘리거나 줄일 수 있는
기능을 가진 장비의 규격을 총칭하는 말로, 규격번호 EN-12276,
UIAA-125로 표시되어 있는 제품을 뜻한다.(사실 UIAA 번호가 표
기된 제품이 별로 없다.) 캠디바이스가 아닌 슬라이더Slider 종류도 포
함된다. 빅브로Big Bro도 폭을 변경할 수 있기 때문에 초크(규격의 총
칭)는 아닐 것으로 추측되지만, 제품상에 규격 표시는 존재하지 않는
다. 더블로프를 하프로프라고 부르게 된 것처럼, 지금은 귀에 익숙하
지 않은 용어도 향후에 규격화의 영향으로 일반적으로 사용될 가능
성이 있다. 일본에서는 '프릭션앵커'라고 부른다.

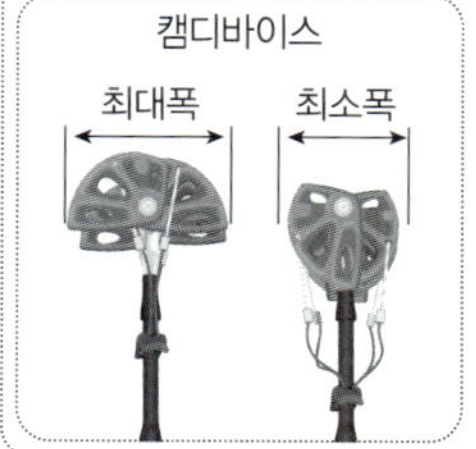
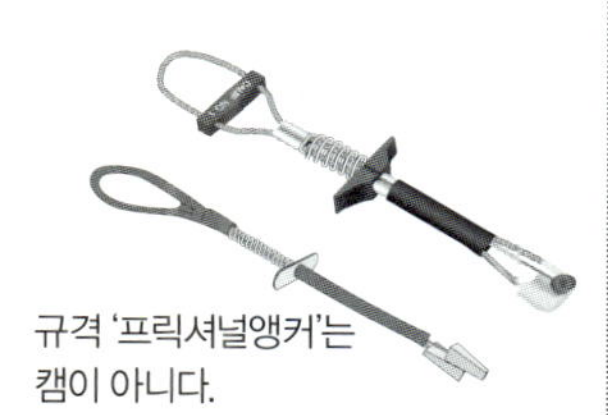

● **프릭셔널앵커의 강도 시험 내용**
가변폭의 25%, 75%의 폭으로 강도 시험을 실시.
최대폭, 최소폭이 5mm 이하인
경우 50% 폭으로만 실시.
최소 강도 5kN 이상.

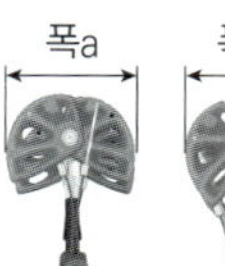

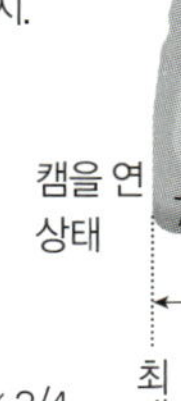
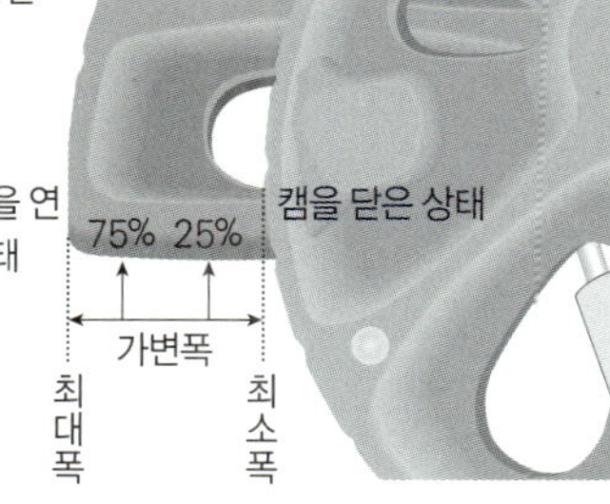

폭a=최소폭+가변폭×3/4
폭b=최소폭+가변폭×1/4
가변폭=최대폭−최소폭

※ 최소폭이 트리거의 물리적인 폭을 말하는 것인지 트리거를 당겼을 때 늘
   어나는 폭인지는 불명확하다.

프릭션
마찰 혹은 마찰력.

프릭션히치[마찰매듭]   p.66~67
줄을 감을 때의 마찰력을 이용한 히치. 프루지크히치가 여기에 포함
된다.

플래시

사전에 루트에 대한 정보를 확인한 다음, 단 한 번에 레드포인트를 하는 것을 의미한다.

플레어드침니 p.207

바깥쪽 벽면이 넓은 침니.

피규어에이트노트

8자매듭 참조.

피셔맨즈벤드

이중피셔맨즈매듭 참조.

피치 p.72, 136

확보지점에서 다음 확보지점까지의 거리, 확보 횟수를 뜻하는 말. 피치의 개수는 등반 시작점부터 종료점까지의 피치 개수를 의미한다. 루트 도중 로프를 사용하지 않고 걸어서 이동하는 장소가 피치에 포함되는가는 개념도에 따라 다르다.

피톤[Piton]

하켄(독) 참조.

피피[FIFI] p.51

줄사다리나 안전벨트 등에 거는 인공등반 도구.

핑크포인트[Pinkpoint]

확보물을 미리 설치하여 추락 없이 등반하는 것. 핑크포인트는 자연확보물을 사용하는 경우를 가리키며, 볼트를 사용하는 루트에 퀵드로가 걸려 있어서 볼트와 퀵드로를 이용하여 완등하면 핑크포인트가 아니라 '레드포인트Redpoint를 했다.'고 말한다.

ㅎ

하강기

확보·하강기 참조.

하강 백업 p.222

하강기 외에 슬링의 마찰을 이용하여 하강 시에 백업을 취하는 방법. 하강 시 백업을 하려면 충분한 경험과 지식을 지녀야 한다. 테이프슬링과 코드슬링으로 히치를 만들 때 감는 횟수가 다르다(테이프슬링은 마찰저항이 적기 때문에 더 많이 감아야 한다). 코드슬링의 경우에는 로프의 굵기에 따라 감는 회수가 다르다. 프릭션히치는 연결할 로프보다 두꺼울 경우 매듭을 조이는 효과가 줄어든다. 백업을 하면 추락

시에 로프에 걸려 확보하는 역할을 하므로 양손을 사용하여 작업을 할 경우나 하강할 위치가 보이지 않는 상황에서 하강할 때 유용하다. 하강기만으로도 하강할 수 있다고 판단될 때는 굳이 백업을 할 필요는 없다. 프릭션히치로 연결한 슬링은 빨리 손상될 수 있다.

하체를 이용한 고정 p.207

발끝, 뒤꿈치, 무릎을 사용하여 몸을 고정하는 방법.(니&힐토)

하켄[haken(독), 피톤(프/영)] p.15, 50, 198

하켄(독)의 원형은 그림 액자 등을 걸 때 사용하던 기술이었으나, 19세기 후반부터 등반에도 이 기술이 사용되기 시작했다. 현재 하켄은 블랙다이아몬드사의 제품이 가장 많이 사용되고 있다. 이본 취나드가 판 스프링을 활용하여 수작업으로 만든 것이 원형이다.

하프로프

더블로프 참조.

하프히치 p.232 하단의 노트와 히치 그림 참조.

확보 대상에 줄을 감고 잡아당겨서 만든 히치.

해제 p.100, 150

확보를 끝내는 것. 또는 확보의 종료를 알리는 신호로 사용한다.

핵심부[크럭스crux]

루트, 피치 중에서 가장 어려운 지점.

행도깅[hangdoging] p.219

자유등반으로 계속 등반해 나가기 어려울 때 텐션을 강하게 주는 행위. 다음 동작을 해결하기 위해 장시간 로프에 매달린 채 쉬었다가 다시 등반을 시도할 때 이용된다.

행어 p.15, 50

카라비너를 걸 수 있는 구멍이 있는 제품. 앵커, 너트, 행어를 포함하여 볼트라고 말하기도 한다.

헥센트릭[Hexentric] p.40

육각기둥 모양의 수동확보물로, 블랙다이아몬드사의 제품이다. 약 11mm~90mm 내에 총 4개의 사이즈가 있다. 1999년부터 와이어를 장착하기 시작했으며, 다른 업체에서도 유사한 제품을 생산하고 있다.

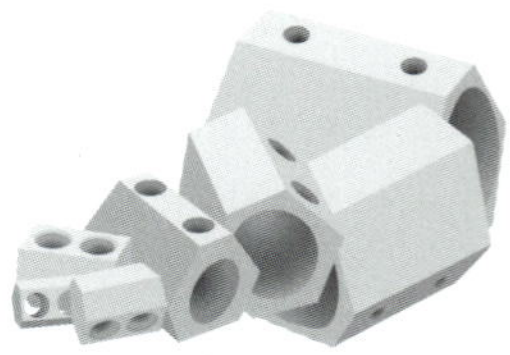

헥센트릭의 초창기 이미지

헬멧   p.14, 52
머리를 보호하기 위해 착용하는 장비.

홀드   p.26, 208
등반할 때 손으로 잡는 부분.

확보[빌레이(영), 지혜룽Sicherung(독)]
등반자에게 로프를 연결하여, 등반자가 추락할 때 확보기 등의 확보
물로 로프를 멈추는 조작 방법이다.

확보물[프로텍션]   p.15, 40~50, 142, 180
추락을 멈추기 위해 설치하는 확보 제품을 총칭하는 용어. 확보물로
이용되는 대상은 자연물(바위, 바위의 구멍, 나무 등)과 그 이외의 인
공물이 있다. 인공물은 자연확보물(캠, 너트 등)과 그 이외의 장비(하
켄, 볼트 등)로 나누어진다. 인공 장비는 추락에 견딜 수 있는 강도(제
품자체의 강도와 제품을 설치한 지점에서 견딜 수 있는 강도를 뜻하
는 두 가지 의미)를 가진 제품과 추락에 대비하기 위한 목적이 아니라
장비 자체를 이용하여 위로 올라가기 위해 사용되는 장비가 있다. 전
진 수단 장비와 추락 대비 장비는 명확한 경계 없이 사용되고 있으며,
실제 등반에서는 사용자의 판단에 따라 용도를 정하는 경우가 많다.
참고로 5kN 미만인 확보물을 전진용 확보물로 소개한 카탈로그도
있었으나, 지금은 이마저도 사라졌다.

확보·하강기   p.15, 52, 142
확보용 및 하강용 장비. 잠금카라비너(게이트 개방을 막기 위해 고리
가 부착된 카라비너)와 연결하여 사용하는 경우가 많다. 이 책에서는
확보기, 하강기는 동일한 의미를 갖고 있다. 제조사와 대리점에 따라
서는 두 제품을 별도의 제품으로 판매하기도 한다.

후고리매듭   p.6
매듭 고리를 나중에 만드는 매듭 방법

히벨러 등강기[히벨러 슈타이크클레메Hiebler Steigklemme]
로프를 당기는 힘을 사용하여 로
프를 눌러 고정하는 장비의 원형
(등강기). 오스트리아의 등반가
토니 히벨러Toni Hiebler가 고안하

여 살레와에서 제작했다. 이 원리는 하강기(스톱Stop, 페츨사Petzl社)나
확보용 장비의 기본 원리가 되었다.

히치   p.17 58
확보를 해제할 때 매듭의 모양이 남지 않도록 매듭을 만드는 원리. 우
리말에서는 걸기(히치hitch)와 연결하기(노트knot)를 엄밀히 구분하지
않고 모두 '매듭'이라고 말하는 경우가 많다. 하프히치와 오버핸드노
트(옭매듭, 추락 방지용 매듭)는 영어권에서도 애매하게 사용된다. 이
책에서는 매듭 대상에 줄을 감아 만드는 매듭을 하프히치로 표기했
다. p.232 하단의 그림 참조.

힐&니   p.205
뒤꿈치와 무릎으로 재밍을 하는 행위.

힐&토   p.205
뒤꿈치와 발가락 끝부분으로 재밍을 하는 행위.

맺음말

클라이밍을 막 시작했을 무렵, 더그 스콧의 『빅월 클라이밍Big Wall Climbing』을 손에 넣었습니다. 이 책은 클라이밍의 역사와 함께 장비, 매듭, 시스템을 풍부한 일러스트로 표현했는데, 이 책을 읽으면서 내용을 이해하고 클라이밍의 본질을 알아가는 데 일러스트가 얼마나 큰 효과를 주는지 알게 되었습니다. '초보자의 입장에서 클라이밍을 보다 잘 이해할 수 있도록 도와 주는 책은 없을까' 하는 생각이 들었습니다.

시간이 흘러 2008년에 와서야 제 손으로 그린 '일러스트 클라이밍'을 도쿄신문을 통해 출판할 수 있는 기회가 생겼습니다. 등반을 시작했던 시절에 생각했던 것을 제 손으로 실현할 수 있게 되었습니다. 그리고 이번에 개정판을 출판할 수 있게 되어 굉장히 기쁩니다.

개정판 제작을 위해 협력해 주신 많은 분께 감사드립니다. 장비에 대한 정보를 얻기에는 여전히 제약사항이 많아서 장비를 판매하는 대리점, 소매점에 자주 방문하여 이것저것 물어보며 귀찮게 했습니다.

정보가 폭발적으로 증가하면서 이를 처리하는 데 시간이 소요되어 출간 일정이 많이 늦어졌음에도 도쿄신문 출판부에 계신 하라 요시오 씨에게 따뜻한 격려를 받았습니다. 그리고 초판에 이어 이번에도 감수를 맡아 주신 '악인﨟人'의 야마모토 슈우지 씨에게 감사드립니다.

클라이밍에는 '안전'이라는 개념이 존재하지 않는다고 생각합니다. 클라이밍은 근본적으로 위험한 행동이며, 사고는 언제든 일어날 수 있다는 각오를 해야 합니다. 클라이밍이 스포츠화, 레저화 된 오늘날, 클라이밍의 위험성을 인식하는 사람이 줄어들고 있는 것은 아닌지 걱정됩니다.

초판에 '지금 클라이밍은 커다란 전환점에 와 있다는 생각이 듭니다.'라고 썼었는데 지난 4년 동안 조금씩 이러한 변화가 이루어져 온 것 같습니다. 클라이밍이 어떤 방향으로 가게 될지는 현재의 클라이머들의 손에 달려 있습니다.

2012년 7월 7일, 아베 료우주

역자 후기

2019년 가을이었을 겁니다. 코오롱등산학교 정규반 69기 동기들과 북한산에 다녀오는 길에 정규반 시절 담임이셨던 이영준 선생님이 운영하시는 마운틴저널에 방문했습니다. 이날 이영준 선생님께서 일본어로 되어 있는 그림책 한 권을 보여주면서 저에게 번역해 볼 의향이 있는지 물었을 때 저는 처음 인수봉을 오르기 전에 설렘과 두려움을 동시에 느꼈던 바로 그 기분에 사로잡혔습니다. '회사에서도 하루 종일 일본어로 전화, 화상회의, 메일 작성을 하는데, 일본어 도서를 번역하는 것은 재미있는 경험이 될 거야.'라는 생각이 드는 한편, '일본어 전공자도 아니고 교포도 아닌데 과연 내가 원서를 완벽하게 번역해 낼 수 있을까?' 하는 생각에 조금 망설여졌습니다. 정확한 날짜는 기억나지 않지만, 며칠 후 해보겠다고 선생님께 대답을 드린 것 같습니다. 그 후 수 개월간 퇴근 후 자취방에 돌아오면 노트북을 켜서 번역 작업을 하고 주말이면 주변 카페에서 시간을 보내며 평일에 했던 작업을 이어갔습니다.

일러스트로 가득한 책이라서 두 달이면 완성할 수 있을 것으로 예상했던 작업은 초안을 완성하는 데만 거의 여덟 달이 소요되었습니다. 그 이유는 쪽마다 등장하는 등반 장비, 지형 명칭, 동작 이름 등이 일본에서만 사용되는 일본식 영어, 일본식 불어, 또는 일본식 독일어로 표기되었을 뿐만 아니라 원어 없이 외래어 표기 방식인 가타카나로만 표기되어 있었기 때문입니다. 심지어 일본에서도 특정 지역이나 동호회에서만 사용하는 장비와 지형의 은어를 그대로 쓰고 있었습니다. 예를 들어, '브린ブーリン'이라는 단어는 사전이나 인터넷에 검색해도 의미를 찾아내기 어려워 일주일 넘게 고민하다가 마침내 야후재팬의 한 블로그에서 그것이 보울라인Bowline을 표기하는 방법 중 한 가지라는 것을 알아냈습니다.

『일러스트클라이밍』은 암벽등반과 스포츠클라이밍을 위한 기본 장비의 종류부터 매듭법, 확보법, 등반 동작에 대한 설명, 그리고 클라이머가 갖추어야 할 매너에 이르기까지, 등반을 시작하는 분들이 꼭 알아야 할 기초지식과 주의 사항이 담겨 있습니다. 이 책에서 가장 핵심이 되는 부분은 바로 등반 시스템입니다. 등반 루트와 상황을 설정하여, 등반 시스템을 어떻게 운영하면 좋을지 등반 준비부터 하강까지 일러스트로 상세하게 보여줍니다.

이 책은 초심자에게는 훌륭한 안내서가 될 수도 있고, 숙련자에게는 기초 등반 기술의 핵심을 담은 포켓 사전처럼 다가올 수도 있습니다. 이 책이 독자 여러분에게 유용한 등반 기술 가이드가 되기를 바라며, 아베 료우쥬 작가가 책 안에 담은 산과 사람에 대한 애정이 여러분에게 닿을 수 있기를 또한 기원합니다.

책을 번역하는 동안에는 몇 날 며칠을 단어 하나 때문에 고민하고 잠을 설치면서 고통스러운 시간을 보냈지만, 많은 시간이 흘러 드디어 출간된다는 소식을 듣고는 수년간 도전했던 루트를 마침내 완등한 것처럼 기뻤습니다. 제가 번역을 시작한 시점부터 세어보면 5년 걸린 것이지만, 처음 이 책을 발견하고 한국어판이 있으면 좋겠다고 생각하셨던 선배님들과 이를 실현하기 위해 장기간 노력해 온 출판사의 관점에서는 그보다 훨씬 오랜 기다림이 있었을 겁니다. 의미 있는 프로젝트에 저를 초대해 주신 하루재북클럽 변기태 대표님과 편집자 강민경 님, 오늘이 있기까지 저에게 용기와 힘을 주신 코오롱등산학교의 전양준 선생님, 이영준 선생님, 유석재 선생님, 그리고 정규반 69기 동기들에게 감사의 말씀 전합니다.

2025년 5월, 강진구

협력(호칭 생략)

이시다 테츠야
이시다 베르나데트
우메노 히로시
주식회사 몽벨
주식회사 로스트애로우
사나다 미노루(카모시카스포츠)
스즈키 케이지(Alteria)
니이쿠라 준코(K.E.M)
야마기시 나오마사

참고문헌

『아웃도어 당장 도움이 되는 로프 워크』 시키시마 에츠로(JTB)
『바위와 눈』(산과 계곡사)
『악인』(도쿄신문출판사)
『클라이밍 저널』(백산서방)
『생과 사의 갈림길』 Pit Schubert(산과 계곡사)
『Big Wall Climbing』 Doug K. Scott(산과 계곡사)
『프리클라이밍 입문』 Michael Loughman(산과 계곡사)
『로프 매듭법』 도쿄 유리창 외부 청소 협회
『Climbing』(Climbing Magazine)
『Rock Climb! JohnLong』(Falcon)
『Self-Rescue』 David J. Fasulo(Falcon)
Black Diamond, CAMP, EDEL WEISS, KONG, Petzl, WILDCOUNTRY, LOST ARROW 카탈로그

기초 매듭부터 멀티피치 등반까지

일러스트 클라이밍

초판 1쇄 발행 2025년 7월 14일

지은이   아베 료우주阿部亮樹
옮긴이   강진구
감수   이영준

펴낸이   변기태
펴낸곳   하루재 클럽
주소   (우) 06524 서울특별시 서초구 나루터로 15길 6(잠원동) 신사 제2빌딩 702호
전화   02-521-0067
팩스   02-565-3586
이메일   haroojaeclub@naver.com
출판등록 제2011-000120호(2011년 4월 11일)

편집   강민경
디자인   장선숙

ISBN   979-11-90644-17-4 03690

* 책값은 뒤표지에 있습니다.

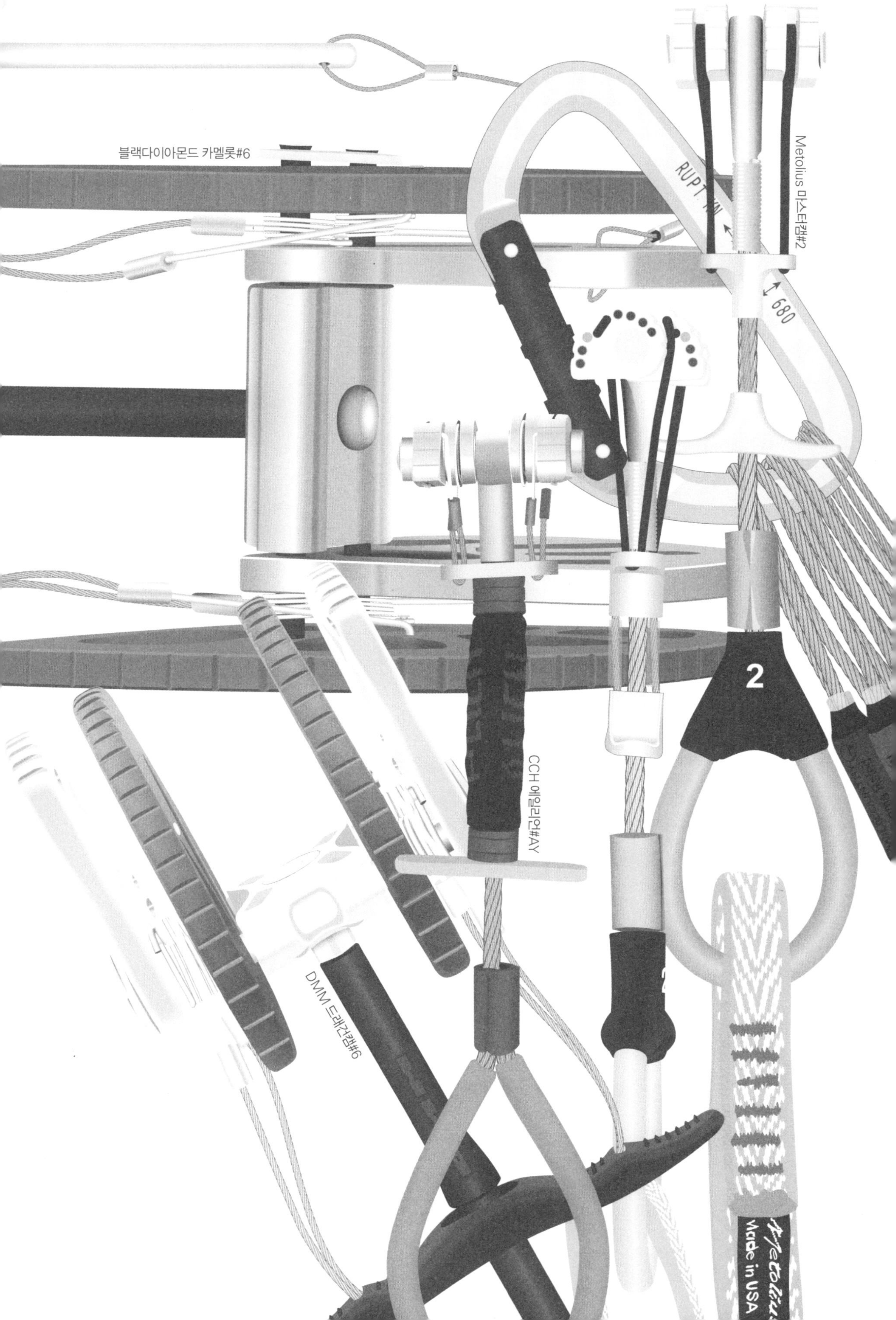

블랙다이아몬드 카멜롯#6
Metolius 마스터캠#2
RUPT
680
CCH 에일리언#AY
DMM 드래건캠#6
2
Metolius
Made in USA